［英］罗杰·巴克豪斯（Roger E. Backhouse）_著

姜井勇　柯珊珊_译

现代经济学
奠基者的一生

ǀ 第一卷 ǀ

萨缪尔森
传

Volume 1:
Becoming
Samuelson

1915
1948

Founder of
Modern
Economics

Paul A. Samuelson

中信出版集团ǀ北京

图书在版编目（CIP）数据

萨缪尔森传：现代经济学奠基者的一生 . 第一卷 /
（英）罗杰·巴克豪斯著；姜井勇，柯珊珊译 . -- 北京：
中信出版社，2020.10（2021. 1 重印）
书名原文：Founder of Modern Economics: Paul A.
Samuelson
ISBN 978-7-5217-1834-8

Ⅰ . ①萨… Ⅱ . ①罗… ②姜… ③柯… Ⅲ . ①萨缪尔
森（Samuelson, Paul Anthony 1915-2009）—传记 Ⅳ .
① K837.125.31

中国版本图书馆 CIP 数据核字（2020）第 070916 号

萨缪尔森传：现代经济学奠基者的一生 第一卷

著　　者：[英]罗杰·巴克豪斯
译　　者：姜井勇　柯珊珊
出版发行：中信出版集团股份有限公司
　　　　　（北京市朝阳区惠新东街甲 4 号富盛大厦 2 座　邮编　100029）
承 印 者：北京通州皇家印刷厂

开　　本：880mm×1230mm　1/32　　印　张：27.5　　字　数：789 千字
版　　次：2020 年 10 月第 1 版　　　　印　次：2021 年 1 月第 2 次印刷
京权图字：01-2019-4302
书　　号：ISBN 978-7-5217-1834-8
定　　价：138.00 元

目 录
c o n t e n t s

第二部分

···◆·◆·◆···

哈佛岁月

1935—1940 年

第三部分

麻省理工学院、二战、《经济分析基础》与教科书

1940—1948 年

前言和致谢

········◆·◆·◆········

对特定年龄段的经济学家而言，看一本关于保罗·萨缪尔森的传记不需要任何理由。萨缪尔森是经济学领域的一位杰出人物，但是，除了他的经济学著作和他在麻省理工学院（MIT）经济学系的声望外，人们对他知之甚少。像大多数经济学家一样，他的生活在很大程度上平淡无奇，几乎没有充满戏剧性的事件，也没有足以吸引非专业读者的八卦丑闻。例如，不同于科学家约翰·德斯蒙德·贝尔纳（J. D. Bernal）或尤利乌斯·罗伯特·奥本海默（J. Robert Oppenheimer），萨缪尔森的生活里没有激进行动、阴谋、共产主义或性剥削等可供读者消遣的经历。他很早就结了婚，夫妻二人比翼齐飞一直到他的妻子离世。除了参与政府咨询工作和二战时期有一段时间加入了一个科学实验室外，萨缪尔森不是在他的办公室里研究经济学，就是出席各种研讨会和学术会议讨论经济学，或者给政治家提供经济学专业咨询，为新闻媒体撰写经济学评论文章，甚至待在家里一边跷着腿逗孩子们玩耍，一边思考经济学问题。虽然他可以在经济学之外获得乐趣（本书提到了他的许多朋友记得的一些场景），而且是一名狂热的网球爱好者，但是经济学从未远离他的脑海。他的生活只有和他的经济学相互关联时，才有意义。因此，有足够的理由认为，本书是一本萨缪尔森的思想传记——关于他思想演变的故事——而非他的个人生活史。

　　而且，即使我们想要详细地描述萨缪尔森的一生，也是不可能的。任何传记都会受到原始资料的限制。很少有研究对象留下足够的资料来回答传记作家想问的每一个问题，萨缪尔森也不例外。他的文件装满了155 个箱子，仅信函就有 70 多箱；它们内容广泛，却不够全面，例如他在学生时代的活动就未得到详细记录。他的信函表明，他学生时代的笔记至少保存到了 20 世纪 40 年代末，但最终似乎没能留存下来。装满未发表论文的箱子里有一些他在学生时期的论文，但这些肯定只是他所写论文的一小部分。他的成绩单只能显示他为了拿学分而去修的那些课程，这使我们对他旁听的其他许多课程所知寥寥。关于他如何以及在哪里遇到了许多他自称熟识的老师，没有留下任何记录。他所教授课程的信息也不完整。现存的他的一些学生的笔记表明，他早年曾给学生布置过一些阅读资料，而书面的推荐阅读清单却可能从未存在过。他在第一个外部资助的研究项目结束时所写的报告已经佚失，因此我们不得不猜测该研究取得了什么成果（或者更有可能是未取得任何成果）。由于他和期刊编辑部都没有留下相关记录，他投给期刊的论文资料和审稿人对论文的反馈情况都不甚完整。虽然《经济分析基础》（*Foundations of Economic Analysis*）的出版史在哈佛大学出版社的档案中有详细记载，但他的教科书的早期历史就不太清楚了：麦格劳-希尔（McGraw-Hill）出版公司中的相关档案即使还存在，也还没有找到。还有一个问题是，他与朋友、老师和同事的大部分交流互动都缺乏书面记载。他也未留下任何类似于订婚日记的东西。

　　萨缪尔森一直在讲述自己的人生故事，并且常常把这些故事与他所认识的其他人联系起来，但这些故事并不系统。人们关注的是那些佐证了他作为一个自学成才的神童，对经济学一见钟情这个自我形象的事件。他喜欢追忆过往，特别是哈佛经济学的黄金年代，并对他的老师和朋友们所取得的成就赞誉有加，他们经常被他当作希腊或罗马神话中的诸神那般崇拜。晚年，萨缪尔森开始撰写自传，但只写了他早年生活的一些经历后便放弃了。他写道，当成功到来时（他把这个时间追溯到 1940 年，那时他年仅 25 岁），写自传也变得兴味索然。就连对自己哈佛岁月的描述，他也只是从之前发表的一篇文章中摘录了一些素材。他的这些回忆在我们搜集整理传记资料时非常珍贵，但是它们需要被谨慎对待。除非对支持他想要提出的主张必不可少，否则，他通常并不愿意提供更多细节。例如，当被问及他的数学教育时，他列出了他曾上过的数学领域的课，但刻意模糊了是谁在什么时候教过他。在他看来，提问者似乎对他所称的他的数学基本上是自学成才的颇有怀疑。为了写作本书，我们必须从各种来源中梳理出细节，即便如此，它们也不够完整。

还有一个更深层次的问题是，萨缪尔森在一些地方所说的话，显然是为了给他人留下良好的印象，而由于缺乏其他资料来源，我们不可能把事实和他想要表达的观点区分开来。例如，他对自己和哈罗德·赫钦斯·伯班克（Harold Hitchings Burbank）初次见面的描述，意在表明他既大胆又自信，敢于对抗这个他所蔑视的反犹太主义系主任。一些读者会怀疑他关于这次见面的描述是否可信。如果萨缪尔森像他说的那样行事，他肯定会给反犹分子一个拒绝其进入哈佛大学的充足理由。在许多情况下，我只是摘录萨缪尔森的相关叙述，其他的就留给读者自行判断它们是否应该被解读为事实报道，抑或只是揭示了萨缪尔森个性和态度的自传式描述，因而他没有必要告诉我们公正的旁观者将会如何看待它们。这么做确实意味着我们这本传记在一些地方接近于自传，但这些自传性的例子只是匆匆带过，而且在整本书中，它们所处的语境亦非由主人公提供。

虽然故事围绕一位经济学家的生平展开，但本书提供了萨缪尔森所属的一个相互重叠的经济学家群体的肖像，他们来自芝加哥大学、哈佛大学、麻省理工学院和战时的华盛顿。因此，作者有意识地使本书的部分内容，既成为萨缪尔森本人的写照，又成为与之交往的人们及他所接触的思想的写照。之所以强调这一点，是为了解释萨缪尔森思想发展的背景，揭示它们和过去之间的关联；否则，当读到萨缪尔森的著作时，人们将不会把它们明确地代入后来所发生的事情的背景中。艾伦·迪雷克托（Aaron Director）、弗兰克·奈特（Frank Knight）、雅各布·瓦伊纳（Jacob Viner）、保罗·道格拉斯（Paul Douglas）、莱纳德·克拉姆（Leonard Crum）、约瑟夫·熊彼特（Joseph Schumpeter）、埃德温·比德韦尔·威尔逊（Edwin Bidwell Wilson）、戈特弗里德·哈伯勒（Gottfried Haberler）、瓦西里·里昂惕夫（Wassily Leontief）、阿尔文·汉森（Alvin Hansen）和劳伦斯·克莱因（Lawrence Klein）等经济学家的著作，对理解萨缪尔森以及他参与其中的经济学的转变过程至关重要。他们中的一些人相对鲜为人知，或者他们因后来的著作才被人熟悉，因此他们的思想必须得到详细的描述。

　　强调上述内容颇为重要，因为我把萨缪尔森解读为一个连接两次世界大战之间多元化的经济学与二战后出现的更狭隘的、更加理论化和数学化的"新古典"经济学的过渡性人物。对比萨缪尔森的经济学方法及其老师们的经济学方法后可见，描绘出这种转变的图景也是很重要的。虽然他并非单枪匹马地促成了这一转变（那样说无疑荒谬之极），但是他和他的朋友及同事所组成的不断壮大的群体对经济学的研究，确实体现了这种新的经济学研究方法。我在本书中讲述的萨缪尔森一个人的故事，同时也是一系列互有交集的经济学家群体的故事，他们共同见证了经济学发生剧烈变化的一个时期。

　　如何组织一本萨缪尔森的传记也是个问题，因为贯穿他智识发展的主线不止一条，它们之间交错重叠，但又存在一些明显的时间间隔，尤其是他 1935 年从芝加哥大学搬到哈佛大学，1940 年又从哈佛搬到麻省理工学院（后面这个时间节点不是很明显，因为从芝加哥到哈佛大学所在地剑桥市有将近 1000 英里 [①]，而从哈佛到麻省理工学院大约只有两英里，因而他继续住在离哈佛很近的地方）。对于他的学生时代，我可以按学年先后采用一种大致的时序结构来介绍，然而，他搬到麻省理工学院并进入政府部门工作后，这种结构就被打乱了。为了避免在不同的主题之间跳来跳去，有必要脱离严格的年表顺序。本书最初的草稿严格遵循时间顺序，虽然它显示了萨缪尔森如何同时兼顾多项活动，但对那些试图追踪其思想发展脉络的读者来说，却颇令人困惑。

　　萨缪尔森的个性及其社交网络，对我们理解他的智识发展和他在美国经济学领域的地位至关重要。然而，虽然他喜欢成为人们关注的焦点——他也确实做到了，但是，事实上他是一个相对内向的人。因此，重现他的日常活动以及他与家人和朋友之间的互动，殊为不易。在他的书信中，偶尔有零星记载，这些都被尽可能多地代入叙述中，但也仅此而已。其中，最重要的可能是他和玛丽昂·克劳福德（Marion Crawford）的关系，两人于 1938 年结婚。现有的证据表明，玛丽昂在他事业早期扮演的角色是实质性的，可能远远超出了本书所记载的范围。

　　阅读本书的许多经济学家，或许希望我把萨缪尔森的早期研究和他后来的研究联系起来。显然，如果他没有成为经济学领域的一名重要人物，本书就不可能问世。人们也不会忘记 1948 年后发生在他身上的事情。然而，我尽量把自己对他后来学术生涯的了解置于一旁，尽可能少地把他后期的研究代入他早期的研究中进行解读。鉴于萨缪尔森很少会错过谈论自己或赞美朋友的机会，这使我面临以下写作风险：相对于我所选

---

① 1 英里 ≈1.6 千米。——编者注

择的资料，那些比我更熟悉他后期部分著作的读者，可能会从中发现一些证据，而如果我事先知道这些证据，我无疑会把它们考虑在内。虽然我从他后期的著作中吸收了一些与他早年生活相关的素材，但是我认为这是值得付出的代价。萨缪尔森曾对亚伯拉罕·林肯（Abraham Lincoln）的传记赞不绝口，因为它写得就像读者不知道接下来会发生什么。我也尝试着这么去做。

尽管萨缪尔森自称天生就是一名经济学家，并对经济学一见倾心，但这位早熟的经济学家并未完全定型。青年时期的萨缪尔森并不是一个纯粹的"新古典"经济学家，而是试图把数学理论和完全植根于两次世界大战之间的、实用主义的、经验主义的、不那么抽象的经济学思想（它们中的很多都可以归入"制度主义"范畴）融为一体。在试图重现一个其经济学思想并不像人们通常认为的那么"正统"的经济学家的过程中，我可能有点走过了头，但我认为，为了使青年萨缪尔森像如今声名卓著的成年萨缪尔森那样得到人们更多的解读，我有必要冒这个风险。1948 年以后的萨缪尔森究竟在哪些方面显著改变了他的思想，将是下一卷讨论的问题。

◆ ●●　●　●● ◆

如果没有利华休姆信托基金（Leverhulme Trust）的支持，我不会开启这个项目；基金会给我提供了一份重大项目研究资助金，让我在 2011—2014 年的三个学年得以从我的全部教学和管理职务中脱身出来。我要感谢基金会和伯明翰大学经济学系的同事们对我的支持。然后，我要衷心感谢杜克大学的档案管理员威尔·汉森（Will Hansen）、伊丽莎白·邓恩（Elizabeth Dunn）和他们的同事，他们在工作职责之外给了我很大的帮助，使我系统地阅读了那里收藏的萨缪尔森的许多论文和其他资料。我在哈佛大学和麻省理工学院的档案室花了大量时间，那里的工作人员允许我阅读许多珍贵的资料。我还要感谢美国国家档案和记录管理局（NARA，马里兰大学帕克分校和马萨诸塞州沃尔瑟姆市）、耶鲁大学、康奈尔大学、威斯康星大学麦迪逊分校和哥伦比亚大学的档案保管员。迈克尔·阿伦森（Michael Aronson）帮我获得了哈佛大学出版社存档的论文资料。奥拉夫·杰克霍尔特（Olav Bjerkholt）、胡安·卡瓦哈利诺（Juan Carvajalino）、比特丽斯·切里耶尔（Beatrice Cherrier）、巴德·科利尔（Bud Collier）、卢卡·菲奥里托（Luca Fiorito）、戴维·莱德勒（David Laidler）、戴维·利维（David Levy）、戴维·米奇（David Mitch）、佐藤保西沢（Tamotsu Nishizawa）、马克西姆·德玛莱斯-特伦布莱（Maxime Demarais-Tremblay）和唐纳德·温奇（Donald Winch）等人，也协助我获取了许多档案资料。安德鲁（Andrew）和瑞柯·弗莱（Reiko Fry）帮我翻译了日文版的都留重人（Shigeto Tsuru）自传的相关资料。

此外，我尤其要感谢一些最接近萨缪尔森的人。在项目开始时，罗伯特·索洛（Robert Solow）慷慨地投入大量时间阅读了许多章节，并提出宝贵建议。我还从与罗伯特·毕晓普（Robert Bishop）、彼得·戴蒙德（Peter Diamond）和詹姆斯·波特巴（James Poterba）的交谈，以及与肯尼思·阿罗（Kenneth Arrow）、威廉·鲍莫尔（William Baumol）、亨利·曼内（Henry Manne）、芙洛·康韦（Flo Conway）和吉姆·西格尔曼（Jim Siegelman）的电子邮件往来中受益匪浅。我欠贾尼丝·默里（Janice Murray）一个巨大的人情，既因为她的慷慨帮助，还因为她在杜克大学把萨缪尔森的论文存档之前做了大量的组织协调工作，她帮助我纠正了许多错误。萨缪尔森家族的成员，特别是玛妮·克劳福德·萨缪尔森（Marnie Crawford Samuelson）和安妮塔·萨默斯（Anita Summers），提供了宝贵的意见和信息。

斯蒂文·米德玛（Steven Medema）、佩里·梅尔林（Perry Mehrling）、玛丽·摩根（Mary Morgan）和罗伊·温特劳布（Roy Weintraub）辅助我规划了该项目并在前期提供了重要支持，罗伊在麻省理工学院组织了一次经济史会议，聚集了很多对我有帮助的人。杜克大学政治经济史研究中心的朋友们一直非常支持我，他们也是书稿中一些章节的批判性读者。凯文·胡佛和凯瑟琳·胡佛（Kevin and Catherine Hoover）夫妇给我提供了住宿，让远离家乡在档案室工作的我感到更加亲切自然；往返于校园之间使我有机会在凯文的督促下，更仔细地去思考我发现的一些资料。凯文还阅读了整部书稿（考虑到它比成书粗糙得多，这无疑是一项艰巨任务），指出了不计其数的错漏和写得很糟的地方。比特丽斯·切里耶尔致力于研究麻省理工学院的经济史，她一直是我忠实可靠的求助对象；杨·吉劳德（Yann Giraud）亦然，他专注于研究萨缪尔森的教科书。萨缪尔森在鲍曼委员会（Bowman Committee）工作的内容以及他和鲁珀特·麦克劳林（Rupert Maclaurin）合作的内容，取材于我和哈罗·马斯（Harro Maas）共同撰写的两篇论文。也许最大的亏欠（这么说是因为我亏欠别人甚多）是斯蒂文·米德玛，他在我写好每一章后几乎很快就读完它，提醒我写作中存在的问题，并就后续内容给我提供了无穷的思路。他还对整部手稿给出了详细评论，纠正了一些细节，提出了若干新问题，并促使我以一种更容易理解的方式来组织材料，然后他还会对第二稿发表评论。佩里·梅尔林对我理解阿尔文·汉森以及他和萨缪尔森的关系帮助颇大，胡安·卡瓦哈利诺同我分享了很多他的博士论文中关于埃德温·比德韦尔·威尔逊（Edwin Bidwell Wilson）和萨缪尔森的宝贵观点。罗伊·温特劳布帮助我思考数理经济学和如何处理萨缪尔森的犹太人身份问题。我还获益于匿名读者对手稿的评论，以及那些在会上引用到书中材料的研讨会和与会者。但我并未采纳所有这些建议。尽管我也很想把书中的优点归功于自己，把书中的缺点推脱给他人，但任何错误都是我的责任。最后，但绝非最不重要的一点是，我的妻子安（Ann）不得不忍受过去 5 年我对萨缪尔森的痴迷，而且这种痴迷未来可能尤甚。

感谢罗伯特·C.默顿（Robert C. Merton）允许我引用萨缪尔森和他合作撰写的论文；感谢日本一桥大学（Hitotsubashi University）经济研究所允许我引用都留重人的论文；感谢芝加哥大学图书馆特藏研究中心允许我引用罗伯特·哈钦斯（Robert Hutchins）的论文；感谢哈佛大学允许我引用其档案馆保存的资料；感谢麻省理工学院档案馆允许我引用其馆藏资料。

本书手稿利用 Scrivener 软件写就，这使写作过程变得简单许多。在处理我从档案馆拍摄的数万张照片、将每张照片转换成 PDF 格式并进行搜索方面，苹果公司 Mac 电脑的数据库程序 Devonthink 起到巨大作用。索引等则使用 Sente 软件处理，我用它来给手稿和出版物进行分类。

导　言

保罗·萨缪尔森和现代经济学

　　1947 年 12 月 28 日，在芝加哥的尼克博克酒店（Knickerbocker Hotel），即将离开学术界去美国参议院长期任职的美国经济学会（AEA）主席保罗·道格拉斯，把学会的第一届约翰·贝茨·克拉克奖（John Bates Clark medal）授给了保罗·萨缪尔森。该奖项每两年颁发一次，授予 40 岁以下公认对经济学做出巨大贡献的经济学家，它标志着萨缪尔森已跻身新一代美国经济学家佼佼者行列。道格拉斯称，萨缪尔森"对就业、生产、分配和价值理论做出了极具影响的贡献"，他本可以在这一长串的贡献中，加入消费者理论、国际贸易理论和福利经济学。[1] 3 个月前，哈佛大学出版社刚刚出版了一本以萨缪尔森 1940 年年仅 25 岁时撰写的博士论文为基础的书，书名《经济分析基础》揭示了他在经济学上的雄心壮志：提供一个之后所有的经济分析都可以据此展开的分析框架。获奖 5 个月后，萨缪尔森在麦格劳-希尔出版公司出版了教科书《经济学：入门分析》（*Economics：An Introductory Analysis*），在这本书里，他重塑经济学的抱负再次得到了证实；这本书几乎囊括了美国大学经济学教学的所有领域，并且给萨缪尔森带来了巨额财富。

　　在接下来的 30 年里，萨缪尔森的雄心壮志显然变成了现实。到 1970 年，他在《经济分析基础》中所发展的技术已经成为研究生课程的核心内容，他的入门级教科书也出到了第 8 版，多年来一直主导教科书市场。他在麻省理工学院的辛勤耕耘，极大地推动了一个只专注于向工科学生教授基础经济学的院系，使其一跃成为世界顶尖的经济学院系之一。[①] 萨缪尔森还成了一个著名的经济时事评论员，定期为各大报纸撰稿，他的许多文章在世界各地同步刊载。他曾担任约翰·F．肯尼迪（John F. Kennedy）总统的经济顾问，且被认为是在后来人们所称的黄金时代占据经济政策主导地位的凯恩斯经济学的美国领军人物之一。1970 年，他成为第一个获得诺贝尔经济学奖的美国人，"因为他的科学研究发展了静态和动态经济理论，为提高经济科学的分析水准做出了积极贡献"[②]。除了那些认为自己更有资格的人，绝大多数经济学家想必都会支持这一评价。"萨缪尔森"已经成为全世界经济学领域一个耳熟能详的名字。

　　萨缪尔森获得约翰·贝茨·克拉克奖时，年仅 32 岁。尽管他尚处于一个极其高产的学术生涯的早期阶段，但这个奖项和他的两本书的出版，以及他被评为麻省理工学院的正教授，标志着他的经济学思想和他在经济学界的地位得以确立。这一阶段构成本书的重要主题，即从 1932 年开始（当时他还是芝加哥大学的本科生，第一次接触经济学），至 1948 年结束，在这 16 年间，经济学发生了翻天覆地的变化。这些变化中最著名的

---

① 在 1964 年的一项调查中，麻省理工学院经济学系排在第二位，仅次于哈佛大学，其中的许多系主任和初级学者则把它和哈佛并列排在第一位。人们认为，麻省理工学院拥有全美最具吸引力的研究生项目。而在 1957 年的类似调查中，麻省理工学院甚至不在其列（Cartter，1966，第 34—35 页）。

② 1969 年的第一届诺贝尔经济学奖颁给了两名欧洲经济学家，分别是 1895 年出生的拉格纳·弗里希（Ragnar Frisch）和 1903 年出生的简·丁伯根（Jan Tinbergen），他们因绝大部分完成于 20 世纪 30 年代的动态统计模型研究而获奖。参见网址 http://www.nobelprize.org/nobel_prizes/economic-sciences/laureates/1970/samuelson-facts.html，2015 年 9 月 25 日访问。

便是"凯恩斯革命"（Keynesian revolution），它涉及一种关于经济理论和经济政策实施的、与国民核算中的一场革命密切相关的新的经济思维方式①。这一时期也见证了数理经济学和使用形式化统计方法（计量经济学）的经济数据分析，由少数经济学家关心转变为在经济学中居于稳固地位。美国经济学也从一门缺乏占主导地位的理论框架，以及"制度主义者"（他们试图把自己的思考建立在可靠的数据上）和"新古典经济学家"（他们认为抽象数学理论的作用更大）之间存在分歧的多元化学科，转变为一门"新古典经济学"（neoclassical economics）占主导地位的学科。² 在这些发展过程中，萨缪尔森起到的作用是如此重要，以至理解了他的学术发展脉络，也就理解了这个剧烈变革时期一些最重要的发展脉络。因此，本书讲述的是一个既和萨缪尔森有关，又和他在其中扮演了重要角色的经济学转变有关的精彩故事。

---

① 国民收入或国民生产总值（GNP）的概念——如今经济论述中的一个常规部分——直到 20 世纪 30 年代才被确定，而更广泛的国民核算体系（国民生产总值是其组成部分），直到 20 世纪 40 年代才有了正式规定。

第一部分

早年时期

1915—1935 年

第 1 章

童 年

俄罗斯-波兰血统

1915 年 5 月 15 日，保罗·安东尼·萨缪尔森出生在美国印第安纳州的加里（Gary）。[1] 他的父母在第十七大道和百老汇交叉路口开了一间药房，保罗就降生在这间药房楼上的办公室里。保罗的父母是来自波兰苏瓦乌基（Suwalki）的犹太移民，该地离波罗的海不远。苏瓦乌基的归属问题颇有争议，它在不同的历史时期曾属于东普鲁士、波兰或俄罗斯的一部分。关于保罗的家族史，有许多未解之谜，甚至包括他父母的确切年龄。保罗的父亲来到美国的埃利斯岛后，才开始使用弗兰克·萨缪尔森（Frank Samuelson）这个名字。当保罗发现他们的姓氏无法追溯至中世纪时，他"对欧洲的所有事物都产生了一种弗洛伊德式的兴趣缺失"。保罗对自己的祖父母一无所知，但是这从未困扰过他，"就算 1925 年前后我的家族仍然有人生活在欧洲，我也未曾对此产生过任何好奇或兴趣"。[2] 保罗了解到的关于自己家族的一切，都是在很久以后从和母亲的谈话中得知的。在他的母亲 80 多岁时，他的父亲去世了。"萨缪尔森"这个姓氏是保罗一位叫"吉米叔叔"的亲戚选的，他比保罗的父亲弗兰克早几年来到埃利斯岛。[3]

保罗知道（或者说他认为自己知道）他的母亲埃拉·利普斯基（Ella

Lypski）生于 3 月 19 日，年份则是 1885 年到 1888 年之间的某一年，地点在她所在地区的首府苏瓦乌基。保罗的父亲（那时他尚未改名）叫埃弗拉伊姆（Ephraim），生于 1886 年，住在拉特茨基（Ratzki）①的一个小村庄，19 世纪 80 年代时，这个村庄位于东普鲁士的边境。虽然埃弗拉伊姆没有取得居住许可，但是这个地理位置却让他能够在东普鲁士做贩马生意。不到 15 英里的地理距离，已经足以让埃拉清楚地意识到她和保罗父亲之间存在的阶层差距，尽管保罗觉得母亲对她的家庭状况多少有点自夸。埃拉的父亲是一个小麦商人，在第一段婚姻中育有 3 个女儿——伊娃（Eva）和另外两个，在第二段婚姻中和第二任妻子（其娘家姓爱泼斯坦）育有 6 个孩子：范妮（Fanny，生于 1888 年）、埃拉、阿尔弗雷德（Alfred，生于 1887 年）、弗兰克（Frank，生于 1891 年）、诺曼（Norman）和萨拉（Sarah，生于 1894 年）。[4]埃拉的母亲和保罗父亲弗兰克的母亲是姐妹，所以他们两人是表亲。

　　像同时代的典型东欧人一样，这个家族中的许多人都前往美国寻找挣钱的机会。保罗的外曾祖父在美国独立战争之前就只身去到美国，最后带回了一些存款。保罗推测，正是这些存款让埃拉觉得她的家境更优渥，尽管她更喜欢说那些钱是从"西班牙"王子那里得来的。伊娃在 1885 年离开俄罗斯去了美国，她最终成了北达科他州汉金森（Hankinson）[5]一间杂货店经理的妻子。保罗的父亲弗兰克大约是 1904 年[6]离开的，他第一次到纽约时还是一个十几岁的孩子，之后又同一些亲戚去了芝加哥。他的动机毫无疑问是为了赚钱，但他不想参加俄罗斯军队也是另一个原因。对此，保罗曾有如下描述："出于波兰天主教信仰，他愤恨俄罗斯军队对周边国家的粗暴以及其他更野蛮的行径。"[7]

　　埃拉早在弗兰克离开俄罗斯之前就与他相知相恋。尽管弗兰克一家

---

① 　保罗把它拼成了"Rotzk"，但它的确切名字似乎是"Ratzki"。

的社会地位较低，但是他的蓝眼睛却让埃拉着迷，她决定跟随弗兰克去美国。[8] 在埃拉父亲的小麦生意中，当存货不足时，父亲通常会借钱补货。意识到父亲又一次要负债经营后，埃拉向他索要了一小笔钱，作为去纽约的路费。她的计划是先去北达科他州找伊娃，提高自己的英语能力，然后搬到离弗兰克近一些的地方。当时，弗兰克正在芝加哥的一所医学院学习。这个计划成功了。虽然埃拉已经快 20 岁[9]，但她只能进入汉金森一所学校的五年级。一开始，她和一些 10~11 岁的孩子一块学习，其中就包括她窘迫的表妹黑兹尔（Hazel）。但是三周以后，她就进入了17~18 岁学生所在的年级。完成学业后，埃拉搬到了芝加哥，并恢复了和弗兰克的关系。埃拉在芝加哥两家大型百货商店找到了工作，后来她的妹妹索菲（Sophie）也步了她的后尘。1910 年人口普查时，埃拉和弗兰克居住在芝加哥，一间大屋子容纳了这两个家族中的诸多成员。[1]

1912 年，弗兰克完成他的药剂师学业后，在芝加哥开了一家药房，这增加了他和埃拉结合的可能。但因为他们是表亲，根据伊利诺伊州的法律是不允许结婚的，所以他们私奔到了威斯康星州的基诺沙（Kenosha），该地的法律要宽松一些。两人没有留在芝加哥，因为埃拉的弟弟（他也叫弗兰克，既是一个药剂师，又是一个善于经商的人）告诉他们，在加里有一个叫克兰（Kline）的先生想搬到芝加哥学医。克兰很乐意用他在加里镇中心的生意与住在拉什医学院（Rush Medical School）附近的人做个交换。这在后来被证明是一个对双方均有利的交换：克兰先生成了克兰医生，并且显然一切都很顺利；弗兰克和埃拉则获得了在镇中心的一份事

---

① 他们包括埃拉的妹妹范妮和萨拉，她的弟弟阿尔弗雷德和弗兰克·利普斯基（Frank Lypski，他于 1905 年移民到美国，比弗兰克·萨缪尔森晚了一年），以及范妮的丈夫雅各布·施泰纳（Jacob Steine，他是弗兰克·萨缪尔森的表亲）。我们很容易怀疑施泰纳就是前文提到的爱泼斯坦家族成员。

业，两年后这份事业开始蒸蒸日上。

在保罗小时候，加里的繁荣要归功于第一次世界大战。在 1917 年美国宣布参战之前，战争就已增加了对钢铁的需求。在一个以钢铁为主导产业的美国小镇，这样的高需求带来的是工人薪资的高涨和工作时间的延长。1 小时 1 美元，1 天 12 个小时，1 周 7 天，意味着钢铁工人 1 周就可以赚到 84 美元，这样的薪资在当时可谓相当可观。在这种工作强度下，工人根本没有时间休息，当他们感觉胃痛、支气管受感染、背痛或者得了其他小病时，他们通常会求助于药剂师。保罗曾回忆起父亲如何开具由他自己调配的处方药，比如氯化亚汞（现在被认为是有毒的，当时却被用作止泻药）、阿司匹林或者外用酒精等。由于在自己家里调配的药品具有超高的边际利润，这无异于一座金矿。弗兰克能讲多种东欧地区的语言，这让他有机会利用这个优势为大量移民劳工提供诊疗服务。但是，在变得富裕的同时，弗兰克几乎不能离开药房寸步。后来，在他"精明"的妻弟阿尔弗雷德的怂恿下，他在一连串糟糕的投资中损失惨重。包括妻弟和保罗的舅舅弗兰克在内的 5 个兄弟都是药剂师，尽管舅舅弗兰克在这 5 人中并非那么聪慧，但他在投资领域却小有成就。

哈罗德（Harold）出生 9 个月后，保罗的父母举办了婚礼；两年半后，保罗降生了。尽管经济条件宽裕，保罗一家还是住在药房后面一间拥挤的公寓中，安东尼奥·乔吉（Antonio Georgi）医生则住在药房楼上的办公室里。[10] 保罗后来曾这样形容乔吉："（他是）一个医术高超的人，能通过手术治愈除普通感冒外的很多疾病。我只有在扁桃体发炎甚至肿大的时候，才能'幸免于难'。他个子不高，容易激动，长相帅气。"[①] 乔

---

① 保罗把乔吉医生的外表比作意大利经济学家皮耶罗·斯拉法（Piero Sraffa），后者的照片可以参见 https://en.wikipedia.org/wiki/Piero_Sraffa。

吉在保罗父母药房的成功经营中发挥了重要作用，在安格鲁斯山（Mount
Angelus）医院药房的经历，使他有能力辅助保罗父母顺利地经营处方药
业务。1915 年 5 月 15 日，乔吉在他的办公室接生了保罗。他试图以自己
的名字"安东尼奥"给这个新生儿命名。最后，经过一番考虑，大家妥
协了，他们以乔吉医生的儿子保罗的名字给新生儿命名，然后用"安东
尼"作为他的中间名。25 年后，在日军偷袭珍珠港前不久，当保罗期待
他的官方出生证原件寄达时，他发现乔吉医生已经自行决定了他的姓名：
保罗·安东尼奥·萨缪尔森。[11]

农场和药房

　　保罗的父母住在加里镇，但是从 1 岁 5 个月到之后的五六年，保罗
有一半时间住在家里，另一半时间则住在一个农场里，由一对类似于
养父母的夫妇照看。从 1916 年 11 月开始，保罗同戈登（Gordon）夫
妇——那时他习惯叫他们弗丽达阿姨和山姆大叔—— 一起住在瓦尔帕莱
索（Valparaiso）和霍巴特（Hobart）之间一个占地 100 英亩[①] 的农场里。
戈登夫妇是保罗父母在一个农产品买主的葬礼上结识的朋友。[12] 晚年谈
及此事时，保罗对自己被父母以不知晓的理由"遗弃"在外颇怀怨愤。
但是，他也写道，除了父母在探望后的离开会让他伤心难过外，他在农
场的其他日子过得非常快乐。60 多年后，保罗回忆起那段农场时光说：
"历历在目，并且对我来说弥足珍贵。"[13] 他将戈登夫妇视同祖父母。正
是弗丽达阿姨允许 4 岁的保罗剪去长鬈发，在那头母亲和亲戚都钟爱但
他自己并不喜欢的头发被剪掉后，保罗第一次拥有了一个男孩子的发型。

---

① 1 英亩 ≈4047 平方米。——编者注

弗丽达阿姨要比山姆大叔年轻 20 岁，保罗认为她也最聪明。在未出版的一部最长的自传中，保罗将自己在农场的这段时光形容为"印第安式的田园诗"（Hoosier idyll）[14]，尽管在别的地方他含糊地说它更像"被流放到阿卡迪亚（Arcadia）"。[15]

　　人们听到这些童年经历时也许会有些吃惊。当我长大成人后再回想那些日子，让我感到惊讶的是一切都很顺利。（弗洛伊德和荣格无疑会对这种"自满的压抑"嗤之以鼻。）那时候，一切看起来都是那么自然而然。我已经不记得更早的事情，只记得我刚到农场时，手上还拿着奶瓶，但很快就被弗丽达阿姨强制断了奶。后来我才知道这是因为每天 1 美元的费用问题，这当中包含了食物、寄宿，以及给我的关爱。[16]

　　戈登夫妇有一个工作农场，保罗记得那里有 10 头奶牛、4 匹马，以及猪、鸡和其他家禽。那时候没有机械装置，没有室内管道，没有自来水，也没有电，尽管保罗辩称那时的生活也没有那么原始。[17]因为并无大量家务需要处理，他自己的日子过得就像一个"乡绅"。[18]

　　我们也没有室内取暖设施。一个铸铁的厨房炉子，既烧木炭也烧煤块，散发出一股暖气，确实能加热洗涤和烹饪用的储罐水。此外，起居室里一个两层的调风器底下有一只火炉，就像 16 世纪画作中的那样。当我掀开毛毯时真的非常冷，在穿上衣服前我会把它们铺在调风器上，将它们焙热。冬天，我们会穿上既厚重又刺痒的内衣裤以及好多层的毛衣和外套，这不足为奇。

　　我们的主要水源供给是每个中西部农场都会有的大型水

车……厨房中有一个辅助手动泵，用来从水箱中抽取雨水，备足一周所需的洗澡水。如果家里有 5 口人，只有第一个洗澡的人能幸运地用上干净的水……我们在罗斯福新政前的日子里都没有电可用，只能靠蜡烛、灯笼还有煤油灯提供照明。由于光线不足，我们自然早早就上床休息，只在晨晓和黄昏时分阅读。7 年后，我的家人给我们送来了一台单管电池收音机。这样，在感恩节周末，我们就可以收听一年一度的陆军和海军足球赛事直播。

我们有了电话机！实际上还是两部：一部是贝尔电话；另一部是当地产的巴克艾（Buckeye）或吉斯通（Keystone）电话，它几乎没有被用过。你必须转动曲柄，才能接听和对讲。每部电话都接到一条多头通信线路上，我们家的连在一个 8 家共用的公共网络上。窃听是一个公平的游戏。每个人都可以听到别人的谈话，所以你能很好地了解你的邻居，甚至可以说是太过了解了。有时你想打电话给邻居，友好的中央接线员会告诉你，她正在瓦尔帕莱索购物。

当时还没有汽油拖拉机或者其他的农场机械设备来帮我们犁地。皮特和汤姆是两匹阉过的马，非常强壮，负责为弗丽达阿姨拉车。它们替我们拉过很多货车。我们从未在碎石路上铲过雪；雪橇车的轮子在冬天会被卸下来，如果路上的雪被铲走，那辆雪橇车就无法移动了。

印第安纳州的瓦尔帕莱索距离我们惠勒镇（Wheeler）仅仅 5 英里，它是波特县的所在地，也是购物中心。要去那里时，山姆大叔或者雇工会帮我和弗丽达阿姨给皮特套上马具。然后皮特要花上几个小时，而不是几分钟的时间，才能到达市镇广场中心有拴马柱的地方。（我曾见证汽油驱动的机器逐渐取代马力，每隔 5 年，拴马桩的数量就会减少一些。最后，它们彻底消失了。）

保罗早期的政治记忆也是从农场开始的。1920 年沃伦·哈定（Warren Harding）竞选总统期间，戈登夫妇在门上贴了一张哈定的照片。保罗还记得 1923 年哈定去世的那个夏天，消息传来时，他就站在那扇门口。但是，他最生动的记忆还是农场里的动物和发生在那里的故事。

> 我记得巴比是一条白色的柯利牧羊犬，还有皮特（它拉着我们的马和马车）和汤姆（它只有一只眼睛，我们认定它的另一只眼睛是在战争中失去的），莫莉则是一匹灰色的母马，我一直希望它会生小马驹（而没有意识到那些马就是她生的）。我们过去常常搭便车到惠勒，不论是穿过后面的田野，还是跨过潘尼斯桥（Pennsy bridge）。对一个小男孩来说，更远的旅行就是骑童车一路骑到威博特（Valpo，即瓦尔帕莱索），或者更难得的是，骑到霍巴特……对一个小男孩来说，步行四分之一英里的山路去取信也是一种冒险。我还记得在灯下读《草原农夫》（*Prairie Farmer*）的情景，外面很黑，窗户就像镜子一般，房间里显得那么舒适……

> 早晨，一边哆嗦着一边穿上从调风器上取下的衣服，感到一股从很少用过的起居室的火炉里传来的暖意。厨房里的暖气为烹饪和起居提供了热量。我记得我们通过添木头取火，但我想煤才是主要燃料。我还记得曾到水车泵那儿打过一桶水。我童年的最大精神创伤之一，发生在我们把水泵从自动风车换成手压泵的时候。我们必须从两个孔中取出一个螺栓，然后把两个相邻的（adjoining）[19] 活塞连接在一起。我被要求扶住较低的部分，但是它却从我手中滑落，手压泵的顶部沉入了井中，很可能需要一个专业人士来修理。我觉得自己当时特别丢脸。冬天，有时我是农场里唯一的孩子，这样我就能得到弗丽达阿姨百分之百的关注。这真是太开心啦！有一年，

我可能是得了猩红热被隔离，透过楼下的轮形窗户，我可以看到其他不被允许进来探望我的人。我还记得那辆小巧的、镀镍的火车汽笛在晚上发出的怪异声音。夏天的午后，穿梭在银白杨间的风平静得让人昏昏欲睡。我记得我们在莱斯特（Lester，山姆大叔的儿子）种下的柳树旁建了一个新的蓄水池。[20]

保罗还记得一些他认识的人，甚至称记得和他们的一些谈话。

莱斯特是我们帅气的英雄，他的金发中掺着一些红发。他大部分时间都在医学院。客厅的风琴上摆着他身着燕尾服的照片。我记得这架风琴原来是可以弹奏的。莱斯特应该是在某个夏天学会了咀嚼烟草；我太胆小了，连试都不敢试一下。我说过莱斯特曾和一个叫阿尔玛的女孩约会的事吗？那个女孩住在过桥以后大概往威博特去的方向。

我当然记得露丝和布拉德利小姐（莱斯特的两位老师）。她们每年夏天都会开着福特 T 型车去很远的地方。实际上，那时我们还没有统一的校车……我曾答应会带着弗丽达阿姨环游世界。这个誓言我从来没有兑现。我记得她的葬礼，还有山姆大叔的。我记得打谷时间，记得那棵我曾爬过也曾坐在上面眺望远方的苹果树。我们曾经偷窥女孩子们每周在浴盆里洗澡，太刺激了，甚至超过了看射杀奶牛。[21]

在同一封信中，他还提到上过的第一所学校戈登校舍（校舍只有一个房间，而且带有厕所），那儿的路是山姆大叔修的，他还有一片从那儿捡来的砖块。但是，他的老师埃塞尔·露丝（Ethel Ruth）小姐回忆说他记错了，保罗可能曾在那儿玩耍，但他并未在那儿上过学。露丝小姐对保罗印象深刻，她写道：

> 你比别的孩子都聪明，我需要多给你布置一些作业，让你一直有事可做，这样你才不会觉得无聊。来学校前，你的妈妈就告诉我："不要让保罗把胳膊撑在桌上，把头埋在手里。"但是我有两个年级的 40 个[22] 孩子要管，我没办法给你百分之百的关注。

此外，保罗的天赋不仅仅体现在学习上。露丝小姐写道："你还记得那晚由所有惠勒一年级和二年级的孩子表演的《三只小熊》音乐剧吗？你扮演里面的熊宝宝——剧中的明星，你的家人和朋友从加里镇和芝加哥赶来，他们为你感到骄傲。你有很多的独唱，也有很多的念白。"[23] 但是，保罗觉得露丝小姐把他和他的弟弟罗伯特（Robert）混淆了，罗伯特生于 1922 年，和保罗有着相同的经历。[24] 但是，罗伯特在那里待的时间比较短，可能只有暑假的时候，而且他从未像保罗那样对这段经历感到怨愤。[25]

保罗永远无法解释为什么家人会把他和兄弟们送到戈登夫妇那里。他家境优渥，所以应该不是出于经济上的原因。他的唯一解释是，母亲是一个事业型女性，而家庭事务妨碍了她。但是，根据他的回忆，也可能是因为他的父亲健康状况不好。在弗兰克年轻时，他的兄弟们都是娴熟的骑手，但他却久坐不动，这很可能是因为他患有风湿热。然而，尽管心怀怨愤，保罗还是写道，"这都是美好世界的一部分"，那些经历"并未真正离开，因为它们仍被记得，而且栩栩如生"。

保罗童年的另一个部分是加里镇家里的药房，直到弟弟罗伯特出生一年后的 1923 年，他们家才放弃这门营生。1923 年，保罗一家在戈登农场的"棚屋"里度过了夏天，然后他们搬到了芝加哥。1925—1926 年，他们住在佛罗里达州的迈阿密海滩附近，一场飓风引发的房地产泡沫破灭，让他们损失惨重。[26] 1930 年的人口普查记录显示，他们和一个叫赫尔曼·萨缪尔森（Herman Samuelson）的亲戚一起住在芝加哥。[27] 在那里，保罗的母亲经营着一家名为"种植园烤鸡"的餐馆，这让保罗感到匪夷所思，因为他从不觉得自己的母亲是个好厨子。[28] 在某段时间，他的父亲患了病，几乎成了一个残疾人。这种四处游荡的童年经历，让保罗在上大学前入读过 8 所学校。他后来回忆说，自己并没有发现这是一个问题，相反，他很喜欢这种经历带来的不同体验。

然而，无论是在家里还是在学校，保罗一直在接受教育，尤其是在他父亲的药房里。保罗很少提及他的父亲，在仅有的几次中，他写道：

> 对我来说，经营药房是一件很刺激的事。你可以得到免费的好时巧克力棒和樱桃可乐。我看着苏打水进入美国药房，然后又看着它退出。① 我很钦佩父亲能把蓖麻油或处方用可卡因打包得严严整整。（我想我永远不可能在这种需要精确折叠的打包活儿中脱颖而出。）在开处方药用的老式奥利弗打字机上打字是很有趣的。早期的药剂师从原材料中准备处方药时，往往都会使用研钵和研棒。在代数这门课进入高中一年级的数学课堂前，父亲就教我用巧妙的方法解联立方程。（70 华氏度的 8 盎司酒精，加入 73 华氏度的 12 盎司水中，会得到一种 72 华氏度的液体；还有一些更复杂的方法，用于计算医务人员的日常费用。）我还记得那些漫长的无聊时光，这时候，诺曼

---

① 虽然保罗父亲的药房可能尚未引进苏打水，但许多药房在 19 世纪确实已经有苏打水。

会读法国作家阿纳托尔·法朗士（Anatole France）的小说，或者仔细浏览几天前的《法国世界报》（*Le Monde*）。[29]

因此，或许是保罗在惠勒一年级的老师埃塞尔·露丝教会了他"读、写和计算"，而他的数学教育的重要部分却是在自己家里完成的。[30] 尽管保罗父母颇具语言天赋——他的父亲会讲波兰语和俄语，还能听懂"克罗地亚语、塞尔维亚语、斯洛文尼亚语、斯拉夫语、鲁特连语（Rutterian）①、捷克语、斯洛伐克语和立陶宛语"（他们将这些语言合称为"斯拉夫语"），母亲也掌握了拉丁语、法语以及俄语、波兰语和意第绪语，但保罗拒绝学习其他语言。[31] 他是个书生气十足的人，经常光顾加里镇的卡内基图书馆，这是一座有着古典风格石柱、非常宏伟的石砌建筑，于 1912 年开放。正是在那里，他读到了"古老的、19 世纪晚期的通俗读物"。这个时期的教育，包括缓解对爱丽丝身材发育的担忧。[32] 保罗将自己没有注意到弟弟即将降生的原因，归结为自己痴迷于看书。但是，尽管父亲确实有一本亚当·斯密（Adam Smith）的《国富论》，保罗却从未碰过。

保罗在很小的时候就知道自己家是犹太家庭。许多经常光顾他父亲药房的人都是犹太人，而且一份他所就读高中的同龄人名单显示，他的许多校友也是犹太人。在他们那一代人中比较罕见的是，保罗的父母没有践行他们家的宗教信仰，因此，犹太节日并不在他的成长经历中。多年后，不论碰到哈佛大学的反犹太主义话题，还是芝加哥大学不存在反犹太主义思潮的话题，他几乎都缄默不语。根据书架上的读物，保罗推断父亲是一个无神论者。

---

① 鲁特连语的确切所指不太清楚。

海德公园中学

保罗对加里镇和芝加哥的高中制度赞许有加，在加里时，他获得了跳级和换班许可。1928年至1931年12月，他在海德公园中学就读，学校离芝加哥大学不远，在那里他遇到了在学业上让他受益匪浅的老师。1982年，由于无法参加一场同学会，保罗寄去了一纸短笺，上面写着："我的所有成就和一切梦想，都源于海勒姆·本杰明·卢米斯（Hiram Benjamin Loomis）和比拉·休史密斯（Beulah Shoesmith）。"[33]海勒姆·卢米斯从1905年起任海德公园中学校长，直到1933年，70岁的他才因到了强制退休年龄而离开。保罗入读海德公园中学时卢米斯65岁，已经掌管该校23年，是当地社区颇有名望的人。他坚决要求本校老师每天上完7节课，并通过扣工资来防止老师们午餐后去做别的工作赚外快。[34]他还试图阻止秘密社团在学校兴风作浪，并曾因发现新选任的学校行政官员是这些社团的成员而要求重选。1928年秋天，就在保罗入学前，卢米斯要求每一个担任职务者或享有声望者，都必须在公证员面前发誓"在海德公园中学期间，绝不参加任何秘密社团"。[35]

在保罗读11年级那年，一名记者根据午餐时从学生中听到的事作了一幅海德公园中学校园生活画。75%的学生会到学校外面吃午饭。一群女学生谈论着她们可以从出租车舞会中赚到钱，他还注意到超过四分之一的午餐费被学生用来到附近商店购买淫秽明信片，就像退伍老兵依稀记得的在欧洲看到的那种。当然，也不都是坏事：

> 我们注意到有许多学生在杰克逊公园闲逛。他们中的一些人会偷偷在一个不起眼的公园长椅上牵手，而大部分人只是随便走走，一只眼睛盯着手表注意时间。许许多多十几岁的男孩女孩被高速行

驶的汽车带走。三四个外表出众的女孩则会被汽车驾驶座上的老年男子叫上车。

　　风气使然，你所知道的那种舞蹈，在体育馆里越来越流行。舞姿就跟大家在舞厅里看到的无异。舞会一结束，很少有成双结对离开的——一群女孩子就像男孩子们那样鱼贯而出。[36]

　　这位记者总结说，公立学校的好处之一是"学生们可以相互交往，通过一种书本上无法教授的方式发展个性。海德公园中学不比别的学校好，但也不比任何学校差"。

　　尽管报纸对海德公园中学的描述并非空穴来风，卢米斯校长却颇为不悦，在第二周给报社编辑的信中，他回应称一些学生买淫秽明信片可能是为了表示自己愿意和警方合作，以阻止它们的销售，他要求记者帮助曝光这些造谣诽谤的商店。他发现一些令人反感的书——法语和意大利语"经典文学"译本——在销售。[37]许多学生也站出来为学校辩护，他们抗议说曝光记者侮辱了其他95%的并未参与此类活动的学生。有趣的是，当中有个学生注意到，在海德公园中学，家长们确实有能力购买一些奢侈品，比如该记者所见的那种车。这些报道表明，卢米斯主政时，学校试图维持较高的道德治学标准，其所在地区并不像其他地方那样饱受大萧条的蹂躏。考虑到芝加哥的学校系统因多年管理不善而面临财务困境，这种治学态度对于海德公园中学无疑是非常重要的。从1929年12月起，许多老师开始无偿教学。部分老师在接触到贫穷和失业家庭的学生后，把自己的薪酬降到了最低。截至1932年5月，即保罗离开海德公园中学后不久，整座城市拖欠教师的薪酬达到人均1400美元。[38]保罗本可上一所公立学校，但是他也受到了大萧条的负面影响。尽管在这些报道中并不明显，但根据年鉴的名单和照片可以推断，海德公园中学有相当大的一部分学生是犹太人。

卢米斯是人们口中的海德公园中学的"伟大老人",其助理对他的高度赞扬并不亚于保罗:

> 卢米斯先生自始至终的善良,他的耐心,他的公平公正,他迷人的现代思想,使他获得了成千上万老师和曾就读于此的学生及通过学校认识他的人们的爱戴。卢米斯先生的退休仅仅是因为他到了退休年龄——今年夏天他就要满70岁了。这对他来说丝毫无关紧要,他不会因此受到任何困扰或影响。即使是对待成绩最差、最寒酸的学生,他也总是和蔼可亲,就像他对待区督学一样。我关于他的最后记忆是他站在杰克逊公园的棒球场附近,一头卷曲白发和范戴克式胡子在明亮的阳光下闪闪发光,正带着同孩子一般的喜悦和兴奋的学生们,以一个大联盟球员的技巧担任一场棒球比赛的裁判。他的三个儿子和两个女儿也都曾是海德公园中学的学生。[39]

尽管在一个人退休时对其评价出现夸张表述很正常,但这也有力地表明卢米斯校长对保罗的教育做出了重要贡献。

除了校长外,保罗点名大加赞赏的还有另一位在海德公园中学长期执教的老师比拉·休史密斯,她从1910年起就在这里教授数学。[40] 休史密斯毕业于芝加哥大学,她在数学教学领域的名声享誉全国。她开启了海德公园中学参加数学竞赛的先例,而且连续18年在威尔逊大专院校竞赛(一项芝加哥市范围内的数学竞赛)中获奖。[41] 在学校里,她被称为比拉·"等腰"·休史密斯,因为她经常会让新班学生做通常只有特别优秀的学生才能解出的平面几何难题,其中就包括等腰三角形。[42] 普林斯顿大学物理学家杰伊·奥里尔(Jay Orear)曾写道,在休史密斯教他那会儿,全校大约有 10 名学生参加数学竞赛，他们通常可以斩获前三名，这当然不可能靠运气做到。[43] 为了让学生学习数学的兴趣更浓，休史密斯提倡组建数学俱乐部，关于她的一篇文章在发表 10 年后仍然被人所引用：

> 伊利诺伊州芝加哥市海德公园中学的教师比拉·休史密斯女士，在一篇关于数学俱乐部的文章中说，她在数学俱乐部的代数谬误分析课激发了学生的巨大兴趣，未能加入俱乐部的学生请求观摩俱乐部上课；高年级学生对毕达哥拉斯定理的原始证明产生了极大热情，正在学习平面几何的学生开始问他们什么时候可以学习这个有趣的定理。这种浓厚的学习兴趣，正是任何一所高中数学课上都需要的。[44]

数学俱乐部解答问题时通常需要比在教室里讲得更加开放多样。在文章中，休史密斯解释道：

> 除了激发反应麻木迟钝的学生对数学学习的兴趣外，要在水平参差不齐的课堂上满足更聪明好学的学生的胃口也不容易，因此我们尝试在激发学生新兴趣的同时，不会挫伤他们原有的兴趣。尽管我们以加分形式鼓励更上进的学生对眼前的问题进行更深入的研究，并且通过其他方法呵护他们的兴趣，但令人遗憾的是，事实上课堂教学中需要的统一性很难激发学生的个体潜能。我们鼓励表现优秀的学生保持这种兴趣，通过开拓他们新的思维领域，激发他们潜意识中的数学潜能。数学俱乐部至少部分解决了这一难题，它的运作使学校对数学这门课程的态度发生了可喜的变化。[45]

在保罗就读期间，休史密斯显然在聪明的学生中贯彻了这个理念；

在保罗离开海德公园中学后不久，她向全国数学教师委员会提交了一篇文章，题为《我们欠聪明的学生什么？》。[46]

海德公园中学有两个数学俱乐部，分别是针对低年级学生的欧几里得俱乐部和针对高年级学生的毕达哥拉斯俱乐部，参加的门槛是课业成绩。休史密斯这样描述数学俱乐部：

> 当提出是否有可能组织一个小型俱乐部时，学生们往往热情高涨。在高中生看来，俱乐部一开始就应该有自己的章程、名字和徽章。每隔两周的周末，俱乐部会组织一堂一般课程，往往是一个半小时。课堂通常由高年级学生主持。课程委员会会就每堂课的主题同数学教师商讨，并敦促俱乐部学生提出问题和任何他们感兴趣和希望得到答案的主题。每堂课程都会提出下一堂课程的问题，这样学生们就会有两周时间提前思考问题。答题组会验证那些最早提交的答案的对错，并把它们以固定形式记录和保存下来。[47]

1945 年，休史密斯从海德公园中学退休，之后又在伊利诺伊理工学院执教了 5 年。1959 年去世时，她留下 100 多万美元遗产，她指定拿出 5 万美元在芝加哥大学设立奖学金。[48] 保罗就读海德公园中学时，正是美国股市从繁荣到 1929 年大崩盘之间，他对这一时期发生的事情产生了浓厚兴趣。他回忆说自己曾帮休史密斯挑选股票，"在赫普汽车和别的一些股票上亏了钱"。[49] 保罗不是唯一在得知她留下如此巨额遗产时深感震惊的人，因为她的成功和保罗印象中每天穿着同一套衣服的那个人反差极大。[50] 休史密斯教授保罗代数和几何，以及"立体几何和大学代数的高级课程"。[51] 保罗回忆说，由于学校旧式的教学太枯燥，他跳过了三角函数的学习。但在海德公园中学"故事作家协会"主办的刊物《卷轴》（*The*

Scroll）上，他撰写的一篇短篇小说中倒确实出现了三角函数课。[52] 那是一段对话，一个学生告诉另一个学生说他喜欢上了夏令营中的一个女生，然后又喜欢上了三角函数课上的一个女生，他需要朋友劝他现实一些。尽管表现明显优异，但保罗后来说自己是一个后进生，因为"做好事情"并不意味着他付出了刻苦努力。这或许解释了为何 1929 年时他是欧几里得俱乐部的一员，而根据学校年鉴，他却并未加入毕达哥拉斯俱乐部。

尽管保罗对加里的学校制度赞赏有加，但他认为搬到芝加哥并入读海德公园中学是非常重要的。他认为，如果父母没有在他 8 岁时离开加里镇，"我可能会成为一名电焊工或印刷商，同时热衷于对莎士比亚文学的前沿研究"。[53] 他将自己在数学和物理学上的成就追溯到海德公园中学时期，并把它归功于休史密斯的教诲。他这么说似乎意味着已将那些泡在加里镇图书馆和在加里家中翻阅 19 世纪经典文学的时光抛于脑后。

学校年鉴和保罗的芝加哥大学成绩单（记录了他的高中学分），展现了一些更复杂的故事细节：尽管对数学颇感兴趣，但保罗更醉心于人文科学。他上了比所需学时更长的代数课，且几乎选修了学校开设的全部数学课（两门代数课及平面几何课和立体几何课）——休史密斯对他的影响不证自明。但是，并无证据表明他对海德公园中学的科学课有任何特别兴趣，他只是上了一个学期的科学概论，之后就再没有去修学校开设的更专业的科学课程（包括植物学、动物学、物理学、化学和天文学）。相反，他修了两年半的历史，这远远超出了一年的要求。从所选学科中并不能看出后来他会对自然科学有兴趣，这种兴趣是在芝加哥大学才产生的。海德公园中学也设有社会学和经济学课程，但保罗都没有修。

保罗参加的其他活动也佐证了他对人文科学的偏爱。有三年时间，他都是学校文学俱乐部——故事作家协会（需根据作文比赛成绩确定能否加入）的会员，他还是学校文学刊物《卷轴》的成员。此外，他加入了校报《周报》（*The Weekly*），这说明他有一定的新闻报道写作能力。保罗在给著名化学家诺曼·戴维森（Norman Davidson）的信中提到了这一点，后者比他晚两年入读海德公园中学。

> 我想你是晚我两年进入海德公园中学的……我记得这一点，因为当时为了选拔新成员，即将卸任的校报编辑们举行了一场类似于智力竞赛的活动。我一向因自视聪明过人而居高临下，但发现有那么多聪明人，让我感到既吃惊又有趣（因为巴纳姆确实没有说过"每分钟都会有人降生"）。这是一个关于我而不是你的故事。[54]

在海德公园中学的四年里，保罗都是学校荣誉社团西格玛—埃普西隆（Sigma Epsilon）的成员。在该校最后一年，尽管没有加入毕达哥拉斯俱乐部，但他却是英语荣誉社团的一员。此时的保罗并非数学奇才，而是一个喜欢阅读和写作的学生，他不是从科学课程而是从人文科学开始接触经济学的。他参加了一些体育运动——年鉴里记录了他三年的田径比赛成绩，还记录了他在高年级时参加过篮球队和击剑队。而且，与学校半数以上学生一样，他加入了一个叫民用工业俱乐部的服务组织。

童年的回响

保罗自己关于童年的回忆包含了许多自我反思的成分。显然，他认为童年对自己非常重要，因为他屡次提到弗洛伊德的主张，即人格的形成是在2~6岁，这就解释了他为何尤为重视自己在农场的经历。但是，这样的经历对他来说并不好写，否则，很难理解为何关于他早年生活的许多描述都是不完整的，且都有不同的侧重。①

　　保罗对自己生平的诸多描述都有一种让人放松的谦虚和坦率，他承认其中的一些失败。他称自己很早就对进化论深信不疑，并把他的聪明才智归因于遗传："我开始成了遗传学说的坚定信徒。我的兄弟和我都是聪明的孩子。我的表兄弟们的智商也都在平均水平之上。"55 他天资聪颖并对此毫不讳言，真正体会到这一点是在 20 世纪 50 年代早期，有一次医生给他开了一些使他思维变得迟钝的药，这让他初次感受到"另一些（不那么聪明的）人是如何生活的"。保罗最常用"早熟"一词来形容自己 56，尽管这经常被人们看成他拥有过人才华的早期迹象，保罗自己却不这么认为。他说："很早就开发智商并不是一件重要的事，所有学者，甚至那些缺乏想象力的只能永远当助教的人，都极其擅长快速解答谜题，这只是智商测试中最常用的一种方法。"57 但保罗的高智商并未使他看出母亲已经怀孕，直到弟弟出生前夜他才知道。他显然很尊重与解谜和学术研究不同的智识维度，比如他的父母和他在农场里碰到的那些人所掌握的更实用的技能。

　　尽管不知道自己会成为一名经济学家，但保罗记得他逐渐对后来支撑他持凯恩斯主义观点的经济问题和事件有了概念。他称自己在农场时期就能理解凯恩斯乘数的运作，这显然是后来的解释；他还说很早以前他就意识到战时繁荣是粮食和钢铁价格高企的结果，而且在 20 世纪 20 年代的长期繁荣之前，会出现严重的战后衰退。58 他回忆起和父母的一次争论，大概是在 20 世纪 30 年代初，争论中他的母亲反驳说："孩子，你

---

① 其中之一撰写于 1987 年萨缪尔森（时年 72 岁）接受瓦尔帕莱索大学荣誉学位后不久。保罗重返加里，却只见他的家族药房和他花费大把时光徜徉其间的卡内基图书馆一片颓败。他的《萨缪尔森家庭史》可能酝酿于 20 世纪 70 年代末，当时母亲向他叙述了他们的家族史。

难道不知道，只有在战争时期才有真正的繁荣吗？"这一观点准确反映了那些年人们得出的经验。[59]保罗10岁时全家在佛罗里达州所遭遇的灾难，使他敏锐地察觉到房地产投机泡沫最终将会破灭。尽管保罗没有投身药房，但比起房地产投机者，保罗的父亲是一个更成功的药剂师。和高中老师比拉·休史密斯讨论股市是保罗对金融领域感兴趣的另一个迹象，金融学成了他后来专攻的一个经济学分支。

保罗对自己往事的回忆为了解他父母的政治态度提供了一些线索。他称自己的父亲是一个"进步的共和党派"，强调了"进步"二字。据保罗回忆，1924年，他的父亲把选票投给了"独立进步党的'老鲍勃'拉福莱特（La Follette）"。由于自己的移民身份，弗兰克厌恶不平等，他认为应该通过民主程序来减少市场带来的不平等。[60]保罗父亲热衷于查尔斯·柯林（Charles Coughlin）神父的布道。柯林神父是一名天主教牧师，1926—1940年，他的布道每周都会通过电台播出，特别是在大萧条时期，他的布道内容从宗教转向了经济问题后，可谓盛极一时。他是通过推行激进的货币改革以实现社会公正的鼓吹者。1932年的柯林神父是富兰克林·罗斯福的一名狂热拥护者（他曾喊出"要么选择罗斯福，要么面临毁灭"的口号），但到了1936年，他因认为罗斯福推行的改革不够激进转而反对罗斯福。然而，柯林神父对银行家的攻讦走上了人们普遍认为的反犹太主义方向，这使弗兰克·萨缪尔森对他不再抱有幻想。如果保罗把母亲形容为一个早期的女性活动家，那么她应该不是一个保守派。但是在描述母亲时，保罗选择的主要特征是她确信自己是对的。他认为自己的折中主义立场正是对这一点的反抗。在农场时，戈登夫妇是沃伦·哈定的支持者，保罗显然给他们的礼物—— 一头赛璐珞[①] 大象——赋予了政

---

① 原文为"celluloid"，是一种商业上最早生产的合成塑料。——译者注

治意义。

　　萨缪尔森早熟的"严肃"一面并非体现在智力上，而是体现在无穷的自信上。他写道："为什么我会想到自己可以成为一名出色的棒球解说员？或者，上帝保佑的话，如果我'真的'下定决心，还可以成为一名更出色的棒球手？"[61]他认为，部分答案可能是他被人认为"聪明伶俐"。他较厌恶的一件事是母亲会疼爱地给他梳理长长的鬈发，那一头长发直到他4岁才被剪掉。当"阿姨们边嘀咕边梳理他打结的头发时"，保罗会调皮地回应说："我愿意换作是你。"[62]但是，他得出了以下结论：

> "聪明伶俐"肯定是我早熟的部分原因……当要我"朗诵"时，我从来不需哄骗。3岁那年，有一次我宣布说"现在，我给你们再来一首"，顿时引得大家捧腹大笑。[63]

　　他继续把这种并未脱离青春期稚气的"聪明伶俐"描述为"伪装之美"（pseudo-pulchritude），因此他并未真正拥有过"它"。他写道："（哈佛大学）拉德克里夫学院的女生从未问我要一件旧衬衫，把它撕成差不多的大小分给同学们。"[64]［这事儿的确发生在保罗在哈佛大学研究生院的同学拉斯·尼克松（Russ Nixon）身上。][65]保罗还把他的自信部分归功于父母——教养和遗传天性一样重要。他从未怀疑过自己是最受宠的，连他的哥哥哈罗德也不得不承认这一点。哈罗德为人忠厚善良，一个长期受雇的女佣经常让哈罗德跑腿，因为她把哈罗德误当成了弟弟保罗。保罗把女佣的这个过错归因于自己总是埋头读书的习惯，而不是他的身材或体型。这或许使保罗和他的兄弟们之间产生了嫌隙，比起他，弟弟罗伯特更亲近哥哥哈罗德，他则和两人都不太亲近。

　　认识保罗的人都很清楚，他对自己被"遗弃"在农场心怀怨愤。这可能是他"从心理上远离核心家庭之温床"的一个原因，在身体离开家之前，他已经让自己沉湎于书中。写自传时，保罗把这种怨愤的痛苦归因于被欺骗，而不是被迫和父母分开。他承认体会到这种痛苦是在父母的一次探望之后，他们离开时他还在牲口棚照看马匹，尽管他说这种痛苦只是瞬间的。在另一个有关欺骗的记忆中，他称在去看乔吉医生之前，自己只是被告知是去检查扁桃体，但在尖叫着被拖到乔吉医生的新医院后，他却被迫上了手术台。当乙醚药帽盖到他脸上时，他大喊道："你们撒谎，你们骗我！"[66] 在保罗 72 岁的时候，他仍对这件事耿耿于怀，比他对自己形容的"我那漫长的幼年时期"被送出家门的怨愤更甚。他批评了他的家庭对真理的"务实"态度，不仅是关于现实生活（他在农场时从公牛和母牛身上学到了很多道理），更重要的是关于收养和养父母。保罗和表弟斯坦利（Stanley）很亲近，后者与他年龄相仿（两人只相差10 天），也在农场待过一段时间；斯坦利是索菲姨妈和她的第一任丈夫弗雷德·门德尔松（Fred Mendelsohn）所生，在索菲姨妈离婚并与戴维·拉特纳（David Ratner）再婚后，斯坦利被改姓拉特纳，并被"灌输"说戴维·拉特纳是他的亲生父亲。保罗称，由于自己的好记性，一次他曾问表弟："斯坦利，你是说哪个父亲？这个吗？还是那个第一次世界大战中的士兵？"结果当然令斯坦利的父母非常尴尬。[67] 保罗没有再提这件事，20年后，当斯坦利报名入伍时，他震惊地发现他的"生父"实际上是他的继父。

虽然他自己没有这么说过，但保罗的故事可以看作一个典型美国人的故事。当保罗发现他的姓氏无法追溯至父辈以上时，他就把他的欧洲根源视作无关紧要：到美国即标志着一个崭新的开始。这种态度和"新生"的比喻是一致的，保罗多次用它来描述自己生命中最重要的新阶段。这种典型美国人所特有的感觉，即"和过去决裂是一种解脱"，或许是他强大自信背后的另一个因素。[68] 这也可能和他早年的游学经历有关，他以积极的态度展现了这一点。对学习除英语之外的语言所持的"沙文主义式"的抵制态度，可能和他对欧洲缺乏兴趣有关。尽管采取这种态度，但他注意到他似乎忘记了他的家族之所以繁荣兴旺，正是因为他的父亲精通加里镇东欧移民的多种语言。

保罗多次形容自己是泡在图书馆中自学成才的。[69] 这个习惯很早就养成了。当保罗 7 岁、他的弟弟罗伯特刚出生时，他几乎"已经生活在书籍世界里"。他记得，"都是柯利（即他的哥哥哈罗德）花几个小时在地板上陪这个可爱的新成员玩耍，我只是带着亲切却心不在焉的遥远的赞许翻看着自己的书"。[70]

保罗的故事处处关乎"流动性"——整个家族的迁移，以及由一座城市移居至另一座城市寻找机会的过程。但是他发现移居并不容易。到一个新家后，他就想待在那里。他后来从芝加哥搬到哈佛是被迫的。从哈佛搬到麻省理工学院也是他极不情愿的决定，尽管这并不需要他背井离乡或者和他在哈佛的朋友失去联系。他妻子的家庭将给他提供一个自他被送到农场后就"失去"的家，一个他通过让自己沉浸于书本而与世隔断了的地方。

第 2 章

芝加哥大学：1932 年

邂逅社会科学

从海德公园中学毕业后，萨缪尔森几乎不可避免地进入了芝加哥大学；芝加哥大学不仅在他的学术生涯中扮演着重要角色，在他经济学家的自我形象中也起着重要作用。正是在芝加哥大学读本科时，他决心成为一名经济学家，并用数学研究这门学科。他还称芝加哥大学带领他跨入了自然科学的大门，在海德公园中学时他只是短暂地接触过这些学科。但芝加哥大学的重要性远超于此，萨缪尔森反复强调，芝加哥大学训练了他的传统经济学智慧，尽管传统经济学即将被几年后他在哈佛大学时卷入其中的凯恩斯主义革命所颠覆。萨缪尔森称，自己切切实实知道一个"古典"货币理论家是什么样子的，尽管他已摒弃 20 世纪六七十年代《新闻周刊》(Newsweek) 同行专栏作家米尔顿·弗里德曼 (Milton Friedman) 所持的观点，但他理解弗里德曼思想的根源。

20 世纪 30 年代，芝加哥大学是美国社会科学研究的主要中心之一。在萨缪尔森学习经济学的头两年，经济学还只是被当作社会科学的一个组成部分讲授。经济体系并没有被描述成明显不同的东西——它和一个被称为"经济体"的孤立的抽象实体无关，而是被当作整个社会运转的部分反映。萨缪尔森开始接触到一种关于人类存在的人类学视野。虽然并非萨缪尔森关注之所在，但他在社会科学领域接受的训练（这一点不同于绝大多数现代经济学家），有助于解释他看待经济问题的方式。这是他知识发展的重要组成部分。我们可以肯定的是，他认真严肃地对待非经济学科目，除了不断获得 A 的成绩和一项政治学奖外，他潜心研习经济学是后来的事——他甚至一度想成为一名社会学家。

　　萨缪尔森从未想过去读芝加哥大学以外的学校，即使他的家庭经济条件允许，他的父母可能也不会允许他这么做。他的整个本科生阶段都住在家里。海德公园中学有一项计划，即允许表现优异的学生在 12 年级时直接升入芝加哥大学。1932 年 1 月，萨缪尔森在芝加哥大学上了第一堂课，这对他来说非常重要，以至他多次将其形容为一次新生，开启了他人生的新阶段。"在寒冷的 1932 年 1 月 2 日早晨 8 点，我就像进入了天堂，一个属于我的天堂。我迈进芝加哥大学的一间教室，从此迎来了另一种人生。"[1] 这场讲座对萨缪尔森产生了巨大影响，演讲者并非一名经济学家，而是社会学家路易斯·沃思（Louis Wirth）教授，话题则是马尔萨斯的人口增长理论。① 这个话题吸引了萨缪尔森，因为它讲了一个好的故事，还使他能用到他的高中数学知识。和其他许多在大萧条时期投身于经济学的人不同，萨缪尔森并没有说他这么做源于对理解或解决失业问题的渴望。

　　以一场表明如何将数学应用于社会问题研究的讲座开启大学生涯不

---

① 托马斯·罗伯特·马尔萨斯（Thomas Robert Malthus）的《人口论》（*An Essay on the Principle of Population*）初版于 1798 年。马尔萨斯提出一种理论，即人口增长具有快于食物供给增加的趋势，因此必须通过各种痛苦和罪恶的机制加以抑制。他的观点常被用来解释贫困国家所面临的问题。参见 Winth（2013）。

无裨益，萨缪尔森把这归功于他读 12 年级时的改变。入读芝大的时间，加上认识到需要和比自己早 4 个月就开始上课的同学竞争，带给萨缪尔森的更大好处是，促使他从一名后进生变成了勤奋刻苦并竭尽所能去精通课程的学生。走读于学校和家里之间，错过了可以在学期之初认识其他同学的社交活动，这些都不重要。

　　萨缪尔森在罗伯特·哈钦斯设立本科生新计划的第一年入学，后者自 1929 年起任芝大校长。根据该计划，所有本科生在头两年都必须参加一个通识课程项目。萨缪尔森对莫蒂默·阿德勒（Mortimer Adler）的哲学课缺乏热情，尽管这门课是新课程和"百部名著计划"（Hundred Great Books program）的基础；但他对物理学、生物学、社会科学和人文科学的课程充满热情。他认为自己从一门很棒的生物学和一门最新的自然科学课程中获益匪浅，这两门课在高中时他选择了不做深入学习。许多校外人士被邀请来讲课，使萨缪尔森听到了一些世界著名学者的讲座。在经济大萧条最严重时期，通过洛克菲勒基金会的财政支持，哈钦斯校长取得了巨大的治校成就，尽管根据一些人的说法，这是以大学的资产为代价的。然而，萨缪尔森认为，这个时期芝加哥大学取得伟大成就的背后还有一个原因，那就是尽管像其他所有大学一样，芝大也遭受了反犹太主义的打击，但它受到的影响相对来说要小得多。正因为如此，芝加哥大学获得了一种萨缪尔森形容的聘用犹太人方面的垄断地位。而当其他地方的反犹太主义势力削弱时，芝大也就失去了这一地位。萨缪尔森借用一位体育教练的故事，说明了芝大聘用犹太人的情况：该教练的一位助手发表了一句反犹太主义的言论，就被这位教练直接解雇了。[2]

　　　我读本科时，据称芝大的一名教练大声（只有提高嗓门，才能引起人们注意）说了一句："这里的犹太人越来越多。"这句话很快传到了主教练阿莫斯·阿朗佐·斯塔格（Amos Alonzo Stagg）那里。斯塔格叫来了当事人。"你是这么说的吗？""是啊，我是在不经意间这么说过。""很好，从现在起，你被解雇了。收拾好你的运动服，领了钱赶紧走人。"[3]

这样的事较为罕见。不过，萨缪尔森从他的同学雅各布·莫萨克（Jacob Mosak）那里得知的另一件事，也佐证了芝大老师们的兼容并蓄。

20 世纪 20 年代，弗兰克·奈特、雅各布·瓦伊纳和另外几位芝大经济学家决定聘用亨利·舒尔茨（Henry Schultz）——亨利·勒德威尔·穆尔（Henry Ludwell Moore）的信徒，也是早期的计量经济学家。但他们被告知："马克斯·梅森（Max Mason）校长不喜欢犹太人。""那么，让他否决这项任命吧。我们认为舒尔茨是这个职位的最佳人选。"

事实上，芝加哥大学也存在反犹太主义，但萨缪尔森显然并不认为这是一个重要问题，因为大多数非犹太人"在任何重大的意义上"都不是反犹太主义者。[4]

但是，萨缪尔森认为他比其他同学起步较晚的主要好处在于，当他开始接受哈钦斯的新通识课程教育时，他刚好错过了那门由哈里·吉德昂斯（Harry Gideonse）在第一学期讲授的被他蔑称为"教给诗人的经济学"课程，而被要求去上第二学期一门针对那些没有上过新课程的大三大四学生的初级经济学课程。这样一来，萨缪尔森便同时接受了新通识课程和传统经济学入门课程教育。

人文科学

作为一名高中时期在文学和写作上花了大把时间的学生，萨缪尔森必定对芝加哥大学第一学年要上的人文科学入门课感到兴奋。通过叙述自古希腊到现代世界的西方文明历史，入门课涵盖了"有关生命之知识的、情感的和艺术的价值观念"；建筑、艺术、文学和智识上的创造，被置于政治组织和社会经济制度的演变中，从而使这门课有了一种社会科学的味道。

鉴于萨缪尔森没有受过宗教熏陶，在列出哲学家们已经提出的主要问题和已经给出的答案之前，对怎样理解从宗教开篇的课程内容给予指导，把宗教解释成只是人类文化的一种要素，对萨缪尔森来说显然很合胃口。学生们被告知，历史环境的影响从未远离，"认为一切都应按照20世纪的方式书写的读者，他的文学判断不可能站得住脚"。[5] 例如，批评索福克勒斯（Sophocles）[①] 在悲剧中不该使用合唱，认为他应该"最小化和粉饰化"合唱的作用，这是错误的。

萨缪尔森错过了这门课远古世纪部分的内容，他上的第一节课讲述了罗马帝国的解体以及它如何被拜占庭、伊斯兰和"西罗马－日耳曼"文化所取代。这三个主题的讲座为讨论小组提供了历史背景，讨论组的文本选自奥古斯丁（Augustine）的《忏悔录》（Confessions）。当时，这门课涵盖了上溯至1250年的政治史，以及中世纪的主要社会制度——封建制度，还有教会和城镇，讨论的是《罗兰颂》（Song of Roland）。这之后，课程转向了神学、哲学、神秘论、教育、艺术和文学。文艺复兴和宗教改革部分的内容也采用了同样的框架。第三部分从启蒙运动开始，法国

[①]　索福克勒斯（约前496—前406），古希腊三大悲剧家之一。——编者注

大革命的内容篇幅最多。启蒙运动的一个显著特征是 18 世纪时期的知识
分子联合，它被证明是暂时性的，部分源自科学进步，部分源自法国革
命带来的政治变化，还有部分源自工业革命。在讲到 1815—1870 年的历
史时，这门课第一次提到美国，讲述了美国的哲学、建筑、文学、宗教
和科学。

考虑到萨缪尔森对科学观念的兴趣日渐浓厚，这部分课程的一个显
著特点是，为社会科学的兴起提供了背景。由于伽利略和牛顿的理论贡
献，自然界开始被看作一个遵循数学定律的系统，人们相信这些定律可
以通过理性发现，"理性是自然界和人类的绝妙精华之所在"。[6] 笛卡儿和
牛顿消除了对这些命题的任何质疑，他们"通过观察和实验相结合的理
性实践，使自然界的万物被包含在一个简单的数学公式的范畴之内"。[7]
不论萨缪尔森当时是否意识到这一点，他确实正在接受一个将主导他经
济学研究的理念，即数学可以把看似不同的知识领域统为一体。

传统和神学被理性所取代，是社会科学得以产生的背景。

> 与对自然界的研究相关的新思维习惯，不久后将会影响
> 到……社会科学。如果化约到其形式极为简单的定律和秩序可以
> 从整个物理宇宙中得出，那么，它们为什么不能从人类社会中得
> 出呢？[8]

人们质疑道，如果自然界是理性的，为什么人类事务具有"不规则
性、反复无常、不公正、不平等，总而言之，无时无刻不是对理性的令
人沮丧的否定"等特点？知识分子依靠理性推动改革，却不关心这样做
会不会导致旧秩序的崩溃，并使权力转到他们自己所处的（中产）阶级
手上。

在获取信贷异常困难的时代，必须通过黄金为战争提供融资，因此，重商主义成了最早被提出的学说，它支持旨在增加贵金属供应和促进国家实现自给自足的贸易限制。但重商主义并不能满足"拥有所必需的不断增长的勇气、进取心和资本，以便把握一个扩张中的世界所提供的经济机会"的中产阶级的需求。[9]这"违背了自然的简单性原则"，更符合亚当·斯密论述的自由放任学说。萨缪尔森的老师们显然站在自由放任一边，他们赞成商人都是坚定的个人主义者的观点。但是和斯密一样，他们指出，当自由放任不符合商人的利益时，这些商人便会转而寻求国家保护。到了19世纪，鼓吹自由放任的个人主义哲学仍很强势，但也不得不加以调整，以便应对无节制的个人主义的"显著缺陷"。国家干预增加，并且出现了平衡收入的举措。兴起于反社会主义思潮中的自由主义，同科学和工业革命一道，成了影响当代世界的少数革命性因素之一。自由主义主张应该允许人们实行自治，而且它自始至终都是"政治和经济考量的混合产物"，并提供了一个被认为社会应向其发展的理想状态。

这门课的重头戏是有关美国——"我们自己这个令人心向往之的重要国家"——的内容，美国的文化也可以用文明发生论来分析。[10]学到这部分内容时，萨缪尔森的老师们称，学生们已经"习得一套精神上的价值观念，它使我们可以带着一种受过教育的理解，去看待宗教、哲学、艺术和文学；通过这种方式，我们美国人提供了关于人类永恒希望、绝望和梦想——它们本质上是永恒的，但它们脆弱的、绚丽的形式却变幻莫测——的最新洞见"。[11]这部分课程回顾了自独立战争以来的美国文学，追溯了工业化和经济变革背景下的各种乐观主义和悲观主义思潮，最后以实用主义小节收尾，体现了一种既非乐观主义又非悲观主义的立论，力求保持客观，并舍弃了对哲学之确定性和终极性的探索。因此，即使在人文科学课上，萨缪尔森也接触到了一种明确的科学研究视角和围绕自由放任的实用主义政治哲学，它们对于社会科学研究至关重要。

跨入社会科学

（1932 年）1 月 2 日那场被萨缪尔森视为标志着他智识新生的讲座，是社会科学入门课中"工业革命和社会变革"四讲内容的第一讲。该系列讲座在开篇引用了约翰·杜威（John Dewey）的话："变化是最基本的社会事实，正如运动是最基本的物理事实"；接着论述了技术变革和人口问题。沃思教授关于马尔萨斯的讲座，是探讨人们如何在一个资源有限的世界安居乐业的一部分。讲座接下来探讨了技术（其涉及人类和自身栖息地之间的关联）和社会变革之间的关系。它们引出了为期近一个月的（不少于 12 讲）关于"从民间社会（Folk Society）向工业社会过渡"的讲座。不同的文化被视为一个个完整的系统，每一个系统都是独特的，包含了经济活动、语言和社会组织。工业革命不仅是一场经济变革，更标志着民间社会的消亡。这场变革涉及商业和世界经济的兴起，社会关系从受社会地位支配转向了以契约为基础，社群控制得到弱化，利益集团日渐崛起。人们争相引用英国经济史学家约翰·哈蒙德（John Hammond）和芭芭拉·哈蒙德（Barbara Hammond）的论述，推荐购买他们合著的《现代工业的兴起》（*The Rise of Modern Industry*）一书；学生们被要求讨论书中的一个命题，即"工业革命摧毁了大量重要的习俗。许多男人和女人失去了他们的主要庇护所，因为在 18 世纪，习俗是穷人的保护盾，正如法律是富人的武器"。[12] 这个阶段见证了民族主义和个人主义的兴起，以及妇女运动、劳工运动、废奴主义和各种民主革命运动等新社会运动的滥觞。

工业革命开启了所谓的"现代工业社会"。这是对马尔萨斯和人口增长论的回归，尽管加上了"优生学和差别生育率"。教学大纲中并未明确留给优生学一席之地，但后者在这一时期被广泛接受，而且尚未受到纳粹学说的绑架。社会科学入门课涵盖了现代社会的两大特征（城市化和日常生活的职业化）以及家庭、教育体系和宗教等社会制度。第二学期的内容紧接在前几讲对种族、社会动荡和社会调整问题的讨论之后，以"新的社会控制"与"社会研究和社会规划"相关讲座收尾。文化异质性使社会控制困难重重，但社会控制仍通过习俗、法律、教育、宣教、威望、舆论和"群众"等各种机制，得到不同程度的实行。最后一讲探讨了社会科学如何对政策产生影响的问题，还探讨了科学作为与社会生活预测问题有关的技术和工具之性质。这为涉及政治问题的第三学期做了铺垫。

这门课所包含的方法论意义是，不论在经济、社会还是在政治方面，都必须从不断演变的习惯和风俗角度理解社会。这一点通过学生们被要求结合教学大纲阅读罗伯特·林德（Robert Lynd）和海伦·林德夫妇（Helen Lynd）的《米德尔敦》（*Middletown*，1929）、弗兰兹·博厄斯（Franz Boas）的《原始人的心智》（*The Mind of Primitive Man*，1911）、威廉·格雷厄姆·萨姆纳（William Graham Sumner）的《民俗论》（*Folkways*，1906）等"必读文献"的复印本，得到了强化。但是，所有这一切的基础都是工业化，工业化解释了哈蒙德夫妇的著作为何会被频繁引用，以及为何第一学期的绝大部分内容都是经济史。尽管萨缪尔森错过了这部分内容，但由于他坚信必须努力学习以便赶上其他同学，还必须通过考试，他去听的讲座上也频繁提到工业革命，而且学习资料被印在他的课程大纲上，所以，他必定已经钻研过关于社会问题之本质以及自然科学和社会科学之比较的推荐读物。对作为心智习性之体现的制度的讨论，将是他在第二学期所学的核心内容。对于那些提出可以把统计方法初步用于社会问题研究的推荐读物，他很可能也已经有所思考。我们很难不把他后来对经济统计学的态度，和他被要求阅读的文章联系起来。在其中一篇关于社会学是否是一门科学的文章中，他读到：

> 我并不是——远非如此——反对所谓的社会科学中的定量方法。它运用得越成熟越好，这样我们的知识就会变得越可靠。我是在反对那些拙劣假设，它们伴随着对统计数据的过度自信……我们真正想要了解的是关系制度，而不是数量序列。定量方法必须与逻辑分析和综合方法结合起来运用。[13]

上述观点得到了萨缪尔森在哈佛时期关系最密切的一位老师的支持，而且与萨缪尔森最终对经济学中定量研究所持的态度是一致的。萨缪尔森还被要求选读阿博特·佩森·厄舍（Abbott Payson Usher）的国家经济史英语教材，几年后他在哈佛上了厄舍的课。这些教材章节及选自哈蒙德夫妇、R. H. 托尼（R. H. Tawney）、亚当·斯密和卡尔·马克思的文献著作，涵盖了工业革命的社会和经济影响，萨缪尔森从中学到了不能把经济和社会割裂开来研究。

70 多年后，萨缪尔森承认了必读文献之一萨姆纳的《民俗论》的重要性。萨姆纳的著作，为他区别符合科学的命题和取决于不同个体之价值观的命题奠定了基础。在谈到莱昂内尔·罗宾斯（Lionel Robbins）关于科学命题和非科学命题的论点时，他说：

> 的确如此。但是你知道，绝大多数经济学家都反对罗宾斯，因为他们认为政策处方毫无用处，尽管罗宾斯从未这么说过。罗宾斯说："作为一名科学家，我不能告诉你这一点。但是作为一个选

民，我可以告诉你我会走哪条路。"这种观点可以追溯到大卫·休谟（David Hume），他是一位伟大的还原论者（reductionist）。我对此早有理解，因为当我还是在芝加哥大学学习社会学的本科生时，我就被要求去读威廉·萨姆纳的《民俗论》。萨姆纳是一位极其保守的耶鲁大学经济学家，同时也是一位伟大的社会学家。他研究了所有文化，并且表明了在一种文化中正确的事物如何在另一种文化中成了错误的，因而你不能用科学方法证明其中哪一种是正确的。[14]

当然，社会科学入门课还讲授了事实与价值观念的区别，但它并非只依据萨姆纳的著作。一种文化中的正确事物在另一种文化中成了错误事物的理念，在教学大纲中颇为常见。《原始人的心智》和《米德尔敦》已经清楚地表明，现代美国社会如何不同于博厄斯所分析的"原始"社会。萨姆纳提出了一个和人文科学中讲授的实用主义密切相关的标准，即"那些不能很好地符合当时社会条件和需要的习俗，便是坏的习俗"，可以根据它对习俗和惯例进行判断。[15]

有趣的是，萨缪尔森认为萨姆纳是一名"极其保守的经济学家"，但也是一位"伟大的社会学家"，因为萨姆纳的社会学为他的保守主义提供了依据。萨姆纳的主要论点是，社会习俗的变化是缓慢的，社会也不是按照理性原则组织的。符合社会稳定所需的"默会的、规范的、无异议的"的习俗，只要遵循传统的习惯的方式，即使是奴隶社会的人们，也能够和睦相处。[16]社会混乱，正如法国大革命时期那样，很可能是由统治当局强行以基于理性设想的习俗取代传统习俗所致。[17]或许，当回忆起萨姆纳是一位伟大的社会学家时，萨缪尔森对"社会习俗的变化应当是缓慢的"这一观点表达了部分赞同。但也有可能是，他将后来从其他课上习得的观念，投射到了他所读过的萨姆纳的著作上。

约翰·杜威的著作强烈主张科学判断和道德判断必须保持独立，这个论点在社会科学入门课中也得到了明确讨论。萨缪尔森想必已读过一篇重新被收入教学大纲的文献，文中约瑟夫·斯彭格勒（Joseph Spengler）对"真正的科学家"只关注量化和预测的主张提出了挑战，"任何一位科学家，就其作为'科学家'而言，都不敢对什么是好的、什么是坏的做出判断"。[18] 这一点在萨缪尔森同时在学的经济学教科书中得到了强调，该书观点认为，"经济学或任何其他科学都没有判断什么是好的、什么是坏的这项独特功能"。[19] 尽管经济学家们通常把这些观念和莱昂内尔·罗宾斯联系在一起，但萨缪尔森却是从斯彭格勒那里接触到它们的，而斯彭格勒援引的并非罗宾斯的研究（萨缪尔森开始上这门课时，罗宾斯的论文还未发表），而是美籍俄裔社会学家皮蒂里姆·索罗金（Pitirim Sorokin）和 19 世纪美国经济学家弗朗西斯·A. 沃克（Francis A. Walker）的研究。斯彭格勒还表达了这样的观点："社会科学迥异于物理科学……任何伪精确性或假设的非人格性，都不能使社会科学转变为物理科学。因此，社会科学家注定是一个必须依靠常识而非高深方法论的艺术家，他不仅受实验室标准的制约，更糟糕的是，还受常识和社会礼仪标准的制约。他甚至不能表现得'好像'他就是一个物理学家。"[20] 这是萨缪尔森对科学深思熟虑后的观点，后来他又摒弃了它。

初遇经济学

萨缪尔森选了"经济秩序"（Econ 102 和 108）来弥补错过的第一学期内容，他称这是一门正在被淘汰的老掉牙的课程。[21] 任课老师是艾伦·迪雷克托，于 1930 年加入芝加哥大学教师队伍；他是一名劳动经济学家，来自一个拥有一家磨坊的俄罗斯家庭，1914 年，迪雷克托全家移民到了俄勒冈州的波特兰。在俄勒冈州，他们受到针对俄罗斯人（被贴上布尔什维克的标签）和犹太人的公然歧视。迪雷克托曾在煤矿和纺织厂当过一段时间移民劳工，并曾到英国接受成年工人教育。在耶鲁大学就读期间，他和画家马克·罗思柯（Mark Rothko）共同编辑过一份打破常规的周报，这份周报充满了对社会主义和进步主义的同情，试图挑战他们在那里所遭遇到的自满和偏见。[22] 在迪雷克托搬到芝大和保罗·道格拉斯——两人联手撰写了《失业问题》（*The Problem of Unemployment*，1931）—— 一起工作的前两年里，这种教育使命在波特兰劳工学院一度引起强烈反响。[①]

《失业问题》这本书被当成失业问题调查报告来撰写，该调查构成了一个推进中的研究项目的基础，项目所研究的话题即将主导整个政治议程。书中绝大部分内容都是分析问题和确定需要进行的研究，而非政治上更具争议的政策提议。这本充斥着统计资料的厚达 500 多页的巨著，借鉴了一些国家的研究经验，涵盖了季节性的、技术性的和周期性的失业，还探讨了劳动力安置和失业保险问题。但这本书的基调显然不是中立的。在回顾失业程度及其成本一章的结尾，道格拉斯和迪雷克托断言，大规模失业造成的恐慌可能会降低而不是提高效率，这意味着减少失业的政策不会降低工作积极性。他们给出了不下 19 种旨在提供更高效的公共就业服务的可行性建议，并且提出了一项旨在驳斥反对意见的失业保险计划。他们还主张，公共工程计划不但可以减少失业波动，而且可以降低平均失业水平。货币政策也可以通过稳定物价发挥作用。道格拉斯和迪雷克托并未提出任何激进的新理论，但他们为通过政府干预减少失业提供了明确理由。

---

① 正是保罗·道格拉斯在 15 年后为萨缪尔森颁发了克拉克奖，他的观点在本书第 5 章会有更详细的讨论。

　　迪雷克托为萨缪尔森补上了因起步较晚而错过的经济学知识[①]。他们使用的教科书是萨姆纳·斯利克特（Sumner Slichter）的《现代经济社会》（*Modern Economic Society*，1931），斯利克特可能是当时最知名的经济学家，他不仅演讲大受欢迎，还经常给《哈珀斯》（*Harpers*）和《新共和》（*New Republic*）杂志撰稿。萨缪尔森记得迪雷克托采用过这本书，但对它评价不高。这可能是因为当时斯利克特对政府干预可能性的怀疑稍甚于迪雷克托，或者迪雷克托对该书皇皇 900 页的制度细节内容不胜其烦。鉴于萨缪尔森在其他课上所学的知识，他应该会赞成斯利克特的主张，即不同国家的经济布局及其发展情况大相径庭，以至不可能再有一个放之四海而皆准的简单理论。[23] 这是萨缪尔森不得不认真去读的第一本经济学教科书，多年后他仍记忆犹新。

　　像萨缪尔森的人文科学和社会科学通识课老师一样，斯利克特也是从工业革命开始讲起的。1800 年前后，技术进步已推动生产方式变革到一个不可思议的程度，但尽管如此，经济问题仍远未得到解决。事实上，工业化也产生了一些问题。贫困和养老问题并未得到解决，而且即使在正常情况下，工业也不能满负荷运转。斯利克特写道：

　　　　我们看到，现代工业无法带来稳定的就业和生产能力，即使是在数百万人迫切需要更多商品的时候；每年都有成千上万的人遭受不必要的杀戮和致残；仅仅因为在现行经济布局下，浪费自然资源比保护自然资源更有利可图，人们就去浪费不可替代的自然资源；

[①]　当然，迪雷克托对国家在经济生活中所扮演角色的观点出现了明显改变。道格拉斯认为这种改变始于 1932 年，当时迪雷克托受到弗兰克·奈特和亨利·西蒙斯（Henry Simons）的影响（Van Horn，2010a，第 265 页）。如果道格拉斯认为这种改变始于 1932 年是正确的，到 1 月份，迪雷克托的立场似乎不太可能发生明显改变。

雇用成千上万的专家来满足人们对某些东西的欲望——不是因为这些东西对人们有用，而是因为出售它们对商业企业来说有利可图；拒绝向工薪阶层提供参与制定其自身工作规则的机会……这些（使人们）成了自身创造物的奴隶，受工业支配，而不是让工业服务于自身。[24]

据此，斯利克特推断：

如何使工业更多地成为一种工具而不是"暴君"（tyrant），如何防止谋生立世的过程干扰人们过上美好生活的机会和能力……这些都是至高无上的经济问题。[25]

如萨缪尔森上的其他课程讲述的那样，经济问题和工业的社会控制问题是相互作用的：工业正在陷入溃散，需要加以控制，以便使它为社会利益服务。[①] 斯利克特的许多"建设性意见"均针对弥补自由企业制度的缺陷：提供更好的市场信息，进行更准确的成本核算，改善公用事业管理和增加公用事业企业数量，以及减少企业面临的不确定性。其他建议则体现了一种进步的前景展望，例如：提高遗产税，根据需要重新分配收入，让劳工和消费者在指导工业生产上发挥更大作用，以及制订更宏伟的经济计划。

以现代标准来看，这本书的理论内容只占极少的部分。书中有一张供给和需求图示，并且通过数字示例阐述成本如何随产出的变化而变化，除此之外，其论证从未偏离过对美国工业的描述。不同市场之间的相互

---

① 这是 20 世纪 30 年代的一个常见主题。参见巴克豪斯（2015b）。

依赖，借助具体的例子得到阐释。但是，迪雷克托引导萨缪尔森接触了一些更为抽象的经济学处理方法，他指定的一篇更加非正统的文献是古斯塔夫·卡塞尔（Gustav Cassel）所著的《社会经济理论》（*The Theory of Social Economy*，1923）中"定价的算法"一章，该章的一些内容是斯利克特的教科书所没有的。[26] 这一章讲述的是，美国经济被一个自给自足的经济体取代，在这个经济体中，生产活动已经发生，留下一个固定的商品存量，供生产者和消费者之间进行交换。卡塞尔赋予每一种商品一个需求函数，根据这个函数，对每一种商品的需求取决于经济体中所有商品的价格情况。假设每一种商品的需求等于其供给，结果将得到一个方程组，其中方程的数量等于经济体中商品和价格的数量。

接着，卡塞尔考虑了生产，他假设每一种商品的生产都需要投入一定数量的生产要素（劳动力、原材料和已经存在的资本品）。将每一种商品的价格函数与其生产成本函数联立，即可得到一个等式，该等式取决于生产要素的价格。解这些方程组可以得到所有（包括商品和生产要素）价格的数值，以及支出和产出。卡塞尔在这一章也探讨了不同市场之间的相互依赖性问题，但它比斯利克特对自由企业的讨论要抽象得多。

萨缪尔森在晚年时曾高度评价迪雷克托介绍他去读卡塞尔的著作，他认为正因为如此，自己才第一次对数学产生真正的兴趣。

> 奇妙的是，迪雷克托建议我读《社会经济理论》中关于一般均衡的数学推算的简短章节，那是卡塞尔从莱昂·瓦尔拉斯（Léon Walras）那里抄袭来的。我既惊讶又兴奋。所以，我急忙选修了大学数学的基础课程。那时，我对经济学的探索欲望已经远远超出指定的数学课本。[27]

然而，尽管这个时候迪雷克托可能已经将卡塞尔的著作介绍给萨缪尔森（相比于斯利克特，卡塞尔的著作提供了一个对自由市场运转更加形式化的描述，而且只涉及简单的数学推算，因此更符合萨缪尔森的胃口），但萨缪尔森的成绩单表明，他决定学习数学，甚至他决定主修经济学，可能都是更久以后的事。[①]

在第三学期，劳埃德·明茨（Lloyd Mints）接替了迪雷克托。[28] 明茨是一位货币经济学领域的专家，他于1919年加盟芝加哥大学，1927年之前一直教授经济组织课程。[29] 他在如此长的时间里一直教这门课，或许可以解释他为何会选用《经济学纲要》（*Outline of Economics*，1931）这本历史悠久的教科书，该书主要作者理查德·T. 埃利（Richard T. Ely）是1885年成立的美国经济学会的创始人之一。这本教科书得到大规模修订，其最新版本囊括了被普遍视为美国一流经济理论家之一的阿林·扬（Allyn Young）修订过的（若非重写过的话）相关章节。明茨没有使用整本书，因为850页的篇幅对一个学期来说太多了，但他确实用到了其中关于货币、银行和商业周期的章节。[30] 萨缪尔森后来选修了明茨的货币银行学课程，可以说这是他对米尔顿·弗里德曼所称的芝加哥货币经济学传统主要贡献者之一[②]的早期接触，不过后来萨缪尔森对他们可谓贬多褒少[③]。

萨缪尔森可能选修了这门更为传统的经济学课程，来弥补他因入学较晚而错过的内容，但这并非他接触这门学科的唯一途径。经济学思想甚至出现在人文科学的课程中。在那里和在社会学课上，经济学被作为

[①]　同样地，也可能是萨缪尔森记错了，即迪雷克托是在一门关于劳工问题的课程中向萨缪尔森介绍卡塞尔的一般均衡体系的，本书第4章会论及这一点。

[②]　指明茨教授。——译者注

[③]　参见本书第5章。

研究社会体制的某一方面来呈现，这意味着经济学和其他社会科学之间并无明显区别。在旁听芝大其他课程和参加专题讲座的同时，萨缪尔森正在竭力汲取人文科学和社会科学的丰富营养，此外，他也不得不去广泛思考作为一个科学家究竟意味着什么。他正在走上成为一名社会科学家的道路，但尚未决定去做一名经济学家。那一年（1932 年）年底，他获得了一个奖项 ①，但不是因为他在经济学上的成绩，而是因为他的一篇政治学论文。

---

① 　即公民政府奖（Civil Government Prize）。萨缪尔森的这篇论文似乎并未保存下来。

第 3 章

自然科学和社会科学：1932—1933 年

自然科学

　　萨缪尔森认为，他在大二时选修的生物学和物理学课程尤为重要。生物学概论课由默尔·库尔特（Merle Coulter）讲授，萨缪尔森称它是一门很棒的入门课；正如他前一年上的社会科学课一样，这门课也以对科学方法的讨论作为开篇。[1] 萨缪尔森被教导说，科学方法"本质上是经验的，并以对现象的观察为基础"，"现实的合理性"是隐含假设，科学研究的目的在于建立因果关系。[2] 首先要去观察，然后才是分析，生物学也只是刚进入后一个阶段。萨缪尔森还接触到一种观念，这种观念认为均衡思想对科学研究至关重要。"动态均衡"是生物学的核心，它被用来定义作为生命体基本单元的"动物"这一概念。生命体和"非生命体"之间并无明确区别，动物只是"碰巧出现"而已。

　　每个生命单元都是动态均衡中的一个伪孤立系统。源源不断的物质和能量，在不同的个体通道按其自身方式发生交换。尽管系统内部存在深层更替，但这种物质流动受系统的组织控制，以便维持其自身作为一个单元的整体性。动态均衡中的其他系统，本质上体现了生物体的所有特征。例如，几乎不可能通过任何词汇定义，来区分一支蜡烛的火焰和一个活的有机体。氧气（呼吸）和物质（食物）被分解（消化）后进入组织，最后被氧化（新陈代谢），从而获得维系组织的能量，并清除（排泄）废弃物。[3]

后来被萨缪尔森拿来统一经济学的均衡概念，正在被用作理解整个生命世界的一般性框架。生物学课程的主要内容涉及对有机生命重要分组的解释，它聚焦于一些难以界定边界的情形，以及对高级有机体和低级有机体之间差异的识别。教学大纲的这一部分以史前人类和关于种族的一种演化解释收尾。后者主要关注可见的特征，明确否认种族和国籍之间相互关联，并且否认雅利安人种族的存在。对社会分析而言，生物学具有启示意义。

对生命体类型做了上述分类后，有机生命体被当作"运转的机器"来分析，解释它们是如何运作的，强调它们的生物化学过程。教学大纲交代说，它并不试图"全面涵盖健康和疾病方面的人体生理学领域"，但一些主题将"以适度渗透的方式"得到讨论。[4]其中的一个主题便是血压，包括高血压的产生或血压升高的原因。[5]这和萨缪尔森特别有关，因为他在大一时被发现患有高血压，从而被禁止参加校内体育运动。[6]萨缪尔森的父亲也有同样的问题，他在世时的健康状况并不佳。因为高血压在当时较难治愈，所以父亲的身体状况加剧了萨缪尔森对这个问题的焦虑。

学生们被告诫将概念具体化是危险的，无论是"心智""意识"，还是"自我"。"思想理念"不可存储，它们并非"隐藏在潜意识中的、非物质的精神的东西"，也不像是"有待重读的旧信"。[7]持续存在的是以往感官体验对神经系统的影响。据称，"我们不妨说，真正的音乐只在留声机唱片中，它们由指针播放出来；正如我们假设思想理念作为实体，只存在于一些假想的非物质的心智或灵魂中"。[8]这带给我们的明显启发是：

> 把抽象事物具体化，是心理学思想中出现大量混乱和错误的根源。心理学先是丧失了其"灵魂"，然后丧失了其"心智"，最后丧失了其"意识"，这种大致的批评照字面来说并无不妥，因为这些术语就像表示独立存在的实体或力量的"圆环"。

这个告诫应该已经出现在生物学课程中。虽然除心理学之外的其他社会科学可能尚未得出类似结论，但是对于一个天资聪颖的学生，根据其他背景推出它对人类行为研究的意义并不难。

生物学课程的最后讲到了遗传学、优生学和生态学，正如同等程度的物理科学课，生态学意味着这门课把最终落脚点放在了地理因素上。遗传学部分是这门课程中数学化程度最高的部分，它涉及统计学和正态分布曲线。萨缪尔森记得，"他（库尔特）对简单孟德尔（Mendel）遗传学的讲述是：当遗传属性的种数从 2，3，……，增加到 $N= \infty$ 时，它近似于呈高斯分布"。[9]但是，明显的数学内容少之又少，教学大纲中几乎看不到一个方程式。萨缪尔森后来回忆称，这是他第一次接触正态分布，之前他只是在和一个"短暂约会"过的女孩一起去参加社会学家威廉·F. 奥格本（William F. Ogburn）的讲座时听过。在那次讲座上，奥格本忘了提他的正态分布假设，他称三分之二的观测值落在均值的 x 个标准差内，萨缪尔森认为自己可以驳倒这种观点。萨缪尔森找了一本心理学系教授路易斯·瑟斯通（Louis Thurstone）的《统计学基础》（*Fundamentals of Statistics*，1925）的复印本，该书显然有助于他更深入地思考库尔特用非常简单的术语讨论的问题。尽管尚未看到数学的全部重要性，但这表明萨缪尔森已经在同步跟进他参加的讲座中的数学内容。

遗传学引导库尔特加入了对优生学的讨论，而优生学"大体被定义为人类遗传学"。[10] 尽管其重点在于了解遗传，但优生学的目的之一是通过控制人类繁衍来控制人类进化。优生学家倡导实施一项计划，该计划包括对"遗传性缺陷者"进行绝育，给健康人群提供补贴，以及谨慎接纳"遗传上劣等类型的移民"和大力传播遗传相关知识。不论萨缪尔森的反应如何，值得注意的是，他接触到了库尔特支持此类措施的观点——库尔特认为这些措施"肯定不会造成伤害，还可能带来巨大好处"。为了支持自己的立场，库尔特向学生们介绍了爱德华·伊斯特（Edward East）的《遗传与人类事务》（*Heredity and Human Affairs*，1927），他希望学生们"广泛而深入地阅读"该书——这个话题对现代公民的重要性，证明了这么做是一项长期功课。[11] 阅读涉及种族主义文本的作业任务，表明当时的人们接受的观念和现在的人们接受的观念之间存在显著区别。

尽管伊斯特认识到了不同种族内部的多样性，但他仍然认为种族与种族之间存在显著差异："黑人平均而言比英国人低两个等级，苏格兰人比英格兰人略高一个等级，伯里克利（Pericles）时代的雅典人则比苏格兰人高出两个等级。"[12] 虽然意识到做出这种比较必须"非常谨慎"，不过，伊斯特还是总结道：

> 然而，深入研究现有证据的人必定会得出这样的结论，即黑人的智力水平远低于白人，尽管他们与白人中最低的子群没有显著差异。白人子群的平均智力水平远高于一般平均值，而黑人则在一般平均值以下。[13]

总体而言，犹太人和北欧人是"伟大的种族"，因为从数量上说，他们对人类的贡献远高于他们当中杰出个人所占的比例。但反过来说，这也说明他们当中有更大比例的"头脑简单的人"。

> 他们在每一门科学和艺术上都留下了自己的印记。但是，非凡的不是种族，而是个人。遗传依然是天才的基础，种族在曲线的一端产生了一些超优秀个体，必然也会在曲线的另一端产生一些超平庸个体。天才的存在意味着在人类事务的正常进程中必然也存在头脑简单的人。[14]

在严格的优生制度下，繁衍将受到控制的观点并不正确。包含人口退化的"种族自杀"是可以避免的。在这本书中，萨缪尔森的老师赞成的推论并无坏处，科学确实被用来支持种族主义意识形态和流行偏见。这门课程其他部分的备注表明，库尔特并不赞同伊斯特关于种族之间存在实质性差异的观点，但他还是极力推荐了这本书，因此很难说萨缪尔森没有读过它。

在哈维·莱蒙（Harvey Lemon）和赫尔曼·I. 施莱辛格（Hermann I. Schlesinger）一起执教的物理科学平行课程中，天文学被作为学习物理学进而学习化学的进阶之路。莱蒙是一名实验物理学家，不久后出版了一本叫作《从伽利略到宇宙射线：物理学新探》（*From Galileo to Cosmic Rays：A New Look at Physics*，1934）的教科书；施莱辛格是一名无机化学家，从 1907 年起就在芝加哥大学任教。在一场关于自然界之统一性的讲座后，学生们接触到了"夜空"（night sky）以及把地球视为一个天体有何含义的问题。两年前建立的阿德勒天文馆（Adler Planetarium）是美国第一家天文馆，那里的讲座使书本知识变得更加具体化。当出现更抽象的物理学进展（物质和力、能量和功、流体力学）时，它们也会被拿来讨论。在讲完从太阳到星系的天体运行后，课程转向了物质的组成：分子、原子、电流、磁性、放射性、原子结构、声音和光谱。

简单讲了讲光谱后，这门课转向了化学变化、燃烧和一系列回归到碳循环（旨在为生物学课做好衔接）的化学问题。只有在这时，即上了56 节课后，课程才转向数学，学生们开始学习算术和代数、几何、三角函数、解析几何和微积分。"数学和生活"一章概述了数学和必须用到数学的相关情形。数学在历法、太阳系运动、地图、物理学、化学、医学统计学、交通通信、土木工程和建筑中随处可见。这里并没有提到社会科学。在接下来的讲座中，几何学的出现引出了一些关于数学作用的一般性陈述，它们和萨缪尔森后来的研究关系密切。

数理科学的结构

（数理科学的）结构由符合经验的定义和公理，以及可根据数理逻辑法则推导出的定理组成。为了使理论在解释自然现象时有用，定理的上层结构必须与实验数据和公理性基础相一致。这样一个理论的目的是，得到那些原本在性质上似乎异质的和无关的关联结果，以及对那些通过实验可能难以或不可能发现的结果进行逻辑预测。[15]

数学作为一种能将异质数据纳入同一理论的手段，在后来的物理课程中不断被具体化。[16] 这门课以地质学、地质学与生命的关系、气象学、气候和天气，以及地图学方面的内容收尾。在把人类在地球上的分布和地质学相互联系的同时，它也使物理学与生物学和社会科学联系了起来。

半个多世纪后，萨缪尔森还记得这门课和哈维·莱蒙。尽管他没有这么说过，但是"数学可以将看似不同的领域统一起来，且有用的定理必须和数据相一致"这一点，在他的经济学研究中表现得异常明显。在萨缪尔森 1996 年写给加州理工学院化学家诺曼·戴维森——两人曾一起在芝加哥大学选修微积分课——的信中，他特别指出，正是在莱蒙的课上，他第一次接触到在他后来的研究中非常重要的勒夏特列原理（Le Chatelier Principle）①。萨缪尔森写道："我不喜欢莱蒙的目的论。我更乐意把它（勒夏特列原理）视为雅可比（Jacobi）决定性因素定理的一个普通推论，它既适用于经济学也适用于化学。"[17] 我们不清楚他所谓的莱蒙的"目的论"是何意思，但它可能是指从宇宙到地球上人类栖居地的进程，莱蒙在与库尔特进化理论相关的内容中可能论及了这一点。萨缪尔森说得没错，他的确是在莱蒙的课上接触到了勒夏特列原理，但他关于当时自己对该原理的反应的解释似乎并不真实，因为就在前文所引的同一封信中，他称那时自己尚未理解数学的重要性："你知道这是一个残酷的真相——在我垂垂老矣的晚年，作为一个曾经的'神童'，好比有一个善良的仙女对我耳语道，数学是解决经济学中古老问题的万能钥匙。"倘若萨缪尔森还未认识到数学对他未来研究的重要意义，也未上过微积分入门课程，我们很难相信，在他所有老师关于数学之统一力量的陈述中，他能看出这个甚至缺乏代数描述的化学原理是数学中一个更一般性的定理。他只是尚未学到足够的数学知识来思考这些方面。

社会科学——如何思考

第二学年的社会科学课程主要是为了给学生们继续在该领域深入学习做准备，它更多聚焦于所谓的"当今主要社会问题"，只不过这一次不

---

① 对该原理的一个解释，参见本书第 14 章。

同社会科学的顺序发生了变化。[18] 第一部分处理城市化问题；第二部分涉及国家政府的作用（由于富兰克林·罗斯福积极利用政府权力应对大萧条，其显得特别具有争议性）；第三部分处理经济相互依赖性的一般性问题，这是一个比世界经济中正在发生的时事性话题更加理论化的问题。

在强调可以成套借阅的"整卷"阅读书目中，大部分都聚焦于批判性思维。位列第一的是《正确与歪曲之思想》(*Straight and Crooked Thinking*)。[19] 这本书的目的是揭穿那些使一个观点显得比它本身更有说服力的欺骗伎俩。人们可以根据情感诉求选用词语（比如，用"猪脑袋"而不是"顽固"）；可以从对某些人成立的命题跳到对所有人成立的假设；可以揪着某人一个微不足道的错误观点，推断其主要论点都是错误的；可以提出两种极端观点，然后假设折中观点才是正确的。该书试图揭露"缩略式思想"的谬误，即在不同情形之间进行类比的陷阱和模糊不清带来的危害。教学大纲为该书重要内容做了附录，附录中援引了不少于 34 种不合理的论点。这是一本逻辑学图书，尽管它比一般的逻辑学教科书更实用。作者索利斯（Robert Henry Thouless ）[20] 把它比作粘蝇纸，他写道："如果我们的屋子里苍蝇成灾，我们会去买粘蝇纸，而不是去找关于家蝇的动物分类学著作。"这一观点，不同于其中几乎每一个陈述都涉及歪曲思想的极其似是而非的谈话，而是借助虚构的想象在书中得到生动阐述。

"正确思想"可以通过科学得到举证。索利斯 [21] 称："科学家不会用任何情绪化措辞来称重、测量和计算，他只受因果普遍性这一简单信条的指导。"其结果是，科学通过新实验，增加了我们的知识，使我们能够控制所处的环境："看不见的力量"可以被"我们自己的智慧和有意识的控制"所取代。应该控制疾病的观点被普遍接受，索利斯认为，类似方法还应被用于治疗社会疾病，如贸易萧条和国际冲突。"一个用科学的思想态度分析本国和他国之间争端的人，却被贴上了'叛徒'标签……当我们提出贫穷是一种罪恶，必须找出其成因并且不惜一切代价消除时，我们被告知社会生活遵循不可更改的经济规律，干预它们将是危险的。"[22]这个论点显然有失偏颇，因为尽管汽车遵守机械定律，它仍可以载我们到达目的地。即使控制社会现象面临危险，我们也不能让它失控，补救办法只能是把握它们背后的规律。索利斯的这个结论为吉德昂斯及其同事的社会学研究，提供了一个有力的佐证。

> 如果我们将现已学会的治疗疾病的科学精神，应用于应对战争和贫穷问题，我们就能解决它们；有果必有因，公正无偏倚的科学调查将会揭示这些诱因，足够坚决的努力将会消除它们。
>
> 一个真正有素养的民主国家，不相信情绪化的措辞，以及其他一切歪曲思想的始作俑者的惯用手段……它能够有意识地控制我们的社会发展，并摧毁阻碍我们文明的瘟疫——战争、贫穷和犯罪，如果它拥有势不可当的果决——没有古老的传统，没有被其拥有者称为"权力"的古代特权。这将是一场有益的革命，如果我们愿意足够大胆地相信我们的智慧，并且确实想要进行这样的革命，我们就可以这么做。但是，这场革命必须先从我们自己的思想开始。[23]

这本书一开始几乎是一本实用逻辑学教科书，但最后却大胆地表达了政治信念，并坚信社会学的力量能够带来一场政治革命。

布置给学生们的第一项任务证明了这本书的重要性。整本书都被列为"必读内容"，学生们被要求做"谬误笔记"，记录他们在报刊或课程阅读材料中发现的歪曲思想的例子，以及他们判定其中的推理属于谬误的原因。这个笔记每季度必须向老师上交至少一次。

要成为一名社会科学家，必须学会运用批判的、科学的态度看待社会问题的理念，在其他读物中得到了强化。学生们被要求阅读林肯·斯蒂芬斯（Lincoln Steffens）的《耙粪者自述》（*The Autobiography of Lincoln Steffens*，1931），因为里面有关于社会运动，特别是大城市社会运动的第一手报道；以及"我们时代的杰出哲学家之一"伯特兰·罗素（Bertrand Russell）和多拉·罗素（Dora Russell）撰写的《工业文明的前景》（*Prospects of Industrial Civilization*，1923），因其对工业文明表现出批判态度。罗素夫妇关于解决这些问题的建议，被认为是他们批判性分析的副产品。从1920年起就担任芝加哥大学政治学教授的查尔斯·梅里亚姆（Charles Merriam）在其《公民的塑造》（*The Making of Citizens*，1931）一书中，阐述了训练公民的不同方法。和索利斯的思想一样，梅里亚姆同时关注了塑造公民思想的无意识和有意识的方式。

在《看不见的刺客》（*The Unseen Assassins*，1932）一书中，诺曼·安吉尔（Norman Angell）明确论述了揭开无意识的障碍，以清楚地分析社会问题的主题。像斯蒂芬斯一样，安吉尔也是一名记者，尽管他刚刚作为工党成员并在英国议会工作了两年。他因著有《大幻觉》（*The Great Illusion*，1910）一书而闻名于世，该书挑战了通过战争解决经济问题的能力；1933年，他被授予诺贝尔和平奖。《看不见的刺客》对民族主义、爱国主义和帝国主义等观念提出了挑战，如作者早期的一本书所言，其主张更理性地组织世界事务。该书主要关注对普通选民的教化，作者花了大量笔墨论述这些人永远无法掌握经济和社会问题的技术细节，因为它们太过复杂；但也不可能只依赖于专家，因为专家们意见不一。安吉尔的论点是，尽管"约翰·史密斯"（John Smith）绝无可能成为一名专家，他还是能靠自己掌握的而非不明所以的知识得出合理的结论。例如，只要认识到虽然可以用"她"这个词指称德国，但国家不是个人，而是具有不同目的和利益的人的集合，那么对德国进行报复的论点就可能被削弱。这样一种认识足以颠覆惩罚的观念。如果普通人不受错误观念驱使，不充满"怀疑、仇恨、疯狂的激情和贪婪"，许多灾难，包括第一次世界大战，就可以被避免。[24] 因此，安吉尔对开启普通人的眼界能够产生怎样的效果持一种乐观态度。

也许是为了支撑第三部分将讨论的经济相互依存性主题，这一系列成套借阅的书中还包括两本专门研究经济学的书，其中一本是英国经济学家阿瑟·索尔特（Arthur Salter）的《复苏的第二次努力》（*Recovery: The Second Effort*，1932）。索尔特认为，尽管失业是当代最突出的问题，但它掩盖了更深层次的问题。他写这本书的目的是全面阐述他所称的"迫在眉睫的危机"，包括货币、黄金、金融、赔款和战争债务、贸易政策、工业组织、政府管制和政治保障，因为缺少任何方面都是"片面的和误导性的"。[25] 战后问题之根源在于第一次世界大战导致的世界经济体系混乱。到 1925 年，经济曾出现显著复苏，但由于该体系的缺陷并未得到消除，现在需要另一轮修复。一些理论主张也在寻求紧要政策问题解决之道的背景下被提了出来。①

19 世纪，自由放任体系取得巨大成就，井喷式的科学发明和不断提高的生活水平就是证明。这是一套引导世界各地商品和货币流向的自动的自我调节体系。它是如此成功，以至很少有人意识到"这种个人主义的、竞争性的、自由的、未经调节的、偶然的和未计划的体系的自我调整能力是那么神奇；它的成功取决于不稳定的、暂时性的各种条件的一种偶然组合"。[26] 政府已经采取干预措施应对这套体系的缺陷，其结果是，人们发现自己处于一种介乎自由放任和完全计划之间的体系中，这两种体系都有各自的缺陷。政策制定者面临的任务是，设计一套超越自由放

---

① 在第二次世界大战期间，萨缪尔森的一个主要研究焦点是第一次世界大战的后果。

任和完全计划的新体系。

尽管这本书主要关注眼前的政策问题，但它也提供了一些明确的方法论教训。首要教训便是，经济问题比表面上看起来的复杂得多，因此，流行著作中随处可见的简单解决方案不一定奏效。这种观点在该系列成套借阅的书中的另一本，即沃尔顿·汉密尔顿（Walton Hamilton）和斯泰西·梅（Stacy May）合著的《工资控制》（*The Control of Wages*，1928）中得到了强化。该书认为，即使在像工资这样看似简单的事物背后，不同市场之间的相互依赖性也意味着细致的分析不可或缺。在对当前问题的分析中，索尔特还介绍了一些重要的理论观点——竞争、商业周期和投机，且认为理论对于理解具体问题十分重要。这一点通过帮助学生们准备"谬误笔记"的一章选读内容，即詹姆斯·博纳（James Bonar）的"理论上可能如此"（It May Be So in Theory）得到强化。[27] 在这一章，博纳抨击了理论和实践相互排斥的观念。他认为，理论是必不可少的，如果理论在实践中不起作用，那就意味着它肯定是错误的。许多所谓的实干主义者信奉的"不下河怎知水深水浅"的格言，并不能证明对抽象理论的普遍怀疑站得住脚。[28] 博纳继续为 19 世纪经典著作中采用的研究方法辩护道：

> 在政治经济学研究中，我们正在努力使之成为一门科学。我们的努力是否徒劳无获？
>
> 我们必须满足于记录在册的事实吗？正确的答案似乎是，人类在社会经济方面的动机和行为无疑会产生一般性原则；它们呈现出某些广泛的一致性，比其他任何一组社会事实都有更大的持久性和规律性。就其从广大文明人的已知特征中推断出来而言，这一点已得到实践的证明。旁观者看出了这些一致性；作为一名经济学家，他被允许（首先）单独地考察它们，就像它们是唯一一起作用的因素。

这种把它们割裂开来研究的做法，在"实用主义者"的眼中是一种错误。J. S. 穆勒（J. S. Mill）、西尼尔（Nassau William Senior）、凯尼斯（John Elliott Cairnes）、白芝浩（Walter Bagehot）和内维尔·凯恩斯（Neville Keynes）认为这种方法对经济研究至关重要，其中，内维尔·凯恩斯还对整个情况做了理智又睿智的总结。这种研究方法（使用图形）是由人性的各种事实决定的。[29]

不论老师们对博纳的观点采取什么样的立场（切莫忘记他们的目的是让学生们接触不同的观点），萨缪尔森在接受社会科学抽象理论训练的早期就接触到了强有力的论点，和他在物理科学课程中学到的论点类似，但是它们都牢牢植根于当代问题。

社会学——教学大纲

城市文明是第一部分内容的主题，既因为它被视为"研究人性和社会生活的实验场"，也因为城市是现代文明发展中不可或缺的元素——从民间社会向工业社会的转变，构成了社会学入门课的显著特征。[30]在第一周结束时布置给学生们的讨论话题中，后一种观点得到了强烈体现。

讨论话题

城市之于文明人的意义，正如农舍之于农民……一个非常确定却从未得到充分认识的事实是，一切伟大的文化成就皆诞生于城市……世界史就是城市人的历史。

——奥斯瓦尔德·斯宾格勒，《西方的没落》

（Oswald Spengler，*The Decline of the West*）

全世界范围内的城市发展，是过去一百年来最引人瞩目的社会现象。

——W. B. 芒罗，《市政府与行政部门》[31]

（W. B. Munro，*Municipal Government and Administration*）

社会学这门课按照城市结构、城市社会组织和城市中的人类行为的顺序推进。最后一部分涉及"城市个性"，包括典型的城市制度、工作（失业）和收入、违法犯罪，以及和城市有关的各种问题（社会混乱、通信、住房、宗教、教育和娱乐）。学生们被要求讨论浪漫主义诗人雪莱（Shelley）的名言："地狱是一个像伦敦一样的城市。"[32] 这部分内容以社会控制收尾，包括分区和规划、城市和乡村、未来城市，以及研究和改革（此处还对扒粪运动时期做了讨论）。"在社会学家看来"，城市就像"一个社会实验场"。[33]

在第二部分，学生们被提醒不能想当然地认为美国优越于欧洲或欧洲优越于美国。随后这门课转向政治学，对美国、英国、德国、法国和瑞士的政治、法律和行政体制，进行了详细的比较研究；接下来是关于英法帝国、苏联、意大利社团主义、日本绝对君主制、拉丁美洲共和国，以及中东欧国家最新政治发展的内容；最后以对欧洲教育的考察作为结束。根据教学大纲可以清楚地看出，萨缪尔森将从这门课中学习到如何治理不同国家的全面而详尽的知识。

第三部分涉及"人们之间相互依存的经济关系"，主要关注协作的必要性和实现协作的手段。[34] 萨缪尔森学习这门课当年正值大萧条最严重时期，失业率居高不下（这给了他整个夏天都泡在沙滩上的理由，因为压根儿就不可能找到工作），世界经济体系逐渐瓦解成许多贸易区块。在对从工业革命到当下的相互依赖性做了历史性叙述后，各种协调经济活动的方法，如习俗、中央计划和市场等得到探讨。学生们被推荐阅读有关苏联体制和科学管理的文献资料。在转向可能被视为课程核心的内容之前，学生们开始接触到市场经济体制，其包括私营企业和所有权、专业化、商业组织、劳工组织、投机性生产和信贷。只有到了这里，价格体系的运行才获得讨论。

不同于这门课之前的任何章节，关于"市场价格如何组织经济活动"的六讲内容，都是理论层面的。它们比前面的资料更为抽象，以至在关于价格体系、供给需求和生产性服务定价的章节之后，紧跟着便是"经济理论的'应用'问题"，包括价格、需求和供给的测算，以及经济学中统计方法的使用。

虽然经济学拥有悠久的供求分析历史，但对需求和供给曲线进行统计估算在当时并不多见。为经济理论辩护的更常见做法是，诉诸内省或心理学理论。在亨利·舒尔茨看来，芝加哥大学是这种研究方法的主要倡导者之一。但是，学生们讨论的话题并不是舒尔茨发表的任何评论，而是物理学家马克斯·普朗克（Max Planck）的一篇长文。

如何通过考察那些原因暂时还未得到解释的现象，来推导出实践规律？就像社会科学一样，物理学已认识到一种截然不同于纯粹因果分析的研究方法的重要性，且自19世纪中叶起就开始应用它，并不断地取得更大的成功。这是一种统计方法，理论物理学的最新进展受到了其发展程度的约束。缺乏切实可行的结果，就不能发现眼下对我们而言完全未知的支配独立事件的动力学定律，只能收集某一确定类型的独立事件的观测值，并得到其平均值或中位值。为了计算这些平均值，人们可以根据具体情况，得到某些经验法则。这些法则使我们可以对未来事件进行预测，尽管没有绝对的确定性，但其概率实际上通常和百分之百确定相当。虽然这种本质上只是权宜之计的方法，似乎无法满足和适应许多学者的科学需要——他们主要是想阐明因果关系，但它在实践物理学中已变得不可或缺。舍弃它便意味着抛弃物理学最重要的新进展。

——马克斯·普朗克，《理论物理导论》(*A Survey of Physical Theory*) [35]

世界最杰出物理学家之一的权威论述，显然正被用于为经济学中仍颇具争议的立场提供辩护。这与英国物理学家和工程师、第一代开尔文男爵威廉·汤姆森（William Thomson, Lord Kelvin）的座右铭是一致的，它被刻在新落成的社会科学大楼上：

当你无法测量时❀你的知识便是❀贫瘠的❀和❀不能令人满意的❀ [①]

——开尔文男爵

尽管一些芝加哥大学经济学家赞成这种观点〔上述引文是由社会学家威廉·F.奥格本组织的，同年（1933 年）早些时候萨缪尔森曾听过他的一场讲座〕，但其他人却不赞成，比如弗兰克·奈特和雅各布·瓦伊纳。而且，它代表了莱昂内尔·罗宾斯一年前（1932 年）出版的一本影响极大的书中所反对的一种观点，在那本书中，罗宾斯对统计学上估算的需

---

① 这些花纹构成了穿插在引文中的装饰图样，它们被雕刻在社会科学大楼上，代表着由于空间有限而不得不省略的词句。默顿等人（Merton et al, 1984）讲述了这段铭文的完整故事。

求曲线是否有用提出了质疑[①]。鉴于社会学系内部存在这样的分歧，围绕普朗克引文的讨论想必很热烈。

经济上的相互依赖问题几乎不可避免地产生了国际贸易问题，相关内容包括关税和贸易壁垒、国际货币问题、移民，以及战争的经济成因，它们都是1932年时的热门话题。这门课以不少于六讲的"以货币交换为基础的制度中人类福利的一般性问题"收尾。该标题下的第一个主题"社会成本和社会利润 vs 个人成本和个人利润"，很容易使人想起与剑桥大学教授庇古（Arthur Cecil Pigou）密切相关的福利经济学，他的《福利经济学》（*Economics of Welfare*，1920）一书当时已出到第四版并被视为对该问题的主导研究方法。然而，教学大纲建议采用一种不同的方法，即研究"工业的人力成本"和"消费的人力效用"。[36]相比于剑桥学派经济学，这种论述同正统经济学和约翰·罗斯金（John Ruskin）的浪漫主义批评有着更多共鸣。值得注意的是，"必读文献"中包括约翰·A. 霍布森（John A. Hobson）《工作和财富：一项人类评估》（*Work and Wealth*：*A Human Valuation*，1914）一书的若干章节。根据罗斯金关于各种活动之优劣的论点，可以推断"经济"成本和"人力"成本之间存在一个差额。在剑桥学派经济学家阿尔弗雷德·马歇尔（Alfred Marshall）和庇古的著作中，显然没有考虑到这个差额。[②]为了支持消费主导生产的主张——该主张本可以传统的供求理论作为支撑——这门课程参考了前一年萨缪尔森在迪雷克托课上使用的斯利克特的《现代经济社会》（1931）一书。在

---

① 通常认为，瓦伊纳把它修改成了"当你可以测量它，并且可以用数字表达它时，你掌握的仍然是一种贫瘠和不能令人满意的知识"，而奈特则把它延伸为"当你无法测量时，想尽一切办法去测量"。参见默顿等人（1984）。

② 鉴于阅读书目上列出的内容，这类文献似乎不太可能仅仅因为对该层次的学生来说技术性过强而被忽略。

指定的章节中，斯利克特强调了消费者对其所购买和销售的商品及消费者保护之必要性的无知。这使学生们回到了课程一开始便探讨过的长期规划问题，尽管此时他们被要求不讨论苏联的中央计划经济，而是讨论哥伦比亚大学经济学家约翰·莫里斯·克拉克（John Maurice Clark）刊登在《新共和》杂志上的一篇文章，被视为 19 世纪末美国最伟大的经济学家之一的约翰·贝茨·克拉克（John Bates Clark）是约翰·莫里斯·克拉克的父亲。①

约翰·莫里斯·克拉克的"对工业管制的长期规划"（Long Range Planning for the Regularization of Industry）发表于 1932 年 1 月，即富兰克林·罗斯福第一次当选总统那年。这篇文章聚焦于美国经济陷入大萧条三年以来所面临的问题，当时产量仍在下降。克拉克开篇即假设所有人都认为私营企业的运行方式出了问题，因此必须采取行动。他拒绝接受苏联的计划经济，认为它不适合民主国家，并寻求一条介于计划经济与自由放任政策之间的道路，主张设立一个由专家组成的计划委员会，负责收集数据和提供建议。该委员会将能解决不良工业（长期产能过剩的工业）、技术性失业（由工厂无法重新雇用被机器取代的工人所造成的失业）和商业周期等问题。克拉克试图避免价格管制和生产限制（罗斯福在主政早期曾尝试过），主张推行劳动力市场改革，增加公共工程支出，并通过公共财政来稳定而非破坏经济活动水平。呼吁对该问题采取一种科学的处理方法，是他提出上述解决之道的立足点。

　　取得好结果的主要希望在于，将旨在揭示不稳定原因的科学调

---

① 萨缪尔森由此对福利经济学形成了一种非正统的认识，他将在该领域留下自己的独特印记。参见本书第 22 章。

查研究、（由专家组成的）致力于解决这个问题的常设组织，以及所
有利益相关者的代表（他们在稳定政策上的共同利益，远比单个商
业企业之间大得多）结合起来，各方相辅相成，共同作用。单靠它
们中的任何一者都是不够的，但它们组合起来却可以产生一些相当
令人期待的结果。[37]

从 1946 年萨缪尔森写给约翰·莫里斯·克拉克的一封信中可以明显
看出，尽管萨缪尔森最终同意了克拉克的观点，但是在读本科时，他对
管理支出和控制商业周期的尝试持批评态度。[38] 前一年他所上的迪雷克托
的课，可能鼓励了他对计划经济持一种怀疑的态度。如果这样，他就会
对吉德昂斯的立场提出批评。[①] 萨缪尔森不无揶揄地称他错过的吉德昂斯
的经济学入门课是"写给诗人的经济学"，这可能是他后来对确实上过的
吉德昂斯（受罗斯金启发）的福利经济学的一个恰当总结。鉴于直到第
二年萨缪尔森才认识到数学和经济学之间的关联，在这个阶段，他似乎
并未理解普朗克关于统计学的观点，以及约翰·莫里斯·克拉克对稳定政
策的支持，最终对经济学的重要意义。倘真如此，这两种观点很快会使
他的思想发生深刻变化。

社会经济组织

无论萨缪尔森是否消极对待吉德昂斯的授课思路，这门课都具有重要
意义，因为正是在这门课上，萨缪尔森第一次接触到了弗兰克·奈特的著

---

① 吉德昂斯在哥伦比亚大学的老师包括韦斯利·米切尔（Wesley Mitchell，一名霍布
森福利经济学的热情支持者）和约翰·莫里斯·克拉克。

作。萨缪尔森深情地为我们描绘了一幅这个他形容为"朴实无华的苏格拉底式"教授的肖像。

> 他是一名学识渊博的哲学家和无与伦比的经济学家，同时也是美国幽默作家威尔·罗杰斯（Will Rogers）作品中描写的乡村无神论者和圣贤式的人物。最近，教授们倾向于选择来自埃克塞特学院（Exeter Academy）或者布朗士科学高中（Bronx High School of Science）的学生。奈特属于世纪之交的一代人，像卡尔·康普顿（Karl Compton）、阿瑟·康普顿（Arthur Compton）和韦斯利·米切尔一样，都是从农场走出来的。
>
> 奈特经常用他那近乎刺耳的声音说，他之所以成为一名经济学家，是因为他在哲学系时学习跟不上。但或许事实是，当他在康奈尔大学读研究生时，他被下了最后通牒："不要说这么多废话，否则就请离开哲学系。"这让奈特别无选择，他只得转向经济学。（这也使他成为谈话法则研究的权威，正如他的格言所说："社会学是一门关于谈话的科学，它只有一条法则——坏的谈话总会驱逐好的谈话。"）①39

《风险、不确定性和利润》（Risk, Uncertainty and Profit，1921）一书是奈特在康奈尔大学时期的成果，也奠定了他作为一名经济学家的声誉基础，该书是他1916年提交的博士论文的修订版本。在书中，奈特把利润和不确定性联系起来，他认为没有不确定性就没有利润。但是，社会

---

① 奈特的谈话法则是"格雷欣法则"（Gresham's Law）的一种变形，后者以16世纪英国财政家托马斯·格雷欣（Thomas Gresham）的名字命名。根据"格雷欣法则"，劣币（含银量较低的硬币）会驱逐良币（含足值银的硬币），因为如果劣币和良币同时存在，人们将会选择花掉劣币，而把良币贮存起来。

学的必读书目并不是这整本书，而是奈特在艾奥瓦州立大学时撰写的四章内容，它们以"社会经济组织"为题印在教学大纲中，占据了阅读材料一半以上的篇幅。萨缪尔森后来承认，他在自己的教科书中提出的经济学观点和这些阅读材料中奈特提出的观点具有相似之处。[40]

在这些章节中，奈特从经济组织问题开始切入，而之所以出现经济组织问题，是因为经济活动需要很多人协作来完成不同的任务。

> 组织问题设定了经济科学的研究问题，它涉及把人们谋生的一般活动划分成若干部分，并使之按照适当比例和谐发挥作用的具体手段或机制。[41]

在经济体系成功运行的前提下，执行这项任务必须开展五项活动：确定决定消费的标准或价值观，组织生产，在个人之间分配资源，促进经济发展，在极短时间内调整消费-生产比例（以适应暂时性的短缺或过剩）。奈特解释了组织有序的生产为何比每个人孤立生活效率更高，但正如亚当·斯密以来的许多经济学家那样，奈特也认识到劳动分工可能会带来不利的影响。

在转向其最关心的价格体系之前，奈特谈到了在萨缪尔森前一年课上详细讲过的一个主题，并对不同的经济体系类型（种姓制度、专制政体、无政府状态和民主社会主义）进行了概述。它们都可以实现没有计划的组织。

> 从未有人为这样的体系制订过计划，或者希望它存在；任何地方都没有关于它的计划，无论在纸上还是在任何人的脑海里，也没有人对它的运行做出指导。然而，以一种相当不错的方式，"它起作

用了"，并且不断发展和变化。我们拥有一套复杂精致的劳动分工体系，但是每个人仍可以在价格体系中各司其职。[42]

人们并不难理解 20 世纪 20 年代中期奈特所持的这种观点，但如果知道萨缪尔森和他的同学们在 1932—1933 年对价格体系"行之有效"的主张做何反应，将会很有趣，当时很多人都在领取失业救济金。几页内容之后，奈特解释说，在现实世界中，这套体系并不像理论所示那样有效。反垄断需要"更多有意识的社会干预"。进一步的问题是，金钱上的需求并不能衡量"商品对人类的真正重要性"——"欲望可能源于欺诈或偏好堕落，而且在最理想的情况下，也不能假设人们的个人需求恰好对他们自己和整个社会最有利"。[43] 萨缪尔森赋予这些言论的重要程度，取决于他把它们视为有一定道理的关于自由企业优点的论述，还是把它们视为和福利分析相关的重要论述，而这或许受到他前一年阅读霍布森著作时碰到的道德问题的影响。

奈特接着略述了通常被称为广义"奥地利学派"[①] 的经济学家对经济活动的观点。这个观点认为，经济活动的目的是满足各种欲求（wants），它既可以通过生产食物和住房等商品直接实现，也可以通过生产用于生产消费品的机械和工厂间接实现。在这一过程中，奈特提出了后来被萨缪尔森当作宏观经济学入门教学核心内容的循环流向图，即奈特的"财富之轮"（Wheel of Wealth），如图 3-1 所示[②]。20 世纪 20 年代，经济学

[①]　之所以称其为奥地利学派，是因为这种观点可以追溯至 19 世纪末在奥地利从事研究的经济学家卡尔·门格尔（Carl Menger）。在《风险、不确定性和利润》一书中，奈特曾提到门格尔的追随者们几乎是唯一解决了利润问题的经济学家。

[②]　奈特并非做出这张图的第一人。关于该图的发展史，参见巴克豪斯和吉劳德（2010）。关于萨缪尔森对这一概念的使用，参见本书第 27 章。

家并未对宏观经济学和微观经济学做出区分，奈特也不例外。他用"财富之轮"来阐明，价格体系关乎人们通过向企业出售其"生产力"来谋生，并用从中获得的收入购买他们所消费的商品和服务。这是一种简化，因为它忽略了许多商业活动都会为未来消费做好准备这个事实，而且人（people）和企业之间的区别并不明显。图 3-1 中的货币流向代表"社会总收入"，它在"循环流"（奈特使用了萨缪尔森后来用于描述这一过程的短语）的不同位置具有不同的含义。它测量了个人收入、生活总成本、生产成本和企业收入。

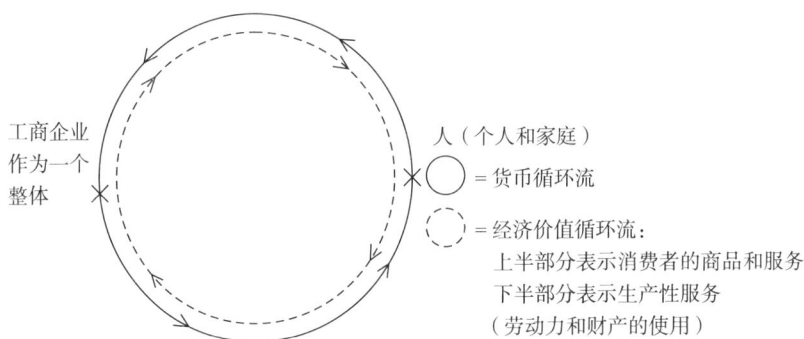

工商企业
作为一个
整体

人（个人和家庭）

= 货币循环流

= 经济价值循环流：
上半部分表示消费者的商品和服务
下半部分表示生产性服务
（劳动力和财产的使用）

图 3-1　奈特的"财富之轮"

剩下两章提供了关于供求关系的传统阐述（对 20 世纪 20 年代仍然是世界上最杰出经济学家的阿尔弗雷德·马歇尔的理论的精彩总结）和收入分配分析。这个阐述中最引人注目的地方在于，它完全是文字性的，甚至没有出现马歇尔的教科书出版后 30 年里成为标准做法的图表。分配理论依据的基本原则是边际生产率。

相比于萨缪尔森后来的研究，奈特这几章内容的一些特点颇有意思。尽管奈特毫不犹豫地谈到了"效用"和"边际效用"，但他明确表示，决定需求的是某种商品相对于其他商品的"相对效用"，而效用的"水平"（levels）无关紧要。[44] 他重申了早些时候提出的观点，即"个人偏好反映在他们愿意支付的价格上，而价格并非总是能够反映出什么对个人来说是'最好的'"。[45] 萨缪尔森后来提出了自己的观点——"消费者的决策揭示了他们的偏好"，奈特在质疑这些偏好之重要性的过程中，认为这是理所当然的。奈特根据道德判断和消费者偏好，对福利分析做了明确区分。他还指出了外部性的存在，即一个人的行为可能会直接影响到其他人。自由企业制度会引导资源流向它们具有"最大社会效用"的地方，但是也有许多例外。

奈特还认为，垄断和竞争之间并无明确区别，阿林·扬的另一位博士生爱德华·张伯伦（Edward Chamberlin）也持这种观点，后者即将成为萨缪尔森在哈佛的老师之一。"最终，所有商品都会为了消费者的金钱而相互竞争"，奈特写道，不同商品之间彼此可以区分的"程度"（奈特第一次使用这个词时就做了强调）是有区别的。[46] 尽管有这样的限制，但并不影响奈特对垄断的"罪恶面"进行论述。[47]

相反，奈特对那些在某一时间（或地点）低价买进，在另一时间（或地点）高价卖出，从而履行确保不同时空的商品具有相同价格这一重要社会职能的投机商，赞赏有加。

> 绝大多数对投机商的指责，都是因为人们没有理解他们所承担的职能，特别是没有认识到，他们只能通过做对生产者和消费者均有利的事情来获取利益。[48]

很可能是根据艾奥瓦州立大学时期研究农产品价格得到的经验，奈特认为投机商并未赚取超额收益。恰恰相反，参与农产品市场的投机性中间商往往得不偿失，因为他们是在玩一种类似于赌博的游戏，而且出于相似的心理原因，他们很可能会弄巧成拙。投机的真正罪恶"源于那些诸如虚假报道等歪曲事实的'操纵'，以及只是在市场上进行赌博且通常会产生严重后果的无知者的行为"。[49]鉴于家族财富因卷入佛罗里达州的房地产投机而遭受巨大损失，毫无疑问，萨缪尔森不会认为这只是一个理论问题。

奈特有关分配讨论的一个重要特点是，尽管他的理论在把利率与资本供给（储蓄）和资本需求（投资）联系起来方面是传统的，但他质疑了储蓄能够在多大程度上反映最优化代理人的选择。传统观点认为储蓄取决于人们对未来的态度，他们偏向于现在消费而不是未来消费。奈特对此进行了质疑：

> 在某种程度上，这可能是对的。但是，储蓄背后的动机非常复杂和不确定。有一点显而易见：社会资本供给的大部分，来自且必然来自那些不消费或不想在任何时候消费却在死后留下大笔遗产者的储蓄。把死后留下遗产的动机，同对现在消费还是未来消费商品之间的权衡比较联系起来，似乎并不能说得通。其他论证则进一步削弱了（对未来的）心理贴现是影响利率的主要原因的观点，但这里我们不做讨论。[50]

萨缪尔森后来在自己研究资本理论的著作中，也使用了类似的论证。

投身于社会科学

萨缪尔森的学习大纲以从哥伦布抵达加勒比海到20世纪发生的事件

为止的三讲美国史系列内容收尾。这门课由美国宪政史和历史研究方法的权威学者威廉·托马斯·哈钦森（William Thomas Hutchinson）讲授，聚焦于美国的政治史和宪政史。萨缪尔森还选修了一门不计学分的马学和马术课，它是芝加哥大学军事学教育计划的一部分①。

大二快结束的时候，萨缪尔森开始写日记，在其中他偶尔会记下他的个人生活和他思考的更大的问题②。也许值得注意的是，日记里的第一个关键词是"科学"。

> 从本质上讲，科学便是确立因果关系。科学知识可以被用来控制原因，以获得合意的结果。确定哪些应被纳入目标属哲学范畴，如何实现这些目标则属科学范畴。[51]

萨缪尔森在学习生物科学课程之初就已接触到这个观点，该观点在萨缪尔森阅读索利斯的《正确与歪曲之思想》一书时得到强化。萨缪尔森在日记中写道，哲学和经济学之间存在劳动分工，前者确定目标，后者确定如何实现这些目标。之后，他反思了从事科学事业的动机。

> 但是，人们成为科学家主要并不是为了造福社会，而是因为解决问题的过程存在某种"美学"乐趣。寻找对事实和观察到的一致性等的解释，是一场智慧的较量。[52]

考虑到许多同时代的人在大萧条时期开始研究经济学，是因为他们

---

① 即对马匹和马术的研究。

② 1932—1933 年的两年中他只写下 19 篇日记。

企图解决失业及相关的社会问题，很难不把这句话看作具有萨缪尔森的自传色彩。他讲了一个亲身经历的故事来说明这一点。

> 举个例子。有一次课后，我和生理学家卡尔森博士（Dr. Carlson）讨论血液系统的流体动力学问题。我们在零下的户外交谈，直到谈话结束时，我才意识到自己的鼻子都被冻僵了。
>
> 那么，这件事有无值得赞许之处？没有。我既不是在追求真理，也不是在试图拓宽人类思想的远景。它只是一个我试图解决的难题，因为我正全神贯注，所以没有注意到寒冷。这正如三明治爵士（Lord Sandwich）的故事，当时他正忙于"大赚一笔"而不愿离开赌桌，也无暇去享用那时少见现在却很常见的"三明治"美食。[53]

萨缪尔森由此断言，科学家只是"一些被满怀仰慕的公众，以神秘和敬畏之心包装粉饰起来的修补匠"。

在其他地方，他更喜欢称自己研究经济学事出偶然，或者暗示说，自己是受那些有待发现的定理吸引而步入经济学殿堂的。[54] 谈到大一时上过的迪雷克托的课时，他写道：

> 即使我有斯奎斯先生（Mr. Squeers）当老师，初次读到斯利克特和埃利的经济学教科书时的感觉，也会像童话故事中的王子给睡美人的亲吻那般美妙。
>
> 我正年轻气盛，踌躇满志。就像一条专为狩猎驯养的猎狗，我的基因天生就能掌控供求曲线。那些高年级的同学怎么会把如此简单明了的问题，弄得这么复杂棘手？[55]
>
> 我很惊讶的是，在课堂讨论中我总能脱颖而出，班里那些老生

们并不觉得经济学理论像我所认为的那么简单。人们往往喜欢做自己擅长的事情。如果你很早就发现一个既喜欢又最适合自己的研究领域，那么你实在太幸运了。

萨缪尔森这种脱离社会关切的以自我为中心的态度，在 20 世纪 40 年代发生了变化；当时，在阿尔文·汉森的指导下，他了解到许多朋友不得不去参军打仗，于是开始更多地关注政治问题——但那是 10 年后的事情了。

在 1933 年 4 月 29 日的第二篇日记中，萨缪尔森写下了这样一个明确的经济观点：

> 我反对自由放任体系，并不是因为它没有达成它本该实现的目标（实际上它也确实没有做到），主要是因为，即使它运行得再完美，人们也需要对自己的经济利益和当务之急的物质事物（所有的这一切，我个人都不喜欢），永远保持警惕。[56]

毫无疑问，萨缪尔森通过阅读奈特的著作产生了上述观点。与社会主义计划经济的诸多批判学者不同，奈特这样做是基于道德原因，而非因为计划经济效率低下。这确实表明，萨缪尔森已经吸收了吉德昂斯和奈特著作中关于自由放任并不完美的论述。但是，对自由放任的这种评论，在萨缪尔森的日记中并没有得到进一步记载。相反，五天后，萨缪尔森的日记中提到了著名的牛津大学辩论联盟（Oxford Union debate），[57] 他对自己的懦弱做了反思，明确站在牛津大学的学生一边，反对那些因为学生投票不参加战争而指责他们是懦夫的批评者。1933 年剩下的三篇日记都是关于诗歌练习的。

正是在这一年，萨缪尔森决定要进入社会科学系，他于3月10日从学院转到了系里。6月，他以所有课程都是A的成绩取得了学院证明，这使他被获准在第二年继续学习更专业的课程。萨缪尔森称，在这一年的某个时候，他曾短暂地考虑过是否去做一名社会学家。但是，即便确实想过要做一名经济学家，在这段时期的学习中，他仍然被训练成为一名普通的社会科学家，而非一名经济学家。他最终确定要成为一名职业经济学家是以后的事，在此之前，他必须学习社会科学的所有主要课程。鉴于当时芝加哥大学在社会科学领域的突出地位，这意味着萨缪尔森将接触到当时包括人类学、社会学、政治学和经济学领域在内的诸多顶尖的社会科学家。

第 4 章

从社会科学家到数理经济学家：
1933—1934 年

羽翼未丰的社会科学家

萨缪尔森进入社会科学系后，开始广泛学习社会科学知识。第一学期，他选修了人类学、教育学、英语写作和社会学等课程，后来他还是觉得人类学和社会学两门课比较有趣。费伊-库珀·科尔（Fay-Cooper Cole）讲授人类学入门课，他是著名人类学家弗兰兹·博厄斯的学生，而芝加哥大学人类学系是由博厄斯于 1921 年创立的。[1] 发布在《科学》杂志上的讣告称科尔为"人类学的建筑师"，可见科尔的重要性。[2] 他的早期研究聚焦于印度尼西亚和马来西亚的文化，20 世纪 30 年代，他把研究重心转向了美国中西部的考古学。因而，萨缪尔森的老师是其所属领域的顶尖人物，对该学科有着广泛兴趣。科尔教的课程涵盖了一些萨缪尔森已深入学习过的主题，尤其是种族问题。科尔两年前写的一篇文章表明了他对种族问题的立场：科学分析表明，许多关于异血缘和一个种族优于另一个种族的骇人听闻的故事，很容易被科学分析推翻。[3] 在处理种族问题时需要伟大的政治家风度和宽容，尽管种族融合会创造出"更多的混血儿"，但是并没有理由去担心美国的未来。

　　萨缪尔森曾短暂考虑过专攻社会学，这门学科的老师们后来也成了该领域的杰出人物。莱纳德·科特雷尔（Leonard Cottrell）在职业生涯中做过缓刑官，他采用统计方法预测假释的成功和失败，并将其应用于婚姻问题。他还关注如何使这些统计预测与人们往往会做出有意识的选择这一事实相符的哲学问题。[4]科特雷尔只在秋季教授了这门课，在其他学期，授课教师换成了赫伯特·布卢默（Herbert Blumer），他是乔治·赫伯特·米德（George Herbert Meade）的学生，也是符号互动论① 发展中的重要人物。正如布卢默在一篇题为《科学没有概念》（Science without Concepts，1931）的文章中所表明的，他们既注重发展严谨的方法，也注重质疑不加评判地接受那些没有依据的概念。根据教学大纲，这门课是"基础性"的，涵盖了社会学在社会科学、人性、社会交往和互动、社会变革和社会进步等领域的地位，及其在人口、移民、种族和犯罪等问题上的应用。但是，考虑到教师的背景和学生接受的社会科学前期学习，如果缺乏对研究方法的广泛讨论，将是不可思议之事。

　　萨缪尔森在第一学期完成了"教育学201"（Education 201），这是一项针对美国教育体系问题的调查，强调中学教育的重要性。该学期还开设了一门英语写作必修课，聚焦于叙事主题。在这门课上，他就一个朋友的自杀，写了一篇题为《合理化》（Rationalization）的文章。

　　萨缪尔森的社会学教育持续到了冬季学期，当时他选修了一门社会史课程：新美国人和欧洲社会的兴起；以及两门政治学课程：政治学导论和国际关系导论，这两门课均由弗雷德·刘易斯·舒曼（Fred Lewis

---

① 符号互动论认为，人们的行为主要基于事物对他们的意义，这些意义源于社会互动。有一个学期，沃思给布卢默当助教，前者在第一年教过萨缪尔森。

Schuman）讲授。舒曼是一名助理教授，从 1927 年起一直在芝加哥大学执教，但 1933 年的大部分时间他都待在德国静观事态发展。对国际关系课程的描述是抽象的，它主要处理"国家、帝国主义、国际贸易和外交政策之间的冲突，国际法的基本概念，和平或敌对的国际问题解决方案，以及国际组织的发展"等。[5]

虽然这些都是抽象的问题，但在 1934 年 1 月希特勒上台后不久，他们的研究不再只是出于学术上的兴趣，尤其是对家族根源于中欧犹太血统的萨缪尔森而言。这门课肯定受到了舒曼自己研究的影响，包括他关于美国外交政策以及国际和平之伦理和政治方面的文章。[6]此外，在萨缪尔森就读那年，舒曼还发表了一系列涉及德国法西斯主义理论、德国外交政策和"第三帝国走向战争之路"的文章。[7]在最后一篇文章中，舒曼预言了一场"不可避免的"战争和"不可挽回的灾难"。

> 如果外交模式回归正轨，纳粹德国领导的修正主义联盟有望在
> 1940 年之前达成。如果早些时候的冲突可以避免，第二次世界大战
> 可能会在 1940 年至 1950 年间发生。[8]

不难想象，这样的分析将如何激起萨缪尔森对外交职业的兴趣：鉴于他有在课后和老师交谈的习惯，即便这些问题并未出现在正式的教学大纲中，想必他也接触过它们。2 月 28 日，在对自由意志和决定论以及"字词即符号"的观念（大概是受社会学老师符号互动理论的影响）做了哲学探讨之后，萨缪尔森在日记中写道：

> 不久前我萌生了一个在外交部谋求一份外交官工作的想法。我
> 写信去索要注明录取要求的小册子。录取需要通过考试，我相信经

过一年的学习（这些时间或许值得花），我可以凭高分被录取。起薪是 2500 美元，而且不乏社会声望。9

但现实很快让他打消了这个念头。他接着写道："随着美元贬值，这个选择就没有那么好了。而且现在录取名额已满，并没有什么考试。"① 在 1933 年的社会情形下，成为一名外交官并不是一个很好的选择。这种推理可能掩盖了以下现实：作为一名犹太后裔，萨缪尔森既未上过著名的私立学校，也未上过常春藤联盟大学，有些机会很大程度上对他是关闭的。

萨缪尔森 1934 年的日记主要围绕着自己或他朋友的女朋友。但是，从 2 月 24 日的日记来看，他正在探索一种政治立场。

不妨转到更重要的（果真如此吗？）事情上。过去一年多来，我变得越来越持怀疑态度。在我看来，对任何一项政治领域立法的影响和后果进行理性分析，都会使人越来越不愿提倡这项立法。人们往往会过分强调想要获得的东西，而低估了获得它们所需付出的代价。"一厢情愿"在政治领域是相当危险和普遍存在的。

一个人越明智地研究某个问题，似乎越不会武断地做出回答。因而，圣贤倾向于对讨论、赞成和反驳不作为。在这个世界上，人们会设计各种活动，却不管它们是否明智地指向可实现的目标，因此，江湖骗子、狂热分子、煽动家、改革者等成了人民的领袖，而明智的人则在这些行动付诸实施后，写小册子予以谴责。

那么，为何人们会乐此不疲地飞蛾扑火呢？首先，有必要认识

---

① 这里的逻辑并不清楚，因为物价正在下跌。也许萨缪尔森设想外交官们必须生活在国外，会受到美元贬值的不利影响。

到这一事实：对灯火的追随导致飞蛾被烧死。其次，总有新的飞蛾出现，而且大多数人似乎既不能也不愿去歧视它们。[10]

上述文字包含相当明显的怀疑论色彩，它导致了一种近乎伯克式的保守主义，质疑改良社会的理想主义者承诺。50 多年后，萨缪尔森称自己曾是芝加哥大学的一名保守主义者，这似乎得到了证实。在反思人生哲学的一章中，他写道："在芝加哥大学时，我被教导说，商业自由和个人自由息息相关，这既是一个残酷的经验事实，也是一种令人信服的演绎三段论。很长一段时间里，我都对自己所学的东西深信不疑。"[①][11] 在未公开发表的一处自传片段中，他写道：

> 就政治经济学而言，我就像人们所说的"小白"——虽然我的脑袋既发达又健全，但它却空空如也。艾伦·迪雷克托的自由放任保守主义思想第一次对我产生了冲击。令我惊讶的是，这个独特体制中最糟糕的部分很早就从我的观念里消失了。[12]

但是，这些断言仅限于萨缪尔森支持罗斯福这一事实。他可能曾经是一名保守主义者，而我们并不清楚他的保守程度有多深。

艾伦·迪雷克托和劳工问题

无法按照自己在国际关系上的兴趣从事外交工作使萨缪尔森感到挫

---

① 萨缪尔森在文中接着说，他已经逐渐承认这种观点与事实不符，并对弗里德里希·哈耶克（Friedrich Hayek）关于市场不自由的社会将通往奴役之路的观点是错误的做了解释。

败，而这种挫败感必然是短暂的，因为在同一学期，他选修了一门让他果断转向经济学的课程：艾伦·迪雷克托教授的劳工问题课。如果说他日记中的简短评论只是一个指南，那么正是从这个时候开始，萨缪尔森对政府的作用越来越持怀疑态度。以进步人士和罗斯福新政为例，这种保守主义主要基于对改革能否实现其既定目标的怀疑。这样的想法被迪雷克托强化，萨缪尔森后来和他相交甚笃。迪雷克托当时还是一名非常年轻的教授，但他已经放弃了更早时期的激进观点。他不再同道格拉斯合作，但依然走在奈特开创的芝加哥学派的轨道上。①

课程大纲并未给出任何关于劳工问题应该持有的立场，或者应该采用的分析类型。它只是提供了：

> 一个在尝试解决具体劳工问题时必须加以考虑的、产生了现代劳动条件和问题的主要力量和因素，以及对社会计划、工会劳工和劳工立法做了简要讨论，分析性的、因果性的、历史性的综合评述。[13]

确实存在一个对劳动力市场制度及"观点和社会计划"的清晰透彻的解释，除此之外，相关资料几乎无迹可寻。

但是，萨缪尔森为这门课写的一篇文章却保存了下来，而且出人意料的是，后来它不仅被收录在他的论文中，还出现在了他题为《集体谈判的局限性》（The Limitations of Collective Bargaining）的出版物中。[14] 除了日记中的一些奇怪表述外，这是萨缪尔森现存的最早一篇经济习作。它进一步支持了萨缪尔森自称曾是芝加哥大学一名经济保守主义者的说法，因

---

① 萨缪尔森记得自己重新选修过这门课，它由道格拉斯讲授，这样他就能对工资和工会有所了解。迪雷克托是否有一份特殊的教学大纲，或者萨缪尔森是否对迪雷克托提到的这些问题持怀疑态度？两者皆有可能。

为他对工会集体谈判可能有益的观点进行了持续的批评。萨缪尔森以一种社会哲学的阐述作为开篇。

> 几百年前，人们相信社会条件是自然法则或神圣法的结果，任何干涉注定都会失败。但是，最近出现了一种学说，认为社会可以由我们自主塑造；存在的一切，并不必然是正当的；过去发生的一切，也不一定是本该发生的。
>
> 从自然起源到社会导进论（social telesis）的这种信念上的转变，是意志改变的一个强有力的证明。但是，我们的反应往往过了头。在一个复杂的、剧烈调整的社会中，随机变化是有害的，因此，举证的责任应该由那些思考创新的人承担，但事实上，我们似乎已经开始重视变化本身。[15]

他认为，这一点在经济问题上表现尤甚，因为人们倾向于假定，如果条件是不完美的，它们就应该得到改善，而不是去足够仔细地思考正在采取的行动实际上会产生什么结果。这正是奈特对改革持怀疑态度的原因。自由市场也许不够好，但干预很可能会使事情变得更糟。

接着，萨缪尔森颇为详尽地引用了"工会理论家"约翰·米切尔（John Mitchell）的言论，米切尔曾任美国矿工联合会（UMWA）主席，他于一次成功的谈判后，在科罗拉多州的春谷被人们誉为"8小时工作制之父"。[16] 在这段摘自《工会劳工》（*Organized Labor*，1903）的文字中，米切尔认为工人和雇主之间的谈判能力是极不平等的，这导致了剥削。萨缪尔森称，这个观点不仅得到了比特丽斯和西德尼·韦伯（Sidney Webb，英国社会主义者，萨缪尔森在自己的入门课上认识了他）等"劳动经济学家"的支持，也得到了"许多'学院'经济学家的支持，如亚当·斯密和他的追随者，以及更多的现代作家，比如弗兰克·威廉·陶西格（Frank William Taussig）、J. B. 克拉克甚至阿尔弗雷德·马歇尔"。[17]

萨缪尔森反驳说，如果工人之间和雇主之间都存在自由竞争，工资就不会降到只能维持生计的水平。雇主不会支付高于边际产品的工资，但他们仍需支付高于其他雇主的工资，否则工人就会跳槽。他援引马歇尔的话来支持这个论点，即谈判能力上的不平等并不重要。但马歇尔把这当作一个理论观点，萨缪尔森则认为它是一个事实："对劳动力市场现状的任何现实评估，都会建立一个假设，即劳动力的购买者之间存在自由竞争。"[18]萨缪尔森称，问题出在人们把单个雇主和单个工人之间的谈判与其他工人的存在割裂开来考虑，从而得出了工资是不确定的这一错误结论。那些认为谈判能力上的不平等导致了剥削的人，并未理解自由竞争理论。

鉴于此，工会只有两种途径可以提高工资。集体谈判或许能让工人获得部分垄断利润，而且在一个不断增长的经济中，它有望降低工资滞后于生产率的程度。针对这一点，萨缪尔森认为，工会无法确定那些工人工资过低的行业，它可能会把工资抬得过高。此外，他还认为维持性工资会延长经济萧条。即使生产率在不断提高，工会提高工资也不一定有利，因为较低的工资水平可能会导致更快的行业扩张。"工会过早地提高工资，会阻碍资源实现更有效的配置，从而降低潜在的国民收入增长。此外，工会带来了工资差异和更多的不平等。"毫无疑问，萨缪尔森认为集体谈判产生了极大的危害。

正如人们所预料的那样，作为一个之前只学过一丁点儿经济学的18岁学生，这篇文章也存在一些缺陷，它提出了一种纯理论观点，自信地批评了亚当·斯密、克拉克、陶西格和阿尔弗雷德·马歇尔的前后矛盾。萨缪尔森称，他们坚持认为在工资谈判中存在不确定性，而即使在自由竞争的情形下，工会也可以利用这种不确定性。萨缪尔森在概述对工会的观点并提出自己的反驳意见时都对此进行了强调。他否认这是符合事实的。这篇文章表明萨缪尔森博览群书。他想必读过坚定的工会主义者米切尔的著作《工会劳工》，以及 W. H. 赫特（W. H. Hutt，1930）对集体谈判的相反评价和阿尔弗雷德·马歇尔的《经济学原理》（*Principles of Economics*，1920）的相关章节。一份手写的脚注表明显示，他读过琼·罗宾逊夫人（Joan Robinson）的《不完全竞争经济学》（*Economics of Imperfect Competition*，1933a），尽管当时他尚未意识到不完全竞争对自己的论断的影响。[19] 萨缪尔森还引用了阿尔文·汉森的《工会主义经济学》（The Economics of Unionism，1922）一文，后来他和汉森关系密切。他把汉森的文章视作自己列举工会可能用来人为地维持高工资的技术手段的来源，他对工资和工业增长的讨论似乎要归功于这篇文章。但是，没有证据表明他是否参与了汉森关于人口增长的动态论证，或者对自由市场经济中人与人之间的生物学差异和报酬不平等之间的关联进行过探究。

作为一个年轻的新手，萨缪尔森坚持自己的观点，大胆地宣称自己的观点是科学的，而那些他批评的人的观点则不是。他的文章结尾段是：

> 在阅读有关集体谈判的文献时，人们会惊讶地发现，作者们总是倾向于不择手段地为工会辩护。或许是为了表明经济学不是一门"沉闷的科学"，他们把经济学弄得好像它实际上就不是一门科学。毫无例外的，他们和其他一厢情愿的思想家共同组成了庞大的"托贝"（Thobbers）大军。[20]

"托贝"是萨缪尔森从前一年社会学课上的推荐读物——亨肖·沃德（Henshaw Ward）的作品 *Thobbing*（1926）中读到的对一类人的代称，这类人更喜欢猜测而不是调查，并且把伪科学当作解决问题的捷径。遗憾的是，我们无从知晓迪雷克托如何看待萨缪尔森这种坚决排斥那些质疑自由竞争劳动力市场效率的人的做法。我们所知道的是，萨缪尔森在这门课上的表现"令人满意"。

成为一名数理经济学家

1934 年春季学期，在劳工问题课程之后，萨缪尔森选修了"数学104"，即基础数学分析，一门专为大一新生开设的课。晚年时，他声称在迪雷克托的经济学入门课上学习到卡塞尔的一般均衡理论后，就立即选了这门课程，但也许这个记忆是有问题的。[1] 更有可能的是，他把自己上的迪雷克托的两门课弄混了，在劳工问题课上他决定去上数学课。因为"数学104"是针对大一新生开设的，而根据他所说的选修时间，之前他明显已经学过了。如果学校规定使他在两年内不能选这门课，他肯定不会如此热情地称赞哈钦斯的课程安排，因为这样一来的受挫感太强。或许是在劳工问题课程上，迪雷克托引导萨缪尔森接触到了卡塞尔的理论，但也可能是这门课上的其他内容，使他决定系统地学习数学。

基础数学课上有个学生叫诺曼·戴维森，他也是比拉·休史密斯教过的海德公园中学的一名毕业生；戴维森即将成为一名化学专业的学生，他后来关于 DNA（脱氧核糖核酸）的研究，对分子生物学和遗传学产生

---

[1]　参见本书第 2 章。

了重要影响。1996 年，萨缪尔森和戴维森被克林顿总统授予总统科学奖章，两人在玫瑰园打了照面，随后双方开始了书信往来。萨缪尔森除了在国家科学基金会（NSF）上和戴维森有联系外，曾与戴维森失去联系。萨缪尔森从回忆他们的高中生活开始了这封信："我听说比拉·休史密斯在海德公园中学的两名学生将在今年获得总统科学奖章。何乐而不为呢？"[21] 戴维森却不记得这些，他只是回忆起两人是大学同窗。

> 我印象很深的是，你是一名经济学专业学生，我是一名化学专业学生，我们在芝加哥大学上过同一门微积分入门课，大概是在1933—1934 年，那是我大学的第一年，而你已经非常确定经济学的未来将取决于数学分析和公式化。对吗？[22]

萨缪尔森回信解释了他是怎样认识到数学对经济学的重要意义的：

> 因为我在哈佛的导师埃德温·比德韦尔·威尔逊是威拉德·吉布斯（Willard Gibbs）在耶鲁大学的最后一个（或许也是唯一的）门生，所以我算得上是吉布斯学术上的"徒孙"。相对于经济学，我被认为是一名不成功的物理学家。你想必知道一个残酷的事实：在晚年时，作为一个上了年纪的少年神童，善良的仙女对我耳语道，数学是解决经济学中古老问题的万能钥匙。这也是我这个大三学生，会和你们这些大一新生一起出现在布利斯（Bliss）［授课老师也许是巴纳德（Barnard）］的微积分课上的原因。当我向他展示我如何解决一个双头垄断（两个垄断卖家）的著名问题时，他说："哦，你可以用拉格朗日乘数法。"我茅塞顿开。我知道我想学到更多的知识。就

像《雾都孤儿》一样，这从来都是一个索要"更多"的故事。[①][23]

我们并不清楚这里是否即指他回忆时说的发现了不对称寡头垄断的一些结果——他并不知道同行经济学家已经得出了这些结果。[24][②]

如果这个记忆无误，那么就是芝加哥大学数学系主任、数学家吉尔伯特·布利斯（Gilbert Bliss）说服萨缪尔森去做一名数理经济学家的。果真如此的话，事情的顺序大概是，1934 年冬季学期，萨缪尔森上了迪雷克托教授的劳工问题课，从而意识到需要去学习一些数学知识，于是他便在春季学期选修了一门微积分课程。这个学期正是他对戴维森提到的时间，当时他们的数学老师建议他使用拉格朗日乘数法，他认识到自己必须掌握更多的数学知识，之后他便尽可能多地去上数学课程。萨缪尔森在最后一刻才决定选修数学，而其他学生更早时候就上过这门课了，这或许解释了为何他在春季学期选修了五门课，而不是通常的四门课。剩下的课程包括侧重于复式记账的会计学入门课和本科生研究课，其中最重要的当属春季学期道格拉斯讲授的中级经济理论。这门课专为那些需要接受更系统的经济理论学习的学生开设，主要针对已经达到取得学位所需其他要求的经济学专业学生，以及对系统的经济理论了解有限的研究生。[25]

1934 年春，萨缪尔森写了一篇题为《汇率变化与一般价格之间的关系》的文章，这是他本科期间唯一"幸存"下来的文章。[26] 这篇文章可能是为道格拉斯的经济理论课写的，也可能是为另一门没有正式记录在册的本科生研究课写的。该文的写作背景是罗斯福总统在新政早期通过提

---

① 在其他地方，他意识到欧文·费雪（Irving Fisher）也是吉布斯的信徒，但此处他忽略了这一点。

② 寡头垄断指一个行业中只有少数卖家，每个卖家都必须考虑其他竞争者对自己所采取的行动会做何反应。

高物价来对抗大萧条，1934 年 1 月的美元贬值是实现这个目标的途径之一。萨缪尔森试图论证美元贬值是否会抬高国内物价。

萨缪尔森使用瑞典经济学家古斯塔夫·卡塞尔（迪雷克托之前介绍过他对一般均衡的阐述）的购买力平价理论，来解决这个问题。根据这一理论，汇率必定等于本国物价和外国物价之间的比率，这意味着货币贬值必然会以相同的比例推高本国物价。在对该观点做出阐释之前，萨缪尔森先是小心翼翼地解释了购买力平价理论，他认为尽管它适用于国际贸易商品，但并不适用于没有进入国际贸易的商品，如住房。

这篇文章的一个有趣特点是，它长篇大段地引用凯恩斯的《货币论》（*A Treatise on Money*，1971b，首次出版于 1930 年）来支持上述观点。在《货币论》中，凯恩斯否认有任何理由假设一个国家的生活成本取决于汇率，出现任何相反的情况皆因批发价格指数偏重于国际贸易商品。萨缪尔森还认为，这个理论假设所有价格都是一起变动的，但事实并非如此。他写道，许多问题"均源于短期均衡偏离了长期均衡"，他引用凯恩斯的名言支持这一观点，"长期是对当前事务的误导。在长期中，我们都将死去。如果在暴风雨的季节，他们只能告诉我们，暴风雨在长期中会过去，海洋终将归于平静，那么经济学家给自己的任务就太过于容易而无用了"。这句话并非出自《货币论》，而是出自《货币改革论》（*A Tract on Monetary Reform*，1971a，首次出版于 1923 年），这表明萨缪尔森一直在读凯恩斯的重要著作[①]。[27] 鉴于劳埃德·明茨在他的研究生教学中引用了凯恩斯的《货币论》，很容易联想到他可能就是要求写这篇文章的老师，也许就在本科生研究这门课上。[28]

---

① 如今，凯恩斯的言论因为频繁被引用而众所周知，但是在 1934 年的时候，萨缪尔森不太可能从其他来源读到它，《货币改革论》自然会受到老师们的推荐。

由于萨缪尔森后来认为他的芝大老师们并无理论可以解释货币供给增加将如何刺激经济增长[29]，所以萨缪尔森撰写上述和该问题有关的文章时还未摆脱他们的影响，这一点颇为有趣。

> 此外，这并不一定意味着（货币供给发生变化后的）新的均衡和旧的均衡将会等同。认为货币供给的变化对所有价格的影响是相同的，就像认为整个世界的发展步伐使全球各地处于同样的相互关系一样，无疑是过于简单化了。因为，货币供给的变化通常会引起非货币因素的变化。
>
> 此外，我们必须研究物价水平的传导机制。显然，一组商品价格的上涨可以通过两种方式影响其他商品的价格：一是改变对其他商品的需求，二是改变其他商品的供给。[30]

他接着解释了需求弹性的差异将如何导致不同商品的价格发生不同程度的变化，以及在供给层面，"生产要素的闲置储备"和"各行各业之间生产资源的不可流动性和'不可替代性'"，将怎样产生类似的影响。其结果是，一种新的均衡可能会被"长时间延迟"，且迥异于最初的均衡。如果芝加哥学派的货币理论像萨缪尔森认为的那般糟糕，那么他应该掌握了一些他的老师所不理解的东西。

由于萨缪尔森考虑了国外物价在美元贬值的情况下可能会发生变动的情况，因此他的分析更接近于数量理论分析：有可能会出现报复行为，以至任何优势都只是短期的。只有当美元贬值使支付手段同步增加时，国际物价才会上涨。1月份发生的40%的美元贬值，并不会对世界货币供给产生太大影响。但是，当有一定数量的黄金为更多的货币供给提供支撑时，发生通货膨胀的可能性会提高。

货币贬值很重要的一点也许是，它允许在更小的货币基础上建立更高的货币金字塔。换句话说，它提高了通货膨胀的上限（不管其是否符合人们的意愿），但它本身并不是通货膨胀。正如希腊神话中的君主不能仅凭命令阻止潮水上涨一样，政府也不能仅凭规劝就抬高物价水平。[31]

萨缪尔森由此推断，尽管货币贬值不会大幅度抬高物价水平，但它将"为未来更大的通胀埋下伏笔"。[32]

从这时候开始，萨缪尔森的学习计划就被排满了，如表4-1所示。

表4-1 1934—1935 年最后一年的学习计划

学 期	经济学课程	数学课程	其 他
1934 年秋季学期	货币银行学导论 230	大学代数 102	—
	统计学 211 （迪雷克托任教）	平面分析几何 103	
1934 年冬季学期	美国经济史 220 （赖特任教）	微积分（Ⅰ）215	法语
	价格与分配理论 301 （瓦伊纳任教）		
1935 年春季学期	政府财政基础 260 （西蒙斯任教）	微积分（Ⅱ）216	法语、德语
1935 年夏季学期	—	微分方程 217	—

为了主攻经济学，他被要求选修货币银行学、经济史、政府财政和统计学[①]；同时，为了达到语言要求，他得学习法语和德语。他已经

---

① 萨缪尔森记得迪雷克托引用了米切尔（1927）的著作。这意味着，这门课教的不是统计学理论，而是关于统计学的实际应用。

上过迪雷克托、明茨、道格拉斯，也许还有奈特的课，在接下来的一年里，他还将修习雅各布·瓦伊纳和亨利·西蒙斯等芝大著名经济学家的课。在他们当中，萨缪尔森尤其为迪雷克托所吸引，他上了不少于三门迪雷克托教授的课程，并为能和奈特一起受邀去迪雷克托在印第安纳州沙丘的小屋参加周末聚会而深感荣幸，在那里，萨缪尔森还见到了迪雷克托的宠物狗——无名的裘德。[33] 随着他对经济学更加用功和投入，经济学系的其他学生在他的学业生涯中也变得越来越重要，包括萨缪尔森后来获克拉克奖的竞争者雅各布·莫萨克、晚他一年毕业的格雷格·刘易斯（Gregg Lewis），还有研究生马丁·布朗芬布伦纳（Martin Bronfenbrenner）、乔治·斯蒂格勒（George Stigler）、艾伦·沃利斯（Allen Wallis）、阿尔伯特·哈特（Albert Hart）和米尔顿·弗里德曼。萨缪尔森提到了自己怎么去结识研究生的两个方法。其中之一便是参加瓦伊纳和奈特轮流开设的研究生理论课。这门课可谓臭名昭著，因为学生们总是很难通过它。罗斯·弗里德曼（Rose Friedman）后来写道，瓦伊纳的教学精辟而有条理，奈特则更富有哲理性，结果一些学生把他们两人教的这门课都上了一遍。萨缪尔森选了瓦伊纳的课作为学分课，但考虑到他称自己确实参加了一些奈特的讲座，当奈特教授这门课时，他很可能也去旁听了。

此外，在大萧条时期，到别处就业是不可能的，萨缪尔森被分配到经济系工作。

> 我为系里做各种各样临时性的工作，比如，在斯蒂格勒和沃利斯蹲过的储物间里，拂去落在庞巴维克（Böhm-Bawerk）、门格尔和穆勒画像上的灰尘。我们会闲聊上几个小时，一边对前辈们的理论吹毛求疵，一边臧否那些试图纠正市场弊病的春风得意者的愚蠢做法。[34]

　　斯蒂格勒曾称，正是他把自己在亨利·舒尔茨的课上做的笔记借给萨缪尔森看，让萨缪尔森体会到了行列式组的乐趣。而且，萨缪尔森也谈过斯蒂格勒和沃利斯如何说服自己学习高等数学，进而成为一名数理经济学家的事。[35] 不论是同学还是数学老师说服了他，萨缪尔森在学习计划的最后一年确实尽可能多地学习了数学课程，包括表 4-1 中列出的代数、几何和微积分。毕业后，他还去上了一门关于微分方程的暑期课程。离开芝加哥大学时，萨缪尔森已经比其他经济学专业学生学习了更多的数学课程。

　　斯蒂格勒和沃利斯还告诉萨缪尔森，美国经济学会将于 1934 年 12 月在芝加哥大学的帕尔默大楼（Palmer Hall）开会，用萨缪尔森的话说，他应该"去现场走马观花一遭"。[36] 正是在这次会议上他第一次见到约瑟夫·熊彼特，在萨缪尔森进入哈佛以后，熊彼特对他产生了巨大的影响。萨缪尔森记得是阿瑟·玛吉特（Arthur Marget）把熊彼特引荐给他，熊彼特操着一口德国腔，以一种萨缪尔森从未见过的方式，讲了一通关于商业周期的深奥理论。萨缪尔森后来回忆称："这并非一见倾心，但他确实引起了我的兴趣。"[①][37] 不过，斯蒂格勒显然不为所动，萨缪尔森的描述只是引起他的以下回应："他不就是那个认为静止状态下的利率为零的疯子吗？"这个观点与他们的崇拜者奈特的主张相对立。随着学习程度日渐深入，萨缪尔森的兴趣也不断升温，他似乎参加了一个关于统计技术的研讨会，当斯蒂格勒和沃利斯问他学到了什么时，他答道："密歇根大学数学系的哈利·卡弗（Harry Carver）认为，'为了避免样本的正态性假设，应该把样本的测量属性对系统的均值属性进行转置'。"沃利斯回应说这是他听过的最愚蠢的想法。[38] 后来，沃利斯倒真采用了类似的处理方法，

---

① 这次研讨会实际上是由美国统计学会组织的，与美国经济学会同时举行会议。

但关于他的这个描述很可能只是事后捏造，因为这个研讨会上并没有哈利·卡弗，尽管确实有一个关于抽样技术和统计方法的研讨会。

科学与政治学

尽管萨缪尔森已经开始埋头于经济学和数学，但他仍然关心大学里正在发生的事情。1934 年 6 月 18 日，即他大三快结束的时候，他的日记中出现了一则关于科学的讨论，焦点是芝加哥大学两个阵营之间的分歧。一边是莫蒂默·阿德勒和哈钦斯，他们为萨缪尔森所称的"绝对主义"观点辩护，认为有必要以一种先入为主的假设，而不是"沉溺于毫无意义的测量，即原始的经验主义"来处理科学问题。[39] 另一边则对"一个人能否事先知道什么是重要的"表示怀疑，并强调测量和逻辑思维的重要性。萨缪尔森对此评价说，两者只是所强调的东西不同而已，"即便有差异也不大"。然而，尽管其对科学实践的意指不甚显著，其哲学意指却关乎绝对主义和相对主义，以及是否存在可以解释现实的无穷假设。这引发了一场反对哈钦斯"名著计划"的争论，也就是说，伟大的思想家并不一定能最好地阐述他们的思想。尽管萨缪尔森没有得出这一结论，但这是教科书而不是原著中的一个明确论点。萨缪尔森认为，教育应该能提供答案的生计问题，只是"经济和职业大问题的一小部分"，这和一年多之前的反唯物主义思潮形成了呼应；相反，他们关注于"品味、习惯、态度等生活中的美好行为的形成，它们有助于过上更令人愉悦的生活"。[40]

1934 年晚些时候，萨缪尔森讨论了精神分析的科学依据。他认为，对于精神分析，通常情况下，人们要么完全赞成，要么彻底谴责。与此相反，我们需要的是用"科学方法"验证它，比如对照组、统计相关和定量比较。[41] 同样重要的是，要对弗洛伊德的著作进行分析，以区分他的假说和潜在假设，因为这是理论验证的先决条件。萨缪尔森对运用理性达到合意目的（可能承袭自奈特或迪雷克托）的怀疑态度，被德国发生的新闻事件所强化，并受他所阅读的莱昂·福伊希特万格（Lion Feuchtwanger）的《奥普曼兄妹》（*The Oppermanns*，2001）所刺激，该书在前一年和1934年3月分别发行了德文版和英文版。这是一部关于德国发生的事件如何影响个人生活的政治小说，旨在通过讲述一个典型的相当富裕的犹太家庭的故事，引起全世界关注正在席卷德国的灾难。福伊希特万格本人于1932年逃离了德国。

　　我们并不清楚是什么原因促使萨缪尔森去读这本书，但在过去一个月的时间里，美国媒体刊登了大量关于纳粹分子掠夺犹太企业、禁毁犹太出版物和犹太人仓皇逃离德国的报道。6月28日的《纽约时报》报道，纽约市计划筹集120万美元，用于救助和重新安置犹太人，已经筹集到了70.4万美元。很明显，德国犹太人面临着一场空前危机，必须采取行动。7月2日，萨缪尔森在日记中写道：

　　　　我一整天都在读莱昂·福伊希特万格写的小说《奥普曼兄妹》。这是关于一个德国犹太家庭的故事，描写了他们在反犹太民族社会主义者掌权后的经历。这部小说对事实的叙述相当克制，它从一个犹太人的角度展开，我想作者应该是一个传统的人道主义自由派。

　　萨缪尔森接着反思了自己的感受，他认为强烈的情绪很可能是非理性的，因为理性意味着一个人应该同情任何受害者，而不只是同情自己的犹太同胞。

　　　　它唤醒了我内心的一种同情，一种适度的情感，但在某种程度上，我认为它比一般犹太人感受到的要少。因为虽然我认识到当中所遭受的苦难，但我也意识到这种痛苦对犹太人和德国人来说并不危险。战后，土耳其人虐杀了数十万亚美尼亚人，像我父亲这样的人会对此感到痛惜，却很少受到更深的触动。但是现在，那些和他们具有情感联系的人使他们深受触动，他们立刻变得非常情绪化，因此行为上常常表现得极不理性。所有这些都不是对他们情绪化的批评，而只是关于同情本质的一个佐证。从这个意义而言，我在某种程度上分享了这种情绪，对此我并无歉意，因为我同时也认识到了这种情绪的心理根源。[42]

虽然萨缪尔森的父亲不是宗教信徒，但他与欧洲犹太人有着强烈的情感联系，萨缪尔森认为这是"感性的"，是理性思考的一个障碍。萨缪尔森承认自己并非无动于衷，但他从心理根源上为这种情绪寻求辩护。他认为，情绪可能会导致适得其反的一厢情愿的想法。他诘问道，鼓吹对德国采取经济抵制的人中，有多少人曾理性地尝试确定这样做可能带来的影响，而且是否明确了这种影响？这使他对人类行为是否可能是理性的提出了质疑。

德国发生的整件事情，进一步削弱了我对人类是否可能运用理性，来确保其所认为合意目的的信念。某些德国人身上表现出的残忍、暴力、仇恨等，激起了一向宽容的人们对仇恨的回应和使用暴力等的欲望。

即使是"理性的化身"爱因斯坦，也成了这一现象的受害者。萨缪尔森写道："以前，他认为所有战争都不是正当的。现在，由于他和纳粹打交道的经历，他愿意承认在极少数情况下，战争可能是正当的。但每个人都认为在自己所处的具体环境下，战争是正当的。"这些评论尤其引人注目，因为后来萨缪尔森以理性选择为基础发展了经济理论——他把理性描述成人们永远无法实现的一种理想。

萨缪尔森试着去读关于一个美国家庭的历史——格特鲁德·斯坦因（Gertrude Stein）的《美国人的成长》（*The Making of Americans*，大概是1934年刚出的删节版），该书以非传统的写作风格风靡一时，但他并不喜欢，所以将它撂在了一边。在第二天，即7月7日的日记中，他又回到了犹太人的身份问题，对他自己想法的前后变化做了解释。

> 就我本人而言，我还没有得出任何关于"犹太人"问题的结论或信念。我曾一度支持"同化论"。后来读了《在岛内》（*The Island Within*），我或多或少倒向了勒维森（Lewisohn）等人的观点。现在我对此表示怀疑。

这里提到的《在岛内》（1928）是一部讲述一个犹太家庭作为移民，在充满敌意的美国挣扎奋斗的历程的小说，它表明萨缪尔森一直在思考自己的犹太人身份，且这种思考是通过阅读文学作品进行的。路德维希·勒维森（Ludwig Lewisohn）来自一个基督教家庭，在被告知身为犹太人他永远无法在美国大学教授英文后，他恢复了自己家族的犹太传统，成了一个直言不讳的反同化论者。萨缪尔森指出，尽管两种密切接触的文化终会融为一体，但这种融合将以多快的速度发生仍是一个问题，这一点显然反映了他所接受的社会科学知识的训练。

> 问题是，犹太人能被同化吗？他们要付出怎样的代价才能被同

化？对于第一个问题，我的回答是"能"。但如果我们是在更宽泛的"将会"（will）的意义上理解"能"（can），那么我就不那么肯定了。换言之，面对人们之间的过往冲突，以及人们当前的态度、外表和文化，他们能被同化吗？

即便对于该问题，我也会给出一个初步肯定的回答。至少在美国，随着时间延长和距离拉近，我相信犹太人会逐渐变得越来越像美国人，最后他们之间会比现在更加难以区分。我只是陈述了我所认为的一种可能性，而且我对此确信无疑，尽管这两个群体之间的差异已经存在了两千余年。这种文化的融合（进而还有血缘的融合），将会发展到任何导致隔离的因素都被减少的程度。

在讨论了生理和文化差异之后，萨缪尔森从主张同化是可能的，转向主张同化是"必要的和不可避免的"，至少对大多数犹太人来说，犹太复国主义并不是一种选择。

我们现在必须讨论同化的代价问题。一些人认为它的代价太大，因此反对它。但是，还有其他选择吗？犹太人要么不得不从非犹太社会撤回自己的家园，要么不得不变得更加同化？因为，任何其他的居所对犹太人而言，都只能是暂时的和令其不安的。现在的问题是，犹太人有可能从西方社会大规模地撤回巴勒斯坦等地吗？我认为这似乎不太现实，这种情况只有当所有的犹太人都被迫离开时才会发生。因为现代的美国犹太人比犹太人更加美国化，他们不会愿意舍弃自身已习惯的制度和生活。

这并非在谴责犹太复国主义，而只是指出犹太复国主义仅仅是一小部分犹太人的解决方案。它是被驱逐者、无家可归者、被迫害

者的避难所。只要他们人数不多，它就可以成为他们的家园。现代
犹太人致力于通过社会纽带建立与非犹太世界的关联，这在我看来
是牢不可破的。他们不会，也不可能全体迁往巴勒斯坦。

因此，他们有责任减少自己同生活在其中的其他人之间的障碍。
要做到这一点，首先可能会产生摩擦和冲突，然后是丧失犹太民族
的团结精神及其独特习俗和个性。但这些代价是必要的，也是不可
避免的，因为无论我们乐意与否，犹太人居住区在现代条件下正在
日趋瓦解。

萨缪尔森断言现代的美国犹太人比犹太人更加美国化，而他的父亲
对德国犹太人的情感寄托是不理性的，这显然都是在为他自己辩护。他
试图保持完全理性，这是一种他之前认为不可持续的立场，他在暗示他
的主要身份和他的家族关系不大，也就是说，他事实上是一个与家族过
往瓜葛寥寥的美国人。

第 5 章

芝加哥大学的经济学：
1932—1935 年

背叛芝加哥经济学派

　　萨缪尔森后来回忆起自己在芝加哥大学的求学经历时，对芝大的评价可谓褒贬不一。他对自己接受的教育赞赏有加——无论是哈钦斯的课程设置（尽管并非指"百部名著计划"），还是他接受的经济理论训练，尤其是经济理论教学的严谨苛刻，使萨缪尔森在哈佛大学的研究生学习中，能比其他同学更好地应对遇到的问题。他还与许多老师和其他教职员工建立了长久的友谊，特别是艾伦·迪雷克托、保罗·道格拉斯、弗兰克·奈特、亨利·西蒙斯、劳埃德·明茨和雅各布·瓦伊纳。入读哈佛大学后，萨缪尔森还会经常回来拜访他们，聊一些芝加哥大学的八卦新闻。但是，他对老师们教给他的货币经济学和商业周期理论——这个领域后来被称为宏观经济学——变得非常挑剔。他把芝大经济学系形容为"经院学派""教条式的保守主义者的大本营"，[1] 且多次说自己所学不外乎是简单的、认为物价水平和货币供给成正比关系的货币数量理论。

　　　　我选修了明茨、西蒙斯、迪雷克托和道格拉斯等芝大老师讲授的所有宏观经济课程。也是在那个时候，我参加了有关经济大萧条的讲座和讨论，成员有奈特、瓦伊纳、英特马（Yntema）、明茨和吉德昂斯。在我的课堂笔记和印象中，除丹尼斯·罗伯逊（Dennis Robertson）在他著名的《剑桥货币手册》（*Cambridge Handbook on Money*）中对费雪–马歇尔–庇古 MV=PQ 公式的复杂阐述之外，就没剩下什么东西了。[2]

在一则未公开发表的笔记中，萨缪尔森的态度更加坚决，他把奥斯卡·兰格（Oskar Lange）归入那些他重访芝大时有过谈话的人当中。他声称："除了兼收并蓄的雅各布·瓦伊纳外，无论是 1911 年时的费雪，还是 1924 年时的凯恩斯和罗伯逊，本质上都没有任何进步。"[3] 学生们被教导说，在一个理想的世界中，货币从长远来看无足轻重，货币供给的变化是"中性"的，它除了导致物价上涨外不会产生任何影响。[①] 人们普遍认为，"在动态条件下"，在新的均衡得到确立之前，货币供给的变化虽然可能会对产出造成影响，但它们只是"相对短暂的失常现象"。然而，这些涉及简单货币数量理论的限制条件，通常会在应用专题课上讲授，结果导致这些讨论和学生们学到的理论之间存在脱节。

上午 9 点至 9 点 50 分，我们提出一种简单的中性货币数量理论。在 10 点至 10 点 50 分的讨论开始前，我们只有 10 分钟左右的时间理清思路，讨论 M 的人为增加将如何刺激经济。在 20 世纪 30 年代中期的美国中部，我们这些新古典经济学家往往是温和的通货膨胀

---

① 当然，如萨缪尔森在撰写本书第 4 章已讨论的国际经济学论文时所知道的，1923 年时凯恩斯明确否认了一个人可以长期存在的观点。这个解释对费雪 1911 年的著作并不公平。

论者，在荒野上愚蠢地奔呼号啕，把自己的论点押注于黏性价格和成本以及预期。

　　回到 9 点时的情况，我们认为，从长期来看，实际产出、实际投入和实际价格比率本质上取决于偏好、技术和禀赋等实际因素。我们把货币存量叫作 M⋯⋯。M 的增加——通常我们称之为成倍增加，因为上帝在创造出第一个实体后，会继续创造出第二个——将导致所有价格（茶叶、盐、女性劳动力、地租、股票或债券的价格）和价值（茶叶或租金支出、股息、利息收入、税收）成比例上升。[4]

这段记忆是萨缪尔森生命故事中的重要一章——他的早熟使他在还是一个年纪轻轻的本科生时，就能领悟到前凯恩斯主义货币经济学的真实本质。这使他不同于那些比他起步稍晚的同龄人，他们必须发挥自己的想象力。萨缪尔森认为，那些试图建构古典经济学蓝图的经济学家"就像一个在找驴的人，他必须问自己：'如果我是一头驴，我会去哪里呢？'"他写道：

　　我的一大优势是我也曾像一头"驴"。从 1932 年 1 月 2 日到 1937 年的某一天，我是一个古典货币理论家。我不需要在旧期刊和专著上寻找驴留下的足迹。我几乎只要躺在沙发上，以能够窥视内心孤独喜悦的想象力，平静地回忆起 17 岁到 22 岁之间我所相信的东西就行。这使我处于和皮奥·诺诺（Pio Nono）同样有利的地位，当时教皇的绝对权威正得到普遍彰显。他可以无可辩驳地说："在我成为教皇之前，我相信教皇是绝对权威的。现在我成了教皇，就更能感同身受。"[5]

写下这些话时，萨缪尔森显然清楚自己比米尔顿·弗里德曼更早来到芝加哥大学。弗里德曼比他年长三岁，但直到 1932 年秋才作为一名研究生入读芝大。弗里德曼在芝大待的时间要更长。[6]

然而，尽管萨缪尔森坚持认为他在芝加哥大学的老师们的古典理论过于狭隘，但他有时候也承认他的老师们已经取得了突破。他声称，在 20 世纪 30 年代，认为货币中性和不可能存在总需求不足的纯粹的古典理论，对解释大萧条显然无能为力。

> 我知道在 1931 年至 1934 年间，当 100 个人没有工作的同时，也会有 100 个人拥有工作。这两群人永远不会主动交换处境，后者无疑会感到非常幸运，前者虽然和后者在能力上大致相当，却会感到很不走运。当竞价市场达到供需均衡时，绝不会发生这样的事情。[①]

萨缪尔森认为西蒙斯已经觉察到了"流动性陷阱"的概念，也就是说，可能存在某个利率水平，此时公众愿意持有所发行的全部货币，由此构成了利率的一个下限。他还认为瓦伊纳是一个兼收并蓄的折中主义者，通过经验研究证实了当人们都想囤积货币时，借钱将会变得困难重重。[7]

尽管没有理由怀疑在萨缪尔森学习的古典经济学理论中，竞争市场的均衡将产生一个物价和货币供给成比例变动的世界，但它却是当时芝加哥大学教授们对货币经济学的过度简化处理——人们试图建立一种货

---

① 当萨缪尔森写下这些话时，他想必已经意识到许多在宏观经济学上意见相左的经济学家把失业看作是自愿的，他们认为这是对感知到的工资和物价的最优反应。

币供给的扩张会影响生产和就业的理论。[8]萨缪尔森当时就已意识到这一点，并在他的国际经济学论文中有所体现，在该文中，萨缪尔森对货币供给的增加为何不会成比例地推高物价做了理论论证。

凯恩斯的货币经济学，是萨缪尔森被灌输的重要内容。这篇文章的最后几段涉及减少以黄金为支撑的货币供给比例，可能会怎样引发通货膨胀，这与后来人们所称的货币改革的"芝加哥计划"相关。芝加哥大学的几位经济学家联合签署了该计划，他们的主要提议是推行"百分之百的货币储备"（全额准备金制度）。[9]如果要求银行持有准备金以支持其全部贷款，就有望使商业银行的贷款功能和货币创造功能相分离。货币创造可以作为政府的单一功责，被政府用来抵御萧条。

上述提议在1933年由一群芝大经济学家联合签署的一本小册子中提出，它的大部分内容由西蒙斯撰写，是针对稳定经济的货币政策所产生的广泛辩论的一部分。[10]在一年前，即1932年1月召开的一次会议上，类似的提议已经被提出，并于当年7月11日公开发表。这次会议由国际关系问题专家昆西·赖特（Quincy Wright）组织，与会者包括哥伦比亚大学和哈佛大学的经济学家们，以及芝加哥大学的瓦伊纳。[11]第二年，哈佛大学的劳克林·柯里（Lauchlin Currie）提出了一份类似的提议，西蒙斯把柯里的观点整合进了另一本题为《自由放任的积极纲领》（*A Positive Program for Laissez-Faire*，1934）的涉及面更广的小册子中。在这份纲领中，货币政策和一系列旨在恢复竞争的反垄断政策被一并提出。当时垄断是大萧条的一个重要原因的观点盛行，然而其他一些经济学家认为，大企业的增长是美国资本主义的特征之一，政策制定者必须对此加以考虑，而西蒙斯也提出要解决这个问题。西蒙斯的自由主义愿景，需要有一个强大的政府对大企业进行拆分，以便建立一个竞争性的、私人企业能够有效运行的世界。

在关于芝加哥大学货币理论的回忆中，萨缪尔森很少提到的一位老师是保罗·道格拉斯。道格拉斯同艾伦·迪雷克托合撰了《失业问题》（1931）一书，后来迪雷克托对工会的怀疑日甚，并加入了奈特的圈子，道格拉斯则更加坚定地支持集体谈判解决方案。在萨缪尔森刚升入大二时，道格拉斯写了《新党的到来》（*The Coming of a New Party*，1932）一书，该书一开始就认为，尽管个人主义在早期的边远地区可能行得通，但美国的工业已经发生了变化，美国的社会也随之发生了变化。工业体系变得更加科层化，所有权变得更加集中，导致社会流动的机会大大减少。哈佛大学的托马斯·尼克松·卡弗（Thomas Nixon Carver）所支持的工人将通过其储蓄控制工业的观点，"几乎是一种荒谬的误解"，因为占人口总量 2% 的富人掌控着 70% 的财富。[12]

> 工业的发展方向集中在少数人手上，大部分财富和盈余收入由同一群富裕的游手好闲者把控。对一个"局外人"个体而言，由于富裕的"局内人"的子女们越来越多地占据巨大的先机，要挤入这个封闭排外的圈子，即使不是绝对不可能的，也已经变得愈加困难。[13]

因此，考虑到绝大多数人不太可能跻身上层，他们应该致力于改善自身作为工人的地位，并和他人联合起来提升他们的集体状况。他们应该求助于工会制度和政治行动。这显然是对迪雷克托转向个体主义的一种抨击。在概述了不同人群的需求后，道格拉斯提出了有望实现这些目标的政治手段。

两年后，道格拉斯完成了《工资理论》（*The Theory of Wages*，1934）一书的撰写，并在萨缪尔森上他的中级经济理论课时出版。这本书由道格拉斯 1926 年的获奖作品发展而来，代表了一项长期研究的最高成果，里面提到了其他几本关于工资的书。该书也是在迪雷克托和舒尔茨的帮助下完成的，尤其是舒尔茨在统计工作方面助力颇多。尽管书中赞许地引用了琼·罗宾逊夫人的不完全竞争分析，且认为并非所有的决策都是理性行为的结果，但其分析的立足点在于边际生产率理论，根据该理论，在竞争性的市场中，工资率等同于雇用额外一个工人所产生的产值。道格拉斯的研究比以往的研究高明之处在于，它对相关问题做了量化分析，计算了劳动力、资本和土地在国民收入中的各自比重，经济增长对收入分配的影响，以及提高或降低工资对就业水平的影响。[①]

尽管我们不清楚萨缪尔森对这本书的内容知道多少，但是道格拉斯教的这门旨在让学生接触系统经济理论的课程，似乎不太可能不涉及其所依赖的（或者道格拉斯未能提到的）诸如需求和供给弹性等概念被证明合理的观点。然而，萨缪尔森的确感谢舒尔茨向自己介绍了操作主义（operationalism）思想，当时舒尔茨正在对需求进行实证分析。这个思想后来成为萨缪尔森博士论文及其《经济分析基础》（1947a）的核心，它被解释成有意义的定理是可以被证伪的。[②]在《工资理论》序言中，道格拉斯还引用了物理学家珀西·威廉姆斯·布里奇曼（Percy Williams Bridgman）的一段话，鉴于萨缪尔森后来致力于经济总量分析，这段话意义重大。[③]

道格拉斯因本该试图解释"一个不受限的劳工群体"的工资，以及（类似的）不同类型的资本和土地的偿付，却错误地试图解释总体工资，

---

① 《工资理论》这本书中的一个重要分析工具是后来广为人知的柯布—道格拉斯生产函数，它是在数学家查尔斯·柯布（Charles Cobb）的帮助下得到的。比德尔（2012）介绍了该函数的历史。

② 这个定义同布里奇曼的定义略有不同，我们将在本书第 14 章中讨论。

③ 如在别的地方所提到的，萨缪尔森在选修了迪雷克托讲授的劳工问题课程后，还选修了道格拉斯讲授的同一门课，这使得他很可能会读到这段话。

而受到了批评。他的第一反应是，不同类型的劳动力和不同类型的土地（资本是高度同质的）之间，存在充分的可替代性或"可转移性"，因此他的方法是有意义的。此外，从基本工资率的理论出发，结合一种能解释基本工资率差异的工资差别理论对工资进行解释，是合理的做法。然后，他提到了布里奇曼：

> 测算这些不受限的劳工子群的增量生产率，或者确定它们的供给曲线，几乎是不可能的。鉴于目前无法检验这一宏大因素细分的有效性，我只能认为，这种建议（用布里奇曼教授的话说）目前还是一个不可操作的概念。从科学进步的角度来看，我们首先应当致力于自身所能解决的问题。[14]

上述评论不仅为总量分析的可操作性提供了辩护，而且表明布里奇曼的操作主义（如萨缪尔森后来的处理那样，它被隐含地定义为是可检验的），广为当时的芝大经济学家所知。我们这里并无必要引证或解释这一评论。由于萨缪尔森后来把这个想法视为自己的智识产物，因此，当道格拉斯通过引用物理学家威拉德·吉布斯的以下主张，进一步强调这一点时，颇为有趣：

> 如众所知，我把社会中的劳动力和资本的边际生产率和供给曲线作为一个整体来处理，而不是去处理特定的行业和工厂。这么做部分原因正如威拉德·吉布斯曾说过的那样，"整体比它的组成部分更简单"，而且我认为这是一个更重要的问题。[15]

道格拉斯引用吉布斯的话，是为了证明不考虑构成经济体的诸多个体，而把经济体看作一个整体的做法是合理的，这正是萨缪尔森在研究商业周期问题时所采用的方法①。

《工资理论》是一本写给经济学家的著作。它的研究成果，例如它关于劳动力需求对工资率的反应的估计，可能具有政策针对性，但它并未直接处理大规模失业问题。然而，在萨缪尔森就读芝加哥大学最后一年的年中，道格拉斯倒是写了一本名为《控制萧条》（Controlling Depressions，1935）的书。[16] 这本书提供了一个关于商业周期理论的折中评述。道格拉斯的分析立足于"初始"原因和"累积"原因之间的区别，其中后者最为重要。② 如果出于某种原因经济出现了衰退，那么就可能产生累积的崩溃。当企业削减产量后，工人和供应商的收入就会减少。随后，零售销售额下降，致使零售商减少采购，进而导致产量加速下降。这种衰退可能由多种因素诱发。例如，发明或人口增长的过程等结构性因素，都可能诱发消费增长放缓，从而（通过加速原理）导致投资下降，最终造成萧条。尽管道格拉斯没有使用这个短语，但他清楚地看到了总需求以及货币政策和财政政策，都在发挥作用。虽然平衡整个商业周期的预算可能是正确的，但道格拉斯认为，萧条时期的预算失衡是完全合适的。"以往的每一次萧条或迟或早都迎来了复苏的春天"，这句话也许是正确的，但这可能需要花费很长的时间。[17] 他强烈地批评了经济复苏的责任应该落在私营企业身上的观点。

自由放任主义的信徒们说，如果我们成功摆脱了所有的萧条，

---

① 借用 20 世纪 70 年代的流行术语，道格拉斯是在说宏观经济学不需要微观基础。

② 这种区别在商业周期文献中并不少见。最著名的支持者是拉格纳·弗里希（1933），他区分了"冲动"和"传导"问题——介于系统所经历的冲击和这些冲击在系统中的传导机制之间。

那么我们现在也会有同样的运气。我们只需保持沉默，事情终会自行解决……这种对历史的乐观态度有两种解答。第一，尽管我们屡屡成功地摆脱了这些萧条，但其往往需要很长时间，且伴随着许多痛苦……第二，如果我们更仔细地研究一下过去的萧条，就会发现在许多情况下，复苏很可能只是偶然的，而不是必然的……在某些情况下，这种摆脱萧条的近因和直接原因，显然是外部"救世主"的意外降临。[18]

这些外部"救世主"可能是新发明，可能是来自世界其他地区的刺激，也可能是战争。

道格拉斯接受了当时经济学家普遍持有的观点，对资本主义制度的健全提出了质疑，并对均衡理论的盛行提出了挑战。

我们当前的经济体系中存在潜藏趋势，它们或多或少会周期性地导致一种累积的失衡。正统经济学家过于忽视我们体系的这一特点，他们倾向于把注意力集中在价格、价值和国民收入在生产要素之间的分配等均衡力量上。经济学家在解释经济体系如何运行时已经倾尽全力。他们并没有对它是如何失灵，或者它是如何以一种有害的累积方式运行给予同等的关注。均衡力量是真实存在的，但它们只是故事的一半，另一半是导致崩溃的力量。对于竞争性资本主义可以平稳运行的特点，无论出于知识上的兴趣还是情感上的热情，都不应使我们忽视故事的另一半。[19]

萨缪尔森可能没有读过这些段落，但它们表明，尽管他把芝加哥大学描绘成一个黑暗的地方，但这种观点在同他关系密切的老师中颇具代表性。他后来承认说，在芝加哥大学读本科时，他在道格拉斯的朋友和前同事约翰·莫里斯·克拉克的书中读到了相关论点，他从书中学到的一些观点对他来说非常重要，尽管当时他对它们持批判态度。[①] 那时的萨缪尔森博览群书，并且对他读到的很多著作评价不高，后来他对它们产生了更多的共鸣。

经济理论

尽管引领萨缪尔森步入经济学大门的是迪雷克托，为经济学专业学生提供更系统的必修经济理论的是道格拉斯，但萨缪尔森印象最深刻的却是瓦伊纳的经济理论课程。部分原因无疑在于，这是他第一次正式接触研究生课程，他在这门课上的同学后来都成了著名的经济学家。此外，这门课以筛选适合升入研究生的学生而闻名。怎么能上这门课是萨缪尔森遇到的第一个难题，他最终能上这门课完全仰仗道格拉斯写给瓦伊纳的一封信，道格拉斯在信中说，他"有点'不好相处'，但是个不错的选择"。[20] 按萨缪尔森的说法，瓦伊纳之所以接收他，可能是因为瓦伊纳在美国财政部工作一段时间之后心情愉悦。萨缪尔森非常详尽地回忆了这门课。[②]

还有大约 35 名其他候选人，包括马丁·布朗芬布伦纳和沃伦·斯科维尔（Warren Scoville），我们在当时新建的社会科学研究大楼的地下室里，围坐在一张巨大的会议桌旁。瓦伊纳出现了，手里拿着写有我们名字的索引卡。经过一系列的快速提问，我们当中有 5 个人被发

---

① 萨缪尔森承认这些内容的信件及他提及的克拉克的观点，将在本书第 24 章讨论。
② 这里关于瓦伊纳课程的叙述同罗丝·弗里德曼的叙述相吻合（弗里德曼 & 弗里德曼，1999，第 35 页）。

现前期准备不足或积极性不高。但这只是开始。

我对瓦伊纳的印象从第一眼看到他时起就没有改变过。他又矮又壮，像只矮脚鸡。他的上唇经常被水珠润湿，弯曲着，好像在微笑。在我不太确定的记忆中，他当时的头发是红色的，和他的肤色相称。他的西装外套很短，他的姿势不像西点军校的学员。我不清楚自己怎么会记得关于他的一切，因为那时候房间里的所有眼睛都盯着他手里那叠可怕的索引卡，他随意地洗着那叠卡片走来走去。老实说，后来发生的故事影响了我的叙述。我太天真了，体会不到紧张。与在座的研究生相比，我没有任何利害关系。但对他们来说，当瓦伊纳翻卡片的时候，都可能会影响他们的整个学业生涯和专业前途。

瓦伊纳是弗兰克·陶西格看重的学生。陶西格精通于苏格拉底问答法，并在课堂上使用了这个教学方法，就像帕布罗·卡萨尔斯（Pablo Casals）在他的大提琴上演奏一样。他知道哪个傻瓜会搞砸李嘉图在利润和实际工资之间的权衡；他知道哪个学生脾气暴躁，为了避免被他打断讲话，必须避免和他在课堂上有口头交流。瓦伊纳加入了一种新的元素：恐惧。研讨会的成员们紧张地围坐在桌旁，当"牺牲品"的名字被点到时，你几乎可以听到有人松了一口气的声音，还有那些获得暂时喘息的人瘫倒在椅子上的声音。的确，风险很高。"三振出局"（three strikes）你就被淘汰了，绝无可能上诉。这可不是闹着玩的。我记得有一个很有能力的研究生，在头两次提问中都没有给出可以接受的答案。瓦伊纳就对他说："××先生，恐怕你没有表现出相应的实力，或者你不适合这门课。"这名学生在最后一刻才勉强保住了自己的位置。如果一名研究生被拒绝参加代码为301的基础理论课，他将别无选择，只能辍学或转入不那么受欢迎的政治学或社会学专业。多年后，当我和雅各布·瓦伊纳谈及有关他残暴行为的传言时，他表示，系里赋予了他筛选更高学位候选人的职责。这正是他所擅长的事情。[21]

"瓦伊纳对学生粗暴无礼，他不仅让女生落泪，而且即便在心情不错的时候，也能把复员伞兵逼到歇斯底里和瘫痪"。但萨缪尔森挺了过来，他回忆说，这是因为自己的天真无知。

19岁的我什么都不知道，在火海中毫发无伤地走着，还天真地指出了他在黑板上的错误。这些基督徒式的善举使我在研究生院的"密室"里受到了男生们的喜爱：乔治·斯蒂格勒、艾伦·沃利斯、阿尔伯特·哈特、米尔顿·弗里德曼，以及其他一些奈特·斯威（Knight Swiss）的捍卫者。[22]

5年前，有位学生在这门课上做了一些瓦伊纳认为不够详细的笔记并将其传播开来，瓦伊纳对此并不赞成。[23]

萨缪尔森记得自己所上的课在广度和深度上都不同于这些笔记记录。他记得，第一讲通过平衡性良好的水族馆的类比，解释了持续均衡的性质。他写道："在此之前和之后，我听过很多关于魁奈、熊彼特和瓦尔拉斯的循环流向图，但我不记得针对这个问题有类似的处理。"弗朗索瓦·魁奈（François Quesnay）是18世纪《经济表》（Tableau économique）的作者，而莱昂·瓦尔拉斯则发展了19世纪的一般均衡理论，两人都是从形式上分析不同经济部门相互依赖关系的先驱。[①][24] 如果"平衡性良好"

---

① 迪雷克托介绍给萨缪尔森的卡塞尔的一般均衡体系是瓦尔拉斯体系的简化。20世纪30年代，瓦尔拉斯受到经济学家越来越多的关注。参看巴克豪斯和米德玛（2014）。

是指不同水箱中的水位平衡，它就是一个欧文·费雪式的类比，但如果它考虑到不同鱼种之间的均衡，则更像是马歇尔式的类比。[①]

如在不久后出版的《国际贸易理论研究》(*Studies in the Theory of International Trade*，1937) 中所提到的，瓦伊纳强调了这门学科的历史发展。尽管内容是最新的，但它并未涵盖所有的新近文献。

> 瓦伊纳一开始就明确表示，他不会涵盖不完全竞争理论或垄断竞争理论提出的最新问题。但是，由于瓦伊纳和他的学生西奥多·英特马 (Theodore Yntema) 独立发现了不完全竞争者利润最大化的边际成本-边际收益条件，因此，该书也涵盖了张伯伦和罗宾逊著作中的许多内容。[25]

萨缪尔森指出，瓦伊纳的课是他所有课程中唯一用到无差异曲线和生产可能性边界等最新分析技术的地方。无差异曲线是表示消费者偏好的一种工具。正如地图上的等高线表示相同高度的地方一样，无差异曲线表示对消费者而言没有差异的商品组合——所有的商品组合带给消费者的效用水平都是相同的。如果消费者的偏好可以用效用函数表示，那么无差异曲线就是表示该函数的一种简单方法。"性状良好"的无差异曲线及一条可以表示生产两种产品的最大数量组合的生产可能性边界（实曲线），将在本书后面的图 9-2 中得到阐述。

无差异曲线的使用在 20 世纪 30 年代开始流行，当时两位英国经济学家罗伊·艾伦 (Roy Allen) 和约翰·希克斯 (John Hicks) 认识到可以

---

① 马歇尔特别喜欢用生物学做类比，比如他把某一行业中的企业比作一片森林中的树木。

用无差异曲线取代效用概念。若要分析行为，只需知道个体无差异曲线的形状。不需要给它们赋值，只需要知道一条无差异曲线是否代表了比另一条无差异曲线更高的福利水平，而无须测量福利水平。但萨缪尔森的评论并非对整个课程设置的批评，因为在研究生理论课程中率先采用新的分析技术再自然不过了。

瓦伊纳的经济理论教学混合使用了语言分析和图形分析。萨缪尔森正是在纠正了他图形分析中的错误后名声大噪。

> 在离开芝加哥大学后，我才知道当年自己在瓦伊纳的课堂上是个传奇人物。故事传着传着就变得越来越离谱。不妨让我来澄清一下。事实可能比较乏味：瓦伊纳有一个习惯，他来上课时会把复杂的图表画到黑板上。在他抄写的过程中，出现一些诸如曲线相交于数轴错误一侧的小错误非常正常。我就像一个傻瓜贸然闯入天使们不敢涉足的地方，在这门课上，只有一个本科生才敢指出这种偶然出现的小错误，但这丝毫无损于他的博学和敏锐。[26]

这些小事之所以被放大成为传说，是因为之前发生的一件事情，那是关于成本曲线的一篇文章，涉及绘制图表。[27] 其中包括绘制一系列 U 形曲线，以及包含所有这些曲线的"包络线"（一条更大的 U 形曲线）。绘图者解释说，不可能像瓦伊纳要求的那样，连接每一条曲线的最低点画出一条包络线，这在数学上是不可能的。萨缪尔森写道，瓦伊纳当着全班学生的面，承认自己在数学和经济学上犯了错：

> "但是，"就在教室铃声响起的时候他悄悄对我说，"虽然似乎有一些深奥的数学原因导致无法画出可以顺利通过 U 形成本曲线最低

点的包络线，不过我能做到！""是的，"我顽皮地回答，"用一支足
够粗的铅笔，你就能做到。"[28]

萨缪尔森和瓦伊纳关系密切的原因之一是，尽管他在数学教育方面
进步不大，但他已经选修了三门数学课程，且当时正在学习两门微积分
课程中的一门。因此，当瓦伊纳告诉学生们选修这门课程的先决条件是
具备微积分基础，但是由于他本人缺乏这方面的知识，所以他不会对学
生做此要求时，他其实是告诉萨缪尔森一些后者已经掌握的东西。萨缪
尔森的数学知识已经让他在同瓦伊纳的交往中有了极大的信心。

科学与经济学

我们不清楚萨缪尔森是何时与奈特相识的，但很有可能是在 1932 年
11 月 2 日，当时奈特在全国学生联盟发表了题为《共产主义的理由：前
自由主义者的立场》的演讲。[29]那时距罗斯福上台还有不到一周，奈特对
政治制度表达了谴责。政治是一种强有力的、毁灭性的药物，可能会致
使精神错乱，"拙劣言论会影响优质言论的传播"。[30]言论和真理毫无关系
的谬论也影响到了学术界，教授们寻求的是赞美而不是诚实。奈特的演
讲中充满了可以极大地娱乐年轻听众的逸事，就像他讲的故事一样。

我想起前几天一位大学图书管理员告诉我的一件事。他和另一
个书商去一所规模和影响力很大的大学，拜访那里的校长。校长对
书商更为熟悉，所以转向书商说："我很高兴见到你们。你们遇到过
不同阶层的人，你们可以见到大学生，会遇到商务人士，还有酒店
大堂和吸烟室里形形色色的人。告诉我，美国人民到底都在讨论什

么？书商毫不犹豫地蹦出一个单音节的词，这个词不是"性"，但我必须以这种方式把它说出来，这是我想说的更重要的一点。[31]

奈特接着指出，某些词语在公众演说中是可以接受的，另一些则不然。

例如，"牛粪"并不是一个特别"坏"的词……但我必须承认我缺乏的只是改变动物性态的勇气，然后用一个不同的单音节同义词，来表达想说的话的实质性部分。

人们不会觉得其中的一个词语比另一个更令人震惊，但他们会假装自己很震惊。这是完全正确的，因为社会稳定取决于公众言论，而非言论的含义。"最主要也是最基本的类别必须永远是——'胡说八道'，但可别这么说！"[32]这是一种虚无主义，它排除了涉及严肃思想的政治进程的可能性，因此，在奈特开始演讲时，他说，那些想要改变并希望明智地投票的人，应该投票给共产主义者。强有力的共产主义投票可能会产生一种真正保守的、贵族式的替代方案。这种娱乐学生的能力清楚地表明了为何萨缪尔森把奈特描述成一个"朴实无华的苏格拉底"，但是除了对他的保守主义有贡献外，他从奈特的怀疑论中学到了什么尚未可知。他后来总结了奈特的立场，即很难在共产主义和法西斯主义之间进行选择——而被萨缪尔森支持、备受鄙视的罗斯福却让这一选择变得没有必要。[33]

奈特将对这番话感到后悔，当时他因个人问题和政治形势而备感沮丧，他试图召回发行物，但他对政治状态的怀疑依然存在。1934年6月至7月，奈特以《西方文化中的智慧和危机》为题，做了一系列公开演讲，其中有许多相同的主题（尽管他并非建议人们投票给共产主义者）。考虑到萨缪尔森对奈特的崇拜，以及他对政治学和经济学的兴趣，他必定听过这些演讲。这些演讲提供了一个历史的视角，声称自由主义和民主在 19 世纪的美国因环境特殊而发挥了作用。西进运动提供的大量资源缓解了人与人之间的竞争："由于有待经济去征服的领域本质上无限广阔，人们的生活不再面临激烈的竞争。"想在生活中取得成功，可能需要开发自然而非掠夺他人。[34] 但是随着西进运动的结束，情况发生了变化，结果导致国家和政治的复兴。

对存在比经济学通常所强调的更高的目标的信念，是 20 世纪 20 年代后期和 30 年代奈特写作中的一个重要主题。在萨缪尔森接触经济学的 10 年前，奈特就探索了"伦理学与经济解释"之间的关系。[35] 奈特挑战了一些经济学家的观点，即人类的需求和欲望应该被视为科学事实——科学家应该将这些数据视为已知的。需求是不断变化的，但当许多经济学家专注于商业对消费者的操纵时，奈特认为需求的发展是人性的重要组成部分。人们的目标不是满足他们现有的需求，而是发展更好的需求。

> 从根本上说，生活不是为了追求目标，不是为了得到满足，而是为进一步奋斗打下基础。欲望比成就更重要，或者更好，真正的成就是欲望层面的升华和提升，是品味的培养。[36]

这给经济学带来了什么呢？奈特认为，区分"经济"需求和"非经济"需求是没有依据的。生物学上决定的需求并不能解释人类的动机，因为人们追求的不是生存，而是美好的生活。甚至本能都无法被作为对两者进行科学分析的合适基础。① 奈特由此得出结论："只要目标被视为既定的数据，那么所有活动都是经济活动。"[37] 但是，他并未得出经济学应在研究中处于主导地位的结论，而是认为其意义非常有限。他写道：

> 经济学处理人类行为，只要行为在科学可以处理的范围内，只要行为可以受可确定的条件控制，并且可以从中归纳出法则。但是，用材料科学的标准来衡量，这并非不可能。从某种意义上讲，行为科学并无类似于自然科学的数据。行为的数据是暂时的、不断变化的，对个体来说是特殊的，其独特程度如此之高，以至对它进行一般化变得相对无益。就目前而言，一个人的行为（或多或少）好像是为了实现某种目的。[38]

奈特举了一个国际象棋选手的例子来说明这一点，他"表现得好像生命的终极目标就是战胜对手"，尽管他对此不以为然。

结果是，只有当其主题变得相当抽象，以至几乎不涉及实际行为时，行为科学才有可能成为一门科学。评估动机是伦理学的题中之义，但这需要对行为标准进行评判，并且如果评判标准超出了经济学的范畴，就意味着需要利用"科学数据以外的东西"。[39] 科学的伦理标准是不存在的。

奈特在之后的文章中发展了这一论点。在《竞争的伦理学》（The Ethics of Competition）一文中，他认为，如果不从某种价值观或伦理标准出发，就不可能对经济政策做出判断，因为"社会政策必须以社会理想为基础"。[40] 接着，他又探讨了隐含在他所谓的"自由放任主义或个人主义社

---

① 前者和后者分别是对阿尔弗雷德·马歇尔和索尔斯坦·凡勃伦的隐含批评，这两人都是当时极具影响力的经济学家。

会哲学"中的价值标准，"这些标准实际上涉及对经济体系做出一些常见的道德判断"。[41] 这导致了一场听起来非常负面的争论，因为他不仅批评了索尔斯坦·凡勃伦（Thorstein Veblen）的观点，即商业和工业之间的区别是没有根据的，以及应该由机械师来控制资源配置的想法也是"荒谬的"，同时还批评了自由个人主义。[42]

奈特对个人主义进行批判的出发点是，他认为经济活动同时具有多种功能。

> 经济活动同时也是一种满足需求的手段，是形成需求和性格的中介，是创造性自我表达的领域，也是一项竞技运动。当人们在商业中"玩游戏"的时候，他们也在塑造自己和他人的个性，创造一种文明，在这种文明下，容忍的价值并非无关紧要。[43]

接着，他一一指出其中的缺陷。在现实生活中，完全竞争的必要条件，同时也是自由放任所依赖的基础，并没有得到满足。由于经济体系的结果依赖于该体系创造出的偏好和购买力，因此，不可能将它们归因于其伦理意义。奈特声称，"没有人会认为一瓶陈年葡萄酒在伦理上的价值相当于一桶面粉，又或者某位权贵情妇的一件精美晚礼服，同一幢富丽堂皇的住宅价值相当"。[44] 评估的过程是一个"恶性"循环。收入不是流向生产要素，而是流向它们的所有者，所有权的事实在伦理上是无效的。奈特总结道："这种竞争制度同我们的最高理想相去甚远。"[45] 当说到生产时，他认为经济过程的本身即涉及价值。人们看重的是自己的社会地位，而不是消费本身。按劳分配商品、资源有效配置和公平这三种伦理理想之间存在冲突。此外，不能假设竞争本身在伦理上是可取的。

在这些论点中，奈特引用了许多约翰·阿特金森·霍布森（John

Atkinson Hobson）的福利经济学中广为人知的主题，萨缪尔森在吉德昂斯的社会科学课上对它们已经有所接触。正如霍布森及其之前的功利主义者一样，奈特假设人们的价值观是一致的，因为他的结论所依据的价值观被认为是"我们文化的一部分"，是"现代基督教世界中绝对伦理的常识性理想"。[46]但是，不同于正统经济学的凡勃伦主义和霍布森主义的批评家，奈特避开了激进变革，这并非因为个人主义是好的，而仅仅是因为"激进批评家把竞争作为经济秩序的一般基础，而通常严重低估了事情极度恶化的危险"。[47]奈特通过声称问题在于找到正确的政策组合，来为自己拒绝激进改革进行辩护："任何社会组织的基本方法，无论是个人主义的还是社会主义的，都不可能被完全采用或废除。经济活动和其他活动总是会被千方百计地组织起来，问题是需要在个人主义和社会主义之间，以及各种形式之间找到正确的比例，并在合适的地方加以运用。"

这两篇文章是由弗里德曼、斯蒂格勒、沃利斯和霍默·琼斯（Homer Jones）这四名研究生选出来的，作为奈特论文集《竞争的伦理学及其他论文》的开篇，该书出版于 1935 年，旨在庆祝奈特的 50 岁生日。[48]尽管该书在萨缪尔森离开芝加哥大学后才刊行（奈特的生日是 11 月），但他想必非常仔细地思考过里面的文章。[①]在这两篇关乎伦理学和福利的文章之后，"经济心理学与价值问题"也以同样的方式得到讨论。知识存在的目的在于预测和控制，而情感只有在和行为相联系时才会起作用，产生和操纵情感的唯一途径是"通过既定的行为序列"。[49]尽管奈特认为科学只需研究可观察行为之间的关系（正如萨缪尔森后来的显示性偏好

---

① 即使萨缪尔森声称通读过奈特的所有著作这一点未必属实（虽然他也没有理由不去这么做），他的朋友收入该书的这些文章无疑在他读过的文章之列。

理论），但他并不认为这就是一切。他写道："很多自然科学方法的拥护者，轻蔑地将其斥为'纯粹的情感'，但事实会证明，在终极现实中，这种情感可能与任何人类经验所能表达的情感一样强烈。"[50] 他拿力学做了类比，指出虽然物理学家对力的概念感到不适，但他们还是很自然地使用了这个概念。在发现引力的过程中，牛顿真正发现的是适用于明显不同情况的相同公式。[51] 情感和动机很重要，部分原因是生活中不仅仅存在经济问题。在引用了约翰·罗斯金的格言"生命之外别无财富"之后，奈特认为："在罗斯金的劝诫中，这句话绝对不是空谈。这正是我们那些对社会问题有着科学头脑的学生需要被告知的，并且需要尽可能地加以强调。"[52]

在"科学方法在经济学中的局限性"一章中，奈特进一步强化了这一点。针对科学经济学，奈特提出了一个非常准确和全面的观点：

> 从理性或科学的角度来看，所有实际存在的问题都是经济学中的问题。生活的问题是人们如何"经济地"利用资源，使它们在生产中尽可能达到预期效果。因此，经济学的一般理论就是生活的基本原理。[53]

但他接着说，这不会使我们走得很远。他认为，这便是生活的基本原理：

> 只要就目前而言，它是合理的！关于科学经济学的第一个问题是，生活在多大程度上是理性的，它的问题在多大程度上可以归结为使用既定的手段来达到既定的目的。对于这一点，我们应该继续努力，因为我们做得还不够；科学的人生观是一种有限的、片面的人生

观；生活在本质上是对价值领域的探索，是一种发现价值的尝试，而
不是在价值的基础上尽可能创造和享受价值。[54]

奈特通过许多更具体的观察方法，研究了关于科学方法的局限性的
论点。经济学家经常使用"动力学"（dynamics）这个词，但他们这样做
时并不知道它在力学中的使用方式。静力学是关于均衡的，这就引出了
以下问题：作用力是否会产生均衡。经济学家们忽略了这个问题，导致
了"科学上的致命鸿沟"。奈特认为，"当今的经济理论迫切需要研究'运
动定律'，即经济变革的动力学"。[55] 这是后来萨缪尔森研究的一个主题。

萨缪尔森欠芝大的"学债"

在萨缪尔森成长为一名经济学家的过程中，芝加哥大学对于他的意
义是非凡的。正是在那里，他决定成为一名经济学家；也正是在那里，
他认识到研究经济学的正确方法需尽可能多地学习数学。高中老师比
拉·休史密斯对萨缪尔森来说无疑非常重要，但在那两年半的学习中，
他确实对这门学科不那么感兴趣，所以我们有理由认为他的数学教育是
从大三开始的，那时他才算延迟选修了大学数学的入门课。关于萨缪尔
森的芝大岁月，还有很多事情尚不清楚，特别是他在学分课程之外同外
界接触的情况。他提到过和一些教职员工的接触情况。例如，他称在校
园里散步时曾与奈特和瓦伊纳有过交谈，请教他们为什么价格应该等于
边际成本（这被理解为福利经济学的一个问题），尽管他在回忆哈佛大
学的熊彼特时也这么说。因此，不能排除这可能只是一种程式化的记忆。
他还回忆说，是尤金·斯塔利（Eugene Staley）向他介绍了凯恩斯，但
斯塔利并未教过他，除非他曾当过迪雷克托或明茨的助教。他声称，说

服自己主修经济学的人不是迪雷克托，而是哈里·吉德昂斯和斯塔利。[56]
但是，除了这些记忆，几乎再没有其他证据。萨缪尔森不愿提供更多细
节，这可能是因为时间过了几十年记不清了，但也反映出他自学成才的
自我形象，以及他希望与芝加哥大学经济学派保持距离的愿望。1935
年3月，在瓦伊纳的经济理论课程接近尾声时，萨缪尔森在一篇日记中
写道：

> 在经济学领域，我有许多独立发现（我认为如此），却发现别
> 人已经得出类似的结果。通过对联合供给中比例可变性的讨论，我
> 发现了一种利用边际生产率给生产要素定价的思路。经过很长时间，
> 利用解析几何，我计算出了平均曲线之间的关系，却发现在微积分
> 的一个步骤中，也可以表述出同样的关系。在货币理论领域，我研
> 究了准备金和存款的关系，就整个体系而言，任何资产都是缺乏流
> 动性的，等等。通过将所有不可分的因素变化重新定义为一个因素，
> 我得到了大规模生产的经济性和欧拉定理之间的调和关系。我独立
> 做出一个三维的……某个行业的供给图，以及原子式竞争的具体情
> 况。许多更深层次的抽象和均衡问题也都是我独立想出的，例如用
> 价格概念来描述经济现象的充分性。论证的结果基于：（1）购买力；
> （2）将一个变量随意分为两个非独立变量，其中一个是所有一切受
> 其他条件限制的非自变量，它一直是个萦绕在我脑海中的问题（数
> 量论／货币，等等）。[57]

这段话的意义在于它是当时写的，而非像萨缪尔森的大多数回忆录
那样，是多年以后才写的。这和他后来自称"在数学上几乎是自学成才"
的说法相一致，尽管他承认在芝加哥大学上过六门数学课，在威斯康星

大学麦迪逊分校上过一门，还在哈佛大学旁听过几门。[58]在萨缪尔森的日记中，可以找到许多他后来用于自我评价的范式。表面上看这是一种谦虚，因为他认为自己并无任何新发现，他的发现都是普遍存在的。但事实上，一个青春年少的本科生把自己的发现同莱布尼茨和牛顿的微积分发现相提并论，他其实一点也不谦虚。从他那句"就像一条专为狩猎饲养的猎犬，我的基因天生就能操纵供需曲线"中，也可以得出类似的观点。[59]他谦虚地否认了自己作为一名优秀经济学家的任何优点，尽管如此，他还是把自己同那些基因似乎没有先天优势的同学区别开来。

尽管萨缪尔森喜欢把自己看作是自学成才的，但对他而言，能承认自己在经济学的旧体系下接受教育这一点很重要。他反复声称，一个有权威的人可以在别人只知是历史的时候，记得整个来龙去脉。

> 夜总会歌手苏菲·塔克（Sophie Tucker）曾经说过："我富过，也穷过。相信我，富比较好。"我可以说："我曾被耶稣会修道士用小写的'j'洗过脑，我也知道19世纪和20世纪中叶的经济学。相信我，在这种情况下，后者更好。"[60]

用前面援引的比喻来说，做一头驴是有好处的。

瓦伊纳的研究生经济理论课程，对萨缪尔森来说无疑非常重要，因为这使他接触到了比以往更严谨的经济学，还让他在这门课上的表现成为传奇。但是，萨缪尔森多次提到对他来说非常重要的经济学家是奈特——他的"少年偶像"和"崇拜英雄"，他像被其"施了魔法"般为其"着迷"。萨缪尔森称他读过奈特写的所有东西，这是他对别人从未有过的声明。[61]他强调自己从前对奈特的忠诚，正是在确立自己的权威，以反对弗里德曼、迪雷克托和斯蒂格勒等芝加哥学派的代表人物，其根源可以追溯到奈特身上。奈特曾经是他们中的一员，所以很清楚他们的想法建立在哪些基础之上。①

　　尽管萨缪尔森有这些理由强调他和奈特之间的亲密关系，以及后来的疏远，但他显然非常感谢这位老师。不难看出，奈特的智慧和怀疑主义对萨缪尔森产生了很大的吸引力，以至萨缪尔森也形成了一些相同的特点。他显然被奈特的自由主义所吸引。他写道，奈特的"宝贵贡献"是在人们对市场的信心跌至谷底时，引导他们关注市场的优点。萨缪尔森从未放弃自由主义或者对市场的支持，尽管在哈佛大学遇到汉森后，他开始反对奈特对新政所持的怀疑态度，以及改善社会的努力。奈特认为，计划经济"不过是一所管理良好的监狱"，萨缪尔森后来发现这个观点过于简单，它使奈特成了1932年后发生的一系列事件的拙劣预言家。

　　在转而反对奈特的政治立场及转向数学和操作主义的过程中，萨缪尔森摒弃了奈特经济学中的一些重要原则。他认为科学的作用比奈特认为的要大得多。但是，奈特让他接触到了许多观点，在接下来的15年里，他一直在努力解决遇到的问题。在《经济学》的第二版中，他承认奈特影响了他理解经济过程和定义经济学的方式。⁶²或许更重要的是，萨缪尔森后来的许多著作中都涉及了奈特著作中所提出的问题。萨缪尔森关于消费者理论、经济动力学和福利经济学的研究，解决了奈特在《竞争的伦理学及其他论文》中提出的问题。萨缪尔森于20世纪40年代发展的福利经济学方法，则直接反映了奈特的观点，即不做出伦理判断就无法得出福利结论。依据奈特所强调的伦理基础，萨缪尔森认为经济价值远非生活的全部，现实世界中的行为主体未必都是理性的。萨缪尔森开始

---

① 奈特的立场同罗纳德·科斯（Ronald Coase）和詹姆斯·布坎南（James Buchanan）等自由市场经济学家类似，布坎南强调他们曾是社会主义者，直到他们看到了曙光。

研究奈特思想中"无害"的一些方面，而它们并未引起芝加哥大学后几代经济学家的重视。

　　在离开芝加哥大学后的 15 年中，萨缪尔森同奈特的关系变得复杂起来。他反对奈特的许多主张，最后甚至相当挑剔，以至奈特抱怨说萨缪尔森似乎认为贬低他是自己的责任[①]。与此同时，萨缪尔森从未停止研究奈特提出的经济学问题，而且毫不隐讳。奈特在萨缪尔森身上投下的印记比其意识到的更多，尽管萨缪尔森已经离开芝加哥大学，有了新的导师，也有了新的研究方向。

---

① 提到萨缪尔森的某篇文章时，奈特写道："一开始我会和萨缪尔森进行很长时间的对话，萨缪尔森会像从鸡蛋里挑骨头那样找些观点出来辩论，或者常常会提出一些莫名其妙的批评，偶尔吐槽一下我，他或许认为那些是俏皮话（但我不认为有这种可能）……这么多年来，我绝非唯一注意到萨缪尔森会在各种场合抓住任何机会批评我、让我上新闻的人。他显然认为这是他的职责，也是他贬低我的理由，损害我作为经济学家的地位。"参见 1950 年 10 月 28 日 F. H. 奈特写给戴维·麦科德·赖特（David McCord Wright）的信。

第二部分

哈佛岁月

1935—1940 年

第 6 章

·•·•◆•·•·

在哈佛的第一学期：1935 年秋

抵达哈佛

1935 年 4 月 15 日，雅各布·瓦伊纳给社会科学研究委员会（Social Science Research Council，SSRC）写了一封关于萨缪尔森的热情洋溢的推荐信，支持他申请社会科学研究委员会的奖学金。

> 保罗·A. 萨缪尔森先生虽然只是一名本科生，但在过去学季已成为我教的研究生经济理论课上最出色的学生。他是个冷静、细心、能力极强的学生，掌握了大量数学技巧，热情、有创造力、独立，没有那种好斗和狂妄自大，而这些常常会出现在像他这般有着敏锐头脑、掌握知识能力强于其他同学的年轻人身上。萨缪尔森显示出了成为一名杰出经济理论家的所有迹象，除了某个可能的例外，可以说他是我执教 20 余年来遇到的最有前途的本科生。虽然我认识他只有 4 个月左右，但我不认为这个判断过于草率。[①][1]

---

① 很难不去好奇瓦伊纳说的这名可能更有前途的学生（某个可能的例外）是谁，人们容易联想到的名字是米尔顿·弗里德曼，几年前他在芝加哥大学选修过价格理论课程，但弗里德曼本科就读的是罗格斯大学。

　　萨缪尔森的申请很顺利，这意味着他只要获得博士学位，就一定能得到奖学金。但是首先要满足一个重要条件：他不能在他本科就读的大学里继续学习。因此，他不得不离开芝加哥大学。

　　他与自己的老师和同学讨论了去向问题。艾伦·沃利斯和米尔顿·弗里德曼都鼓励他到哥伦比亚大学跟哈罗德·霍特林（Harold Hotelling）学习统计学。他的老师们也是这样建议。[2] 哥伦比亚大学是许多犹太裔学生的选择。不过，最终，萨缪尔森选择了哈佛，但不是因为那里的经济学家，尽管爱德华·张伯伦确实对他很有吸引力，而是为了"寻找绿色的常春藤"：他希望哈佛校园看起来像达特茅斯的汉诺威公用绿地，周围是"白色的教堂和广袤的小树林"。[3] 他确信，拥有这样一个享有盛誉的奖学金，自己会被任何一所大学录取，于是就没有正式申请成为一名研究生——他只是去了哈佛大学。

　　萨缪尔森本可以乘坐灰狗巴士去剑桥城，但后来他决定赶时髦，改用旅行的方式。这次旅行以他的首次飞行开始，他搭乘一架福特三引擎飞机（由螺旋桨驱动，有三个马达）到达底特律。接着，他乘船连夜到了布法罗，在那里，他看到了一些老建筑，他说这是他第一次感受到文化冲击。[①] 如果他一路从西到东的旅行速度放缓一些，他感受到的震撼就会小一些。从布法罗开始，旅程就变得不那么舒适了。第一个不适是在巴士上，穿越纽约州花了 19 个小时：布法罗、罗切斯特、尤蒂卡、宾厄姆顿、卡茨基尔山脉，最后是纽约市。在纽约，他已经安排好和两个来自芝加哥的朋友住在一起，他们在 22 街百老汇的一家旅馆订了一个房间，就在熨斗大厦附近。许多人被这座城市的活力和建筑所鼓舞，萨缪尔森却不以为意："渴望自由的纽约民众让我感到沮丧，这种感觉一直压在我

---

① 他称自己在此之前从未见过超过 20 年历史的建筑，这种说法显然太夸张了。

的身上。虽然据说最高的摩天大楼是用坚固的花岗岩建造的，但是这种安慰对我来说毫无用处。"[4]当他到达酒店时，两个朋友都出去了，他便把两个手提箱放在门边，然后下楼找前台服务员。服务员告诉他不该把行李放在无人看管的地方，并祈祷它们不会丢，他这才感到一阵恐慌。他说，作为一名无神论者，他匆忙跑上楼的时候唯一的祈祷对象是查尔斯·达尔文。

除了了解到要进入哈佛大学必须有天花免疫证明外，萨缪尔森对他在纽约的两天几乎没有其他记录。他已经接种过疫苗，手臂上有明显的印记可以作证，但是医生开具的证明会为他省去 50 美元——相当于他从芝加哥一路乘坐灰狗巴士的旅费。

有了在纽约的经历，萨缪尔森对于能够乘坐灰狗巴士前往波士顿感到既宽慰又兴奋。他让司机把自己送到基督教青年会（YMCA），希望在那里可以找到一个房间。他没有考虑到这是新学期的开始，那里的房间早在好几周前就被订完了。服务员建议他到雅典酒店（Athens Hotel）碰碰运气，但是他在那儿得到了同样的答复，然后被建议去亨廷顿铁路附近只对男士开放的技术商会试试。凌晨 2 点 20 分，他在离开雅典酒店的路上被一名妓女搭讪，他别无选择，只能尝试一下技术商会，幸运的是他找到了一个房间。有了住的地方后，他只需等哈佛大学的开学注册。

在哈佛注册时他就和系主任哈罗德·赫钦斯·伯班克有了嫌隙，伯班克后来成了萨缪尔森许多怨恨的焦点。萨缪尔森解释说他没有提前提出申请，是因为由社会科学研究委员会资助的预备博士生可以选择去任何地方，他打算在进入哈佛时不走程序从而"避开人流"，因为他觉得自己可能不会在那儿停留超过一年的时间。萨缪尔森拒绝选修埃德温·弗朗西斯·盖伊（Edwin Francis Gay）讲授的经济史课程，这门课虽然很有名，却"枯燥乏味"，相反，他打算选修爱德华·张伯伦的课程——垄断竞争和价值理论中的同盟问题，这门课专为研二学生开设。如萨缪尔森所言，这显然不是"一见钟情"。后来他回忆自己在哈佛的时光时，始终把伯班克描述成反犹太主义者，代表着"学术生活中我完全蔑视和厌恶的一切"。[5]但是不管怎样，他被研究生项目录取了。①

在哈佛的头两年，萨缪尔森被要求必须按规定上课。第一年的核心课程是经济理论（Ec.11），这门课因瓦伊纳的老师弗兰克·陶西格而声名远扬，但当时的授课老师是约瑟夫·熊彼特。第一学期，他还选修了莱纳德·克拉姆讲授的经济统计学理论课程。[6]除了萨缪尔森所使用的旧教科书，我们找不到克拉姆教学内容的证据，但是结合他的研究背景，这应该是一门侧重于对实际问题进行数据分析和解释的课程，相比于萨缪尔森在芝加哥大学选修过的课程，这门课对数学的要求应该不高。[7]萨缪尔森说，他在同伯班克第一次见面时就拒绝上这门课，还有前面提到的盖伊讲授的那门课。但是，他后来写到克拉姆教的这门课时说"与其说这是一门统计学课程，不如说它是一门反对统计学的课程"，该课程警告学生们"统计学是一种可能在他们的手中爆炸的强大武器"，他在这门课上取得了 A+ 的成绩。[8]更有可能的是，第一学期上完这门课后，他没有在第二学期继续上这门课的后续部分，而是选修了埃德温·比德韦尔·威尔逊的统计理论，一门他认为对数据的运用方式更恰当的课程。萨缪尔森还选修了约翰·威廉姆斯（John Williams）②讲授的货币银行学，威廉姆斯

---

① 萨缪尔森称自己实际上已经向伯班克设的要求提出了质疑。如果提前登记是必要的，那么为什么反犹太部门的负责人没有因为萨缪尔森违反正常手续而驱逐他？萨缪尔森说，他拒绝接受强制要求选修的课程也是一样的道理。他的叙述很明显表达了对伯班克的鄙视。

② 梅森（1982，第412页）写到威廉姆斯时说："他是一名出色的讲师……是系里面最出色的，他的货币银行学课和国际贸易课的上座率都非常高。"

被誉为系里最好的讲师，这门课也非常受欢迎；除此之外，萨缪尔森还选修了爱德华·张伯伦讲授的垄断竞争。

1935 年的哈佛

萨缪尔森抵达哈佛的那个秋天，这所大学正处于变革的剧痛之中。该校新近任命的校长詹姆斯·布赖恩特·科南特（James Bryant Conant）曾是一名成功的学院化学家，他试图改革课程，提高整所学校的学术地位。在他前任们的领导下，哈佛已经从一所主要面向新英格兰精英的学院转变为一所重视奖学金的成熟大学。科南特想更进一步，将哈佛建设成为一所精英大学，把培养出来的人才输往社会经济的各个领域。[9]教师的目标应该是促进学习，而不仅仅是保持学习。为了在一所通识教育和研究相结合的大学里实现他的目标，科南特试图解聘毫无前途的初级教员，并聘请一些知名度高的高级教员，这些人通常来自哈佛以外的地方。这使他同教师和校友一再发生冲突，他们质疑他将研究置于教学之上。此类冲突也爆发在经济学系。①

萨缪尔森入读哈佛前的几年里，随着几位资深教员相继离开，哈佛经济学系发生了巨大变化。其中最引人注目的是弗兰克·陶西格，他自1892 年以来一直担任教授，撰有一本著名的教科书《经济学原理》（1911年初版，1921 年第三版），在 1935 年 75 岁时退休，教了 40 余年的必修理论课程。②继任者中最突出的是来自欧洲的新人，尤其是约瑟夫·熊彼

---

① 参见本书第 15 章。

② 其他退休教师中较为著名的还有托马斯·尼克松·卡弗和查尔斯·布洛克，加上陶西格，此三人在 1914 年之前就已受聘。对这段时期哈佛的情况说明可以参见梅森（1982）。

特，他是 20 世纪 30 年代哈佛最杰出的经济学家，此外还有瓦西里·里昂惕夫和戈特弗里德·哈伯勒，他们和埃德温·比德韦尔·威尔逊一起在隶属于经济学系的公共卫生研究所工作，这对萨缪尔森来说非常重要。[10]

20 世纪 20 年代，哈佛的主要研究活动都是围绕经济研究和哈佛经济服务委员会展开的，这个组织由沃伦·珀森斯（Warren Persons）领导，主要负责编制经济预测，即哈佛商业环境晴雨表。该委员会在 20 世纪 20 年代获得了良好的声誉，它为商人有偿提供建议。1929 年，它的经济指标图表（即著名的 A、B、C 曲线）给出了经济衰退的明确警告，但那些预报撰写者并不相信他们所看到的，也就未能警告他们的订购者。[①] 哈佛经济服务项目在 1933 年终止了服务，但它留下了一些很有价值的东西。它创办的《经济统计学评论》（*Review of Economic Statistics*），即后来的《经济学与统计学评论》（*Review of Economics and Statistics*），是一份专注于定量研究的学术期刊，最初与《经济服务》周刊捆绑发售，后来被经济学系作为第二份期刊，与历史悠久的《经济学季刊》（*Quarterly Journal of Economics*）一起接管。此外，尽管该委员会的幕后推手查尔斯·布洛克（Charles Bullock）已经退休，珀森斯也于 1928 年离开，但仍有两名项目组人员留了下来。

1917 年获任命的埃德温·弗里基（Edwin Frickey），致力于将经济序列分解为趋势和周期问题，这对珀森斯的预测方法至关重要。弗里基经常为《经济统计学评论》撰稿，发表关于股票价格、银行清算以及经济活动一般波动的文章。这项工作的特点是需要对统计数据进行细致分析，并确定

---

① 曲线 A 被认为是对投机活动的一种测量，包括在商业周期早期发生变化的变量。曲线 B 测量的是产量和价格，曲线 C 则和金融市场相关。它们同我们今天所说的领先指标、同步指标和滞后指标相对应。参见梅森（1982，第 417 页），弗里德曼（2014），摩根（1990）。

一种只受数据而不受经济理论影响的归纳方法。弗里基的一个创新是，他认为在将一个序列分解为趋势和波动时，研究者应该利用有关其他数据序列的信息——这是可能的，因为它们之间存在着高度相关性。也就是说，在估计某一价格的趋势时，应该考虑到整个经济的发展。这种方法颇具韦斯利·米切尔在美国国家经济研究局（NBER）的工作理念：努力积累经济统计资料并对其进行分析。后来，当弗里基把自己的文章汇编成册时，受到了米切尔的合作者阿瑟·伯恩斯（Arthur Burns）的好评。伯恩斯称赞他在统计技术上的创新，因为它记录了经济活动的周期性波动，还（为制造业的产出和就业，以及交通运输业的产出）构建了重要的新序列。[11]

1925年，弗里基通过莱纳德·克拉姆加入了哈佛经济服务项目，而克拉姆是耶鲁大学培养出来的数学家。他们的研究有许多交集，因为克拉姆还研究金融和商业周期，以及测算趋势和分析季节性的方法，此外他还在《经济统计学评论》上发表商业环境分析文章。克拉姆与布洛克和珀森斯共同撰写了一篇评论文章，回顾了哈佛经济服务项目在编制商业环境指数方面的经验，解释了他们试图实现的目标，还对受到的批评进行了回应。[12] 5年后，他和布洛克——当时珀森斯已经离开了哈佛——根据大萧条的情况，评估了他们预测方法的表现，当时大萧条正接近经济衰退的最低点。他们指出："如果得到严格遵循，这张图表将给出令人满意的预测，即便1929年底经济出现异乎寻常的发展。"[13] 但是，他们并未如实地解释这个指数，而是用"经济分析"来补充它。[14] 他们的总体结论是替自己的表现辩护。[15]

在其著述中，克拉姆的兴趣范围比弗里基更广泛。除了预测经济周期外，他还处理了其他问题，例如业务规模与赢利能力之间的关系、民意调查的有效性、调查结果的可靠性，以及在一家企业的不同活动之间分摊联营成本。他强烈反对阿道夫·伯利和加德纳·米恩斯（Adolf Berle &

Gardner Means，1932）提出的关于集中美国经济实力的主张。[16] 但是，最值得注意的是，如人们所期望的那样，作为一名受过专业训练的数学家，克拉姆的著作表现出对统计理论的特别关注。他探索了可用于测算有序序列（例如，观测结果出现的顺序很重要的时间序列）离散度的方法，用中位数而非平均值来测算某一序列的季节性变化的统计意义，以及相关性与测算序列周期性的关系。因此，他发表了许多论证数学对商学院和经济学专业学生之重要性的论文，也就不足为奇了。他后来还编辑出版了一份哈佛《经济学季刊》的增刊，这是一本数学入门刊物，先从图表开始，再一步步从简单的代数上升到极限和微分方程，它们都是经济学家和统计学家有效开展工作可能会用到的知识。[17] 萨缪尔森回忆说，克拉姆最著名的预言是罗斯福将在 1936 年和 1940 年的选举中失利。[18]

其他的"保守派"包括伊莱·门罗（Eli Monroe），他于 1914 年受聘，是一名经济思想史学家，在萨缪尔森就读哈佛期间担任《经济学季刊》主编；还有 1902 年受聘的经济史学家埃德温·弗朗西斯·盖伊；以及哈罗德·赫钦斯·伯班克，他在萨缪尔森抵达哈佛后，作为系主任面试了萨缪尔森。自 1912 年担任讲师以来，伯班克对经济学系有着重要影响，他多次担任系主任，通常是因为没有人乐于承担这项任务。他是一名公共财政专家，发表的文章很少，但在聘用熊彼特这件事上发挥了重要作用。爱德华·梅森（Edward Mason）是这样回忆伯班克的：

> 在我的记忆中，伯比（年轻人和老年人都这样称呼他）就是两个不同的人。20 世纪 20 年代，他是一个胖胖的、快乐的、友善的人，满腔热情地致力于建立导师制，全身心地投入到本科教学中。他会向系里很少被前辈注意到的年轻教师伸出援手，还经常与学生们交流。但在晚年的时候，他变成了一个沮丧的、不满的、反动的人，

凭着自己的意愿影响着整个经济学系，甚至醉心于担任几乎人人都回避的系主任职务。[19]

20 世纪 20 年代，哈佛大学流行一种做法，即允许一些本校学生在获得博士学位后继续留校任教，其中就包括约翰·威廉姆斯（1921）、西摩·哈里斯（Seymour Harris，1922）、爱德华·梅森（1923）、爱德华·张伯伦（1927）和奥弗顿·泰勒（Overton Taylor，1928）。曾和盖伊同窗的经济史学家阿博特·佩森·厄舍在别处待了 12 年后，于 1922 年加入了这个队伍。威廉姆斯是国际金融专家，他对不同国家的国际收支调整进行了研究。威廉姆斯与萨缪尔森在芝加哥大学的老师雅各布·瓦伊纳都是陶西格指导的杰出博士生。威廉姆斯不仅是哈佛的一名成功教师，还在纽约联邦储备银行担任顾问一职，并于 1936 年成为副总裁。哈里斯直到 1948 年才在哈佛获得终身教职，这或许是因为他是犹太人。[20] 他主编《经济统计学评论》多年，结果证明，他比许多同事更能接受凯恩斯的观点。梅森专注于产业组织以及政府和产业之间关系的研究。

萨缪尔森对哈佛的保守派不屑一顾，认为他们"刻板守旧""对初来乍到的未在哈佛受过训练的外国精英理论家缺乏热情"。[21] 他称，这些欧洲移民（熊彼特、里昂惕夫和哈伯勒）以及埃德温·比德韦尔·威尔逊（他的许多研究都和经济学系无关）对他来说非常重要。但是，正如上面一段描述所显示的，尽管萨缪尔森可能对他们的研究不感兴趣，但"保守派"远非一无是处，因为他们中的一些人正在从事重要的应用研究。[22] 从萨缪尔森的言论中，我们不可能猜出萨缪尔森所钦佩的威尔逊是否推崇弗里基和克拉姆的研究，并与他们合作共事。① 对这种情况的解释想必

---

① 参见本书第 8 章。

是，虽然萨缪尔森后来从事应用统计研究，但当时他却是一名在经济学系学习的 20 岁学生，只对数理经济理论感兴趣，这是"保守派"教师们没有涉猎的领域，因此他把他们全盘否定了。

爱德华·张伯伦

　　萨缪尔森进入哈佛的时候，校园内最卓尔不群的要数爱德华·张伯伦。张伯伦在 1927 年提交给哈佛大学一篇博士论文，并以此为基础出版了《垄断竞争论》（*The Theory of Monopolistic Competition*，1933）一书，由此确立了他的学术地位。同年，年轻的剑桥大学经济学家琼·罗宾逊夫人出版了《不完全竞争经济学》（1933a）。这两本书被公认为建立了一种新的价值理论方法，即关于市场如何运作和价格如何决定的理论，其最具权威的论述出现在阿尔弗雷德·马歇尔的《经济学原理》（1920）中，而《经济学原理》被广泛用作研究生经济学理论教科书。公认的理论和马歇尔的论述，均建立在两种不同的市场类型上。垄断意味着只有唯一的卖家可以抬高或压低市场价格，通过价格和销量的组合实现利润最大化。而竞争则不同，它涉及的卖家众多，任何一方都无法影响市场价格；与此同时，高利润吸引着新的卖家进入市场，推动价格降至没有人能赚取高于"正常"利润率的利润。张伯伦的"垄断"和罗宾逊夫人的"不完全"竞争均涵盖了这样一种情况，即每个卖家都有一定的市场力量（就像垄断一样），同时，高利润会吸引新的卖家进入这个行业（就像完全竞争一样）。张伯伦一生都致力于将他的理论同罗宾逊夫人的理论区别开来。不仅因为早在罗宾逊夫人的著作引起争议前他就提交了博士论文，还因为两本书在方法论上有着很大的不同。罗宾逊夫人的著作是对抽象经济理论的运用，而张伯伦则试图建立一种现实理论，以解释在广告主导产品差异化的市场环境下的企业行为，此时企业可能会通过增加营销投入而非改变价格来应对市场环境的变化。[23]

虽然张伯伦被视为哈佛经济学系冉冉升起的新星，但萨缪尔森对他的课程并未留下什么印象。萨缪尔森晚年时提到张伯伦时说，张伯伦教他时35岁，距离提交那篇博士论文不到10年，正处于学术生涯的顶峰。[①][24]萨缪尔森对张伯伦颇感失望，大概是因为萨缪尔森比规定时间提前一年选修了一门高级课程，他原以为会有更高的要求。毫无疑问，他的记忆中还残留着一种观念，即张伯伦当属经济学系中明显具有更强烈反犹太主义倾向的人之一。[25] 但是，在哈佛的第一学期，哪怕是他回忆中一笔带过的课程，萨缪尔森都取得了不错的成绩。他的同学都留重人（2001，第121页）记录了发生在萨缪尔森和伦敦经济学院的年轻访问学者尼古拉斯·卡尔多（Nicholas Kaldor）之间的一件事。

许多外国访问学者都会来听这门课，这很正常。有一天，当尼古拉斯·卡尔多来访时，讲台上站的不是张伯伦，而是正在做一篇关于"双头垄断理论"论文报告的萨缪尔森。报告完后的讨论一结束，卡尔多就走向讲台，伸出手说："恭喜您，张伯伦教授，这真是一堂精彩的课。"被握住手的萨缪尔森一脸困惑，不知如何回应。卡尔多马上意识到自己的失误，他转向张伯伦本人，然后找到一个似是而非的借口，说他是在表达自己的感激之情，感谢张伯伦把学生培养得如此优秀。几年后，我向卡尔多问起这件事："有这么回事儿吗？"他带着一丝微笑回答："是啊，当然有！"

---

① 这毫无疑问是因为张伯伦执迷于为自己年轻时的著作辩护。

20 年后，当张伯伦即将告别哈佛时，萨缪尔森同意以客座教授的身份教这门课程。张伯伦给了萨缪尔森一份自己曾经用过的书目清单，萨缪尔森说，从他开始学习这门课起，这份清单就没有变过。[26]

萨缪尔森的论文中有一份关于寡头垄断问题的未注明日期的不完整手稿。几乎可以肯定这是为张伯伦的课写的，并且很可能就是都留重人所说的那件事中他做报告的那篇。[27] 当一个小群体的每个成员独立于群体中的其他成员做决策时，寡头垄断问题就产生了，在这种情况下，每个成员的行动结果取决于整个群体采取的行动。例如，某个市场上有两家汽车制造商（暂且称它们为福特和日产），每个制造商必须决定设置什么定价。如果福特决定提价，那么其销量的变化及由此产生的利润，将取决于日产是否决定配合提价，抑或保持价格不变，并趁机售出更多的汽车。日产也是如此，它的销量将取决于福特的决策。

关于寡头问题，包括双寡头（两个行为主体之间相互影响）这种特殊形式在内，萨缪尔森的主要观点是，因为寡头问题的具体情况并不确定，无法确定唯一的解决方案，也即存在无数种可能的结果。从这个角度来说，它与传统意义上的垄断和竞争问题（包括张伯伦的垄断竞争问题在内）有着根本的不同。萨缪尔森写下了每个行为主体试图最大化其利润的表达式，并且推断，除非有特殊情况，"任何卖家都不可能对这个函数的形式做出客观正确的判断"。[①][28] 例如在双头垄断中，每个卖家都可以影响竞争对手对其行为的看法。萨缪尔森写道，描述行为的函数"本质上是不确定的，它取决于每个卖家过去的行为、他的'虚张声势'等"。相比于两个实力相当的双边垄断者的较量，这种情况下的结果并不

---

① 个体 $i = 1, ... n$，使 $Z_i = Z_i(q_1, q_2, ... q_i, ... q_n)$ 最大化，其中所有的 q 都相关。在大多数情况下，可以假设个体 i 控制着 q_i。如文中所解释的，q 可以是价格或数量。

会更稳定或更容易预测"。[29] 他总结说：

> 在不确定竞争对手会怎样做的情况下，我们仍能得出确定解，在这一点上我们必须肯定张伯伦教授的观点。但我们讨论的目的是要表明，总的来说，每个卖家的行为必然总是不确定的，因为很明显，在一个我们所描述的相互关系体系中，我们不可能有至少两种自由意志，并且每个卖方都知道自己行为可能产生的所有后果，而这是"确定性"（Certainty）存在的必要条件。[30]

萨缪尔森至少在三个方面尝试让他的观点比现有文献更具有普遍性。首先，他并未具体指明他所说的寡头是选择价格还是数量，因此他称自己对这个问题的阐述比以往文献中可以找到的阐述更具有普遍性。[①] 其次，他在论文的附录中指出，双头垄断问题等同于双边垄断问题，这意味着他的理论涵盖了这两种情况。最后，在他的论述中，他使用的词语是"个体"，该词指代的不一定是张伯伦讨论过的企业或厂商：他似乎有意识地想要建立一个更普遍的人际互动理论，而不仅仅是一个关于公司行为的理论。这些个体被认为是理性的，因此萨缪尔森写道：

> 当我们说某个解是确定的时，即是说在充分了解情况后，只要所讨论的个体按照理性行事，其所涉及的变量值的集合，最终一定可以被计算出来。当存在无数个这样的值时，我们便说这个解是不确定的。[31]

---

① 在这一点上，他引用了 19 世纪早期的数学家奥古斯丁·库尔诺（Augustin Cournot）和张伯伦的观点。

　　萨缪尔森称这个定义已被普遍接受，尤其是在数理经济学家中。[32] 他在寻找理性个体之间相互作用的普遍理论，企图将焦点集中于一般性问题，同时避免被现有文献中既有的"特解算法"分散注意力。[33]

　　虽然萨缪尔森直接而具体地涉足了张伯伦的研究，但他是从莱昂·瓦尔拉斯和维弗雷多·帕累托（Vilfredo Pareto）的研究角度切入的。他批评张伯伦未能像世纪之交的经济学家帕累托那样，运用数学知识分析不确定性问题，即使是用错误的方程数量来确定未知因素。[34] 考虑到这可能是萨缪尔森用物理学做类比（这后来成了一个习惯）的最早例子，有必要完整地引用相关段落：

> 　　1887 年，两名年轻的科学家在芝加哥大学瑞尔森实验室（Ryerson Laboratory）的地下室里进行了一项实验，实验结果最终将维多利亚时期的科学宇宙"炸出"一片混乱。就像迈克耳孙–莫雷实验对维多利亚时期的综合理论所做的那样，双寡头理论也对经济学的均衡理论做了同样的事情。就像大多数物理课上仍然讲授牛顿力学一样，我们仍然在经济学课上讲授传统的瓦尔拉斯经济学体系，但是经济学思想的前沿却笼罩在双头垄断的阴影下。[35]

　　毫无疑问，作为刚毕业的学生，对母校的满腔热情让萨缪尔森忽视了关于迈克耳孙–莫雷实验的事实。以前一般认为声波通过空气传播，光波通过以太传播，而这个实验通过建立光从各个方向以相同速度传播的模型，对以太的概念提出了质疑。做这个实验的时候，迈克耳孙还没有搬到芝加哥，瑞尔森实验室也还没有设立。这段话显示了萨缪尔森的雄心壮志：不仅要彻底解决双头垄断理论，还要推翻把他和瓦尔拉斯理论相联系的标准经济均衡理论。有趣的是，约翰·冯·诺伊曼（John von

Neumann）和奥斯卡·摩根斯特恩（Oskar Morgenstern）在他们合著的
《博弈论与经济行为》（*Theory of Games and Economic Behavior*，1944）
中，也有类似的抱负。尽管萨缪尔森并未从博弈论角度去思考（或许是
因为在此之前他并未接触过博弈论的相关知识），但他显然也没有使用与
冯·诺伊曼和摩根斯特恩相似的数学方法，他正在研究的问题后来被视为
属于博弈论范畴。

　　此外，尽管萨缪尔森同意张伯伦的观点，即如果一个人的竞争对手
没有不确定性，那么这个问题就是确定的，但萨缪尔森进一步指出，不
确定性总是存在的，这是一个相互依存的系统中超过一个"自由意志"
在起作用的结果。确定性是不可能的。他还对张伯伦关于垄断竞争市场
如何应对需求变化（《垄断竞争论》第 5 章）的意义进行了质疑。这也许
就是萨缪尔森对第 3 章（涉及双寡头和寡头垄断）和第 5 章（涉及产品差
异和价值理论）进行比较的用意：张伯伦的书中出现了前后自相矛盾。①

　　这篇论文的重要性还在于，它表明萨缪尔森熟悉帕累托主要经济学
著作中的部分内容，而这些内容在之后的 40 年中都没有被翻译成英语。
萨缪尔森很可能读了法语版，考虑到他已经通过法语学科考试，这对他
来说应该不会太难，此外，帕累托对数学的运用也会让阅读变得容易许
多。② 鉴于此，我们几乎可以合理推断他也读过瓦尔拉斯的《纯粹经济学
要义》（*Elements d'économie politique pure*）。他上这门课的同时也在上熊
彼特的课，熊彼得提到瓦尔拉斯的时候肯定激起了萨缪尔森的兴趣。

---

① 第四部分将通过契约曲线、集体谈判、工资协议、工会领导和"张伯伦的垄断价格
　　特定理论"来处理双寡头与现实和传统理论之间的关系。但是，我们不清楚萨缪尔
　　森是否写过这篇文章。

② 尽管萨缪尔森称在意大利语中和帕累托的表述有过纠结，但他引用时使用的是
　　"Manuel"而不是"Manuale"，这意味着他用的是该书的法语译本。

尽管张伯伦的课是在秋季学期，但萨缪尔森在冬季学期写了另一篇论文给他，时间大约是 1935 年 12 月或 1936 年 1 月。这篇论文建立在它所引用的早期论文的基础上，但是风格完全不同。[36] 那篇早期论文解决了一个对萨缪尔森来说很难处理的问题。论文在分析变化的方式上紧跟着张伯伦，并且运用代数方法处理了张伯伦著作附录中提出的一个问题，这也许并不是巧合。萨缪尔森的第二篇论文对时间和其他复杂因素进行了抽象处理，对最简单的可能情况做了严格的代数讨论，其中，企业追求收益和成本（两者仅取决于产出）之间差额的最大化。不同企业间的竞争、广告、产品差异和其他因素统统被抽象掉了，这样他就可以推导出利润最大化的条件——边际成本等于边际收益。[37] 大约是因为张伯伦看到了对他在剑桥大学（英国）的竞争对手的批评，萨缪尔森注意到他在空白处写了一个"好"字，"这也许就是现代经济学家的思考方式，即只有在它以复杂的（实际上没用的）欧几里得几何的形式（参见罗宾逊夫人等的著作）表达之后，人们才会注意到它"。[38] 他在这篇文章中所指的人（张伯伦应该已经领会到了）便是琼·罗宾逊夫人，她的《不完全竞争经济学》摒弃了代数（她不懂代数），而大量使用了几何。

接着，萨缪尔森引入了广告，推导出了最大化的条件，这次使用的是偏导数。这引发了一场关于表达问题的最好方法的讨论，比起之前的两个，现在这个问题有三个维度（价格、产出和广告费用）。在舍弃"等高线或所谓的无差异线"方法后，萨缪尔森选择了包络线法，因为它同样适用于 n 维问题。在绘制收益曲线以说明不同广告水平的影响和绘制包络线（这里的曲线代表给定最优广告水平下每个层级的产出收益）时，萨缪尔森展示了如何将这个问题简化为形式上和前一个问题相同的问题，即用"总净收益"（收益减去最优广告成本）来替代收益。产品差异化可以用完全相同的方法来处理，这次引入"产品质量"作为变量。但是在这里，他从另一个方向切入，即产品质量不一定是单个变量，而是可能涉及多个属性，每个属性都可以由企业选择。

在这之后，萨缪尔森转向联合生产，此时一家企业使用多个生产要素生产多种产品，得出了包括不同要素的边际生产率在内的最优条件。这涉及更多的变量，但所需的数学知识并不比若干变量的函数的偏微分更复杂，比如处理"向分布在某一区域的客户销售产品，产生的运输成本和销售的货物数量同运输距离成正比"这样的一般化问题需要更复杂的数学知识。[①] 正是在这一点上，萨缪尔森提出了不确定性问题，因为如果每家企业服务于一个特定的地区，那么它必须与那些邻近地区的生产企业竞争，这就意味着产生了寡头垄断（少数卖家之间的竞争）。由于产出取决于竞争对手的行动，而"这些相互关系通常是不确定的"，因此会得出与双头垄断相同的结论，即"在缺少对这些相互关系的给定（或任意？）额外条件的说明的情况下，我们的结果是不确定的"。[39] 他的结论是，"沿这条线（或超出这个区域）不存在任何假设，支持一种对称的或理性的解决方法"。[40]

最后，萨缪尔森转向"最困难的问题"——时间。即便是这个问题，只要没有不确定性，也可以简化，使之符合同样的框架，方法是将未来每一点的预期净收入折现，得到现值。萨缪尔森假设净收益取决于广告增加了问题的数学复杂性，这意味着企业必须决定在一段时间内如何安排广告支出。

在这种情况下，在知道我们的数量，也就是资产净值要最大化

---

① 为了处理这个问题，有必要引入积分学，并用极坐标来描述空间，以减少所涉及的维数。

之前，我们必须知道每时每刻广告费用的数值，因为，对于 E（广告支出）和 T（时间）之间的每一个不同的函数，我们得到的 V（利润）值是不同的。因此，我们这里得到的是一个泛函数，而不是一个函数……我们的问题变成了变分法的问题。[41]

到这里，萨缪尔森的论文开始收尾，因为他觉得篇幅已经够了。继续讨论下去需要涉及更多的高等数学知识，他提出了这样一个问题："我担心，对于训练有素的数学家来说，这些结果'或多或少显得微不足道'，但是，对'几乎对数学一窍不通'的经济学家来说，这些结果是难以理解的。"[42]这种说法的有趣之处在于，萨缪尔森认为自己的潜在读者是数学家和经济学家。最后，他谈到了自己的分析和现实之间的关系。他对论文中最抽象的部分——关于时间的选择——进行了辩护，声称"商人总是在每次尝试和每个决策中，经历一种类似于解数学题的过程，除了他是在一个有限区间内处理有限区间的平均值"（萨缪尔森的数学计算假设了无限的时间范围）。[43]但是，在结论的后一页中，萨缪尔森强调说自己的分析缺乏现实考量：

在现实世界中，经济人并非按我们的理论所设想的简单条件行事。实际上，决策或多或少是基于复杂形式的本质和无数相关"变量"之间的关系的危险猜测，并且是基于复杂的动机做出的。因此，我们的分析虽然具有内部一致性，但它并未向我们展示现实的图景。[44]

萨缪尔森声称，要想给出"经济生活复杂性的真实图景"，这样的理论必定非常烦琐，以至它只能被视为"对特定情况的扩展描述"，从而也就不具备任何解释力。因此，他继续说，分析应该尽可能是正式的，以免导致对与之相关的政策做出过早的判断。

萨缪尔森把这篇论文形容为"支离破碎的笔记"，因为他给出了一系列互不相关的模型。但他其实过谦了，因为事实上他的模型之间有着清晰的发展逻辑。另外，这篇论文是一体化的，因为它表明所有的问题都可以用类似的方法分析，很自然地通过数学推导得出结果。这便是他既没有声明所有的理论都是独创的，也没有注明出处的原因。

> 另外，文中的许多结论因为我无法追溯到来源，所以对接下来的内容做出的独创性声明很少，加之文中给出的许多有趣命题都是根据数学推导自然而然得出的，因此它们不能确切地归功于任何一个人，而是必须为所有思考这些问题的人共同拥有。[45]

除了在自己不明白的地方的空白处打了一个问号，并对措辞做了一些微不足道的修改外，张伯伦做出的唯一评论是写在论文首页的一句话："一篇非常有趣的论文——张伯伦"。我们不免好奇，萨缪尔森应该写出怎样的论文才能在这门学科上获得全 A 的成绩，而不是张伯伦打出的 A–。[①]

瓦西里·里昂惕夫

张伯伦教授关于垄断竞争及价值理论相关问题的课程，与题为

---

① 萨缪尔森后来把张伯伦形容为系里反犹太主义色彩最浓的人之一，不免让人联想到是不是张伯伦对他文章的打分让他产生了这种看法。

"价格理论与价格分析"（Ec. 18）的研讨会上的许多内容有重合之处，萨缪尔森在1935年到1936年间参加了这个研讨会，但似乎并不是为了学分。[①] 这门课在熊彼特抵达哈佛不久后就开设了，以弥补哈佛在数理经济学教学上的不足。但熊彼特并不是一名能胜任这门课程教学的数学家，所以在1935年，年轻的助理教授瓦西里·里昂惕夫接手了这门课，他的数学能力比熊彼特强得多。里昂惕夫教授这门课程，无疑也是熊彼特不得不接手陶西格在过去半个世纪里教授的主要理论课程，以及卡弗和布洛克退休后大量教学任务需要重新分配的结果。这并不是萨缪尔森第一次见到里昂惕夫，因为他记得一年前在芝加哥的美国经济学会会议上见过里昂惕夫（尽管没有迹象表明他们在那时候有过交谈）。

我们很容易理解投入-产出分析为何成为里昂惕夫重新规划的学术生涯的方向，也是他毕生研究的重点。其源头可以追溯到他年轻时的出版物《苏联经济平衡：中央统计局工作的方法论分析》。[46] 考察不同经济部门之间相互依赖关系的想法，又可以追溯到卡尔·马克思所使用的线性模型，并从那里追溯到魁奈的《经济表》。当教授萨缪尔森时，里昂惕夫正在报告他为美国编制的投入-产出表的首批成果。[47] 里昂惕夫把自己的工作描述成以经验主义的方式获得使魁奈得出经济表的景象：尽管经济体系不同部分之间普遍存在相互依存关系的概念已经成为"经济分析的根本基础"，但这一设想并没有在经验主义上得到运用。经济学家仍在对假设的数值算例进行研究，因为还不可能研究真实的数据。

---

① 目前尚不清楚萨缪尔森具体是什么时候参加的，因为根据资料显示，这两个学期他都可以参加。他曾说参加研讨会让他为威尔逊的热力学解释做了知识准备，因此有可能他是在1935年秋季学期参加的。这也有助于解释前文我们讨论过的他为张伯伦的课所撰写的第二篇论文中关于数学的运用问题。

里昂惕夫声称："众所周知，理论假设的条条框框在这方面和以往一样空洞。"[48]

国民收入分析在一定程度上弥补了这一差距，但它仍处在一个高度汇总的层面。把经济体作为一个整体来分析国民收入，会丢失大量的信息，因为它无法说明产业之间的关系。里昂惕夫做的第一步，实际上是对国民经济核算的概括，以此来反映经济体各部门的生产和收入。当然，这就产生了如何界定部门的问题，原则上它们应该包括以相似途径取得相近产出的企业。这需要为国民经济核算建立一个矩阵，列出经济中各部门的采购和销售情况。各部门的投入与产出之比，即是构成里昂惕夫经济体系核心的投入-产出系数。

例如，生产 1 美元钢铁需要向煤炭业支付 43 美分，向铁路运输业支付 10 美分，等等。里昂惕夫解决了许多相关的技术问题，包括汇总到什么程度。例如，"采矿业"应该作为一个独立的部门，还是应该分作煤炭、铁矿石和铝土矿产业呢？又或者，煤和石油是否应该合并在能源项目下？这样做的结果是得到一个包含数百个类似系数的表，它只是对国民经济核算的详细阐述。把它变成理论，需要加上投入-产出系数是常数的假设。由此，这个问题变成了分析有关投入与产出之比的一组线性方程的性质问题。

但是，在学术生涯的头一个 10 年里，里昂惕夫的研究并不像后来那样专业化，他研究了经济理论中的各种问题。[49]里昂惕夫出生在俄国，从列宁格勒大学毕业后就逃离了苏联，他先是在柏林大学攻读了 3 年博士学位，之后又在基尔大学（Kiel University）学习了 3 年（其间来到中国在铁路部门担任了一年经济顾问）。1931 年，他移居到美国，在美国国家经济研究局工作一年之后，成了哈佛大学的一名教师。1933 年，他被提升为助理教授。在萨缪尔森到来之前的几年里，里昂惕夫非常高产，发表了一系列论文，这些论文之间仅有一些数理经济理论运用上的联系。①

　　1935 年 5 月，就在萨缪尔森到来前，里昂惕夫发表了一篇论文，将目光转向了商业周期，考察在一系列商业周期中生铁和棉花（通常被分别作为投资和消费品的代表）的价格和数量之间的关系。[50] 尽管有助于理解商业周期的运行机制，但这一分析和他早些时候在确定个别商品的供求曲线方面的研究有关。1936 年，里昂惕夫发表了有关垄断竞争、汇总和指数以及凯恩斯的《就业、利息和货币通论》（General Theory of Unemployment，In therest and Money，以下简称《通论》）的论文（1972；里昂惕夫，1936a，1936d，1936b）。这是一名雄心勃勃的年轻研究人员的形象，他把自己的数学技能应用到当时正在流行的许多问题上，比如供求、商业周期、市场结构和货币经济学。

　　所有这些研究的共同点是对经济理论和数据之间相互作用的兴趣。他 1925 年所写的文章已开始关注苏联所使用的统计方法，以及测量产出和收入等概念的不同方法的适用性，并且探讨了诸如毛收入和净收入、附加值以及中间产品的处理等问题。许多理论分析都涉及线性不等式和无差异曲线，但在 1934 年希克斯和罗伊·艾伦的论文发表后，这些理论的应用就不那么广泛了，而且他同那些研究价格和数量数据相关理论的

---

① 在基尔大学期间，里昂惕夫发表了关于工业集中的论文［1977，第 2 章（1927）］，以及关于从价格和数量数据中确定供求曲线问题的论文（1929）。后者引发了他同埃尔默·沃金（Elmer Working；里昂惕夫，1932）和拉格纳·弗里希（里昂惕夫，1934a，1934b）之间的论战。他将无差异曲线和戈特弗里德·哈伯勒的生产可能性边界概念相结合，提出了国际贸易理论（里昂惕夫，1933），他还挑战了萨缪尔森在芝加哥大学的老师保罗·道格拉斯提出的工资的边际生产力理论（1934）；由于在生产函数中，产出完全依赖于劳动和资本的投入，因此无法构建一个关于利率和单一资本品价格的理论（里昂惕夫，1934c）。里昂惕夫的国际贸易理论将在本书第9 章中进一步说明。

人士有所接触。他直接处理了汇总问题，得出了可以对商品进行严格汇总的条件。然而，当他把无差异曲线应用于国际贸易问题时，由于他对这些概念还不够熟悉，所以他无法看到汇总为他正在构建的分析类型提出了理论问题。

　　萨缪尔森写道，尽管里昂惕夫的课被它的名字"价格分析""伪装"了，但这并没有愚弄到他，这是一门数理经济学课程。"我们是小班教学，"他写道，"艾布拉姆·柏格森（Abram Bergson）当时是三年级的研究生，也上了这门课。另一位是哈佛的荣誉四年级学生西德尼·亚历山大（Sidney Alexander，他后来在麻省理工学院和萨缪尔森共事）。都留重人和菲利普·布拉德利（Philip Bradley）大概是来旁听的，熊彼特偶尔也会来。"[51] 都留重人确实参加了这门课，他和萨缪尔森逐渐认识了对方，因为这是他们一起上的三门课程之一（另外两门分别是熊彼特和张伯伦教的课程）。[52] 因为这门课很适合研讨会的形式，所以没有教科书或指定读物，而是以练习为主。萨缪尔森对这门课非常重视，他热情洋溢地写到了关于这门课的内容，他记忆之详尽颇值得引起注意，它们对任何研究过消费者理论的现代学生来说，应该都是很熟悉的。①

　　萨缪尔森写道，社会阶层发现了正常商品和劣等商品，在所谓的"吉芬商品"中，"北极圣杯"的价格上涨导致消费增加，这和正常情况正好相反。[53] 里昂惕夫让学生们使用行列式自己算出这些结果："我们用

---

① "这是我们从 9 月底到大约 11 月感恩节期间学到的：(a) 假设两条良好的无差异曲线，它们不相交且'凸向原点'；(b) 一条负斜率的预算线；(c) 不存在任何基数效用的指标。纵轴上的商品（编号为 2）被指定为基数商品，由此 P_1/P_2 确定了预算线的斜率绝对值；(d) 随着这个价格比率的变化，预算线将围绕截距，即它和纵轴的交点旋转；(e) 我们可以从 $\partial q/\partial(P_1/P_2)$ 和 $\partial q_2/\partial(P_1/P_2)$ 的变化中证明什么呢？首先，(f) 当 I/P_1 被定义为 $(P_1/P_2)q_1+q_2=I/P_1$ 时，收入弹性的变化或 $\partial q/\partial(P_1/P_2)$ 到底能告诉我们什么信息，它是预算约束吗？"（萨缪尔森，2004b，第 5 页）。

2×2 行列式证明了它！非常开心。"[①][54] 都留重人记得萨缪尔森和里昂惕夫之间有一种特别融洽的关系：

> 里昂惕夫不善言辞，他开始在黑板上画图表以辅助解释。当里昂惕夫说："两条线相交在这一点上……"他会停顿思考片刻，然后萨缪尔森就会说："这就是……"然后，里昂惕夫会制止他说："是的，你说对了，因此……"通常，讲课都是以这样的方式继续着。他们之间有种默契，但是，其他学生经常是一头雾水。[55]

这是我们所知道的里昂惕夫在萨缪尔森选修这门课的那一年所教的。我们还有更详尽的证据来表明里昂惕夫两年之后的教学内容，当时劳埃德·梅茨勒（Lloyd Metzler）选修了这门课并做了大量笔记。[②][56] 首先值得注意的是，梅茨勒手写的笔记开头说效用递减法则是"非操作性的"，他突出了这个词，表明里昂惕夫可能强调了这一点，因为它并不能从个人的行为中推断出来：

> 效用递减法则是非操作性的 [从个人的行为中推断出来。如果我们假设一种商品（或货币）的边际效用是恒定的，这个法则就具有了操作性]。因此，有必要再做出一个假设（这就是独立效用的假设）。[57]

---

① 许多学生回忆起他们学习这些问题的时光，除了幸福感外别无其他。

② 里昂惕夫 1937 年的课中涉及的内容可能也包括萨缪尔森得出的结论，当时萨缪尔森正开始发表有关这一主题的文章。但即便事实如此，它也为揭示里昂惕夫的思维方式提供了证据。

里昂惕夫继续说，如果一种商品的边际效用可以假设为常数，或者如果不同商品的效用是独立的，那么这个理论就具有可操作性了。在这两种情况下，都需要做出另外的假设。这引发了对需求函数性质的讨论：当价格或收入发生变化时，需求是会上升还是会下降？里昂惕夫强调了充分条件和必要条件之间的区别，这一点很重要，因为它决定了一个观点是否可以通过寻找单独的一个例子来证明，还是需要一个具有一般性的证明。鉴于这些笔记大概是在1937年秋季写的，它们完全有可能反映了萨缪尔森参与其中的讨论，还可能是对亨利·舒尔茨关于需求的文章的解读。[58] 但是，对货币边际效用及其独立性的强调，反映了包括威尔逊在内的其他人在萨缪尔森到来之前所做的研究。这表明，萨缪尔森早期的消费理论和他老师们的研究非常吻合。

从消费者理论开始，里昂惕夫将目光转向了时间选择、时间偏好、储蓄和投资等问题，包括凯恩斯和古典经济学著作（使用了一个 3×3 的系数矩阵进行分析）。在这一点上，里昂惕夫讨论了建模的其他方法，解释了大多数实证研究都是特定均衡的，而大多数一般均衡研究都是"宏观经济的"（这个词作为术语的早期使用很有趣），还有一些是"宏观动态的"。在这里，里昂惕夫抛出了一道选择题。一个选项是存在一些变量和对动态建模，另一个是将许多变量考虑在内，忽略与时间有关的问题，如滞后效应。梅茨勒接着记录了里昂惕夫自己的方法，他描述了投入-产出法。至少在梅茨勒学习这门课的那一年，2×2 行列式让萨缪尔森感到欣喜若狂，它是分析更大的投入-产出模型的前奏，因为到12月时，他们已经开始使用 $n \times m$ 矩阵分析储蓄和投资了。

这一证据表明，尽管里昂惕夫可能没有指定阅读希克斯和艾伦的著作（这两位经济学家是现代消费者理论的代表人物），但他所使用的材料显然是最新的，所涉及的问题与期刊上被积极讨论的问题相一致。以当时的标准来看，这是一门现代数理经济学课程，使用的是先进的数学技术。无差异曲线越来越多地被运用来分析行为，而不需要对效用的概念做出必要的假设。对操作主义的强调可能反映了珀西·布里奇曼的同事们在哈佛正广泛讨论的观点。值得注意的是，里昂惕夫使用这个术语的意义，与萨缪尔森在讨论显示性偏好时所用的意义完全一致。

因此，即使萨缪尔森不可能接触到里昂惕夫1938年的课上提出的所有观点（对凯恩斯的讨论不可能出现），也没有理由怀疑他的说法，即里昂惕夫为他在下一学期学习威尔逊的课做好了准备。

> 在我的一生中，没有任何一门课对我的影响如此之深。可以说，这是一种慢动作，而且效果更好。它让我掌握了埃德温·比德韦尔·威尔逊对威拉德·吉布斯热力学分析的阐述。[59]

都留重人和其他同学

关于这些年，萨缪尔森在所有叙述中都会强调，他的同学对他的影响与老师们对他的影响同样重要，他通常会列出一长串的名字。他写道："是的，哈佛成就了我们，但我们也成就了哈佛。"[60]萨缪尔森有关同学的重要性的观点，得到了朋友们的赞同。都留重人赞许地引用了罗伯特·特里芬（Robert Triffin）的说法，特里芬是当时也在学习经济学的一个比利时人，他说他学到的很多（或者说更多）东西都来自"哈佛可能有史以来最优秀的课堂上的同学那里……超过给我上过课的教授"。[61]重要的不仅仅是哈佛的教师和学生，还有熊彼特、哈伯勒和里昂惕夫，以及后来出现的汉森，他们吸引了大量获得洛克菲勒奖学金的年轻学者来到哈佛，其中包括奥斯卡·兰格、阿巴·勒纳（Abba Lerner）、保罗·巴兰（Paul

Baran）、埃里克·罗尔（Erich Roll）、尼古拉斯·卡尔多、弗里茨·马克卢普（Fritz Machlup）、尼古拉斯·杰奥杰斯库-勒根（Nicholas Georgescu-Roegen）、奥斯卡·摩根斯特恩和雅各布·马尔沙克（Jacob Marschak）。萨缪尔森回忆说，他在哈伯勒及其妻子弗里德尔（Friedl）的家中见到了许多这样的来访者。[62] 根据都留重人的说法，"几乎每天，无论是在午餐时间、鸡尾酒时间还是深夜，都是我们对经济状况进行激烈讨论的时候"。[63]

　　萨缪尔森所属的团体大约有 20 人，其中几乎一半是非美国人。在这个团体中，只有日本学生都留重人是哈佛学院毕业的，他的优势是在本科阶段上过一些课程。萨缪尔森和都留重人因一起上过很多课而相识，他们决定要在一年内通过"通识"，这可不容易，因为他们要通过一个口试，这个口试是博士论文之前的主要障碍，合格的学生可以直接获得硕士学位。作为研究生，萨缪尔森和都留重人经常在课后参加社交活动，打壁球和台球，或者观看波士顿斯卡利广场老霍华德里的喜剧表演。他们经常和特里芬一起在亚当斯大厅吃饭，特里芬住在那里。都留重人回忆说，他们无缘无故地被称作"三个火枪手"。经常会有其他学生加入他们，包括哈佛历史学家老阿瑟·施莱辛格（Arthur Schlesinger Sr.）的儿子小阿瑟·施莱辛格（Arthur Schlesinger Jr.），施莱辛格当时正在学习历史。萨缪尔森、都留重人和施莱辛格之间建立了毕生的亲密友谊。[64]

　　都留重人比萨缪尔森大 3 岁，曾在日本上过高中，但 1930 年 12 月，他因激进的政治活动而被驱逐和逮捕。他在日本的教育被中断了。和同时代的日本人不同，他从中学开始就有一个以英语为母语的人每周给他上课，这意味着他的父亲可以安排他继续在美国接受教育，因此他进入了威斯康星州阿普尔顿市的劳伦斯学院。他选择威斯康星州，在一定程度上是由于那里有个德国社区，因为他的德语比英语还要好，所以他暗地里有移民德国的打算。在威斯康星州的两年时间里，除了努力提高英语水平外，他还花了很多时间学习哲学，并被实用主义所吸引，因为实用主义强调"不同想法的实际结果"。多年以后，他指出从那时起，"将任何政策建议与其可能产生的具体后果联系起来"已成为他的一种习惯。[65]他还发表了自己的第一篇学术论文，是关于一项实验的，实验要求美国受试者从发音中识别出成对的日语单词（例如，苦和甜）。

　　事实证明，去德国是不可能的了，因为 1933 年 2 月德国发生了国会纵火案，希特勒也在不断扩张势力。[①] 那时，都留重人的英语水平有了很大的提高。他考虑留在劳伦斯学院，因为这里有两位优秀的经济学家，其中一位是哈里·德克斯特·怀特（Harry Dexter White），他研究的是国际收支调整理论，他的博士论文和雅各布·瓦伊纳及约翰·威廉姆斯的博士论文都得到过弗兰克·陶西格的指导。但是，说服都留重人进入哈佛的并不是怀特（当时陶西格仍然在那里执教，尽管他将于 1935 年退休），而是都留重人的系主任建议他应该开始专注于他的主要学科。因此，1933 年，都留重人转学到了哈佛学院，打算主攻经济学，并在那里完成了本科教育，于 1935 年毕业。[66] 但即使是在哈佛，他也未完全专注于经济学，因为他发现阿尔弗雷德·诺斯·怀特海（Alfred North Whitehead）的哲学和克雷恩·布林顿（Crane Brinton）的文化史都太有吸引力了，心理学家戈登·奥尔波特（Gordon Allport）说服他做进一步的实验，扩展他关于意义格式塔的理论。不过，他确实抽时间去听了熊彼特的高级经济理论课程。

　　在本科毕业和开始研究生课程之间的暑假，都留重人在威斯康星州的湖区度过了一个田园般的夏天，住在他的两个朋友的家人共同拥有的避暑别墅里。露丝玛丽（Rosemary）就是其中之一，她是威斯康星州参议员亚历山大·威利（Alexander Wylie）的女儿，曾在劳伦斯学院和他一起上过

---

① 纳粹党大肆攻击社会主义者、共产主义者以及犹太人。

课。露丝玛丽邀请了她的一个朋友玛丽昂·克劳福德到别墅里来。正是在这里，都留重人说服了玛丽昂——他觉得她对自己的学业非常认真——效仿他转到哈佛读大三，尽管玛丽昂只能去哈佛大学专为女子开设的拉德克利夫学院。转学的事情因为露丝玛丽变得更容易了，因为她已经和哈佛大学经济学专业的学生菲利普·布拉德利订婚，她也要转到拉德克利夫学院，所以第一年玛丽昂和她可以合住。直到进入哈佛的第二年，玛丽昂才搬进拉德克利夫学院的集体宿舍。

玛丽昂·克劳福德

玛丽昂·克劳福德是威尔·克劳福德（Will Crawford）和埃德娜·克劳福德（Edna Crawford）三个孩子中最小的一个。她的父亲出生在威斯康星州的一个农场，接受过短暂的拼写训练后，他成为一名银行出纳。到 1915 年玛丽昂出生时，他已是威斯康星州的柏林第一国民银行的行长很长时间了。她的母亲比她的父亲小 10 岁，是个性格热情且倔强的人。柏林当时大约有 6000 人，是一个白人新教徒社区，没有非洲裔美国人，也只有很少的犹太人。克劳福德一家和卫理公会有联系，但婚后埃德娜除了丈夫去世外，就再没有去过教堂。萨缪尔森记得，"玛丽昂履行了她的义务，在教堂唱诗班唱歌，但会在布道和祈祷之前偷偷溜走。没有人比玛丽昂的宗教信仰更少了"。[67]

朋友们丝毫没有因为保罗后来取得的成功而忘记玛丽昂简单而直率的性格。[68] 她活泼、幽默、冷静、宽容、谦虚、讨厌虚伪，在保罗看来，她尤其没有野心。她热爱运动，并全身心地投入到保罗也非常热衷的网球运动中，以提高网球技术。由于擅长数学，她一度想学物理。玛丽昂提供了保罗所需要的情感保障。虽然保罗恪守义务地去探望自己的父母，但度假时，他们更多的时间花在了柏林玛丽昂父母的家里，尽管她的父母最初担心保罗的犹太人身份。玛丽昂没有她父母的这种偏见，相反，她对母亲极强的社会优越感倒是有些反感。保罗认为，这段经历让玛丽昂比他更清楚地意识到他们在哈佛所受到的偏见，以及搬到麻省理工学院的好处。他们相遇后的第一个夏天，两人就选择去威斯康星州的暑假学校，而不是芝加哥。① 很久以后，保罗说，当他离开家的时候，他就永远地离开了，他选择把柏林作为他不曾拥有的家乡。⑥⑨ 加里太大了，而且不管怎么说，他在农场里度过了大部分时光，而惠勒又太小了。

　　玛丽昂一开始可能很孤独。尽管哈佛大学接收女学生，但她们的教育与男学生是分开的，并受到不同规定的约束，例如她们必须在下午 6 点前离开怀德纳图书馆，而男生则可以在那里待到晚上 10 点。此外，她似乎并不合群，她来自美国中西部，从未出过国门，而其他女生经常谈论她们的法国和奥地利之行。她通过露丝玛丽和菲尔（菲利普）认识了一些朋友，但在菲尔变得更加保守后，她和他们的关系就疏远了，这显然对她产生了一定影响。1935 年年底，都留重人在教堂街的玛丽咖啡馆把保罗和玛丽昂介绍给了对方。那家店就在哈佛广场附近，保罗记得那里有美味可口的布朗尼。萨缪尔森概述了他们俩关系的发展：

> 　　这是一个"一见倾心"的例子。她的从容冷静令她远胜于那些轻浮地卖弄风情的女子。我不是一个多才多艺的花花公子。在研究生院的书呆子中，我唯一出众的地方是芝加哥大学让我在学习经济学方面有了出色的准备，以及我有纠正老师们偶尔犯的错误的能力。
>
> 　　有几个天气晴朗的秋日，我们一起沿着查尔斯河散步，聊着新

---

① 　参见本书第 9 章。

英格兰人与威斯康星州和其他中西部地区的人有多么不同，还有熊彼特教授和里昂惕夫教授带着方言的课起初是多么让人难以理解。

在剑桥网球俱乐部附近，曾经有一家小冰激凌店。我们坐下来吃巧克力圣代，当时一个圣代只要20美分。接下来发生的事使玛丽昂完全惊呆了，我也是，甚至更甚。这太不同寻常了。我俯身亲吻了她的嘴唇。无缘无故，不同寻常，完全没有计划。（在过去的20年里，我的大部分亲吻都发生在新年前夜钟声敲响的时候。）

我们俩什么都没说，就好像什么都没发生过。但一见倾心变成了一见钟情。

见面的频率不断增加，我们一起共进午餐，一起去看电影或听音乐会，或者只是为了在波士顿连绵不断的雨中漫步。她会陪我从拉德克利夫学院走回剑桥公园。然后我会一路跋涉，穿过河流，回到我那间豪华的商学院套房，一路上用口哨吹着罗杰斯和哈特（Rogers & Hart）或者格什温（Gershwin）的音乐。

我们变得形影不离。[70]

尽管玛丽昂还是一名本科生，但是她成了与保罗和都留重人交往的研究生群体里的一员，她同保罗的关系也越来越密切。保罗记得他们的大部分时间都是在一起度过的，只有晚上才回到各自的住处。接下来的1936—1937学年，是玛丽昂在拉德克利夫学院的最后一年，在此期间，保罗成了光顾她居住的大学宿舍次数最多的男性访客之一。除了必修课和撰写自己的论文外，她还旁听了熊彼特的研究生理论课程，保罗一年前也上了这门课。[71]1937年4月，她以《替代弹性的数学重构》为题，提交了一篇优秀的论文。[72]替代弹性是衡量两种生产要素（通常是资本和劳动）相互替代之难易程度的概念。它最早由年轻的英国经济学家约翰·希克斯在 1932 年出版的《工资理论》中定义，希克斯用这个参数——看上去似乎是基于科技的技术概念——展示在劳动力或资本供给发生变化时，工资和利润之间的收入分配将如何变化。玛丽昂的论文回顾了这个概念已被人熟知的内容，让人们注意到这个概念在之前的方法运用上的差异，并认为希克斯对这个概念的运用不能体现赋予它的全部意义。她把琼·罗宾逊夫人用它描述生产单一商品的某个公司的情况，与希克斯用它描述整个经济的情况做了对比。这两种情况下涉及的数学可能有形式上的相似之处，但它们并不相同，玛丽昂认为，"区别在于文字内容必须符合数学表达式"。[73] 如果我们所处的是一个"粗陋而简单的经济体系，其中只生产和消费一种商品"，那么希克斯对这个概念的使用就没有问题，因为它使问题变得非常类似于罗宾逊夫人描述的情况。然而，玛丽昂认为事实并非如此。

> 相反，"国民总所得"被认为是不同的生产部门通过二分法分为两个类别算出的。[①] 在某种意义上，"国民总所得"必须被视为许多不同消费品的组合。但在另一种意义上，希克斯认为没有必要予以具体说明。正是这个疏忽，"在这一隐含的理论化中"，我们可以找到后来引起所有误解的端倪，而这些误解，如我稍后将指出的那样，使希克斯先生的分析变得无效。[74]

玛丽昂接着对把"国民总所得"与资本总量和劳动总量的投入联系起来的"生产函数"提出了疑问。

---

① "国民总所得"即现在所说的国民收入或国民产出，它最通常的测量指标是国民生产总值（GNP）。最后一句话中"隐含的理论化"这个术语来自里昂惕夫（1937）。

但是，如果我们要考虑一个复杂的经济体系，其中有一种以上的商品和两种以上的生产要素，那么"国民总所得"的含义就会变得颇值得怀疑。更重要的是，无论如何界定，"国民总所得"和两个生产部门的组合束之间的函数关系，也会变得颇值得怀疑。[75]

这里，玛丽昂挑战了这样一种观点，即某个企业的行为和整个国家的行为之间存在一种确切的平行关系。她的论文不仅表明她理解并能够批评经济理论的一些最新发展，还表明她在数学方面的能力使她领先于当时大部分经济学家。考虑到他们之间关系如此亲密，她不太可能没有和保罗讨论过这些事情，保罗可能向她提出了某些想法，但这都表明，她有能力密切地参与保罗的经济学研究。

在获得学士学位后，玛丽昂继续在哈佛攻读经济学硕士学位，她很可能学习了保罗两年前上过的许多课程，然后成为熊彼特和西摩·哈里斯的助理。她获得了人们的高度评价。威尔逊称她为"伟大的经济学家"，熊彼特对她的评价显然和对保罗的一样高。[76]她协助哈里斯写了一本关于社会保障制度的书，在序言中哈里斯写道：

> 萨缪尔森夫人协助我做研究及文稿编辑工作。作者比任何人都更感激她。她明晰的思路、训练有素的数学思维，以及清晰的表达能力都为这份手稿增色不少。事实上，许多内容都是她的成果。[77]

这种感谢远非出于礼貌。保罗认为玛丽昂比哈里斯更聪明，可以不停地从书中学到东西。

1938年7月，他们在剑桥结了婚。这门婚事至少在一开始双方家庭都不支持，尽管对玛丽昂的家人来说，保罗是"两害"中比较轻的那个，因为日本人比犹太人更不受欢迎。保罗写道：

> 此外，我们也必须面对宗教传统的差异。我是不遵守犹太教教规的犹太人的孩子。玛丽昂的祖母是卫理公会的信徒，她在教堂里演奏风琴和钢琴。她自己的母亲也被喊去做同样的工作。直到她的祖母（于 1924 年）去世，克劳福德家的孩子们都忠实地就读于主日学校……70 年前，不同宗教信仰间的联姻已经开始，但还没有形成潮流。[78]

犹太人和非犹太人的联姻在哈佛也引起了轰动，尽管保罗解释说，老一辈人之所以做出这种反应是迫于经济形势。

> 在大萧条时期，20 岁的学者不会结婚。我们大多数的哈佛教授只有一两个孩子，或者没有孩子。在从大萧条中恢复过来的那些战前日子里，就业机会异常紧缺。

熊彼特也是反对者之一，他认为学者在 20 多岁的"神圣的 10 年"结婚是不合适的，尽管也有人认为熊彼特曾被玛丽昂所吸引。[79] 保罗形容他"对她很温柔"，因为"他喜欢雅利安人那种类型"，而她身材高挑，金发耀眼。[80] 那时保罗得到了一笔初级奖学金（见本书第 10 章），这为他提供了结婚所需的收入和保障。他们的朋友对二人结婚也没有任何疑虑。

> 木已成舟。1938 年 7 月 2 日（1937—1939 年经济衰退最严重期间），我们在中央广场邮局对面的剑桥公证处结婚了。当晚在我们卫

尔街公寓的工作室里举行的婚礼狂欢派对，促成了艾布拉姆·柏格森与丽塔·柏格森（Abram and Rita Bergson）、都留重人和都留雅子（Shigeto and Masako Tsuru）两对夫妻。为了感谢都留重人当我们的媒人，我们帮他选择了雅子。[81]

他们搬进的公寓位于卫尔街，毗邻哈佛校园，后来这里成了这群年轻经济学家经常聚会的地方。一位叫鲍勃·毕晓普（Bob Bishop，后来成了保罗在麻省理工学院的同事）的朋友回忆说，到了晚上他们经常会6个人或更多的人一起玩赌注很小的扑克。这是唯一会使玛丽昂撇下保罗的活动，因为据毕晓普称，"这往往是玛丽昂赢的钱够不够保罗输的问题"。[82] 有时，大约15对夫妇会租下一个大厅，在那里根据录制的音乐编排舞蹈。

玛丽昂对于保罗非常重要。她不仅给保罗提供了他所需的情感保障，最终为他们不断壮大的家庭承担起了责任，而且在他们关系的早期，两人还一起从事研究工作。保罗认为，正是她激发了自己对社会保障的兴趣。他最重要的已刊论文之一涉及国际贸易理论，而她也曾就同一问题发表过一篇文章，他在撰写论文的过程中得到了她的协助。他们还一起写了一篇关于人口增长的论文，但没有发表。她的本科论文表明，虽然她的数学能力可能不如保罗，但她对保罗所做的研究有足够的了解，这篇论文提到了他后来独立研究过的一些问题。像保罗一样，她也是富兰克林·罗斯福的支持者。

第7章

约瑟夫·阿洛伊斯·熊彼特

经济学理论

　　萨缪尔森刚到哈佛时，经济系的明星是约瑟夫·熊彼特，他是刚从波恩大学引进的一名引人注目的奥地利经济学家。1932 年，经过哈佛长期的努力争取，熊彼特以全职教授的身份入驻哈佛。熊彼特 1883 年出生于一个讲德语的天主教家庭，位于现在的捷克共和国，家境殷实。他的父亲在他 4 岁时便过世了。[1] 他的母亲乔安娜（Johanna）决定搬到奥地利的格拉茨，她相信这会给她和儿子带来更多的机遇。熊彼特 9 岁的时候，乔安娜嫁给了一个比她年长 30 岁的军官，然后搬到了维也纳。

　　尽管熊彼特来自一个自认为是奥地利人的德语社区，但他却被视为一个东欧人，他从未觉得自己完全属于这里。在哈布斯堡王朝末期，他在维也纳的一个贵族家庭长大，经历了文化的繁盛时期。1901 年，他进入维也纳大学，1906 年从法学院毕业，在此期间他发现自己对经济学有兴趣和天赋，并发表了 3 篇关于统计学和 1 篇关于经济学中的数学方法的文章。熊彼特最重要的老师是奥地利学派的代表人物欧根·冯·庞巴维克，他一度深陷老师们的边缘主义、柏林的古斯塔夫·施穆勒（Gustav Schmoller）的德国新历史学派和马克思主义的争论中。他的同学中有路德维希·冯·米塞斯（Ludwig von Mises）、奥托·鲍尔（Otto Bauer）、鲁道夫·希法亭（Rudolf Hilferding）和埃米尔·莱德勒（Emil Lederer），跨越了从自由主义到马克思主义的政治谱系。[①]

熊彼特不知道该如何发展自己的事业，但他清楚靠正常的学术途径获得的薪酬无法满足自己的高品位需求，于是他去游览了西欧，访问了英国。他想要成为一名英国绅士，参加"优雅的英语俱乐部"，他还称曾到阿尔弗雷德·马歇尔家中拜会马歇尔。但是，萨缪尔森对这个故事持怀疑态度，他称熊彼特是一个擅长讲故事的人，除了熊彼特自己对这些事件的描述外，我们并无其他证据。他写道："当熊彼特告诉我，他在牛津大学的万灵学院同埃奇沃思（Francis Ysidro Edgeworth）共进香槟早餐和岩鸡时，我不得不怀疑马歇尔请他吃早餐的说法。"[2]熊彼特娶了一个英国女人，由于可以在开罗从事法律工作，他搬到了那里，在撰写论著（他的教授资格论文）的同时也可以维持生计，这样他就有资历在大学里讲课。这篇论著发表于 1908 年。[3]

在这本论著中，熊彼特试图调和欧洲大陆不同的经济学派，就像马歇尔调和了英国不同的经济学方法那样。如果他能做到这一点，他就能结束 19 世纪最后几十年所谓的方法论之争。[②]奥地利经济学家卡尔·门格尔发表了一篇针对以柏林大学古斯塔夫·施穆勒为首的历史学派的批评文章，引发了这场德语国家经济学在方法论上旷日持久的争论。熊彼特认为，理论可以为不同的学派观点搭建桥梁，因此，他明确站在门格尔一边，高度重视静态理论和主观价值论，但他也坚决反对门格尔关于该理

---

① 这里的自由主义是指欧洲意义上的自由主义，它和强调个人自由的自由主义相互关联。

② 这一方法论之争被称为"德国人之间的争论"，它始于维也纳大学的理论家卡尔·门格尔和柏林大学的历史经济学家古斯塔夫·施穆勒之间的一场争论。

论分析了经济现象的"本质"的断言。在熊彼特看来，它只是一种组织思想的工具，这些思想将在历史现实中接受检验。从这个意义上说，他采用了一种工具主义方法论。这和里昂惕夫所形容的熊彼特"对'变量方法'的巧妙阐释'相吻合——后来它以'比较静态分析'的名称广为流传"。⁴ 比较静态分析的重要意义，后来成了萨缪尔森经济理论研究的核心。①

凭借这本论著中的研究成果，熊彼特在奥地利帝国遥远东部的切尔诺维茨大学（位于现在的乌克兰境内）找到了一份工作。他在那里写就《经济发展理论》[1934（1911）] 一书。⁵ 不久他从切尔诺维茨搬到了格拉茨（那里曾是他的故乡）大学，成为奥地利最年轻的经济学教授。1913年，可能是美国著名经济学家约翰·贝茨·克拉克——他对熊彼特的新书做出了好评——的建议，熊彼特被邀请去哥伦比亚大学访问两个学期。在访问美国期间，他在许多大学发表演讲，尽可能多地会见有影响力的经济学家，其中就包括陶西格，两人建立了至关重要的终生友谊。他的名声也得以确立。

第一次世界大战期间，熊彼特都在格拉茨大学执教，在那里他开始涉足政治。战争期间，他试图进入政府，但遭到挫败。1919年，他的大学朋友奥托·鲍尔成为外交部部长，在希法亭的建议下，熊彼特被任命为财政部部长。他成了社会主义政府的最高部长，尽管他是"一个没有党派关系、没有独立权力基础的保守派"。⁶ 他提出的在开放贸易和进口资本的基础上重建奥地利经济的建议并未取得任何成果，在《凡尔赛条约》签订时，他在任期内从未忘记同盟国的赔偿要求所产生的影响。

熊彼特在财政部的任期并不长；他的私人银行家的生涯亦是如此，

---

① 参见本书第 14 章。

最终银行倒闭，他背上了巨额债务。但是，如他所言，1925 年获得波恩大学公共财政教授的职位后，他重返学术界，这得到了维也纳首席经济记者古斯塔夫·斯托尔珀（Gustav Stolper）的支持。斯托尔珀认为，熊彼特非常适合这个职位，但他张扬的、"非奥地利的""非资产阶级的"生活方式阻碍了他的发展，这些也是他未能成功立足银行业的原因。[7]然而，1926 年，成功变成了悲剧。在熊彼特挚爱的母亲去世后不久，安妮·莱辛格（Annie Reisinger）就死于分娩——熊彼特和她坠入爱河并结婚，尽管他的家人因为她低微的社会地位和他前一段婚姻还未处理妥当而反对他们；他那过早出生的儿子后来也夭折了。熊彼特顿时从一个阳光的人变得异常沮丧，他无法忍受自己的伤痛，转而把余生投入学术工作中。

不久后，他同哈佛大学建立了联系。他的朋友陶西格从 1913 年开始就试图说服他成为一名客座教授，在 5 年的时间里，他把自己的时间分配给了哈佛大学和波恩大学。1928 年，当正好有一个合适的职位空缺时，陶西格、伯班克甚至哈佛大学校长劳伦斯·洛威尔（Lawrence Lowell）都尝试说服熊彼特来当全职教授，但直到 1932 年他才最终来到这里。聘请到熊彼特是哈佛大学的一大成功，正是他让萨缪尔森在哈佛大学第一次接触到了经济理论。他是一位表演家和杰出的经济学家，但由于个人的不安全感，他的工作时间安排威胁到了他的健康。此外，他渴望受人欢迎，这让他比大多数教授更能吸引学生，在评分方面也表现出了众所周知的慷慨。他和陶西格住在一起，直到 1936 年他娶了一位经济史学家兼日本问题专家伊丽莎白·布迪（Elizabeth Boody），她一直照顾他，直到他1950 年去世。

熊彼特放弃了早些时候写了好几年的一本关于货币的书，开始全身心地投入新书的创作中，该书后来以《商业周期》（*Business Cycles*，1939）为名，分两卷出版。经济史和统计分析是单独汇编的，力求全面阐述经济波动。但是，凯恩斯《通论》（1936）一书的出版使它黯然失色。研究生们对熊彼特书中糅合着理论、统计和经济史的做法不感兴趣，凯恩斯的理论工具才是他们想要的，尽管在熊彼特及其资深同事们看来该工具过于简化。因此熊彼特的成功并非来自《商业周期》，而是来自另外两本书，一本是《资本主义、社会主义与民主》（*Capitalism*, *Socialism and Democracy*，1942），这本书写得比《商业周期》快得多，他认为这是本蹩脚的书；另一本是《经济分析史》（*A History of Economic Analysis*，1954），这本书直到他去世都没有写完，后来由他的妻子伊丽莎白·布迪在他几位同事的协助下出版。

萨缪尔森第一次见到熊彼特是在 1934 年 12 月 26 日，当时熊彼特在芝加哥大学举行的美国统计学会会议上就商业周期问题发表了演讲。[①][8] 来到哈佛后，萨缪尔森第一次见到熊彼特是在上 Ec.11 这门课时，这是一门专为研究生开设的主要经济理论课程。熊彼特的助教是保罗·斯威齐（Paul Sweezy）[②]，他后来成为美国最杰出的马克思主义经济学家之一。这门课之所以具有传奇色彩，不仅因为陶西格教了这门课很久，还因为他完善了苏格拉底式的教学方法，这种教学方法类似于萨缪尔森在芝加哥大学学习时瓦伊纳所采用的上课模式。陶西格的方法受到了哈佛老师们的喜爱，他们纷纷效仿。[9]

陶西格会提出一个问题，然后挑选一个他自信能给出看似适当实际愚蠢的答案的学生来回答，接下来全班就这个问题进行讨论，却不告诉学生他或她是否给出了正确的答案（这个班级的学生包括来自拉德克利夫学院的女生）。萨缪尔森认为，这并不是教授现代经济理论的有效方

---

① 参见本书第 4 章。

② 这里不要和他的兄弟艾伦·斯威齐（Alan Sweezy）混淆，艾伦当时也在哈佛。

法，但陶西格很喜爱这种方法，因为正如他曾在晚宴上向萨缪尔森承认的那样，自第一次世界大战以来，他就没有跟上经济理论的发展，而是专注于他在国际贸易方面的优势。熊彼特不善于采用陶西格式的教学方式，但他以其他方式吸引了学生们的注意力。

如果说陶西格是"一个相当严肃的老派绅士"，那么熊彼特就扮演了表演者的角色。

在学生们已经准备好要上课之后，而不是之前，熊彼特才会走进教室，脱掉帽子、手套，摆出横扫一切的姿势脱去大衣，然后开始上课。衣服对他来说很重要，他会穿各种剪裁考究的粗花呢衣服，并且精心搭配衬衫、领带、紧身裤和手帕。我妻子（玛丽昂）过去曾观察过他穿着重复的频率，他的衣柜里似乎有无数种组合循环往复——这个循环并不简单，也远不是随机的。[10]

另一名学生罗伯特·特里芬，还记得熊彼特谈到双边垄断的神秘之处时，能让他在"玩手套或钱包"的同时保持清醒。[11]熊彼特会提出一个问题，让全班同学争论，然后，"不时打个哈欠，表达自己惊讶地发现大家对问题的讨论是多么热烈，让自己表现得和那些对如此枯燥乏味的问题不感兴趣的人一样"。[12]一些学生会继续看他写在黑板上的阅读材料，但是他会把讨论的内容转到其他主题上。这种假装的缺乏兴趣和对浅薄艺术的刻意培养，结合他对怀疑论和悖论的热爱，都是他的表演的一部分。根据萨缪尔森的说法，他借此"让整个班级显得很机智，所以哪怕是诚实的拉德克利夫的学生都觉得自己反应机敏、妙语连珠"。[13]虽然这能让学生在午饭后的1小时内保持注意力，但在特里芬看来，这种方法是对波士顿和新英格兰社会的清教主义的挑战。

　　萨缪尔森称赞这门课的内容，因为学生被要求阅读涉及的学者和主题都很广泛："这些阅读材料涉及马歇尔、维克塞尔（Wick sell）、庇古、庞巴维克、奈特和威克斯蒂德（Wicksteed）。此外，还有许多张伯伦和罗宾逊夫人写的书，以及希克斯、哈罗德、斯拉法等人撰写的最新期刊文章。诸如库尔诺、埃奇沃思和霍特林等先锋作者也被作为例子得到提及。"[14] 尽管张伯伦在另一门课上也讨论过这个问题，熊彼特还是讨论了20世纪20年代爆发的价值理论及其结果——垄断竞争理论。萨缪尔森记得主题的顺序是：企业、行业、垄断竞争、一般均衡和收入分配的边际生产率理论，其中包括资本理论。福利经济学是安排好的课，但熊彼特并没有讲授它。萨缪尔森对 Ec.11 这门课所涵盖的主题的记忆，与另一名学生沃尔夫冈·斯托尔珀（Wolfgang Stolper，与熊彼特相识的那名记者古斯塔夫·斯托尔珀的儿子）在前一年所做的笔记相符，当时熊彼特和陶西格都在教这门课。[15]

　　也许是因为陶西格更关注19世纪的古典著作，比如李嘉图、穆勒和马歇尔等人的著作，因此熊彼特从马歇尔的需求曲线开始讲他那部分的课程，指出可以通过不同的方式推导出需求曲线，比如效用曲线、无差异曲线或者统计关系。沃尔夫冈·斯托尔珀的笔记表明，这门课强调了对理论的图示处理，偶有方程，但代数证明很少。熊彼特在成本问题上花了很多时间，包括边际生产率和收入分配，以及关于所谓的成本争议的文献，由《经济学杂志》（*Economic Journal*）上的许多文章组成，包括不完全竞争理论、垄断理论和双边垄断理论。阅读清单包括《工资理论》《不完全竞争经济学》以及《垄断竞争论》。[16] 课程大纲囊括了二战后半个世纪里几乎所有经济学专业出身的人都熟悉的内容。

　　对一些学生来说，这门课非常像数学课。特里芬是学法律出身的学生，他注意到熊彼特"经常使用数学"，尽管他很欣赏这一点，但对他来说，还是太难了。[17]艾布拉姆·柏格森更敏锐地观察到，熊彼特虽然使用了数学，但他并不精通数学，因为他不能用它来得出新的结果。"在我的印象里，"柏格森说，"他被这么一种信念所鼓舞：随着数学应用的增加，经济学将成为一门科学，而他，必定会成为这门科学的拥护者。"[18]最后，柏格森发现这门课相比于里昂惕夫的课，用处不大，也没那么有趣。另一方面，对特里芬来说，这门课很重要：正是他对熊彼特的着迷，使他在哈佛待的时间远远超过了他的预期。萨缪尔森认为熊彼特在课堂上的表现是最好的，不像在正式场合，比如他在美国经济学会致辞时，会受到"剧本"的束缚。他讲了很多故事，多得不计其数，而且从来没有重复过。

在教萨缪尔森的时候，熊彼特正在加紧撰写他的巨著《商业周期》。熊彼特是数理经济学的狂热爱好者，但正如这本书的副标题所表明的那样，它试图将理论、历史和统计学结合起来，书中的理论甚至不是用数学方法来表述的。熊彼特谈到了"模型"，但这远远不是一个数学模型，因为该术语正在逐渐得到理解（一组确定人们感兴趣的变量值的方程），并且定义得非常宽松。经济理论家的任务并非推导出可供验证的解释性假设或定理，而主要是为了推导概念或分析工具。概念可能仅仅包含了定义和度量它们的方法，这个定义容易让人想起布里奇曼的操作主义。熊彼特认为，"模型"或"模式"是一套用来处理特定问题的概念或分析工具："一套用来处理形成不同过程的现象的分析工具，我们称之为该过程的模型或模式。"[19]

以上便是熊彼特研究商业周期的方法论基础。熊彼特通过他所谓的理论、统计分析和历史分析之间复杂的相互作用，来分析经济过程。归纳作为一种有效的推理方法所必需的条件并不令人满意，因为一个特定的时间序列总是可以用不同的方式解释，其结果是仅靠统计数据永远无法验证一个理论。熊彼特写道："除了荒谬的归纳之外，还有一种虚假的假设。" [20]

> 任何统计结果都无法证明或否定我们有理由根据更简单和更基本的事实所信奉的命题。这样的命题无法得到证明，因为一个时间序列里的同一种行为可以用无数种方式解释。这样的命题无法被反驳，因为一个非常真实的关系可能会被作用于正在研究的统计资料的其他影响所掩盖，以至完全迷失在数字图像中，却并不因此而丧失其对我们理解这一情况的重要性……材料暴露在如此多的干扰中，就像我们的情况一样，它不能满足归纳过程的逻辑要求。 [21]

熊彼特明确表示，这是学习商业周期理论的学生普遍接受的观点。

虽然熊彼特以不推销自己的研究观点，并乐意公正对待那些不赞成他的人而闻名，但这些方法论观点是他在和哈伯勒一起教的课上提出的，萨缪尔森在第二年选修了这门课。 [22] 熊彼特在他的书的开头也指出这一点——也就是说，分析商业周期就是分析资本主义经济的运行。他声称，周期是经济体系的本质，就像心跳是生物有机体的本质一样。 [23] 他所使用的分析工具和他近30年前在《经济发展理论》中使用的非常相似。这涉及对正常商业环境的考虑，它们可以用受创新和其他事件干扰的一般均衡或瓦尔拉斯均衡来分析。经济必须在单个企业或家庭层面进行分析，因为尽管可以像许多商业周期理论那样在总量层面讨论均衡，但熊彼特认为这种推理是肤浅的。对总量的分析没有考虑到总量背后的工业过程，而这些过程才是真正重要的。这本书中的评论，成了熊彼特对商业周期进行大量历史分析和统计分析的前奏。

熊彼特的《商业周期》出版于 1939 年。该书所依据的方法论和理论框架在熊彼特的教学中已经广为人知，但即使是他的学生，也可能不得不等到该书出版后才能看到它的全貌。鉴于萨缪尔森开始关注商业周期理论，几乎可以肯定的是，萨缪尔森是参加过晚间研讨会的学生之一，在会上熊彼特谈到了自己的书。随着夜色渐浓，很明显，几乎没有人读过这本书，大部分讨论都是关于凯恩斯的。在场的一些学生说，这是他们唯一一次看到熊彼特真的大发雷霆，由于令他极度难堪，他们后来写了一封道歉信。[24] 然而，尽管学生们可能已经意识到，他们应该像熊彼特认真对待那些他不赞同的人的观点一样认真对待他的著作，但在这一年里，他们也知道，读过这本书的一些知名经济学家对它持批评态度。

熊彼特对经济科学的态度

在熊彼特的整个学术生涯中，他都在思考什么是科学的经济学，这些思考在他逝世后出版的《经济分析史》（1954）中达到了顶峰。熊彼特对科学方法最详尽的论述出现在他最早的一本书中。在里昂惕夫看来，这本书包含了熊彼特整个科学世界观的基础。[25] 在该书中，熊彼特采用了一种工具主义方法论，借鉴了当时维也纳大学广泛讨论的恩斯特·马赫（Ernst Mach）和亨利·庞加莱（Henri Poincaré）的实证主义哲学。[26] 经济理论所依据的假设的唯一目的是揭示经济现象之间的关系，它们在任何绝对意义上都不是真的。经济理论可能试图解释经济现象，但解释"不过是对唯一确定的未知数的大小及其运动规律的说明"。[27] 这是熊彼特反复强调的一点。

　　"解释"和"描述"对我们来说通常是同义词，换句话说，除了

对经济事实的解释和理解做出描述外，我们不希望也不能做出任何
贡献……理论为事实构建了一种框架；它的目的是对大量的事实进
行简要描述，并尽可能简单和完整地得出我们所谓的解释……我想
谈论的不是现象的"原因"，而是它们之间的函数关系。这带来了更
高的精确度。函数的概念是通过数学精心阐述的，它内容明确、不
容置疑，但"原因"的概念并非如此。[28]

这种观点使熊彼特对为理论假设提供心理学解释持怀疑态度。他更
喜欢主观的价值理论，不是因为它可以用心理学的论据来证明，而是因
为它更符合经济事实。[29]

熊彼特的第一本书以工具主义的方法探讨了经济理论，尽管在英语
国家鲜为人知，但在德语国家却引起了广泛的争论。经济学家奥斯卡·摩
根斯特恩证实说，这本书"在维也纳受到了热烈欢迎，甚至持续至第一
次世界大战之后很长一段时间"，该书的新颖和活力使摩根斯特恩决心去
读作者写的所有东西。[30] 因此，许多移民到美国的说德语的经济学家，对
这本书非常熟悉。此外，熊彼特仍然非常固执地坚持其中的许多观点。
特里芬回忆说，熊彼特在他的课上明确指出，经济理论是一种方法，而
不是教条，重要的是避免"李嘉图的罪恶"，即断言科学观点的证明只是
出于个人的政治或社会偏见。[①] 根据特里芬的说法，熊彼特把科学理论和
面粉厂做了一个类比：把不同种类的小麦放进面粉厂，就会生产出不同
种类的面粉。就像使用劣质的小麦会生产出劣质面粉一样，一些经济理

---

① 熊彼特后来像批评李嘉图那样批评了凯恩斯，因为他在演讲中提到的"罪恶"——
他们在得出自己想要的结论以前，一直在堆砌各种假设，制造了一种他所支持的政
策比实际上具有更坚实的基础的假象（熊比特，1954，第1171页；特里芬，1950，
第415页）。

论也可能比其他理论更好。因此，自接手 Ec.11 这门课以来，熊彼特做的第一件事就是舍弃"政治经济学流派"这个名称，理由是他认为经济学流派的数量不应该超过物理学或化学流派的数量。这种强调科学的精确性和学说的多元性共存的观点，与他 1908 年的立场显然是一致的。

进入哈佛后，熊彼特继续系统地思考科学方法，他后来的观点在他逝世后出版的《经济分析史》（1954）中可以找到，他从 1940 年开始就一直在写这本书。[31] 在这本书中，熊彼特认为经济学是断断续续发展的，经历了多次"古典情况"，在这些"古典情况"中，合成研究带来的共识阶段最终被打破。[32] 在这背后的观点是，科学知识必须与创造它的实践者联系起来理解。[①] 科学是"工具化的知识"，是由一群面对同样问题和探究方法的专业人士共同创造的。熊彼特强调经济"分析"的重要性，它是对经济问题进行有意识的、系统推理的产物。[33] 尽管他不否认收集事实的重要性，但他更注重推理，因此更注重严谨的分析，这和他对数学在经济学中的重要性的认识是一致的。

熊彼特认为，经济分析是经济科学的同义词，包括经济史、统计学、经济社会学，以及经济理论。但是，他最重视的是经济理论。他试图论证，经济理论能做的不仅仅是形成解释性假设。引用法国数学家亨利·庞加莱的论点："裁缝可以随心所欲地裁剪衣服，但他们要努力让裁剪出来的衣服可以取悦他们的客户。"熊彼特认为，尽管经济理论可能是根据观

---

① 这种科学观点根植于跨学科的帕累托循环理论，本书第 21 章会对此进行讨论，这形成了艾萨克（2012）所谓的哈佛大学间隙学院（Harvard's interstitial academy）的一部分。熊彼特关于经济学如何发展的观点，与托马斯·库恩在《科学革命的结构》中的观点有相似之处，这本书也是在相同的环境下撰写的。[关于熊彼特和库恩，参见巴克豪斯（1998b，第 14 章），关于库恩和哈佛大学，参见艾萨克（2012）。]

察来构建的，但它们是"分析师的任意创造"。[34]经济理论家利用这种自由创造了工具——概念、概念之间的关系，以及处理它们的方法——然后可以用它来解决问题。正如琼·罗宾逊夫人所言，经济理论是"一个工具箱"。[①]之所以能够创造出这些工具，是因为经济问题具有许多共同的重要特征，一次性地分析它们可以节省大量的脑力劳动："经济分析的原动力或工具论……以同样的方式发挥作用，无论针对什么样的经济问题。"[35]

熊彼特强化了这样一种观点，这种观点萨缪尔森将从威尔逊那里更有力地听到，即物理学中使用的数学并没有具体的物理性质，即使它是在物理学的基础上发展起来的。它只是单纯的数学，它如果符合经济学家试图解决的问题，就应该用在经济学中。经济学家不能想当然地认为在物理学中得到成功应用的数学工具，经济学中也具有同等作用——这是一种被哈耶克称为"科学主义"的罪恶。[36]大多数经济学家并没有犯科学主义的错误，即使他们中的一些人做了一些几乎毫无意义的程序性陈述，这些陈述只是拙劣地描述了他们实际上在做什么。熊彼特承认，在课堂上确实经常使用物理学类比，但这仅仅反映了人类的思维过程。

> 因此，我们引用的东西似乎只是我们所有人对事实的条件反射，这让我们备受指责；物理学家或经济学家，只有一种类型的大脑可以运作，而这种大脑的运作方式在某种程度上是相似的，无论它处理什么任务。[37]

在 1933 年 3 月写给哈伯勒的一封信中，熊彼特将自己比作摩西，这封信清楚地显示了他认为未来取决于数理经济学的信念：他知道有一块

---

① 萨缪尔森非常熟悉《不完全竞争经济学》，琼·罗宾逊夫人在其中提出了这一点。

更精确的经济学的乐土需要运用数学，但是他知道自己太老了，进不去了。相比之下，哈伯勒还很年轻，还可以进入，熊彼特鼓励哈伯勒去克服不愿从事数学分析的心理。"原谅我的说教，"熊彼特写道，"如果我们局限于告诉彼此这是不可能的，我们将永远无法超越一个相当不舒服的过渡阶段。现在需要的就是极大的勇气。"[38] 同样，熊彼特鼓励萨缪尔森通过发现和使用新的数学工具，"摩西式"地进入"帕累托、霍特林、丁伯根和弗里希的乐土"。[39]

数学之所以重要，是因为它伴随着对经济理论的形式结构的关注，而这种关注是必要的，目的是证明表面上不一致的理论实际上是相互兼容的，从而揭示经济学家试图区分其理论的术语谬误。这种对经济理论的态度和萨缪尔森的态度非常吻合，这也解释了为什么熊彼特如此热衷于数理经济理论。经济学是定量的，因为经济学的某些方面，尤其是价格，本质上是数值化的。许多问题都需要用到数学，因为它是处理最原始的数量参数以外的唯一语言。[40] 但这并不意味着经济学必须是数学的，因为即使没有数学的帮助，我们也可以做很多事情，没有必要用数学来研究"商业组织的历史、经济生活的文化方面、经济动机、私有财产的哲学，等等"。[41] 历史和社会学才是必不可少的。

然而，尽管熊彼特对数学充满热情，但他对数学的态度却颇为复杂。正如柏格森所指出的，熊彼特并不是很精通数学，这使得两年后他教授的 Ec.8a（数理经济学）这门课被里昂惕夫接手。[42] 但是，哈伯勒称熊彼特具备丰富的数学知识，并且是一名优秀的解说者，即便是对于那些数理经济学家都觉得困难的材料。[43] 熊彼特很少在自己的书中使用数学，在《经济分析史》中，他将经济理论与历史和社会学相结合。这归因于他不愿简化，也不愿聚焦于那些对当前目标很重要的细节，这种态度就像他批评凯恩斯所用的措辞一样。[44]

关于熊彼特对实证研究的态度，也可以做出类似的评论。他1905年出版的第一本著作涉及统计学——关于人口测算和指数。[45] 20世纪30年代，他的大部分时间都在撰写《商业周期》一书，其中充斥着大量的统计数据。但他并未试图去验证一个特定的模型，他对统计学的使用正如评论者西蒙·库兹涅茨（Simon Kuznets）所说的，"是一个知识分子的日记"，其中理论观点和历史事实被一起讨论。[46] 20世纪30年代为国际联盟构建宏观经济计量模型的简·丁伯根，借用拉格纳·弗里希提出的经济周期产生机制和维持波动的外生冲击之间的区别，来解释熊彼特的态度。弗里希写道："熊彼特表现出一种几乎毫不掩饰的偏好，认为冲击是'真正'的'原因'，并倾向于轻视机制的重要性。"[47] 例如，熊彼特关注的是扰乱均衡的创新，而不是创新在经济中的扩散机制。相比之下，对熊彼特之后的大多数经济学家来说，这种符合数学建模的机制，比冲击更重要。

熊彼特对数学态度的复杂性——自1906年首次发表关于数学的论述以来，他一直在思考这个问题——在1937年5月他写给威尔逊的一封信中得到了解释。他写道，经济学家不应该试图从物理学中复制论证，而应该"从物理学中学习如何建立论证"。[①][48] 熊彼特认为，一些方法和程序虽然不属于纯数学，但足够普遍，适用于许多领域，应该教给所有的学生。他建议威尔逊正在教授的部分内容（可能包括对热力学和经济学的讨论），都可以发展成这样一门课程。

萨缪尔森记得自己深受熊彼特"即兴的一般方法论言论"影响，比如"在经济学中，你永远不会用事实'毙掉'一个理论，你只是用一个更好的理论来'毙掉'另一个理论"。[49] 但是，熊彼特对萨缪尔森的影响

① 熊彼特的这些评论会在本书第8章和威尔逊的数学观点一起讨论。

可能更深远，因为他将使萨缪尔森接触到一种工具主义的、以实践为导向的科学观点，这种观点同萨缪尔森向威尔逊学到的观点是一致的，而且在萨缪尔森加入哈佛研究员协会（Society of Fellows）时，他所遇到的科学家们也会强化这一点。特别有趣的是，熊彼特可能教过我们如何分析个人行为。哈伯勒称，熊彼特已经改变他对所谓的心理学方法的看法："在熊彼特的哈佛理论课和谈话中，他经常以'心理动机'为依据展开辩论，使用自省来支持基本效用，有时甚至是个体间效用比较的可能性。"[50] 但是，考虑到熊彼特习惯于认真对待竞争对手的观点，以及同事们关于效用测量的广泛讨论，对这个评论需要谨慎。值得注意的是，熊彼特的 *Das Wesen und der Hauptinhalt der theoretischen Nationalökonomie*（1908）一书中出现的效用理论的工具主义观点，也可以在他逝世后出版的《经济分析史》（1954）中找到。在这里，最重要的也许不是他对功利主义的强烈反感，而是他将功利主义作为一种规范性制度进行了明确的区分，将人类所有的价值都归为功利主义，把功利主义作为一种社会科学体系。由此，熊彼特写道："从逻辑上讲，我们有可能从根本上蔑视功利主义，无论是作为一种生活哲学，还是一种政治纲领，我们都还没有接受它；在所有或部分社会科学系里，都只是把它作为一种分析工具。"[51] 尽管表达方式截然不同，但萨缪尔森在其著作出版之初就对福利分析和消费者理论做了明确区分。而且，正如前文所述，熊彼特是比较静态分析方法的早期倡导者。

熊彼特和萨缪尔森

　　萨缪尔森很了解熊彼特。熊彼特被指定为萨缪尔森的"保证人"，并要求萨缪尔森定期向社会科学研究委员会报告研究进度，[52] 所以直到

1950 年 1 月 8 日熊彼特逝世前不久，两人一直保持着定期联系。人们叫他"熊比"，他之所以在研究生中颇受欢迎，原因之一是他会为他们腾出时间。熊彼特在图书馆附近的一家咖啡店里度过了漫漫午后，学生们知道自己可以在那里和他交谈；哪怕是对那些学习较差的学生，他也表现出了极大的耐心，特别是当他们萌生了一些有趣的想法，但尚缺乏解决问题的技巧时。熊彼特也很乐意让包括萨缪尔森在内的聪明的学生纠正他的数学错误——根据在场的一些人的说法，这种事情经常发生。他喜欢通过参加威尔逊的讲座来吸取知识，这一点不可能没有被学生们注意到，尽管他们中很少有人上过这些课程。他经常在午餐和晚餐时间接待研究生和哈佛访客，谈话常常持续到深夜。"作为经济系无可争议的明星……一个表演成瘾、需要观众的人……对他来说，成为约瑟夫·熊彼特和成为一名伟大的经济学家一样重要。"[53]

　　熊彼特继续持续密切关注萨缪尔森职业生涯的发展。在 1938 年 12 月美国经济学会的会议上，熊彼特在自己主持的一轮会议中收录了萨缪尔森的论文《对成本和生产理论的一个重申：强调其操作方面》，同时收录的还有欧文·费雪（威拉德·吉布斯的门生，数理经济学方面最著名的人物）以及雅各布·马尔沙克（一名访问美国的受洛克菲勒基金会资助的研究员，后来成为美国计量经济研究重镇考尔斯委员会的主任）的论文。会议结束后，萨缪尔森不得不准备一份摘要，预备发表在 3 月份的《美国经济评论》（*American Economic Review*）上。当萨缪尔森在威斯康星州探望玛丽昂的家人时，熊彼特写了一封信给他，信中说："你的文章摘要太短了，表达不够充分，就像你的口头陈述一样，根本无法打动听众。"[①][54]但

---

①　信是打印出来的，但熊彼特用笔在下面画了重点，仿佛这是一个他曾提过却遭萨缪尔森反对的观点。

是，考虑到时间紧迫，他建议萨缪尔森不必改了，尽管他认为文章不够完美。这篇文章中的素材将成为萨缪尔森论文的重要组成部分。后来在萨缪尔森提交博士论文时，熊彼特和威尔逊成为他的答辩评审也就不足为奇了。即使在萨缪尔森的兴趣转向其他方向之后，他们仍然保持着联系。熊彼特继续阅读萨缪尔森所写的一切，熊彼特曾写道，"我喜欢收集萨缪尔森的全部作品"，并将他描述为"我们时代最有才华的经济学家之一"。[55] 他俩的关系可从1943年的一句话中窥见一斑，这句话颇值得注意，因为它是一个习惯使用更正式称呼的说德语的人讲出来的："别再教唆我了——咱俩就此打住！"[56]

熊彼特当选美国经济学会主席后，曾邀请萨缪尔森加入他的计划委员会，并撰写一些文章纪念帕累托的百年诞辰。[57] 他们最后一次见面是在学会的会议上，在哈伯勒说服他们一起去某个同事的公寓吃饭之前，两人在一家酒店的酒吧里谈论了许多事情。当主人睡着后，哈伯勒也借故离开，剩下萨缪尔森和熊彼特单独在一起，他们无话不谈，直到他们也决定离开。

萨缪尔森斥责了那些认为熊彼特所写的是"精神分析的胡言乱语"的人，他说熊彼特在优雅自信的外表下隐藏着内心的忧郁。他谈到了熊彼特的个人悲剧——1914年之前哈布斯堡帝国消失了，这个帝国的上流社会对熊彼特来说非常重要，他在其丰富的文化中接受教育——以及美国后来与苏联并肩作战所带来的冲突；他极其厌恶苏联，又很担忧苏联崛起。熊彼特没有创立任何学派。他不仅反对经济学派，而且太过擅长表演和独唱，不可能成为领导者。他对格言的热爱——其中许多格言暗示着对生活的玩世不恭——也不利于他创立一个忠实地发展他的思想的团体。他对自己的研究采取了一种超然的态度，从不在课堂上讨论它。他对不同类型的研究的赏识也过于折中，以至无法引起持续的争议。[58]

　　尽管如此，熊彼特还是激励了一大批学生。萨缪尔森提道了熊彼特在哈佛的圈子，其中包括一份即将成为该领域杰出人物的研究生名单。① 战后，熊彼特继续鼓励他的学生。萨缪尔森写道，从熊彼特"栖息在查尔斯河下游三英里处，我意识到伊丽莎白时代的黄金时代和熊彼特的晚年很契合"。② 在赞扬朋友和同事时，萨缪尔森总是使用夸张的手法，但熊彼特对他的重要性似乎是毋庸置疑的，这一点可以从萨缪尔森赞扬熊彼特的方式和其他老师不同中明显看出，他在学术上对熊彼特的感激于心俯拾即是。

　　熊彼特一度在哈佛待得越来越不开心，当他准备搬去耶鲁时，萨缪尔森貌似组织哈佛的研究生们写了一份请愿信，这在促使他继续留在哈佛上发挥了重要作用。[59]

　　　　我们每一个人都被您思想的广度和视野所激励着。您对我们提出的问题，无论在哪个领域，都表现出极大的兴趣；我们一直都非常感激您愿意把您宝贵的时间和精力花在我们身上。您有益的批评和慷慨的鼓励，极大地帮助了我们的研究。您向我们灌输了一种信念，让我们更准确也更客观地认识到经济科学的重要性，并希望对它的发展做出贡献。最重要的是，对我们来说，您不仅是我们的老

---

① 名单中包括艾布拉姆·柏格森、爱丽丝·波内夫（Alice Bourneuf）、沃尔夫冈·斯托尔珀（不要同他的父亲古斯塔夫·斯托尔珀相混淆）、理查德·马斯格雷夫（Richard Musgrave）、都留重人、特里芬、西德尼·亚历山大、乔·贝恩（Joe Bain）、约翰·林特纳（John Lintner）、劳埃德·梅茨勒和罗伯特·毕晓普，以及玛丽昂·克劳福德（萨缪尔森）和大卫·洛克菲勒。

② 萨缪尔森（2011b）。20世纪40年代末，在哈佛读研究生的罗伯特·索洛对熊彼特就没那么热衷了。萨缪尔森可能没有意识到，此时的熊彼特已经变得不再像20世纪30年代那样富有魅力。

师，更是我们一直引以为傲的真正的朋友。我们觉得，我们的分别对我们和哈佛未来的学生来说，都将是不可弥补的损失。[60]

当然，这封请愿信的内容足够宽泛，26 名不同研究领域的学生都在上面签了名，尤其是"更准确也更客观"这句措辞特别吸引人，人们很容易把它和熊彼特在与学生们打交道时所强调的东西联系起来，抑或这是萨缪尔森认为特别重要的话，从而做了着重强调。这封请愿信还表达了这样一种担忧：如果熊彼特离开了，哈佛的商业周期理论研究将会一蹶不振。

萨缪尔森定会利用熊彼特在时间上给予他的慷慨，他们交谈的内容无疑非常广泛。很难相信两人没有论及熊彼特对科学的观点：除萨缪尔森选修了熊彼特的经济理论课程和商业周期课程外，他们还都选修了威尔逊教授的课程。毫不夸张地说，他们都为经济学应该是一门科学的观点着迷。萨缪尔森在《经济分析基础》（1947a）中提出的"操作主义"，与熊彼特早期方法论所依据的马赫和庞加莱的"工具主义"并不相同，但两者有很强的相似性。熊彼特对"心理学研究方法"的怀疑和萨缪尔森的显示性偏好理论也是如此。萨缪尔森可能会试图去读熊彼特的第一本书，尽管他的德语水平有限，所以这些想法更可能只是在对话中出现过。萨缪尔森后来写道，熊彼特在生命的最后时光曾说过，如果一个人要在经济史和"数理计量经济学"之间做出选择，那么他应该选择前者。萨缪尔森对这番话的惊讶似乎表明，虽然熊彼特对数学在经济学中的运用提到非常多的限制条件，但萨缪尔森对此并未有意识地加以吸收，尽管他后来的研究表明他至少部分地内化了这个信息。[①]

---

① 最后一句话基于萨缪尔森的教科书内容（参见本书第 25、27 章）。

第 8 章

埃德温·比德韦尔·威尔逊

威尔逊与数理统计学

保罗·萨缪尔森自诩为美国伟大物理学家威拉德·吉布斯学术上的徒孙，因为他是吉布斯最后的门生埃德温·比德韦尔·威尔逊的学生。[1]吉布斯的另一个门生是著名的数理经济学家欧文·费雪，他于 1891 年在耶鲁大学提交了博士论文。威尔逊（1879—1964）是哈佛大学公共卫生学院的人口统计学教授，也是经济系的一员，每隔一年会教授统计学和数理经济学。在 1907 年加入麻省理工学院的数学系之前，他曾在耶鲁大学和巴黎高等师范学院接受过数学家的教育。在吉布斯生命的最后几年，也就是 1899 年到 1902 年之间，威尔逊和吉布斯关系密切。作为一名研究生，威尔逊负责撰写吉布斯关于向量微积分的演讲稿，这份演讲稿自 1881 年开始就刊出了，1901 年以《向量分析》（*Vector Analysis*）为名出版。这本书解决了美国物理学家在向量运算中使用的符号问题，并阐述了该理论及其一些物理应用。与吉布斯形成鲜明对比的是，威尔逊健谈，机智犀利，有时言辞尖刻，且勇于挑战权威。他的数学兴趣广泛，涉及几何、代数和各种应用领域。[2]1902 年，当他还是巴黎高等师范学院的一名学生时，就在一篇题为《几何学的所谓基础》（The So-called Foundations of Geometry，1903）的论文中批评了大卫·希尔伯特（David Hilbert）为几何学建立新基础的尝试。这篇论文颇具煽动性，质疑了希尔伯特运用集合论和逻辑的方式。正如他后来对集合论中定理的批判一样，威尔逊的思想很复杂，与数学的现代发展格格不入，而且一直没有很好地流传下来。威尔逊的早期著作包括一本微积分教材，在出版 10 年后，仍然是美国当时唯一的现代高等微积分教材。[3] 1917 年，威尔逊被任命为数理物理学教授，成了物理系的系主任。1920 年到 1922 年间，威尔逊是在麻省理工学院校长理查德·麦克劳林（Richard Maclaurin）去世后接管该校的三位学者之一。威尔逊从事多个领域的研究，出版了数学、物理学、航空工程学、统计理论、公共卫生和经济学等领域的书籍，并掌握了许多其他领域的知识。从 1915 年到 1964 年，他担任《美国国家科学院院刊》（PNAS）的主编近半个世纪。卫斯理大学（Wesleyan University）在授予他荣誉学位时，称他为“现代文艺复兴时期的人，求知若渴地为自己汲取一切知识”。[4] 他是萨缪尔森所知的唯一喜欢开委员会会议的聪明人，活跃在哈佛大学、美国国家科学院（National Academy of Sciences）、社会科学研究委员会以及许多其他机构；他同学术界和政界也都有所接触。[5] 他是美国科学界的一个重要人物。[6]

　　第一次世界大战对威尔逊的职业生涯产生了重要影响。就在战前，他曾在麻省理工学院讲授空气动力学理论。1916 年，他分析了飞机遇到阵风时的反应，该分析被纳入美国国家航空咨询委员会（National Advisory Committee for Aeronautics）提交给国会的报告中。这项研究催生了《航空学》（Aeronautics，1920）。萨缪尔森称威尔逊为“写下新型飞机稳定性条件的先驱”。[7] 战争期间，威尔逊还对统计学和公共卫生学产生了兴趣，搬到哈佛后，他将目光投向了数理统计。1927 年，他提出了置信区间的概念，这与杰吉·内曼（Jerzy Neymann）和卡尔·皮尔逊（Karl

Pearson）在 20 世纪 30 年代早期提出的概念非常相似，并成为统计推断的基础之一。但是，由于他选择不同科学领域之间的无人之境进行研究，而不是发展任何一门学科，所以他在统计学家中的地位比本该有的要低。这也许就是芝加哥大学的老师们建议萨缪尔森要学习数理统计，只有到哥伦比亚大学去找哈罗德·霍特林，同时也可能是舒尔茨与哥伦比亚大学关系密切的原因。

萨缪尔森与威尔逊的第一次正式接触是在第一学年春季学期选修的统计理论课上，就在他计划参加"通识"测试不久前。正如其名所示，这是一门理论课，似乎包括了一些数理经济学。但是，不管课上数理经济学和统计学之间的比重如何，萨缪尔森在课外也在向威尔逊学习。萨缪尔森写道，作为一名好学生，每节课结束后，他都能和威尔逊谈上一个小时，谈话内容涉及"所有话题"。[8] 威尔逊最有可能是在这些课后谈话中教了萨缪尔森热力学知识。通过这种方式，萨缪尔森可以更多地了解威尔逊对经济学和不同类型研究的态度，而不是在更正式的课堂环境中。

尽管这是一门统计学课程，但威尔逊似乎已经谈到了消费者理论，萨缪尔森在那年晚些时候写的论文某种程度上与此相关（这篇论文成了他的第一篇学术论文），还影响到了他接下来几年要写的论文。1936 年 7 月 14 日，威尔逊在写给同事约翰·布莱克（John Black）的信中说，他已经"对学生们理解数理经济学导论前 12 页内容的低效率不胜其烦"。[①][9] 数理经济学教材教学的进展如此缓慢，让他清楚地认识到，"我们的一些高级数理经济学家并不是真的明白它们的基本定义，所以在读到一些相

---

① 他在这里提到的这本书是英国统计学家和经济学家阿瑟·鲍利（Arthur Bowley）于 1924 年出版的《经济学的数学基础》（*Mathematics Basis of Economics*）。

互矛盾的陈述时，会假设它们都是正确的"。一年前，威尔逊在《经济学季刊》上发表了一篇文章，批评该书作者鲍利在数学上犯了错误，这并非巧合：

> 这样的措辞，例如"若我们假设货币的边际效用不受一种商品的销量或购买情况的影响，那么就可以进行某些简化，换句话说，个人拥有如此多的货币，以至特定的交易不会明显影响其边际效用"……它的有效性值得怀疑，因为货币边际效用的变化只与它的变化率有关，而与定理的证明无关——变化可能是无穷小的，变化的速度也是有限的。[10]

威尔逊在这篇简短的文章中所做的事就是采用一个定理，在该定理中，帕累托表明如果每种商品的效用独立于其他消费品，那么它（的效用）与价格将成反比；他还表明，同样的结果可以在更普遍的假设下得到证明：除了价格变化的商品外，其他商品的效用是否相关并不重要。此外，这也是威尔逊认为鲍利出错的地方，结果并不依赖于货币边际效用的稳定性。

鉴于威尔逊如此详细地谈到了鲍利，同时他的文章刚在系里的期刊上发表，很难相信，他没有让萨缪尔森及其他学生接触到得出消费者理论的结果所必要的问题，他显然会使他们明白使用高等数学提供严密证明的价值。①

熊彼特断断续续地参加了威尔逊的课程，他感兴趣的显然是数据分

---

① 萨缪尔森在 1937 年选修了威尔逊的数理经济学课程。但是，那时他的第一篇关于消费者理论的论文已经发表了，该论文解决了威尔逊在文章中讨论的一些问题。萨缪尔森的第二篇论文所依据的观点也已经出现在他的脑海中。

析的方法，当时他正在研究自己为商业周期收集的大量数据。熊彼特在这门课上的出勤表现不佳，最后不得不退出课堂。4月，他给威尔逊写了一封道歉信：

> 我想写封信向您解释一下，我真的非常抱歉放弃了您的课程，真的很感谢您慷慨地接纳了我，我也真的很喜欢这门课。实际上，我确实非常需要您的指导来填补我在统计学方面的巨大空白。但是，对我来说，更重要的是在6月底之前完成我的手稿，或者无论如何要在夏天完成，我的进度如此之慢，慢到令我陷入了恐慌。[11]

威尔逊回复熊彼特说不用道歉，他说在他看来他的课程"对一个研究实际统计材料的人并无太大用处"。[12]为了证明这个观点，威尔逊解释道，他所使用的"现代数学方法"到目前为止尚未被证实存在实际意义。他这么说，所表达的是一个在实际统计分析方面具有丰富经验的人的观点。

如果威尔逊所教授的方法尚未被证明其价值，那么教授它们又有什么意义呢？威尔逊的回答是消极的，他说这保护了年轻的数学家们，使他们不会对数理统计过于痴迷。

> 我认为这门课对年轻的数学家和经济学家很有价值，主要是因为它在对待数理统计学家们的贡献时，为这些人提供了某种保护……掌握超精密技术的人（数学家）给那些不具备这类技术的人留下了非常深刻的印象，他们还可能会发表一些著名的定理，但事实上对这些定理有详细了解的人会明白，它们虽然成立，但其实没有特别的重要性。[13]

威尔逊接着解释说，考虑到经济学的现状，这门课对研究生尤其重要。

> 眼下，数理经济学和数理统计有这么一种趋势，除非我们攻读博士学位的学生深入研究数理统计，否则在他们的个人统计工作中并没有必要过多使用数学，他们无法得到足够的防护，来抵御越来越多过度使用数学的人，这些人甚至无法全面地讨论自己的所得。这门课程对年轻人的教育意义应该是相当大的。

因此，它的价值很大程度上是消极的。但是，如果他所教授的方法未来能够证明自己的价值，这种情况就可能会有所变化。

威尔逊对这一观点的坚定支持，可以从以下事实中看出：这或多或少是他 10 年前在《科学》杂志上发表的批评言论的必然结果，那是一篇关于统计推断的文章。

威尔逊写道，许多统计学家在使用公式解决问题的时候，并不会对公式的选用是否合适、能否得出正确答案负责。"出于某种原因，"他写道，"他们似乎相信数学公式是永远正确的。"他们的态度是萨满教式的。他们用魔法来进行赎罪仪式，他们崇拜数学，却不知道数学能为他们做什么，不能为他们做什么。[14] 有过错的不仅是年轻的学者和那些受过有限训练的人。"我不太确定，"威尔逊接着说，"从事这门纯洁且未受玷污的科学大祭司们，是否在某种程度上帮助和教唆了这种崇拜。"

这是为什么呢？因为统计学的基础还没有发展到和数学的其他分支一样稳固，而且人们还不了解它的前提。因此，不可能证明特定的方法什么时候有效，什么时候无效——有必要逐条加以证明。这与威尔逊对哈佛大学农业经济学家约翰·布莱克表达的观点相一致，威尔逊认为，培养学生从事实际工作的方法是让他们参与一个项目，在这个项目中，他们将"详细研究一篇冗长的统计分析文章"。他以一个关于工业和相关农业波动的项目为例，系里即将着手这个项目。[15] 虽然需要进行一些前期统计知识的培训，但他们的主要培训将通过研究来推进。

威尔逊的课程是由他自己设计的，他利用了分散在文学作品中的想法和素材。如果他覆盖了自己的研究，那么推理和置信区间就应该包括在内。威尔逊介绍了特征函数，一种表示概率分布的方法，它使进行某些类型的分析变得更加容易。[16] 尽管到那时课程可能已经改变了，但与劳埃德·梅茨勒的通信表明，两年后，威尔逊在平滑数据问题上花了大量时间。[17] 这门课严格介绍了数理统计的重要课题，但这并不是一门标准化的课程。正如威尔逊在那个夏季晚些时候向熊彼特解释的那样，"所有的材料都集中在文献中，我所做的就是把它们收集起来，然后和全班同学讨论。几乎不可能布置任何像样的阅读作业。我发现我自己都很难从回忆录（日记）中找到这些东西"。[18]

这和学生们在其他地方学到的内容不太相符，着实给哈佛的学生们带来了一个问题。由于考试制度的结构，他们的出勤率往往不太正常，因为学生们更关心是否通过"通识"测试，而不是应付像威尔逊讲授的这类课程。萨缪尔森虽然得了 A–，但威尔逊认为他是其中一个本该从这门课上获益却未能的学生。"他（萨缪尔森）的难处在于，"威尔逊写道，"他太过担心自己的'通识'测试，以至无法像莱文（Levine）等人那样专注于课程。"[19] 与此同时，其他学生都专注于数学，所以萨缪尔森在这门课上并未取得最高分。[20] 但是，他给威尔逊留下了深刻的印象。萨缪尔森是"所有学生中最具独创性和好奇心的"，[21] 他的表现并不比其他学生好，但在威尔逊看来，"他有潜力成为班里的佼佼者"。[22]

数理经济学

一年后，也就是 1937 年春季，萨缪尔森旁听了威尔逊在经济系开设的另一门课程——数理经济学。

熊彼特也参加了这门课程，与前一年相比，他更成功地参与其中。最后，他写了一封信给威尔逊，对他从课上学到的内容，以及威尔逊对"哈佛为开辟一条前进的新道路所做的奋斗"给予的支持表示感激。[23] 熊彼特在信中明确表示，威尔逊没有使用传统方法讲授这门课。他声称，威尔逊采取的方法"一方面肯定了经济学和经济政策曾经是交谈过程中不可或缺的词组，另一方面，它们的平淡无奇也是事实"。熊彼特接着阐明了他认为年轻经济学家需要学习数学的观点，并从某种程度上强烈暗示他是在重复威尔逊在课上表达的观点，因为他鼓励威尔逊把课程的第一部分扩展成主要内容。

熊彼特认为，对经济学家来说，从物理学中学习如何准确立论很重要。这将涉及运用介于纯粹数学和应用数学之间的概念：他们既不是使用纯粹数学（处理抽象概念），也不是使用应用数学（处理具体问题）。

> 我们可以（从物理学中）学到数学与它的实际运用之间的关系。最重要的是，要考虑到显然会有这么一组概念和步骤，虽然它不属于纯粹数学领域，但或多或少属于应用数学领域。这是相当普遍的一个特点，适用于众多不同的领域。[24]

威尔逊认为摩擦和惯性等机械学和物理学，必须在对与经济学相关的基础加以定义后，才能作为类比使用，这或许就是威尔逊在演讲中批评熊彼特过分强调理论的结果。[25] 在面对棘手的实际问题时，重要的是学会密切关注现有的数学工具可以如何应用，同时开发出新的工具，而不是简单地将方法从一个学科复制到另一个学科。这同萨缪尔森从威尔逊那里学到的经济学和物理学之间关系的观点完全一致：经济问题的结构和某些物理问题有相似之处。因此，萨缪尔森可以利用这些相似性来解决经济问题，而不需要暗示物理概念和经济概念之间存在任何更深层次的联系。

在这一点上最主要的例子就是勒夏特列原理，萨缪尔森把这个想法归功于威尔逊的授课："我尤其被他的陈述打动，他说压强的增加伴随着体积的减小，这一事实与其说是一个关于热力学平衡系统的定理，不如说是一个关于向下凹的曲面或关于负二次型的数学定理。有了这种思路，我开始理解勒夏特列原理。"[26] 他将勒夏特列原理作为《经济分析基础》（1947a）的核心。[①] 应该注意的是，尽管对该原理的描述经常以微分学的形式出现，但正如萨缪尔森所主张的，该原理具有普遍适用性，它同样适用于那些离散选择意味着变量之间不存在平稳转换的系统。

在这门课上，威尔逊请萨缪尔森做过两次讲座，之后威尔逊告诉萨缪尔森说他"在选材（主要是他自己的材料）和演讲方面都做得很好"。[27] 劳埃德·梅茨勒所做的笔记，让我们了解了威尔逊可能是如何处理这些材料的，但因为这些笔记可以追溯到 1938 年或 1939 年，所以我们必须注意，不要把威尔逊这几年从萨缪尔森那里学到的东西归功于他自身。[28] 笔记一开始记录的是关于消费者理论的讨论，在下一节课继续讲解不连续的情况之前，假设了连续可微函数。这里值得注意的是，一个萨缪尔森用来总结消费者理论的非常类似的方程被称作"吉布斯条件"。[②]

---

① 参见本书第 22 章。

② 威尔逊的方程是 $\Delta\xi\,\Delta x > 0$，ξ 表示边际效用，x 表示数量（梅茨勒可能把不等式的符号写错了）。萨缪尔森更重视的方程是 $\Delta p\,\Delta x < 0$，p 表示价格。

一周后，威尔逊引入热力学，将其描述为"一个约束均衡的问题。因为这个系统必须始终处于封闭的状态——在这一点上，它与经济学类似"。[29] 接着，威尔逊写下了热力学最大化问题和消费者最大化问题，以此来证明尽管它们有相似之处，但并不完全相同。威尔逊甚至声称如果帕累托熟悉"当时在科学工作中普遍存在的*物理*均衡的概念"，他很可能会用有限差分法而不是用导数来得出均衡条件，因为前者更具有普遍性。[30] 笔记显示，他们继续讨论了可积分性（从需求函数导出效用函数）和效用指数的概念。

威尔逊对数学和科学的态度

威尔逊对数理统计的实用价值所持的坚定不移的怀疑态度，还延伸到了数理经济学上。1936 年 7 月，他写信给约翰·布莱克，询问布莱克是否读过幽默作家斯蒂芬·里柯克（Stephen Leacock）不久前在《大西洋月刊》（*The Atlantic*，1936）上发表的一篇文章。里柯克虽然以幽默作家闻名，但他同时也是一位社会科学家。他曾在索尔斯坦·凡勃伦的指导下在芝加哥大学学习，获得政治学博士学位，这是他在蒙特利尔麦吉尔大学成为一名政治学家和经济学家的漫长学术生涯的序幕。虽然里柯克在经济学家中的声望不高，但外界都知道他是一个经济学家，在威尔逊推荐给布莱克的那篇文章中，正是凭借这种权威，斯蒂芬·里柯克显然对数理经济学进行了毁灭性的批评。

里柯克的文章《透过黑暗的玻璃》的灵感来自剑桥大学经济学教授庇古对静止状态经济学的解读。尽管里柯克不敢明指庇古及其所在的剑桥大学，因为他担心如果这么做，自己会"立刻被声望和权威的重负压垮"。[31] 他引用了庇古的一段话，这段话讨论了购买不同商品而面临不同价格的人们所获得的实际收入问题，该问题现在被认为是一个经典的指数基准问题。不可否认，庇古的这段文字看起来很费力。但是，里柯克不仅指出庇古的文字并不如人们期待的那样清晰易懂，他还以这段话为基础，对数理经济学进行了猛烈抨击。

> 随着这一段最后的声音逐渐消失，不计其数的读者像法国海军护卫舰葡月号（Vendémiaire）的受难者们一样倒下。截击完成了它的任务。公众不会对这一争论进行任何抵抗。他们不会去想为什么，他们只会照做，然后毁灭。他们将学会使自己的经济思想任由精英们摆布。他们不会诘问自己不懂的地方。[32]

令人费解的技术语言，除了被用来维护学院经济学家的权威外，别无他用，因为没有什么是说不清楚的。里柯克继续说：

> 对于整个"计划"（庇古的分析）和它自命不凡的数学，如果用通俗易懂的语言来解释，就会发现它是如此微不足道，如此不言而喻，以至即使是住在维奥蒂亚（Boeotia）或没上过剑桥大学的普通农民也能得出。它只是在说，不同的人会用同样的钱买不同的东西，有的人会买玫瑰，有的人会买雪茄，还有的人会买音乐会门票；你不能很好地比较它们，因为重量没有意义，颜色没有意义，数字也没有意义。

里柯克认为，这样的数学无助于思考，除了"把经济学变成一门深奥的科学"，没有任何别的用处。

> 这位数学家正在引诱经济学走向尘封的死亡之屋，在经院哲学

的金字塔里（黑暗中）躺着一具具死去的学者的尸体，他们在经院哲学的死亡气息中一个接一个地离去；学习变成了形式主义，失去了它的意义；学习变成了肉体，失去了它的灵魂；学习变成了公式，失去了它的生命力。这里躺着几个世纪以前的中国的学术研究，这里躺着赫里奥波里斯（Heliopolis）的学问，这里躺着中世纪腐朽的医学，以及作为形式逻辑沉睡不醒的理性。

里柯克的论点已经得到详细说明，因为如果不是这样的话，威尔逊就无法在写给布莱克的信中传达自己所观察到的意义：他一直非常赞同里柯克的观点，即如果没有足够的证据证明数学可以增加我们的知识，数学就不应该运用于应用领域。威尔逊认为，他赞成的一篇文章会"让我们的一些数理经济学家非常抓狂"。威尔逊写道，危险在于"（数学）非常优雅而精确，会让我们对得出的任何结论的价值产生完全错误的看法"。①33

威尔逊接着说明了为什么数学是有用的：根据符号逻辑进行论证，可以更容易地检查冗余或不一致的假设；如果以一种"自由的文风"写作，就很容易产生这些假设。但是，他立即对此做了特别说明，称这并不能证明"某些人给出的复杂数学理论"是正确的。如果某人只是在测试可行的假设或澄清观点，那么是可以使用这样的理论的。然而，他注意到，当时这些人只是面向他的同事，而不是"一般的学生群体"说话。使用这样的方法就像爱因斯坦在"提出广义相对论时那样，他认为全世界能完全理解广义相对论的人不超过 12 个或 16 个"，提出想法只是为了接受批评和检验，而不是用于实际工作。威尔逊向梅茨勒解释道，在注意到他不知道数理经济学对经济学家可能有多大用处后，这将为他们提

---

①   这里即指前文引用的关于布莱克的评论。

供"一些保护，使他们免受那些似乎证明了某些重要事情，而事实上他们并没有这么做的数理经济学家的伤害"。[34] 他认为统计数据更重要。

这是对数学在经济学中所起作用的一种看法，它在某种程度上是马歇尔式的观点。虽然在能对它进行批判性阅读的专家圈子里，数学扮演着重要角色，但这些专家并不都是经济学家。在经济学家的小圈子之外，受过足够数学教育的人也能够批判性地阅读它，尽管威尔逊希望使用更多的数学，但他希望数学保持简单。在经济学家们掌握了正确使用数学的必要技能之前，他们不应该接触到复杂的数学，因为那样数学就会被误解，从而产生不合理的权威，就像里柯克指出的那样。马歇尔建议在得出的结果被转换成文字后就"烧掉"数学，威尔逊则相反，他赞成更广泛地使用数学，但他希望经过复杂数学计算得到的结果是有望获得正确解释的术语。

威尔逊在和美国国家经济研究局创始人韦斯利·米切尔的通信中，探讨了对科学方法的态度。米切尔撰写了两篇有关商业周期研究的重要报告。1938 年，威尔逊告诉米切尔，很幸运他（米切尔）是唯一有机会当选美国艺术与科学学院院长的社会科学家，因为他长期以来"都在以科学的方式从事分析和综合的研究"。威尔逊把米切尔的方法比作自然学家对物种进行分类的方法：

> 博物学家并不能通过统计系统来识别鸟类或昆虫。他的识别过程颇像医生诊断疾病的过程。一些鸟类或昆虫与其他鸟类或昆虫有明显的区别，一些标准会告诉你就分类而言你想知道的东西……但是，总的来说，不同的物种会像不同的疾病那样，以这样一种方式彼此区分开来，即通过考虑大量并不引人注目的微小证据，我们就能对如何分类做出合理判断。[35]

社会科学是一个复杂的领域，必须努力研究它的形态。然后，威尔逊谈到社会科学所需的方法：

> 我并不认为社会科学的方法论与自然科学的方法论有何不同。我们需要各种各样可用于社会科学或自然科学的方法。社会科学中可能存在一些特殊问题，物理学方法对它们来说是有价值的。当然，还存在许多其他问题，它们需要求助于系统性的动物学家或医学家的方法。

威尔逊想必再一次给米切尔写了一封类似的信。在 1938 年 10 月，米切尔写道，威尔逊最近的来信给了他"很大的精神安慰"，因为威尔逊赞同经济学需要大量的分类研究。[36] 经济学的问题在于，"我们的分类学家在很大程度上是靠头脑进行分类的，却很少利用眼睛"。他们的分类法更像是几何学的分类，而不是植物学、动物学或古生物学的分类。

威尔逊对米切尔的工作充满兴趣。在提到米切尔和阿瑟·伯恩斯就商业周期指标撰写的一篇文章时，威尔逊写道："棒极了，就像你们所做的所有研究给我的感觉一样。"在陈述了哈佛有幸拥有大批经济理论家后，他认为这些理论遍布于"从最初级的经济学课程到熊彼特和里昂惕夫讲授的最高级的课程"。[37] 但是，他认为这种对理论的强调是一件令人担忧的事情。

> 我毫不怀疑理论是重要的，但如果要说在 19 世纪的物理教学中发现了什么的话，那就是在教授学生理论的同时，不应该让他们通过实验亲身熟悉物理现象。进一步说，一个理论除非建立在对物理现实的敏锐鉴别的基础上，否则它仅仅是纯粹数学的一种练习，甚

至可能不仅不会得到有价值的结果，还会妨碍人们对物理现象进行深入思考。

问题不在于纯理论本身，而在于理论家经常无法为他们的理论提供证据这个事实。[38] 因此，他希望哈佛能够招募米切尔。

威尔逊对凯恩斯就没有那么赏识了，他对凯恩斯的著作也只是有所了解。他回顾了凯恩斯的《论概率》(*Treatise on Probability*)，在这本书中凯恩斯试图为概率论提供一个公理基础。[39] 威尔逊的观点是，凯恩斯提出的公理比任何人提出的都好，但仍需进一步研究，因为它们并不理想。[40] 相比之下，威尔逊认为《货币论》是令人费解的，因为它不基于任何一致性假设。[41] 到 1937 年 2 月，也就是凯恩斯《通论》出版一年后，威尔逊仍然没有读过这本书，他也没想过会赞同它。他在给阿尔文·汉森的信中说，他在《政治经济学杂志》(*Journal of Political Economy*) 上读过汉森的评论，并且很喜欢其中的脚注 3。汉森当时在明尼苏达大学，但他很快就会来哈佛大学。[42] 在这个脚注中，汉森引用了凯恩斯对霍布森撰写的一本书的描述，"比一本愚蠢的书更糟糕的，正是这些聪明和断断续续的理性的特点，它们在过去产生了良好的效果"，他认为也可以这么评价《通论》。[43] 威尔逊认为，凯恩斯自己的观点比他对他人以及他人理论的陈述更有说服力，这一发现促使威尔逊反思社会科学中的一个普遍问题：社会科学家不应该像自然科学家那样试图表现自己的聪明和夸夸其谈，而是应该努力找出所有人都认同的东西。

我们迫切需要一本社会科学的百科全书，就像一本医学或物理学百科全书那样，主要用来告诉我们已知的东西，也就是说，人人都认可它，它已经在限定的条件下得到了充分证明……我想知道什么是已知的。虽然可能不多，但假如我们有了一些命题，我们就可以参考标准纲要，就像引用欧几里得的命题那样，从长远来看，这会让我们省去许多麻烦。[44]

社会科学包含了太多关于未来可能会知道的东西的猜测，凯恩斯倾向于这么做，但对既有的事实达成的共识太少了。[45]

两年后，威尔逊在写给他哈佛大学的前同事、公共财政专家查尔斯·布洛克（Charles Bullock）的信中说，凯恩斯的问题之一是他相信"他已经在数学上证明了政府支出和过度支出是不可思议的事情"，是和"竞赛经验"相反的主张。[46]威尔逊立即重申了他对经验之重要性的观点，他认为"经验似乎比理论更重要"。在公共支出方面，经验使他相信，尽管年轻人的情况可能有所不同，但老年人的支出超出收入并非好事，"不管一个杰出的经济学家想用可能无法验证的假设证明什么，他都需要求助于那些与事实相距甚远的长长的数学推论……即使他是从事实出发的"。尽管威尔逊并未贬低形式上的统计推断，但他对"经验"的论述提出了一个更广泛和更有弹性的概念，这可能会使所谓的"民间智慧"和任何可以在形式上被证明的命题一起成为证据。他似乎和马歇尔一样怀疑推理的"长链"，至少在那些假设并非建立在坚实的事实基础上的情况下如此。[①]这种观点使威尔逊确信凯恩斯一定是错的，尽管他承认自己尚未仔细阅读过《通论》。

---

① 具有讽刺意味的是，凯恩斯也持有类似的观点。参见胡佛（2006）。

萨缪尔森和威尔逊

尽管熊彼特对萨缪尔森很重要，但是，贯穿萨缪尔森著作的却是威尔逊式的态度。萨缪尔森应该感激威尔逊的地方不计其数。正是在芝加哥大学，他意识到数学对经济学的重要性。熊彼特鼓励他踏进数理经济学的乐土，里昂惕夫为他提供了持续的指导和建议，让他第一次得到关于数理经济学的训练。但正是威尔逊，而不是其他任何人，让他踏上撰写博士论文和《经济分析基础》（1947a）的道路。威尔逊教会了他如何严谨地进行数学分析，这是熊彼特甚至里昂惕夫都无法做到的。同样重要的是，威尔逊还塑造了他的经济理论概念。尽管不无礼貌成分，但我们没有理由质疑萨缪尔森在搬到麻省理工学院时写给威尔逊的信中所言：

> 我从您的建议中受益匪浅，也许比近年来从任何人那里的获益都多。甚至你对吉布斯热力学系统所做的偶然评论，也深刻地改变了我在相应的经济学领域的观点。[47]

威尔逊关于热力学的评论激励萨缪尔森更深入地研究这门学科。威尔逊还明确指出，向物理学习的价值在于，学习理解这两门学科共同的数学结构。这个观点在阅读布里奇曼的著作《物理理论的本质》（*The Nature of Physical Theory*，1936）时得到了强化，该书出版时萨缪尔森正在上威尔逊的课。萨缪尔森还从威尔逊那里学到了把经济理论建立在一套清晰的假设基础上的重要性，以及分析函数不一定平滑可微的一般情况的重要性。威尔逊敦促萨缪尔森分析有限变化，并像吉布斯那样，以和广义凸性概念相关的不等式为基础得出结论。[48]因此，威尔逊使萨缪尔森不再过分依赖基于微积分的方法。似乎也是威尔逊，把惠特克（Whittaker）和罗宾逊合著的关于数值方法的教科书《观测值的演算》（*The Calculus of Observations*，1926）推荐给了萨缪尔森，从而引导他广泛使用数学类型。这本书涵盖了许多萨缪尔森后来用于研究的方法：插值法、差分方程、行列式、线性方程、统计理论（线性回归与相关分析），重点介绍了求数值解的方法。[49]

虽然威尔逊促使萨缪尔森超越了自 19 世纪末以来通常与数理经济学联系在一起的基于计算的方法，但是威尔逊仍然只是一名应用数学家，他的数学概念是在世纪之交形成的。[50] 威尔逊对精确的论据孜孜以求，也未让萨缪尔森接触 20 世纪的数学，比如约翰·冯·诺伊曼和其他数学家应用于经济问题的方法。威尔逊拒绝接受拓扑学和现有证明，而受过不同数学训练的经济学家通常会求助于它们。萨缪尔森也很少使用拓扑方法，他主要依靠差分方程、微分方程，以及矩阵方法来分析方程组。萨缪尔森似乎秉持了威尔逊对精心设计的实证方法的怀疑。和他的导师一样，萨缪尔森也很重视米切尔等经济学家的数据密集型方法，其中对数据来源的重视不亚于对严谨理论的运用，而这一过于正式的统计模型，从 20 世纪 40 年代开始，在经济学中变得越来越普遍。但是，萨缪尔森在这方面的研究直到他离开哈佛大学后才有所进展。[①]

---

① 这将在本书第三部分讨论。

第 9 章

···◆···

建立联系

"通识"和麦迪逊暑期学校

萨缪尔森在哈佛的第一年是和他的"通识"测试相伴而过的。[①] 如果威尔逊的话可信，萨缪尔森此时因为测试而焦虑不安，那么这和他所谓的无限自信恰恰相反。[②] 萨缪尔森感到焦虑的部分原因可能是考试内容有点像中彩票，这是一场口试，考生被问到的问题完全取决于在场考官是谁。举个例子，如果碰上了张伯伦，学生只可能被问到一个话题：垄断竞争；如果碰上了门罗，被提的问题可能永远都离不开亚当·斯密。但无论如何，1936 年 5 月 18 日的考试进行得很顺利，主考官是熊彼特、里昂惕夫和西摩·哈里斯。最后，据说极富幽默感的熊彼特还扭头问里昂惕

[①] 哈佛也有语言要求。1935 年 11 月 5 日，他通过了法语阅读考试。1936 年 2 月 25 日，芝加哥大学裁定，他在芝加哥大学通过的一项阅读考试符合德语要求。［M. L. Ballard，March 4，1936，Letter to Miss Campbell，HUESR（PAS student folder）］

[②] 参见本书第 8 章。

夫："我们通过了吗？"[①]

　　萨缪尔森之所以能比惯例提前一年通过通识测试，部分原因是他在经济学上具备很扎实的本科教育基础。这意味着他可以在怀德纳图书馆（Widener Library）博览群书，他在那里的书库中找了一张桌子，继续钻研数学。他写道："我不用花几个小时去消化哈佛的讲座，而是可以自由选修微分方程、数值分析、应用理性力学和经典热力学方面的数学课程。"[1]还有一次，他参加了关于"真实变量、微分方程、傅立叶分析和变分法"的课程，但同样没有说明是谁在教他。[②][2]他在提到变分计算的有用性时说，变分学"由芝加哥大学的吉尔伯特·布利斯和格雷夫斯（Graves），以及哈佛大学的乔治·伯克霍夫（George Birkhoff）和赫斯坦斯（Hestenes）讲授"。[3]据此可以推断出，萨缪尔森上过马格努斯·鲁道夫·赫斯坦斯（Magnus Rudolph Hestenes）讲授的变分学这门课（Math 15），此时的赫斯坦斯是一名刚从芝加哥大学获得博士学位的年轻教师，他和伯克霍夫共同撰写了一篇关于变分法的文章，并在自己执教的第一年的下半年讲授这门课。[③]威尔逊必定知道伯克霍夫和赫斯坦斯对这个问题的研究，因为两人在他主编的《美国国家科学院院刊》上发过一篇文章，该文还被萨缪尔森引用了。很有可能是威尔逊将这门课推荐给了萨缪尔森。[4]

---

① 这句话一直被广泛引用，尽管人们通常认为它是熊彼特在 1941 年萨缪尔森做论文答辩时说的。但是，里昂惕夫并不在那场答辩现场。此外，这发生在萨缪尔森"通识"测试的背景下显得更有意义，当时萨缪尔森只有 21 岁，他的研究生学习也才刚开始一年。这句话符合熊彼特的幽默风格。罗伯特·索洛认识所有的相关人员，他们都相信这句话是真心实意说出的。

② 非数学家应该只会简单注意到，这些都是先进的数学方法，为许多工程师所熟悉，但当时很少有经济学家通晓它们。

③ 萨缪尔森上了这门课，这可以合理地解释他为什么用威尔逊的统计学课程来代替克拉姆和弗里希的后半部分课程，因为这门课程和后者的教学时间完全相同。

弄清萨缪尔森还学了哪些数学课程需要更多的推测，因为当被问及他的数学教育时，他喜欢强调自己自学的程度。他很可能在 1936 年秋季选修了伯克霍夫的微分方程课程，他选修的热力学课程很可能是 1936 年秋季珀西·布里奇曼（Physics 41a）开设的那门。① 在萨缪尔森就读期间，哈佛并没有人教傅立叶分析这门课，但在麻省理工学院有，也是在 1936 年秋季。如果萨缪尔森的确上过这门课，这可能是他和讲授这门课的数学家诺伯特·维纳（Norbert Wiener）最早的接触，维纳后来创办了自己的机构，并在控制论方面做了大量研究。②

但是，萨缪尔森对在芝加哥大学之后的数学教育，确有一部分是有记载的。1936 年，在通过"通识"测试后，他在威斯康星大学麦迪逊分校学习了一段时间。

> （玛丽昂）计划再次去麦迪逊的威斯康星暑期学校。我也意识到为了满足自己在数学上的需求，我必须到麦迪逊学习傅立叶分析。我住在兄弟会的宿舍里。她住在附近一个女生联谊会的房子里。那时候和现在不一样。（例如，我从未想过可以爬上惠特曼大厦一楼，那是玛丽昂在沃克街拉德克利夫学院的宿舍。汽车、公园长椅和昏暗的电影院对我们来说已经足够了。）5

---

① 这门课程隔年开课，所以它在 1937 年时并未开设。另一门热力学课程是专为本科生开设的《热与基本热力学》。考虑到萨缪尔森的自信和他迅速增长的数学技能，以及威尔逊前一年春天向他介绍了这门课程，他本可以选择布里奇曼更高级的课程。

② 萨缪尔森（1997c）说，他 1937 年就认识了维纳，还听过他的课，但萨缪尔森没有提供更多的细节。在《经济分析基础》（1947a，第 342 页）中，他在傅立叶分析的上下文中提到了维纳。

　　萨缪尔森忽视了另外一个因素，那就是那里会有一个经验丰富的女总管或女舍监，阻止男士进入大厦的某些区域。萨缪尔森选修的方程理论和解析函数理论（不是傅立叶分析）课程采用德语教学。玛丽昂也参加了德语教学课程，她上的是一门关于 19 世纪和 20 世纪文学的"快速阅读课"，从星期一到星期五，每天早晨 7 点半集中授课。这门课是在萨缪尔森被豁免德语考试之后选修的，这意味着德语是一门他打算使用的语言。玛丽昂和萨缪尔森共同参加了这门德语教学的课程，在上完这门课之后，玛丽昂会去上货币银行学课程，而萨缪尔森则去上由玛格丽特·沃尔夫（Margarete Wolf）讲授的方程理论课。沃尔夫是当时少有的几位取得数学博士学位的美国女性之一。[①] 根据课程简介，这门课涵盖了"线性方程组和行列式的应用"。沃尔夫和她的妹妹路易丝都于 1935 年在威斯康星州获得博士学位，她们的论文涉及矩阵代数。[②] 两年后，她和妹妹共同撰写了一篇论文，并提交给了美国数学学会（American Mathematical Society）。这篇论文讨论了线性矩阵方程解存在的充要条件的推导问题，以及确定解的个数的问题。[6] 虽然她所教的课程可能没有涉及这些问题，但她确实在研究萨缪尔森所研究的问题；结合萨缪尔森上个学期从里昂惕夫那里学到的知识，他们很可能深入思考过这个问题，也考虑过它和经济学的相关性。

　　学完沃尔夫 1 个小时的课程后，萨缪尔森接着去上赫尔曼·W. 马奇（Herman W. March）教的复变函数理论。马奇和威尔逊一样，都是应用数学家。1911 年，在慕尼黑攻读博士学位之前，马奇曾在普林斯顿大学做

[①] 格林（Green）和拉杜克（LaDuke）（2009）成功确认了在 1940 年之前有 228 名女性获得数学博士学位。

[②] 沃尔夫的研究成果以《非交换变量的对称函数》（Symmetric Functions of Non-Commutative Element）为题发表（沃尔夫，1936）。

过天文助理和1年的物理讲师。他的研究涉及液体流动和金属板在受力时的挠度——这两个问题在航空工程中都很重要，威尔逊也发表过与之相关的文章。值得注意的是，这涉及使用实验数据来获得微分方程的数值解，显示了数学的统一力量。在萨缪尔森升入哈佛大学二年级时，他的数学知识得到了显著增加。

效用测量

在哈佛的第二年，萨缪尔森完成了从为应付老师写论文到主动发表论文的转变。1937年2月，他的一篇文章发表在英国《经济研究评论》（*Review of Economic Studies*）上；同年5月，他的另一篇文章发表在哈佛大学的《经济学季刊》上。尽管他通过了"通识"测试，但他写这些文章时仍在上课。这一年他上的两门课将他引入了那些最终因他的研究而改变的领域，这两门课分别是国际贸易以及商业周期和经济预测。国际贸易由哈伯勒讲授，商业周期和经济预测在第一学期由熊彼特讲授，第二学期由熊彼特和哈伯勒共同讲授。伯班克教的公共财政，被他描述为实际上是反对公共财政的一门课程。此外，还有厄舍教的近代经济史，其中"近代"指的是从1450年开始，选修这门课大概完全是为了满足他的课程要求。①

萨缪尔森发表的两篇文章中的第一篇是《关于效用测量的一个注释》（A Note on the Measurement of Utility）。[7]他可能是在1936年参加完"通识"测试和麦迪逊的暑期学校之后写的这篇文章，并于这年秋季

---

① 萨缪尔森称刚到哈佛时，他就通过据理力争摆脱了盖伊教授的这门课；此时他选修这门课，很可能是为了满足经济史课的必修要求。

做了最后的修改。众所周知，人们通常不太可能得出唯一的效用测量方法。① 在这篇论文中，萨缪尔森表明，如果将一个人在一段时间内对金钱的支配行为做出一些看似自然的假设，就可能得出唯一的效用测量方法。他把这个问题简化成考虑一个持有一定初始货币的人的情形，因此，这个人必须在每个时刻做出花多少钱的决策。萨缪尔森假设任意时刻的效用取决于该时刻的消费，未来效用则以常数折现率折现，这反映了未来消费价值低于当前消费价值的假设。萨缪尔森证明，给定这组假设，如果我们知道一个人选择的消费时间路径，就有可能计算出对应的效用函数。②

虽然萨缪尔森证明了效用是可以测量的，但他接着指出效用的这种测量会受到"严格限制"，而且"几乎可以肯定的是，即便是从理论层面来看，未遵守限制也会损害效用"[8] 他的结果基于对效用的特殊假设，即任何时刻的效用都取决于该时刻的消费，而不是整个消费的时间路径。这就是帕累托颇受威尔逊诟病的"独立性假设"：它完全是武断的。萨缪尔森认为，更普遍的假设是，效用取决于一个人一生中消费的时间路径，但是这样的假设还不够具体，不足以得出任何有用的结果：关于效用如何与消费的时间路径相关并无先验依据，鉴于它依赖更高等的数学，因此，对它进行标准理论的简化处理基本不可能。[9]

萨缪尔森的数学分析就此戛然而止，然后他引用了人们并非如此行事的证据。随着时间的推移，人们通常会改变自己的消费决策，并

---

① 如果最大化某人的某个效用函数［假设函数为 $U(x)$，其中 x 是影响个人福利的所有因素］，那么函数 $2U(x)$、$3U(x)$ 等也会同时满足最大化。或者更一般的说法是，完全相同的选择对函数 U 的单调变化的影响是一致的。

② 其服从积分常数。这个问题的关键特征在于，效用函数满足叠加性可拆分——这是威尔逊在他的消费者理论文章中提出的假设。

意识到自己可能会冲动消费，从而开始规划不可撤销的信托，承诺通过人寿保险计划来储蓄。他声称，消费的时间路径取决于由"社会决定"的参数，如对声望的渴望、对寿命的预期、"个体经济活动的生命周期"，以及工业和金融的制度结构。他的结论是，进行整体分析是不恰当的。

> 即便是对这些问题进行概括，也只能从"历史"理论的角度来进行（这本身就是一种矛盾）。无论如何，这似乎是马歇尔所称的经济生物学领域的问题，强大的数学抽象工具对我们几乎没有用处，而直接研究这样的历史数据似乎更合适。[10]

"经济生物学"是熊彼特和威尔逊都会赞同的说法。但是，这并不妨碍萨缪尔森认为他的数学分析是有用的，效用是可以测量的。他所表明的是，效用测量需要使用"帕累托第二假设"，即个体之间的效用差异可以比较，这是他假设总效用是通过对不同时点获得的效用进行加总得到的而得出的推论。这正是威尔逊两年前所关注的问题，尽管他是在某一特定时点从对不同商品的需求角度来处理这个问题的。[11]

在文章的最后一段，萨缪尔森解释说，他正在测量的效用并不能测量个人福利。

> 总之，这里讨论的效用和福利概念之间没有任何关联。统计调查结果会对政策的伦理判断产生影响的观点，并不值得现代经济学家花太多时间深究。[12]

由于在此之前萨缪尔森并未提到福利问题，这个简短的段落似乎是后来他才想到加进去的，兴许是在最后一刻，他意识到如果缺了它，他的文章可能会引起误解，但如果此时再去修改前文又太迟了。尽管这里表述得很简洁，但萨缪尔森对这一点非常重视，因为这是他在《经济分析基础》（1947a）中提出的福利经济学方法的核心，也是他整个职业生涯中所坚持的。

戈特弗里德·哈伯勒

　　戈特弗里德·哈伯勒是为萨缪尔森在经济理论的不同分支之间建立联系的关键人物。他刚从维也纳大学来到哈佛，自 1928 年他就在维也纳大学执教了。"我第一次见到他的时候，"萨缪尔森写道，"我刚到法定投票年龄（21 岁）[①]，而他已经 36 岁了。他有着高大的身躯，手里提着公文包，穿梭在哈佛校园；他宽阔的前额显示他是一名教授，除了在网球场上，别的时候在我看来他都不算年轻。但之后，时间对他似乎静止了：我变老了，一批又一批的新生进入哈佛校园，只有戈特弗里德·哈伯勒一点也没变。"[13] 哈伯勒 1900 年出生在被萨缪尔森称为"哈布斯堡双重帝国精英统治下的大资产阶级"家庭[②]，父母均来自职业家庭。他曾在维也纳大学接受维塞尔和米塞斯的指导，并于 1925 年提交了他的学位论文。

　　这篇论文是为了取得他的学术职务而写的，并于 1927 年以《指数的意义》[*Der Sinn der Inxexzahlen*，（*The Meaning of Index Numbers*）] 为题

---

① 美国 1971 年的宪法修正案规定年满 18 周岁及以上的合众国公民具有选举权，而在此之前是 21 岁及以上的公民才具有选举权。——编者注

② 他把奥匈帝国称为"双重帝国"的说法并不完全正确，因为它既是一个帝国，也是一个王国。

发表，这是 20 世纪 30 年代初学界广泛讨论的一个话题。他成了国际贸易和商业周期领域的重要人物。1931—1932 年，哈伯勒曾担任哈佛大学的客座讲师，在这期间，他参加了由哈里斯基金会赞助的芝加哥大学研讨会，做了一场以"货币与商业周期"为题的讲座（1932）。第二年，他出版了一本关于国际贸易的书，1936 年出英文版时，萨缪尔森正在学习这门课。[14] 加入哈佛大学之前，哈伯勒曾在国际联盟工作，他撰写了第一版的《繁荣与萧条》（*Prosperity and Depression*，1937b），这是一本关于商业周期的理论概述。

萨缪尔森称赞了哈伯勒始终如一又兼收并蓄，小心谨慎又乐于接受新想法的态度。在把哈伯勒同另外两位奥地利经济学家进行比较时，萨缪尔森指出，哈伯勒比路德维希·冯·米塞斯和熊彼特更有想法，米塞斯"爆发而非反复思量"，熊彼特"闪闪发光"，哈伯勒则会提出各种想法和批评意见。[15] 哈伯勒也是一名天主教徒，他认识哈佛的所有奥地利移民，支持那些因为观点保守而不受欢迎的学者。萨缪尔森回忆说，如果阿瑟·伯恩斯（韦斯利·米切尔曾经的合作者）"在与剑桥的对话中处于劣势"，那么哈伯勒定会支持他。[16] 这种折中主义和他的维也纳背景相一致，哈伯勒跟随逻辑实证主义的发展，将这些发展与米塞斯和莱昂内尔·罗宾斯早期的方法论立场联系起来，他也遵循费利克斯·考夫曼（Felix Kaufmann）、特伦斯·哈奇森（Terence Hutchison）、珀西·布里奇曼和阿瑟·爱丁顿的方法论著作。由此可见，萨缪尔森认为哈伯勒对科学哲学的最新发展了如指掌。

这门课的内容非常重要，因为萨缪尔森不久后就撰写了第一篇关于国际贸易理论的极具影响力的文章。我们可以从两个来源推断这门课的内容：哈伯勒新近出版的《国际贸易理论》（*The Theory of International Trade*，1936），以及劳埃德·梅茨勒在 1938 年秋季哈伯勒的课上做的笔记。[①][17]哈伯勒在书中首先解释了为什么有必要把国际贸易和其他任何市场活动区别对待。他的回答是，生产要素——土地和劳动力——并没有从一个国家自由地转移到另一个国家。劳动力的流动存在物理屏障，例如运输成本，而资本流动的障碍则是不同的，因为在拥有不同法律、政治和货币制度的国家进行投资具有不确定性。然而，尽管国内贸易和国际贸易之间的差别可能很大，但这种差别只是程度上的。把国际贸易描述为国家之间的贸易可能是很常见的，但商品的购买和销售是由个人进行的，这意味着与国内贸易一样，国际贸易也会受到消费者偏好和企业成本的影响。[18]因此，哈伯勒认为有必要将不完全竞争理论和商业周期理论应用于国际贸易问题。[19]

和这本书一样，哈伯勒的课程也不像传统做法那样从纯粹的贸易理论开始，而是从国际收支和货币问题及转移问题开始，收支和货币问题包括金本位制、可变汇率制度的运行方式，转移问题则涉及货币从一个国家转移到另一个国家的机制（例如，1919 年后德国被要求支付给盟国政府的赔款）被转化为货物的转移问题。课程进行到一半时，哈伯勒转向纯粹的贸易理论，他建议学生们阅读里昂惕夫和伦敦经济学院（LSE）年轻的经济学家阿巴·勒纳近期的文章，以及阿尔弗雷德·马歇尔的经典论述。[20]梅茨勒记录道："纯粹的理论关注的是国际贸易的福利方面。"[21]它试图从非货币因素的角度来解释贸易的产生原因和贸易的商品标的。梅茨勒接着记下了一个有趣的观点："一个理论越普遍，它的赘述性（即同义反复）就越强，它对现实世界的描述就越少。"[22]哈伯勒首先运用供求理论分析贸易（引用了萨缪尔森在芝加哥大学的老师亨利·舒尔茨的

---

① 笔记的结构与这本书的结构非常相似，这表明哈伯勒确实极大地改变了自己对如何呈现这个主题的看法。1938 年的讲座引用了一些新材料，特别是瓦伊纳（1937）和萨缪尔森（1938f）的，但大部分的是哈伯勒在写这本书之前就已经熟悉的。

话，舒尔茨曾试图测量需求曲线），然后批评它是一种孤立地考虑单个市场的局部均衡理论。[23] 接着，哈伯勒又发展了一种一般均衡理论，该理论将所有市场放在一起考虑，发展了比较成本理论——贸易的标准解释——包括生产成本随产量增加而下降的情况。

人们普遍认为，比较成本是两个国家商品生产成本的比率，它只是确定了国际贸易商品的相对价格必须下降的限度。自 19 世纪初以来，人们就知道，只有在没有贸易的前提下，且两国面临不同的比较成本时，两国之间的贸易才是有利可图的，因为正是价格差异刺激了贸易。哈伯勒（1930）曾指出，生产一种商品的成本可能会随着该商品产量的增加而增加，这意味着每个国家的比较成本将随着该国利用国际贸易调整生产而发生变化。例如，假设在自给自足的情况下，一国额外生产一卷布需要消耗 100 磅小麦，而在世界其他地方，一卷布的价格是 150 磅小麦，则该国的比较成本不同于世界其他地方。但是，如果该国利用其生产布料的能力，以比世界其他地区更低的成本生产布料，并增加其布料产量，以换取更便宜的小麦，那么生产这种布料的成本可能会升至 150 磅小麦。[24] 在贸易之后，两国的比较成本是相同的，相对价格也是相同的。

哈伯勒用一种几何图案来表示这种情况，他称之为"替代曲线"。一个国家的资源是既定的，因此存在它所能生产的商品的最大数量。如果存在专业化，边界线和坐标轴相交的点就给出了可能的产量。在这两者之间，如果成本不变，边界是直线；如果成本上升，边界是凸的（见图 9–1）。这并没有解释在自给自足的情况下或在国际贸易的情况下生产将在什么时候发生，但它确实为研究成本和商品供给提供了一个框架。尽管后来的研究者建立了这种关联，但是哈伯勒并未在他的书中使用无差异曲线来表示经济的需求侧，当他想研究供给和需求关系时，他使用了供给曲线和需求曲线。因此，没有理由怀疑萨缪尔森后来的记忆，即哈伯勒反对在他的讲座中使用无差异曲线。

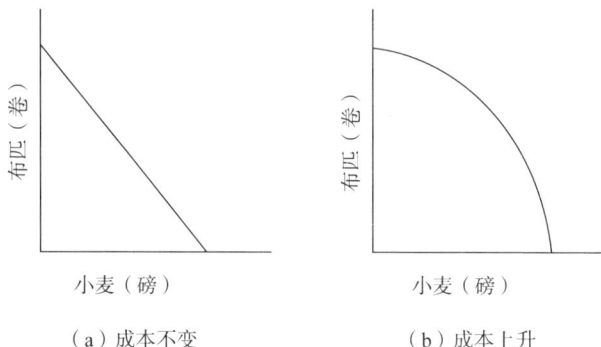

（a）成本不变　　　　　　　　（b）成本上升

图 9-1　哈伯勒的替代曲线

注：小麦和布料的相对成本用曲线的斜率表示。当小麦产量上升、布料产量下降时：（a）为获得额外 1 磅小麦而放弃的布料数量不变；（b）为获得额外 1 磅小麦而放弃的布料数量上升。

资料来源：哈伯勒（1930，第 357、359 页）和哈伯勒（1936，第 176 页）

　　12 月，哈伯勒转向了贝蒂·俄林（Bertil Ohlin，1933）的著作，俄林因被萨缪尔森视为国际贸易中"赫克歇尔-俄林"理论的创始人之一而闻名于世，萨缪尔森认为俄林是将区位理论和国际贸易中的商品供给相结合的第一人。在讨论俄林的过程中，哈伯勒考虑了国际贸易对要素价格的影响，他注意到特定出口行业的要素价格会上升，而特定进口行业的要素价格则会下降。但是，劳动力"从长远来看，没有什么好担心的——如果它是流动的 !!!"[25] 梅茨勒的笔记中明确写道，在短期内，固定的劳动力有很多方面值得顾虑。

　　哈伯勒课堂上的结论与他在书中对贸易政策的立场是一致的。哈伯勒意识到为应对 20 世纪 30 年代的大萧条而广泛征收关税给世界经济带来的问题，他坚定地支持自由贸易，认为反对保护主义的流行观点很重要。他认为需要重点反对的一个论点是关税可以用来维持工资：

> 在高工资的国家，尤其是在美国、英国及其属地，"穷汉-劳工"的论点很受欢迎。外行人对这样一种说法印象深刻：如果没有美国关税的保护，面对工资只有美国一半或不到一半的亚洲和欧洲国家的竞争，美国工业要想扩张是不可能的。[26]

这种观点是错误的，因为除非劳动力从一个国家转移到另一个国家，否则商品贸易不会带来工资均等化。哈伯勒继续说：

> 然而，认为国与国之间的商品贸易导致要素价格（尤其是工资）均等化的说法，从根本上看是错误的。只有当劳动力具有流动性，并且能够从工资较低的地区转移到工资较高的地区时，工资均等化才会实现。[27]

提高工资的方法不在于对商品征收保护性关税，而在于禁止移民。哈伯勒称，通过关税抵制其他国家的低成本，从而确保"公平"竞争是一种"愚蠢的想法"。[28] 工资上涨是因为美国的工业生产效率更高。关于这个问题，萨缪尔森很快写了一篇讨论文章，这篇文章成了他被引用最多的文章之一。[29]

不可避免的是，考虑到20世纪30年代的事件（大萧条），以及他将贸易理论与政策联系起来的目的，哈伯勒还对把关税作为降低失业率的一种方式做了讨论。这让他开始讨论不同类型的失业问题，比如劳动力的固定性和工资弹性等，甚至涵盖了理查德·卡恩（Richard Kahn）的乘数理论和凯恩斯的各种观点。哈伯勒承认关税可以降低失业率，但有充分的理由选择其他解决方案。例如，在写到行业失业率的一个特定分支时（或许是考虑到英国纺织和造船等行业的失业问题），他总结说，最好的解决方案是"在没有任何干预的情况下，等待过渡到充分就业，或者可能通过培训等方式，帮助失业者在其他地方找到工作"。[30] 他对关税的强烈反对在以下这句话中表现得更加明显："但是，用提高关税这种炸药来应付经济进步的不利方面，无异于破坏经济进步本身。"毫无疑问，哈伯勒是反对使用关税的。

国际联盟于 1936 年 6 月在日内瓦召开了一次会议，会上讨论了《繁荣与萧条》这本书，将其视为一项重要的研究。[31] 哈伯勒认为，可以通过协调欧洲和美国许多研究商业周期的经济学家的工作来取得进展，因此，在日内瓦会议和维也纳商业周期研究所常设委员会会议之间，在法国安纳西举行了另一场会议，目的是讨论鼓励合作开展商业周期研究的优点。[32] 这本书的结构使哈伯勒的研究方法一目了然。第一部分首先提供了一个关于周期理论的综述，主要根据涉及的因果机制进行分类：把周期解释为货币政策结果的理论；"过度投资"理论，其把周期和投资水平处在不可持续高位的时期（由于货币政策或创新步伐的不均衡所致）连在一起；聚焦于不同部门生产成本变动或债务水平过高的理论；消费不足理论，其把危机归咎于可能由利润过高导致的消费者需求不足；"心理学理论"，其基于以投资为核心的商业心理学超出了经济分析的范畴这一假设；以及把周期和农作物收成联系在一起的理论。用萨缪尔森的话来说，每一种理论都被置于"哈伯勒的显微镜下"。[33]

哈伯勒一开始是米塞斯-哈耶克关于货币扩张周期的投资过度理论的支持者，根据该理论，在低利率的驱动下，投资过度是经济繁荣的原因，但这些低利率导致了经济的结构性失衡，只有通过一段时间的收缩才能得到纠正。但是，到 1930 年左右，哈伯勒开始对这种观点持批评态度，主要是因为它无法解释经济为何出现衰退，从而无法解释为何萧条不可避免。哈伯勒认为，这一理论也许有助于解释经济周期的扩张过程，但它既不能解释萧条，也不能阐明如何应对萧条。哈伯勒采取了折中的观点。尽管他并未完全舍弃消费不足理论，即过度储蓄导致总需求不足的理论，但他承认，有时也可能会出现对消费品的需求不足的情形，他甚至在凯恩斯的《通论》中发现了一些有价值的观点。《通论》于这一年（1936 年）2 月出版，比《繁荣与萧条》的定稿早了几个月。

不可思议的是，这些思想并未出现在萨缪尔森的课上：除了获得国际联盟的认可外，《繁荣与萧条》是有关商业周期理论最新的重要出版物，它反映了过去 3 年的广泛争论。此外，尽管这本书未能说服所有人（哈耶克发现许多段落不尽如人意，剑桥大学的经济学家称应给凯恩斯的思想更多的关注），但它确实向学生们介绍了最新的理论发展。

这本书有三个方面值得注意。第一个是萧条问题——这显然是经济学家在 20 世纪 30 年代面临的最重要的"宏观经济"问题——必须在商业周期的背景下考虑。[①] 因此，哈伯勒在《繁荣与萧条》的第二部分开篇中写道：

> 经济学家们普遍认为，若要对经济萧条的反复发作、严重的经济或金融危机等问题，进行卓有成效的讨论，不可能跳开由它们所构成的主要问题，即商业或贸易周期问题；它意味着一种影响整个经济系统的波动。[34]

尽管哈伯勒可能夸大了人们在这一点上的共识程度（凯恩斯在其《通论》中采取了不同的立场），但它值得予以强调，因为它表明在萨缪

---

① "宏观经济"一词加了引号，以表示该词在当时还不是一个常用术语。

尔森还是学生时，宏观经济问题通常是如何解决的。因此，当萨缪尔森在 1945 年开始撰写教科书导论时，他把商业周期理论放在就业理论之前，也就不足为奇了。[①]

第二个是哈伯勒的批评者大都赞成的一点，即关于周期的讨论是否应该分为四个标题来组织，每一个标题对应周期的一个具体阶段：扩张；衰退和萧条；收缩；然后上升，或者复苏。[35] 这是一种可以简化周期问题的方法，它孤立了无法达成共识的观点。哈伯勒曾希望分歧只局限于出现转折点的原因上，但事实并非如此，因为对于收缩是否应被视为失衡也存在分歧。

最后值得注意的一点是哈伯勒对"加速数"（accelerator）概念的重视，"加速数"即投资水平与产出增长率成正比，因此投资波动比产出波动大得多的原理，这个概念在 20 世纪 30 年代初引起过广泛讨论。[②] 事实上，哈耶克批评哈伯勒过于重视这个概念。[36] 鉴于哈伯勒的书中对加速数的讨论比他早期的草稿更详细，在他教授萨缪尔森的时候他显然认为加速数很重要，而且他认为这个话题相对比较新鲜。哈伯勒对加速数与乘数相互作用的态度表现在他对罗伊·哈罗德（Roy Harrod）的《贸易周期》（*The Trade Cycle*，1936）的回应上。这本书以乘数-加速数原理相互作用为中心，在《繁荣与萧条》出版时才印行，但是哈伯勒在《政治经济学杂志》上评论了这本书，他说：[37]

---

① 参见本书第 25 章。

② 如果资本存量（建筑、厂房和机器、运营资金）和产量之间存在固定关系，那么投资（资本存量的增加）应该和产出的变化成正比。哈伯勒引用了约翰·莫里斯·克拉克、西蒙·库兹涅茨、庇古、罗伊·哈罗德、韦斯利·米切尔、丹尼斯·罗伯逊和阿瑟·斯庇索夫（Arthur Spiethoff）等人的例子，他们都是新近使用这一概念的学者。

　　哈罗德先生没有意识到，或者说至少没有提到，"关系"（加速数）和"乘数"之间的这种相互作用并不是一项新发明，它可以追溯到"乘数"一词诞生之日（1931 年）。事实上，这是几乎所有贸易周期理论的共同特征。[38]

　　哈伯勒把这个想法——尽管措辞不一样——归功于维克塞尔及其追随者约翰·莫里斯·克拉克和萨姆纳·斯利克特（Sumner Slichter）。他强调了它和其他周期理论的兼容性，在一个有趣的脚注中，他指出了时间滞后对乘数–加速数原理的重要性，并对哈罗德不愿采纳这种滞后进行了批评。[39] 当萨缪尔森开始撰写有关商业周期的文章时，尽管他的直接灵感来自阿尔文·汉森，但他的立场却和哈伯勒非常相似。

国际贸易理论和消费者理论

　　哈伯勒的课对萨缪尔森很重要，因为它提供了一些问题，让萨缪尔森可以用上他在别处学习的经济理论和数学知识。特别是，他可以把从威尔逊那里学到的数理经济理论与哈伯勒在课上提出的问题联系起来。1937 年初，萨缪尔森写了一篇论文，这篇论文涉及哈伯勒的国际贸易课上的某个主题，即转移问题，或者说从一个国家到另一个国家的支付如何转化为商品和服务的流动问题，这方面的典型例子是第一次世界大战后的德国赔款问题。这篇论文的题目是《单方面支付对国际贸易项目的影响》（The Effects of a Unilateral Payment on the Terms of International Trade），于 1937 年 4 月完成。

　　以哈佛大学的弗兰克·陶西格为代表的古典经济学家认为，国际收支调整是通过价格变化来实现的。这是一个重要的问题，在 20 世纪 20 年代初，弗兰克·陶西格的一些学生，包括萨缪尔森的两位老师雅各布·瓦伊纳和约翰·威廉姆斯，都写过论述这种调整是如何在 19 世纪的金本位制度下发生的论文。根据数量理论，价格取决于流通中的货币数量，货币从一个国家（这里假设是德国）转移到另一个国家（这里假设是法国）会压低德国的物价，推高法国的物价。这将产生两个影响。首先，这些价格的变化会使贸易条件恶化，因为德国将不得不出口更多的商品来支付相同的进口数量。其次，由于德国商品现在变得更便宜（由此更具竞争力），德国的出口应该会出现上升，进口则会出现下降。这些变化的规模将取决于需求的弹性，即出口和进口对相对价格变化的反应。这一点至关重要，因为正如凯恩斯在其颇具影响力的著作《和平的经济后果》（*The Economic Consequences of The Peace*，1919）中所指出的那样，如果需求弹性很低（正如他所认为的那样），德国将无法获得减少外债所需的出口盈余。这是他认为在凡尔赛宫确定的解决方案行不通的主要原因：即使德国想要偿付赔款，它也偿付不起。贝蒂·俄林对凯恩斯的分析提出了质疑，他认为这种分析忽略了一个重要问题：进口需求不仅取决于价格，还取决于收入；转移支付会减少德国的收入，增加法国的收入。[40] 因此俄林称，即使需求弹性为零，德国的进口也会下降，而法国的进口则会增加，由此便产生了必要的调整。

　　萨缪尔森在这篇论文中对收入效应颠覆了传统（古典或新古典）贸易理论的说法提出了质疑。[41] 他的目的是想表明，即使经济学家得出了不正确的结论，也并不代表理论本身是错误的——这些结论之所以不正确，是因为理论家的推理不够严谨。为了提供解决争议所必需的严谨性，必须借助于代数，因为问题复杂性意味着"直觉是不顶用的，就像通常的图示一样"。[42] 萨缪尔森通过观察两个个体之间以货易货问题的相似性来解决这个问题，这是他在威尔逊使用的阿瑟·鲍利的《经济学的数学基础》一书中遇到的。萨缪尔森简化了这个问题，他假设有两个国家，每个国家生产固定数量的单一商品（例如茶和咖啡），然后进行贸易——这个假设对任何贸易理论家而言都是合理的。他将一种商品（例如咖啡）的价格设为 1，这样就可以用咖啡的价格来标示茶的价格。假设两国消费的茶和咖啡的比例取决于这个价格，他就能证明他的模型中的 5 个变量（每个国家消费的茶和咖啡的数量，以及茶的价格）都取决于两国之间的商品流动。

利用微分学、"线性方程的基本定理"和关于消费者偏好的假设，萨缪尔森证明了转移支付的变化取决于茶和咖啡的消费对两国收入变化的反应——这是经济学理论无法解释的。因此，尽管他相信陶西格和瓦伊纳的古典贸易理论是正确的，但俄林等批评人士称，即使贸易条件没有任何改变，也可以对转移支付进行调整，这种说法是正确的。①

萨缪尔森把论文提交给了瓦伊纳主编的芝加哥大学的《政治经济学杂志》。这样看来，瓦伊纳很可能是这篇论文的第一个读者，因为萨缪尔森事先并没有让他的哈佛老师审读过。[43] 这或许是因为，他认为熟悉数学的威尔逊不熟悉贸易理论，而哈伯勒则不重视数学或不使用无差异曲线。虽然里昂惕夫本可以成为一个理想的读者，但没有证据表明他当时读过这篇文章。萨缪尔森直接把论文交给了瓦伊纳，也可能是出于他的自信。但是，瓦伊纳驳回了这篇论文，理由是"根据你的假设，没有人会对你得出的结论持有异议，因此，你的文章并未触及仍然存在争议的问题"。[44] 萨缪尔森宣称，虽然里昂惕夫证明了一个类似的结果，但他自己并非在以货易货贸易的背景下做的分析，但瓦伊纳根本不考虑这种说法，他认为这并不足以证明刊登这篇论文的合理性。萨缪尔森必须对他声称自己正在纠正

---

① 这个解释是简化了的，它忽略了净易货贸易额和总易货贸易额之间的区别，萨缪尔森对此进行了详细讨论。

的错误有一个更清楚的认识。不过，瓦伊纳也并未把萨缪尔森彻底拒之门外，他说如果萨缪尔森去掉"过分复杂的数学和图形材料"，然后证明自己的结论即使在存在国内商品（不参与国际贸易），且生产者和消费者的无差异曲线未出现异常的情况下也能成立，他便会考虑予以发表。

　　这篇未发表的论文显示了萨缪尔森在 1937 年春天所处的阶段。他对消费者理论有很好的理解，并且可以把它应用于国际贸易领域。他的问题在于，虽然他理解移转支付问题，但他并不了解这个领域的最新进展，这也导致该篇论文中完全没有参考文献（除了鲍利的教科书）。瓦伊纳等贸易理论家可能并未如萨缪尔森认为他们本该做的那样严谨地研究这一问题，但是为了严格解决问题而被萨缪尔森简化掉的部分，则是他们所看重的。

　　萨缪尔森这篇论文所采用的方法是，将不常用的数学技巧（包括前一年夏天他在威斯康星州学到的线性代数）运用于他认为很混乱的一些文献。他这篇论文选择的是哈佛经济学家们（哈伯勒、里昂惕夫、威廉姆斯和退休的陶西格）都在积极参与的一个话题，而且他的老师们正在向他介绍这个话题使用的最先进的技术。但是，这个优势并不足以让他充分理解该文献。瓦伊纳在论文上的批注表明他完全明白萨缪尔森运用数学的意图，尽管如此，他仍然不认为这篇论文值得发表。[1] 瓦伊纳还指出萨缪尔森在经济分析上的主要局限性。萨缪尔森解释说，他是在比较两种具有不同转移支付的系统（后来被称为"比较静态分析"），但瓦伊

---

[1]　萨缪尔森通过对一组关于转移支付的微分方程得到了另一组方程，他称之为线性方程。瓦伊纳对此提出质疑，但随后又划掉了他的疑问，他大概意识到，尽管萨缪尔森并未言明，但萨缪尔森在均衡点附近做了线性近似处理。萨缪尔森的论文快收尾时的结论严格来说只适用于均衡点附近邻域，可以很容易地沿着指定路径由积分进行泛化处理，瓦伊纳指出这是一种误导。尽管萨缪尔森可能是一位更优秀的数学家，但瓦伊纳仍能理解他在数学论证上的技术性细节。

纳却认为，他还应该考虑一个系统是如何转向另一个系统的（动力学问题）。总之，瓦伊纳认为萨缪尔森的论文缺乏说服力，而这并非因为他的保守和对数学的敌意。[45]

　　这篇关于转移问题的谈不上成功的论文，并不是萨缪尔森参加哈伯勒课程的唯一成果。由于哈伯勒的一段论述被证明对推动消费者行为理论很重要，因此，他的名字很快就和消费者行为理论紧密联系起来。哈伯勒的替代曲线（见图 9-1）描述了经济的供给面，显示了给定的可用资源所能生产的两种商品的组合。发展一个可确定替代曲线上的一个点的完整理论，必须要有一种需求理论，包括哈伯勒的同事里昂惕夫在内的一些经济学家，已经借助无差异曲线这一分析工具了。也就是说，消费者会选择替代曲线上能使他们达到可能的最大值的无差异曲线的一点，即图 9-2 中的E 点。由于无法接受无差异曲线具有图 9-2 所示的形状，哈伯勒拒绝迈出最后一步，这意味着他不能解释应该在替代曲线上选择哪一点。

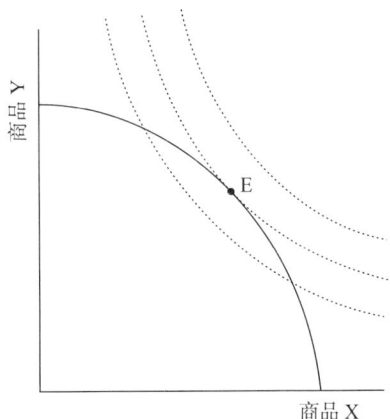

图 9-2　消费与生产的均衡

注：无差异曲线是等效用线。如果消费者喜欢更多的东西，远离原点的无差异曲线表示的效用比靠近原点的无差异曲线更高。关键假设是它们具备这里所示的曲率。

这种方法的问题在于，即使个人的无差异曲线表现良好，也没有理由令一个国家——由不同的个体构成的集合——拥有满足所需属性的无差异曲线。并无严格的理论依据可以把一个国家当作一个人来对待。哈伯勒不仅对这一点持怀疑态度，而且他对无差异曲线的使用也持怀疑态度，他怀疑这些曲线是否具备确保均衡所需的性质。

萨缪尔森称，正是哈伯勒的质疑使他找到了一种简化消费者理论的方法，这种方法通过观察指数理论的关联来实现，哈伯勒的博士论文就是基于指数理论撰写的。萨缪尔森写道：

> 我自己在这个方面的研究是因哈伯勒教授对我说的一句话而萌发的。那是 1936 年在哈佛大学他的国际贸易研讨会上，他问："你怎么知道无差异曲线是凹的？"我迅速反驳说："如果不是的话，你的整个指数理论就毫无价值了。"后来我开始思考这个回答的含义（忽略它的措辞不够准确这一事实）。在读了里昂惕夫教授对无差异曲线的分析后，我突然意识到我们可以舍弃几乎所有的效用概念：从需求一致性的几个逻辑公理出发，我就可以得出整个行之有效的效用分析推论。[46]

哈伯勒的指数理论关注的是，当不同商品的价格以不同的数量（幅度）变化时生活成本的变化。[47] 目前的标准做法是使用所有价格变化的平均值，按所购买的不同商品的数量进行加权计算。但是，如果人们通过改变消费数量来应对价格变化（他们可能会倾向于少买那些相对于其他商品而言已经变得更贵的商品，而多买那些变得更便宜的商品），权重的选择将是不明确的：是采用价格变动前的购买数量（拉氏指数），还是采用价格变动后的购买数量（帕氏指数），或者干脆使用其他指数？哈伯勒的解决方案源自英国经济学家弗朗西斯·埃奇沃思。哈伯勒认为如果价格发生了变化，生活成本的"真实"提高将是一个人在对新旧价格漠不关心的情况下，其收入必须增加的数额。他认为，拉氏指数和帕氏指数限制了"真实"的生活成本。哈伯勒的研究结果很快成为许多一流经济学家必须参考的大量研究文献之一。[48]哈伯勒的双重条件要求拉氏指数大于帕氏指数。他认为，尽管这未必是真的，但它很可能是真的，因为如果某些商品的价格相对于其他商品的价格出现下跌，这些商品的消费数量很可能会下降。[49]他是推导出这个结论的少数经济学家之一，尽管不同的经济学家以不同的方式进行推导。例如，伦敦经济学院的罗伊·艾伦利用无差异曲线是凸的假设推导出了它，但是哈伯勒却反对这一假设。[50]

萨缪尔森的一番言论很重要，因为它清楚地表明，尽管萨缪尔森和威尔逊一起严格地研究消费者理论，但是他把无差异曲线分析和里昂惕夫联系在了一起。他一直在积极地思考消费者理论，写了一篇即将发表的论文；作为萨缪尔森指数研究论文的指导教师，哈伯勒的话让他意识到，他可以比其他人走得更远，且能够证明消费者理论可以简单地从对消费者选择的观察中得出。[①]正如在国际贸易方面的研究一样，萨缪尔森也在不同课程的材料之间建立了联系。尽管很久以后他写道，显示性偏好理论是他在与哈伯勒的交流中诞生的，但是，在他关于这个问题的文章发表前，两年的时间里发生了许多事情。[51]

资本理论

学年结束时，萨缪尔森发表了第二篇文章，不是关于消费者理论的，

---

① 萨缪尔森的第一篇论文（即本章第一节中讨论的那篇）发表于 1937 年 2 月，这意味着它可能是在同哈伯勒交流之前写成的，因为课程最后涉及了纯贸易理论。

而是关于"纯资本理论的一些方面"。[52] 资本理论在 20 世纪 30 年代是一个被广泛讨论的话题，主要是因为弗里德里希·哈耶克用它来解释大萧条。[53]1930 年时哈耶克是凯恩斯的主要反对者，他将商业周期归咎于过度扩张的货币政策，并用资本和生产理论解释为何经济低迷会导致混乱和失业，而不仅仅是导致价格下跌。他的观点是，繁荣时期的低利率会诱使企业投资于过度资本密集型的生产方式；当利率最终上升、经济发生衰退时，企业会发现自己被那些不再有利可图的生产过程所拖累，并关闭工厂。萧条和失业会持续下去，因为组织新的、资本密集度较低的生产过程需要时间，而这些生产过程在利率较高的情况下可能有利可图。

哈耶克是这种观点的主要支持者，他对缓解经济衰退的措施采取了强硬立场，当然也有不少人持有这种观点，比如在汉森和熊彼特对周期的分析中，不同程度上都可以找到它的踪迹。对萨缪尔森来说，重要的是，资本理论是他在芝加哥大学的偶像弗兰克·奈特广泛著述的主题之一，他对哈耶克的观点提出了挑战。哈耶克认为，资本存量可以用单一的量级表示，即"生产周期"——从投资一个项目到获得回报的平均时间。[①] 资本理论也是利率理论的核心，对此奈特和熊彼特持相反的立场。鉴于萨缪尔森两位最重要的老师正在争论这个话题，他难免也会卷入其中。

尽管萨缪尔森提到了资本理论，但是他并未深入到卷帙浩繁的资本理论文献中。相反，他在纯理论中解决了一个更为独立的问题：一家进行投资的企业应该追求的目标。他的出发点不是哈耶克的观点，也不是

---

① "短期"生产的一个例子是，使用工人的铁铲修建一条运河。一个较长的生产过程首先需要制造机械挖掘机，然后用它们来挖凿运河。更长的生产过程可能包括设计和制造机械挖掘机的机床，然后挖凿运河。如果利率很低，采用这种较长时间的程序可能更有效率和更有利可图；而利率较高时，建造额外资本设备（机床和挖掘机）的成本很高，这可能意味着这些方法比仅仅使用铁铲挖运河要昂贵得多。

那些用资本理论讨论商业周期的人的观点，而是一篇由一位相对不知名的经济学家撰写的文章，作者仅比萨缪尔森年长 5 岁，他叫肯尼思·博尔丁（Kenneth Boulding，1910—1993）。博尔丁是英国人，1931 年从牛津大学毕业。在牛津大学毕业一年之后，他获得联邦奖学金到芝加哥待了两年，1933 年秋开始在哈佛大学和熊彼特一起工作。[54] 他和奈特相遇并开始了争论。萨缪尔森也在那里，但没有证据表明他们打过照面。

博尔丁撰写《单一投资理论》（The Theory of a Single Investment，1935）一文的目的是，扩展企业随时间推移而变更决策的理论。他指出，利润最大化理论可应用于任何由单一收入账户确定的活动，这可以是整个企业，也可以是企业的内部活动。如果有一个单一账户（即使是名义上的），所有的收支都要经过这个账户，那么这个账户即可被视为一笔单一投资，利润最大化理论同样适用于此。博尔丁对不确定性做了抽象处理，他主张理性的、有远见的投资者应该进行投资，以使投资的内部收益率最大化。内部收益率是指使投入现值等于产出现值的贴现率。利用这个结果，他推导出了静态条件下的动态等式，即边际成本等于边际收入。①

萨缪尔森采用了博尔丁的"单一投资账户"方法，但对更一般的假设进行了数学推导。他假设收入流和支出流的时间路径可以是任何模式，而不仅仅是博尔丁假设的简单情况，利息可以采取连续复利或在每个时期结束时计算复利，利率也可能随时间推移而变化。这样做的一个结果是，内部收益率可能不存在，也可能不是唯一的（可能存在多个利率，在这些利率下，投资的净现值为零）。萨缪尔森随后引入了市场利率理论，认为博尔丁关于企业应该最大化内部收益率的结论是错误的。他认为：

---

① 现值最大化的方法虽然并不总是，却经常等同于欧文·费雪和凯恩斯所采用的更常见的方法，即使投资回报率和利率相等。

> 给定一个所有人都可以借贷的利率……每个企业家将选择变量
> 被控制的那个值，该变量使投资账户的收入流按市场利率计算的资
> 本总额现值最大化。[55]

正如他所指出的，这是一个众所周知的结果。他认为，博尔丁只是
假设而不是证明了他的结果。

萨缪尔森的这篇论文的处理方法形成了一种新研究模式的一部分。他
使用了比当时正在使用的更多的高等数学——他从威尔逊那里学到的数学
（他引用了威尔逊的《高等微积分》，以及威尔逊推荐的惠特克和罗宾逊的
教科书）——因此，他能够分析一种更普遍的情况，从而减少了他认为的
相关文献中的混乱。[56] 换言之，他确实认为博尔丁有了一个好想法，但还需
要使用更高级的数学方法来处理。在同博尔丁商榷时，他就像是在应付一
个其观点被奈特批评过的人；当萨缪尔森注意到内部收益率（即使确实存
在也可能）并非唯一时，他很可能想到了奈特。[57] 此外，尽管这篇文章的焦
点是博尔丁，但萨缪尔森也瞄准了一个更大的目标——约翰·梅纳德·凯恩
斯。《通论》中有一章是关于"自然利率"的，这些利率按照不同的商品来
计算。萨缪尔森在论文的附录中指出，凯恩斯有关自然利率的说法完全是
错误的，因为在这些利率中，使用哪一种利率并无什么区别；使一项投资
的货币价值最大化的投资政策，也会使它在其他任何商品中的价值最大化。
这是萨缪尔森通过提高数学分析水平，来消除文献中的困惑的又一个例子。
它也表明了萨缪尔森对奈特思想的赞同，以及他对凯恩斯的批判立场。

艾布拉姆·柏格森和福利经济学

萨缪尔森在研究生院有一个朋友叫艾布拉姆·伯克（Abram Burk），

他比萨缪尔森大一岁，于1933年来到哈佛大学研究生院，当时陶西格还在任教，与此同时，他的哥哥也在这里学习物理学。作为俄罗斯犹太移民的后裔，古斯·伯克（Gus Burk）对其姓氏无法立即体现自己的血统感到不满，因此通过法律将他们的姓氏改为柏格森。[58]萨缪尔森是艾布拉姆·柏格森诉说的对象之一。"萨缪尔森，你不觉得有些人会认为我是在蹭伟大的法国哲学家亨利·柏格森（Henri Bergson）的名气吗？"他问道。萨缪尔森向他保证，这几乎是不可能的。

柏格森和萨缪尔森一起上过一些课程，他们发表第一篇文章的时间只相隔几个月，一个在1936年10月，另一个在1937年2月。[59]这些文章都涉及效用测量。他们都从挪威经济学家拉格纳·弗里希提出的一种测量效用的方法入手。弗里希是计量经济学会的主要人物之一。他们虽然专注于不同的问题，但得出的结论却是一致的：特定的效用函数假设形式毫无根据，而这却是弗里希提出的方法所必需的。

在发展与消费者理论和指数理论相联系的概念时，柏格森比萨缪尔森更进一步，后者只是简单提到这个想法而没有给出解释。在萨缪尔森的建议下，柏格森尤其关注"支出比例"的问题，弗里希一年前发表在《计量经济学》（Econometrica）杂志上的指数理论述评文章中提出了该问题。[①][60]虽然弗里希很重视这个问题，但柏格森强调这是一种特例，因为如果这是真的，拉氏指数和帕氏指数将会相同，而这两者被认为是实际收入指数的上限和下限。[②]柏格森并未就效用（这个词被用来指代福利）的含义发表评论，但鉴于他称弗里希所说的值可以计算"在任何意义上都不能被认为是对实际货币效用的测量"[61]，他可能认为没有必要这么做；如果弗里希

---

① "支出比例"意味着，为了使效用保持在相同水平，在一系列价格变化的同时，总支出也必须跟着变动，而不管人们一开始是高支出还是低支出。

② 本章前面已经讨论过这些指数，参见柏格森（1936，第42页，脚注1）。

的测量标准未能测量实际货币效用，那么更不用说它对福利的影响了。

　　萨缪尔森的第一篇文章没有讨论福利，除了最后一句话，他认为效用和福利之间没有任何联系。[62] 他在一年后发表的一篇论文的结尾说了几乎同样的话：

> 最后，我想表达我的个人观点，除了揭示传统理论给这些不同学科带来的困惑外，这里所说的消费者行为领域的任何内容，都不会以任何方式影响或触及福利经济学问题。[63]

　　几乎可以合理推测，这些简短评论是对柏格森文章的回应，它写于柏格森的文章发表不久，也可能是在同一时间。[①]

　　这些评论暗含着对几乎所有现存福利经济学文献的批评，认为它们混淆了两个完全不同的概念。正如消费者理论中所使用的，"效用"是一种分析消费者行为的工具——对消费者在面对价格和收入时做出的选择进行建模。它也被用来测量一个人的富裕程度，因此与社会福利评估相关。人们普遍认为这两个含义是相互联系的，这一点在古典功利主义中最为明显，在古典功利主义中，社会福利被明确地假设为个人效用的总和。由于功利主义暗示了享乐主义（即人们会下意识地追求快乐，避免痛苦），现代学者们大多避而远之，但福利和消费者之间的联系并未被抛弃。例如，剑桥大学经济学家庇古的《福利经济学》那时候已经出到第四版，该著作主导了 20 世纪 20 年代英语世界关于福利的讨论。庇古在书中使用的措辞是"满足"而非"效用"，他指出功利主义标准的诸多局

---

① 这仍然是一种推测，因为这些文章的确切撰写时间以及从提交到发表所耽搁的时间尚不清楚。

限性，但他对福利的分析仍然以消费者理论为基础。20 世纪 30 年代，意大利经济学家维弗雷多·帕累托的著作在哈佛大学风靡一时，他也拒绝使用"效用"这个措辞，更喜欢用"ophelimité"这个词。尽管帕累托比庇古更想与福利的加总（汇总）概念保持距离，但他仍然看到了效用和福利之间的紧密联系。[①] 萨缪尔森和柏格森正在研究的大部分福利经济学文献也是如此。[②] 唯一的例外是莱昂内尔·罗宾斯出版的一本专著《经济科学的性质与意义》（1932），书中对经济科学的定义如此严格，以至把科学的福利经济学完全排除在外。

　　萨缪尔森回忆说，在 1936—1937 学年的某个时候，柏格森频繁地问他："1898 年，帕累托在谈到'社会最优'时使用了法语单数，这是什么意思呢？"[64] 问题在于，虽然帕累托提到了社会最优，但他提出的条件似乎并未定义任何独特的点。萨缪尔森和柏格森的结论是，帕累托的著作是含糊不清的。萨缪尔森的解释如下：

　　　　我不得不阅读帕累托的意大利文原著，但我的意大利文水平很差。不过，当我读到 1913 年的那篇文章时，我有一种感觉——我这么说不太自信——他可能暂时有了一种从外部强加的社会福利函数的概念……但我认为我也从中发现了在任何社会中某些精英的一种实证主义的现实政治功能。每一个这样的精英都有不同的权力，比

[①] 本书第 10 章讨论了许多哈佛学者对帕累托的兴趣。

[②] 萨缪尔森在芝加哥大学时读过的与约翰·A. 霍布森有关的文献，将其与其他流派做出了区分（参见本书第 3 章）；但是，霍布森摒弃了经济学可以是一门科学的观点（这对柏格森和萨缪尔森来说很重要），引入了一些非常具体和有争议的价值判断。参见巴克豪斯（2009）以及巴克豪斯和佐藤保西沢（2010）。这或许可以解释为何萨缪尔森虽然称读过关于福利经济学的全部文献，但他甚至没有暗示此类著作的存在。

如父母的权力，长子的权力，幼子的权力。如果你想得到一个家庭的需求函数，你必须结合这些不同的影响。一般而言，当你这样做时，你不会得到一个可积函数。我认为这就是帕累托在 1913 年的著作中所说的。[65]

这意味着在 1937 年的时候，萨缪尔森和柏格森认为帕累托混淆了社会福利的实证概念和规范概念（这当然是他后来的观点）。[66]

不管帕累托有无这种想法，其背后的见解是，道德价值判断和经验命题之间存在明确区分，这是奈特非常强调的一点。正如萨缪尔森在一本关于柏格森的回忆录中所言，"在道德价值判断方面，柏格森阐明了它们是如何与可检验的实证关系区分开来的，而莱昂内尔·罗宾斯（1932）、J. S. 穆勒、埃奇沃思并未彻底解决这个问题，帕累托、冈纳·缪尔达尔（Gunnar Myrdal）、勒纳、希克斯、卡尔多和西托夫斯基（Scitovsky）亦然"。[67] 柏格森认为，福利是一种规范判断，它必须建立在道德判断的基础上，而道德判断在概念上完全不同于有关行为的命题——它们是外部强加的。当然，它们可能包括对某些行为价值的道德判断，但那是另一回事：关键是它们源自某种道德体系。

在其论文《关于福利经济学若干方面的一个重述》（A Reformulation of Certain Aspects of Welfare Economics）中，柏格森阐述了社会福利函数的概念。[①] 在其最一般的形式中，社会福利函数几乎毫无本质内涵，因为社会福利——以某种未指明的方式——取决于社会中每个人所消费的商品数量，每个人用于生产每种商品的劳动数量，用于生产每种商品的非劳

---

① 这本书出版于 1938 年 2 月，可能在 1937 年年中，即萨缪尔森课程结束的那个夏天写就。

动生产要素（例如，土地或自然资源）的数量，以及其他可能影响福利的因素。但这仍然是有用的，因为柏格森可以借鉴以往学者使用的福利标准，并找出他们对社会福利函数的形式所隐含的限制。这使他能推断出这些学者隐含的价值判断。因此，社会福利函数是系统地思考有关这一主题的以往文献的一种手段。

这种方法最终被称为柏格森-萨缪尔森社会福利函数，因为尽管柏格森的文章发表在前，但大多数经济学家是阅读了萨缪尔森在《经济分析基础》（1947a）中对这一概念的阐述。[①] 萨缪尔森一再拒绝这种说法，他更喜欢用"柏格森道德规范函数"这样的名字。[68] 他写道："我的座位在柏格森创作之旅的观众席上。我就像那块用来磨砺他那把利斧的石头——一半吸收一半反射的表面，他的思想在这上面反弹回来。"[69] 还有一次，他进一步称自己只是帮助把婴儿拉出来的"助产士"，并断然否认自己是这篇重要论文的合作者。[70] 鉴于柏格森认为萨缪尔森本该是其合作者的观点，似乎最有可能的是，萨缪尔森把从奈特著作中学到的内容正式化了——在做出关于福利的判断时，有必要引入道德判断；社会福利函数无疑是他俩共同发展出来的。

20 世纪 50 年代，在肯尼斯·阿罗的《社会选择与个人价值》（*Social Choice and Individual Values*，1951）出版后，"社会福利函数"一词开始以不同的方式被使用，以指代从一组个人偏好转向社会偏好的过程。[②] 但是，萨缪尔森始终固守柏格森和他自己关于社会福利函数的概念，他把

---

① 参见本书第 22 章。

② 假设世界存在以下三种情形：（A）建造了一个有两条跑道的机场；（B）建造了一个只有一条跑道的机场；（C）没有建造任何机场。假设每个人都可以根据偏好对这三个选项进行排序。一个只关心能否出行的人可能会有（A、B、C）的排序，另一个更重视气候变化的人可能会有（C、B、A）的排序。社会选择问题变成了如何从一组个人排序推出一个社会排序。它可能涉及投票制度或一种机制，以确定谁的偏好将决定结果。

阿罗的函数称为结构函数。这种态度可能同他与数学家乔治·伯克霍夫讨论过宪政设计的公理化研究有关。1940 年 1 月，伯克霍夫在写给萨缪尔森的信中提到了之前的一次谈话：

> 长期以来，我一直对公理化类型的批判分析颇感兴趣，这种分析通常隐含在经济推理和我在伦理学讲座上运用的推理中。作为这个问题的开场白，我特别想和你切磋国会中的比例代表制，这一制度似乎已经被亨廷顿（Huntington）透彻研究过了。[71]

我们可以有把握地假设，伯克霍夫所寻求的这种切磋确实实现了，因为 3 月 6 日，当他发表另一个版本的演讲时，他在脚注中感谢了萨缪尔森的建议。[72]

E. V. 亨廷顿是哈佛大学数学家，他致力于为数学系统提供公理基础，并提出过一个在不同州分配议会代表的公式，它可以使最终分配尽可能地与每个州的人口相一致。[73] 这是伯克霍夫在其讲座上所研究的问题之一，他的讲座涉及道德选择的形式化问题。他的道德标准，或者说道德满意度，称作 G，即所取得的全部成就，问题在于如何测量它。给各州分配代表的不同规则，包括对最小化实际分布和完全比例之间差异的不同测量——换句话说，即测量 G 的不同方法。在评估这些问题时，伯克霍夫援引了一个州的分配应满足的若干条件：（1）人口较多州的代表不应少于人口较少州的代表；（2）每一个州应至少获得其应有的确切代表人数的组成比例；（3）如果代表人数增加，任何州均不得减少其代表人数；（4）绝不能通过使一名代表从一个州转到另一个州来改善任何两个州之间的代表分配情况。问题是，虽然这些条件似乎是天然合理的，但它们往往相互矛盾，需要在它们之间做出选择。[74]

当伯克霍夫写到与"通常隐含在经济推理中的公理学类型"的相似之处时，他大概想到了经济学家关于福利的讨论。他在脚注中感谢了萨缪尔森，表明他们讨论了边沁的功利主义，萨缪尔森使伯克霍夫注意到了埃奇沃思在《数学心理学》（*Mathematical Psychics*，1881）中对这个问题的处理。鉴于伯克霍夫将埃奇沃思的名字写成了"索思沃思"（Southworth），目前尚不清楚他对此进行的研究有多严谨，但这表明他和萨缪尔森可能已经讨论过前者所谓的边沁对伦理学的"半哲学式的"处理，是否可以用更严格的数学方法来研究。虽然伯克霍夫处理福利问题的方式和柏格森一致，但萨缪尔森反复强调，对福利的判断必须建立在道德判断的基础上，这表明，萨缪尔森在年轻时就接触到了为政治选择提供公理基础的思想。因此，当他在1951年读到肯尼斯·阿罗的《社会选择与个人价值》一书时，他应该很快就能理解，看似显而易见的关于福利的假设其实可能相互矛盾。①

在哈佛大学二年级结束时，萨缪尔森已经到了按常规路径可以写博士论文的阶段，ESRC为他提供了足够的资助。至此，他已经极大地拓展了自己的数学知识，并运用它们来解决老师们发现的问题，在表面上与主题无关的课程之间建立了联系。虽然他还只是一个学生，尚有很多东西需要向他的老师们学习，经济学上也并非总是有有趣的问题可以用数学解决，但他的数学知识已经标志着他开始有别于其他同龄人。他的朋友沃尔特·萨兰特（Walter Salant）称，他远比其他任何一个研究生优秀。但是，他即将迈出的下一步不是撰写博士论文，而是加入著名的哈佛研究员协会，并在那里待了3年。

---

① 在萨缪尔森的文章发表后，他们才讨论伯克霍夫的伦理学讲座。当然，通过对帕累托的讨论，他们也很可能在更早的时候就涉及了这些话题。

第 10 章

简化经济学理论

哈佛研究员协会

　　萨缪尔森在哈佛的第二学年期中时，威尔逊给劳伦斯·亨德森（Lawrence Henderson）写了一封信，称萨缪尔森是"我所见过的政治经济学领域最优秀的年轻人之一"，并推荐他担任哈佛研究员协会的初级研究员。[1] 研究员协会是当时刚辞去哈佛大学校长一职的劳伦斯·洛威尔和生物化学教授劳伦斯·亨德森共同创立的，亨德森后来成为工商管理研究生院疲劳实验室（Fatigue Laboratory）的负责人，并对社会学产生了浓厚兴趣。他们一致认为，博士教育扼杀了有才华的年轻学者的创造力，如果他们不接受正规训练，而是拥有从事独立研究的自由和资源，就会得到更好的发展。洛威尔认为，研究生院已经"发展成一个大规模生产庸才的地方"。[2]

　　研究员协会是他们和哲学教授阿尔弗雷德·诺斯·怀特海共同想出的解决方案。协会有一个由大约 24 名初级研究员组成的小组，每名研究员任期 3 年，最多可续任一届；除了周一共进晚餐和周五共进午餐外，这些成员并无其他义务。他们获得任命的条件之一是，不被允许注册更高的学位。这些安排正反映了成立协会的信念，即在一种青年学者和来自不同知识领域的人进行对话的环境中，最能培养创造力。其目的是，无论留在哈佛还是去其他地方，曾入选如此杰出团体的初级研究员，都将不必持有博士学位的联合卡（来证明自己的能力）。[①] 9 名高级研究员会作为导师在周一同他们共进晚餐。在这些人中，亨德森的个人影响力和他在任何正式职位上的影响力一样大。他的一位同事写道：

> 虽然亨德森的胡子是红色的，但他的政治主张却十分保守。他那打桩机式的讨论方法很少被人模仿。他的逻辑最冷酷的时候，也是他的激情最炽烈的时候。但是，如果他觉得一个人身上有什么隐藏的亮点，那么没有人比他更有耐心去把它挖掘出来。他有一种收集学者原始数据的天赋，不管这些数据离他自己的生物化学领域有多远，他都能找出其中的规律。[3]

尽管威尔逊还未（至少尚未正式地）教过萨缪尔森经济学——萨缪尔森只上过他的数理统计课，但他认为萨缪尔森适合担任初级研究员。威尔逊告诉亨德森：“我认为他已经接受了足够的课程指导。我觉得他是一个积极主动的人，如果他有机会被选为初级研究员，他可能会做得非常棒。”[4] 威尔逊推测，尽管人们质疑萨缪尔森的个性和他的犹太人身份，但这两个方面并不应该成为他获得任命的障碍。[5]

> 一些人会说萨缪尔森很难被定位，因为他的个性受到了某些（质疑），我想还因为他是一个闪米特人。我同他的私交使我确信他

[①] 该协会以怀特海熟悉的剑桥大学三一学院奖学金模式和亨德森 1913 年访问过的巴黎梯也尔基金会为参照蓝本。

不是一个令人反感的闪米特人。我个人认为，他的性格缺陷是那种经常出现在有进取心、思维清晰、自律的年轻人身上的缺陷，他们渴望富有成效的生活。我不认为他会坏到让人很难给他找到一个位置，而且我确信，作为一个初级研究员，3 年的时间可能会大大改掉他的这些缺点。[6]

在使用"不是一个令人反感的闪米特人"时，威尔逊暗指的是有教养的犹太人和富有的犹太人之间的区别，比如罗斯柴尔德家族，他们早已在美国站稳脚跟，并且在哈佛颇受欢迎；但最近涌入的东欧犹太人，则不太受欢迎。[7]他们在课后的长谈已然使威尔逊确信，尽管萨缪尔森有东欧血统，但他可以很好地适应有教养的交谈——亨德森的研究员协会的核心。像萨缪尔森身上这样的"人格缺陷"，在亨德森试图为"研究员协会"招募的那些聪明的年轻人身上恰恰是很常见的。威尔逊必定知道他的观点会对亨德森产生影响，他参加了亨德森的跨学科社会学课程，彼此之间很了解。①

威尔逊对萨缪尔森成为初级研究员的支持得到了熊彼特的响应。熊彼特形容萨缪尔森是"我们这么多年来最具天赋的毕业生"，能够"在知识完全平等的基础上"与所有教授讨论问题。[8]他"相当轻松"就通过了"通识"测试，并准备发表两篇"极富原创性"的文章。熊彼特在写给数学家、当时的高级研究员乔治·伯克霍夫和亨德森的信中谈到了萨缪尔森的数学天赋，认为这是研究员协会应该吸纳他的一个理由。

---

① 这段引文反映了威尔逊反犹太主义的问题。这是在萨缪尔森决定离开哈佛去麻省理工学院的背景下同哈佛反犹太主义有关的讨论，威尔逊在他的这一决定中发挥了重要作用。参见本书第 15 章。

由于他的数学思维方式，他的新主张不太容易被一般的经济学家所接受。除非他得到这个位置，否则他将被迫偏离他为自己开辟的道路，接受有害的妥协。[9]

他的数学太棒了，以至大多数经济学家都无法接受他，所以他需要一个初级研究员的位置给他机会。[1] 熊彼特接着转向了异议，尽管研究员协会里有杰出的数学家，但萨缪尔森的数学对他们并没那么有吸引力："据我所知，这个协会对经济学家，尤其是数学类型的理论经济学家不是太有好感。"他反驳说，即使伯克霍夫和亨德森对数理经济学持怀疑态度，这也应该是帮助"有天赋的年轻人，把精力投入到创造一门精确的经济学这一棘手任务上"的一个原因。

萨缪尔森的申请通过了，1937 年秋天，他加入了哈佛研究员协会。作为一名初级研究员，除了做研究和参加每周的聚餐外，并无其他责任。他非常开心。他写道，幸运的是，没有人给他提供永久研究员的位置，因为他本来会接受它。[10] 这段时期，经济学家们正开始研究凯恩斯的《通论》，萨缪尔森反复引用华兹华斯《序曲》中的诗句来描述这一时期："能活在那个黎明，已是幸福；若再加上年轻，更胜天堂！"[11] 他以第三人称写作，对这一时期做了反思：

在他的社会科学研究委员会的奖学金用完之前，他克服了研究员协会对经济学的反感，并借助维弗雷多·帕累托的力量进入了初级研究员的神圣圈子。哲学家威拉德·范·奥曼·蒯因（Willard van Orman Quine）、数学家加勒特·伯克霍夫（Garrett Birkhoff，乔

---

① 这是一个在本书后面关于萨缪尔森决定离开哈佛一章中进一步讨论的话题。

治·伯克霍夫之子）、两次获得诺贝尔奖的物理学家约翰·巴丁
（John Bardeen）、化学家 E. 布莱特·威尔逊（E. Bright Wilson）和
罗伯特·伍德沃德（Robert Woodward）、博学多才的哈里·T. 莱文
（Harry T. Levin），都是他在研究员协会中的战友。[12]

同萨缪尔森有亲密接触的其他初级研究员包括：数学家林恩·卢米斯
（Lynn Loomis）和斯塔尼斯拉夫·乌拉姆（Stanislaw Ulam）、物理学家伊
万·格廷（Ivan Getting）、科学史学家亨利·格拉克（Henry Guerlac）和
历史学家小阿瑟·施莱辛格。[①] 萨缪尔森写道，在这种环境下，"他迈开脚
步，开始以超出期刊能够吸收此类准数学内容的速度发表文章"。[13] 在作
为初级研究员的 3 年时间里，他发表了 13 篇文章，涉及消费理论、生产
理论、利率、国际贸易、商业周期理论等多个领域。他的自信体现在评
论中，几行批评性文字就否定了相关研究。[14]

1937 年 9 月，萨缪尔森接受了研究员协会的任命，这使他处于一
个试图为人类科学建立新基础的团体的中心。协会核心人物是亨德森，
他在建立研究员协会的过程中起到了重要作用，他还参加了历史学家
乔尔·艾萨克（Joel Isaac，2012，第 60 页）所称的"间隙学院"（the
interstitial academy），或者"哈佛复合体"（the Harvard complex），这是一
个牢牢扎根于哈佛传统但又与传统院系相分离的机构网络。[15] 这些组织起
源于一个叫作"帕累托和社会调查方法"的研讨会，该研讨会始于 1932
年，成员包括熊彼特。在生物化学研究中，亨德森将威拉德·吉布斯的化
学平衡思想应用于生物化学和人类生物学。这项研究促使亨德森从事一

---

① 需要注意的是，E. 布莱特·威尔逊、加勒特·伯克霍夫和威拉德·蒯因自 1936 年起
就不再是初级研究员了，尽管他们可能还会参加聚餐，因为曾是初级研究员的人都
有这个资格。萨缪尔森和这三个人都保持着联系。

系列与科学探索有关的哲学问题。[16] 他在系统和组织的概念上花了大量时间，因为他认识到这种人造的符号框架可能是科学的重要组成部分，缺少它们就不可能收集和解释事实。

20 世纪 20 年代，亨德森对科学推理产生了兴趣。1926 年，他接触到了帕累托的著作。帕累托之所以吸引他，是因为帕累托提出了一组叫作"非逻辑动机"的概念，它们要么表现为核心价值（"残留物"），要么表现为口头合理化（"推导"），并且可以作为温度、压强和浓度的概念在化学系统中起作用。帕累托的社会学提供了一种描述社会现象的方法，可以将其分析为"动力、热力、生理和经济系统"。[17]

研究员协会和他教的具体社会学课程（Soc.23），以及疲劳实验室的研究工作，成了亨德森宣传自己思想的平台。协会中与萨缪尔森同期的一些人，比如乔治·霍曼斯（George Homans）、康拉德·阿伦斯伯格（Conrad Arensberg）、威廉·怀特（William Whyte）、詹姆斯·米勒（James Miller），要么与亨德森有研究合作，要么秉持与亨德森对有机系统一致的观点开展研究。亨德森的亲信查尔斯·柯蒂斯（Charles Curtis）和克雷恩·布林顿被任命为高级研究员。萨缪尔森曾说过，他反对这个群体的观点，这个群体后来被称为帕累托圈子。

> 我同研究员协会的"帕累托-亨德森-霍曼斯-柯蒂斯"小圈子的关系，可以简单地说，都是纯粹的社交活动。我只去过一次著名的亨德森社会学研讨会。这可以算太多，也可以算太少。当我想和亨德森谈论吉布斯时，他更喜欢罗列富兰克林·德拉诺·罗斯福的缺点。1937 年的情况是，要么是亨德森太老了，要么是萨缪尔森太年轻了，或者两者兼而有之。我对经济学家帕累托怀有深深的敬意，但在他的社会学流行期间，我会到外面吃午饭。[18]

但是，尽管萨缪尔森可能会"到外面吃午饭"，但仍然要参加每周一晚的强制性聚餐；他也可以忽视帕累托研讨会，但这并不意味着他可以忽视亨德森或他的科学观点。如前所述，亨德森在提出自己的观点时很有说服力，并且在学会中占据主导地位——包括选择聚餐时供应的葡萄酒，他为酒窖里收藏的优质法国勃艮第和阿尔萨斯葡萄酒感到自豪，关键是，他还为聚餐时的谈话设定了主题。他滔滔不绝地讲帕累托和科学方法，并把他的具体社会学（Soc.23）的讲稿分发给所有的初级研究员。据称，"亨德森的先占观念几乎不可能被初级研究员忽视"。[19] 萨缪尔森离开哈佛时曾写信给威尔逊，说他曾与洛威尔、怀特海、亨德森等人的交谈中学到了很多东西。[20] 尽管萨缪尔森反对帕累托的社会学观点，但也被要求在给亨德森的一位朋友写信时保持礼貌，但我们没有理由不从表面上理解他的这番话。[①]

科学方法

之所以严肃对待这句话，是因为亨德森表达的观点强化了萨缪尔森从威尔逊那里听到的关于热力学的观点。亨德森和威尔逊一样，是吉布斯的狂热支持者。动力学和均衡是萨缪尔森思想的两个核心概念，也是亨德森体系的核心。萨缪尔森可能还记得亨德森在谈论吉布斯时试图批评罗斯福，但这段记忆的意义在于，亨德森一开始就计划讨论吉布斯。同样重要的是，萨缪尔森提到，当被问及对经济理论形式化的态度时，"亨德森总是强调，你不可能是一个纯粹的经验主义者，这可能源自帕累

---

① 正如本书第 22 章所指出的，萨缪尔森在《经济分析基础》中引用的第一个著作就是亨德森的。

托，也可能源自他自己的方法论著作；你必须有一个系统的思考方式”。[21]
这绝非一句即兴评论，它表达了亨德森科学哲学的一个核心原则，也一
定是萨缪尔森同他的数学家和物理学家朋友（伯克霍夫、乌拉姆、巴丁
和格廷）讨论过的话题。此外，他从熊彼特和威尔逊那里听到的科学观
点，为他在亨德森的影响下发展起来的实践导向的科学观做了铺垫。在
哈佛大学，研究员协会是其中不可或缺的一部分。[22]

　　哈佛复合体中另一个人物是物理学家珀西·布里奇曼（1882—
1961），他自1910年起就是哈佛大学的一名教师，他的声誉建立在他对热
力学的实验研究上，并因此获得了1946年的诺贝尔物理学奖。他以《现
代物理学的逻辑》（*The Logic of Modern Physics*，1927）引起了哲学家和
其他学科学生的注意，他提出了“操作主义”的分析法。萨缪尔森记得，
还在芝加哥大学读本科时，亨利·舒尔茨就已向他介绍了操作主义。但
是，操作主义的发展和传播同哈佛大学的关系最为密切，在这里，它被
证明对心理学和伯勒斯·弗雷德里克·斯金纳（Burrhus Frederic Skinner，
1933—1936年的初级研究员）等人倡导的行为主义影响巨大。[23]
如前所述，萨缪尔森在1936年秋季学期很可能听过珀西·布里奇曼的讲
座。无论如何，他几乎无法避开布里奇曼，因为后者和研究员协会的成
员关系密切。

　　布里奇曼《现代物理学的逻辑》一书的立足点是“真理”，即“我们
所有的实验知识和对自然的理解都离不开我们自己的思维过程”，他的文
章是基于对物理学家们当前思考的观察。[24]必须重新考虑物理学的基本原
理，因为物理学家的思维方式受到了新近发展的挑战，包括爱因斯坦的
相对论和量子力学；后者发展得如此之快，以至布里奇曼不得不承认他
的一些材料已经过时了。物理学家所研究的思想不可能轻易地和日常经
验联系起来，这就需要我们对概念的思维方式进行修正。也就是说，概

念不能再用它们的属性来定义，而必须用操作来定义："一般来说，我们所说的任何概念无非是一组操作：这个概念就是相应的一组操作的同义词。"[25] 这些操作可以是物理的（例如长度等物理概念），也可以是心理的（例如连续性等数学概念）。

这一观点具有明确的含义，它意味着所有的知识都和相关操作有关。这也意味着，如果无法找到可以获得答案的操作，问题就是毫无意义的。因此，绝对时间和空间的概念是没有意义的，它们和现实没有联系，因为任何测量它们的行动都必然是相对于这些行动的。布里奇曼认为，这是超越物理学的冒险。

> 我相信，从操作角度来看，许多关于社会和哲学主题的问题将被认为是毫无意义的。如果在所有的研究领域和物理学领域都采用这种操作思维方式，无疑会大大有助于思想的澄清。就像在物理学领域一样，在其他领域，某人对他的主题做了一个重要的陈述，声称某一个特定问题是毫无意义的。[26]

布里奇曼接着述及了从操作角度思考对科学的影响，这样做会简化思想，使早期的推测"难以理解"。[27] 在他的思想的发展过程中，布里奇曼非常重视"直觉"（这同他关于对事物进行解释意义何在的理念有关）和"模型"。"解释"包括把情况简化成符合我们直觉的情况。当时，"直觉"和"模型"两个词在经济学期刊上尚未广泛使用，但从20世纪40年代开始，它们被数理经济学家们广泛使用。

布里奇曼的哲学，源自他自己在物理学中似乎很成功的观察研究，这符合亨德森技术导向的科学方法观。[28] 与此同时，布里奇曼以一种吸引萨缪尔森等学者的方式同亨德森分道扬镳。萨缪尔森等人对亨德森涉足帕累托的社会学持怀疑态度。布里奇曼对"操作"的关注——他不喜欢"操作论"和"操作主义"这两个术语，因为它们暗示着比他的"简单想法"更深奥的东西——主要是将概念牢牢地置于科学实践的舞台上，并告诫科学家不要主张超出他们的方法所能证明的东西。[29] 操作也为创新留下了空间，因为它永远不可能被完全指定，这就使科学家能做出非理性的决定。也就是说，科学知识离开人类心理学是无法理解的。艾萨克认为，正是这些因素使布里奇曼的观点对哈佛心理学家颇具吸引力，这些心理学家在帕累托圈子中所占的比例明显不足。[30] 来自不同学科、构建得更好、理论基础也更完善等特点，使我们不难理解为什么萨缪尔森对操作主义的定义和布里奇曼截然不同，尽管他发现操作主义很有吸引力。

布里奇曼的操作方法被逻辑实证主义者和行为社会科学家（尤其是斯金纳）采用，但其方向却与布里奇曼本人希望的不同。布里奇曼认为，所有知识中都有一种不可简化的个人主观因素，因此，他对各种尝试持批评态度。无论是实证主义者还是维也纳学派①，他们将布里奇曼的操作方法等同于他们试图推导出可以确保知识客观性的规则，布里奇曼认为这是一个不可能的目标。[31] 鉴于这种模棱两可性，我们需要谨慎看待萨缪尔森对操作主义的特定解释，尽管他把这个思想作为布里奇曼著作的核心，但几乎没有证据表明他读了多少著作，确切地说，他从中得出了什么结论——尽管他建议麻省理工学院的学生阅读布里奇曼的著作；或者说，同布里奇曼的私交可能影响了他对其著作的解读。无论如何，萨缪尔森对操作分析的理解，深受他与威尔逊、熊彼特、亨德森和研究员协

---

① 维也纳学派是一个哲学家圈子，这些哲学家从 1924 年到 1936 年提出了后来被称为逻辑经验主义或逻辑实证主义的理论，他们的研究在哲学史上被证明非常重要。

会同仁讨论的影响，这些人都对科学方法持有强烈的主张。[①]

消费者理论

　　萨缪尔森经常会把他关于消费者理论的文章草稿寄给威尔逊。在1938年1月写给威尔逊的一封信中，他感谢威尔逊对一份原稿的建议，这篇文章可能是《效用分析的实证意义》(The Empirical Implications of Utility Analysis)，大约1个月后，它被提交给了《计量经济学》杂志。[32]萨缪尔森的信件表明，在威尔逊的鼓励下，他正在寻求"吉布斯方法"，即假定存在"某些算术不等式"或凹性条件，据此对有限差分进行分析。[33]他用更传统的基于微积分的方法得到了一些结果，但他承认，他的最终定理只与"瞬时变化率有关，不接近吉布斯公式的通用性，也没有连续性或可微性假设"。虽然遵循吉布斯的方法，但他认识到物理系统和经济系统是有区别的：物理系统处于"相对"的最小值，而在一个经济系统中，企业家和消费者"有时"被认为能够从许多不同的相对最大值或最小值

---

① 　艾萨克（2012，第108页）将萨缪尔森的解释描述为波普尔式的。但是，没有证据表明萨缪尔森接触过卡尔·波普尔（Karl Popper）的著作，他所采纳的操作主义的波普尔传统也非那么明确；读者应该记得布里奇曼非常强调意义，而萨缪尔森则更加关注需要联系现实的"纸笔"演算。这带来了比萨缪尔森对可测试性的关注所暗示的更多歧义。在下一节中，有人提出，萨缪尔森同维也纳圈子的联系可能是通过费利克斯·考夫曼或威拉德·蒯因，而不是波普尔。

中，选择"实际的绝对最大值或最小值"。[1]

当这篇文章被提交给《计量经济学》时，主编迪克森·利文斯（Dickson Leavens）请威尔逊担任主要评审人，这个流程在今天会被认为涉及利益瓜葛，但在 20 世纪 30 年代却被认为是可以接受的。威尔逊回复说，他对这篇文章已经非常熟悉，再读一遍也没什么用。尽管他承认这是一篇很难确保不犯错误的文章，但萨缪尔森是"一个很好的人，而且非常严谨"，威尔逊认为萨缪尔森"做得非常棒"，他建议利文斯采纳这篇文章。[34] 同一天，威尔逊写信给萨缪尔森告诉他自己的建议。不久后，利文斯把这篇文章寄给拉格纳·弗里希，供审核和发表。[2]

有证据显示，萨缪尔森在思考这些问题的同时，也在思考热力学及其可以为经济建模提供的经验教训。他阅读了加州理工学院物理学家索弗斯·爱泼斯坦（Sophus Epstein）所著的《热力学教材》（*Textbook of Thermodynamics*，1937），并在 11 月 29 日给威尔逊寄去一篇文章，称阅读

---

[1]　不妨想象，下图中的曲线代表一个装满水的管子，里面有一个总是向上移动的气泡。如果气泡从点 C 向左移动，它会在点 A 停住；如果它从点 C 向右移动，则会在点 B 停住。相较于这样的物理系统，人类可以从任意起点到达点 B。现在，更常见的是指局部和全局的极大值或极小值。点 A 和点 B 是局部极大值，但只有点 B 是全局极大值。

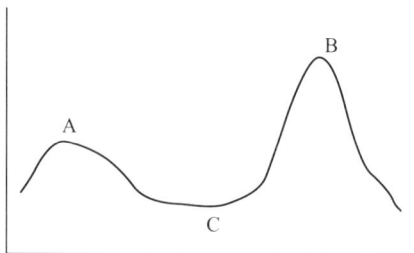

[2]　在现代经济学环境下，评审一篇文章通常需要两到三个月的时间，熟悉这种做法的人可能会对如此迅速地评审一篇文章感到难以置信。

这本书是"一次危险的远足……进入了一个我知之甚少的领域"。[35] 萨缪尔森说，这篇文章的主题是物理学，而不是经济学，威尔逊在讲座中发表的言论，以及他在一名"据我判断"很有能力的物理学家的著作中发现的"困惑和歧义"，都是这篇文章的灵感来源。威尔逊回复说，他认为爱泼斯坦是一个比爱因斯坦更好的数理物理学家，尽管不如爱因斯坦那么富有独创性。[36] 萨缪尔森的信中并未提到他发给威尔逊的文章的名称，但它可能是《取代均衡的勒夏特列原理》（The Le Chatelier Principle of Displaced Equilibrium）的一个版本。[①][37] 勒夏特列原理在他的文章中具有重要作用。[②]

1938 年 2 月，萨缪尔森发表了关于消费者理论的第三篇文章《纯消费者行为理论的一个注解》（A Note on the Pure Theory of Consumer's Behaviour），提出了一个比第一篇文章更有针对性的论点。文中，他认为，从 19 世纪中叶海因里希·戈森（Heinrich Gossen）的著作开始，消费者选择理论就和去除越来越多的假设有关。以同时代的约翰·希克斯和罗伊·艾伦的著作为代表的现代消费者理论，只剩下边际替代率递减理论——假设无差异曲线在原点处是凸的。[③][38] 如第 9 章讨论的，萨缪尔森在同哈伯勒的交谈中似乎已经注意到，在给定某些看似合理的假设条件下，利用指数理论中熟悉的方法，可以证明无差异曲线的凸性。如果说凹凸性是消费者理论中唯一的实质性命题，那么他已经有一个完整的消

---

① 这篇文章没有注明日期，但打字风格显示它是在这段时期写的。需要注意的是，现存草稿表明萨缪尔森已经研究这个问题"很多年"，如果是在他认识威尔逊不到 3 年的时间里，他可能不会这么说，他认为是威尔逊把这一原理介绍给他的（萨缪尔森，1947a，第 81 页）。

② 本书第 14 章对此进行了讨论。

③ 如图 9–2 所示。

费者理论了。

　　萨缪尔森通过指明以下这点提出了他的理论，即由于经济学家不再相信效用理论提供了对行为的心理学解释，因此，他们不清楚为什么应该接受不能对替代率递减做出解释的无差异曲线分析。由于无差异曲线分析缺乏明确性，因此效用理论又不断出现，因为它提供了对缺失因素的解释。萨缪尔森提出了另一套可以作为消费者理论基础的假设，这套假设可以在不损失任何重要东西的情况下去掉效用理论的最后残余，甚至可以去掉无差异曲线。如果人们想用无差异曲线，他的理论可以被解读为提供了这样做的理由，但没有必要这样做。

　　萨缪尔森认为，所有这些都需要对消费者行为做出三个假设：

　　（1）在面对收入和市场价格时，个人会选择相同的商品组合。

　　（2）如果所有的价格和收入以相同的比例变化，这个组合不会发生改变。

　　（3）个人的选择是前后一致的。即如果对应于一个不同的价格和收入组合，存在 x 和 x' 两种商品组合，他们会选择 x' 的商品组合，那么，只要存在一组不同的 x' 的商品组合，他们就不会选择 x 的商品组合。[①]

　　萨缪尔森为第三个假设做了辩护，他称，否认该假设将使之前对消费者行为和整个指数理论的全部分析无效。这就是他称自己的方法"接近现代指数理论"的意义所在。[39]

　　在这三个假设中，第三个是最重要的，因为它可以用来推导消费者需求函数的性质。萨缪尔森通过有限差分来做到这一点——借用威尔逊

---

① 虽然没有使用这个术语，从而使自己受限于所选择的语言，但这等于在说，"如果 x 优先于 x'，x' 就不可能优先于 x"。使用这种表述会把他带回到无差异曲线分析上。萨缪尔森采用拉丁字母而非希腊字母来简化他的推算符号。

的话，即威拉德·吉布斯所希望的在一般层面上的差分。[①] 文章初稿显示，萨缪尔森最初以有限差分的形式进行整个论证，后来又增加了对这些差分趋近零值时会发生什么情况的讨论。[40] 虽然萨缪尔森更重视有限差分的情况，但一般来说，考虑价格变化越来越小直至趋近于零值时的情况很重要，因为这让他能够推导出传统上使用连续可微效用函数得到的所有结果。虽然这些结果可以从效用最大化中得到，但是萨缪尔森称这样做并无助益。仍有一个结果不能从他的假设中得出，但他认为这无关紧要。[②]

换句话说，他从消费者是理性的和（做出的选择是）相同的这一假设中，推导出了所有有用的命题。他的研究结果的新颖之处不在于他推导出的结果——另一名哈佛学生尼古拉斯·杰奥杰斯库-勒根此前已经推导出这个主要方程，而在于萨缪尔森推导这个方程的方法：从消费者做出的可观察的选择切入。

经济学家非常关注的一个问题是互补性，即对两种产品的需求可能随价格变化而朝同一方向变动的可能性。[③] 萨缪尔森称他对这个问题不感兴趣，他观察到"在其他同构系统中，如吉布斯热力学平衡系统的解析动力学方程，（认为）没有必要定义类似的度量"。[41] 这句话的意思是，问

---

① 他的推算结果是 $\sum_{i=1}^{n} \Delta x_i \Delta p_i < 0$，其中 x_i 和 p_i 分别表示商品 i 的数量和价格，n 表示商品的种类。

② 如果需求通过效用函数的最大化（若需求函数可积）得出，交叉替代效应矩阵（商品 i 的价格对商品 j 的消费的影响）将是对称的。然而，他对这种做法持怀疑态度。一些历史学家（Hands & Mirowski，1998b，1998a）非常重视萨缪尔森的芝加哥大学经历，在那里，亨利·舒尔茨试图检验这个命题，但是除了萨缪尔森称他从舒尔茨那里学到操作主义外，并无证据表明他在芝大参与了舒尔茨的研究。

③ 例如，邮票价格的上涨可能会导致对邮票和信封的需求下降。人们可能会更少写信或把信写得更短，因为信越轻需要的邮资越少。

题的数学结构而非系统各组成部分的经济意义，决定了需要定义哪些变量。这两个类比之前都没有提到，也没有解释为什么同构是重要的；它被认为是理所当然的。互补性在历史上之所以重要，只是因为对它的分析使经济学家看到了帕累托推理中的错误，看到了不需要效用。①

　　萨缪尔森接着发表了一句方法论上的评论："如果有人否认这三个假设中的任何一个，那他就会犯错！"他写道："希望这里给出的研究方向（比其他方法）更直接地基于那些必须被经济科学用作数据的要素。"[42] 这句话引发了两种看法。萨缪尔森的意思是，尽管可以把他的文章看作是传统理论的延伸，但他把它视为是另一种选择。这一点在文章初稿的标题《纯消费者行为理论的新基础》（New Foundations for the Pure Theory of Consumer's Behavior）中表现得更加明显。[43] 人们倾向于认为该文发表时这个更朴实的标题是《经济学》（Economica）确定的，该刊的编委会成员包括希克斯及艾伦的同事弗里德里希·哈耶克和莱昂内尔·罗宾斯。② 更重要的是，萨缪尔森认为经济科学"必须"把某些要素作为数据，这一主张并不意味着操作主义，也就是说，科学命题应该是可以检验的。但罗宾斯认为，经济理论可以从无可争议的命题中派生出来。[44] 萨缪尔森认为，灾难可能会降临到任何认为消费者的选择可能不一致的人身上，这表明在他的研究中，他对纯理论的热衷和对操作主义的拥护之间，存在一种持续的紧张关系。

　　同年晚些时候，萨缪尔森发表了这篇文章的附录，这一次他使用"偏好"的表述（人们从自己能够负担的商品组合中选择更喜欢的商品组合），证明了他的三个假设中的第三个包含了前两个。[45] 这意味着他已经

---

① 　萨缪尔森没有引用任何原始资料来证实这一说法。

② 　同这个时期的许多学术期刊一样，《经济学》的记录也未被保留下来，因此无法判断是谁处理了所提交的文章以及需要怎样的审稿流程。

总结出关于消费者理论的全部有用东西，形成了一个假设，这个假设后来被称为"弱显示性偏好公理"。[①]

在萨缪尔森撰写的文章中，他只是提出可以使用一组不涉及效用的假设，"更直接地"分析消费者理论。[46] 在另一篇文章（于 1938 年 10 月刊在《计量经济学》上之前，它的一个版本在 1937 年 12 月大西洋城举行的计量经济学会会议上提交）中，萨缪尔森从历史的观点出发，认为"道德、功利、伦理内涵"首先应从效用的概念中剔除，然后"享乐主义、内省主义、心理因素"也应被剔除。这同他在《经济学》上发表的两篇文章相一致。但是，在这里，他没有放弃效用的概念，而是质疑它还剩下什么：

> 难道整个效用分析在现代科学的操作层面毫无意义吗？根据这个标准，一个毫无意义的理论是没有实证意义的理论，在理想的实证条件下，它可以令人信服地被驳斥。[47]

这是萨缪尔森第一次公开使用操作主义的概念。虽然他使用了操作主义的语言，并通过研究员协会和他的讲座结识了布里奇曼，但是他把意义等同于理想的经验条件下的可驳性这一点，却更接近维也纳学派哲学家的语言。值得注意的是，萨缪尔森引用了他的朋友艾伦·斯威齐（1934）发表的一篇文章，来支持他自己关于"许多对效用理论的辩护都是循环论证"的观点，他对可观测的行为只字未提。斯威齐的论证并非基于具有操作性意义的命题，而是基于"具有经验性意义的法则"，他引用了哲学家费利克斯·考夫曼的话作为论据："因此，边际效用原则既不

---

① 注意，"显示性偏好"这个为人熟知的名称尚未被提出来。

是实证断言和同义反复，也不是先验的综合判断，而是一种启发式的假设。"[48] 斯威齐想必非常熟悉考夫曼的著作，他不仅引用了考夫曼的多篇出版物，还把自己引用的文献翻译成了英语。[49] 尽管不如卡尔·波普尔出名，但考夫曼在将维也纳学派的思想引入经济学方面却是一位重要人物。[50] 鉴于萨缪尔森和斯威齐的亲密友谊，以及斯威齐就他正在研究的课题所发表的文章，他们很可能在某个时候讨论过这些想法，也有可能萨缪尔森是和蒯因讨论了这些问题。

　　萨缪尔森这篇文章（其目的在于证明效用分析包括"可供驳斥的有意义的含义"）的出发点是想表明，我们所需要的只是一个序数效用指数，该指数按从最优到最差的顺序，对可选商品组合进行排序，而未说明一个组合比另一个组合好多少。例如，我们可以观察到有人认为卡布奇诺比拿铁好，但不能说他们认为卡布奇诺比拿铁好两倍、好10% 或好 100 倍。[①] 萨缪尔森首先证明，只要保持不同商品组合的顺序不变，效用数值便可以改变而不影响效用最大化的关键条件。[②] 确立这一点后，他即可根据《经济学》上刊文所概述的理论，推导出一系列结果和需求函数的性质。对个人消费者和整个市场来说，每种商品的需求函数取决于所有商品的价格，而不仅仅是该商品本身的价格。由于价格、商品数量和家庭收入是可以观测的，所以萨缪尔森的结果满足了操作标准。

　　萨缪尔森称，他得到了以往文献中发现的所有结果，甚至包括哥伦比亚大学经济学家哈罗德·霍特林新近发表的一篇文章，以及其他一些文

---

① 人们或许会说，他们将为此付出两倍的代价，但这只是把问题转到了货币的价值上。

② 从形式上说，这意味着如果 $U=\Phi(x_1 \ldots x_n)$ 是一个有效的效用函数（与个人选择一致），其中 U 表示效用，x 表示所消费的商品数量，且 $F(.)$ 是任意递增函数，则 $U=F[\Phi(x_1, \ldots x_n)]$ 也将是一个有效的效用函数。

献。这些结果超越了他那篇《经济学》文章的结果，因为使用序数效用函数使他能够推导出对称条件（卡布奇诺的价格对拿铁需求的影响和拿铁价格对卡布奇诺需求的影响是一样的），否则不可能得到这些结果。这是他在早期文章中认为不重要而未予关注的传统理论的含义。或许是因为他意识到自己此前曾认为传统理论不重要而未加重视，所以他为自己的方法进行了辩护，称自己证明了数学的使用如何让推导结果变得更容易，《计量经济学》的大多数读者会发现这个结论是一致的。

与此同时，萨缪尔森还引用了波兰经济学家奥斯卡·兰格的观点。兰格最近刚移民美国，并于1938年成为芝加哥大学教授。[51] 兰格承认，对行为的观察只能得出一个序数效用函数。但是，他认为通过让人们对"变化"进行比较，可以获得更多的信息。例如，可以询问消费者，是早餐多吃一块松饼，还是午餐多吃一块三明治。兰格声称，如果我们能做到这一点，我们就能得到效用的基本测量标准，即效用函数所附带的数值是显著的。有了这样一种测量方法，效用的差异就可以像温度的差异一样具有意义。① 拥有一个基数效用函数而非序数效用函数，在描述行为时可能无关紧要，但兰格认为，它在判断福利时可能颇有用处。

兰格的论点一经提出就引发了争议，但萨缪尔森认为，兰格的批评者忽略了这篇文章的主要问题。萨缪尔森的第一个批评是，重申他在前几篇文章中简要提出的观点——效用和福利经济学问题完全无关，福利经济学是关于伦理判断的。萨缪尔森引用了柏格森关于这一问题的文章，他认为，如果可以对所有个人消费的商品数量进行排名，就有可能对福利做

---

① 从技术上讲，基数效用函数被定义为一个线性变换。如果 $U=\Phi(x_1, \ldots x_n)$ 是一个有效的效用函数，那么所有其他有效的效用函数都可以表示为 $U=a+b\Phi(x_1, \ldots x_n)$，其中 a 和 b 是常数。在温度换算的情况下，华氏度（f）和摄氏度（c）之间有 $f=32+1.8c$ 的关系，它的限制性比序数效用函数所要求的更高。

出判断；对效用有一个基本的测量标准，"实际上什么都没有增加"。[52] 他的第二个批评是，这篇文章的讨论陷入了条件混乱，事实上可以用效用函数表示偏好。假设消费者可以对效用的差异进行排序这一点无关紧要，得到效用函数的另一个关键附加假设是可传递性——假设消费者更偏好 A 而不是 B，更偏好 B 而不是 C，那么她一定更偏好 A 而不是 C。如果偏好是可传递的，它们就可以用效用函数表示。

　　萨缪尔森给兰格寄了一篇文章，兰格在 1938 年 5 月回复说，他同意萨缪尔森的观点，即效用函数的基数性（cardinality）和福利经济学无关。[53] 兰格承认自己以前在这一点上犯了错。至于第二个批评，兰格解释说，他关心的不是效用函数是否存在（可积性问题），而是如果存在，它是否唯一。他选择这种假设的原因是，他想证明帕累托和鲍利等早期作者是如何前后矛盾的。这句评论和兰格的观察需视萨缪尔森的最终稿而定，萨缪尔森也许希望发表一则辩驳，这可能是该文在 10 月发表时的结束评语如下的原因："对于早期数理经济学家著作中的不一致之处，我谨表示同意兰格博士的看法。"[54] 萨缪尔森和兰格在技术问题上可能存在分歧，但他们一致认为，数学分析可以解决以往文献中存在的困惑。

　　1939 年秋，萨缪尔森再次给兰格寄去一份文章草稿，主题同他们前一年讨论的问题密切相关。这篇文章是为了纪念 1938 年 11 月死于车祸的亨利·舒尔茨而写的，它似乎不是兰格主动提出要写的，因为在感谢萨缪尔森寄给他这篇文章后，他解释说，他不知道自己是否能把它收入纪念刊中。不仅因为这是一篇很长的文章，而且更重要的是，他不知道他还会收到多少其他稿件，因此也不知道纪念刊编辑工作能否继续下去。兰格问萨缪尔森是否介意等他两三个星期再做取舍。在这篇等了近 3 年还未发表的文章中，萨缪尔森讨论了收入的边际效用不变的假设。这是阿尔弗雷德·马歇尔在19世纪90年代使用的一个假设，即从边际效用递减假设推导出向下倾斜的需求曲线，并推导出构成其福利经济学基础的"消费者剩余"。[①]

　　萨缪尔森想必把他的文章拿给了威尔逊看，因为威尔逊刚刚就这一主题发表了文章。威尔逊在12月告诉萨缪尔森，他觉得这篇文章非常有趣，希望能予刊发。在威尔逊自己的文章中，他关注的是"独立"商品的问题——一种商品的效用不依赖于对其他商品的消费。[②][55] 他鼓励萨缪尔森提供"更多的内容和历史讨论"，以使"那些不像你那样真正称得上是数学家的经济学家们"更好地接受。[56] 这一点很重要，因为威尔逊认为存在很多混乱，而且，尽管瓦尔拉斯对"独立"的定义已经成为标准，但希克斯和艾伦引入了一个新的定义，而这两个定义之间的关系并不为人理解。

　　许多经济学家用文字语言构建论点时并未深入基础数学，这是一个具体的问题。威尔逊甚至建议萨缪尔森可以考虑用文字阐述整个论点，把使人却步的数学放在附录中，或者至少把数学放在最后。这既非威尔逊第一次也非他最后一次力劝萨缪尔森对数学水平较低的读者做出更多让步。

[①] 如果一块面包对消费者来说价值5美元，但他只需支付2美元就能买到，那么就会有3美元的剩余。如果面包只值2美元，他就不会从买面包中得到任何剩余；他对花在面包和其他东西上的2美元漠不关心。如果边际效用，即消费者消费额外一块面包的价值是递减的，那么第一块面包的价值就会大于第二块，依此类推。消费者剩余是指消费所有面包后的剩余。除非收入（货币）的边际效用是恒定的，否则在消费的不同面包上1美元的剩余效用将不同，所测量的剩余（一笔钱）也将不等同于总效用。

[②] 根据这个定义，如果商品是独立的，效用函数具有 $U=\Phi_1(x_1)+\Phi_2(x_2)+\cdots+\Phi_n(x_n)$ 的形式，其中函数 $\Phi_l(x_l)$ 表示每一种商品的效用函数。

　　萨缪尔森没有听从导师的建议。最终于 1942 年收入兰格编辑的纪念刊中的版本，用一段简短的开场白介绍了这个问题，如果说这是对威尔逊的回应，那也只是象征性的表示而已。[57] 它只是说，由于很多消费者需求的相关文献都立足于收入的边际效用是恒定的假设，文献中包含了很多"有效性受限"的结论，甚至存在"完全的自相矛盾"。[58] 一开始并没有人试图解释这些可疑的结果是什么，以及为什么会出现这些结果，尽管萨缪尔森的目的是证明之前的文献充满混乱。萨缪尔森在定义了他的术语后，得到的第一个结论是，收入的边际效用取决于对效用指数的选择；由于效用指数不是唯一的，这个结论就颠覆了这个概念。这使萨缪尔森认为，恒定的边际收入效用（该术语对马歇尔很重要）的含义是模糊的：当价格变化时，它是恒定的吗？抑或是因为收入发生了变化？[①] 正如威尔逊在写给萨缪尔森的信中所承认的那样，这份犯了错的经济学家的名单上包括马歇尔。

生产和利率

　　萨缪尔森还试图澄清供求理论的另一面——企业和生产理论。1938 年 12 月，他在美国经济学会的一次会议上发表了一篇关于生产理论的文章，尽管熊彼特认为它的篇幅太短。[②] 根据萨缪尔森为发表的会议纪要

---

① 关于恒定的边际收入效用的第一个定义（收入的边际效用不会随商品价格的变化而改变），是马歇尔的定义。第二个定义是指某种商品 —— 用来衡量其他商品价格的商品，通常称为"货币"—— 的边际效用是恒定的。根据任何一种定义，加上其他常见假设，萨缪尔森就能得出意外和毫无根据的推论，例如花在每一种商品上的收入份额从未改变。

② 参见本书第 7 章。

所写的摘述，他批评了经济学家未能对生产函数和成本曲线之间的关系提供清晰而正确的解释，也没有得出具有实际意义的结果。萨缪尔森说，最优条件可以为价格-数量行为提供"明确的、有意义的限制"，但他并未解释这些限制具体是指什么。萨缪尔森的结论是，几乎毫无争议的是，自由准入会导致企业趋于零利润，这个条件不能从任何和企业有关的"内部"均衡条件推导出来。[59]

一年前，也就是 1937 年 12 月，萨缪尔森写信给奈特，随信附上了他写的一篇关于利率决定因素的文章。[60]萨缪尔森首先指出，在讨论竞争性市场时，经济学家通常从分析给定市场价格下的个体行为开始（竞争性市场的本质是个体没有能力影响市场价格）。在那之后，他们才分析了所有个体的行为是如何共同决定市场价格的。萨缪尔森提出将同样的方法应用于利率理论，把数学引入一个有争议的话题的讨论中，这之前的许多文献都使用了纯粹的文字推导。尽管萨缪尔森希望这篇文章能引起奈特的兴趣，但是后者却不为所动。与瓦伊纳 6 个月前就另一篇文章发表的评论相呼应的是，奈特认为，尽管数学推导是正确的，但它并未给已知的东西添加任何重要的补充：

> 总之，事实就是你的文章让我很扫兴！在很大程度上……它给我的印象是，你一直在对相当明显的关系做象征性的重申；我发现它是"合理的"，并且承认符号公式在明确和精确方面有一定的价值，但我看不出这篇文章有什么重要的"贡献"。[61]

奈特认为，萨缪尔森的文章更应以"高学术质量"让他的思想发展到"确实清晰并做出真正贡献的程度"。例如，奈特认为萨缪尔森未明确指出他在什么地方提到"总资产持有量"是一个可以调整的变量，以使系统达到均衡。奈特认为这具有误导性，因为总资产的总和是萨缪尔森所分析的投资、撤资和资产重估过程的结果，不应被视为系统中的一个变量。奈特想要一种更注重个人行为而不是集体行为的方法。

　　萨缪尔森在这篇文章中对凯恩斯的批评，是奈特所欣赏的一个方面。萨缪尔森对文章做了修改，最终于 1939 年 2 月发表了《理想条件下的利率》(The Rate of Interest Under Ideal Conditions) 一文。[62] "理想条件"意味着没有任何不确定性。萨缪尔森承认，不确定性是正常情况，不可能存在完全确定性的条件，因为"每个个体的行为构成了所有其他个体行为的障碍或网络"。但是，萨缪尔森为"作为一种分析工具"的完全确定性假设进行了辩护。[63] 基于这个假设，他可以借鉴自己早期文章中提出的投资理论。萨缪尔森认为，与文献中常用的理论相比，这一结果是涉及投资和利率之间关系的更普遍的理论，因为他对生产条件做了非常普遍的假设。他写道："几乎不可能构建一个具有广泛适用性的生产函数。"[64]他还将自己的投资理论同凯恩斯的资本边际效率（他发现该效率存在问题）区分开来。[①][65]

　　萨缪尔森随后转向了消费者。他将个人和家庭分开考虑，理由是在现代专业化生活中，思维模式往往是被分割的："同一个人作为企业家和消费者的思维方式是不同的。"[66] 这不无道理，因为金融市场的存在意味着，如果企业家将其资产的现值最大化，那么这笔钱就可以以个人偏好的任何方式花掉。萨缪尔森驳斥了享乐主义理论，该理论认为，储蓄是一种节制消费的负效用，或者是一种随时间推移消费的效用——这种观点起源于 19 世纪早期，在很长一段时间内支配着经济思

---

① 萨缪尔森的论点是，这并非一个真正意义上的边际概念。这是他在文章中第二次批评凯恩斯。他和凯恩斯的关系将在后面几章中讨论。

想。萨缪尔森甚至认为，就像奈特指出的那样，因为个人服务的收入不能被资本化和出售（人们不能把自己卖给奴隶），"认为每个家庭都拥有未来的贴现收入是没有意义的"。[67] 其结果是，消费将由与决定投资的因素截然不同的因素决定。[①] 也就是说，消费主要取决于人口的年龄结构。

> 从关乎我们文明的一些基本事实出发，很明显，个人出生在家庭中，并在数年里依赖于家庭。随之而来的是一段具有挣钱能力的时期，在此期间，收入可能上升、下降或保持不变，然后通常是收入下降甚或没有收入的衰退期。由于两代人之间的间隔以及每一代人都有日益增长的记账趋势，除了抚养子女的情况外，个人预期会有一段依赖期，因而持有相当多的资产。[68]

金融资产的购买和清算不会相互抵消，因此家庭需要持有大量资产，包括人寿保险、养老基金和储蓄账户。资产持有量将取决于收入的分配。利率传统上被认为是决定持有多少资产的因素，它在决定资产需求方面"可能只是众多因素之一"："现代社会的文化价值观是，无论利率如何，资产积累都可能存在。"[69] 萨缪尔森认为，即使利率为负，人们也可能积累资产。为了解释企业家和消费者的行为如何决定利率，萨缪尔森用到了离散周期，他的阐述或许反映了约翰·希克斯在其新作《价值与资本》（*Value and Capital*，1939b）中采用的方法，抑或是他自己对瑞典经济学家埃里克·林达尔（Erik Lindahl）和贝蒂·俄林的解读。

---

① 需要注意的是，萨缪尔森假设人们不能根据他们的预期未来收入获得贷款，现在看来这是很正常的（试想学生贷款，或者某种意义上的房屋抵押贷款）。

我把时间分成若干不连续的时间段，来讨论每个时间段内利率的确定。在考虑任何给定时期时，将以前各时期的所有利率和所有资产持有情况作为数据。就像一条永不终止的链，每个周期变量的值都是从上一个周期的值出发的，反过来又成为下一个周期的决定因素。因此，在任何时期确定的利率必须能够平衡所有个人（家庭、投资者）持有的总资产和所有企业持有的总资产，且对每一种利率而言都是最优的。[70]

在一个脚注中，萨缪尔森算出了连续时间的情况。

这场讨论之所以有趣，是因为它包含了许多后来成为战后经济学核心的思想，如"生命周期"理论，即家庭通过储蓄以提供年老时的消费，以及萨缪尔森本人推广的世代交叠或消费-贷款模型。[71]但是，尽管有了这些想法，萨缪尔森拒绝接受后来理论的一些假设，因为他拒绝接受消费基于对未来收入贴现的观点，并质疑家庭能否被视为最大化行为者。不同于他后来在消费-贷款模型研究中应用的效用最大化家庭理论，他对世代交叠的分析是为了取代这一理论。这篇文章提供了证据，证明他的思维方式仍然受到他的老师奈特、威尔逊和熊彼特的显著影响。他也像他的老师们一样批判凯恩斯。他赞同凯恩斯的观点，认为利率会调整，人们希望持有每个时期存在的资产，并否认储蓄和投资相等可以决定利率（储蓄和投资必然相等）。[①]但是，除此之外，他们的理论截然不同。

萨缪尔森采用了一种明确的动态框架，他从不确定中摆脱出来，他

---

① 这本身就表明，萨缪尔森同当时的许多经济学家一样，并未准确理解《通论》。在《通论》中，虽然实际储蓄和实际投资必定相等，但计划储蓄和计划投资不一定相等。

关注的是总资产存量，而不仅仅是货币。萨缪尔森对投资和储蓄的定义也有别于凯恩斯，他定义的投资不仅包括新资本品的生产，还包括现有资产价值的变动。凯恩斯认为，旧资本品的贸易必然会相互抵消，并且可能被忽视。他陷入了一种类似于（古希腊哲学家）芝诺（Zeno）著名的运动悖论的"微妙的谬误"中。[①][72] 这篇文章很可能是奈特喜欢读的（它很符合奈特的口味）。

在这篇文章中，正如萨缪尔森早期关于投资的文章那样，萨缪尔森用数学来解决他认为不甚严谨的理论中所充斥的困惑。资本理论是一个主要的困惑所在，但是通过关注资产的价值，他相信自己已经建立了一个理论，在这个理论中，投资是最大化行为的结果，而不必定义任何所谓的"资本量"。他声称，有关测量资本的文献，掩盖了不断上升的资产价值和实际实物投资之间的差异。他的这个分析引起了人们的注意。但是，由于他不愿做出必要的假设来正式地建立消费模型（例如作为一个最大化问题的解决方案），他对模型这方面的分析仍然纯粹是口头上的，因此他所能得出的结论也是有限的。

萨缪尔森从未动摇过自己的信念：在他所研究的所有经济学领域中，数学都可以用来解决以往文献中的困惑。他向他的朋友都留重人解释了他的立场：

　　　　我觉得这就像拿一把小刀在长满荆棘的树林里砍断无法移动的树枝，以便开辟一条足够宽的道路让人们行走。经济学被各种范畴和体系所淹没，它们的复杂性同经济学家数量的成倍增长成正比，但最终在厘清一般性的概念和推理并进行深入研究之后，其理论框

---

① 我们不清楚萨缪尔森的类比在这里有无意义。

架将会显得异常简单，且具有共同的特点。[73]

　　萨缪尔森在消费和生产领域的研究是他博士论文的核心，也是他《经济分析基础》的重要组成部分，这本书巩固了他作为数理经济学家的权威。他虽然简化了经济理论，但是突破了其他人引入的复杂性，这些早期文章表明一位年轻的经济学家仍然在寻找自己的道路，其中包含的许多言论，暗示了对后来成为经济理论标准假设的观点的怀疑。

　　他的第一篇文章显示，如果个体使效用的贴现总和最大化，测量效用将是可能的——但他继续质疑这一点的中肯性，并给出了实际行为的证据。他关于利率的文章提供了怀疑的理由，即对使用基于效用最大化的理论分析该理论的应有主题——储蓄和利率——的怀疑。他甚至还加了一个脚注，驳斥了自己之前的文章，称其为"一种求知欲，满足了我自己对假设的随意性和结果的空洞性的看法"。[74] 他证明效用分析具有实证含义，尽管在另一篇文章中他认为这些含义无关紧要。"显示性偏好"这一术语后来定义了他的消费者理论方法，它只是在他早期发表在《经济学》上的一篇文章的补充附录中被引入。他对资本理论的研究方法符合奈特和熊彼特的理论。概言之，他可能是在简化之前的文献，但尚未摆脱这些文献中对问题的表述方式。

　　也有人认为，萨缪尔森的方法论立场仍在演变。他发表在《经济学》上的第一篇文章对自己的假设做了传统的辩护，称其无可辩驳，但几个月后，他转向了操作主义——对此，他的解释方式同他的两个朋友艾伦·斯威齐和蒯因在维也纳圈子里的观点如出一辙。萨缪尔森这一时期的文章包含了他一生都在关注的思想——操作主义、显示性偏好、世代交叠和资本概念。随着他一篇又一篇地发表文章，他对这些思想的思考也在不断演变。

毫无疑问，他雄心勃勃、自信满满，并且坚信对数学的应用可以极大地改写经济理论。作为一个争分夺秒的年轻学者，他不断地从他的老师那里得到信息，包括威尔逊、熊彼特和奈特，他或许应该花更多的时间来阐述自己的想法，这样才能引起更多的注意。1939 年 8 月 4 日，他的父亲去世，终年 56 岁。萨缪尔森当时只有 24 岁，但从学生时代起他就知道自己患有高血压，因此活动也受到限制，他开始担心自己或难高寿。

第 11 章

合作研究

人口动态

在萨缪尔森离井哈佛时，他有着"合作者"的声誉。① 他说，这是因为他曾和一个朋友合撰过一篇文章。但他享有这个声誉并不仅仅是这个原因，这还是对他给予经济学研究生帮助和参与他们研究的赞扬。在学习数学和将数学应用于经济学方面，他领先于他的朋友们，但这从未令他轻视他们的研究。相反，他支持他的朋友们，1939—1940 年，他甚至为他们做了一系列关于数理经济学的讲座。

萨缪尔森从函数的概念出发，强调这个概念并不一定是数值的。他用一个简单的物理例子——自由落体运动——来说明非线性函数，以此来解释极限的概念。代数、图表和数值例子都被用到了。同样的方法也被应用于追求利润最大化企业的成本曲线和供给曲线，以及对一家企业征收五种不同税收对其产出的影响。这些都是用微分学分析最大值落在哪里的基本演算。[1] 萨缪尔森从两个变量开始，然后用三个变量进行了类似的演算——产出是由土地和劳动力决定的函数。他导出了最小成本的

---

① 参见本书第 15 章。

条件，演示了二阶条件可以如何表示为一个 2×2 行列式。他指出，三个和四个变量的等效最大和最小条件涉及与更高阶行列式相关的附加条件。

这些讲座不仅显示萨缪尔森能够在朋友遇到困难时提供帮助，还表明他自己对这些数学技术的掌握与同事们——甚至包括那些像沃尔夫冈·斯托尔珀这样成功完成哈佛研究生课程的人——有限的数学知识之间存在的差距。较之他自己的研究，这些材料算是基础性的，但他的同学们需要他非常仔细地进行解释，并提供对重要观点的不同解释和实例。尽管在 20 世纪 50 年代像萨缪尔森所使用的数学知识已经变得司空见惯，60 年代时数学则是对研究生（以及许多本科专业学生）的普遍要求，但在 1940 年的时候，这种训练是相当有限的。

柏格森的例子表明，萨缪尔森乐意慷慨地赞扬他的朋友们，并尽量不提自己所起的作用，拒绝被认为是他参与过的作品的合著者。他最重要的合著者之一是玛丽昂，在 1938 年的某个时候，他开始和玛丽昂一起研究人口增长动态。这是威尔逊（作为生命统计学教授）和汉森都感兴趣的问题，汉森感兴趣是因为它对商业周期的影响。[①] 1939 年 2 月，萨缪尔森把他和玛丽昂合写的一篇论文寄给统计学家阿尔弗雷德·洛特卡（Alfred Lotka，1880—1949）。[2] 洛特卡出生于现在的波兰，在英国伯明翰接受数学和物理学教育，他把热力学思想应用于生物进化研究，将其视为一条物理定律。威尔逊是洛特卡所著《物理生物学基础》（*Elements of Physical Biology*，1925）的复审者之一，两人一直保持着联系。与威尔逊一样，洛特卡也对社会学持某种怀疑态度，有一次他对威尔逊说，他在听一次冗长乏味的论文报告时草拟了一个定义："社会学是一门伪科学，它以牺牲思想能力为代价来发展语言能力"，尽管他希望这个领域作

---

① 本书第 12 章将讨论汉森。

为一个整体不会形成这样的观点。[3] 在萨缪尔森和他取得联系时，他是大都会人寿保险公司（Metropolitan Life Insurance Company）的统计员，正在研究人口动态问题。洛特卡请萨缪尔森留意有关人口动态问题的大量文献，包括洛特卡自己的，并寄给萨缪尔森一份关于"自我更新的总量"和"工业替代"问题的论文草稿。[4]

萨缪尔森和玛丽昂合撰的论文题为《人口分析中的一个基本函数》（A Fundamental Function in Population Analysis）。[5] 这篇论文从观察到人口是所有出生人口的总和出发，以各个年龄存活的人口比例为权重。因此，在 1938 年，总人口将包括 1900 年的所有出生人口乘以活到 38 岁的人口比例，加上 1901 年的出生人口乘以活到 37 岁的人口比例，再加上 1902 年的出生人口乘以活到 36 岁的人口比例，依此类推。问题是，这个情况反过来也是成立的，即从每年人口的数量出发，推断出上一年有多少人出生。洛特卡解决了这个问题，对人口的时间路径做了一些特殊的假设，但他的结果并不是笼统的。通过一些复杂的数学运算，萨缪尔森和玛丽昂推导出了他们所谓的替代函数：随着时间的推移，人口会保持恒定的出生模式。他们的灵感可能来自物理学，这一点可以从手稿中删去的一句话看出："把它和电路理论中的亥维赛（Heaviside）阶跃函数进行类比，显然是有道理的。"[6]

萨缪尔森和玛丽昂指出，他们正在计算的替代函数既可以应用于人类人口，也可以应用于工业设备的库存（总量）。但是，他们没有讨论具体数值，而是导出了两个一般定理。第一个定理是，如果人口在某一日期后呈指数增长（例如以恒定的百分比增长），出生人数必会渐进地接近指数形式（一个恒定的增长率），人口的年龄分布最终将趋于稳定。第二个定理把这个结论推广到人口存在周期性波动的情况。正如萨缪尔森向洛特卡解释的那样，这受到了他们对商业周期理论兴趣的推动。

　　萨缪尔森和洛特卡的通信仍在继续。1939 年 3 月，洛特卡表示，他认为萨缪尔森没有为自己试图解决的统计问题提供一个良好的动机。[7] 在寻找能够保持人口恒定的出生率时，萨缪尔森假设当有人死亡时，这个人立即会被一个新生儿替代。在人口出生率取决于潜在母亲的年龄分布时，情况并非如此。但是，萨缪尔森研究的问题和工业投资问题有关，在工业投资问题上，旧的资本品可能会立即被新的资本品替代。这个评论可能促使萨缪尔森中断了一篇题为《关于净生育率和人口增长内在速度的一个注解》(A Note on the Net Reproductive Ratio and the Intrinsic Rate of Population Growth) 的文章的撰写，他在该文中对任意给定年龄的每一名女性的生育率做了讨论。[8] 在这篇注解中，他讨论的是界限区间而不是精确的数值，其中一个原因是一代人的时长是不确定的。生物学确定了生育的最小年龄和最大年龄，一代人的时长可以处在这些界限区间的任何位置。

　　这年秋天，萨缪尔森以唯一作者的身份给《美国统计学会杂志》(Journal of the American Statistical Association) 提交了一篇文章，题为《遵循既定规律增长的人口结构》(The Structure of a Population Growing According to Any Prescribed Law)。[9] 这篇文章一开始就指出，虽然可以直接从出生（和其他假设）的相关信息中推断出一个种群的行为，但反过来就困难得多了。他声称，只有在某些特殊情况下，如人口呈指数增长时（一个恒定的百分比增长率），或根据对数曲线（增长率以特定模式上升和下降），才能在了解人口增长情况下确定出生率。20 世纪 30 年代的数据表明，美国的人口增长不再符合对数曲线（尽管以前符合），因此需要通过另一种方法来找到长期预测的基础。按照萨缪尔森的说法，威尔逊已经揭穿了人口统计学家对对数曲线的沉迷，这或许可以解释他为何试图找到一种模拟人口动态的替代方法。

萨缪尔森的方法是考虑一种简单情形：人口从 0 开始，然后突然上升到 1，计算将人口保持在这个新水平所需的出生数量（一个分数）。[①] 然后就可以接着分析人口的任何时间路径："按照任何规律增长的人口都可以被视为由一系列阶跃函数组成，并且任何时候的出生数量都等于每一个这样的阶跃函数算出的替换数量之和。"[10] 他解释说，他的研究结果假设了一个简化的生育模型，其中所有的生育都发生在平均分娩年龄，假设为 30 岁；这毫无疑问是萨缪尔森对之前洛特卡批评他的论文所做出的回应。虽然传统的估计显示人口增长率下降缓慢，但萨缪尔森自己的方法却表明人口增长速度正在迅速放缓，1960 年后人口增长率将开始下降。

编辑弗雷德里克·斯蒂芬（Frederick Stephan）把萨缪尔森的文章拿给洛特卡看，洛特卡随后联系了萨缪尔森。洛特卡指出，他曾在 1938 年 12 月的美国统计学会会议上就同一主题提交过一篇文章，并于 6 月发表。[11] 洛特卡建议萨缪尔森在即将召开的美国统计学会会议上，用他（洛特卡）的方程提交一篇略有不同的文章。[12] 萨缪尔森表示无法接受洛特卡的建议，因为他并未准备参加那年的美国经济学会或者美国统计学会的会议，但他解释了自己和玛丽昂的研究动机。[13] 他们不能使用洛特卡的统计方法的原因是，当出现周期性波动时，它们就不起作用，就像商业周期数据的情形一样。[14] 他们使用了一种不同的方法，"让我们喜出望外"的是，这得出了和洛特卡所使用的相同类型的方程。[②][15] 这封信表明萨缪尔森和玛丽昂试图在人口增长和商业周期理论之间建立联系，使用的数学分析则

---

① 这里即前文提到的电路理论中的亥维赛单位阶跃函数。

② 他们所使用的是沃尔泰拉（Volterra）积分方程。洛特卡的回答通常是向萨缪尔森解释自己的早期文章中已经涵盖一些内容，他称虽然萨缪尔森的方法具有阐述上的优势，但他不认为它更具有普遍性。

迥异于他更熟悉的乘数-加速数模型中涉及的数学工具。[①]

劳动经济学

　　尽管萨缪尔森花了很多时间与同学们和老师们讨论他的各种想法，但他在哈佛期间只发表了一篇合作论文。他和玛丽昂的文章一直未能发表，他和斯托珀关于国际贸易的著作直到 1941 年才出版。[16] 他 1940 年发表的这篇论文的合著者是拉斯·尼克松，尼克松比萨缪尔森大几岁，自 1936 年开始在哈佛大学担任讲师。[17] 约翰·F. 肯尼迪（John F. Kennedy）以曾经受教于拉斯·尼克松为荣，他曾对约翰·肯尼斯·加尔布雷斯（John Kenneth Galbraith）说："记住，我很擅长这个，我可是拉斯·尼克松的学生。"[18] 萨缪尔森称尼克松是"我们班的激进分子和拉德克利夫学院学生的偶像"。[19] 拉斯·尼克松于 1941 年离开哈佛，并在那年年底成立了左翼电气工人联合会华盛顿办事处。萨缪尔森写道："我敢肯定，J. 埃德加·胡佛（J. Edgar Hoover）在他的联邦调查局（FBI）档案中有我的名字，因为我是尼克松的合著者，但我没兴趣通过《信息自由法案》（Freedom of Information Act）了解更多细节。"[20]（最近一份解密资料显示，联邦调查局对他和尼克松的关系不感兴趣，该文件只是涉及他和另一名同学——都留重人的关系。）尼克松 1940 年提交的论文是关于就业能力和劳动力市场的，这并不令人感到意外。

　　萨缪尔森解释说，他之所以和尼克松一起撰写《对美国失业的估算》（Estimates of Unemployment in the United States），是因为他了解到"第三方推手正在迫使尼克松退出一家合营企业"，他同情处于劣势的人。[21]

---

① 　参见本书第 13 章。

友情因素显然为萨缪尔森提供了一个重要动机：萨缪尔森在战争期间访问华盛顿时，两人仍然保持着联系，即使他们已经不在一起工作。尽管萨缪尔森称，作为一名理论家，他并非注定要从事失业统计的工作，但这个主题与他对商业周期理论和凯恩斯经济学日益浓厚的兴趣十分吻合。两人在写这篇论文时的分工尚不清楚，但人们很自然地认为，萨缪尔森在两人提出就业和失业统计数据之前的理论讨论中发挥了重要作用。

这篇论文的核心是两人对1929—1940年大萧条期间五项失业衡量指标的讨论。考虑到统计问题，例如不同人口普查对无报酬家庭劳动的处理方式，他们得出结论，认为不存在唯一正确的失业衡量标准。尽管这篇论文主要是统计方面的推算，但是它与萨缪尔森当时的知识发展之间的主要关系在于，它所使用的理论论据能够解释失业的不同衡量方式。他们首先用短期劳动力供给曲线来定义充分就业："当个人在给定的实际工资（或实际工资结构）下尽可能多地工作时，就业便是充分的。"[①][22]这个定义虽然看起来似乎很复杂，但在一个工人具有不同偏好，且如果一名家庭成员失业，其他家庭成员必须尝试找到工作的环境下，是至关重要的。就业之所以不充分，可能是因为劳动力市场不完善，或者失业者不愿压低在职者的工资，也可能是因为雇主拒绝以低于他们认为"公平"的工资雇用工人。[23]

这是传统的分析。它建立在一种理想的假设上，即工资下降将减少或消除失业，正如竞争市场中的供求理论所表明的那样。正是在这一点上，他们探讨了凯恩斯的思想。他们引用了里昂惕夫的批评，对

---

① 实际工资指经物价变动调整后的货币工资率，它衡量的是在该工资率下所能购买的商品和服务数量。

凯恩斯关于工人可能遭受"视错觉"的论点持怀疑态度。凯恩斯认为，工人会抵制货币工资的减少，但不会抵制物价上涨快于工资上涨所带来的实际工资的减少。他们认为，根据凯恩斯自己的理论，只有当利率、投资或消费倾向发生变化时，就业和实际工资才会发生改变。因此，在就业没有任何变化的情况下，工资和价格有可能会出现螺旋式下降。他们同样不认同凯恩斯对充分就业的另一种定义，即充分就业水平指超过这一点后，有效需求上升将导致工资上涨的就业水平。他们认为，当失业率仍然很高时，工资往往会上涨。他们指出，"失业率上升通常与生产和实际国民收入下降有关"，而且他们也承认，"这些数量的波动是'有效需求'水平波动的结果"。[24] 但是，他们很清楚，这个观点和任何特定的周期理论无关，他们认为这并不是凯恩斯的思想。

他们特别重视的一个概念是"隐蔽性失业"，在这一点上他们引用了琼·罗宾逊夫人的例子。[25] 当人们失去工作时，他们可能会从事自给自足的农业生产或挨家挨户的推销工作，或者他们可能会接受低于他们应得薪水的工作。这在美国是一个重大的问题，因为农业统计资料显示，无薪的家庭工人和自给自足的农民也被计入受雇者，使得失业人数增加数百万。农业的重要性无疑是他们与哈佛大学一流农业经济学家约翰·布莱克讨论该话题的原因。他们感谢布莱克提出的若干建议，并引用了他的几篇论文。

他们对失业的讨论导致了以下问题，即微观经济资源分配问题和商业周期问题之间的界限在哪里。他们称："一些读者可能认为资源的非最优配置问题属于福利经济学和价值理论领域，而把这些问题和失业研究联系起来考虑，就等于让福利经济学完全吞并商业周期理论。"[26] 对此，他们反驳道：

我们认为，隐蔽性失业的概念不应包括相对最优配置的所有偏差，而只应包括那些因有效需求水平的周期性变化而造成的偏差。隐蔽性失业的概念非常有用，因为它表明，即使在一个组织完善的劳动力市场……国民收入和产出水平仍有可能出现大幅波动。[27]

像凯恩斯一样，尼克松和萨缪尔森在后来所称的微观经济学和宏观经济学之间划清了界限。他们还遵循凯恩斯的观点，认为萨伊法则（即供给会创造自己的需求，因此不可能出现需求短缺）的失效不仅仅是价格体系僵化的结果。但是，他们对凯恩斯观点的援用是有选择的，因为他们显然认可他们的老师（尤其是里昂惕夫）对凯恩斯《通论》的一些批评。

同样值得注意的是，这篇论文第一次表明，这场在欧洲爆发的战争——尽管美国尚未完全加入——是如何开始影响人们的思想的。英国学者（包括凯恩斯）正转向另一个完全就业的概念，即使劳动力资源或"国家潜力"达到最大化。如果采用这一概念，失业率的估算值会高出许多。"这是自相矛盾的，"他们写道，"只有在战争时期，当不存在有效需求问题且货币的面纱被揭开时，稀缺性和选择的真正经济现实才会一目了然，即使对外行而言也是如此。"[28] 战争使人们认识到，虽然当前的问题是需求不足，但基本的经济问题仍然是资源短缺。这使萨缪尔森和尼克松认为，充分就业是一个永远无法触达的天花板。[29] 他们认真考虑的是经济的供给面，而不仅仅是总需求。

贸易和福利

虽然社会福利函数是柏格森的原创，但在接下来的10年里，是萨缪尔森捍卫了福利经济学的基本方法。① 萨缪尔森运用这种方法的第一个领域是国际贸易。《福利经济学和国际贸易》（Welfare Economics and International Trade，1938f）一文开篇就认为，国际贸易理论是为了回答规范性问题而发展起来的，同时，由于福利经济学理论正经历着一个争论时期，重新审视国际贸易理论是恰当的，它有助于根据有关福利的新观点审视现有的结论是否有效。

萨缪尔森从构成柏格森社会福利函数基础的立场，即福利经济学意味着做出伦理判断切入。

> 首先，人们当然理解，每一次对福利经济学的讨论都暗含着某些伦理假设。但是，我不建议讨论坚持或拒绝不同伦理戒律或假设的哲学依据。相反，讨论将局限于不同伦理假设的含义，以及各种定理的充要条件或实质上。[30]

虽然萨缪尔森写的是效用，但他想到的却是序数效用，这意味着不可能衡量两种情况下的效用差异。如果效用函数只对商品的可选组合按偏好排序，而不能衡量它们到底有多好，那么更不必说用效用函数来比较不同个体之间的福利。

萨缪尔森通过考虑两个个体之间的贸易简化了这一论证，从而使从事贸易的各方都不会面临加总问题。这意味着他可以用一组无差异曲线来表示每个交易者的行为。他假设，如果一个交易者宁愿选择一种结果而非另一种结果，那么这个结果对该交易者来说便是更好的（每个人都

---

① 柏格森发表的作品侧重于与他在战争期间为之工作的政府机构所面临的问题更直接相关的问题——价格灵活性和苏联经济。战后，他成了研究苏联经济的专家。

是自己福利的判官）。如果双方都得到改善，那么这就是总体福利收益。问题是，如果双方中一方的情况出现改善，另一方的情况出现恶化，就不可能确定总体福利是否增加，因为无法衡量或增加他们的效用。这意味着，虽然可以证明存在某些贸易比没有贸易好，但并不能证明自由贸易是最优的；从保护主义转向自由贸易可能会使某些人受益，同时也可能会损害另一些人。

第二年，萨缪尔森发展了这一论点，认为如果引入贸易导致的相对价格不同于没有贸易的一般价格，那么和不进行贸易相比，贸易各方都将受益。[31]这是一个人们并不陌生的结果，但萨缪尔森认为，研究者们往往断言，只有在满足有关生产成本的限制性假设下，才能证明这一点。相反，他声称，关于国际贸易的所有有效的规范性命题都可以从"最一般的均衡理论"中推导出来，除了确保存在完全竞争所必需的假设外，无须对成本做出任何限制性假设。[32]

然后，他给出了通常所称的小国情况假设，即被分析的国家太小，不足以影响世界价格。他证明了，如果所有的个体都是相同的（排除了一些人获益而另一些人受损的可能性），只要世界价格和自给自足时的通行价格不同（在自给自足状态下，商品的交易价格必定等于世界价格），引进国际贸易就会增加福利。他的证明采用了和他在《经济学》上发表的第一篇文章非常相似的方法。他比较了存在或不存在国际贸易的商品组合的可行性，假设在情况发生变化后，人们在本可以买到和变化前一样的商品组合的情况下，买了另一种商品组合，那么此时他们的境况一定是变好了。这种推理与给了他启发的指数理论密切相关，足以证明他的定理。他指出，如果去掉任何一个假设，上述证明就会不成立。他举例说，如果不同行业的生产条件不同，一些行业面临成本上升，另一些行业面临成本下降，那么贸易保护政策有时可能是有益的。[33]

萨缪尔森接着转向了个体不相同的情况，承认这削弱了"每个人都会从引入贸易中受益"的论点。他谈到了补偿，然后把它引入对福利的讨论中。约翰·希克斯和尼古拉斯·卡尔多认为，如果那些从政策改变中获益的人能够补偿任何受损者，并且能比政策改变前境况更好，那么福利就会得到改善。萨缪尔森运用了类似的推理，他认为，如果引入贸易后，那些从中获益者能够补偿那些受损者，同时仍然保持自己的福利，就意味着每个人都可以通过贸易使自己的境况变得更好。但是，他并未提供任何衡量贸易收益的指标。萨缪尔森似乎含蓄地回应了约翰·希克斯试图恢复消费者剩余概念的观点，他指出，"消费者剩余等概念在一般情况下是不可接受的"，在可以使用它们的特殊情况下，它们"完全是武断的和传统的，对分析问题没有任何帮助"。①

因此，尽管萨缪尔森的讨论与柏格森的社会福利函数相一致，但他对福利的判断主要局限于帕累托标准：如果至少有一个人的境况变得更好，且没有人的境况变得更糟，那么福利就有了总体改善。同他之前的文章一样，他强调了形式推理的重要性。他不太重视他得出的结果（这也许并不奇怪，因为这些结果并不是非常可靠），而更重视他严格证明这些结果的过程"极少依赖直觉"。34 他接着说，这些定理"是前提的真实结果，它们不依赖于假设或概率"。对于这种形式推理的中肯性，他在文章结尾处写道：

> 当然，是否应该这么做（严密推理），只是个人喜好问题……因为在指出一组抽象假设的结果时，人们不必过分强调现实和这些假设之间的关系。另一方面，在人们提出支持不可推论的命题的假设

---

① 消费者剩余是阿尔弗雷德·马歇尔提出的一种福利衡量指标，本书第 10 章对此做了讨论。萨缪尔森（1939a，第 205 页）。

时，所传达的意思是，解释现实的困难任务已经完成了。[35]

他的假设也许不切实际，但这样做的好处是，它清楚地表明，不必对现实世界做出任何要求。这意味着，尽管其他经济学家——他们的理论基于更现实的假设——似乎在说一些关于现实世界的事情，但他们提出的主张并不符合他们的假设。运用严密的数学揭示了现有理论的缺陷。

具有讽刺意味的是，正是玛丽昂第一个使用了萨缪尔森得出的这些结果。1938年，《经济学季刊》刊登了布林莫尔学院（Bryn Mawr College）的卡尔·安德森（Karl Anderson）的一篇文章。这篇文章抨击了那些认为澳大利亚的历史状况证明征收保护性关税是合理的澳大利亚经济学家。对制成品征收关税有两种有利的影响：（1）使劳动力从农业转移到制造业，从而有助于维持澳大利亚出口农产品的价格；（2）由于劳动力在土地上和在制造业中比在农业中更重要，这会增加劳动阶级的收入。相比之下，安德森认为，在自由贸易条件下，每个群体的收入都将最大化，"澳大利亚的'历史状况'没有任何理由可以证明，该国从保护主义中获得了任何经济利益"。[36]

1939年的某个时候，玛丽昂写了一篇回应安德森的文章，发表在11月的《经济学季刊》上。她构建了一个数值例子，在这个例子中，保护主义被证明可以提高澳大利亚对制成品和初级产品的消费，并且劳动所得也出现了增加，因此，安德森的说法是错误的。玛丽昂这篇文章的核心论点是，萨缪尔森为她得出的结论提供了"一般性的分析证据"；可以证明，唯一的关键假设是，澳大利亚应该能够通过征收关税来影响其出口产品的价格。[①][37] 面对她的这种论述，安德森承认自己的观点"有点不

---

① 澳大利亚进口需求的弹性并不是无限的。

符合逻辑"，但他并未试图进行辩护。[38] 不过他在答复中指出，人们是否应该讨论国际贸易的供求曲线值得怀疑；也就是说，不可能设计出像玛丽昂所使用的那种能赋予供求曲线（或者需求弹性这个概念）任何意义的测量贸易商品的单位。

普林斯顿大学经济学家弗兰克·格雷厄姆（Frank Graham）对安德森的说法做出了回应。格雷厄姆发表过很多关于国际贸易的文章，萨缪尔森在其题为《国际贸易的收益》（The Gain from International Trade，1939a）一文中有所引用。尽管那篇期刊文章的署名是玛丽昂，但格雷厄姆写信给萨缪尔森，说他推测玛丽昂是萨缪尔森的妻子，似乎这使他有权不去理睬她，这种情况在当时并不罕见。格雷厄姆指出，安德森反对为一个国家构建需求函数的想法，他认为自己在两篇文章中已经"相当彻底地解决了这个问题"，但是"错误的活力曲线使凤凰看起来极其致命"！[39]

玛丽昂的文章中有一点很有趣，那就是她援引了柏格森关于社会福利的观点。萨缪尔森在他的文章《国际贸易的收益》（大概写于玛丽昂的文章之前）中认为，如果获益者能够补偿受损者，那么贸易就是有利可图的。玛丽昂引用柏格森的观点来支持自己的观点，即没有人证明纯粹竞争下的均衡代表了"某个社会测量指标"的最大值。[40] 她指出，政府给因贸易保护而丧失土地的所有者提供补贴，可能会"改变"这种状况，但她并未注意到，如果国民收入增加，则意味着如果土地所有者得到补偿，劳动者的境况仍会变得更好。考虑到她必定知道和理解这个论点，她似乎比萨缪尔森对这一点持有更多怀疑。

当萨缪尔森最终就这个问题发表论文时，他的合著者不是玛丽昂，而是住在附近的研究生沃尔夫冈·斯托尔珀。萨缪尔森记得是斯托尔珀让他第一次接触到欧洲大陆的文化，向他介绍了维也纳的华尔兹和皮短裤，且在一个无知的服务员以向杯子里加一块冰来应付对夏布利酒温度的投诉时义愤填膺。[41] 受过良好教育的斯托尔珀发现，萨缪尔森居然能按 1、4、2、3 的顺序听贝多芬的交响乐乐章，他觉得这简直不可思议，因为这把他必须站起来翻看 78 转每分钟录制的唱片的次数降到了最低。斯托尔珀和他的妻子与萨缪尔森和玛丽昂同年结婚，这两对夫妇成了亲密的朋友。

萨缪尔森后来对早期同斯托尔珀合作的记忆十分清晰。

> 20 世纪 30 年代末的一天，斯托尔珀向我提到了一件令人好奇的事："老陶西格……断言，自由贸易通过将工人吸引到具有最大比较优势的部门，推高了美国的工资。我们如何把这一点和俄林的观点联系起来呢？俄林认为，同自给自足相比，自由贸易能够降低美国最节制的投入的回报。"
>
> 这个问题对我而言是全新的。我说："你说得有道理，去找出为什么。"
>
> 他做到了。在他的探索过程中，我们不断地讨论这个问题的许多分支领域。这种分析很快就超出了自由贸易范畴，解决这些问题之后，自由贸易就自然而然地呼之而出。[42]

也许正是这项研究，使萨缪尔森能够提供更全面的分析，来支持玛丽昂在她的文章中使用的数值例子，即使他和斯托尔珀当时尚未准备就该问题发表论文。他或许还记得瓦伊纳的信中说，如果他能证明一些不明显的东西，数学论证将会更加有趣。

尽管最终发表时，沃尔夫冈·斯托尔珀和保罗·萨缪尔森是这篇题为《保护主义与实际工资》（Protection and Real Wages，1941）的文章的署名作者，但玛丽昂显然也参与了写作。斯托尔珀承认，正如当时的偏见所反映的那样，她打出了这篇文章，尽管他记得他们"逐字逐句地向她口述不同的句子"；这表明她的作用可能要大得多，至少需要把他们互相矛盾的阐述整理成前后一致的内容。[43] 后来被称为"斯托尔珀-萨缪尔森定理"的理论，对国际贸易理论做出了十分重要的贡献。在玛丽昂去世多年之后，曾召开一次会议来纪念这篇文章发表 50 周年。在会议上，萨缪尔森追思道，"1940 年到 1941 年间，在我的潜意识中，肯定从玛丽昂 1939 年刊于《经济学季刊》的文章中受益匪浅"，这似乎表明他为当时没能充分肯定玛丽昂的贡献而感到愧疚。[44] 这篇文章的关键点在于，虽然许多传统理论通过运用劳动价值论来掩盖这一事实，但国际贸易理论实际上涉及了两种生产要素——劳动力和土地。尽管是斯托尔珀-萨缪尔森的文章使之得到彰显，但玛丽昂的文章也隐含着同样的观点。

这篇文章发表时萨缪尔森已经离开哈佛。该文指出，经济学家曾多次试图证明一种流行观点的谬误，即保护性关税既能提高就业，也能提高实际工资。尽管这种流行观点可能是错误的，但相关文献中几乎没有明确的结论。斯托尔珀和萨缪尔森通过进一步假设证明，如果劳动力是稀缺的生产要素，保护主义可以提高工资。他们假设存在两种商品（小麦和手表）和两种生产要素（劳动力和资本）。对于每一种商品，都有一种生产函数，它把产出同分配给该部门的资本和劳动力的投入联系起来，从中可以得出在这两个部门之间最优分配资本和劳动力的条件。它是关于经济生产方面的一个模型。此外，不需要说明需求情况，因为他们假定小麦和手表的相对价格由国际市场决定。由此，他们即可算出这个价格比率的变化对经济中资本和劳动力配置，进而对实际工资的影响。他们的结论是，"国际贸易必然会降低稀缺要素的实际工资"，无论假设工人消费小麦、手表，还是两者兼而有之，这一结论都是正确的。[45] [①] 即使存在两种以上的商品，上述结论也是成立的；但是，如果存在两个以上的国家，情况就不一定如此。

他们把文章提交给了《美国经济评论》，霍华德·埃利斯（Howard Ellis）和保罗·霍曼（Paul Homan）在 1941 年 5 月 2 日对该文做出了如下评价：

> 一方面，我们认为这篇文章的理论表述非常精彩，并且我们希望《美国经济评论》能够不时地收到内容充实的优秀理论文章，所以我们非常不愿意拒绝它。但另一方面，我们认为这是关于形式理论的一个非常狭窄的研究，实际上它并未给它名义上所涉及的学科的研究文献增加任何东西。事实上，正如你们在最后几页所承认的那样，它像是一种完全"出清"（sell-out）的状态。换句话说，它对国际贸易理论本身所涉及的任何实际情况无甚裨益。[46]

霍曼决定退回这篇文章，尽管它"很棒"。他敦促他们重新撰写它，以便加入"一些同文章开头和结尾介绍的实际问题真正相关的内容"。他认为，一定有什么东西是可以说的，即使它无法简化到可以用他们的简洁理论进行处理。这相当于建议他们就同样的问题写一篇新的文章，因此，他们没有采纳霍曼的建议也就不足为奇。斯托尔珀和萨缪尔森随后把这篇文章提交给《经济研究评论》，英国经济学家厄休拉·希克斯（Ursula Hicks）接受了它，并称"我祝贺你们在国际贸易理论中发现了一个新观点"。[47]

---

① 虽然"工资"一词多指劳动所得，但在这句话中，它泛指任何生产要素所获得的收入。

尽管厄休拉很欣赏这篇文章，但她似乎也未意识到它的重要性。这篇文章为后来三四十年发展出的许多贸易理论奠定了基础。正如在纪念该文发表 50 周年的活动中所指出的，此文结论的意义不仅仅在于结论本身，还在于萨缪尔森和斯托尔珀得出结论的方式。[48] 他们使用的是一种正式的一般均衡模型，其中每种事物都有两个：两个国家，两种商品，两种生产要素。这样一来，就使表述和推导比较静态结果及用图解表示相关推导的过程成为可能。他们用结合了里昂惕夫无差异曲线和哈伯勒替代曲线的图解，来表示商品的均衡数量。[①] 为了展示要素价格的变化及两个行业之间资本和劳动力的分配，他们使用了通常所称的埃奇沃思盒状图或埃奇沃思-鲍利盒状图。他们在威尔逊的课上应该很熟悉它，而鲍利的教科书也是他们必读的。这些图解伴随着他们的文章，成了国际贸易理论的主要内容。

他们提供了一个正式的一般均衡模型，通过明确描述部门之间资本和劳动力的分配，超越了他们的前辈和老师——陶西格、瓦伊纳、哈伯勒和里昂惕夫——的研究。但是，在分析贸易保护措施的效果时，他们严重依赖于文字论证，因为关税和世界其他地区的生产条件都未被明确地纳入模型。甚至要从他们的图解中找出哪种商品的资本密集度更高（这一点对他们的论点至关重要），都需要一番仔细思考。因此，霍曼提出退稿也是可以理解的，因为在某种意义上，他和埃利斯的评价完全正确，这篇文章的大部分内容实际上并不涉及斯托尔珀和萨缪尔森所声称的问题。正如两位作者所承认的，他们的结论在现实情况下并不成立；在现实情况下，生产要素远不止两个，而且"幕后"定然发生了太多事情。

---

① 参见本书第 9 章的图 9–2 和图 9–1。

这篇文章的另一个特点是创造了术语"赫克歇尔-俄林模型",在该模型中,假设国家(通常是两个)拥有相同的技术(相同的生产函数),但是拥有不同的资本和劳动力禀赋。贸易由两国的相对要素禀赋决定:劳动资本比率更高的国家出口劳动密集型商品,另一个国家出口资本密集型商品。该模型的意义在于,它提供了一个正式的一般均衡模型,我们可以通过操控这个模型,计算出当其中的一个参数改变时,均衡会如何发生变化。尽管斯托尔珀和萨缪尔森将该模型归功于瑞典经济学家伊莱·赫克歇尔(Eli Heckscher)和贝蒂·俄林的研究,但赫克歇尔和俄林并未将自己限制在该模型的假设中。[49] 相反,斯托尔珀和萨缪尔森简化了俄林的理论,使之可以转化为一组简单的方程或图解——赫克歇尔和俄林事实上都没有这么做。① 斯托尔珀和萨缪尔森把这一模型归功于赫克歇尔和俄林,这显然低估了他们自己的创造性。

---

① 在后来的文献中,该模型有时被称为赫克歇尔-俄林-萨缪尔森模型(这对斯托尔珀似乎有点不公平),甚至被称为赫克歇尔-俄林-萨缪尔森-琼斯模型,琼斯是萨缪尔森在该领域的学生之一。

第 12 章

阿尔文·哈维·汉森

皈依的神话

虽然萨缪尔森之前学过商业周期理论和货币银行学课程，但他却是在成为初级研究员之后才对这些话题产生浓厚兴趣的。他自己对这种新的思考转向的解释很简单：他和朋友们发现了凯恩斯。在一篇纪念凯恩斯的文章中，他引用了英国诗人华兹华斯的长诗《序曲》（*The Prelude*）中的一段话，在其他场合他也曾多次用它描述自己在研究员协会的岁月（参见本书第 10 章）：

> 在 1936 年之前，以经济学家的身份出生是件好事——是的。但不要太早出生！
>
> 能活在那个黎明，已是幸福，
>
> 若再加上年轻，更胜天堂！

《通论》让大多数 35 岁以下的经济学家措手不及，就像一种传染病率先攻击并摧毁了一个与世隔绝的南海岛民部落。事实证明，50 岁以上的经济学家对这种传染病具有相当强的免疫力。随着时间的推移，介于 35 岁到 50 岁之间的大多数经济学家开始发烧，但他们往往不知道或不承认自己的病情。[1]

由这番描述可知，萨缪尔森被凯恩斯的革命性思想激起的兴奋所吸引。尽管他认为这个玩笑已经过时，但当他谈起这场革命时，就像它是一场宗教运动："我们可以找到福音、经文、先知、门徒、使徒、主教派，甚至还有二元性。如果没有使徒的继承，至少会有使徒的祝福。"[2]他继续着关于 35 岁以下经济学家对凯恩斯思想毫无免疫力的开篇概括，他说，两年来，他一直具有免疫力，尽管《通论》出版时他只有 20 岁。①

> 我必须承认，我对《通论》的第一反应一点也不像对济慈（Keats）的《初读查普曼译荷马有感》。没有沉默的观察者，我倚靠在达里恩山巅。如果不是不安地意识到我根本不明白它在说什么，我对它的自命不凡的反抗将是彻底的。我想在我庄严宣誓的时候，我并未泄露任何秘密——基于生动的个人回忆——在这本书出版后的 12~18 个月里，马萨诸塞州剑桥市的其他人都不知道它在说些什么。[3]

他最初对凯恩斯思想的抵制只是他的部分主张，他非常重视这一点，认为自己已经到了能够理解旧理论的年龄。

在这个无比强大的神话中，他的老师阿尔文·汉森所起的作用也非常重要。汉森 1937 年 9 月从明尼苏达大学来到哈佛。萨缪尔森提到他时说，一到哈佛他就"皈依"了凯恩斯，这是 50 岁以上经济学家对凯恩斯主义传染病具有免疫力这条规则的唯一例外。"可以说，汉森在从明尼苏达来

---

① 《通论》在 1936 年 2 月出版，萨缪尔森的 21 岁生日是在 5 月。

的火车上看到了曙光。"[4] 在《新闻周刊》的一篇文章中，萨缪尔森指出汉森在他那一代人中是独一无二的。

> 正如物理学中量子理论的创始人、伟大的马克斯·普朗克所言：科学是在一场接一场的葬礼中取得进步的——老一代人永远不会被新的学说改变，他们只会被新一代人所取代。他（汉森）读了凯恩斯的书，但并不赞同。他又读了一遍，于是他赞同了。[5]

萨缪尔森在《纽约时报》上写道："他（汉森）单枪匹马地改变了一代哈佛（和美国！）经济学家对宏观经济政策的传统看法。"[6] 汉森不仅改变了一代学院派经济学家的观点，他还改变了政策制定者。萨缪尔森称，在罗斯福的第二个任期内，很明显他的"炉边谈话"、国家复兴署（NRA）及其计划干预言论，都不会让美国摆脱萧条：为了恢复繁荣，有必要刻意维持预算赤字。① 萨缪尔森写道："正是汉森和他在哈佛培养的经济学家，逐渐使总统和国会了解了经济生活中的这些事实。"[7]

这个故事中的一些地方是有问题的，但它证明了汉森对萨缪尔森无可比拟的重要性。② 在汉森到来之前，虽然萨缪尔森推崇熊彼特和哈伯勒（程度上稍逊一点），但对萨缪尔森影响最大的是威尔逊，他把威尔逊称为自己的智识之父。他从未把自己的知识家谱追溯到汉森，但毫无疑问，在大约10年的时间里，汉森成为他最重要的导师。萨缪尔森获得诺贝尔经济学奖后不久，写了一本关于自己研究生时代的回忆录，他寄了一份

---

① 国家复兴署（NRA）成立于1933年，旨在通过制定行业行为准则，减少被视为有损企业利益的竞争性降价。

② 这个故事的一个重要问题是它忽视了劳克林·柯里（罗斯福的行政助理和经济顾问）的角色。

影印本给汉森，上面写着："献给阿尔文·汉森，您使这一切成为可能。"[8]
萨缪尔森善于赞美，这种私下里的交流可能会被人认为是奉承，但我们
有充分的理由相信，这句话应该被严肃对待，甚至包括从字面上。汉森
一到哈佛，他们的学术生涯就交织在了一起，萨缪尔森的研究开始朝着
威尔逊永远无法引领他的方向发展。

　　萨缪尔森对汉森的描述和他对自己智识发展的描述相一致。作为凯
恩斯的支持者，汉森树立了权威，因为他不仅有足够大的年龄精通旧理
论，还是旧理论最著名的倡导者之一。因此，萨缪尔森指出，尽管自己
的商业周期理论可能是折中的，但汉森明确支持萨伊法则——总需求不
可能出现不足，这一信条曾是凯恩斯著作批判的主要目标。[9]萨缪尔森还
强调了汉森对《通论》的主要评价基调，他称任命汉森的哈佛教授们想
必很欣赏这一点。[10]

　　鉴于这件事在萨缪尔森整个学术生涯中的中心地位，这里有必要仔
细考究一番。汉森最具洞察力的代言人佩里·梅尔林曾写过有关汉森倒向
凯恩斯思想的故事，萨缪尔森添油加醋后，把它变成了一个神话。

> 　　在经济学家中，汉森最常被人们记住的是作为伟大的英国经济
> 学家约翰·梅纳德·凯恩斯思想的普及者。根据已经是公认的观点，
> 汉森的特殊天赋是他思维的灵活性，即他愿意放弃他头 50 年的新古
> 典正统思想，去接受从大洋彼岸飘来的新思想……必须承认，这是
> 一个精彩绝伦的故事：汉森作为皈依者，就像扫罗王（Saul）在去大
> 马士革的路上一样，在从明尼苏达去哈佛的火车上被凯恩斯主义的
> 光华所折服。[11]

遗憾的是，正如梅尔林详细记录的那样，这些说法几乎都不属实。

汉森从来都不是正统的新古典经济学家，也从来没有像皈依神话中所描述的那样皈依凯恩斯。这个神话如此根深蒂固和强大有力的原因是它非常有用。梅尔林继续写道：

> 皈依神话的历史价值也必须得到承认。如果 50 岁的汉森可以舍弃自己在明尼苏达大学宣扬了 20 年的空洞的正统学说，为什么还是研究生的人就不能马上舍弃呢？如果汉森是使徒保罗，当时的凯恩斯就是弥赛亚（Messiah），年轻的凯恩斯主义者则是早期的基督徒，他们注定会带着信念席卷世界。

这个皈依神话对萨缪尔森的影响远甚他人，使他同汉森一道成为凯恩斯经济学在美国的主要倡导者之一。他的学术生涯同汉森和凯恩斯革命的联系如此紧密，以至他对汉森的看法开始和他的自我认识缠绕在一起。当他写到汉森如何发展凯恩斯主义理论以用于分析政策影响时，萨缪尔森其实是在谈论他自己的贡献，尽管汉森的资历和他差不多。萨缪尔森提到了汉森的谦逊、他给学生们自主空间以让他们展示风采的做法，以及他寻求评论自己的意见的方式。这些显然都是萨缪尔森想听到别人评论自己的话。因此，要理解萨缪尔森在凯恩斯革命中所扮演的角色，以及他和哈佛大学的关系，把汉森的皈依去神秘化至关重要。做到这一点的关键是，将讨论置于当时所处的背景下——商业周期理论。

哈佛经济学家和大萧条

对理解萨缪尔森遇到汉森的背景很重要的一点是，理解人们对利用政府支出克服大萧条的普遍怀疑。主流观点和萨缪尔森在芝加哥大学所学的一致，这在 7 位哈佛教授合著的《复苏计划的经济学》（*The Economics of the Recovery Program*）一书中得到了阐述。[12] 这本书出版于富兰克林·罗斯福推行新政后的第二年，也就是萨缪尔森进入哈佛的前一年，它分析了迄今为止为促进经济复苏所采取的措施。书中声称以一种超党派的精神来执行经济复苏措施，因为作者们持有不同的政治观点，这种一致性反映了他们的科学训练。[13] 他们断言，他们的观点与 19 世纪以自由放任为核心的自由主义相去甚远，但他们的文章对罗斯福提出的措施是否有效普遍持悲观态度。这并非因为这些措施作用太有限，而是因为更激进的措施也会遭到同样的批评。

熊彼特在这本书的开头回顾了以往的大萧条，得出的结论是，经济复苏不仅最终会自己到来，而且最好是由它自己到来。采取措施（可假定是失业救济）减轻大萧条的最坏影响是必要的，但重要的是，这些措施不能损害经济有机体，应允许其自身做出必要调整。尽管他乐观地指出，经济衰退最终会结束，但他的论证中掺杂着宿命论色彩，认为政府无法采取任何措施加快经济复苏进程。

爱德华·张伯伦、西摩·哈里斯和道格拉斯·布朗（Douglass Brown）提出了通过提高需求促进经济复苏的措施。自 19 世纪开始，在通行文献中广泛流传着一种"消费不足主义"观点，即认为购买力过低，需要提高。但与之相反，张伯伦认为，提高购买力的概念是错误的，无论是通过增加消费还是提高工资来实现。消费只能以牺牲投资为代价来增加，因此增加消费的措施，在使一个经济部门受益的同时，是以牺牲另一个经济部门为代价的。提高工资将使有工作的工人受益，但只能以牺牲失业者和其他阶层的利益为代价。提高工资也可能会适得其反，因为高工资可能会使公司采取机械化生产，由此减少就业。许多新政措施旨在通过提高价格，来提高受影响行业的收入。

哈里斯对这些政策进行了广泛讨论，他认为通过美元贬值刺激经济复苏是可能的，这会推高物价，使世界黄金储备（现在它价值更多的美元）进一步增加。他认为温和的可控的通货膨胀只是一种可能，而且根据战时经验和20世纪20年代欧洲部分地区发生的事情，不能认为这些国家当时能在通货紧缩和不可控的通货膨胀之间进行选择。尽管哈里斯不像张伯伦那么悲观，我们也很难用乐观形容他对促进经济复苏的展望。

同样地，尽管布朗认为公共工程可以促进经济复苏，但他的文章重点强调了所面临的困难。例如，在"大萧条前的失调已被完全消化，生产和就业一旦开始增加就可能会持续下去"时，进行这样的支出是很重要的，而且支出的规模必须足够大和有针对性，因为"缺乏精确的知识"以及"管理上的困难和障碍"，将使这一切很难实现。由此可见，没有一位作者对找到结束大萧条的方法持乐观态度。

系里的其他成员可能也会赞同对经济复苏计划普遍悲观的论调。例如，虽然哈伯勒认识到公共工程支出有助于经济复苏，但他认为这类计划引起了"诸多复杂的财政、行政和政治问题"。[14] 他还指出，"找到筹集必备资金的方法绝非易事（尽管并非不可能），除非央行货币出现惊人扩张，且不至于同时或之后导致经济体系的其他某个点的货币流动减少"。同理，在论及减薪时，哈伯勒认为其取决于诸多因素，他得出的结论是，减薪有助于结束经济紧缩，"如果我们根据论点进行合理推论的话"。[15] 他指出，如果伴随着公共工程支出（此类支出的通胀效应将抵消减薪的通缩效应），减薪可能会奏效，但他对这一原本乐观的结论做了诸多限制。

哈伯勒的《繁荣与萧条》在《通论》刊行后不久即出版，这意味着哈伯勒只有很短的时间来消化凯恩斯的思想。《繁荣与萧条》第一版对凯恩斯相关概念的讨论是孤立的，而且经常仅限在脚注中。哈伯勒认为凯恩斯的思想还没有完全被理解，因为凯恩斯使用了新概念，但并未明确说明它们和已有概念之间的关系。哈伯勒持中立态度，因为他不确定凯恩斯的概念与传统概念的差异在多大程度上是实质性的，在多大程度上只是术语上的。

1936 年年底，哈佛大学的其他经济学家对凯恩斯的著作采取了更明确的立场。1936 年 11 月，哈佛大学教师编辑的《经济学季刊》发表了四则批评性评论，包括由刚退休的弗兰克·陶西格撰写的一则温和的批评性评论，以及由瓦西里·里昂惕夫撰写的一则更尖锐的评论。里昂惕夫根据一般竞争均衡理论构建了一个论点，他认为凯恩斯的创新之处在于否定了"同质性假设"，即如果所有价格以相同比例上涨，需求将不会改变。[16] 里昂惕夫的结论很简单，因为凯恩斯既没有为自己的立场提供理论论证，也没有令人信服的实证证据，所以他的观点并未得到证实。

接下来的一个月，熊彼特称赞了凯恩斯的聪明才智，但他也指责这本书虽然自称提供了一种一般性的理论，实际上却没有。[17] 它甚至是不科学的，因为它提供的政策建议只有在非常特殊的情况下才有效。人为的定义和高度专业化的假设得出了似乎矛盾的同义反复，这些同义反复"被赋予了一种危险的普遍性"。[18] 通过抽象出资本主义的动力学，凯恩斯和现代工业世界失去了联系。

次年 2 月，里昂惕夫不仅对凯恩斯，而且对整个剑桥（英国）学派进行了一次更为持久的方法论批判：它们基于"内隐理论"（implicit theorizing），通过使用特殊的定义，隐藏了不可接受的假设。[19]《通论》是一本不甚可靠的指南。萨姆纳·斯利克特教授对商业周期提出了一种折中的实证主义观点，这使萨缪尔森把他描述为一个封闭的凯恩斯主义者，尽管他并未发展任何正式的理论。伯班克强烈反对经济学导论课程（Ec. A，一门专为本科生开设的课程）教员们的做法，认为这会使凯恩斯的异端邪说渗透到教学中。一名本科生和萨缪尔森有过密切合作，他后来成了著名的凯恩斯主义经济学家,《通论》是由他的导师,而不是任何教授介绍给他的,那位导师敦促他阅读"来自英国的新著",理由是"他们说这本书可能很重要"。[20]

凯恩斯在哈佛大学经济系的高级教员中不受待见,反对他的理由各不相同。熊彼特和里昂惕夫认为他提出的是一种基于不当论据的蹩脚经济理论。经济系的大多数人则给出了不同的批评,他们从传统的美国商业周期理论(他们中的许多人曾参与其中)的角度探讨了《通论》这本书。他们并未就20世纪40年代出现的所谓"模型"进行争论,而是做了更为宽松的文字推理,构筑了许多说明,这些说明中存在的不可量化因素使它无法得出明确结论。尽管他们承认政策可能会影响总支出,继而影响产出,但缺乏任何方法来判断不同力量的相对强弱,这意味着即使他们得出了"凯恩斯主义式"的结论(正如他们中的部分人那样),这些结论通常也会改头换脸,甚至面目全非。例如,斯利克特的凯恩斯主义从来都是闪烁其词。

商业周期理论缺乏正式的数学分析,这解释了为何萨缪尔森在汉森到来之前不是该理论的一名热衷者。萨缪尔森对将数学应用于经济理论的前景感到兴奋,并专注于可运用自己的数学技能来消除文献中的混乱的那些领域。此时,他的研究计划并非出于试图解决失业问题的动机,而可能出于他认为政府的无能为力,或者是他对数理经济学的热情高涨。像他的哈佛老师们展示的那样,商业周期理论并未提出足以引起他的注意所需要的理论挑战。

研究生和凯恩斯

尽管哈佛的高级教员们对《通论》持怀疑态度,但许多研究生和导师却对它热情高涨。其中的一个重要人物是加拿大人罗伯特·布赖斯（Robert Bryce），他毕业于多伦多大学工程系。1932 年夏天，大萧条使他无法找到一份工程师的工作，他便前往剑桥大学学习大萧条产生的原因。由于对经济学一窍不通，他参加了周一晚上凯恩斯主持的政治经济学俱乐部（Political Economy Club）。他听凯恩斯谈论报刊时事，结束时，凯恩斯会发表一通关于"任何事情"的演讲。他第一年的导师是好辩的琼·罗宾逊夫人，那之后他几乎想要放弃这门他认为"凌乱不堪"的科目，但在父母的劝说下他坚持了下来。到第二年年底时，布赖斯已经被凯恩斯迷住了，包括凯恩斯对市场和制度的理解、对重要事物的令人难以置信的记忆、惊人的多才多艺，以及他的直觉。[①][21]

　　虽然相关论据并不完整，但这些讲座包含了即将出现在《通论》中的理论的清晰描述。怀着一种皈依者有了新发现的热情，布赖斯投身于他后来形容为"传教士的努力"，向伦敦政治经济学院的未皈依者介绍凯恩斯的思想，并在弗里德里希·哈耶克主持的研讨会上和学生们讨论这些思想。布赖斯记得他在伦敦政治经济学院阐述凯恩斯主义思想的经历，认为这是促成他去哈佛的动力，他和萨缪尔森同一年进入哈佛。虽然他想跟随里昂惕夫、熊彼特和其他哈佛经济学家学习，但他认为自己是在传播从剑桥大师那里得来的福音。

　　洛里·塔希斯（Lorie Tarshis）是布赖斯在剑桥大学能够寻求到帮助的人，他是布赖斯在加拿大的同学，和萨缪尔森一样，因为写了一本基于凯恩斯主义思想的教科书而备受攻讦。与布赖斯不同的是，塔希斯曾在多伦多学习经济学，甚至上过一门以凯恩斯的《货币论》为基础的货

---

① 布赖斯将从凯恩斯本人那里了解到直觉的重要性，因为这正是凯恩斯在试图向前推进他的《货币论》的讲座中强调的，布赖斯和朋友们参加了凯恩斯的讲座，并做了记录（凯恩斯，1971；Rymes，1989；参见巴克豪斯，2010）。

币银行学课，严峻的经济形势使他更加认真地对待自己的学业。塔希斯也参加了政治经济学俱乐部，但不同于刚刚攻读另一个本科学位的布赖斯，他因成为研究生而留了下来，专注于研究工资的决定因素问题，他也借鉴了凯恩斯在这方面的观点。1936年9月，他在距哈佛3英里的塔夫茨大学（Tufts University）任教。

在哈佛，布赖斯和保罗·斯威齐共同组织了一个关于凯恩斯思想的非正式研讨会，参加者有研究生和年轻教员，包括塔希斯和斯威齐的导师西摩·哈里斯。[22]布莱斯记得和约翰·布莱克共事的农业经济学家约翰·肯尼斯·加尔布雷斯偶尔会出席研讨会，萨缪尔森也参与了他们的讨论。他们的讨论首先聚焦于解释布莱斯准备在伦敦政治经济学院讲述的凯恩斯思想，然后在1936年2月，开始聚焦于《通论》本身。[23]因为该书要在英国上市几周后才会在纽约出版，布赖斯便安排把它的副本直接从英国运到哈佛。布赖斯认为，那一学年的大部分时间里，他是哈佛大学唯一理解和欣赏这本书的人：里昂惕夫理解这本书，但持怀疑态度；熊彼特对布赖斯的论文感兴趣，但并未领会其中的意思。被凯恩斯吸引的是年轻的经济学家们，他们中的许多人因为工作机会稀缺而留在哈佛[24]，尽管至少在这个阶段，他们还未完全理解凯恩斯的理论。[25]

萨缪尔森和布赖斯上学期一起学了约翰·威廉姆斯的货币银行学课程，萨缪尔森是最早得到《通论》副本的人之一，同时得到的还有布赖斯关于该书的简短摘要。但是，萨缪尔森反对均衡失业的观点，并就此和布赖斯进行了争论，里昂惕夫对该书的冷嘲热讽则进一步强化了他的立场。① 萨缪尔森后来回忆说，在他参加"通识"测试期间，西摩·哈里

---

① 或许值得注意的是，玛丽昂在她和萨缪尔森讨论的本科论文中，使用了"内隐理论"这个里昂惕夫用来概括自己关于《通论》反对意见的术语。参见本书第6章。

斯问了他一个关于"漏出"（leakage）和乘数的问题——《通论》的两个核心概念——他认为这是"禁区"（off limits），并"对此感到不安"。[①][26] 如果这段记忆属实，那么萨缪尔森不仅不是凯恩斯主义者，他甚至不理解凯恩斯理论的一些核心技术观点。

1937 年 9 月，美国经济开始重回衰退，哈佛-塔夫茨小组的成员们产生了写一本关于需要推行的政策的书的想法。他们在 1938 年上半年讨论了初稿，并以《美国民主的一项经济计划》（*An Economic Program for American Democracy*）为书名刊行。[27] 萨缪尔森回忆说，他本有机会参与这本书的写作，但他"并不是一个称职的参与者"，所以他选择不参与。[28] 凯恩斯的影响显而易见，因为主张增加公共支出以维持更高的需求水平，进而实现持续的充分就业，是贯穿这本书的论点。这不仅出于自身的利益，而且出于拯救美国的"自由民主制度"。如果不采取行动，"痴迷于邪恶的政府理论"的商人们就可能会利用经济力量建立一个独裁政权。作者们认为，由这种独裁政权所恢复的经济活动将"越来越多地致力于制造死亡和毁灭性武器，它们迟早会被利用并使国家陷入屠杀和流血事件的深渊"。这大概正反映了德国所发生的事情。[29]

哈佛-塔夫茨小组的经济学家使用的分析，可以很容易地被描述为凯恩斯主义，但他们以一种植根于汉森所提供的分析类型的方式来描述问题。有一次汉森告诉萨缪尔森，他不认为这本书很有独创性："我认为它只涉及了我课堂上的内容。"[30] 家庭部门是一个净储蓄者，它并未花光全部收入，这意味着其他部门必须成为净借款人。直到 1929 年前，投资机

---

① 储蓄被认为是收入循环流的"漏出"，因为它们构成的收入不被用于购买商品和服务，也不产生更多的收入。与之相反，无论是消费还是投资，商品和服务的支出都会为出售这些商品和服务的人带来收入。如果储蓄率很高，那么乘数——1 单位投资刺激所带来的收入增长——就会更低。

会都非常大，私营部门可以填补这一角色。边境扩张和随之而来的城市发展及工业兴起，创造了巨大的投资机会。20 世纪初，战争和世界其他地区的需求维持着增长，但到 1929 年，投资机会已经所剩无几。这相当于一种结构性变化，当这种变化和严重的经济衰退结合在一起时，就产生了"大萧条"。

作者们认为，新政取得了巨大成功。它增加了政府支出，填补了私营部门无法填补的空缺。但是，等到 1936 年危机结束，支持新政的联盟开始分裂，政府支出被削减，结果便是 1937 年的经济衰退。他们认为，眼下必须把新政的紧急措施转变为一项长期计划，以维持充分就业。为此，他们制定了扩大消费（通过提高福利和再分配性税收）和投资（通过借款筹资）的详细建议。

作为商业周期理论家的汉森

阿尔文·哈维·汉森（1887—1975）于 1937 年 9 月加入哈佛大学经济系，这里的年青一代和年长一代对凯恩斯的《通论》持相反立场。和萨缪尔森一样，汉森也是移民家庭的儿子，汉森的父母来自丹麦，定居在南达科他州的农村。[31]汉森是当地社区第一个入读扬克顿学院（Yankton College）的人，那是一所与公理会有联系的小型文科院校（汉森父母是忠实的浸信会信徒）。他主修英语，曾在当地任教过一段时间并在芝加哥大学度过一个夏天，后来他决定到威斯康星大学学习经济学和社会学。1913 年汉森入学时，威斯康星大学是美国经济学的一个重要中心；它是美国经济学会首任主席理查德·T. 埃利和约翰·R. 康芒斯（John R. Commons）的家乡，康芒斯是 20 世纪 30 年代前主导制度主义运动的主要人物之一。韦斯利·米切尔是制度主义运动中的另一位重要人物，他对汉森产生了重要影响。汉森在威斯康星大学的博士论文是在去布朗大学任助理教授后才完成的，使用的分析模式很大程度上受定量实证研究的影响，而该研究正是 1919 年米切尔成为美国国家经济研究局第一位负责人后，在该机构中鼓励使用的研究方式。[①] 然后汉森去了明尼苏达大学，在那里待了将近 20 年，之后才来到哈佛。

汉森以卢修斯·N. 利陶尔（Lucius N. Littauer）政治经济学讲座教授的身份来到哈佛，加入了新成立的公共管理研究生院，也就是后来的利陶尔中心（Littauer Center）。[32] 他被该学院首任院长约翰·威廉姆斯聘用，但也获得了经济系的任命，因此他将花部分时间为经济系工作。[33] 汉森在该中心的职责包括组织财政政策研讨会。[34] 威廉姆斯曾与美国财政部长亨利·摩根索（Henry Morgenthau）、美联储主席马瑞纳·伊寇斯（Marriner Eccles）和同在美联储工作的伊曼纽尔·亚历山大·戈登韦泽（Emanuel Alexander Goldenweiser）有过接触，询问他们能吸引哪些人来中心访问，这反映了他们对该中心的希望。汉森对他的新角色踌躇满志，甚至在威斯康星大学校长考夫曼请他说出能够让他留下来的薪水和研究资助水平之后，他依然接受了这个角色。他选择哈佛的一个因素是，哈佛给了他"与华盛顿保持密切关系"的机会。[35]

汉森和萨缪尔森之间存在非常明显的差异——一个是新教徒，成长在农业社区；一个来自世俗的犹太家庭，生活在工业小镇加里（尽管萨缪尔森幼年有一部分时间在农场度过）。此外，汉森是在一所小镇大学接受的教育，而萨缪尔森则是在位于大都市、拥有许多国际知名学者的芝加哥大学学习。但他们的背景也有明显的相似之处。他们都来自移民家庭，都是新英格兰学术机构及其社会关系网络的局外人，都缺乏里昂惕

---

① 参见本书第 8 章。

夫、熊彼特和哈伯勒所拥有的广泛的国际关系。在转向经济学之前，两人都曾接受过文科教育，都一度专注于人文学科——汉森是文学，萨缪尔森是文学和历史。在明尼苏达，汉森和他的家人住在一个中等条件的工人阶级生活区，这可能在萨缪尔森和玛丽昂的后来决定中得到了呼应——当萨缪尔森的教科书已能明显增加他们的财富，也可以靠他的大学薪水生活时，他们的生活方式和同事相比就不会显得不合时宜了。萨缪尔森显然很欣赏汉森的谦逊，他成为汉森及其家人的毕生朋友——汉森的女儿们记得他频繁出现在她们家中，她们管他叫"萨米"。

从其学术生涯开始，汉森就是一名商业周期领域的专家。他的学位论文《繁荣与萧条的周期》(*Cycles of Prosperity and Depression*，1921)聚焦于1907年的大崩盘。他使用月度数据做了一种统计分析，受到了参与"哈佛经济服务"项目的克拉姆和弗里基等经济学家的赞赏。他把数据分解为季节性的、周期性的和趋势性的成分，并利用相关性确定不同序列在周期中的位置。[1] 同投资、工业和银行有关的时间序列组之间的关系怎样？英国、美国和德国的周期之间有何关系？萨缪尔森称它是一项遵循米切尔精神的统计调查，这是正确的。[36] 但是，它涉及的不仅仅是"朴素的培根经验主义"[37]，因为汉森使用他关于信贷、价格和产出之间关系的数据，对这个周期的其他理论做了评述。[38]

20世纪商业周期理论的预设特征认为，商业应该被视为"一个动态变化的事物，必须作为一个过程研究"，而不是一种被危机打断的静态繁荣状态，汉森由此预设特征出发，得出繁荣和萧条的周期是受货币和信贷驱动的结论。[39] 值得注意的是，根据他后来所做的试图解释周期和长期趋势的研究，他认为消费不足论者约翰·A.霍布森已经有力地驳斥了对不

---

[1] 珀森斯（参见本书第6章）是汉森将自己的研究结果与之进行比较的经济学家之一。

可能存在过度生产的批评。[40] 汉森利用哈伯勒极其重视的加速数工具，论证了这样一个事实：尽管投资的波动远远大于消费的波动，但并不能证明危机的最根本原因在于投资；消费增长放缓也足以解释投资为何大幅下降。

20 世纪 20 年代，当汉森确立了自己作为美国一流商业周期理论家之一的声望时，他的研究方法仍像他的论文一样，完全遵循制度主义传统。但是，他的观点在一些重要方面发生了变化。[41] 在谈到阿尔伯特·阿夫塔里昂（Albert Aftalion）、阿瑟·斯庇索夫等欧洲大陆学者的观点时，汉森开始将人口变化和创新浪潮推动的投资波动视为周期的根源。他仍旧认为货币因素发挥了作用，但它只是放大了其他力量，而不构成一个独立因素。

这当中的一个因素是阿夫塔里昂的理论，即物价水平取决于货币收入水平与所生产的商品和服务数量之间的关系。它的一个重要特点是，它关注的是收入的流量，而不是货币的存量。另一个因素源自斯庇索夫的想法，即存在一定的投资机会，一旦这些机会被利用，投资就会减少，导致经济衰退。价格体系发挥了积极作用，使资源流向投资机会更大的部门。自由企业制度倾向于实现充分就业，因为价格弹性会鼓励健康水平的投资和高水平的支出。尽管存在充分就业的趋势，但是商业周期是一个动态的、与迅速的技术变迁相伴相生的增长中经济体的必然特征。只有当经济体达到成熟，积累放缓，周期才会成为历史。

在阐述这些观点的过程中，正如萨缪尔森所指出的，汉森对萨伊法则表达了不同观点，他认为不可能出现由购买力不足引起的失业。[42] 部分原因或许在于以下事实，即《商业周期理论》（*Business Cycle Theory*，1927）——汉森在该书中表达了上述论点——原本旨在为威廉·福斯特（William Foster）和瓦蒂尔·卡钦斯（Waddill Catchings）这两个持消费不足论的经济学家的著作寻找最佳评论。[43]

汉森的实证研究方法和他引用的理论资料与邀请他来哈佛的人的想法非常吻合，他的政策结论亦然。由于在一个充满活力的经济体中，资源从一个部门转移到另一个部门必不可缺，而且是价格机制促成了这种变化，故任何阻止价格弹性的政策都可能会阻碍发展。因此，汉森对约翰·莫里斯·克拉克 20 世纪 30 年代出版的多版著作《企业的社会控制》持怀疑态度。[44] 他认为社会控制易于滋生僵化，进而阻碍投资和减缓技术进步。他还对通过政府支出摆脱萧条的必要性提出质疑，因为投资最终定会复苏，使经济恢复充分就业。

这些观点制约了汉森对大萧条的反应。这是一次异常严重的萧条，因为它是大量货币和技术冲击共同作用的结果。[45] 他认为，复苏需要能降低成本、提高赢利能力和刺激投资的创新和技术进步。只要对市场放任自由，复苏终将会到来。因此，汉森反对罗斯福的国家复兴署，认为它允许相互勾结，使某些部门得以免受市场压力的影响。但是，这次大萧条的程度之深意味着完全的价格弹性会把调整的负担推给社会弱势群体。因此，有理由借助货币政策来阻止价格下跌，即使它最终会导致某种程度的通货膨胀。政府投资也面临类似的困境：它可以降低失业率，但代价是它会从创新和进步所需的私人投资中掠夺资源。能和货币政策一起发挥作用的措施是失业保险，它有助于稳定购买力，阻止大萧条恶化。

在大萧条最严重时期，汉森一边阅读《计量经济学》中关于商业周期理论的研究成果，一边把重点放在以哈耶克和凯恩斯为代表的"投资和储蓄"分析上。他对哈耶克认为"中性货币"足以抑制周期的观点，以及凯恩斯对"反（周期性）货币政策调整的神秘力量"的过度相信，均持批评态度。[46] 尽管凯恩斯对收入下了一个特殊定义，但汉森认为凯恩斯的理论本质上和阿夫塔里昂的理论相同，他的主要批评指向凯恩斯使用该理论的方式："就像一台赌博机器，人们可以在里面输入一个问题，然后得出正确答案。"[47]汉森显然认为，增加政府支出可以改善这种情况，但需要非常谨慎地推进，因为如果政府通过发行债券为投资融资，就会打击市场信心，继而妨碍私人投资。认为投资由政府还是私人投资者做出并不重要的观点是个错误，因为它们对私营部门的心理具有截然不同的影响。在一个大部分生产由私营部门承担的经济社会中，"在私营企业进入投资领域之前，不可能有任何健全的商业复兴"。[48]

虽然汉森仍认为价格和成本之间的关系是关键问题，但他也非常重视他所谓的"购买力流向"。他写道，购买力可以进入经济的"三个水龙头"是企业支出（建设和投资）、消费者花费的大量金钱以及政府支出。[49]他甚至意识到，如果通过这些水龙头中的任何一个来输送新资金，对总收入的影响可能会高于注入的资金总额。尽管他仍在谈论货币流通速度，但他显然是从乘数角度考虑问题的，这是凯恩斯的同事理查德·卡恩几年前计算出来的。虽然汉森认为利率对投资影响很大，但是这种机制却是有限的，因为支付利息只是商业成本的一个组成部分，只有降低成本才能恢复商业信心。增加投资（商业的水龙头）既需要货币措施，也需要降低成本。

在这一点上，汉森的思想最显著的特点也许是，尽管他强调货币政策和降低成本，但他认识到购买力流向至关重要，"企业不可能承担维持购买力的责任"。[50]防止购买力崩溃的主要责任在央行，但有时也可能需要政府的帮助。为此，汉森提出了各种筹集资金的措施，以增加通过消费者和政府这两个水龙头的资金流。

　　或许我们已经到了现代工业发展的一个阶段，在这个阶段，自由企业制度和价格体系不再能继续发挥作用，除非我们同各国中央

银行合作建立新的制度，以确保维持整体购买力。如果不这样做，
在生产者信心普遍崩溃的情况下，每一个出于自我保护的企业家都
会收缩他的业务。若所有人都采取这种举措，对整体经济而言无异
于自杀。[51]

正如汉森所理解的，困难之处是要找到一种方法，以确保在不影响
个体经营者面临的风险的情况下，商业作为一个整体不会出现亏损。

两年后，汉森再次对乘数进行了评估，这次他使用了"乘数"这个
词，并把它归功于卡恩和凯恩斯。汉森显然接受了这个观点，尽管他怀
疑储蓄占收入之比是否恒定，并对卡恩和凯恩斯的简单公式提出了质
疑。[①][52] 但是，他认为很重要的一点是，不能忽视熊彼特所关注的对经济
进步做出贡献的重要技术力量。他还明确表示，他与卡恩和凯恩斯的不
同之处在于他对数学模型的态度，而且他正变得更容易接受这类研究。

关于（商业周期问题的）数学方面的攻击，至少出现了三个进
步，它们应该会使"书面"（literary）商业周期理论家对其价值保持
一种开放的心态。第一，数学方法的设计和改善已经取得了进步，
因此现在出现比以前更接近现实的方法是可能的。第二，这种新方
法需要对涉及系统的假设做出严格陈述，使对"书面"理论家可能
表述不准确或含糊不清的基本定义和概念进行再检查。第三，数学
方法要求以确定的形式说明变量之间假定的或商定的关系，这就指
出了许多基本关系中缺乏具体的事实依据。有了这些结论，我们就

---

① 汉森的观点是，如果储蓄占收入之比可变，用无穷级数之和来计算乘数就会相对
困难。

可能至少在没有明确质疑的情况下，等待从这种更新的攻击模式中涌现出成果。[53]

萨缪尔森想必会由衷地赞同以上第二个和第三个主张。

来哈佛时，汉森已经接受了一些通常和凯恩斯有关的观点，但这几乎不能说是一种转变，因为他正在把凯恩斯的观点融入一种20世纪20年代初以来不断得到发展的商业周期理论中。有时他似乎是一名凯恩斯主义者，正如他借用了消费流入经济体的水龙头类比，以及认可维持总购买力的必要性，但他仍在使用阿夫塔里昂（他的加速原理）的语言讨论这个问题；他坚持认为，周期是以技术进步为中心的长期发展的一个方面。当萨缪尔森着手研究这些问题时，这些都很重要。

财政政策研讨会

萨缪尔森和汉森的接触，主要通过汉森和约翰·威廉姆斯在利陶尔中心主持的财政政策研讨会，该中心是哈佛大学凯恩斯思想发展的主要场所。研讨会是哈佛大学经济系精心策划的，是新中心的一部分，也是投入大量资源的一次尝试。1937年5月，威尔逊同伯班克讨论了研讨会的目的，当时威尔逊解释说，他设想中的研讨会不涉及税收和政府开支效率的传统问题，而是关注国民收入中政府支出所占比例的更宽泛的问题。"我们正在处理更宏大的、更基本的问题，"威尔逊写道，"这些问题涉及政府和其他支出部门之间的收入分配，出于这些目的，它们在需要时被视为一种补偿收入的手段，在景气时被视为一种减少收入（通过偿债）的手段。"[54] 威尔逊给研讨会设置的大纲，以及两天前他向威廉姆斯提出的标题如下[55]：

Ⅰ. 政府和国民收入

通过政府机构支出相当一部分国民收入，所产生的经济、政治、法律、社会和国际影响，以及由此带来的刚性或弹性。公共信贷和私人信贷之间的关系。商业周期补偿机制的可能性。赤字融资和债务偿还。支出和收入的货币方面。创造或破坏既得利益的可能性。[56]

尽管强调了国民收入——西蒙·库兹涅茨最近刚为美国商务部计算出来——但这一框架反映了美国经济学家对汉森贡献的经济周期的讨论。但是，研讨会把凯恩斯经济学的核心问题明确地提上了议程。

最终，研讨会被宣传成一系列实验性的研讨会的一种，当时人们称它将"汇集来自公共服务部门的顾问，以及一个代表经济、政治、法律和工商管理的教师团队"，在"行政、经济、政治、社会和法律方面'研究'广泛的政府政策问题"，它的标题是"财政政策问题"（Problems of Fiscal Policy），所使用的术语并不像威尔逊建议的那样精确：

> *研讨会将主要聚焦于同经济、政治和社会机构和制度相关的公共财政问题。它涉及支出和收入的货币方面，将公共财政作为商业周期的一种补偿机制，以及政府支出的社会影响和政治影响。[57]*

欧洲战场的战争一爆发，上述议程的重要性就变得更加突出。很明显，亟须解决的主要政策问题是，如何为大幅度增加政府的国防支出提供资金。但是在 1937 年，这种支出仍然遥不可及。

随着学年的开始，据称从 1933 年年初开始经济的复苏就已经步履蹒跚。在接下来的 4 个月里，这变成了美国有史以来所经历的最戏剧性的产出下滑，虽然 1920—1921 年可能是个例外。但是，失业率仍远高于

10%，制造业产量也仅略高于 1929 年的水平。[58] 这个戏剧性的变化对现行理论的挑战比 1929 年时更为深刻，因为它无法用既有的周期理论解释。这些事件和适当处理这些事件的政策是研讨会的主题，也是汉森本人的思考所在。

沃尔特·萨兰特和威廉（比尔）·萨兰特兄弟是萨缪尔森的朋友。比尔和玛丽昂同在一个毕业班，而有一段时间沃尔特是萨缪尔森的室友。[59] 同布赖斯和塔希斯一样，沃尔特·萨兰特也曾在 1933 年至 1934 年间听过凯恩斯的讲座，之后在哈佛大学待了 4 年。沃尔特于财政政策研讨会开设第一年加入其中，并且证明了经济的意外下行决定了它的性质。经济分析被应用于当前和预期的政策问题。但是，在人们把注意力转向相关事件时，它们已经过去了一段时间，因为第一学期的讨论计划涉及许多学生论文，它们在经济衰退越发明显之前，已经在这一年早些时候被列出来。周一下午 4 点到 6 点，在一个旁听人数超过主修学生的拥挤房间里，会有针对学生论文或者由汉森或威廉姆斯提出的主题的讨论。在星期五，会有校外演讲者进行非正式的讨论，同样是在下午晚些时候，随后则会有晚餐和进一步的讨论，通常持续到晚上 9 点或 10 点。考虑到汉森和威廉姆斯的社会关系，这些演讲者自然包括了政府官员、关注政策的私营部门人士和学者。

沃尔特·萨兰特曾写到过汉森和威廉姆斯的性格差异。汉森一直主张采取政策措施，但威廉姆斯对此持怀疑态度，他更加谨慎。他们显然观点不一，但两人并未公开交锋，这有时会令在场的学生们颇感沮丧。其优点是，至少在第一年，即 1937—1938 年面临经济衰退挑战和就凯恩斯思想展开辩论时，两人都没有主导讨论："他们更像是两位长者，在鼓励参与者们；主要的知识压力来自研究生。"[60] 汉森和威廉姆斯很少利用研讨会来检验他们自己的想法。30 年后，汉森写信给沃尔特称，"当我说我

（从 1937—1938 年的研讨会中）学到了很多时……我只是在陈述一个明显的事实。而且，我想你会同意这一点，那就是我从不害怕表现出自己的无知。当年最棒的事情莫过于，事实上我们都是在努力寻找问题解决之道的学生"。[61]

　　萨缪尔森会花时间参加汉森的财政政策研讨会，可能是因为这一年一开始的论文都和税收的技术方面有关，而他对此兴趣索然，尽管周一下午讨论的许多论文是他的研究生同学写的，其中一些人后来还和他有过密切合作。① 除了 11 月 15 日德国前总理海因里希·布吕宁（Heinrich Bruning）就德国货币和财政政策发表的一通讲话外，直到 12 月研讨会上才讨论了一篇和总体经济形势有关的文章。[62] 圣诞节前，雅各布·瓦伊纳讨论了"财政政策和周期之间的一般关系"（The General Relations Between Fiscal Policy and The Cycle）。接下来的学期里，出现了一系列关于货币和财政政策及其之间相互关系和实现充分就业措施的论文，瑞典经济学家冈纳·缪尔达尔做的两次会议报告使讨论达到高潮，当时他的《货币均衡论》（*Monetary Equilibrium*）刚刚出了英文版，他在会上讨论了瑞典的货币和财政政策。

　　萨缪尔森记得自己第一年偶尔才去参加研讨会，到了第二年则会经常去。[63] 对当时发生之事的一种合理还原是，他参加了瓦伊纳的讨论，或者听了布吕宁的演讲，被演讲者的卓越表现折服，继而被吸引进了研讨会，接着又被汉森迷住了。次年 12 月，研讨会进行了即将举办的美国经济学会会议中的三次圆桌分会议的预演，萨缪尔森第一篇关于财政政策的论文也在讨论之列。[64] 之后，当时在美联储供职的劳克林·柯里，以及

---

① 研究生演讲者名单包括理查德·马斯格雷夫、埃米尔·德普雷（Emile Despres）和沃尔特·萨兰特。

时任美联储主席马瑞纳·伊寇斯均成为研讨会上的演讲者，而伊寇斯一旦开始认真思考财政政策和商业周期，他就会对其中的许多东西感兴趣。这个研讨会有助于萨缪尔森理解哈佛-塔夫茨研讨会中的年轻经济学家们的论点。但是，尽管萨缪尔森的学术生涯和汉森日益交织在一起，但这并不意味着他已经皈依凯恩斯，正如他的新导师那样，他继续同凯恩斯保持着距离。"皈依"凯恩斯的过程包括创造一种独特的凯恩斯主义，这种凯恩斯主义既归功于凯恩斯，也归功于美国学者。

第 13 章

汉森的得意门生

汉森和凯恩斯

当 1937 年出现经济衰退时，美国仍存在大量的失业人员和闲置工业产能，这挑战了汉森的观点，因为这种情况清楚地表明，大萧条并非普通的商业周期。[1] 尽管大萧条的程度异常之深，但在汉森现有的商业周期理论框架内仍有许多因素可以解释这一现象：20 世纪 20 年代出现了异常剧烈的扩张、异常严重的金融危机和异常糟糕的国际局势。但是，一旦经济开始复苏，汉森的理论认为，经济就该一直持续至达到最大产能。汉森需要解释为什么这没有发生。

汉森回答说 1933 年后的经济复苏是由消费驱动的，这意味着一旦消费停止快速增长，投资将会以加速数下降，继而可能导致经济衰退。虽然找出 1937 年消费下降的直接原因——建立社会保障基金的决定——很容易，但这也提出了为何经济复苏会如此缓慢的问题。汉森的解释是，经济已经进入一个新的时代，他提出了投资机会至关重要的理论。现在的美国经济已经成熟，技术变革步伐越来越慢，人口增长也越来越缓。这两种情况都意味着投资机会的减少。因此，除非采取行动，否则将出现长期停滞。这就需要他所说的"二元经济"，在这种经济条件下，政府为私营部门创造投资机会，刺激经济增长。这涉及对美国和国际经济的管理。

在这种背景下，汉森慢慢地接受了凯恩斯主义思想。他不断地向其他经济学家的观点妥协，"在每一位作者身上都发现了一些新的见解，可以融入自己的思想中"，因此，他接受凯恩斯的观点并不奇怪。他已经接受了阿夫塔里昂的收入理论，这意味着从原则上说，接受凯恩斯的理论并不难。但是，在很长一段时间里，他仍对凯恩斯持批评态度，原因至少有两个。首先，汉森关注的是经济发展，因此也关注经济动态，而凯恩斯的《通论》几乎只关注失业问题，从纯静态的角度分析失业问题。其次，汉森对政府的作用也持不同看法。一个充满活力的经济体，将频繁遭受不可预测的冲击，使科学的经济管理成为一种假象。尽管相机抉择的管理似乎不可能，但是并不难识别那些未利用的生产性投资机会，且可以设计出利用这些机会的政策。

这一观点解释了汉森对《通论》的回应。在他（1936 年 6 月）发表的第一篇书评中，他对凯恩斯的理论给出了一个简单解释：富裕社会储蓄更多，但由于新的投资渠道有限，那里的投资很低。多余的储蓄不会被用于投资，因为持有货币的欲望会使利率保持在较低水平。汉森的结论是，凯恩斯的新理论并不比他之前的理论高明多少，因为它假设了一个僵化的经济体。相比之下，美国是一个"进步和灵活的社会，总是致力于提高资本的边际生产率和投资率"。[2] 因此，汉森并不反对凯恩斯论点的逻辑，他只是认为，美国经济尚未达到技术停滞的状态。

汉森写的第二篇书评（1936 年 10 月）的篇幅更长，他更认真地阅读了这本书，并对凯恩斯的论点有了更清晰的理解。尽管他觉得这本书令人兴奋，某些地方也很精彩，但是这篇书评并未反映出他有何转变。这一点从其最后一段文字中可以清楚地看出。

从为"新经济学"奠定基础的意义上讲，我们评论的这本书并非一个里程碑。它再次以挑衅的方式，警告了基于不再符合经济生活事实的假设进行推理的危险。在讨论和研究之外，将逐步形成一个完善的理论体系（凯恩斯的利息理论包含着前景广阔的建议），以及对社会心理学（关于长期预期的精彩篇章）与人类作为个体和群体行为的经济环境的精确特征的更准确评价。这本书与其说是建立科学的基石，不如说是经济趋势的一种征兆。[3]

这些结论反映了汉森对经济理论兼收并蓄、思维开放的态度，这使他能领会书中的某些章节。但是，凯恩斯的理论不能为新理论奠定基础的原因是多方面的：他的理论存在技术问题（例如，他关于储蓄和投资的定义对分析动态经济并无助益）。汉森更愿意接受这样一种观点，即经济中存在垄断性的僵化，它将使凯恩斯的理论更具相关性，但从长远来看，这些是否重要仍是一个悬而未决的问题。但最重要的是，汉森非常重视技术进步提高资本生产率的能力：

简而言之，让私营企业制度继续发挥其功效并非不可能，这并非由于主流经济体制（如凯恩斯所倡导的那些体制）的变化，而是由于发明者和工程师的努力。正如技术进步是19世纪实际工资和生活水平大幅提高的主要原因一样，如果我们希望当前的经济体制能够继续存活下去，未来我们也可能会不得不寻找新的渠道，进行有利可图的投资——技术上的新发现、利用自然资源的新方法、新产品和新产业。[4]

汉森把凯恩斯看作是在恢复资本主义之前的重商主义，赞同休闲和奢侈消费，这和他自己强调资本主义通过开发"新资源、新产品和新产业"来创造新的投资机会的能力的观点相去甚远。[5]

1937 年 4 月，情况发生了变化，凯恩斯在《优生学评论》（*Eugenics Review*）上发表了《人口下降的若干经济后果》（Some Economic Consequences of a Fallen Population）一文。他在文中指出，自 1913 年以来，由于人口增长率下降，投资率已经在下降。这似乎使汉森相信凯恩斯已经改变了自己的思维方式，并使他比此前两次书评中的任何一次都更认真地看待凯恩斯。[6] 在 1937 年经济衰退之后，汉森提出了一种观点，即长期的结构变化正在抑制投资机会，并导致经济停滞，这就是 1937 年的复苏夏然而止的原因：产生 19 世纪技术活力的因素已不复存在。他提出了一个关于财政政策的重要问题，因为这意味着公共支出可能越来越多地被用作引导储蓄流向实际投资的手段，而不是"一种旨在刺激消费的周期性补偿手段"。此外，这意味着税收和公共债务的角色在整个经济运行中出现重大转变。[7]

泵水政策（*Pump Priming*）

这就是萨缪尔森遇到汉森时汉森的想法。汉森承认凯恩斯是一位对经济理论持折中态度的改革者，但他仍对凯恩斯持批评态度。萨缪尔森可能从汉森那里学到了凯恩斯的观点，这在 1938 年 5 月约翰·威廉姆斯的货币银行学课程中有所提及，汉森在课上做了一次演讲，讨论了《通论》。一起参加财政政策研讨会的詹姆斯·托宾（James Tobin）认真地做了笔记。[8] 根据这些笔记，汉森一开始即称这本书主要并非关于商业周期，而且它对由资本边际效率变化所驱动的投资波动周期的解释也缺乏新意。凯恩斯主要关注失业问题，从长远来看，失业问题可能会持续下去。在这种情况下，消费和投资并非替代品，因为消费增加会导致投资的增加。

对凯恩斯论点缺乏新意的指责，也适用于就业水平取决于利率、预期利润和边际消费倾向的观点。如果储蓄不能和充足的投资相匹配，收入就会下降。托宾的笔记记载：

> 在富裕社会，资本边际效率低，消费倾向也低，但由于流动性偏好，利率不会持续下降。因此，并无足够的新投资来维持充分就业。[9]

这和汉森第一篇书评中对《通论》的解释非常吻合。汉森接着说，凯恩斯强调了利率，而斯庇索夫认为更重要的是考虑影响预期利润率的因素，例如扩大市场、增加人口、发明创造和大型工业。这些因素带来了19世纪的扩张，但现在却导致了停滞：人口下降且不存在新开辟的市场。讲座以汉森对凯恩斯提出的解决方案的分析结束。他质疑了低利率会刺激大量投资的观点，认为通过重新分配收入来刺激消费会损害投资；而且，公共投资可能会被私人投资抵消。托宾笔记中的最后一句话是"经济政策是邪恶的选择"，遗憾的是笔记中没有详细阐述这一点。[10]

这种模棱两可的态度——感兴趣和同情，发现可以融入现有思想的重要见解，包括熊彼特的经济发展观——可能正是汉森吸引萨缪尔森的原因。尽管萨缪尔森和他的同学们曾一起参加了关于《通论》的辩论，但他拒绝接受辩论会上所传递的信息。凭借他的数学技巧，他的思维更接近熊彼特、里昂惕夫和威尔逊这些老师，站在了批评凯恩斯的一边。萨缪尔森成功地运用数学突破了他在消费者理论中遇到的复杂和不精确的口头推理，他开始对国际贸易理论做同样的事情，但是熊彼特和哈伯勒讲授的商业周期理论并没有提供这样的机会。汉森提供了一条中间路线，他提出的理论考虑了熊彼特关于技术进步重要性的论点，同时也承认里昂惕夫对《通论》做出的技术批评。但与此同时，汉森接受了许多关于有效需求和他的同学从凯恩斯的书中学到的乘数观点。他兼收并蓄，思想开阔。同样重要的是，尽管汉森是一位"精通文字论证"的经济学家，但他也认为，虽然他自己在这方面天赋有限，但数学方法可能会带来一些重要贡献。

显然，萨缪尔森和汉森相处甚好，或许是他们作为移民子女的共同背景促成了这一点。此外，几乎可以肯定的是，威尔逊认为萨缪尔森作为一名狭隘的数理经济学家的前景非常有限，他鼓励萨缪尔森扩大自己的技能组合，将更一般性的经济学分析纳入其中。研究商业周期问题——美国面临的最重要问题，尤其是在 1937 年夏季经济复苏夭折的情况下——正好提供了这样一个机会。萨缪尔森一边继续研究数理经济学，同威尔逊和哈伯勒讨论他的论文，一边开始和汉森一起研究商业周期问题。

1938 年 12 月，汉森在底特律向美国经济学会发表了题为《经济发展与人口增长下降》的主席演讲。[11] 其主要观点是，人口增长正在下降，这会导致投资大幅下降，除非技术进步有所提高。他认为，"我们正在迅速进入一个如果我们要找到足够的私人投资机会以维持充分就业，就必须依靠比过去更快的技术进步的世界"。[12] 他还强调了加速数的作用，因为重要的不是经济活动的水平，而是它的增长率。通过增加"对人力资源和自然资源及具有集体特征的消费资本品"的公共投资，来弥补私人投资的下降是可能的，但这种补偿最多只能是部分的。如果政府支出过大，可能会改变成本结构，从而阻碍实现充分就业。[13] 因此，会有一些艰难抉择，经济学家不得不与之进行长时间的斗争。

一种选择是避免扩大需求水平，以便"在没有政治干预的情况下，我们长期以来习惯的恢复力量能重新发挥作用"。[14] 另一种选择是通过增加政府开支来实现充分就业，这样做的危险是会导致通货膨胀。汉森提出了一种折中主义立场：1929 年的美国国民收入为 800 亿美元，他认为这仍然是一个接近充分就业收入的合理水平。在大萧条期间，国民收入下降到 400 亿美元，汉森建议政府支出应维持在 600 亿～650 亿美元以上，但是一旦国民收入接近 700 亿美元，政府支出就应逐渐减少。超出这一水平的复苏应该留给私营部门，因为继续增加政府支出只会引发成本和价格的螺旋上升。简言之，财政刺激只应在大萧条最严重时实施。

两天后，萨缪尔森提交了他的论文《政府刺激理论再思考》（The Theory of Pump-Priming Reexamined），这是"补偿机制的作用功效"（The Workability of Compensatory Devices）主题圆桌讨论的一部分。[15] 它并非汉森为补充他的主席演讲而组织的一个会议，尽管考虑到主题的相似性，这样做可能更容易。辛辛那提大学的保罗·埃尔斯沃思（Paul Ellsworth）谈到利用货币政策来对抗萧条。他建议实行宽松的货币政策，理由是即使货币政策不起作用，也不太可能会有害。最后一位发言者是埃米尔·德普雷。和萨缪尔森一样，他来自中西部，出生在芝加哥，1930 年毕业于哈佛大学。但是，他没有留下来继续攻读研究生学位，而是直接去了纽约联邦储备银行，从事短期资本流动和美国货币政策方面的研究。20 世纪 30 年代，他一直认为扩张性政策有助于缓解经济萧条。1937 年，他作为利陶尔中心的顾问恢复了与哈佛大学的联系。德普雷问道，对囤积货币征税的措施对稳定需求或对抗长期停滞是否有效。在回顾了许多技术问题后，德普雷总结说，虽然这是一个有趣的理论观点，但它可能不是很有效。

萨缪尔森的文章夹在埃尔斯沃思和德普雷的文章中间，它解决了财政政策问题。一些类型的水泵只有在充满水的情况下才能工作，这意味着它们在使用前需要先充满水。因此，"泵水政策"指的是在大萧条时期，政府有足够理由通过大幅度增加支出刺激经济，一旦经济开始复苏，就把进一步的扩张交给私人部门。在萨缪尔森的论文中，当他谈到投资是不稳定的、对利率变化不敏感，并且他认为利率无法平衡就业需求和供给时，我们可以看到凯恩斯主义的观点。但是，在明确引用凯恩斯的观点时，萨缪尔森持一种批评态度：《通论》中使用的瞬时乘数，"代表了对时间滞后效应这个更一般性分析的倒退"。[16] 尽管萨缪尔森承认凯恩斯乘数的有用性，但他也强调了凯恩斯未考虑到的复杂因素，包括加速数。这种对凯恩斯思想的批判性运用和汉森完全一致。

萨缪尔森明确表示，他反对货币数量论，因为他认为通过货币流通速度来分析政府增加支出影响的尝试"毫无成果"。乘数更有用。但是，这不应被解读为一种支持凯恩斯主义的立场，因为反对货币数量论并不完全是凯恩斯主义的立场。正如其他许多美国商业周期理论家一样，汉森和凯恩斯也蔑视货币数量论。萨缪尔森认为，"（私人净投资）不足将使长期赤字支出成为强制性的"，这是汉森的观点。已刊摘要并未使萨缪尔森的结论更明确，会议记录中也没有任何关于他的论文的讨论记录，原因可能是他提供了对这些问题的一个技术性评审，却未提供任何足以引起听众反应的有争议的结论。

商业周期和财政政策

萨缪尔森和汉森密切合作的事实，如果说仅仅在他和美国经济学会的谈话摘要中有所暗示，那么在他 1939 年 5 月发表的文章中就已经很明确了。这篇文章大概写于 1938 年年末或 1939 年年初，题为《乘数分析与加速原理之间的相互作用》（Interactions Between the Multiplier Analysis and the Principle of Acceleration）。[17] 在文章的第一页，他感谢了汉森的帮助，说这篇文章是根据汉森的建议写的，"汉森教授发展了一个新的模型序列，巧妙地将乘数分析和加速原理或关系（relation）相结合"。[18]

汉森发展的模型中的乘数是 1/2，加速数为 2，出乎他的意料，他发现收入下降了。他认为这或许可以解释 1937 年的经济衰退，并且和萨缪尔森进行了讨论。[19] 萨缪尔森意识到汉森的系统是一个差分方程，这个差分方程会产生多重振幅，如果汉森在更长的时间内求解该方程，他就会发现这一点。萨缪尔森用代数方法建立了这个模型，允许乘数和加速数取任何有意义的值，他找到了一个通解，算出了乘数和加速数的组合，这会产生稳定的、不稳定的或周期性的波动。①

尽管萨缪尔森很容易理解这种代数，但是大多数经济学家对它却并不熟悉，这解释了萨缪尔森描述该理论的方式。他从一个简单的数值例子开始：最初，政府支出、投资和消费为零。第一个时期，政府支出上升到 1，并保持在这个水平。萨缪尔森接着计算出每一个不同时期消费和投资的新水平，假设边际消费倾向是 1/2 且加速数是 1。这样一来的结果将会产生一个周期，总收入在 14 个周期后才会收敛到新的均衡状态。②然后，为了证明这个问题对上述推理而言过于复杂，他对乘数和加速数的另外四组值进行了相同的计算，证明它们产生了完全不同的结果。

萨缪尔森总结道，分析这个问题的唯一方法是借助于代数。把模型表述为两个差分方程，其中，消费依赖于前一时期的收入，投资依赖于下一时期的消费变化，这样，他就能构建一个图表，用来显示系统在乘数和加速数的任何可行值组合下的行为。这使他得出了一个方法论上的

---

① 乘数可以是 0 到 1 之间的任何数值，加速数则必须是正的。

② 新均衡是渐近逼近的，这个计算假设忽略了很小的差异。

结论："不同于通常的印象，正确使用数学方法不仅未使经济理论更加抽象，反而是一种强大的释放装置，使人们能够掌握和分析更加现实和复杂的事物。"[20] 这篇文章是用来论证数学推理的。不像他之前的一些文章，在这篇文章中，他用文字解释和图解来佐证他的数学方法，这些解释清楚地表明他正在解决的问题的重要性和数学的实用性。这或许是因为汉森需要这样的解释。

鉴于萨缪尔森提出问题的方式，这篇文章显得很有趣。他的第一句话承认，新的"乘数"分析已经揭示了政府支出问题。接着他表示了担心，"这种极为简化的机制"可能会僵化成一种教条，"阻碍进展，掩盖重要的依附关系和过程"。[21] 这正是他在向美国经济学会提交报告时讨论的乘数问题。他的分析表明，"传统的乘数序列是汉森所分析的特殊情况的一般化情况"。[22] 在后一页，他重申了这一点，称"凯恩斯-卡恩-克拉克公式"被"纳入了更一般化的汉森分析的范畴"。在一个脚注中，他称自己的模型与瑞典经济学家埃里克·伦德伯格（Erik Lundberg）和荷兰计量经济学家简·丁伯根的模型序列在形式上完全相同，从而把自己文章的原创性降到了最低。

这清楚地表明，萨缪尔森在撰写这篇文章时，他是在追随汉森，把即将和凯恩斯连在一起的概念融入美国商业周期理论的旧框架，并使之被广泛接受。这在他 12 月发表在《政治经济学杂志》上的第二篇关于该问题的文章中，表现得更明确。[23] 虽然他之前的文章使用的加速数使乘数理论复杂化，但这篇文章使用的乘数，却为基于加速数的商业周期理论添加了一个缺失的元素。乘数背后的想法并不新颖——"消费者实际需求的变化取决于购买力的变化，其反过来通常又受生产速度所支配"的概念已经根深蒂固——但它与加速数相互作用的机制和模式尚不清楚。[24]

萨缪尔森将他的理论与 1931—1932 年关于消费者支出在周期中的作

用的辩论联系起来，这些辩论涉及查尔斯·哈迪（Charles Hardy）、拉格纳·弗里希和约翰·莫里斯·克拉克。萨缪尔斯称，这些作者意识到，解释波动必须同时解释投资和储蓄，尽管他们非常清楚地阐述了加速原理，但他们却不太清楚是什么决定了消费。正是在这里，凯恩斯明确提出了可以把乘数和加速数放在一起考虑，从而形成了一个彻底清晰的理论。[25] 罗伊·哈罗德、戈特弗里德·哈伯勒和汉森的著作遵循了《通论》，他们把这两个概念结合在一起，形成了一个可以解释转折点的理论，并由此形成了一个循环。这篇文章的问题在于，并未达成应该如何明确表述这个理论的一致意见，而且他们的研究也有许多缺陷，例如，人们对净投资和总投资的作用的困惑，以及是什么导致了周期顶峰的衰退。

在对文献进行简要回顾之后，萨缪尔森开始消除这种困惑。他从消费函数出发。如果消费依赖于当前收入，如图 13-1 所示——给定净投资

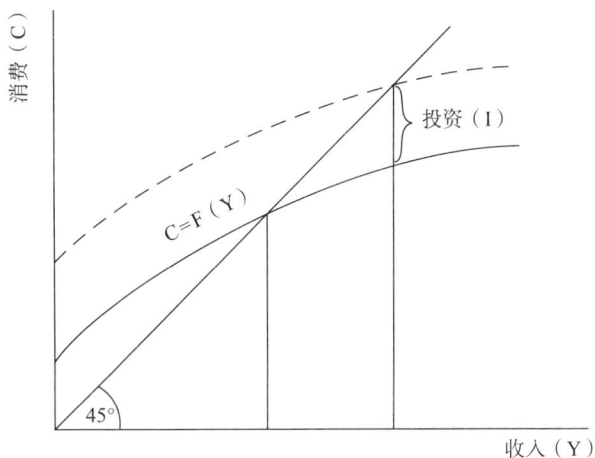

图 13-1 收入决定——消费和投资

资料来源：萨缪尔森（1939e，第 790 页）

水平——只存在一个收入水平符合企业不亏损的条件，因为只有在这个收入水平，企业从消费者那里的所得总额才等于它们给生产要素的支出总额。值得注意的是，这张图被标记为"国民收入水平的确定"。虽然乘数可以用来确定收入水平，但是解释收入水平的波动却需要用到加速原理。[26]

　　这是数学分析的重要性变得清晰的其中一点。模型要产生循环，不仅需要引入加速原理，还需要假设任何时期的消费都依赖于前一时期的收入。[①] 缺乏数学模型，我们将很难构建这种关系。在进行了这项分析后，萨缪尔森就可以解决哈罗德无法解决的问题。他第一次为凯恩斯做了辩护，反对美国商业周期理论中的主张："从长远来看，凯恩斯完全忽视加速原理的做法，在一定程度上是合理的。经济体的平均收入水平和其运行情况无关，它取决于投资渠道的水平。"[27] 尽管他为凯恩斯主义的分析工具做了辩护，认为这与解释国民收入的长期水平有关，但他的论点是建立在投资理论基础上的，这迥异于《通论》，《通论》中投资分析的重点是股市的短期波动。萨缪尔森提到"投资渠道"是投资的决定因素，这与汉森而不是凯恩斯的观点相一致。

　　图13-1也被称为"45度图"，它颇为重要，因为它是解释凯恩斯经济学核心论点的标准方法，且在萨缪尔森的教科书中第一次使用。[②] 国民收入的确定不仅集中体现了萨缪尔森对经济学的论述，还成了这本书的

---

①　加上这个滞后，一阶差分方程就变成了二阶差分方程；一阶差分方程不能产生循环，二阶差分方程则可以产生适当的参数值。

②　参见本书第27章。注意，这张图有两个版本。图13-1表明消费加上投资等于收入（$C+I=Y$）的条件；另一个版本如本书后面的图18-1所示，表明储蓄等于投资（$S=I$）的条件，其中储蓄是收入和消费之间的差额。

封面用图。① 后来，如果不是和凯恩斯经济学及后来的"简易"凯恩斯主义同时出现，它几乎就是凯恩斯主义的同义词，几乎被普遍运用于经济学导论教学中。不过，尽管该图明显借鉴了《通论》，但是它却是在萨缪尔森发展和分析汉森所提出的理论的过程中自然产生的。

萨缪尔森在本文结论中的语气有所不同。他并未公开称赞数学对更复杂模型分析的开放性，而是指出这些假设是简化了的，并且"在把结果应用于现实世界前，必须对它进行一些严格的限定"。[28] 这反映了图表在两篇文章中所扮演的不同角色：在第一篇文章中，图表被用来解释一个复杂的情况；在第二篇文章中，图表被用来说明一个基本原理。但是，尽管存在这种差异，萨缪尔森仍是一名致力于解决争议的数理经济学理论家。他没有明确称赞数学的使用，但他批评了那些认为经济问题可以通过术语辩论得到解决的人。能解释这个循环的并非储蓄和投资的定义，而是"加速原理和乘数的数值关系"。② 对萨缪尔森来说，可量化的关系才是最重要的，数学为分析它们提供了一种有用的方法。

萨缪尔森在《美国经济评论》上对冈纳·缪尔达尔《货币均衡论》的评述，表明他 1939 年一直在和凯恩斯主义思想接触。[29] 这本书是由萨缪尔森的两个朋友布赖斯和斯托珀从德文翻译过来的。他批评缪尔达尔过于强调价格而非产出和就业的变化，且没有认识到失业率高企时也可能出现货币均衡，这表明萨缪尔森接受了《通论》中的一些思想。从汉森的观点出发，萨缪尔森认可了缪尔达尔更具动态性的方法，特别是，他称赞了缪尔达尔引入的"事前"和"事后"两个术语，它们后来成为

---

① 参见本书第 25 章。

② 他援引凯恩斯和丹尼斯·罗伯逊关于储蓄与投资是否相等的争论来阐述这一点。

宏观经济学教学中的标准分析。[①]萨缪尔森认为瑞典学派"不乏解释能力"，并着重介绍了缪尔达尔运用"事前"和"事后"概念解决储蓄和投资问题的那一章，从而澄清了凯恩斯所混淆的观点。考虑到这本书是由他的朋友们翻译的，加上缪尔达尔曾参加过财政政策研讨会，还在美国经济学会会议上读过萨缪尔森提交的文章，在萨缪尔森阅读这本书和撰写评论之前，他可能已经和缪尔达尔交流过想法。他甚至可能读过该书的德文版本。

萨缪尔森的研究进程体现在他对提交给美国经济学会的文章的扩充论述中，该文即将在《美国经济评论》上发表。[30]尽管文章题目《政府刺激理论的再思考》可能提出了一个更狭窄的主题，但文章内容涉及面却很广。萨缪尔森首先解释了他的论点的前提假设：经济系统并非没有摩擦，有可能存在资源利用不足，而且可能会出现偏离均衡的累积运动。考虑到储蓄愿望，充分就业需要高水平的净投资，而且并无理由认为这会自动实现，即使存在一个完美的资本市场。事实上，这是极不可能的事情。

> 净投资额必须被视为取决于经济进步的动态因素，例如，尚未利用的发明数量、人口趋势、过去的净投资，以及信心和期望的变化……这意味着任何社会都存在净投资不足的可能性，富裕社会也可能存在这种不足。[31]

尽管萨缪尔森引用了信心和预期这两个凯恩斯重视的因素，但这是

---

① 鉴于某一时期期初（事前）普遍存在的期望和计划，经济学家们的问题是，如何在这段时期结束前解决储蓄和投资之间的差异（事后）。

一种可以直接从汉森那里得到的非凯恩斯主义分析。当他在脚注中称赞凯恩斯提出了类似的观点时，萨缪尔森明确表示他并未把凯恩斯作为他的理论出发点。也就是说，没有必要采用凯恩斯的流动性偏好理论来解释净投资为何不足。他的论点是，资本投资不会立即增加消费品的生产是一个优点，同样的论点也适用于政府支出。

> 现在强调自我清算的公共投资可能是错误的。在使用政府服务时收取间接费用是一种糟糕的社会经济（就像收费桥梁的情况一样），此外，政府活动模仿私营企业的商业惯例也是不可取的。如果政府像私营企业那样对行动采取同样的计算方法，它可能很快就会发现自己面临与纯粹个人主义经济相同的困境。[32]

在针对以上观察的一个脚注中，萨缪尔森批评了商业惯例的应用，例如在固定期限内分摊赤字，或者单独的资本预算（凯恩斯所支持的一种理念）。

这篇文章中对凯恩斯的批评不像萨缪尔森之前的报告文章那么明确，文中删掉了对凯恩斯理论是"倒退"的评论，但萨缪尔森仍然把凯恩斯使用的瞬时乘数作为一个更具动态性的模型的特例。在写到乘数理论"只是承认了投资在决定国民收入水平中的战略重要性"时，[33] 萨缪尔森直接把自己置于以克拉克和汉森为代表的美国商业周期理论的传统中。需要一个更具动态性的模型，而不仅仅是理论上的精确性，因为有必要像克拉克所使用的动态乘数那样，计算政府支出的变化是如何影响国民收入的时间路径。这是政府刺激面临的核心问题，也是当经济开始衰退或萧条已达最低点时，是否应该增加政府支出的核心问题。后者的理由是，经济衰退导致了价格和成本结构的变化，这么做对经济的长期健康至关重要。^① 萨缪尔森对此提出了质疑，认为经济衰退本身带来的失调可能"比繁荣时期要严重得多"，他还对现代经济存在很大的下行弹性提出了怀疑。[34]

这篇文章很重要，因为和他那篇被更广泛引用的有关乘数-加速数相互作用的文章相比，他在该文中提出的大多数主张并非基于数学模型。乘数是一个固有的数学概念，是政府支出增加必然会产生更大的政府赤字这一说法的基础，因为增加的税收不足以补偿额外的政府支出。数学推理也支持他的论点，即如果税收能够平衡不同家庭的边际消费倾向，那么国民收入将实现最大化。[35] 但是，萨缪尔森关于乘数有助于"检验政府支出影响的各种机制"的表述，意味着还有其他方面无法用这种方式进行分析。[36] 他使用乘数-加速数模型考虑了投资变化，这是对其他类型支出变化的反应，但只是他论点中的一个小问题。

萨缪尔森的大部分主张所涉及的论据并非来自数学模型。他反对等到经济陷入萧条低谷再转向扩张性财政政策，因为仅仅为了改善企业而先让它们变得更糟并不合理。他质疑汉森对1935—1937年经济复苏的解释，认为汉森把政府支出和私人投资的复苏之间区分开来毫无意义。此外，在确定政府支出的理想水平时，有必要进行政治和道德判断。通过财政政策减少失业率会增加赤字，从长远来看，这可能会带来成本。他的观点是，尽管为了应对萧条而进行的财政扩张可能会带来长期成本，但这些非常不确定的成本不及可以获得的收益重要。他写道："如果实际国民收入能在长期内增长 5% 或 10%，却只需要以一笔数百亿美元的债务为代价，我个人认为这个代价并不算高。"[37]

甚至到了 1940 年夏天，萨缪尔森也没有转向凯恩斯主义。尽管他使

---

① 这一点和弗里德里希·哈耶克有关，尽管当时是萨姆纳·斯利克特提出的。

用了一些凯恩斯主义的概念，接受了和凯恩斯有关的观点，但他明确表示，他认为凯恩斯是商业周期理论的许多重要贡献者之一。[①] 他的文章丝毫没有暗示他和其他人后来将把凯恩斯抬高到何种地位，而是频繁地批评凯恩斯缺乏动态分析和忽视了重要因素。他追随的是汉森，而不是凯恩斯。萨缪尔森对20世纪30年代初发生的事情的分析纯粹是汉森的观点，例如新产业已经发展成熟，只需要进行替代投资，而且"地平线上并未出现新的出路"。[38] 即使在他挑战汉森观点的地方，他也补充说，汉森对长期停滞的看法非常有趣。他和玛丽昂在人口增长问题上的合作研究，支持了汉森关于美国经济为何停滞不前的观点。[②]

凯恩斯的《通论》在哈佛引起了轰动，年青一代的许多人都改变了看法，但萨缪尔森的反应和他导师一样，不是接受凯恩斯提出的更一般化的理论，而是将凯恩斯的思想融入他从熊彼特、哈伯勒，尤其是汉森那里学到的现有商业周期理论中。与此相一致的是，商业周期在某种程度上和凯恩斯分析的情况不同，它仍然是解决财政政策问题的背景。我们可能会发现，人们对收入决定这一核心问题的关注重心发生了变化，但它们还只是一些暗示。因此，当萨缪尔森想到应该写一本教科书时，其主题是商业周期就不足为奇了。[39]

1940年8月，仍希望在哈佛再待至少一年的萨缪尔森和普伦蒂斯–霍尔出版社（Prentice-Hall）签订了一份合同，约定编写一本教科书于1941年4月1日交稿。[40] 这本书是他和埃里克·罗尔（1907—2005）合著的，后者1939年作为访问学者来到哈佛大学。[41] 罗尔出生于奥地利帝国一个靠近现在罗马尼亚城市切尔诺维茨的地方，熊彼特曾在那里获得他的第

---

① 这也适用于他和拉斯·尼克松的合作，本书第11章对此进行了讨论。

② 参见本书第11章。

一份教职。1925 年，罗尔作为学生来到英国，就读于伯明翰大学石油工程学院和商学院。他被说服继续从事关于博尔顿和瓦特之间合伙关系的博士论文研究，这两位都是 18 世纪英国蒸汽能领域的先驱。罗尔在赫尔大学（University of Hull）获得了教职，出版了两本教科书，一本关于货币，另一本关于经济思想史。

罗尔在 1939 年 11 月受洛克菲勒基金资助来到美国。欧洲爆发了战争，但人们鼓励他接受研究资助，因为政府认为让年轻的英国学者进入美国大学是有益的。他的大部分时间是在哈佛和普林斯顿度过的，还有很多其他大学的短期访问。在哈佛期间，罗尔和妻子弗蕾达（Freda）经斯文德（Svend，获洛克菲勒基金资助的另一位成员，几个月前刚到）和妮塔·劳尔森（Nita Laursen）的介绍认识了萨缪尔森和玛丽昂，他们之间建立了亲密的友谊关系。[42] 弗蕾达后来谈到了他们在加州伯克利的夏季旅行中一起度过的时光。

> 我们和萨缪尔森夫妇一起，尽情享受着眼前的乐趣。在奥克兰的交易商维克家里（Trader Vic's），我们啜饮着椰子壳里的异国风味饮料。我们经常开车穿过奥克兰海湾大桥去旧金山，迎接我们的是最美味的烘烤咖啡的香味；我们看到了恶魔岛，一个曾经的罪犯流放地；我们参观了萨莉·兰德（Sally Rand）的裸体牧场，在那里，衣着暴露的女孩们毫无顾忌地互相扔着乒乓球；我们在一家小法国餐厅吃了一顿很棒的法国餐，价格是 1.95 美元，包括葡萄酒；我们去了唐人街；我们惊奇地注视着金门大桥。我们还参观了斯坦福大学，并同哈伯勒夫妇、马克卢普夫妇及其他经济学家共进午餐。然后，当萨缪尔森夫妇动身去哈佛时，我们伤感地对他们说了再见。[43]

　　他们的友谊是促使萨缪尔森和罗尔决定一起写书的主要因素。有机会一起工作，或许也是他们在加利福尼亚过着看似田园诗般生活的一个理由。不管怎么样，萨缪尔森选择这位合著者都有很好的理由。罗尔比他大 8 岁，有 10 年的教学经验，还出过两本教科书，可以推荐普伦蒂斯–霍尔作为出版商。罗尔还是一名应用经济学家，在普林斯顿大学期间，他致力于解决国际收支问题，并帮助构建了第一个美国工业生产指数。[44]与此同时，罗尔对经济理论很感兴趣，致力于用它解决经验问题。在这本书的写作上，罗尔和萨缪尔森是优势互补的。

　　不过，这本书从未完成。战争结束后，萨缪尔森写信给普伦蒂斯–霍尔出版社，解释说它将永远无法完成了。[45]他在信中把他们未能完成这本书归咎于战争：他们"从未正常启动"这本书，因为罗尔搬到了华盛顿，之后他也搬到了麻省理工学院，而且萨缪尔森的教学任务越来越重，并开始参与政府服务。萨缪尔森试图挽回面子，说无论如何他们都不会写这本书了，因为几乎是在与他们签了合同后，普伦蒂斯–霍尔就出版了另一本书——詹姆斯·阿瑟·埃斯蒂（James Arthur Estey）的《商业周期》（*Business Cycles*，1941），该书包括了许多和他们提议的教科书相同难度的领域。[46]

　　鉴于萨缪尔森的说辞，考察埃斯蒂这本书涵盖的内容，以及 1941 年年初罗尔在评论这本书时的观点，就非常有必要了。埃斯蒂的书中几乎有 1/3 的篇幅是关于数据的，它将周期与趋势和季节性波动区分开来，包括大萧条在内的经济周期的历史，以及测量问题。接着是对理论的回顾，包括关于凯恩斯理论的一章，以及关于稳定的冗长章节（几乎占全书的 40%），涵盖了货币政策、公共工程、稳定消费以及针对工资和价格的政策。罗尔称赞了这本书，认为它比以前的教科书更好，以往的书都只是描绘了该领域的一幅老式图景。[47]除遗漏了大量重要的理论（可能是为了让这本书更简单），罗尔的主要批评是，这本书对 20 世纪 20 年代以来商业周期理论发生的变化关注不足。他写道："最近周期理论最显著的特点是它改变了自己的特征，变成了一种对经济活动水平随时间推移的决定因素的研究。"[48] 凯恩斯所引发的争论使商业周期理论与一般经济理论的联系变得更加重要和更有可能，在某种程度上，商业周期理论的"陈旧意义"正在迅速消失。即使罗尔并未和萨缪尔森讨论过这些观点，萨缪尔森想必也会仔细阅读与他合著过一本书的作者所写的书评，何况他认为该书和他们原计划写的那本书很相似。

在写信说要取消出版合同时，萨缪尔森并未告诉普伦蒂斯-霍尔出版社，他已经着手为另一家出版社编写教科书——这本书将对经济波动问题采取一种完全不同的方法。但是，在 1940 年，那还是一条相当漫长的道路，因为他仍然是哈佛大学的一名学生，更需要确保自己的未来。第一个阶段的任务是写论文，第二个阶段的任务是获得一个更稳定、报酬更丰厚的学术地位。此外，尽管欧洲爆发了战争，美国政府也在为战争做准备，但并不清楚美国会采取什么方式介入其中，更不用说这是否会对萨缪尔森本人产生重大影响。

第 14 章

⋯⋯◆◆◆◆⋯⋯

经济理论可观察的意义

撰写论文

1940 年夏，萨缪尔森通过发表论文，丰富了他原本会令许多年轻教授羡慕不已的研究履历。但是，他仍然是一个初级研究员，这是一个特殊的职位，离研究员只有一小步。他需要考虑自己的未来。他和玛丽昂一同决定不再申请延长他的初级研究员身份，而是要写一篇博士论文，而如果他想继续当一名初级研究员的话，他就不需要这么做。他或许认真考虑了威尔逊的意见，即他的长期就业能力需要他展示自己的教学能力，而这要求他从研究员协会回到经济系。

萨缪尔森或许还认为，博士学位可以增加他找到长期学术职位的机会，而且他可能正急于找到一个薪水更高的职位。也有可能是他有了写书的想法，并认为写论文是出版它的最佳途径。不管他的动机是什么，在 1940 年的夏天和秋天，他以"疯狂的速度"创作并整理了材料，口述给玛丽昂，由她写下了论文的全部初稿。[1] 在序言中，萨缪尔森感谢玛丽昂提出了"太多"建议和修正，促成了论文"在数学、经济和文体上的大幅改进"，花再多笔墨都难以公正地讲清楚玛丽昂的贡献。[2] 论文的标题是《经济学分析基础：经济理论可观察的意义》（*Foundations of Analytical*

Economics：*The Observational Significance of Economic Theory*），这个标题本身便足以表明他正在为自己设定一项雄心勃勃的任务。

50年后，萨缪尔森在回顾自己发表的论文时称，尽管论文写得很快，但他的思想在1936年至1941年间逐渐成形。[①] 在此期间，他逐渐认识到，现有的经济理论主体涉及"数量有限的定性关系"。如果他一开始就意识到这一点，就没有必要去翻遍芝加哥大学和哈佛大学的数学文库，去寻找那些他最初假设的需要不同答案的完全不同的问题的答案。[3] 因此，这篇论文是受他正在解决的"经济难题的内在逻辑"驱动的。[4]

论文以一种明确的方法论陈述开篇：

> "各种理论的核心特征之间存在类似，意味着存在一个一般性的理论，它是特定理论的基础，并使其与这些核心特征统一起来。"这个抽象泛化的基本原理，是由美国著名数学家E. H. 穆尔（E. H. Moore）在30多年前阐明的。接下来几页的目的是研究它对理论经济学和应用经济学的影响。[5]

上述引文出自数学家伊莱基姆·黑斯廷斯·穆尔（Eliakim Hastings Moore）的《一般分析导论》（*Introduction to a Form of General Analysis*，1910），萨缪尔森从威尔逊那里了解到这本书。该书根据1906年9月穆尔在耶鲁大学的演讲写就，当时威尔逊刚刚被任命为助理教授。上述引文明确表明萨缪尔森从威尔逊那里学到了一种思想，即问题可以有一个共同的数学结构，即使它们在其他方面不同。这就像给了萨缪尔森借鉴

---

① 如本书第22章所述，《经济分析基础》（1947a）一书包含了大量论文中没有的内容。但是，由于大部分论文内容在收录书时改动不大，所以他对书的评论也适用于论文。

热力学思想的通行证，因为这两个领域问题的共同结构意味着，即使它们在其他方面截然不同，也可以使用相同的数学方法。

在现代经济学中，对大多数经济学家来说，最大化和最小化问题几乎出现在所有领域；这就是经济学训练中之所以包括定量方法课程，让学生接触最优化技术的原因。这也是微观经济理论——关于个体最优化行为主体如何采取行动和相互作用的理论——被认为是大多数应用领域的基础的原因。但是，20世纪30年代，最优化技术的重要性对经济学家来说远非显而易见。结果是，即使威尔逊在萨缪尔森的头脑中播下了这一思想的种子，萨缪尔森也花了很长时间才理解它的重要性。他写道：

> 只有在这些领域（"生产经济学、消费者行为、国际贸易、公共财政、商业周期、收入分析"）辛勤工作之后，我才意识到，本质上相同的不等式和定理一再出现，而我只是在浪费时间证明同样的定理。[6]

萨缪尔森在撰写这篇论文之前发表的文章表明，他花了一些时间才意识到经济问题有一个共同的结构。他早期的文章并未关注不同经济问题背后的共同结构，而是聚焦于如何用数学方法解决现有经济文献中的混乱。他文章写得很快，但他花了相当长的时间，才理解这些文章中的共同主题。他去学习数学和上数学课的动机可能是研究经济学，但他的早期文章和老师们对他一些文章的反馈给人的印象是，他对数学的理解有时比他对经济问题的理解更超前。在接下来的日子里，他似乎低估了自己（以当时的标准来看）在数学方面的训练起步多么早和多么彻底。

但是，这篇论文不仅仅涉及统一（unifying）经济理论问题。它有一个更重要的主题，即经济理论应该对可以观察和测量的事物产生影响。他对这一点的重视，可以从文章的副标题"经济理论可观察的意义"中看出。他在第 2 页介绍了这一主题，不仅论证了不同的领域存在相似的定理，而且论证了这些领域存在"形式上相似的有意义的定理"。"形式上"这个词表明，这些定理具有相同的数学结构，"有意义"这个词则指那些对可观察的事物具有影响的定理。他称"经济学著作中只有很小的一部分"曾试图推导出具备"操作意义的定理"，并把有意义的定理定义为"只要在理想条件下，就可以被反驳的关于经验数据的假说"。[7]

正如第 10 章所解释的，这是一个多年来逐渐形成的想法。在 1937 年时，萨缪尔森的著作中几乎还没有操作主义的痕迹：数学的引入源于它在阐明思想方面的有用性，他几乎接受了莱昂内尔·罗宾斯的观点，即消费者理论所依据的假设是不容置疑的。[8]1938 年 2 月，他发表了一篇关于消费者理论的文章，提到他基于指数理论的理论似乎"更直接地建立在那些必须被经济科学视为数据的要素上"，"更有意义"的表述则暗示了操作主义。[9]但这仅仅是一个暗示，因为该文是由现有文献中发现的问题和他从哈伯勒那里学到的东西构成的。他对操作主义的第一个明确阐述（尽管听起来更像波普尔式的而不是布里奇曼式的），出现在 1937 年12 月他向计量经济学会提交的一篇文章中，该文于 1938 年 10 月刊在《计量经济学》上。[10]因此，人们很容易想到，他在论文中所采取的立场，源自他最初几个月在研究员协会所做的讨论——在《经济学》刊出他的那篇文章之后以及为计量经济学会会议准备的文章定稿之前。

"可操作的"（operational）一词显然是布里奇曼式的。但萨缪尔森描述具有操作意义的定理的方式并非布里奇曼式的。他对"数据"和"观察"（萨缪尔森的论文标题使用的一个突出术语）的强调，更接近于维也纳圈子哲学家们的思想。尽管假设如果能被驳倒就是有意义的观点通常和卡尔·波普尔（他的主要作品出版于 1933 年）有关，但萨缪尔森更有可能是通过考夫曼和斯威齐，或鲁道夫·卡尔纳普（Rudolf Carnap，他的朋友威拉德·蒯因 1936 年帮助他来到美国）了解到这一点的。[11] 萨缪尔森也可能是通过高级研究员阿尔弗雷德·诺斯·怀特海接触到这样的思想的。

运用数学来澄清现有文献中的混乱，统一经济理论，解决了萨缪尔森在哪里能找到有意义的经济定理的问题。关于个体的命题，可以从"均衡条件等价于某种程度的最大化（最小化）"的假说中推导出来。[12] 萨缪尔森不再认为这是一个先验真理，而是认为它是一种假说。① 接着，萨缪尔森对关于个体的命题和（那些因不能求最大化而）不能以这种方式推导的关于群体的命题，进行了明确区分。

> 但是，当我们离开单一的经济部门时，未知数的确定被发现和极值位置无关。即使是在最简单的商业周期理论中，均衡条件也缺乏对称性，而没有对称性就不可能把问题简化成最大值或最小值问题。我们这里的假说是，系统以一个假设的动态系统的形式，处于稳定的均衡或运动状态。② [13]

其中的理由在于，"不稳定均衡（如果它们存在）是瞬变的、非持久的状态"，它们比稳定均衡更不易观察到。

在开篇一章中，萨缪尔森对现有的经济理论持批评态度，因为它很少关注推导有意义的或可操作的定理。正是在这个意义上，在一个简短的方法论章节的结尾，萨缪尔森表达了他和马歇尔对数学在经济学中作用的广泛引用的不同观点。

---

① 但是，鉴于萨缪尔森在此基础上创立了如此多的经济理论，他必定认为这一基础能经受住对它的各种驳斥。

② 注意，萨缪尔森是在含蓄地拒绝代表性的代理模型，该模型在 20 世纪 70 年代开始主导宏观经济学，当时它尚未得到明确阐述。

> 我开始觉得马歇尔的格言——"值得怀疑的是，是否有人会花时间好好阅读那些不是由他自己转化为数学的经济学说"——应该被完全颠倒过来。对简单的基本数学概念的费力研究，比如现代经济理论的许多特征，不仅从推进科学的角度来看毫无裨益，还涉及一种特别堕落的思想训练。[14]

在经济理论中，重要的是那些可检验的假说，推导这些假说的必要性使数学至为关键。

均衡系统和最大化

如果萨缪尔森不能通过表明如何实现推导可操作的定理的目标，来证明这些定理的合理性，那么第 1 章中提出的方法论主张将是空洞的。他在第 2 章"均衡系统和比较静态分析"中确实这么去做了。他的切入点是，必须对现实进行抽象处理。理论所要研究的不是整个现实，而是精挑细选的现实的各个方面。我们感兴趣的变量（价格、数量等）是未知数，假设它们的取值由描述在考虑中的情况的方程或函数关系所决定。例如，假定一种商品的价格和数量可由供求关系——价格和数量之间的两种函数关系——决定。①我们需要有足够的方程，来确定所有的未知数。

这是众所周知的。萨缪尔森超越这一点的地方在于观察到我们需要更多的信息，这在今天看来微不足道，但在他撰写那本书的时代并非如

---

①　一般认为，随着价格上涨，需求量会下降，供给量会上升，两条曲线会在某一点相交。供给和需求相等的点即对应均衡价格。若任何一条曲线出现位移，例如收入增加可能会导致消费者对商品的需求增加，则两条曲线的交点会发生变化，这意味着均衡价格和均衡数量也将发生变化。

此。我们需要引入参数（不受系统决定的变量），它们的变化会引起相关变量的变化。例如，假设我们希望确定销售税对所销售商品价格和数量的影响，这时，函数关系是该商品的需求曲线和供给曲线。若假定销售税构成了生产者的成本（市场价格被定义为含税价格），那么税率变化将使供给曲线上移，从而使均衡价格和均衡数量——供给等于需求时的价格和数量——发生变化。因此，经济理论家的任务是，找出诸如税率等参数的变化将如何改变未知数的值。例如，若我们能证明销售税的增加不会降低含税市场价格，我们就有了一个有意义的假说，因为如果不发生其他变化（萨缪尔森在定义有意义的定理时提到的理想条件），观察到增加销售税会降低价格，就可以驳倒这一假说。它是比较静态的，因为它涉及两个静态均衡之间的比较。

萨缪尔森对均衡的使用做出了三个关键限制。第一，均衡的以下含义（当他使用"均衡"时，这个术语尚无规范性的内涵）：没有理由认为均衡是合意的或不合意的。均衡意味着"由一组条件决定的变量值"。[15] 任何系统都可以被表示为一个均衡系统。第二，均衡是从时间问题中抽象出来的，他建议单独处理这一假设。第三，对于哪些变量应该作为数据（参数），哪些变量应该用理论来解释，并无明确的规则。传统上，经济学家把他们认为无法解释的因素作为数据，例如"偏好、技术、政府架构和制度框架"[16]，但这么做并无任何基础。系统可以像理论家希望的那样宽泛，也可以像理论家希望的那样狭窄。萨缪尔森对此的解释是，尽管政府政策可能是许多经济问题的参数之一，但理解商业周期可能需要一个解释政府政策的理论。在这样的理论中，政府支出将是一个需要解释的变量，而不是一个参数。这样的系统不必用数学来描述，因为任何系统都可以用这样的术语来描述；但是用数学来描述它是有用的，因为如果不能用数学来描述，那么"就必须以怀疑的眼光来看待它，因为它是模糊的"。[17]

在这一章的其余部分，萨缪尔森把这些论点转化为数学——他的副标题只是"象征性的陈述"。他以变量、参数和函数关系的形式提出论点，并未具体说明任何经济内容。通过将分析保持在高度抽象的层面，他提出了一种可以应用于任何经济问题的方法，他的论点的一个重要部分是："正是因为理论经济学没有把自己局限于特定的狭隘函数类型，所以它才能够在其最初的构想中获得广泛的普遍性"。[18] 然而，他声称，他写下的方程并非完全没有内容，因为他是从一组描述均衡的方程开始的。然后，他对这些方程进行处理，推导出每个变量都是参数的函数的方程。①

既然他的两组方程是等价的，为什么不省略第一步呢？为什么不省略均衡的讨论，直接从变量和参数之间的关系开始呢？例如，古斯塔夫·卡塞尔（迪雷克托在他本科时就向他介绍过卡塞尔的一般均衡系统）认为从消费者效用最大化的假设（一个均衡的问题）出发是毫无意义的，相反，经济学家应该从假设消费者的需求函数出发，因为这就是我们所能观察到的。萨缪尔森的答案是，尽管两组方程可能是等价的，但这可能并不明显，其结果是"在心理意义上"它们的同一性（identity）可能并非无足轻重。[19]

更重要的是，变量和参数之间的关系是由一个均衡系统推导出来的，这一事实可能暗示了它们之间的某些关系。回到这个例子，消费者需求函数源于效用最大化的事实可能会对它们的形式提供一些可检验的限制，从而赋予它们意义。简单地说，对一种商品的需求取决于所有商品的价格，除非能对函数形式说些什么，否则其意义不大，而均衡假说或许能够做到这一点。接着，萨缪尔森展示了如何在这个高度抽象的框架中推

---

① 萨缪尔森从 n 个满足 $f^i(x_1, x_2, \cdots, x_n; d_1, \cdots, d_m) = 0$ 形式的方程开始，其中 $i = 1, \ldots, n$；x 是变量，d 是参数。这个等式可以改写成 $x^i = g^i(d_1, \ldots, d_m)$，其中 $i = 1, \ldots, n$。前者代表一组均衡条件，后者将每个变量作为系统参数的一个函数。

导出可检验的预测，然后通过两个简单的例子进行了研究：一个是税收的例子，其中只有一个感兴趣的变量；另一个是市场的例子，其中有两个感兴趣的变量。

这一章篇幅很短，涵盖了高度抽象的内容，但因为它概括了萨缪尔森论文中最重要的论点，我们有必要对此做出详细讨论：

（1）许多经济问题具有相同的结构，这种结构只有对具体问题的细节进行抽象才能呈现出来。

（2）当这样做了之后，数学方法（偏微分方程和矩阵代数）可以用来推导命题，这些命题对那些只局限于文字推理或更简单数学的人来说可能并不明显。

（3）假设一组方程是一个均衡系统，其本身可能足以提供关于变量和参数之间关系的信息。

（4）为了得到可检验的关系，不需要描述均衡，只需要分析它如何随参数变化而变化——进行比较静态分析。

萨缪尔森提出了一个关于如何进行经济学研究的论点，他认为，对经济学家来说，数学方法的使用是一种新的做法，它使长期坚持的经济理论具有了操作意义。鉴于他还把运筹学理论描述为有意义的，这不仅是一个经济学家可以使用数学方法的论点，也是一个他们应该这样做的论点。

萨缪尔森认为，即使个体行为可以按求解最大化问题分析，群体行为也不能用同样的方法来研究。[①] 鉴于此，对他而言重要的是均衡系统可

[①]　这和经济学家通常所说的加总问题有关：加总后的行为不一定和组成群体的个体行为相同。可以严格地证明，只有在非常特殊的情况下，群体行为才会是个体行为的放大版，而这种情况在现实世界很少能得到满足。例如，即使每一个体对某种商品的需求下降，该商品的价格也可能上涨；除非人们是同质化的，否则市场需求不一定会下降。

能有两种类型：均衡可能是行为最大化的结果，或者它们可能是动态系统中的静止点，在这个系统中，没有任何东西被最大化。他把后者推迟到论文的最后两章，从分析最大化入手，以题为"行为最大化理论"这一长长的章节开始。这显然和经济主体有意识地最大化某些事物的情况相关，例如，当企业选择生产利润最大化的产量时。消费者的情况也类似，当他们选择自己最喜欢的商品组合时，可以表示为序数效用函数的最大化。也可能存在虽然和有意识地最优化无关，但行为可以表示为求解最优化问题的情况。他用物理学做了一个类比：

> 在某些情况下，如我们稍后会看到的，把均衡条件表述为极值问题的均衡条件是可行的，尽管它显然不是一个个体行为最大化的例子。正如在经典力学中，可以把粒子的路径表示为使某些数量最大化（最小化）的路径，尽管粒子显然不是在有意识地或有目的地运动。[20]

萨缪尔森设想他的读者熟悉相关的物理学知识，因此并未提供任何例子。[①] 他认为，即使当经济学家们以其他理由为自己的理论辩护时，也是如此，例如，依赖边际生产率递减等貌似合理的规律，他们经常依赖一些隐含的潜在的最优化问题。因此，他可以主张，虽然一些问题需要对稳定性进行分析，但行为最大化理论可以在很大程度上（尽管不是全部）统一经济理论。

萨缪尔森在第 3 章中对行为最大化的描述强调了以下三点。首先是

---

① 一个最简单的例子是悬链线 —— 悬在两个点之间的电缆的形状 —— 它可以计算使电缆势能最小化的路径。消费者的例子并不属于这一类，因为尽管消费者可能不会有意识地最大化任何东西，但他们的行为是有目的的。

萨缪尔森对他所谓的"广义勒夏特列原理"的讨论。[21] 这一原理是以法国化学家亨利·勒夏特列（Henry Le Chatelier）的名字命名的，他在 1884 年观察到，从一个处于均衡状态的化学系统开始，如果其中一个变量发生了变化，均衡就会发生变化，以抵消这种变化的影响。[①] 萨缪尔森从威尔逊那里学到，这个原理并非仅限于化学，而是一种普遍的数学关系——任何最大或最小系统的一种属性——因此，它可能也适用于经济学。[22] 在萨缪尔森的阐述中，该原理变成了这样一个定理：当一个系统处于最大值或最小值时，放松一种约束的效果会因附加约束的存在而降低。这是一个"广义"勒夏特列原理，因为它并未涉及化学均衡。[②] 要了解它对经济学的影响，不妨考虑一个雇用劳动力的企业的例子。如果工资率上升，企业可能会选择雇用更少的劳动力，因为它可能会选择使用机械化的生产方式。但如果企业无法使用最优数量的机器，就会削弱工资增长对劳动力需求的影响。这意味着如众所周知的那样，从长期来看当机器和其他生产要素的库存可以调整时，比在短期内当其他要素不能调整时，企业对劳动力的需求将更富有弹性（对工资率变化的反应更为迅速）。萨缪尔森的观点是，这和具体的经济论证无关——它只是假设企业处于均衡状态的结果，在这种均衡状态下，企业使某个目标函数取到最小化或最大化。

---

① 例如，考虑二氧化氮（NO_2）和四氧化二氮（N_2O_4）的混合物。如果什么都不变，这两种气体会达到一个均衡比；如果发生了变化，那么混合物也会变化，直到达到新的均衡。例如，如果通过加热向系统添加能量，二氧化氮的浓度就会增加，因为将四氧化二氮转化为二氧化氮会吸收能量。如果温度降低，这个反应就会逆过来。

② 萨缪尔森只定义了他的广义版本，他写道："由于它的表达公式几乎是形而上的含糊不清，后者的意义（勒夏特列原理的意义）经常受到质疑，它被用来同时涵盖各种现象。上面的公式（萨缪尔森的广义勒夏特列原理）解释了为什么体积在温度恒定时随着给定的压强变化的变化，比保持熵恒定且温度可根据均衡条件变化时更大。"参见萨缪尔森（1940a，第 43 页，脚注 12）。

其次，萨缪尔森强调了威尔逊所坚持的有限变化的重要性。用微分学来分析无穷小的变化非常有用，在数学上也很方便。然而，现实问题总是和有限变化相关，考虑无穷小的变化只有在它提供有限变化的信息时才有用。有限的变化是根本，这和均衡条件最一般化的表述通常涉及不等式而非等式有关。

最后，萨缪尔森认为，尽管许多经济问题看起来可能不涉及最大化或最小化问题，但可以重新表述为最大化或最小化问题。这是需求理论中著名的"可积性问题"（integrability problem）的一种变形，其所关注的是，在给定一组需求函数的情况下，有无可能将这些函数表示为某个效用函数最大化的结果。萨缪尔森再一次把一个特定的问题一般化，他认为重要的是关注一般数学问题的性质，而不是具体经济案例的细节。

静态经济理论

在这些方法论和数学基础上对如何研究经济学做了一番解释（几乎占了论文一半的篇幅）之后，萨缪尔森才转向实质性的经济问题。第一个问题是"成本和生产理论的全面重述"。这大概是关于生产理论的一篇文章的扩展，1938 年 12 月他在美国经济学会宣读这篇文章时，并没有给听众留下深刻的印象。[23] 也许正是对这次经历的回应，他首先解释了他所做的和现有经济理论相关的事情的重要性。萨缪尔森称："教科书上所讲的经济理论，通常已经被分割成松散的组成部分，如生产、价值和分配。"[24] 虽然这可能对教学有帮助，但其掩盖了这样一个事实：它们都是同一个问题的不同方面。考虑到生产的技术条件（投入和产出之间的关系），有可能将最大化公司利润的活动作为一个单独的问题来分析，包括对生产要素（劳动力、土地、资本品）的需求以及商品和服务的销售。萨缪尔森撇开了马歇尔去世后经济学家们就一直争论不休，同时也是他的老师张伯伦特别关注的问题。萨缪尔森指出，无论竞争是"不纯粹的"还是"纯粹的"，他的大部分研究结论都成立。他的方法可以处理任意数量的生产要素，他曾试图推导出与企业和生产理论有关的"所有可能的具有操作意义的定理"。

尽管大多数经济学家可能被这一断言的虚张声势所震惊，但对他们而言，萨缪尔森的论证的主要新奇之处应该是对矩阵和行列式的常规使用，这可能是他 1936 年夏天从威斯康星大学麦迪逊分校的玛格丽特·沃尔夫那里学来的。其中最重要的一段呼应了论文第 2 章关于考虑有限变化的重要性的观点：

> 令人好奇的是，许多经济学家陷入了逻辑混乱。经济分析的主要目的是解释一个最小值（或最大值）所处的位置，在这个位置上，朝任何方向进行有限的移动都是不值得的。现在，在所有函数都是连续的情况下，有可能通过确定微分系数的某些等式达到这个目的，这些等式（加上适当的辅助条件）将确保一些不等式对有限的移动成立。毫不夸张地说，无穷小量分析恰恰是从这类有限的应用中发展起来的。[25]

经济理论充满了边际条件，以至可以用它们来定义这门学科的内容，但经济学家们却忽略了他们的主要目标。例如，工资率必须等于边际劳动产量，或企业必须使生产达到价格等于边际成本的水平，这些命题只适用于函数是连续的情况。一般情况涉及不等式，此时传统理论中的等式成了一个特例。萨缪尔森不仅驳斥了大多数之前的理论，认为它们忽略了宏观整体，而且他表明，这个公式的优点在于，它既包含传统理论，又包含瓦西里·里昂惕夫的投入-产出模型的优点，他最早从里昂惕夫那里学到了许多他正在分析的经济理论。

萨缪尔森在关于消费者行为理论的三章内容中，大量引用了自己发表的有关这一主题的文章，他甚至对现有文献更加挑剔，称它们很少阐明重要问题。"文献中找不到""一个充分的理论阐述"，它能说清楚消费者理论的内容。[26]

正如杰里米·边沁（Jeremy Bentham）、亨利·西季威克（Henry Sidgwick）和弗朗西斯·埃奇沃思的功利主义理论一样，消费者理论已经取得了进步，逐渐远离道德判断；伴随着这种变化，人们不再把消费者行为视为具有心理甚或生理基础。萨缪尔森引用了艾伦·斯威齐的观点（如他在之前的文章中那样），认为许多经济学家已经得出整个消费者理论建立在循环推理基础上的结论：行为是由偏好来解释的，而偏好又是由行为来定义的。这是错误的，因为这一理论确实具有其含义："现代效用理论及其条件，在技术意义上并非毫无意义。这是一种对需求函数和价格-数量数据有明确限制的假说；在理想的可观察的条件下，它们可以被证伪或证实。"萨缪尔森继续对以往的学者进行了强烈批评：

> 人们应该认为，这些经验性的暗示是关注这些问题的理论家们的唯一目的。奇怪的是，手段和目的如此混乱，以至只有一小部分文献间接涉及这个问题，而且，在这方面，给出有效需求限制的文章寥寥无几。[27]

鉴于他可能把自己的一些文章也囊括进"寥寥无几"的文章中，这无异于对他的前辈们做了非常严厉的批评。①

---

①　当时他已经发表了6篇关于需求理论的文章。

当萨缪尔森转向"数学思想的进步"时，他叙述了效用函数使用的函数形式日益普遍的现象，以及帕累托认识到根本不需要效用函数。这里，他继续研究约翰·希克斯和罗伊·艾伦使用的无差异曲线图，认为没有理由把这些曲线整合到效用函数中，甚至序数效用函数的概念，也比所需要的更强。这就得出了以下结论：假设个人从他们所能负担的商品中选择最喜欢的组合就已足够。所有有意义的结果都可以从这个结论中得出。他指出，这并不意味着消费者的思维方式或他们在其他任何意义上的理性。萨缪尔森接着得出了具体的结果。和他之前的文章一样，他强调方程包含了所有之前消费者理论研究中发现的有效的、有意义的结果。

在接下来的两章中，根据自己的文章和为舒尔茨卷撰写的章节，他开始讨论一些特殊的主题，包括基本效用函数和每一种商品的效用仅依赖于对该商品的消费的函数，商品之间的互补性，边际收入效用的恒定性，以及消费者剩余（衡量由消费者面临的约束变化所引起的效用变化的指标）。这些章节无情地批评了以前的经济学家，可以看作是一种通过突破貌似复杂的理论问题，来证明他所提出方法的价值的实践。①

动态研究

这篇论文以两章关于动态问题的内容结束。萨缪尔森再次通过批评以前的经济学家切入讨论，他认为他们局限于对支配经济学的"规律"的争论，而没有研究这些规律的性质。如果只知道价格由供求关系决定而不知道它们的形状，"经济学家的确很容易受到这样的嘲讽：他不过是

---

① 马歇尔强调了他的研究和前人之间的连续性，这和萨缪尔森形成了鲜明的对比。

一只会说'供求关系'的鹦鹉"。[28] 萨缪尔森重申了自己在写下这句话之前提出的观点：尽管经济学家认为需求增加会抬高商品价格，但他们并未给出这种主张的依据。如果没有给供求曲线的参数赋值，就无法量化这类主张，尽管这样做既耗时费力又代价不菲。（萨缪尔森想必记起了他的芝大老师亨利·舒尔茨用过的统计实验室就是这么做的。）这意味着经济学家需要（在比较静态研究中）推导变量是否会随变化上升或下降的定性结果。他关于动态的第一章的目的在于表明，推导"比较静态的丰硕定理"和均衡的稳定性问题"密切相关"。

这个想法是威尔逊在回复萨缪尔森 1938 年年底写的一篇文章时向他建议的。[29] 威尔逊抱怨说，萨缪尔森的分析"在某些方面并不像威拉德·吉布斯所希望的那样普遍"。他告诉萨缪尔森，吉布斯过去常常强调"保持在稳定范围内"的重要性。威尔逊似乎是在告诉萨缪尔森，他没有正确说明优化的条件，这些条件和稳定性的条件息息相关。这对萨缪尔森的论点的意义在于，如果要解决一个优化问题，可以在不考虑稳定性的情况下得出比较静态结果。但是，在分析一个不涉及优化的系统时，做出稳定性假设以获得可比较的结果很有必要。①

威尔逊还提醒萨缪尔森，有必要考虑更一般的函数不是连续可微的情况，在这种情况下，函数可能存在奇异点或不连续性。② 威尔逊所说的是凸集的数学性质（一种比微分学更普遍的分析形式），20 世纪 50 年代，

---

① 威尔逊担心萨缪尔森并未正确地陈述二阶条件，一个最大值的二阶条件意味着稳定性。

② 威尔逊写道："他（吉布斯）并未使用导数，而是引入了一个条件，这相当于说他的函数必须在它的一侧，或者在它的切面上。他甚至没有假设存在一个确定的切面，他只是假设在曲面的每一点都可以画出一个平面，满足除这个点和一些完全在平面一边的其他点外，其他切面都在平面的另一边。"威尔逊接着说："我不清楚一个定理到底有多普遍，因为我从未像我应该做的那样仔细算过。"

当经济学家寻求一般均衡理论中更普遍的结果证明时，这种数学方法在经济学中日趋重要。威尔逊最后的建议是，萨缪尔森需要更好地解释自己的想法，"多一些文字内容，而非根据文字比例使用那么多的公式，可能会使整个阅读过程更加容易"。

　　萨缪尔森分三个阶段处理了比较静态结果的推导问题。鉴于现有文献对这一主题几乎没有明确论述，萨缪尔森首先必须定义动态和相关概念，比如均衡（这里具有一个不同的含义）。他定义了一个动态理论，它决定了从任意初始条件开始，所有变量将如何随时间变化。这把数学分析提到了一个更高的层次，因为它可以使用"微分、差分、混合微分差分、积分、积分微分和更一般的"方程组来建模。[30] 尽管其中的一些概念已为经济学家所熟悉，但萨缪尔森使用的数学语言在某种程度上也只有少数数理经济学家遇到过。在给出深受拉格纳·弗里希影响所定义的均衡后，萨缪尔森定义了两个有关稳定性的概念：一个变量可能不断地接近其均衡值（"第一类完美稳定性"），或者该变量的运动可能是有界的，这意味着它从未在均衡的某侧停留超过有限的时间间隔。这两种类型的稳定性，可以通过非常小的位移均衡，或更大的位移均衡来分析。同理，这些区别对处理这类问题的数学家来说并不陌生，但对大多数经济学家来说却是陌生的。他正迅速地从经济学转向数学。[①]

　　尽管萨缪尔森的讨论重点是第一类稳定性，但他指出"理论物理学中的任何传统动态系统都不具备第一类稳定性"，由此产生了第二类稳定性。由于他并未解释此处"传统"是指能量守恒的系统，几乎没有《经济学人》的读者能够理解这一点。一个引自乔治·伯克霍夫的脚注解释说，一个有摩擦的系统（能量以热量的形式消耗）可能具备第一类稳定

---

① 后文将讨论第二类稳定性的一个例子。

性。虽然萨缪尔森并未展开论述，但他在稳定的经济体系和摩擦之间做了一个类比，这意味着摩擦是确保经济体系稳定所必需的。

比较静态是萨缪尔森这篇论文的前面部分所提倡的方法，他认为它是一般动态分析的一个特例。尽管它可以从动态分析中抽象出来，如萨缪尔森在之前章节中所表明的，但考虑动态是很重要的。他从文献中举出一系列例子，并用动态模型的数学语言表述每个例子，来说明这一点。第一个例子是单一市场的供求关系，对于这类市场，经济学家通常认为，供给大于需求时，价格就会下降，需求大于供给时，价格就会上升。萨缪尔森把这表述为一个微分方程，然后通过对时间函数求解来得到价格。可以证明，此时的稳定性将取决于供求曲线的相对斜率。

萨缪尔森的第二个例子是对第一个例子的替代。他没有假设价格随供求差异变化，而是根据需求价格（消费者愿意支付的价格）是否高于或低于供给价格（生产者愿意继续生产一种商品所要求的价格）做出了"马歇尔式"的假设。①

第三个动态模型也出现在以前的文献中，尽管萨缪尔森没有引用任何资料来源，它涉及需求和供给对价格的反应是滞后的相关假设：它们取决于前一时期的价格。第四个模型对经济学家来说也是非常熟悉的，因为它和马歇尔分析国际贸易时使用的图表相吻合，而且它涉及各国根据它们实际进行的贸易和它们希望进行的贸易之间的差异，调整其贸易数量的问题。他的最后一个例子源自弗朗西斯·德雷施（Francis Dresch），1937 年德雷施在伯克利提交了他的数理经济学论文。与其他例子截然不同的是，这篇论文认为价格会随商品库存的增加而变化：如果生产商不

---

① 萨缪尔森指出，虽然这两种过程都与马歇尔和瓦尔拉斯有关，但这是一个历史性的错误。

能出售所有的商品，他们的库存就会增加，企业就会降低商品价格。

通过把最近出版的两本书中发现的动态分析应用于这个系统，萨缪尔森结束了他的章节。第一个是约翰·希克斯在《价值与资本》（1939b）一书中将单一市场的稳定性条件推广到多个市场的尝试。尽管希克斯推导出了稳定性条件，但他并没有从显式（explicit）动态系统中推导出它们。萨缪尔森利用他在论文前面部分使用的数学方法，以及那些仅仅和动态模型相关的方法，更严格地分析了稳定性，说明了为什么缺乏显式动态分析是希克斯的一个问题。第二个是凯恩斯主义体系，如米德、希克斯和兰格等人的阐述，它包括三个方程：消费函数、边际资本效率和流动性偏好表。

显然，这与萨缪尔森和汉森之前分析过的系统有关，不同之处在于，萨缪尔森没有把加速数纳入其中，因此更接近当时关于《通论》的连贯性和意义的争论问题。或许更重要的是，尽管它不是相同类型的供求体系，并且它源于商业周期而非"经济理论"，但萨缪尔森将凯恩斯体系视为类似于他论文中所讨论的其他市场体系：他得到了显式比较静态结果（这正是希克斯和其他人试图得到的结果类型）。在这个例子中，他最清楚地阐明了动态——关于一个稳定系统的假设——与作为经济理论目标的比较静态结果息息相关。

通过这些例子，萨缪尔森完成了很多事情。第一，他表明了动态过程隐含在熟悉的经济例子中，这意味着经济学家不能认为动态分析无关紧要。他们可能不会谈论显式动态系统，但他们仍然隐式地（implicitly）使用它们。第二，他举例说明了一些可供使用的不同类型的数学：微分方程、差分方程和积分方程。他其中的一个例子还说明了第二类稳定性，以及系统可能受到随机冲击的概念——它们可能"随机游走"。在随机游走中，变量不会收敛于任何均衡，它只是以给定的概率上下移动。例如，后来有人认为，股票价格是随机波动的：每一天，它们可能会上升或下降，当天的价格是第二天波动的起点。因此，尽管是偶然的，但如果一只股票价格连续几天上升，那么它可能和初始价值会有很大的偏离。这样一个系统可以被看作是稳定的，即使它不会收敛于任何值，但有一个确定的概率，即它不会从起点移动到超过一定的距离。[31]他的第三个主要观点（通过熟悉的例子）旨在表明，稳定性分析并非经济学家们可以忽略的深奥问题，它对得出比较静态结果很重要。正如他之前的章节中的论调，他在告诉经济学家们如何正确地做他们此前一直试图做却没有成功的事情。

萨缪尔森关于动态的第二个章节是第 9 章"动态理论的基础"，它进一步从经济学转向数学，引用的数学家比经济学家更频繁。他区分了"因果"系统（完全由初始条件决定）和"历史"系统（需要知道系统开始的历史日期）。他解释称，后者是不完整的因果系统。

因果系统的概念直接导致了对具体特性的分析：系统能否回到初始点，以及有无可能出现任何符合变量之间关系的模式。虽然这个论点高度抽象，但它使讨论经济学家们熟悉的问题成为可能，包括选择建模变量，以及一些变量比其他变量变化更慢的事实。动态分析也使萨缪尔森能够引入随机性（同样在他之前的一个例子中），并将经济理论和计量经济学（这个术语最终被人们所理解）联系起来。他提供了一个把经济均衡描述为"简单的统计拟合趋势"的理由，这意味着以亨利·勒德威尔·穆尔和亨利·舒尔茨为代表的需求函数估算方法可能具有严格的理论依据。[①]

---

① 他在这一章中引用到了穆尔（萨缪尔森，1940a，第 233 页），在论文的前面也引用到了他的老师舒尔茨。

经济学家不难理解静态均衡的概念，但萨缪尔森认为，存在一种可以从移动均衡（moving equilibria）的角度思考的情况——均衡是随时间变化的。他引用洛特卡的《物理生物学基础》（1925）指出，供求的动态均衡"本质上和经历缓慢变化的生物系统或化学系统的运动均衡相一致"。[32] 尽管一些经济学家（例如弗里希）对这类观点没有任何疑问，但它和大多数经济学家的思考相去甚远。如我们已经解释的那样，他正从经济学转向数学和物理学系统的一般领域，勾勒着经济分析可能的发展方向。①

哈佛大学论文

尽管在提交论文时萨缪尔森已经成为麻省理工学院的助理教授，但正如他本人所指出的，这实际上是一篇哈佛论文。的确，一篇类似于此的论文在提交之前的最后几周内，不可能从根本上进行修改。[33] 但是，说它是一篇哈佛论文具有更深层次的意义。如萨缪尔森反复说的，他的导师是威尔逊，是威尔逊在不断地指导他。这篇论文的第一部分关于消费者理论，涉及解决威尔逊自己讨论过的问题。正是威尔逊的鼓励，激发了萨缪尔森对物理学类比的关注，尤其是热力学和勒夏特列原理，另外还有生物学，尽管这方面他可能引用了洛特卡的理论，但威尔逊对这些主题的兴趣也从未消退。

但是，威尔逊并非唯一影响了这篇论文的人。在萨缪尔森正使之系统化的理论领域，熊彼特、里昂惕夫和哈伯勒等人都是哈佛大学的核心

---

① 绝大多数经济学仍以静态均衡的相关概念作为分析基础。例如，直到20世纪七八十年代，萨缪尔森在这一章讨论的动态随机均衡的相关概念才成为宏观经济建模的核心。

专家。熊彼特可能缺乏里昂惕夫（更不用说威尔逊）的数学技能，但他是一名数理经济学的狂热者，尽管他自己的研究把他带到了一个更具历史意义的方向上，但萨缪尔森的《经济分析基础》可以被视为熊彼特所推崇的瓦尔拉斯数学理论的延伸，仅凭熊彼特一己之力是不可能实现的。尽管除了在讨论动态时几乎偶尔才会提到一些内容外，这篇文章基本没有涉及商业周期理论，但萨缪尔森和汉森的研究仍在论文后半部分有所呼应。和他同时代人的讨论同样意义重大，他们更难一一列举。

这是一篇哈佛论文，还因为它是哈佛大学"间隙学院"的产物，间隙学院活跃的学术空间是在既定学科之外产生的，最重要的便是和"操作主义"一词的提出者布里奇曼相关的研究员协会。萨缪尔森所引用的权威作者，反映了研究员协会的跨学科研究氛围。尽管论文并未引用到劳伦斯·亨德森，但正如萨缪尔森后来在修订论文准备出版时指出的那样，他自己关于均衡的讨论和亨德森在他担任初级研究员的三年中经常谈到的一些观点遥相呼应。这和亨德森对帕累托的兴趣大不相同，萨缪尔森大大扩展了帕累托的经济均衡理论。在这篇论文出版成书时，亨德森的《自然秩序》（*The Order of Nature*）是第一批被引用的著作之一。[34] 萨缪尔森的朋友、化学家 E. 布莱特·威尔逊（另一名初级研究员，注意不要把他和萨缪尔森的导师弄混了），应该已经同他讨论过物理学类比（萨缪尔森非常重视的勒夏特列原理是在化学反应的背景下推导出来的）。[35] 在论文最后一章中，最重要的、引用最多的权威人物也许是高级研究员乔治·伯克霍夫，他提出了最普遍的也可以说是最基本的理论。即使萨缪尔森没有去参加（尽管他很可能去参加了）他的微分方程讲座，他们还是保持着密切联系。

当然，萨缪尔森的思想并非全部来自哈佛。他可能在消费者理论方面对弗里希持批评态度，但当涉及均衡和动态的讨论时，弗里希是和他关系最密切的经济学家，萨缪尔森采纳了弗里希的一些概念。萨缪尔森在一篇以希克斯和艾伦的文章为中心的文献中，提出了自己关于消费者理论的观点。这篇文章表明，在1939年希克斯的《价值与资本》出版之前，萨缪尔森的思想已经基本成形，但他还是认真研究了这本书，尤其是在讨论动态问题时，他对待希克斯的方式同他对待其他权威人士一样：作为一名经济学家，他的研究需要建立在更严谨的基础上。

《经济分析基础》是根据萨缪尔森研究生和初级研究员时发过的一些期刊文章，在几个月内仓促写成的。但是，它远不是这些文章的汇编。它提出了一种新的经济学方法，以某些类型的数学分析作为核心。7年后当它作为一本专著出版时，它开始成为许多经济理论的研究典范。[1] 比较静态结果的推导通常会使用萨缪尔森所开创的数学方法，将成为一种标准惯例。他的动态内容章节亦然，尽管人们对他这部分所探讨的一些方法（特别是动态随机均衡）的接受过程更长。经济学家不仅把这本书作为经济分析的参考书，而且把它作为他们使用数学方法的入门书。然而，尽管他继续研究这些问题，修订手稿以供出版，并且撰写有关动态理论的新文章，但他很快就将离开哈佛。一则是他离开了哈佛，二则是美国加入了"二战"，他的职业生涯也就发生了剧烈变化。这名数理经济学专家将成为凯恩斯主义思想发展的领军人物，他将成为一名经济学家，整整一代学生被他引领入经济学。我们这本传记的下一部分将考察这种变化是如何发生的。可以毫不夸张地说，在他从哈佛搬到麻省理工学院之后，一切都以这样或那样的方式发生了。

---

[1] 本书第22章将讲述从论文到成书的过程。

第 15 章

离开哈佛

麻省理工学院的聘用邀请

在哈佛期间，萨缪尔森一直被视作数理经济学方面的专家，但他发现很难获得永久的学术教职，因为这个领域的职位很少。[1] 威尔逊一直在努力为他寻找可能的职位空缺。在给加州大学伯克利分校数学系 C. 格里菲思·埃文斯（C. Griffith Evans）的信中，威尔逊对萨缪尔森大加称赞，他说萨缪尔森替他做了两次"异常明晰"的演讲，还娶了"一名超棒的女经济学家"。威尔逊写道：

> 现在，如何安置萨缪尔森的问题变得棘手起来，因为没有多少人对数理经济学感兴趣。此外，在我看来，萨缪尔森更像是一名数学家，而非一名经济学家。他倾向于研究方程组，而非没有方程组的文字表达形式。虽然他在数学方面受过很好的训练，能够完全掌握他所需要的数学知识，但他并非大多数数学系所定义的术语意义上的数学家，正如他也不是大多数经济系所定义的术语意义上的经济学家。我怀疑他能否用目前使用的任何标准教科书，成功地教授本科生经济学。[2]

　　萨缪尔森是一个聪明的学生，但那时的他并不适合任何学科范畴。威尔逊认为埃文斯可能会对萨缪尔森感兴趣的原因是，伯克利分校正在组建一个涵盖广泛应用数学的院系，而萨缪尔森既可以从事数理经济学研究，也能够胜任常规的数学教学。埃文斯回复说，他们已经在教数理经济学，这个领域暂无职位空缺。[3] 因此，1939 年 12 月初，当萨缪尔森收到麻省理工学院副教授哈罗德·弗里曼（Harold Freeman，他和萨缪尔森在 1936—1938 年是同学）的来信，询问他是否对某一职位感兴趣和可以接受的条件时，他欣然抓住了这个机会。[4] 麻省理工学院是威尔逊认为适合萨缪尔森的地方，因为该校要求所有学生都必须学习数学，他甚至可以在教授经济学基础时这么做。

　　弗里曼告诉萨缪尔森，负责教经济理论和商业周期理论的教授病了，可能需要"休息"，这解释了为什么萨缪尔森回复说，他近来对商业周期理论颇感兴趣，并且和汉森一直在利陶尔中心共事。[①] 萨缪尔森解释说，他的初级研究员职位将在学年末结束，他很有兴趣探索"哈佛和其他地方"对他开放的所有选择，并建议他们安排一次面试。然而，麻省理工学院的邀请并未成行。1940 年 6 月 19 日，哈佛决定向萨缪尔森提供为期一年的"经济系讲师和经济系辅导员"职位。1940 年 9 月 1 日，他开始了在哈佛的教学生涯，年薪 2500 美元。

　　随着战争事态的迅速发展，当时，一些麻省理工学院的教员因国防目的被征用，经济系亟须聘请一名教师。哈罗德·弗里曼说服了麻省理工学院经济系主任拉尔夫·弗里曼（Ralph Freeman）[②]，称萨缪尔森将是一个极佳人选：他不仅是一名优秀学者，而且善于同他人合作。当拉尔夫·弗

---

① 萨缪尔森的经济理论专长从他的文章中可见一斑，所以他大概没必要提到这一点。

② 拉尔夫·弗里曼和哈罗德·弗里曼并无亲缘关系。

里曼问及萨缪尔森是否是一名合作伙伴时，哈罗德·弗里曼回答："如果不是，他怎会与人合作撰写研究文章呢？"这一观点的基础是萨缪尔森和拉斯·尼克松共同撰写的文章。[5]

这是萨缪尔森职业生涯第一次，但远非最后一次，受到军事形势的重大影响。拉尔夫·弗里曼为了表现得体，便联系了爱德华·张伯伦——当时张伯伦已取代伯班克成为哈佛经济系系主任——请他允许自己向萨缪尔森发出邀请。毫无疑问，拉尔夫·弗里曼还解释了麻省理工学院是迫于为战时准备的紧急状态才这么做的。尽管这是一个张伯伦无法婉拒的请求，但他还是把它提交给了经济系执行委员会，委员会于 10 月 2 日召开了会议。

委员会午餐时间议程上的最后一项只是简单写着"萨缪尔森"。他们讨论了拉尔夫·弗里曼的请求，并提出立即推荐萨缪尔森担任 5 年讲师的建议。熊彼特公然威胁说，如果萨缪尔森得不到聘用邀请，他自己就辞职，尽管如此，系里还是没有向萨缪尔森发出聘用邀请，于是张伯伦接受了拉尔夫·弗里曼的请求。[6] 10 月 10 日，麻省理工学院院长卡尔·康普顿正式向萨缪尔森提供了助理教授职位，年薪 3000 美元。[7]萨缪尔森决定接受聘用邀请，并在新学年开始几周后立即搬家。

为了理解萨缪尔森这次从哈佛到麻省理工学院的意义，有必要说明一点，哈佛大学和芝加哥大学一样拥有美国领先的经济学院系，那里网罗了张伯伦、熊彼特、汉森、威廉姆斯和哈伯勒等在各自领域的公认权威人物，以及威尔逊和里昂惕夫（当时还很年轻，不久前刚开启使他声名卓著的研究项目）等在萨缪尔森曾追求的水平上致力于数理经济学的人。即便是萨缪尔森不太敬重的人，如克拉姆和弗里基，也在积极从事研究。萨缪尔森在哈佛就读期间的研究生名单，读起来就像是战后经济学研究的荣誉榜。相比之下，麻省理工学院仅设有一个经济学与社会科学系，研究重点是产业关系领域，主要职能是为自然科学和工程专业的学生提供服务性教学，该系一半的教学资源都投入到一门经济学课程，这门课几乎是全校所有学生的必修课。麻省理工学院甚至没有经济学研究生课程。如果萨缪尔森搬到麻省理工学院，尽管他只是搬了两英里，但他将加入的系明显不具备哈佛的优势（虽然哈佛也有许多缺点）。

回过头看，哈佛决定不给萨缪尔森提供同麻省理工学院相当的条件，似乎是一个巨大的失算。同样令人困惑的是，考虑到两个院系之间的巨大差距，萨缪尔森为何在有机会留在哈佛时选择了离开。有人认为，这两个问题的答案是当时哈佛盛行的反犹太主义。也有人认为，萨缪尔森的一些哈佛老师对一个比他们更聪明的人抱有偏见，何况他还是一名凯恩斯主义者。萨缪尔森在麻省理工学院多年的同事罗伯特·索洛20世纪40年代曾在哈佛工作，他表示，哈佛对犹太人、凯恩斯主义者和非常聪明的人抱有偏见，因此萨缪尔森在那里没有机会。[8]事实证明，尽管有相当多的证据支持这一观点，但故事却更为复杂。

威尔逊与麻省理工学院一事

故事中的一个重要因素和埃德温·比德韦尔·威尔逊有关。10月3日，即执行委员会开完会的第二天，威尔逊写信给萨缪尔森，告诉萨缪尔森必须做出决定。在表明他不想替萨缪尔森做决定后，威尔逊把萨缪尔森的处境和自己早年的职业生涯做了清晰对比。威尔逊在耶鲁大学的第一年，就收到了麻省理工学院的聘用邀请，"尽管耶鲁的许多人不明白我为什么无论如何都要从耶鲁转到麻省理工学院，我在耶鲁也很开心，那里的社交环境可能比麻省理工学院还好"，但他从未后悔自己离开的决定。[9]威尔逊现在可能是在哈佛，但他很清楚当年为去麻省理工学院而放弃常春藤盟校一个颇有价值的职位是何滋味，而且尽管他的抉择很困难，但他毫不怀疑这是正确的。威尔逊曾担任麻省理工学院联席院长三年，他换了一种麻省理工学院内部人的语气，称他对"技术"经济学有过很多思考。在弗朗西斯·A. 沃克——美国经济学会第一任主席，同时也是麻省理工学院 1881—1897 年的院长——去世后，经济学并未得到应有的支持。特别是，经济学的数学和统计方面还未发展起来：麻省理工学院的教员未能充分利用这一事实，因为它是一所工程院校，学生都被要求学习两年数学、物理和化学，其中许多人都学过应用力学和热力学（威尔逊曾和萨缪尔森详细讨论过这个问题）。如果萨缪尔森去麻省理工学院，他可以利用那里的条件。

意识到萨缪尔森可能会觉得离开一个有数理经济学家在的系很难，威尔逊在信中写到了自己在麻省理工学院时发生的转变。尽管他曾认为麻省理工学院的数学系会把他带入"完全黑暗的数学"，但它已经发展成美国最好的研究院系之一。这是它聘任了一群有能力的年轻人的结果。虽然威尔逊不能确定如果萨缪尔森去麻省理工学院，这种事是否会发生在经济系，但他指出，"如果他们能招募到你，他们的起点就会很高"。

随后，威尔逊又帮萨缪尔森分析了一下他在麻省理工和哈佛的前景。威尔逊认为，萨缪尔森很有可能在麻省理工获得一个终身教职，而拥有教授头衔也会使他更容易在其他地方获得教职。相比之下，萨缪尔森能否在哈佛获得终身教职存在很大的不确定性，最近的决定使年轻人很难获得终身教职，哈佛有很多经济理论家（这和哈佛的教学要求有关），但其他领域的人才短缺严重，例如农业经济学。另一方面，萨缪尔森很享受在哈佛的生活，威尔逊认为他很有可能在下一年获得一个 5 年的讲师职位。他的经济理论知识使他有望发展其他的经济学分支，从而增加他的晋升机会。两个方面的考量各有利弊，但去麻省理工的决定更占优。10 月 9 日，萨缪尔森回复说："考虑到系里的年龄分布和构成，以及对方学院颇具吸引力的条件，它（接受麻省理工的聘请）似乎是更好的选择"。[10]

10月14日，威尔逊再次写信给萨缪尔森。既然萨缪尔森已经下定决心，威尔逊的语气就变了，他比前一封信更清楚地解释了为何他认为萨缪尔森的决定是正确的。他展望了萨缪尔森的流动可以给麻省理工和哈佛双方带来的好处。这封信需要详细引述，以表明他对该问题的思考有多深：

> 马萨诸塞州的剑桥是世界上学习数学最好的地方之一，因为这里有两个极好的数学系，一个在哈佛，另一个在麻省理工，这两个系加起来可能比其他任何一个地方都强。新泽西州的普林斯顿可能是个例外，在普林斯顿大学有一个很好的数学系，高等研究院把大量精力集中在数学方面。同样，自从麻省理工学院创建了一个大型物理学研究部门以来，剑桥就成了一个极棒的物理学研究中心。许久许久以来，哈佛一直拥有一个很好的经济学系。当我1907年来到麻省理工时，剑桥是一个学习地质学的好地方，因为哈佛和麻省理工都有很强的地质学系。恐怕从那时起，麻省理工已经开始走下坡路。贾格尔（Jagger）去了夏威夷，戴利（Daly）来了哈佛，我认为继任者并未能让这个系向前推进。
>
> 这三个系的环境和教员所面临的问题存在足够大的差异，因此，如果该系的规模与两个系合并后的规模相同，且另一所学校没有这个系，那么合并后的院系覆盖的范围毫无疑问比任何一所学校都要广。
>
> 现在我看不出有任何理由不在麻省理工经济系和哈佛经济系（不论是在剑桥还是在哈佛商学院）之间建立某种友好关系，就像30年前地质学系以及两校的物理系之间一样（我想它应该会持续下去）。在我看来，很明显，麻省理工的经济学因为处在理工学院中，会比在剑桥更接近实际应用问题，尽管也许不及哈佛商学院。麻省

理工对哈佛或哈佛对麻省理工都没有太大影响的一个原因是，麻省理工的经济学系相当薄弱。长期以来，物理系很薄弱，只忙于教学和相当低端的实践研究。很长一段时间里，在数学方面没有一项值得称道的研究。我认为，你去麻省理工的好处之一不仅是它的经济学系在理论方面会得到极大加强，而且你有机会在某些类型的应用中扩大自己的研究范围，此外，这一任命可能只是跨校院系之间真正利益联动的开始。[11]

因此，威尔逊向萨缪尔森保证，他做出去麻省理工学院的决定是正确的，不仅是为了他自己，也是为了哈佛。去麻省理工学院会把萨缪尔森的研究推到新的方向——它仍然是一所工程学校，而由于有两个强大却不同的系所产生的协同效应，剑桥的经济学将比萨缪尔森留在哈佛且麻省理工学院继续保持弱势时更为强大。

哈佛的反犹太主义

关于萨缪尔森离开哈佛，最广泛的解释是反犹太主义。哈佛大学存在反犹太主义是毋庸置疑的。[12] 在萨缪尔森搬到麻省理工学院之前，一份关于人事问题的报告就认真对待了这个问题：在声明"对学术界，没有比它的任何成员都只能通过种族或宗教歧视来妥协由来已久的教育和学术标准更糟糕"之后，报告指出，"根据委员会的调查问卷自愿提出的意见表明，某些部门可能存在歧视"。[13] 9名初级教员提出了这一问题，称在三个系部存在歧视，一名教员表示，"种族偏见根深蒂固，它被认为是理所当然的，除了在特别恶劣的情况下，没有人会注意到这一点"。[14] 在调查这个问题时，委员会似乎被告知一些教员反对任命犹太教师，因为本科生不能接受他们。委员会认为，这种担心被夸大了，在任何情况下它都应受到挑战，学校应致力于使学生们摆脱这种偏见。

反犹太偏见如此"根深蒂固"的一个主要原因是，哈佛在 20 世纪初的使命是培养新英格兰社会的婆罗门教徒，即那些将继续占据权力和影响力的新教徒精英。哈佛大学有 40% 的学生来自马萨诸塞州，47.3% 的学生来自年收入超过 7500 美元的家庭，而全国的家庭平均收入水平为 1.5%。[15]除了严谨求学的学生外，还有大量"轻佻的交际型学生"，他们等候取得一个"绅士 C"的成绩，尽管他们缺乏学术能力，但他们对哈佛很重要。[16]但是，哈佛大学招收的学生不仅有合适的社会阶层，还要有"性格"，通常以运动能力为代表。在这方面，哈佛与耶鲁和普林斯顿的竞争非常激烈，特别是，1933 年上任的詹姆斯·布赖恩特·科南特校长试图提高学术水平，作为他努力提高这所大学学术地位的一部分。出于这个原因，哈佛实行了一个限制犹太学生数量的配额。传统上，没有必要歧视犹太人，因为他们的人数很少，但 20 世纪 20 年代德国和东欧犹太人的涌入给美国社会结构带来了威胁。哈佛大学的问题是，如果犹太人数量上升得太高——哥伦比亚大学的犹太学生数量上升到了 40%——富有的新英格兰人可能会选择去普林斯顿或耶鲁，这两所大学的犹太学生明显少于哈佛。

科南特试图招募学术明星，他的公开声明预示了现代大学的做法，即基于成绩而非宗教或种族出身录取学生。但是，如卡拉贝尔（Karabel）所记载的那样，科南特延续了前任的政策，即通过任命一位自称在私立学校处理过"犹太人问题"的人担任招生委员会主任，来支持上层学生。[17]基于"性格"和"领导能力"等的准入因素，既可以让歧视继续下去，也不会招致尴尬的外部审查。[18]这些标准允许他们接纳那些社会上可以接受的犹太人，作为潜在的捐赠者，他们不想冒犯这些人。早在 1940 年，哈佛大学艾略特学院院长就曾写信给他的同事，询问他们将如何处理"犹太人问题",他认为自己学院犹太人的数量占比高达 40%,并且在他们本该不超过 20% 的情况下持续增加。[19] 经济系里也有犹太人,但外界压力要求对此隐而不宣。长期担任系主任的弗兰克·陶西格在萨缪尔森到来之前刚退休,他的父母是犹太人,但他的家庭来自德国,而不是东欧。1892 年他被任命时,犹太人问题尚未变得如此突出。里昂惕夫的母亲是犹太人,虽然人们后来才知道这一点。[20] 西摩·哈里斯出生于金斯堡,也是犹太人,虽然他最终在 1948 年获得终身教职,但这是他被任命为教员 26 年后的事了。

就不愿称自己的决定被同事的偏见所定义而言,萨缪尔森在其职业生涯的大部分时间都在贬低哈佛的这一方面,甚至否认它的重要性。他指出,和其他非犹太人一样,他去麻省理工学院仅仅是因为他得到了一份更好的工作。[①] 他退休后才更公开地谈论反犹太主义。1989 年 9 月,萨缪尔森在和他长期的网球伙伴亨利·罗索夫斯基(Henry Rosovsky,在哈佛挑战反犹太主义方面发挥了重要作用)的一次谈话中表示,他认为哈佛大学经济学家爱德华·梅森被指控为反犹太主义者是不公平的,梅森在战时将犹太人招募到战略服务办公室(Office of Strategic Services)标志着一个转折点。他接着提供了一份"不光彩名单",如图 15-1 所示,哈佛大学的系部成员被按照反犹太偏见的顺序排列。位居榜首的是哈罗德·赫钦斯·伯班克,他在 20 世纪 20 年代末至 1938 年间担任系主任,其次是爱德华·张伯伦、约翰·威廉姆斯、约翰·布莱克和伦纳德·克拉姆。在最下面的是无辜的梅森、戈特弗里德·哈伯勒和阿尔文·汉森。位于名单

---

① 甚至在给罗索夫斯基去信之后的几年里,萨缪尔森在一篇文章中还明确表示了对伯班克的蔑视,萨缪尔森说他选择去麻省理工"并无恶意"(萨缪尔森,1998c,p.1377)。他只是在提到他的"新教徒妻子"时做了暗示(这很容易暗示他是罗马天主教徒,也很容易暗示他是犹太人),"并无恶意"指的是对经济理论的偏见。

中间位置的是威尔逊和熊彼特。罗索夫斯基的回信清楚地表明，他们两人都意识到这封信将成为他们档案的一部分，并最终被历史学家读到，但这还需要相当长的时间。[①]

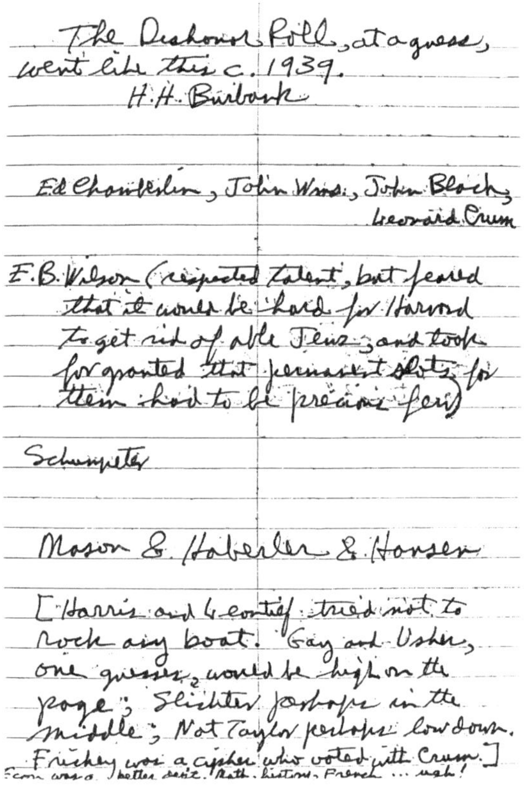
The Dishonor Roll, at a guess, went like this c. 1939.
H.H. Burbank

Ed Chamberlin, John Wms., John Black, Leonard Crum

E.B. Wilson (respected talent, but feared that it would be hard for Harvard to get rid of able Jews, and took for granted that permanent slots for them had to be precious few)

Schumpeter

Mason & Haberler & Hansen

[Harris and Leontief tried not to rock any boat. Gay and Usher, one guesses, would be high on the page; Slichter perhaps in the middle; Not Taylor perhaps low down. Frickey was a cipher who voted with Crum.]

图 15–1　萨缪尔森给亨利 · 罗索夫斯基的信

注：最底下那行是“经济系是更好的系。数学、历史、法语……呸！”

资料来源：萨缪尔森，1989 年 9 月 26 日，给亨利 · 罗索夫斯基的一封信

① 这封信不同寻常地同时以“罗索夫斯基”和“M”（指梅森）两种名称归档，这可能具有重要意义。如果是萨缪尔森而非他的秘书负责归档，也许反映了他对这封信不应意外丢失的担忧。

萨缪尔森承诺为马克·珀尔曼（Mark Perlman）的《纪念文集》（*Fests-chrift*）写一篇关于反犹太主义的文章。珀尔曼虽然比萨缪尔森小8岁，但也经历了公开的反犹太主义，他的父亲塞利格·珀尔曼（Selig Perlman）是一位杰出的劳动经济学家，还是"发现"汉森的经济学家，也经历了反犹太主义，当时学院里的犹太人甚至更少。[21] 马克·珀尔曼在1976年发表了一篇关于犹太人对经济贡献的文章，这非同寻常，鉴于珀尔曼和萨缪尔森一样能生动地回顾和叙述过去的事情，他们想必分享了各自的经历。[22] 在这一章中，萨缪尔森把重点放在了系主任哈罗德·赫钦斯·伯班克身上，他以毫不妥协的方式评价了这个人。[①]

伯班克乐于容忍愚人，但对犹太人却不会。在重大的系内任命上，他可以依靠几乎大多数的亲信。在较低级别的任命中，他有绝对的权力。我得到了社会科学研究委员会和哈佛研究员协会的大力支持，像威廉·特尔（Willian Tell）一样，我觉得没有必要讨好他。但这并未阻止伯班克对我发出忠告："萨缪尔森，你太狭隘了。凯恩斯和霍特里（Hawtrey）也是狭隘的。不到50岁，不要碰经济学。这是我们伟大的阿林·扬以前常说的。"唉，我已经失去了耐心，我渴望变得更加狭隘；而且，扬去世很早，就在他和伟大相遇之前……我一直都是个争分夺秒的年轻人。

面对众多令人讨厌的人才，H. H. B（伯班克）解决了自己的困境，把他们中最好的人限制在伦纳德·克拉姆及其助手埃德温·弗里基领导下的统计和会计助理的小圈子里。伯班克对有天

① 值得注意的是，萨缪尔森刚到哈佛时的傲慢态度显然不会让他受到伯班克的喜爱，参见本书第6章。

赋者的厌恶几乎到了极点，诸如 R.A. 戈登、艾布拉姆·柏格森、乔·贝恩和劳埃德·梅茨勒等杰出人物，均未能幸免。梅茨勒是一个来自堪萨斯州的男孩，他的名字听起来像德国人，曾与玛丽昂·克劳福德唱过赞美诗二重唱比如"耶稣命我作他光亮"。但正如前面所说，一个反犹太人可以嗅出进入房间的 6 个犹太人中的最后 9 个。① 23

伯班克不急于给萨缪尔森的事业提供帮助的佐证，来自他和威尔逊的通信。1939 年 5 月，威尔逊写信给伯班克，解释说尽管萨缪尔森拥有一流的头脑，但很难在学术上占据一席之地。问题在于，萨缪尔森作为一名统计学家不如作为一名数理经济学家好，因此，考虑到数理经济学的职位空缺太少，他获得教职的唯一希望是把自己推销成一名好的经济学教师。

威尔逊最后根据自己的经验写道，萨缪尔森应该对自己教授初级经济学的职位感到高兴，因为在从事自己的研究工作的同时，这个职位不会像更高级教学职位那样占用他的时间。威尔逊指出，伯班克已经错失一大批教授本科生入门课程 Ec. A 的教师，因此建议他留住萨缪尔森并给其安排一些差等生，威尔逊告诉伯班克："应该把萨缪尔森推上老师位置，因为数理经济学的教师职位实在太少。看一看他能否使自己成为一名好老师，即使是对于差等生。"24 负责教 Ec.A 的部分课程，可以让萨缪尔森证明他能教不擅长数学的学生，这是他一直没有机会做的事。如果伯班克同意这样做，威尔逊将做好教学和研究员

---

① 注意这个名单中包含了犹太人和非犹太人。萨缪尔森企图将伯班克描绘成一个蠢材和偏执狂。这 4 名经济学家都有卓越的学术生涯。

协会之间的协调。

尽管威尔逊为一名即将结束哈佛四年学业的学生做了激烈辩护，并暗示伯班克提供一个对许多学生来说不具吸引力的职位邀请，但是伯班克还是为推迟采取行动找到了借口，即使他接受了威尔逊的核心观点：

> 萨缪尔森确实是一个问题。我想我们迟早会聘任他。无论如何，对他来说最好的位置是 Ec. A，但不管我对明年是否能够解决他的问题表示怀疑，我将发现有必要设法聘请至少一打新人，再加上萨缪尔森的特殊问题，这个棘手的名单比我想要面对的多得多。我同意你的观点，他不太可能在严格的数理经济学中找到一份教职。他必须使自己具备从事一般性研究的能力。[25]

伯班克拒绝接受威尔逊的请求，并强烈暗示了没有明确说明的动机。结果是，在 1940 年之前，萨缪尔森唯一的教学经验是统计学，它被哈佛大学反犹太主义者认为是一门"犹太"学科。[26]

正如萨缪尔森写给罗索夫斯基的信所表明的，他对反犹太主义的看法并不局限于伯班克，甚至那些强烈支持萨缪尔森的教员在某种程度上也是同谋。萨缪尔森回忆了 1950 年熊彼特去世时，其助手阿尔弗雷德·康拉德（Alfred Conrad）在去参加葬礼的路上告诉他的一个故事：

> 阿尔弗雷德：熊彼特教授，您觉得尼古拉斯·卡尔多怎么样？
>
> 乔（熊彼特）：哦，这些亚洲人。他们只是早熟的花朵。
>
> 阿尔弗雷德：我很困惑。您是指卡尔多的匈牙利马札尔人的血统吗？
>
> 乔：亲爱的阿尔弗雷德，我说话的方式是为了节省你的感情。

这是我对卡尔多的马札尔祖先的委婉描述。[27]

就像萨缪尔森明确指出的那样，尽管熊彼特和其他许多著名经济学家都认为存在基于种族的性格差异，但在为欧洲犹太移民经济学家安排学术职位上，他做得可能比任何人都多。[28]

熊彼特的复杂态度在他和挪威经济学家拉格纳·弗里希的交流中表现得更明显。1932 年，熊彼特写信给弗里希，质疑雅各布·马尔沙克是否适合成为计量经济学会的一员。熊彼特称，马尔沙克"显然是在努力创造一个大多数由某种肤色组成的德裔朋友圈子"。[29] 为了回应弗里希关于自己必定会反对马尔沙克的社会主义的推断，熊彼特在 12 月 3 日的回信中详细解释了自己的立场：

> 你冤枉我了。我不会狭隘到因为他是一个社会主义者或其他什么人而反对任何人。如果我确实有把政治观点考虑在内，我应该非常赞成把社会主义者囊括进我们的伙伴名单中。事实上，我认为这样做是一个好办法。我不是，也从未是一个反犹太主义者。马尔沙克的问题在于，他既是一个犹太人，又是一个社会主义者，这是你可能不知道的：他对回应具备这两个特征的人的忠诚如此强烈，以至会为他们中的一部人工作和投票，直到我们获得他们中大多数人的支持才感到满意。在这种情况下，他会无视所有的其他资格，这是困难的本质。[30]

尽管熊彼特认为马尔沙克致力于促进犹太人和社会主义者的发展会妨碍其科学判断，所以不应该成为计量经济学会的一员，但是熊彼特对于积极帮助马尔沙克的事业却毫不犹豫，因为后者认识到自己在德国前景黯淡。

　　尽管熊彼特对当时的种族成见感到内疚，但他是萨缪尔森的坚定支持者。当萨缪尔森给朋友沃尔夫冈·斯托尔珀撰写一份讲稿纪念他们的老师时，[31] 斯托尔珀提醒他，熊彼特曾威胁要因哈佛未能任命他而辞职。斯托尔珀回忆熊彼特曾说过："如果这是因为反犹太主义的话，我可以理解；但这只是因为他（萨缪尔森）比他们出色。"[32] 另一名同学都留重人也是萨缪尔森的密友之一，他说，所有人都希望萨缪尔森继续担任助理教授，并且相信熊彼特亦持这种观点。[33] 认为萨缪尔森太优秀的看法，与熊彼特像萨缪尔森一样蔑视伯班克的学术标准的事实相符，考虑到萨缪尔森的研究，这无疑是对数理经济学的偏见。但是，以这种表述来掩饰反犹太主义的观点颇为常见。

　　威尔逊是一个更重要的例子，因为萨缪尔森同他非常亲近。在萨缪尔森的"不光彩名单"中，萨缪尔森对威尔逊的评价比张伯伦好，但比熊彼特差。他的理由是 1939 年威尔逊写给塔尔科特·帕森斯（Talcott Parsons）的一封信，[34] 熊彼特的传记作家理查德·斯威德伯格（Richard Swedberg）在哈佛大学档案馆中发现了这封信。这封信中说，犹太人不应该被任命一个临时职位，因为很难给他找到一个永久职位。"在社会环境中"，如何公平待人是一个复杂问题，即使目标很简单——招募最优秀的人才进入永久教职队伍，并确保所有年轻人，包括犹太人，都得到和他们的才能相称的职位。问题是，在哈佛和其他地方，由于反犹太主义，犹太人需要花更长时间才能找到职位，因此需要临时职位的时间比非犹太人更长。结果是，大量犹太人处于临时职位，获得永久职位的前景不容乐观，这便是帕森斯不该任命另一个来自芝大的犹太人的原因。

　　尽管这让威尔逊成了反犹太主义的同谋，但他的论证却近乎无稽之谈，而且，尽管萨缪尔森读到这封信时很是不安，但他对他的导师仍然保持仁慈的态度。① 萨缪尔森为珀尔曼的《纪念文集》撰写反犹太主义文章时，大概是在重读这封信之后，他得出结论：威尔逊不是反犹太主义者，而是在一个偏执的社会里尽他所能做到最好。威尔逊的敌意集中在伯班克身上，他不仅认为伯班克是一个反犹太主义者，而且认为伯班克对经济学的判断力很差。

决 定

哈佛经济学家在萨缪尔森的问题上存在分歧的消息，传到了麻省理工学院院长卡尔·康普顿的耳中，他在 11 月 12 日写信给威尔逊，说他听闻此事引起了一阵骚乱："我听到了小道消息……似乎后来这件事对贵系中的一些成员产生了困扰。"35 为回应康普顿对麻省理工学院行为是否适宜的担忧，威尔逊对所发生的事情做了解释：

> 哈佛大学系主任的权力非常有限。他们实际上只是主任，根据规定任期仅为 3 年，尽管在实践中经常不遵守这些规定。② 因此，

---

① 在同一封信中，威尔逊认为，由于学习经济学使人变得保守，任命自由派担任初级职位是合适的。他还认为，也许某一天犹太人的任命将不再是一个情感问题，他们获得成功的机会就会更大；他得出的结论是，如果把重点放在女性教员的任命上想必会更好（其意味着这将不再是一个感情用事的问题）。威尔逊参与反犹太主义的更多证据在本书第 10 章提及的信中有所体现，他在信中写道："我同他的私交使我确信他不是一个令人反感的闪米特人。"这可以解读为威尔逊认为有部分犹太人是不受欢迎的，或者虽然萨缪尔森可能是犹太人，可能是东欧移民的后裔，但他身上并无导致其他人歧视犹太人的特征。

② 尽管有 3 年的任期规定，但伯班克已担任系主任一职多年，并将在张伯伦任期结束后再次担任该职。

当贵校弗里曼教授和我系张伯伦教授核实萨缪尔森的人事关系时，张伯伦教授只能代表他自己的态度，除非他召开系内特别会议并就此事做了表决。当系内一些成员听说萨缪尔森可能会去麻省理工学院时，他们确实认真地试图让该系采取一些行动，把萨缪尔森留在哈佛……这次讨论对麻省理工和萨缪尔森都很友好。[36]

威尔逊接着解释了这一决定如何符合哈佛大学自身的教学需求：

当然，如果不是因为我们经济理论课的高级人才太多，张伯伦教授不会鼓励弗里曼教授向萨缪尔森提出聘用邀请。由于这类人才太多，我们的确不太可能在未来很多年里给年轻人找到合适的职位，特别是我们在农业经济学、劳动经济学、社会保障和经济史方面的人手都还严重不足。

威尔逊真诚地认为，萨缪尔森的个人情况不符合哈佛大学的教学需要。几个月后威尔逊写信给张伯伦说，有必要培养应用领域的年轻人："过度重视理论经济学建设，而在农业经济学、经济史和其他领域上建设不足，终将是无益的。"[37]

由于缺乏同哈佛大学教学需求的契合点，威尔逊坚信麻省理工学院是萨缪尔森的理想去处。在一封主要涉及其他问题的信中，威尔逊补充了一段话，这段话的开头便向康普顿保证，他在聘用萨缪尔森时做出了正确决定："我非常满意地注意到，您在经济学上准备聘用萨缪尔森。他是我见过的最有才能的年轻人之一。我相信无论他是和你在一起，还是去别的地方，他都会做出一份卓越的事业。"[38]和三周前他对萨缪尔森所说的话相呼应，他提出了一个设想，即如果康普顿给予足够支持，麻省理工学院的经济学会发生什么：

> 在我看来，麻省理工学院经济系拥有懂科学和数学的人是特别合适的。您的学生在学习经济学时已经学了两年数学、两年物理、一年化学，同时还学了物理化学或热力学大部分课程。我认为，如果经济学教学能够充分利用贵校学生长期接受科学训练的优势，那么在一年内给这些学生提供的经济学课程，应该比在两年内给一般经济学学生提供的课程，更广泛和更深入。

值得注意的是，威尔逊随后解释说，这不仅仅是他个人的观点，因为他曾和至少一位哈佛大学同事讨论过这一点：

> 伦纳德·克拉姆同意这个观点。我们两人的意见是，这门课程本身并不应该是数理经济学。我在哈佛讲授高级经济学的最大困难是，如何让年轻经济学家认识到定义、一致性和逻辑的重要性。即使那些掌握了相当多数学知识的人，似乎也不清楚怎样把它们用于科学目的。

威尔逊以麻省理工学院物理学家院长所能理解的方式，向康普顿院长展望了该校推进其经济学学科发展的远景。

在得出萨缪尔森的个人情况和哈佛大学教学需求不契合的结论时，重要的是认识到当时他被视为一个非常狭隘的专家的程度。如今的学术经济学已被数学应用所主导，很难想象当时"数理经济学"仅被视为经济学的一个特定领域——作为许多知识之间的一种专业化，而且是一种尚未确立其重要性的专业化。1940 年，美国经济学会的权威期刊《美国经济评论》上 70% 的经济理论文章根本没有用到数学。[39] 在萨缪尔森的博士论文答辩后，主考官之一威尔逊立即写信给他，敦促他修改论文，以使其能够被"主要不是数理经济学家的优秀经济理论家"所接受，这需要对文本进行大幅度的重写和扩展。这样的重写既能让经济理论家更清楚可以从萨缪尔森的研究中学到什么，又能"帮助他们理解其价值或严谨的数理经济学，其中不少人对此持怀疑态度"。[40] 萨缪尔森自己，或者约翰·希克斯和罗伊·艾伦可能都能理解这篇论文，但是除了这些读者外，论文的受众相当有限。威尔逊暗示萨缪尔森可能不一定会留在麻省理工学院，他解释说，如果萨缪尔森成为"普通的理论经济学家"，而不是一名数理经济学家，他可能会发现全国各地的"一流职位"都在向他开放。

当时，正如熊彼特所解释的，许多应用领域都和政策问题相关，如农业、劳工、交通运输、公共设施、产业控制和公共财政。[41] 为了教授这些领域的知识，有必要大胆地去探究事实和制度（在理论传播更广泛深入的今天，某种程度上未必会这么做）。这是一个萨缪尔森仍被认为处于弱势的领域，即便是极力支持他的威尔逊，也是这么认为。前文所引威尔逊对伯班克说的话，"也许他不太了解具体的经济学"，被认为是有所保留的（大概是因为威尔逊试图说服伯班克让萨缪尔森教授经济学课），他写给亨德森的信中说得就要明确多了（他对亨德森可能会更坦率些），在信中他向研究员协会推荐了梅茨勒。

> 你也许会让我拿他和萨缪尔森做一点比较。在我看来，他一点也不像萨缪尔森那样像个数学家，尽管作为经济学家他具备了足够的数学知识。在我看来，他对经济现象和制度的了解超过萨缪尔森，如果你选了他，他会是一名更好的统计学家。[42]

尽管是和 1937 年的萨缪尔森相比，但这仍是关于萨缪尔森对具体现象认识的一个不利判断，威尔逊对萨缪尔森文章狭隘性的评论更是强化了这一点："我怀疑他（梅茨勒）是否具备如此高度专业化的技术，正在或者愿意在像数理经济学这样狭窄的领域从事研究。"威尔逊甚至表达了这样一种观点，即梅茨勒最终可能会比萨缪尔森更有影响力，因为"尽管他了解数理经济学，但他可以表达自己，并且更喜欢尽可能地用英语表达自己"。

关于教学需求的争论，不仅可以用来掩盖反犹太主义，还可以用来掩盖对凯恩斯的敌意。尽管熊彼特和威尔逊并不认为萨缪尔森支持汉森日益增长的干涉主义观点是一个问题——即使他俩并不赞同他们，其他人却会这么做。伯班克的公共财政课程被萨缪尔森描述为一门反对公共财政的课程，伯班克肯定会反对萨缪尔森和汉森在政策上所持的立场：1940—1941 学年，也就是萨缪尔森执教第一学年，根据罗伯特·索洛的说法，有传言称那些讲授 Ec. A 部分课程的人不被允许提及《通论》。[43]这次重要会议的系主任张伯伦是反对凯恩斯的，克拉姆亦然（如果萨缪尔森所言属实，那么弗里基也会支持克拉姆）。直到"二战"结束后，哈佛才开始任命公认的凯恩斯主义经济学家为终身教授。

另一个问题是哈佛对大量固定聘期教员的依赖，但并非所有教员都可以继续签订终身聘期。这种情况在 1936—1937 年达到顶峰，当时系里建议将约翰·沃尔什（John Walsh）和艾伦·斯威齐这两位教师的聘期续展 3 年，并希望可以续签，但是，为了提高学术水平，科南特的管理层只提供了不超过两年的续签期。[44]沃尔什和斯威齐都是颇受欢迎的教师，但科南特认为他们发表的文章还不够多。尽管科南特坚称这样做是因为两人的发文情况一般，但他被指控歧视持激进政治观点的经济学家。[45]科南特根据时任教务处访问委员会主任沃尔特·李普曼（Walter Lippmann）

的建议，并应 131 名教员的请求，成立了一个由高级教授组成的委员会，即"八人委员会"，负责调查此事。[46]

委员会发现这当中并无政治偏见，但认为沃尔什和斯威齐也未得到公正对待，故应该按照系里的建议延长 3 年聘期。然而，当委员会做出有利于两人的裁决时，他们均已辞职。第二年，科南特委托该委员会提出关于任期程序的建议，委员一应照办了。这些规定在萨缪尔森的事情发生前已经开始执行，如果提供给萨缪尔森的条件需要和他从麻省理工学院得到的相匹配，这将涉及在新规定实施后立即提请一个特殊案例，这很可能会再次引发争议。

约翰·布莱克之所以拒绝向萨缪尔森提出更好的条件，是因为他不愿意打破新规定。他忘了参加讨论萨缪尔森事情的执行委员会会议，第二天他写信给张伯伦致歉说：

> 我投了反对票（给萨缪尔森提供 5 年任期）。我认为这是一个很典型的例子，一个年轻人可以在未来 5 年左右的时间在这里供职，而在同样长的时间里，他可以在其他地方获得经验和发展声望。我一直相信新计划的这个过渡阶段。我的反对意见是，这种变革是以一种可预见的方式引入的。现在我们已经越过了险境，我看不出有任何理由采取不符合政策的行动。[47]

威尔逊也认为萨缪尔森应该像其他人一样被对待，应该等待自己的晋升。威尔逊写信给萨缪尔森说：

> 当然，现在的问题是，经济系是否会在这个时候推荐你担任 5 年的讲师。我认为，如果你现在还不明白，你尽可放心地指望明年

春天你能得到这样一个推荐。就我个人而言，我大体上同意洛威尔先生的政策，正如我所理解的，这是我在耶鲁大学时的政策，有能力的年轻人必须在适当的时候抓住机会获得自己想要的东西，来自另一个机构的聘用邀请不应该使这所大学比惯例提前做出任何承诺。我相信，随着你在学术界的不断晋升，你一定会得出这样的结论：在你目前的特殊情况下，无论这所学校是否承诺为你提供 5 年任期，总体来说它都是一项合理的政策。[48]

我们甚至不清楚，萨缪尔森是否必然是任何空缺的永久教职的最佳候选人。他可能是一名杰出的候选人，但数理经济学被普遍认为是一个狭窄的专业，哈佛在这方面已经拥有丰富的专业知识。哈佛大学必须教授大量本科生，他们中的大多数既缺乏学习数理经济学的能力，也缺乏学习数理经济学的训练。[49]伯班克拒绝让萨缪尔森教经济学导论课程，这意味着萨缪尔森无法证明自己教授一般经济学的能力，连威尔逊也对萨缪尔森能否与为数不多的受过数学训练的经济学家以外的人进行交流表示怀疑。

从萨缪尔森的角度而言，似乎没有理由怀疑他之所以挪动，是因为他得到了一份更好的工作。他获得了比他在哈佛所期望的更高的薪水、更多的研究资助机会和更好的办公支持（包括一部电话和一个秘书）。不仅如此，威尔逊也清楚地意识到，麻省理工学院正从一所本科型工程学院转变为一所成熟的研究型大学，这为萨缪尔森搬到那里后有望取得的成就提供了清晰的愿景。但在 1940 年，这些都只是对未来的希冀。萨缪尔森面临一个艰难抉择，他为此而苦恼。在他考虑这份邀请的同时，鲁珀特·麦克劳林作为劳资关系部门的负责人，正在积极尝试建立麻省理工学院的经济系，他几乎每天都会打电话给萨缪尔森，拿研究经费前景对他施以"诱惑"。[50]萨缪尔森还称，哈罗德·弗里曼说服他接受了这份职位。

但更可能的是，决定性的推动力并非来自威尔逊、麦克劳林或哈罗德·弗里曼，而是来自玛丽昂。玛丽昂出生在一个白人和盎格鲁-撒克逊人的新教徒家庭，同时也是哈佛大学内部人——毕业于拉德克利夫学院，曾在哈里斯手下做过两年助理。她能比萨缪尔森更清楚地看到学院的反犹太主义，以及萨缪尔森在哈佛可能遇到的障碍。[51]正是她说服萨缪尔森冒险接受了麻省理工学院的邀请。尽管威尔逊对萨缪尔森在麻省理工学院有望取得成就的愿景被证明正确无疑，但萨缪尔森的职业生涯却以自己和威尔逊都无法预见的方式向前推进。

第三部分

麻省理工学院、二战、《经济分析基础》与教科书

1940—1948 年

第 16 章

麻省理工学院

工程院校的经济学

哈佛把自己视为美国最杰出的大学，拥有众多艺术和科学方面的学术明星，身处哈佛，萨缪尔森就处在了美国学术生活的中心。它的经济系夸耀自己是世界顶级经济学家的摇篮；作为一名初级研究员，萨缪尔森曾与著名数学家、科学家、哲学家、历史学家和社会学家一起工作、学习；公共政策学院提供了一个平台，让他得以接触华盛顿和商界的经济政策制定者们。与之形成鲜明对比的是，麻省理工学院只是一所专注范围较窄的工程院校。

自 1861 年创立以来，麻省理工学院一直致力于培养本科生的工程实践技能。这种情况在第一次世界大战后开始发生变化，当时有两位工业家——通用电气的杰拉德·斯沃普（Gerard Swope）和贝尔电话实验室的弗兰克·朱厄特（Frank Jewett）——认定，美国工业需要具备丰富科学背景和有助于创造科学技术的工程师。[1]实践工程技能方面的训练存在不足。在他们的影响下，电气工程系开展了积极的物理学研究。然后，他们转向整个研究所，交给卡尔·康普顿一项任务——在工程课程中"引入一种更强大的基础科学元素"。康普顿是一位备受尊敬的实验物理学家，于

1930 年被任命为麻省理工学院院长。[2]20 世纪 30 年代，学院重新设计了课程，要求所有学生在头两年必须学习数学、物理、化学、英语和历史，直到高年级才主攻本专业。[3]学院建立了重点实验室，开设了科学部门，在副校长兼工程系主任万尼瓦尔·布什（Vannevar Bush）的帮助下，康普顿改组了麻省理工学院的其他工程系部。这样一来，在萨缪尔森获聘时，虽然麻省理工学院仍然比哈佛大学专业性更强，但它已经转变成一所与世纪之交时迥然不同的学校。

根据历史学家克里斯托夫·勒古耶（Christophe Lécuyer）的说法，"它已经从一所专为工业中直接有用的职位培养实用型工程师的理工学院，转变成一所成熟的研究型大学，在物理、化学、电气工程和化学工程领域拥有领先的研究和一流的课程"。学院已经和工业界建立了牢固的联系，还专门为美国军官开设课程：海军官员可以修读海军工程、航空工程、气象学或鱼雷工程等课程，陆军官员可以修读土木工程或陆军条例中专门设计的课程，还有专门为化学战军官开设的课程。[4]

萨缪尔森来的时候，麻省理工学院的经济学与社会科学系规模非常小，这一架构反映了麻省理工学院专注于提供工程师所需实用技能的历史。[5]该系的负责人拉尔夫·弗里曼是一名前罗德奖学金资助学者（Rhodes Scholar），"一战"期间在加拿大炮兵部队服过役。1930 年，麻省理工学院成立了一个独立的经济学与统计学系，当时在安大略大学的弗里曼被任命为副教授，并于 1933—1934 年成为该系负责人。第二年，该系获得了它在 1940 年的名字，以反映其活动的扩大，并任命了一名社会学家作为教员。[6]根据萨缪尔森的说法，弗里曼在新成立的系中拥有绝对权力，尽管出于礼貌，他推迟了对新任命教授的投票。系里的经济学家几乎没有发表过什么文章：阿姆斯特朗（Armstrong）和塔克（Tucker）专攻银行和金融，他们从历史的角度关注制度，思雷舍（Thresher）则似乎从未发表过任何关于经济学的文章。[①] 拉尔夫·弗里曼发表文章最频繁，但大多数是书评。三名副教授涵盖了产业关系和人事关系，一名助理教授涵盖了社会人类学、心理学、统计学和社会学，另外还有三名讲师和四名助理。[7] 学生们可以选修经济和工程学或经济和自然科学方面理学硕士学位的研究生课程，但没有经济学博士课程。它主要是一个服务性的系，提供工程师和自然科学家所需的课程。

1940 年版的麻省理工学院简介吹嘘说，该校"是第一个承认和规定经济学在工程师培训中的重要地位的技术机构"。[8] 经济学是所有课程的必修课。一些课程由工程系的专家讲授（例如，航空工程学有一名"航空法和经济学"专家，生物学有一名"海洋经济学"讲师，还有一些诸如"电力系统经济学"的课程），经济学与社会科学系则提供了大部分必要的经济学教学。它的主要活动是提供一门学院几乎所有学生都会上的基础课程，这门课程占该系教学量的很大比例，该系的成员曾合编了一本名叫《经济过程》（*The Economic Process*）的教科书。

教科书于 1934 年首次出版，第二年进行了修订，增加了课程内容，包括美国政府、城市规划中的社会和经济因素、社会调查方法、规划和住房立法，以及交通运输经济学。这些课程的显著特点在于，它们都是应其他系的要求而增加的。该系并未形成自己的教学活动。5 年后，拉尔夫·弗里曼报告了一个类似的活动概况：经济学教科书再次修订，该系在改善劳资关系、社会学和心理学教学方面做了很大的努力。[9]

拉尔夫·弗里曼和该系另一名成员哈罗德·弗里曼（1909—1997）同姓，后者与萨缪尔森共用一间配有电话机的办公室——连熊彼特和哈伯勒在哈佛也未能享受这份奢侈——和一名秘书。[10] 萨缪尔森将哈罗德·弗

---

① 谷歌学术搜索只显示了和招生相关的工作。

里曼描述为"我所见过的最难忘的人"，称他是培尔·金特（Peer Gynt）和孟豪森男爵（Baron Munchausen）的混合体，他对事件的描述很少和萨缪尔森本人的描述相一致。[11] 哈罗德·弗里曼喜欢交际和八卦，他于 20世纪 20 年代末曾在麻省理工学院学习过，当时该校讲授的是实用工程技术，包括处理装满钢水的钢包，这是萨缪尔森很难相信的壮举，因为哈罗德·弗里曼虽然身材魁梧，但体重还没高过他的智商。[①] 1931 年毕业后，哈罗德·弗里曼在一家橡胶厂工作，"按每小时 19 美分的待遇，把廉价的鞋跟组装成廉价的鞋子"，之后成为麻省理工学院的一名讲师。他是一名统计学家，1936 年到 1938 年，就读于哈佛大学，以确保自己能够正确地讲授他负责的那部分经济学。在此期间，哈罗德·弗里曼在熊彼特和威尔逊的讲座上碰到了萨缪尔森。在哈佛，哈罗德·弗里曼写了一篇题为《平面和空间曲线的射影微分几何》（The Projective Differential Geometry of Plane and Space Curves）的论文。他还从事与工业有关的质量控制咨询工作，发表了有关质量管理统计学方法的文章，并于 1939 年以副教授的身份回到麻省理工学院，以支持该系在工业统计方面的研究，其中和数学系有广泛的合作。[12]

哈罗德·弗里曼成了萨缪尔森最亲密的朋友之一，萨缪尔森对哈罗德·弗里曼的描述不仅关乎他，也关乎自己：

> 他讲起故事来就像孟豪森男爵。我从未听他如实描述过一件事的经过。通常情况下，他的描述比实际情况要好……朝鲜战争期间，哈罗德问我，他要怎样投资一小笔遗产，以使自己不因任何战争活动而受损。这是里昂惕夫投入-产出关系网中的一个棘手问题。

---

① 注意，美国人用磅来衡量体重，而英国人则习惯用千克或英石来衡量。

最后，我不得不骗他，没有提到吉列公司（Gillette）和万国收割机（International Harvester）确实与五角大楼签订了一些合同。在"二战"期间，他拒绝收取军需和军械事务上的咨询费。他当真称他的差旅费是抵扣税项。当地国税局特工说："尼克斯，你可以做个好人，但不是以我们的利益为代价。"

从 1927 年 9 月 10 日到 1943 年 11 月 3 日，哈罗德每天都会在麻省理工学院正门外的沃尔顿自助餐厅点一份鸡肉馅饼。根据拉普拉斯连续定理（Laplace's Law of Succession），1943 年 11 月 4 日的结果几乎是肯定的。但从那以后他再也没有吃过鸡肉馅饼。

有一次我问他："如果魔鬼答应给你一个定理来换取你不朽的灵魂，你会接受这桩交易吗？"他毫不犹豫地回答说："不会。但如果是不等式，我会的。"[13]

萨缪尔森和哈罗德·弗里曼有一种共同的幽默感，这从他们随后有限的通信中可见一斑。[14]

研究和博士生项目

改变经济系研究概况的主要任务由 W. 鲁珀特·麦克劳林（1907—1959）承担，他曾参与引进萨缪尔森。[①] 在萨缪尔森来的时候，麦克劳林是副教授，1942 年他被提升为正教授。虽然麦克劳林出生于新西兰，但他是麻省理工学院的内部人，他的父亲曾是麻省理工学院院长，负责将当时的波士顿理工学院横跨查尔斯河迁到剑桥，之后它变成了麻省理工

---

① 参见本书第 15 章。

学院。[15] 在 1936 年他的任命文件中，提到了他作为内部人的地位，其中还包括为他的父亲建立纪念馆的活动细节。在 20 世纪 40 年代末写给英国经济学家琼·罗宾逊夫人的信中，萨缪尔森称麦克劳林是"一个能干的人，主要对应用经济学，特别是技术创新领域感兴趣。他也是我们在美国所说的一员'干将'（go-getter），这是一种你可能还没有充分领教过的类型"。[16] 萨缪尔森称，由于麦克劳林继承了"他父亲的绿色乞求之手"（指麦克劳林父亲为将麻省理工学院迁往新校区而筹集资金），麻省理工学院院长卡尔·康普顿对麦克劳林采取"自由放任"的态度。[17]

1937 年，康普顿根据两名商人的建议，仿照普林斯顿大学产业关系部门（Industrial Relations Section），主动建立了一个新部门。在哈罗德·弗里曼和麦克劳林的帮助下，康普顿筹集了 12.5 万美元来支持新部门的头 5 年运转，麦克劳林被任命为负责人。[18] 新部门负责研究的项目覆盖马萨诸塞州一家主要工业企业的招聘和裁员政策、产业关系政策以及造纸行业的劳动力供需等。[19] 获悉即将设立经济学博士学位项目后，1939 年，麦克劳林拜访了洛克菲勒基金会的约瑟夫·威利茨（Joseph Willits），寻求他的支持。[20] 麦克劳林解释说，他们相信通过有组织的研究项目，他们的研究生项目会更强大，他建议对马萨诸塞州一个工业社区的劳动力市场进行为期 3 年的研究。尽管麦克劳林提议由经济学家开展研究，但该研究仍然和工程学关系密切。

在支持这个建议时，康普顿注意到产业关系部门是唯一在一所工程院校设立的同类组织，他还指出这项研究对工程师的实际重要性。他称，许多麻省理工学院的毕业生发现自己必须决定或实施产业关系政策，这项研究将使他们"与该领域的问题和人员密切接触"。[21] 但资金申请没有成功，在几次失败后，麦克劳林改变了重点，他向洛克菲勒基金会提出了一个更广泛的项目，这个项目将更适合"激发技术类学生的想象力和适应性"。[22] 他将花更少的时间研究产业关系，而是建议研究"一个特别适合的领域，如技术改进在行业中的传播过程，或者研究不同行业中作为技术变革发起者的企业类型，不论相同类型的企业是否引起了这种变革"。[23]

为了支持自己的观点，麦克劳林不仅指出了他所在的系与数学系的合作，还指出了工程系的许多教授对经济学的兴趣日渐高涨。① 他认为，"通过设立针对工业技术经济学研究生和研究人员的专项研究基金，能最好地解决"经济学家和工程师的共同利益问题。[24] 他提出的主题涉及"技术变革对美国经济的冲击、时机和影响"，这体现了他在哈佛的经历，尽管身在商学院，但他一直是熊彼特最喜欢的学生之一。[25] 在熊彼特思想的指导下，麦克劳林提出了一个广泛的计划，他希望"在以和工程系的一些技术专家合作举办研究生研讨会的方式做过深入探索的基础上"，能够产生若干具体的项目。[26] 这种改变将使该系的研究从产业关系转向涉及经济学和工程学的跨学科研究。

虽然这个计划显示了麦克劳林试图塑造该系的研究方向，但这是另一个毫无所获的拨款申请。1941 年 4 月，麦克劳林成功提交了一份 5 万美元的申请，其成员包括几个月前刚抵达的萨缪尔森，计划"在'技术变革对美国经济的冲击、时机和影响'这一主题下开展一系列研究"。麦克劳林写道：

> 我们认为，在这个领域，一个在工程院校拥有年轻且不断发展的产业关系部门的经济系，应该能够做出重大贡献。我们希望，经过多年的发展，我们培养出的科学家将有助于解释技术变革的过程及其

---

① 院长年度报告对这些系部活动的描述中提到经济学的频率，证实了这一说法。

对经济学家、政府官员、劳工领袖和实业家的经济和社会影响。[27]

这是一个学术研究项目，但它也可能具有现实意义。它将涵盖三个主题：涉及大量资本投资的影响技术变革的个体企业因素，关于引入技术变革的工会管理（或员工管理）关系和法规的案例研究，以及关于创新的总体统计研究。对最后一个主题的描述采用了熊彼特式的语调，因为它考察了创新集群的证据以及周期不同阶段创新程度的变化。它还涉及对新投资的特征的考察——多大程度上是源于新产业和创新，多大程度上是源于人口和土地的增长，多大程度上是源于旧工业中资本的更密集使用。这项提议反映了汉森的思考，他提出了对资本节约型创新的偏见是否会增加长期停滞的可能性的问题。

麦克劳林解释说，麻省理工学院将贡献他自己、萨缪尔森和迈尔斯（Myers）的业余时间，1 万美元会被用作研究资助。他写道，如果得到支持：

> 根据我们的计划，尽管我会全面负责，但我将把自己的研究工作集中在有关技术变革的企业实践上。萨缪尔森将致力于创新的总体统计研究，迈尔斯将致力于有关引入技术变革的工会管理关系的一些案例研究。[28]

洛克菲勒基金会最终决定在 3 年内拨款 3 万美元。[29] 这比麦克劳林申请的数额要少，但它仍然是一个重要的项目，许多麻省理工学院的经济学家，尤其是讲师，都将参与其中。基金会对该项目的评估聚焦于它对工程师和经济学家的意义，以及它的潜在应用价值。

这项提议代表了一种非同寻常的尝试，即定义一个工程师和经济学家都感兴趣的领域。在这一领域，处于一所工程院校的经济系应该能够做出重大贡献。承担该项目的成员在各自的学科领域中名列前茅。科研管理者相信，经过多年的努力，这项计划的成果将有助于解释技术变革的过程及其对经济学家、政府官员、劳工领袖和实业家的经济和社会影响。[30]

收到这笔拨款后，麦克劳林立即获得用它支付萨缪尔森暑期薪水的许可，这样萨缪尔森就不会感到在麻省理工学院以外从事顾问工作的压力。[31] 尽管战时征调很快迫使他退出了麦克劳林的项目，但萨缪尔森正被吸引到一个主要从事统计工作的项目上，他打算彻底融入这所工程院校的主要活动中。

麦克劳林的研究项目始于 1941 年 7 月，第二年秋天又启动了工业经济学博士项目。这个项目名称反映了麻省理工学院的精神：它既反映了麦克劳林的新兴趣，也反映了该系在产业关系方面的专长，项目发表的大多数早期论文成果都在后一个领域。这一年年底，院长报告称，该项目的申请者人数异常之多，有望从那些正在寻求该项目的人中涌现出"经济规划和协调领域的领导人，特别是在战后"。[32] 录用要求不仅包括经济学在内的三门社会科学全年课程，还包括至少一整年的数学和一整年的科学课程。和麻省理工学院的其他项目一样，学生们被要求辅修相关领域的课程。除了具体的课程要求外，麻省理工学院还要求所有进入研究生院的人，无论在哪个领域，都必须修过包括微积分和微分方程在内的几门数学课程，至少一年的大学化学，至少两年的大学物理，以及各种语言要求。[33] 尽管在该项目早期占多数的产业关系专业学生，无疑会发现工商管理是一门颇有吸引力的辅修课程，但那些对萨缪尔森的课程感兴趣的学生则可以选择数学。在项目的第二年，有几个学生做了这样的选择。

萨缪尔森的活动

　　萨缪尔森直接从在哈佛大学教授本科生转到麻省理工学院执教，第一年时他在那里讲授数理统计课程，可能还讲授经济理论和数理经济学课程。[34] 萨缪尔森记得，他的研究助理利奥尼德·赫维奇（Leonid Hurwicz）给他的统计学教学提供了帮助，他们引入了一种新的有争议的评分系统。①

　　　　更夸张的是，我的第一门常规统计学课程采用了新的赫维奇-萨缪尔森评分系统。麻省理工学院的工程师一直都是臭名昭著的爱发牢骚者。他们是仅次于费城军营律师的等级追求者。我俩中的一个人——我不会指出是谁——说："我们不妨再增加一道很难的学分考试题目，但前提是它只会提高而不会降低学生的分数。"当本科级商业课程的书呆子们得知他们 115 分的考试分数低于班级平均水平时，一切都乱了套。即便利奥解释说这是著名的芝加哥评分系统，也无济于事。[35]

　　萨缪尔森记得，赫维奇-萨缪尔森评分系统并不受欢迎，以致可能会影响到赫维奇的未来。然而，萨缪尔森后来写道："利奥几乎没有什么损失。悬在刀尖上的是我的任期和未来的终身教职。"[36]

　　下一学年，如表 16-1 所示，萨缪尔森的教学任务量仍旧很低，可能是因为他也在给海军官员教授数学，课程目录中并无明确的教学承诺，但他记得这一点，这和战争期间军事训练的优先权相一致。他可能正是

---

① 　赫维奇的任命将在本书第 17 章介绍。

从这时开始思考弹道数学和枪炮控制问题，后来战争期间他将继续这一研究。

表 16–1　麻省理工学院课程目录中的教学任务清单

学　年	Ec. 17 经济理论	Ec. 18 经济理论	Ec. 19 数理经济学	Ec. 26 商业周期	Ec. 37 高级经济统计学	Ec. 49 公共财政
1941—1942	一年		一年			
1942—1943	一年	一年	一年	一年	半年	
1943—1944	一年	一年		一年	半年	一年

资料来源：麻省理工学院，1941，第 210 页；1942b，第 198 页；1943 年，第 135—136 页

到 1942—1943 学年，萨缪尔森作为一名新任助教可享受的所有照顾都没了，他的教学任务增加到四门半课程：他讲授了第二门经济理论课程、一门商业周期课程，并和哈罗德·弗里曼共同讲授一门统计学课程。① 在那之后的一年，他放弃了数理经济学，转而讲授公共财政课程。此外，从 1942 年秋季开始，萨缪尔森在弗莱彻法律与外交学院（Fletcher School of Law and Diplomacy）开了一门国际经济关系课，这门课贯穿全年。弗莱彻学院是美国第一所国际事务研究生院，位于离麻省理工学院不远的梅德福的塔夫茨大学，它的许多教员都来自哈佛。这门课程的重点是政治和贸易之间的关系："政治边界的存在影响着经济生活的方式，以及国家间政治关系受经济因素影响的方式。"37 尽管第一学期所涉及的国际经济学理论和萨缪尔森发表的文章密切相关，但他必须进行不同类型的分

① 注意，课程目录可能并未反映实际授课人是谁，其中的内容可能是在公布前几个月准备好的。但是，学生笔记证实了目录大部分是正确的。

析，以涵盖政治关系如何依赖于经济学。"经济活动和战争的关系"也将
超越标准贸易理论。来到麻省理工学院的两年内，萨缪尔森承担了和他
发表的成果毫无关联的教学任务。[①]1944—1945 年，麻省理工学院的教学
实际上停了一年，萨缪尔森便全职进驻辐射实验室，但他仍在弗莱彻学
院教书。[②]

　　麻省理工学院的一个主要吸引力是，萨缪尔森和玛丽昂可以继续住
在卫尔街，它离哈佛只有两个街区，因此他仍可以与在那里的朋友和同
事保持联系。他和汉森走得越来越近，并去参加了财政政策研讨会；从
1941 年 8 月开始，他和汉森一起每隔两周会往返于华盛顿特区。尽管哈
佛大学偶尔会有活动，但这所大学却变得越来越虚空。在一篇罕见的关
于战争爆发后他的生活描述中，他写信给柏格森称：

> 　　我非常希望能快点见到你。自从去年秋天见到你们以来，我和
> 玛丽昂一直在想你们都在做什么。我想朱迪（Judy）现在一定是在
> 得州的太阳底下跑来跑去。就像华盛顿有人说的那样，到明年哈佛
> 似乎就会成为一座档案馆，"很快就只剩下保罗·斯威齐和敌国侨民"。
> 研究生入学人数预计将缩减为零，所有的 Ec. A 教员正前往华盛顿，
> 希冀能改善他们的兵役状态。与此同时，他们在其他方面也积极谋
> 划，大量乳臭未干的孩子已经在来的路上。我们期待尽快收到你的
> 消息。[38]

同他失去联系的密友都留重人和都留雅子夫妇，情况完全不一样。

---

①　人们很容易把萨缪尔森对教授未来潜在外交官的兴趣，同他本科时曾打算从事外交
　　职业的兴趣联系起来，尽管他这样做更可能是想获得额外的收入。

②　参见本书第 21 章。

1942 年 6 月，都留重人写信给萨缪尔森说："非常遗憾，还没见到你们夫妇我们就必须离开了。6 月 12 日，我们应该正在乘船绕道大西洋回日本的途中。"[39] 和财政部高级官员哈里·德克斯特·怀特——都留重人在劳伦斯学院（Lawrence College）时认识了他——的一番谈话，使都留重人预料日本会输掉这场战争，所以他希望能回国参与日本的战后重建。[40]

6 月 1 日，机会突然降临，都留重人接到一封电报，说他们可能成为美日双方交换条件的一部分。这个提议传来时，都留重人正在替西摩·哈里斯批改学期论文，一些学生在论文答题纸首页写着的"记住珍珠港！"提醒了他在美国的处境。他和都留雅子有 5 天的时间来处理私事，尽管两人设法见了一些朋友（前一天晚上他们和保罗·斯威齐、里昂惕夫待在一起），但在午夜从波士顿南站赶上火车之前，他们既见不到萨缪尔森，也见不到玛丽昂——此时两人正在威斯康星州拜访玛丽昂的家人。1500 名日本人乘坐一艘叫"格里普索姆"号（Gripsholm）的瑞典船，前往葡萄牙属东非（现在的莫桑比克马普托）的洛伦索-马贵斯（Lourenco Marques），在那里他们与一群美国人进行了交换。然后，他们乘坐日本船于 1942 年 8 月抵达日本。

重人和雅子没有太多时间收拾财产，他们给萨缪尔森留下了几项任务，最后重人附上了一封信，"萨缪尔森吾友钧鉴"，委托萨缪尔森代表他处理善后事宜，"从今天起至少一年的时间里，处理我不在期间的一切事宜"。[41] 这句话暗示着战争可能至少持续一年，它表明重人从怀特那里得到的建议可能过于乐观了。重人请萨缪尔森帮他取回相机，这是对日本公民限制的一部分，他把相机存放在了剑桥警察局；他还请萨缪尔森帮他留心哈佛书店（Harvard Coop）欠他的钱和哈佛大学欠他的各种费用。重人告诉萨缪尔森自己会给他几本米哈尔·卡莱斯基（Michal Kalecki）和俄林的书，以及庇古的《福利经济学》（1932），他们共同的朋友斯文·劳尔森（Sven Laursen）将会转交给萨缪尔森。他还请萨缪尔森帮忙处理存放在他们公寓楼地下室里的书籍。他在哈佛房间里的书籍和文件已经搬到里昂惕夫的办公室。"格里普索姆"号起航前两天，萨缪尔森发了一封电报，答应帮忙料理他们的事务，并提出重人如有需要，他可以给重人汇一些钱。[42] 从此一直到战后，萨缪尔森和玛丽昂再没听到任何关于这个促成了他俩婚姻的朋友的消息。

1942 年 3 月 5 日，哈佛倒是做了一件事，利陶尔中心召开了一次讨论城市化和城镇问题的会议。第一场会议讨论了城市发展的经济决定因素，萨缪尔森在会上宣读了一篇题为《商业周期和城市发展》（The Business Cycle and Urban Development）的论文。[43] 他承认自己并非城市问题专家，但他相信自己在商业周期方面的研究，使他有资格挑战关于大萧条时期出现的城市问题的一些看法。其中之一便是城市化的长期趋势已经逆转；另一个是失业由大城市特有的问题所致："城市主义"正是问题之所在。

萨缪尔森认为，并无证据表明人们从农村搬到城市的长期趋势已经发生变化。20 世纪 30 年代曾出现过另一种运动，但它并不是趋势变化的证据，因为它是由于人们在城市找不到工作，所以回到农村和家人住在一起，然后在农场里帮忙的结果。一旦重回农场，他们将被归入"在职群体"，即使他们对农场产出可能并无贡献。因此，认为失业是一个城市问题是种错觉，因为农村失业被隐藏了。一旦经济恢复繁荣，比如在战后实行全面的就业政策，人们就会重返城市。萨缪尔森根据人口普查数据认为，大城市的失业情况实际上并不比小城市更糟。[①] 他还利用自己在华盛顿研究消费模式时所分析的数据，认为随着繁荣的恢复，人们会希

---

① 萨缪尔森采用散点图来显示城市是否按字母顺序排列（即随机分布），失业之间的相关性按其规模排序似乎一样可行。

望购买更多城市生产的商品，而不是主要的农产品——粮食。①

　　但是，萨缪尔森在该问题上不仅仅体现了他的统计学家专长，他的结论也反映了他在失业问题上的理论研究。隐性失业的概念是理论上的，这在他和拉斯·尼克松的文章中讨论过，但更重要的是汉森和其他人所发展的观点：失业是整体性经济因素的结果，特别是储蓄和投资之间平衡取舍的结果。其决定了失业的总体水平，唯一的问题是失业是如何分布的，是在公开失业和隐性失业之间，还是在农村和城市之间。他认为失业不是个人的问题。

> 如果一个人学习戴尔·卡耐基（Dale Carnegie），参加相应的课程，花大量时间孜孜钻研，并且从事自古以来被认为能够带来成功的事业，那么他无疑能成功地找到工作。但并非所有人都是如此。如果每个人都成为一个有进取心的人，没有人会比以前更好。一个人站在椅子上可以更好地看到游行，但对一个人有用的方法不一定会同时对所有人有用，而通过自我提升获得工作的某个人，往往会取代另一个工人。[44]

　　正因为失业不是个人的问题，就业和社会保障计划才得以实施。城市就像个人，一个商会的广告可能会改善一个城市的情况，但这类活动不会降低全国的失业率。萨缪尔森明确指出了这样一种观点，即对个体成立的事不一定对整体也成立，个体是整体的一部分。

　　3月下旬，萨缪尔森在哈佛碰到了约翰·冯·诺伊曼，当时他正和奥斯卡·摩根斯特恩合作撰写后来的《博弈论与经济行为》（1944）一书。[45]

---

①　萨缪尔森在华盛顿的活动将在本书第19章讨论。

早在 1 月，哈伯勒曾写信给萨缪尔森，描述了冯·诺伊曼受邀发表关于数理经济学若干方面的演讲时所提议讨论的问题：

> 几年前，他给卡尔·门格尔的数学讨论会写了一篇文章，其中提出了一个关于方程组或者更确切地说是关于生产和分配不等式的讨论。他说，这给了他一个证明和物理学性质截然不同的数学问题往往是由经济问题引起的机会。[46]

尽管哈伯勒怀疑这是否是冯·诺伊曼演讲的最佳主题，但很难不认为萨缪尔森会对此感到兴奋，因为它直接挑战了萨缪尔森沿袭威尔逊，在自己的论文和正在撰写的书中所采用的方法，其中涉及了利用他们认为的物理学和经济学问题所共有的数学结构。他记得熊彼特对冯·诺伊曼的说辞感到"欣喜若狂"。[47]萨缪尔森在自己的诺贝尔奖获奖演讲中回忆了这件事，他把它比作大卫和歌利亚（David and Goliath）的相遇：

> 这为我和歌利亚的相遇创造了条件……冯·诺伊曼在哈佛做了一次关于他的一般均衡模型的讲座。他断言，这涉及新的数学分支，与传统的物理数学和最大化问题无关。我从研讨室的后面高声说，我想它和我们经济学中机会成本边界的概念并无不同，根据这个概念，对于特定数量的所有投入和除了一个产出外的所有产出，社会将寻求剩余产出的最大值。冯·诺伊曼以他特有的闪电般的速度问道："你敢为此赌一支雪茄吗？"我很惭愧地告诉大家，这一次年轻的大卫夹着尾巴退缩了。但是有一天，当我经过圣彼得大教堂的量规时，我确实认为我还有半支雪茄——仅仅是半支，因为冯·诺伊曼也有一个正确的观点。[48]

再次谈到这件事时，萨缪尔森称，他可能是被冯·诺伊曼的居高临下重重地唬住了。

> 当他声称（他的均衡模型）意味着经济学必须找到一种全新的数学时，我表示反对，我说，这在我看来就像是牛顿和魏尔斯特拉斯（Weierstrass）——今天人们可能还会加上库恩和塔克——的有约束的最大化理论。冯·诺伊曼不无挑衅地反驳道："你敢为此赌一支雪茄吗？"虽然我是一个性急的年轻人，但还不至于鲁莽到和世界上最伟大的数学家打赌。但是，在离开研讨室时，有人听到我像伽利略那样低声说："尽管如此，世界确实在移动：它就是最大化理论。"几十年后，我给自己要了一只雪茄。[49]

1989 年，萨缪尔森在总结自己的立场时曾称，尽管冯·诺伊曼的理论创新极大地推动了"不可或缺的现代方法"（非线性规划、凸集理论、博弈论和最优控制理论）的发展，但他在冯·诺伊曼著作中所能读到的唯一真正的创新是"多人博弈引发的哲学复杂性"。除此之外，在"所谓的非物理数学"中看不出冯·诺伊曼有任何新奇之处。

经济分析

萨缪尔森讲授的经济分析课程，提供了他如何处理这个问题的第一手证据，当时他教的学生既不是经济学研究生，也不是数学专家。这是他接手的一门课程，在麻省理工学院的课程目录中被描述为：

> Ec. 17 经济理论（A） 简要回顾理论和现实之间的相互依存发

展，其次是在价格竞争和价格垄断下的一般均衡理论，在特定条件下，工资、租金和利息将据此确定。研究结果将在更接近现实的情况下得到重新评估。[50]

萨缪尔森接手这门课后，对该课程目录和他1942年教授的课程一起做了修改，将其描述为：

> Ec. 17、Ec. 18 经济分析（A） 回顾理论和现实之间的相互依存发展，其次是对竞争和垄断下的一般均衡理论进行研究。研究结果将在更接近现实的情况下得到重新评估。

他把"经济理论"改为"经济分析"，这个术语将在他的博士论文出版物和入门教科书中使用。[①] 它暗示了一种不那么抽象的方法，且可能和现实世界互相联系，与萨缪尔森的论文中"经济分析"所包含的操作主义形成了呼应，在20世纪三四十年代获得越来越频繁的使用。[②]

尽管"经济分析"是萨缪尔森承袭自前辈的一个术语，但他对这门课的描述涵盖了"理论和现实之间的相互依存发展"，这强调了所探讨的概念具有与实际相关的含义。萨缪尔森不再提供"历史性回顾"，但他的推荐书目清楚地表明，他像熊彼特一样把经济理论当作一门积累性的学科来教授，学生们可以通过阅读古典著作和当代文献来学习。例如，当涉及企业成本理论时，他把利润和工资间的收入分配纳入其中，所指定

---

① 参见本书第14章和第22章。

② 在JSTOR在线数据库中搜索文章可以发现，直到20世纪30年代中期，只有1%~2%的经济学文章使用了"经济分析"这个词，此后这个比例不断上升，直到1950年，这个比例一直在10%左右。到20世纪末，这个比例约为12%。

的读物出自当代权威学者——琼·罗宾逊夫人、爱德华·张伯伦（书单上唯一的哈佛教师）、约翰·希克斯、罗伊·艾伦，弗兰克·奈特、保罗·道格拉斯、雅各布·瓦伊纳（他在芝大的三位老师），弗兰克·陶西格，以及奥古斯丁·库尔诺（1838）和约翰·贝茨·克拉克（1899）的"古典"文本。还有几页读本选自他的哈佛同学罗伯特·特里芬（1941），这是唯一的1939年后的参考文献。萨缪尔森把这些概念归功于那些提出它们的经济学家，因此，他解释说，1838年库尔诺提出了一个稳定的需求曲线的概念，而在马歇尔之前一位相对不为人知的学者弗莱明·詹金（Fleeming Jenkin）则是第一个用英语表述这个概念的人。萨缪尔森解释道，库尔诺将企业的收入表述成价格的函数，最近的两位学者则将它表述成数量的函数。萨缪尔森称，马歇尔可能创造了"弹性"这个词，但他并非掌握与之对应的概念或数学运算的第一人。[①]

　　同样，萨缪尔森对消费者理论的分析也是从亚当·斯密和钻石贵于水的悖论（尽管水对生命更重要）切入的，但他没有像马歇尔那样指出斯密在该问题上的观点并非原创。他把斯密的困惑归于边际效用概念，在这一点上他引用了19世纪的经济学家戈森、瓦尔拉斯、杰文斯、马歇尔和奥地利学派的观点。对数效用函数的引进和18世纪的数学家丹尼尔·伯努利（Daniel Bernoulli）有关；基数效用和序数效用间的区别、无差异曲线的概念和可积性问题则与埃奇沃思和帕累托有关，两人的著述

---

① 萨缪尔森的课程之所以得到详尽描述，是因为1943年他教过一位名叫伊丽莎白·林戈（Elizabeth Ringo）的学生，她保留了在萨缪尔森的课上做的详细笔记。林戈毕业于斯沃斯莫尔学院（Swarthmore College），当时正在麻省理工学院攻读硕士学位，1944年，在萨缪尔森的大力推荐下，她成了威尔斯利学院（Wellesley College）的讲师。这里并未提供引用页面，因为我使用的是欧文·科利尔（Irwin Collier）提供的文字处理文件形式的文本记录。

都写于 1900 年左右。萨缪尔森推荐了同时代的希克斯和艾伦的著作，包括希克斯的《价值与资本》（1939b），并补充了最近被重新发现的斯卢茨基（Slutsky）1916 年的文章和里昂惕夫（关于国际贸易）的研究，以及艾伦·斯威齐和乔治库斯-罗根（Georgescu-Roegen，关于可整合性）的文献。让人不得不注意的是，他没有推荐自己的文章。

马歇尔的《经济学原理》（1920）在阅读书目中占据着突出位置，包括第 3 卷整卷（"需求及需求的满足"）和第 5 卷中的 5 章（"需求、供给和价值的一般关系"），以及数学附录中的几条注释。萨缪尔森推荐的第 5 卷，最引人注目的是那些他未推荐学生阅读的章节。在他的建议中，他省略了一些章节，这些章节被许多评论家认为是马歇尔经济学的核心内容，即关于不同时期供求均衡的章节，在这些章节中，马歇尔试图阐释关于"正常"（normal）价值的概念。[51] 如果学生们只阅读指定章节，他们就不能理解马歇尔为何非常重视短周期和长周期之间的区别。他们将得到一种简化的处理方法，其中可以用代数讨论的问题更为突出。①

尽管课程目录中提到了"现实"，但它主要是一门经济理论课，虽然它包含了一些经验性内容。这份阅读清单用了一年多[52]，其中包括萨缪尔森的老师亨利·舒尔茨的《需求的理论和测量》（*Theory and Measurement of Demand*，1938）一书，该书试图对消费者行为理论进行测量和验证。萨缪尔森还推荐了牛津大学经济学家罗伯特·霍尔（Robert Hall）和查尔斯·希契（Charles Hitch）合撰的一篇文章（1939），该文使用关于企业行为的数据，挑战了利润最大化（文中甚至不清楚利润最大

---

① 马歇尔很少使用代数，因为许多他非常重视的问题都过于复杂，无法进行这样的分析。

化意指什么）可以解释企业短期定价政策的观念。另外还有霍斯特·门德肖森（Horst Mendershausen，1939）写的一篇关于家庭收入和储蓄之间关系的文章。[①]

最彻底的经验性读物，也许是临时国家经济委员会（Temporary National Economic Committee）关于经济权力集中的会议纪要中的一节。尽管油印阅读清单上的标题是"美国钢铁"，但萨缪尔森指定的页码涵盖了钢铁、木材、松节油、其他建筑材料和化学品的定价政策。[53]我们不确定他希望学生们从这份读物中吸取什么经验教训，但他们应该已经了解到，定价政策是复杂的，反映了不同类型的成本（特别是生产和运输成本），成本和价格之间的关系因行业而异。这里不涉及任何理论，而只是一个从大量制度因素角度的定价讨论，这和他从马歇尔著作中选取的一些章节相符，尽管并无证据表明他对一些可能会出现的概念，例如基点定价和运输成本做了讨论。他从这些证据中得出的一个结论是，边际成本和平均可变成本水平上升到企业满负荷运转时的对应值后，将急剧上升，变为"反向L形成本曲线"。萨缪尔森告诉他的学生们，"从经验上讲，这（不变成本持续上升到企业满负荷运转的对应值）可能是很重要的，因为你从你所知道的平均可变成本（AVC）得到了边际成本（MC）"。

最后一句话表明，萨缪尔森强调了构建"可操作性"理论的必要性，同时他也在关注成本测算的问题。他关于当需求曲线移动时会发生什么情况的一节课，为讨论操作主义和可检验性提供了一个机会，在这一讲中，他布置了包括珀西·布里奇曼的《现代物理学的逻辑》（1927）在内的阅读材料。[54]呈现这些材料的正常途径是，假设企业利润最大化，

---

① 这和萨缪尔森在华盛顿进行的消费者支出研究直接相关，本书第19章会讨论到。

然后推断出需求曲线上升。但是，萨缪尔森却反其道而行之。他从可观察到的需求曲线上升的事实出发，然后假设这可以解释成是利润最大化企业的行为。他把自己学生时代应用于消费者理论的方法应用于企业理论。

萨缪尔森的讲课风格是非正式的：在讨论了纯粹竞争后，他说他将论及其他市场结构，但他并没有足够的时间这么做。很明显，他并未注意确保学生们能在笔记中正确地记录细节。这些课程似乎是从纯粹竞争的案例开始的，之后转向了对操作主义的讨论，萨缪尔森列出了三篇方法论文本，学生们可以通过它们跟进这些想法。罗宾斯似乎被认为是另一种观点的例证，布里奇曼和哈奇森（他们主张经济理论的可检验性）则代表了萨缪尔森自己的立场。[①]

虽然萨缪尔森提供了大量的经验性读物，并强调了操作主义，但他的重点是经济理论。他用代数和图解提出了这个理论。尽管他提到更高级的数学，但这门课所需的代数仅限于微分，偶尔会出现积分。[②] 这门课借鉴了琼·罗宾逊夫人（1933a）对企业理论的图解阐述，并讨论了她的一些观点（如她对剥削的讨论），以及张伯伦（1933）的理论，其重点是产品差异化和广告等因素，这是琼·罗宾逊夫人所没有涉及的。

经济分析第二门课程的阅读书目涉及更多的应用性读物，包括两篇关于农业的文章和一篇关于基点定价（企业在面临巨大的运输成本时的

---

① 哈奇森（1938）。林戈以一种含混不清的方式记下了哈奇森的书名，"哈奇森。假定的，经济"，很明显，萨缪尔森肯定是快速带过了这个内容，对学生们毫不迁就，比如把它写在黑板上。他引用了罗宾斯著作的第一版（1932），尽管1935年已经发行了第二版，但第一版相较萨缪尔森的操作主义不会那么格格不入。

② 萨缪尔森提到收入函数可以用傅立叶级数近似处理，在关于垄断定价的讨论中他也提到了泛函分析。

一种产品定价方法）的文章。^①萨缪尔森还引用了约翰·莫里斯·克拉克的"一种切实可行的竞争理论"（Toward a Theory of Workable Competition）一文，但引用日期可能出了错，因为他记得自己在该文刊出前一年的美国经济学会会议上听过克拉克宣读它。[55]值得注意的是关于水泥工业、铁路费率、定价政策的文章和一篇临时国家经济委员会的专题文章，这些被应用最多的文章只是被列为"选读书目"。学生们还被建议去读克拉克关于间接成本经济学和工业选址的文章，以及关于制鞋工业的一些内容。对亨利·西蒙斯《自由放任的积极纲领》（1934）及西蒙斯对汉森关于财政政策一书的评论的补充说明，似乎表明萨缪尔森允许自己偏离教学大纲，讨论更广泛的话题。

萨缪尔森对动态问题的讨论表明，他乐意探讨用数学方法无法分析的问题。企业会熟悉需求在商业周期中的波动，对未来需求条件的不确定可能会使它们的运营效率低于最高水平。例如，企业可能会选择不建立足够的产能来满足其峰值需求，因为这样做意味着他们的一些产能在大部分时间将处于闲置状态。这个投资策略的结果是（供给）短缺，它助长了投机行为，但对企业而言，以这种方式限制生产活动却是合理的。萨缪尔森认为，垄断涉及一种投机因素，最重要的一点是担心产能

---

① 它涵盖了和第一门课程类似的主题，但对其中的一些主题做了更详细的讨论。其他课程中没有涉及的阅读材料包括：皮耶罗·斯拉法（1926）的一篇文章，该文挑战了马歇尔关于规模收益的理论，引发了后来被称为"成本争议"的问题；奈特关于成本和价格的一篇文章；熊彼特关于动态竞争的一章；以及阿巴·勒纳关于垄断权力的文章，保罗·斯威齐关于寡头垄断的文章，还有希克斯和罗伊·哈罗德关于垄断和不完全竞争的文章。这门课程将向学生们介绍关于不同市场结构的各种当代文献。萨缪尔森还提到了关于福利经济学的参考文献——卡恩、兰格、勒纳、希克斯和柏格森在20世纪30年代发表的文章——以及兰格（1942）最近发表的一篇文章。

利用不足。当他转向通用汽车公司时，他称平均可变成本被认为是不变的，出厂价格 30% 的加价被用来覆盖间接成本。这表明，萨缪尔森在他的讲课中加入了有关成本结构和企业行为的概念，它们反映了美国和英国（在较小程度上）正在进行的经验研究，尽管它们与琼·罗宾逊夫人和张伯伦所阐述的传统企业理论相冲突。企业并非像许多教科书中描述的那样，按照"U 形"平均成本曲线运营。

鉴于这个主题在战后经济学中的重要性，萨缪尔森对一般竞争均衡的论述具有重要意义。他的推荐书目包括古斯塔夫·卡塞尔的《社会经济学理论》（1923），该书包含了瓦尔拉斯一般均衡体系的简化版本，艾伦·迪雷克托在萨缪尔森读本科时向他介绍了这一体系。萨缪尔森还推荐了乔治·斯蒂格勒的《生产和分配理论》（*Production and Distribution Theories*，1941），这是一本考察 19 世纪末经济学的书，作者以萨缪尔森在芝大就读期间所撰写的论文为基础。或许更重要的是，他引用了一些德语经济学家的论述，这些经济学家试图提供关于卡塞尔教科书中提供的系统中一般均衡存在的严格证据，他们包括亚伯拉罕·瓦尔德（Abraham Wald）、约翰·冯·诺伊曼（萨缪尔森前一年在哈佛和他有过交锋）、海因里希·斯塔克尔伯格（Heinrich Stackelberg）、卡尔·施莱辛格（Karl Schlesinger）和奥斯卡·摩根斯特恩。我们不清楚有多少学生会被要求阅读这些文献，因为它们中的大部分都没有英文版本。萨缪尔森引用奥斯卡·摩根斯特恩（1941）对《价值与资本》的评论指出，希克斯对这些德语文献的考虑可能使他避免了一些错误，包括断言有合适的方程个数就可以确保系统存在一个解——一个萨缪尔森援引自瓦尔德和冯·诺伊曼的观点。

萨缪尔森要求学生们去接触一系列的方法论观点。他从雅各布·瓦伊纳开始，瓦伊纳对数学的使用持怀疑态度，和马歇尔一样，瓦伊纳把经济学看成更像是生物学而不是机械学。在表达这样的观点时，瓦伊纳想必是在呼应马歇尔。萨缪尔森给出了经济学家可能会持瓦伊纳观点的三个理由：人们对心理学着迷，这使他们变得古怪；社会科学与生活有关，因此需要不同的方法；因为社会是"有机的"，所以需要不同的方法。相反，萨缪尔森自己的观点是，生物学家使用的方法和其他学科使用的方法大致相同，尽管他们可能不太准确。在表达这一观点时，他可能会想到劳伦斯·亨德森的研究，以及他最近和阿尔弗雷德·洛特卡的通信，洛特卡使用数学来分析人口动态问题。一个不同点是，尽管生物学家使用了相同的方法，但其"比理论具有更多的直觉因素（如医生的快速判断）和实际应用意义"。换句话说，尽管生物学家（和医生）可能必须更多地依赖直觉，但他们基本上是匆忙得出结论，并未涉及任何根本不同的方法。

萨缪尔森还谈到资本理论，包括奈特对奥地利学派的批评。他时而详细讲述生产和要素价格，时而又快得连一个聪明的学生都很难理解。[56] 考虑到资本理论和凯恩斯经济学的关系及萨缪尔森在消费方面的研究，值得注意的是，资本理论成了他讨论储蓄和消费的主题。他用一张图（见图16–1）来阐明某人的最优消费抉择，此人的收入流因一次继承而出现了不均。他的最优策略是借钱消费，这些钱可以在他姑妈去世时偿还，这样他就可以有一个恒定的终生消费（假设他每一年的边际消费效用保持不变）。

萨缪尔森接着讨论了如果能以固定利率借贷，抑或只贷不借或只借不贷，消费者的预算约束会怎样。这与时间偏好（消费者当前对未来消费的偏好）和利率能否低至零值的讨论有关——奈特和奥地利学派对这一话题有过争论。20世纪50年代，这种将消费视为平滑不规则收入流的观点——主要与米尔顿·弗里德曼、阿尔伯特·安藤（Albert Ando）和佛朗哥·莫迪利亚尼（Franco Modigliani）有关——成为宏观经济学的一个重要内容，它被认为和资本理论无关，而是和凯恩斯主义的收入决定理论有关。

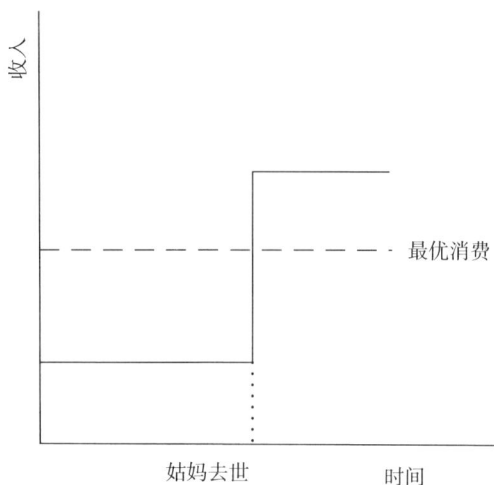

图 16-1　随时间推移的最优消费

　　萨缪尔森很快就适应了新的学术环境。这个系很小，不会有在哈佛那种让生活变得艰难的敌意。虽然系里的重点是教学，但它的研究项目正在开发中，萨缪尔森从一开始就融入其中。最初两年，他似乎只需负责很轻的教学任务，尽管在 1942 年他不得不承担新的课程，但那时全国已经处于战争状态。他患有高血压，在父亲去世后他对自己的健康状况颇感焦虑，他确信如果被征召入伍，他将被视为在医学上不适合服役。由于担心自己或难享高寿，他一边急于证明自己从事的是国防所必需的职业，而且没有被归入医学上不适合服兵役者，一边全身心地投入工作中。[①]

──────────

[①]　1941 年 6 月 9 日，萨缪尔森的征兵身份登记是 2B。他的身份在 2A（必要的平民职业）和 2B（国防需要）之间来回变化，但很难把这些日期和他的活动变化联系起来。要么是麻省理工学院教员的分类方式发生了变化，要么是他被归类的变化反映了他在麻省理工学院内部职责的变化，这些变化都没有得到记录，例如，他是否参加过新兵训练。他的家人注意到，他不顾一切地避免被归类为 4F（身体、精神或道德不适合服役）。

不仅萨缪尔森所教的课程显示了他对大量文献了如指掌——仅此项任务就足以使大多数新任助教手忙脚乱，他的研究也在有条不紊地推进。正如人们对一个极其坚定地支持操作主义的人所期望的那样，他转向了统计学，拓展了自己的理论统计学知识，并加入了数据分析。与此同时，他参与了"新经济学"（收入决定理论）的研究工作，这是一份可以和他作为国家资源规划委员会（NRPB）的兼职顾问进入政府部门连在一起的工作。他还着手修改他的博士论文以供出版。考虑到他的投入程度，这无疑是一个旷日持久的漫长过程，直到战争几乎结束才告完成。

第17章

统计学

商业周期的统计分析

萨缪尔森的论文提倡操作主义的方法论。他用这种方法来论证经济理论应该同发展可检验的命题有关。但在哈佛期间，除了他和拉斯·尼克松合著的关于失业的文章外，他既没有从事过实证研究，也没有写过关于如何来检验命题的文章。随着他来到麻省理工学院，情况发生了变化。很难说这在多大程度上是麻省理工学院以工程学为主导的风气使然，还是他新同事的活动的结果，又或者是他自己的想法自然而然发展的结果，他的经济学研究方法确实发生了重大变化。在麻省理工学院的头几年，他广泛研读数理统计学，并着手进行了一些实证研究项目。

萨缪尔森在麻省理工学院的第一个关于商业周期的实证项目，得到了商人罗杰·巴布森（Roger Babson）的资金支持。巴布森是麻省理工学院 19 世纪 90 年代的毕业生，以提出一个被用来预测股票市场涨跌的工具——"巴布森图表"（Babsonchart）而闻名。[1] 1929 年，当大多数分析师预测股价会持续上涨时，巴布森却预测股价会下跌。大崩盘后，他成了名人，他的方法似乎得到了证实。[2] 巴布森图表背后的原理是牛顿第三定律：每一个力都会产生一个同等的反作用力。巴布森相信可以根据过去的趋势预测未来，并认为牛顿定律可以证明存在一条反映正常商业活动的趋势线。未来的商业活动高于这条线越明显，越有可能产生使其低于这条线的反作用力。巴布森就读麻省理工学院时就知道牛顿，后来他向母校捐款，用于研究牛顿第三定律在经济学中的应用。拉尔夫·弗里曼建议把这笔钱的一部分用来支持萨缪尔森领导的一个项目。

　　拉尔夫·弗里曼于 12 月 23 日将萨缪尔森的研究意向书寄给了麻省理工学院的财务主管，这份意向书显然是在巴布森思想的基础上写的。[3]它首先赞扬了"牛顿力学的胜利"，认为它的成就是建立了能够完全确定某一物理系统运动的二阶微分方程。尽管和"更先进的物理科学"相比，萨缪尔森批评这种方法是"原始的和初级的"，但他迎合巴布森的观点，认为萧条的深度和前一次繁荣的高度直接相关，这是牛顿第三定律的应用。他的建议是利用统计学的最新研究进展超越这些简单的理论，并含蓄地表示他的研究将以巴布森的研究为基础。

　　　　数学、统计学和经济理论的最新进展，首次揭示了从经验上确定经济时间序列的结构关系的可能。它们以随机线性差分方程的形式，给出了阻尼或无阻尼调和级数的解，结果表明系数将随概率分布的变化而变化。

　　萨缪尔森建立了一种理论，在这种理论中，周期可以由二阶差分方程产生。然后，他提议对这个模型中的系数进行估算，用拉格纳·弗里希 20 世纪 30 年代发展的术语来描述他的项目。尽管他以某种方式介绍了他的项目，试图给巴布森留下深刻印象，但牛顿的思想较为复杂，同他想做的完全无关。为了实施这样一项雄心勃勃的任务——这些模型大概还处于初级阶段——他需要一名训练有素的助手，拉尔夫·弗里曼建议从巴布森基金中拨出 500 美元用于找到一名助手。

　　萨缪尔森向芝加哥大学的奥斯卡·兰格询问是否可以推荐人选，1940 年 12 月，兰格给萨缪尔森提供了 4 个具备数理统计学知识的人选名单，包括利奥尼德·赫维奇。[4] 赫维奇比萨缪尔森小两岁，出生于俄罗斯，在华沙学过法律，在伦敦（同凯恩斯的前合作者丹尼斯·罗伯逊一起）和日内瓦学过经济学；他于 1940 年来到美国，在芝加哥大学参加讲座。兰格在总结了赫维奇的背景后写道：

> 　　他头脑聪明，在我看来，他是这份名单上的最佳人选。他具备相当丰富的数理统计学背景，也拥有非常广泛的分析知识。在成为经济学家之前，他是一名理论物理学家。他还进行了实验物理学的数值研究。他是我遇到的学生中最优秀的一个。此外，他非常需要一份工作，因为他没有任何收入。[5]

　　萨缪尔森后来说，他之所以决定选择赫维奇，是因为赫维奇当时最需要钱。除了一起住在芝加哥的表亲们的支持外，赫维奇并无其他收入，他很愿意接受这个职位，即使需要花费从 1941 年 1 月至 6 月一个学期的时间。

　　萨缪尔森和赫维奇后来对这项研究的记忆各不相同。赫维奇记得他曾做过有关企业如何定价的统计研究。[6] 他举了一个棺材制造商的例子，这名制造商通过将棺材的成本乘以 3，再加上 50 美元来定价。这类调研在美国和英国很常见：在美国，由于企业的定价政策似乎有望解释经济大萧条，它引起人们极大的兴趣；在英国，牛津经济学研究小组（Oxford Economics Research Group）试图解释价格的日常设定问题。在这种情况下，人们认为利润最大化是毫无意义的。相反，萨缪尔森记得赫维奇曾明确研究过商业周期："我们对弗里基 1865—1935 年的美国总产出进行了早期光谱分析。"萨缪尔森写道：

> 当我说"我们"时，我并不是只指利奥和保罗（即萨缪尔森）。相反，我仍然能从我的脑海中看到利奥，他一只手挥着鞭子，另一只手握着计算尺，召集着他的团队，其中大部分是国家青年管理局年轻的女性计算机操作员。因此，并行的计算机计算，配得上在麻省大道和纪念大道西北角竖一块大理石标记。利奥正是从这里开始工作的。[7]

那些日子里，计算机是一个人，计算机实验室是一个房间，一排排人坐在里面做计算，这些计算必须分解成若干部分，每个部分由不同的人（并行计算）计算出来，然后再把结果组合起来。这是萨缪尔森领导一组研究人员进行的第一次试验。

弗里基是萨缪尔森在哈佛的老师之一，他关注商业周期的发展指标，在 20 世纪 30 年代写了一系列研究文章。[①] 对数据进行光谱分析——试图确定各种周期的周期性或频率——是他研究的自然延伸。萨缪尔森研究了傅立叶分析和自然科学中用于光谱分析的其他技术，他可能想将更先进的数学技术应用到这个问题上，特别是考虑到他有一个受过物理学训练的助手，这样做似乎是合理的。在现代计量经济学中，光谱分析和结构估算通常被视为替代方法，但在 1940 年，估算方法更加流畅。萨缪尔森很可能一直在尝试用一些更严格的方法来扩展他的哈佛老师们的方法，以评估结构模型。

---

① 参见本书第 6 章。

这个研究项目似乎没有获得成功，因为它并未产生任何公开发表的成果。和麻省理工学院财务主管的通信清楚地表明，他们的研究成果"将在晚些时候以印刷品的形式呈现"，巴布森基金会已经为此预留好资金，但并无关于此类印刷报告的痕迹。[8]此外，当萨缪尔森不得不写一份关于他使用巴布森基金的情况报告时，他写信给赫维奇——赫维奇此时已经回到芝加哥——问是否可以将赫维奇即将发表在《计量经济学》上的一篇文章写入报告中，说该文章基于在麻省理工学院做的研究。[9]他特意问赫维奇是否愿意在文章中插入一个感谢巴布森的脚注。[10]赫维奇在脚注中称，自己的文章产生于"对两份商业周期研究结果的解释"，一个在麻省理工学院，一个在芝加哥大学。[11]虽然这篇文章和萨缪尔森的研究项目有关，但它主要基于赫维奇去麻省理工学院之前写的一篇题为《时间序列相关性中的滞后现象》（The Phenomenon of Hysteresis in the Correlation of Time Series）的文章。[12]它超越了萨缪尔森的周期模型，分析了波动的随机模型（萨缪尔森之前的模型并未包含随机项），并解决了和估算有关的问题，但它完全是理论性的，不包含任何数据分析。萨缪尔森记得赫维奇监督指导过"计算机操作员"做数据处理，但这并未留下任何记录。如果这个项目真的失败了，那也不足为奇，因为它非常雄心勃勃地提出解决一个经验性问题，而解决这类问题的标准技术还没有发展出来。

在巴布森资助的项目结束几个月后，萨缪尔森写了一篇涉及统计数据分析的文章，题目是《消费函数的统计分析》（A Statistical Analysis of the Consumption Function）。[13]虽然没有直接证据表明这是商业周期研究项目的衍生产品，但他们很自然地估算了消费函数，因为如果结构模型是萨缪尔森前一年所发文章中提出的乘数-加速数模型，这是他们必须估算的两个方程之一。

萨缪尔森的文章首先概述了有关消费和收入的文献，根据它们使用的方法进行了分类：基于家庭预算数据，基于国民收入的时间序列，以及"或多或少可置信的粗略"估算，比如卡恩、凯恩斯和约翰·莫里斯·克拉克的估算。[14] 尽管汉森采用了第一种方法，但萨缪尔森建议使用有关消费和收入的时间序列数据来检验这种关系。他从西蒙·库兹涅茨提供的1921—1935年的数据入手（由于这些数据反映了不规则的战时事件，他删掉了1919—1920年的数据），并增加了美国国家资源规划委员会提供的1936—1939年的数据。为了找出他所谓的"可逆分析关系"，而不仅仅是对历史数据进行描述，他需要对价格变化进行调整，以便将实际消费支出和实际收入联系起来。库兹涅茨使用了一个复杂的步骤来获取他的调节数列，但萨缪尔森发现，使用美国劳工统计局（BLS）编制的工薪阶层生活成本指数得出的结果与此类似，所以他使用这个简单的方法来获取他用于分析的数列。

萨缪尔森对数据拟合了一条最小二乘回归线，使消费仅仅和收入相关联。尽管这显然符合整个时期的数据，但他指出，"偏离最优拟合线的偏差并不是随机分布的"。[15] 他并非通过统计检验得出这一点，而是通过对数据的仔细观察得出的。如果误差不是随机的，那么从统计学的角度看，这意味着最小二乘回归线不能令人满意，所以他把时间作为附加因素，检验了长期趋势在起作用的假设。据此，他检验了以下假设，即消费和收入之间存在一个消费函数，该函数以恒定的速度上下移动。这符合库兹涅茨的原始数据，但当额外4年的数据被加入后，时间变量的系数"在抽样意义上"不再和零值显著不同。[16] 换言之，虽然加入额外变量必然会使方程和数据拟合得更好，但这种改进并不足以证明应该加入它们。不同于萨缪尔森之前只是基于目测数据所观察到的误差不随机的情况，这涉及了对检验统计数据的计算。[①]

接着，萨缪尔森探讨了通过简单最小二乘法得出的消费函数，是否可以用商业储蓄的变化来解释的问题。其中的推理是，这部分国民收入并未由家庭获取，因此不应被视为家庭消费。为了验证此推理，他通过家庭所获得的收入（国民收入减去商业储蓄）而不是国民收入（"按生产法计算的收入"）的函数，来估算消费。这产生了取值为 1.06 的边际消费倾向，表明系统不稳定。但即使存在这种边际消费倾向，一旦考虑到商业储蓄，该系统也不会不稳定。此外，他认为，企业留存收益应反映在股票价格上，由此减少了个人从所得收入中进行储蓄的需求。这意味着没有理由认为收入和消费之间存在密切联系。

由这篇文章可见，萨缪尔森对数据及其计算方法非常熟悉。他还很熟悉以下观点，即可以从统计上对总量关系进行检验，并且应该用这些检验为经验模型算出最优参数。他使用的检验既是非正式的（注意到他的回归方程的残差项似乎不是随机的），也是正式的（注意到他的时间趋势系数和零值并无显著不同）。通常认为，他的研究"代表了对消费函数在计量经济学残差分析中初次公开的诊断性使用"。[17] 这篇文章颇为重要，因为它表明在写了一篇有关经济理论的任务是推导可检验的预测，并展示实现这一目标的方法的文章后，萨缪尔森现在转向了对理论的检验问题。也就是说，他不再只是一名数理经济理论家了。很明显，汉森是这篇文章的主要影响者（该文被收入汉森主编的一本书中），但这种转变与萨缪尔森进入麻省理工学院这所更强调技术的院校密不可分。麻省理工

[①] 20 世纪 50 年代，米尔顿·弗里德曼发展了消费的永久收入理论，生命周期理论的两个研究者阿尔伯特·安藤和佛朗哥·莫迪利亚尼也同这些概念密切相关。但是，这些概念早在 40 年代初就已经流传开来。参见本书中的图 16—1 和图 20—1 及相关讨论。

学院不仅为他提供了研究资助，使他能够聘请赫维奇担任助手，而且为他提供了一个注重解决棘手的实际问题的环境。

统计理论

　　虽然没有证据表明，在赫维奇离开后，萨缪尔森是否仍在坚持巴布森资助的项目，但可以肯定的是，他仍然专注于统计学，他曾和哈罗德·弗里曼共同教授该科目。统计学和数学系之间有很多互动，该系开设数理统计学课程。在这种环境下，萨缪尔森认为可以慎重地提交给《计量经济学》的文章数量不多，于是他开始在数学期刊上发表文章。1941年9月，《数理统计学年鉴》（*Annals of Mathematical Statistics*）发表了他的一篇文章，文章中他推导出了某一个多项式的根小于1的条件。[①]萨缪尔森解释说，这在许多领域——商业周期理论、概率论以及使用迭代法的数值模拟领域——都很重要，因为较大的根通常会导致不稳定性，使系统不会收敛于均衡值。

　　萨缪尔森还采纳了最近一期《计量经济学》上的一个建议，即不应通过求偏离回归线（通常的方法）的平方差之和的最小值，而应通过求绝对偏差之和的最小值，来计算回归方程。据称，这种方法的优点在于，不必确定 y 是否依赖于 x，或 x 是否依赖于 y：无论是哪一种假设，都会得到相同的结果。[18] 萨缪尔森指出，这是计算回归线的多种方法之一；为了在各种方法之间进行选择，他列出了6种可能被认为是回归线所具有的属性，并对它们进行了评估。但是，最重要的观察结果在于，某一个变量对另一个变量的依赖性应该是至关重要的。

---

① 即满足这种形式的方程的解小于1。

如果调查研究的目的并非简单地描述多元分布的特征，而是寻找一个假设的"正确的"（在某种意义上）线性关系，并在此之上叠加一个误差分布，那么除非先对扰动因子的性质做出一些假设，否则就不能识别出决定回归方程的确切方法。这些假设必须具有假设的性质；即使有无限大的样本，也无法通过对数据的检验归纳出这些假设。[19]

这篇文章本身并不重要，但萨缪尔森的论点表明，他正在密切关注新兴的计量经济学方法文献。他引用了佳林·库普曼斯（Tjalling Koopmans）的《经济时间序列的线性回归分析》（*Linear Regression Analysis of Economic Time Series*，1937），该书主要关注变量的测量误差。萨缪尔森不清楚所涉及的误差的性质（它们是测量误差的结果，还是因行为是部分随机的而产生？），但他的观点和他一直以来所思考的库普曼斯的观点是一致的。他的论点也与前一年在估算消费函数时对残差的密切关注相一致。尽管他没有使用这种表述，但是统计分析需要指定一个潜在的概率模型，以使检验假设而不是简单地去估算关系成为可能，却是挪威经济学家特里夫·哈维尔莫（Trygve Haavelmo）在一份工作论文——《经济关系的理论和测量》（*On the Theory and Measurement of Economic Relations*，1941）——中提出的一个重要论点，哈维尔莫当时正在美国从事一项洛克菲勒基金会资助项目研究。[20]

这篇论文后来被收入《计量经济学》（1944）的一个特刊中，在计量经济学史上非常重要，它证明了假设检验的统计方法在不涉及抽样的情况下用于汇总数据的合理性。萨缪尔森仍然和哈佛保持着密切联系，哈维尔莫正是在哈佛写出了这篇文章，他也是在8月限量版印发时收到一本增刊的人之一。[21] 和哈维尔莫一样，萨缪尔森认为，经济学的实证研究涉及经济理论和统计方法的相互整合，因为缺乏经济理论的支撑，就不可能确定所要检验的概率模型。

　　1942—1943 年学期，两名进入第二批博士生的学生劳伦斯·克莱因和约瑟夫·乌尔曼（Joseph Ullmann）感到需要更多的统计知识，于是他们组织了一系列的研讨会，发言者则来自麻省理工学院内部和外部。[①][22]萨缪尔森经常去参加这些研讨会。萨缪尔森和哈罗德·弗里曼像克莱因和乌尔曼的两个学生一样，在研讨会上提交文章。有几位发言者来自麻省理工学院数学系，其中包括对遍历理论（ergodic theory）做了一番阐释的诺伯特·维纳，令经济系主任拉尔夫·弗里曼感困惑的是，他自己虽偶然参加却总是陶醉其中。维纳在讲话一开始就提醒听众，美国正在打仗，屋子里听到的内容不允许在外面复述，以免给敌人带来安慰。对此，在维纳离开后，弗里曼回应道："该死的，希特勒和希姆莱（Himmler）都别想从我这里得到一个字，即使发言者是一个能言善辩的演讲者。"[23]

　　来自哥伦比亚大学的哈罗德·霍特林考察了统计学中尚未解决的问题，包括统计学的基础、统计决策制定和统计计算方法。这里面的许多问题也是其他研讨会上试图解决的问题。萨缪尔森认为，最好的演讲者是罗马尼亚统计学家亚伯拉罕·瓦尔德，他和卡尔·施莱辛格一起证明了竞争性一般均衡的存在，并被霍特林招募到哥伦比亚大学。他讲了公差极限，这是一个对制造业的质量控制很重要的问题。哈罗德·弗里曼运用贝叶斯方法对一批产品进行工业抽样检验，以找出有多少产品存在缺陷。来自哈佛大学的威尔逊在研讨会上讲了偶然性检验表，来自布朗大学的威廉·费勒（William Feller）则讨论了随机过程理论。

---

① 　本书第 24 章将更多地提到克莱因。

其中，最重要的也许是 1943 年 3 月 30 日哈维尔莫的一篇文章，当时他正在为挪威航运和贸易代表团工作。在邀请他的时候，乌尔曼解释说，研讨会的许多参与者都已读过《经济关系的理论和测量》一书，并对把杰吉·内曼的假设检验理论应用于经济学检验的问题感兴趣。结果，哈维尔莫选择了讨论经济学中统计推理的一般性问题，并称其为"和计量经济学有关的统计推理的若干问题"。[24] 他的出发点是，"计量经济学应该是一种尝试，不仅要在经济理论的表述上更精确，而且可能是为了实现这样一种表述，即理论本身可以根据实际观察结果进行检验"，这和实际情况相差甚远。为了弥合理论和数据之间的鸿沟，有必要用概率术语来建立模型，因为只有这样，理论才是可检验的。经济学家不应含糊其词地谈论"错误"和"无法解释的残差"，而应根据概率分布来构建理论。这是他最近在《计量经济学》的一篇短文中概括的讨论联立方程组中的估算问题的前奏。[25]

克莱因是研讨会的组织者之一，也是萨缪尔森的博士生，他很快注意到了哈维尔莫的分析，并把它运用在这一年晚些时候发表的文章中。[26] 哈维尔莫的分析对萨缪尔森有何影响并不清楚，尽管他曾是哈维尔莫 1941 年手稿的早期读者之一，并清楚地理解其中的论点。多年后，当回忆起研讨会时，萨缪尔森写到了它是如何改变计量经济学的。他写道："他（哈维尔莫）在麻省理工学院的演讲并不是一次常规的回顾，而是对芝加哥大学考尔斯研究小组的主要刺激措施的首次揭示。"[①][27] 萨缪尔森接着说，在解释估算联立方程组中所涉及的问题时，哈维尔莫以自己（萨缪尔森）版本的乘数-加速数模型为例，表明他们在他于研讨会上进行阐述之前"可

---

① 1938—1955 年的芝加哥大学考尔斯委员会，在沿袭 20 世纪 40 年代初哈维尔莫所开创的研究思路发展现代计量经济学方法上扮演了重要角色。

能已经"做的分析总的来说是错误的。[①]

考虑到萨缪尔森和赫维奇曾试图估算出一个商业周期的模型，并且很自然地从萨缪尔森自己的模型开始，很容易推测在哈维尔莫阐释之前"我们可能已经"做的分析，即指萨缪尔森和赫维奇两年前所做的研究（虽然光谱分析会有所不同）。虽然这么说可能有些过头，但是可以想象，8 月份哈维尔莫文章的刊出，使他们推翻了他们从 1 月到 6 月所取得的成果。萨缪尔森 1941 年晚些时候对消费的估算可能考虑到了误差项，但这些估算并不符合哈维尔莫所主张的标准。[②]

1942—1943 学年，萨缪尔森在《数理统计学年鉴》和《美国国家科学院院刊》（1915 年起由威尔逊主编）上发表了另外两篇关于数学问题的文章，这些问题主要出现在统计学中，但也可能出现在使用矩阵代数的任何领域。在一篇文章中，他提出了一种他的化学家朋友 E. 布莱特·威尔逊提出的计算矩阵特征方程根的方法。[28] 另一篇文章提出了一种确定矩阵潜在向量的方法。[29]《数理统计学年鉴》还发表了一篇题为《拟合格拉姆-沙利耶级数》（Fitting Gram-Charlier Series）的文章，该文和他当年在统计学研讨会上提交的文章（如果不是同一篇的话）密切相关。[30]

根据威尔逊几年前提出的一个建议，这篇文章试图简化并结合两种表示概率分布的方法。这引起了洛特卡的注意，他指出，萨缪尔森使用的概率分布的扩展与他用来表示人口出生和死亡率的概率分布相

---

① 他们去求解了两个普通最小二乘回归方程：消费关于滞后收入的回归方程，以及投资关于收入变动（或者股本关于收入）的回归方程。

② 萨缪尔森后来写道，"在（哈维尔莫）著名的增刊文章发表之后，计量经济学从此面貌大改"，这篇 118 页的文章被作为《计量经济学》的增刊出版，文中提供了对这些概念的最完整的陈述（哈维尔莫，1944；萨缪尔森，1991b，第 333 页）。克莱因当时可能会赞同这些陈述，尽管和威尔逊关系密切的萨缪尔森当时可能会持更多怀疑。

似。[31] 洛特卡指出，这类函数可能应用的领域非常广泛。萨缪尔森在他发表的第五篇数学论文中，提出了一种新的插值方法，它可以应用的范围更广，该文也发表在威尔逊主编的《美国国家科学院院刊》上。[32] 这些文章解决了数理统计中的问题，这些问题在分析动态经济模型时也很重要。

萨缪尔森在统计学方面的阅读广度和他准备批评他人研究的自信，可以通过他对哈罗德·戴维斯（Harold Davis）所著的《经济时间序列分析》（*The Analysis of Economic Time Series*，1941）一书的评论来说明，戴维斯是考尔斯委员会成立以来一直和萨缪尔森有联系的数学家。萨缪尔森在这本书中找到了值得赞许的地方，包括涉及统计理论的三章和处理货币交换方程的一章（货币数量论）。除此之外，尽管他的评论一直很有礼貌，但他还是对一本厚达 620 页的技术巨著提出了批评。萨缪尔森详细批评了剩下四章涉及统计理论的内容：戴维斯提倡的方法还不如文献中的其他方法；戴维斯没有考虑到他所使用的统计检验的效率；戴维斯没有考虑到重要的新研究，特别是"与费雪和内曼有关的现代估算和分配理论"。[33] 关于经济应用，萨缪尔森认为戴维斯的比较优势是统计学，很明显，萨缪尔森对预测革命可能发生在何时的"经济时间序列"历史理论的印象并不深刻。萨缪尔森对收入分配一章的批评表明他熟悉最新的经验文献。在评论的结尾处，他自信地说，他把重点放在了这本书的缺点上，"因为经济统计学家并不总是具备切中一本书中的难点所必需的技术性知识，尽管这本书包含了'许多实实在在的贡献'"。

当萨缪尔森在第二年的一次会议上遇到戴维斯时，他很可能会谈到这一评论，因为在如此尖锐的实质性评论之后，戴维斯想必会觉得他们有很多地方可以切磋。他们的谈话促使萨缪尔森在 1944 年 10 月给哈罗德·弗里曼写了一封信，标题是《H. A. 弗里曼备忘录》，里面写道：

　　我们的友谊很美好。但过犹不及。我希望你不要认为我对务实的人有偏见，相反，我的一些最好的朋友正是务实的人。我要说的是，每个院系都能容忍这样的情况。但是你把一个务实的人引进系里，他就会带一个人来，然后再带一个，无穷无尽。而且，他的朋友们也都是务实的人，一个人将被迫利用宝贵的时间和这些务实的人交谈。

　　你会发现，我被一个叫哈罗德·M.戴维斯（你的一个好朋友）的人围困了好几个小时（还是几天？）。我认为你对我的苦恼负有个人责任。

　　因此，我借此机会断绝与你和同你相关的一切关系，而且，我在告知我的妻子和能够联系上的家人也这么做。以后如果我们见面，没有旁人在场，我将不会和你说话，希望你能保持礼貌。但是，如果有必要在我的院系职责方面和你打交道，我将尽我所能优雅地服从，但这是我的底线。[34]

　　当然，即使萨缪尔森认为戴维斯占用了他太多时间，他们的关系也没有破裂。

人口动态

　　除了从事统计学相关研究外，萨缪尔森还在继续研究人口增长问题，其实他还在哈佛时就开始和玛丽昂合作研究这方面的问题。[①] 1942年年初，阿尔弗雷德·洛特卡写信给萨缪尔森说，他刚刚读了萨缪尔森关于稳

---

① 参见本书第11章。

定性的最新文章，他认为萨缪尔森认识到了他的方程系统和他在《物理生物学基础》（1925）一书中所使用的方程系统很相似。[35] 洛特卡称，他已经在该书中讨论了勒夏特列原理和稳定性之间的关系。[36] 他还指出，他不仅分析了类似的问题，而且萨缪尔森在研究员协会认识的阿尔弗雷德·诺斯·怀特海多年前曾问过他，这种系统是否可能不适用于经济学。此外，他还建议萨缪尔森关注一些 1939 年以来发表的文章，包括一篇埋没在《缅甸研究学会杂志》（*Journal of the Burma Research Society*）上的文章，他承诺会寄上一份。

这一年晚些时候，萨缪尔森对自己研究的人口动态的发展脉络产生了兴趣。他一直在读罗伯特·库琴斯基（Robert Kuczynski）的著作，库琴斯基在 20 世纪 30 年代写了大量人口统计学著作，萨缪尔森确信库琴斯基使用的一个历史性主张是错误的。这是俄罗斯统计学家拉迪斯劳斯·博特基维茨（Ladislaus Bortkiewicz）得出的一个定理，该定理表明受恒定生育率和生存条件影响的人口，最终将以指数增长率接近稳定的年龄分布。萨缪尔森在 1942 年 7 月写给洛特卡的一封信中推测，博特基维茨实际上只是证明了这是一个具体的数值例子。[37] 洛特卡很高兴萨缪尔森问了他这个问题，因为他认为博特基维茨所做的连这一点都算不上：事实上，博特基维茨的计算无甚新意，而他（洛特卡）才是证明给定出生率和死亡率的人口会收敛于某一固定的年龄分布的第一人。[38] 洛特卡称，库琴斯基熟悉 20 世纪 20 年代的发展，他无意识地曲解了博特基维茨研究中所没有的含义。写下这些内容两天后，洛特卡又给萨缪尔森写了一封信，用两个方程式阐述了他的观点，并称博特基维茨使用的系统存在一个很大的跳跃，只涉及生存函数（描述了活到一定年龄的人的比例）和引入人口再生产或生育率的系统。[39]

这封信使萨缪尔森确信自己终于理清了文献中的困惑，而且他已经

"将库琴斯基并未意识到自己对博特基维茨的误解这个事实抛之脑后"。[40]
但是，萨缪尔森认为，尽管库琴斯基误解了博特基维茨，但他却偶然发
现了一个独立于生育假设的有效定理。为了说明这一点，萨缪尔森列出
了四个定理，它们都基于恒定的存活率函数。前两个定理直截了当：出
生人数呈指数增长的人口将达到一个稳定的年龄分布，人口也将呈指数
增长；如果年龄分布稳定，人口必然会呈指数增长。第三个定理是洛特
卡 1911 年得出的一个重要定理，即任何死亡率和特定年龄生育率恒定不
变的人口，都将趋近于指数增长。剩下的第四个定理，萨缪尔森认为他
自己是第一个证明它的人：如果人口呈指数增长，而死亡率恒定不变，
那么出生率最终必然也呈指数增长。接着，萨缪尔森根据这四个定理总
结了文献中的困惑，并向洛特卡寻问自己是否正确。

　　洛特卡罗列了一些他自己的已刊文章作为回复，向萨缪尔森解释他
可以从哪里找到前两个定理，并重复了库琴斯基和博特基维茨均未发现
任何新论的观点（洛特卡显然同意萨缪尔森关于第三个定理的陈述）。然
后，洛特卡没有质疑萨缪尔森关于自己定理的主张，而是解释了为什么
他认为这个定理具有有限的实用价值，"至少在人类社会中是如此"。[41]只
有正确的出生率才是必要的。他对萨缪尔森的唯一让步是，"在这些人口
政策受控制的日子里，它可能会对未来的问题产生一些影响"，而且这可
能与畜牧业或工业设备投资有关。萨缪尔森似乎让事情平息了下来，直
到晚年他才发表有关这个主题的文章。[42]

　　同洛特卡的这种交流表明萨缪尔森正在寻找一个问题，在他看来，
这个问题必然是一个有趣的数学问题。人口增长是威尔逊关注的问题之
一，也是汉森认为导致经济停滞的一个重要因素。然而，萨缪尔森在美
国参战后对这个问题的持续关注表明，即使在麻省理工学院忙于教学和
提高数理统计学知识，忙于准备发表论文和研究财政政策理论，以及忙

于在华盛顿组织一个重大项目（参见本书第 19 章），他也未曾放弃尝试
去解决这个数学问题。

　　萨缪尔森在统计方面投入了大量时间。他开始了解将统计方法应用
于经济问题的相关最新进展，并用这些方法来分析宏观经济数据。这些
都表明他的研究重点有了重大转变，因为在哈佛时，尽管他强调构建可
检验的假设，但他把主要精力放在了数理经济理论上。现在，他选择不
去深究经济学理论形式上的统计检验问题，而是有了两个研究方向。他
继续修改他的论文以供发表，并参与关于凯恩斯经济学和财政政策的非
常活跃的辩论。随着经济学家被吸引到战时政府部门，这样的辩论在华
盛顿越来越多。这些经济学家正在发展一种很快被称为"新经济学"的
理论，或者如萨缪尔森在他的教科书中所说的，现代收入决定理论。[43] 尽
管这个理论的理论基础在 20 世纪 30 年代就已建立，但还有许多问题有
待解决。

第18章

创立新经济学（Ⅰ）——理论：1940—1943 年

收入决定理论

　　1940 年 12 月，萨缪尔森在新奥尔良参加一次凯恩斯经济学研讨会，这是他作为教授而非研究生参加的第一次计量经济学会会议。会上，奥斯卡·兰格提出了凯恩斯《通论》中的一个理论问题：如果工资足够有弹性，失业会发生吗？如果工资是有弹性的，那么根据"古典主义"的观点，需要工作的失业工人将迫使工资下降，增加对劳动力的需求，直到实现充分就业。凯恩斯不无争议地称，这种机制不会起作用。兰格则认为，只要货币供给减少的幅度小于价格下降的幅度，就可以恢复充分就业，因为货币供给的实际价值的上升将增加（通过压低利率）对证券和商品的需求。

　　萨缪尔森以对萨伊法则（凯恩斯用该术语表示总需求不可能短缺的概念）的三个含义的讨论作为回应。第一，"最热心的持有"是纯粹形而上学和无可辩驳的："供给即需求，因为商品和商品交换。"[1]这在实证上是毫无意义的。第二，购买力是坚不可摧的：未用于消费的部分会被自动用作投资。这在实证上是错误的，因为有效购买力是不断变化的。最后一个含义和兰格的文章直接相关：如果价格足够有弹性，就不可能出现非自愿失业。萨缪尔森反对兰格的最有力的论据是，尽管可能存在一个足够低的价格水平，它可以产生充分就业，但价格水平下降可能无法消除失业。他提出了一个出现在《通论》中的动态论据，但在随后的辩论中被普遍忽视，因为很难用简单的如兰格所使用的数学模型检验它。尽管萨缪尔森在自己的论文中提倡一些比较静态方法，但他能够看到它们的局限性。

第三位发言者是汉森，但并不清楚汉森是否解决了这个问题，因为《计量经济学》没有发表他的文章摘要，他只是在他即将出版的《财政政策和商业周期》（*Fiscal Policy and Business Cycles*，1941a）一书中提到了它的实质内容。这是萨缪尔森参与的一个项目。它始于汉森撰写的一份手稿——《与商业周期有关的财政政策》（Fiscal Policy in Relation to the Business Cycle），在 1939 年 6 月社会科学研究委员会组织的一次会议上，许多一流经济学家对该手稿进行了讨论。在接下来的一年里，汉森同包括萨缪尔森在内的许多哈佛同事和学生讨论了这份手稿。[2] 出版的版本开篇即陈述了大萧条和战争之间的关系，当时弥漫于整个欧洲并逐渐主导美国经济政策制定的正是这种局面。

> 现在直接和间接席卷全世界的这场战争，不能用过度简化的以竞争资本主义和帝国主义的竞争为基础的教条来解释。但是，它有一个经济基础，即工业大国无法以不断提高的实际收入标准提供充分就业。30 年代灾难性的经济崩溃，释放了使世界陷入火海的力量。政治领域未能实现世界秩序的最终原因，必然和经济受挫的事实相当。[3]

一年后，萨缪尔森在弗莱彻学院讲授经济活动和战争的关系时，提出了一个论点：经济政策不能和国际关系分离。[①]

　　汉森的书的关键点或许是提出了一个新的财政政策目标，即通过高水平的政府支出，利用累进税或增加公共债务来确保充分就业。该书的关键部分"财政政策和资源的充分利用"，从"周期性消费-收入模式"这一章开始。[4]汉森认为消费在很大程度上是由收入决定的，即存在一个消费函数，并给出了投资高企的理由。汉森用显示消费和收入之间关系的图解说明了这一点，其中的一张图类似于萨缪尔森在他的一篇关于商业周期的文章中使用的图。[②][5]与萨缪尔森的图不同，汉森的消费函数是一条直线，更重要的是，坐标轴上有数值：理论概念被做了量化处理。

　　汉森利用了国家资源委员会（NRC）收集的数据，这些数据涉及不同收入水平家庭的消费支出占收入的比例。但有一个问题不能用这些数据解决。汉森计算出，国民收入从 500 亿美元提高到 800 亿美元，将使储蓄比例从 6.9% 上升到 14.9%。但是，西蒙·库兹涅茨收集的数据显示，长期以来，储蓄占收入的比例并没有上升：他计算的消费函数只有在短期内收入发生变化时才成立。这就需要进行不同类型的实证分析。附录中以萨缪尔森的名义提供了这一点，标题为"消费函数的统计分析"（A Statistical Analysis of the Consumption Function）。在附录中（该书第 17 章对附录做了不同角度的讨论），萨缪尔森使用多元回归分析，根据汇总数据估计了消费函数的替代形式。[③]值得注意的是，汉森的章节没有引用萨缪尔森的结论，萨缪尔森也没有讨论将他的研究作为附录的章节。但是，用不同方法得出的两组估计值的发表，反映了汉森对消费函数的重视，消费函数是战时和战后规划的核心概念。

---

① 参见本书第 16 章。

② 参见本书前面的图 13-1。

③ 本书第 17 章也讨论了这些估算值。

汉森论点中的核心要素是乘数，这和当时几乎所有的收入决定分析一样。这个概念在《通论》和以前的文献中都有详细讨论，但萨缪尔森认为这个理论仍未得到充分理解。因此，1941 年夏，他写了一篇很长的文章，最终以《财政政策和收入决定》（Fiscal Policy and Income Determination）为题发表。[6] 这篇文章的第二句简短概述了一种很可能是萨缪尔森从熊彼特那里学到的经济学发展观，然后热情洋溢地聚焦于萨缪尔森的经济分析史——这种经济分析以非连续的形式大步推进，它需要时间来巩固其成果。[7] 萨缪尔森称，乘数理论具有相当直接的魅力，因为它"巧妙地表达了潜在的模糊和直观的'购买力'概念"，但由于它过于简化，因而受到了很多批评。[8] 虽然他只是指乘数，而非整个凯恩斯主义体系，但他在这句话中所表达的观点概括了他的研究生劳伦斯·克莱因不久后称之为"凯恩斯革命"的观点。这个理论之所以流行，是因为它使已经流通的思想形式化；而它之所以遭到反对，是因为它被过于简化，导致它的不正确。这意味着，当这个理论得到阐述时——萨缪尔森的论文将为这项任务做出贡献——可能会形成一个共识。因此，萨缪尔森给自己设定了两项任务：一是通过"隔离一些当前的误解"来扫清障碍；二是将简化的理论版本中没有讨论过的复杂性考虑在内。

首先，短期措施是将乘数和政策建议区分开来。尽管汉森和其他主张财政稳定政策的人使用了乘数，但它并不像许多经济学家认为的那样，是"使自主支出合理化的政策"。[9] 这一信条对公共支出没有任何影响，因为如果政府支出增加导致私人投资下降，那么乘数将可能是负的，这意味着没有理由增加政府支出。但是，乘数本身不会是负的，因为如果它是负的，系统将是不稳定的，并且不可能得到有意义的结果。除此之外，统计数据证实，边际消费倾向小于 1，这对稳定性和正的乘数都是必要的。关于乘数的一些误解，例如为保持货币流通速度不变而调整利率，在实证上是错误的，但大多数误解均源于对动态过程的错误分析。例如，政府支出的一次性增长（即支出上升一段时间，然后又回到之前的水平）和支出上升到新水平并停留在新水平的变化之间的混淆，导致了有关产出对政府支出变化具有敏感性的错误结论。尽管这篇文章很大程度上仅限于文字阐述，但对大多数《计量经济学》的读者来说，它所隐含的形式数学分析价值并不会丢失。[10]

萨缪尔森关于乘数的核心信息是，必须给被乘数——乘以支出——匹配适当的乘数。这一点可以通过政府支出问题来说明，在政府支出中，乘数可以被看作政府在商品和服务上的支出，也可以被看作扣除税收后的支出（赤字）。如果使用前者，那么必须调整乘数，以允许在收入增加时支付额外税款。[①]适当的政府支出乘数把储蓄和税收视为漏出，由此导致一个更低的乘数和税收上升幅度。萨缪尔森认为，不可能通过诱发性的税收增加，来弥补政府支出最初增加的成本。就像他所说的，"即使是财政部这样强大的机构，也不能靠自己的力量自力更生"。[11]

其中，关键的一点是边际税收倾向（每增加 1 美元收入所增加的税收）小于 1。

　　　　在这种情况下，如果政府不在增加支出的同时自主改变税率，它就无法在不增加一定赤字的同时，在一个稳定的体系中提高国民收入。由特定支出所导致的税收的持续增加，必须低于该支出。当然，边际税收倾向越大，财政部的损失就越小，但总会导致一定数额的损失。[12]

---

① 假设边际消费倾向为 3/4，那么"基本"乘数为 1/（1-3/4）=4，再假设边际税率为 40%。认为政府支出增加 25 亿美元将使产出增加 100 亿美元，从而增加 40 亿美元的税收并导致赤字减少的观点是错误的。

　　萨缪尔森很快又指出，有可能通过修改税收制度来减少储蓄，使得即使在预算平衡的情况下，也能维持充分就业。[①]

　　萨缪尔森曾认为，如果不提高税率，增加政府支出将会提高赤字，但他现在转向了赤字的财政影响。他的主要目的是解释在持续低利率的同时，政府债务的增加是如何成为可能的。并无证据表明，财政部或中央银行通过"操纵"市场来达到这一目的，也未产生维持低利率所必需的证券买卖。他给出的解释是，如果债务的增长率不变，就像赤字恒定不变的情况一样，利率将保持不变。为了提高利率，必须提高赤字的增长率。更高的赤字可能会抬高利率，但这些利率不会无限期地上升。这又是一个关于动态分析的争论，但它显然让很多数学能力强的《计量经济学》的读者也倍感沮丧；萨缪尔森并未给出任何数学模型来证实他的观点，而是选择讨论美国的黄金政策。

　　萨缪尔森的下一个重点是反驳汉森提出的论点，即在增加国民收入方面，公共工程支出（公路、医院和其他公共项目），比公共救济和社会保障方面的支出更加有效。[13]这里的一个争论涉及政府支出的直接影响。萨缪尔森指出，这两种方法都有可能奏效。如果分配给公共救济和社会保障的资金比分配给公共工程的资金花得更快，那么公共救济支出将更加有效——这和汉森所说的恰恰相反。汉森提出的另一个论点是，把公共支出集中在大型项目上会更加有效。萨缪尔森的回应是，更加明显并不意味着它的影响会更大，因为许多小项目合在一起会产生同样大的影响。

　　萨缪尔森还批评了汉森所谓的"周转率方法"（velocity approach），即人们常说的货币数量理论。欧文·费雪阐述的20世纪版本的货币数量理论，以公式MV = PT为中心，其中M是货币存量，V是货币流通速度，

P 是物价水平，T 是交易量。如果 V 和 T 是常数，那么 M 的变化必然导致 P 以相同的比例变化。"收入周转率"（income velocity）是萨缪尔森使用的术语，它指通过使 T 的定义包括流入国民收入的交易而获得的周转率，因此 PT 即表示国民收入。[①] 萨缪尔森从一个数学概念开始：

> 不幸的是，古代天文学家选择地球围绕太阳公转的周期作为传统的时间计算单位。同理，因为有了现在的金融习惯，产生了两到三个货币收入周转率的数值，它们和通常为乘数设定的数值并无什么不同。[14]

然而，尽管这给了萨缪尔森一个以讽刺笔调写作的机会，却和他的主要观点无关，即周转率方法的鼓吹者所犯的错误和许多凯恩斯主义者并无二致。他们并未明确区分定义上正确的命题和可反驳的假设。萨缪尔森认为，周转率方法以货币流通速度保持稳定的假设为基础。在充分就业的情况下，这意味着货币供给的变化将导致物价水平成比例变化，这是一个萨缪尔森认为非常重要的理论，即使需要进行一些修改。但是当存在失业时，货币变化至少会部分地导致产出的变化。[②] 萨缪尔森认为，使收入周转率和乘数相协调的尝试并不具说服力，因为它们依赖于对变量特性的操纵，并且未能解释任何事情。即便是周转率会在调整投资变化过程中发挥

---

① 20世纪50年代，米尔顿·弗里德曼使货币数量理论获得重生，他主张对这个方程进行更灵活的解释，其中 V 不一定是常数。

② 使用这里定义的符号，如果存在充分就业，则 T（衡量实际经济活动）不会发生改变，因此 MV 的上升必会导致 P 的上升；相反，如果存在失业，货币供给变化可能会导致 T 上升或下降，这意味着 P 不一定会发生变化。V 和 T 是常数，P 的变化和 M 成正比，这是一个可检验的假设。如果没有关于 V 和 T 的说明，MV=PT 在定义上是成立的。

作用的论点，也是不正确的，因为正常的周转率数值假设存在稳定的支付习惯——经济失衡时期并不满足这一点。他写道："充其量，正常的货币周转率是一个次要的限制因素；最坏的情况是，它是不相关的和误导性的。"[15]

　　萨缪尔森非常自信地写道，他大胆地批评了一个有着悠久历史的理论，甚至他把货币数量理论描述为周转率方法，也使它变得微不足道。他强调，他力图"避免掩盖观点和逻辑上的根本差异"，并暗示在写出自己没有努力"表明资深学者在许多问题上取得的实质性一致意见"时，他低估了对周转率方法的反对。[16]但是，在这一明确暗示的对权威的主张背后，他所提出的问题仍然没有得到解决。

　　乘数和收入决定理论尚未尘埃落定，他的论文为了回应他批评的立场却已支离破碎：它读起来像一系列联系松散的点。这与他关于消费者理论和国际经济学的文章形成了鲜明对比，因为这两者都有一套定义了一种理论的既定假设，他可以通过应用比他同时代人更严格的数学分析来使之系统化。当谈到乘数时，他好像是在做同样的事情：使用正式的数学分析来消除以往研究中存在的混乱。然而，他的立场已经不同，因为尽管存在包括凯恩斯主义和古典体系在内的数学模型，但他并未找到一个他可以从中得出预期结果的单一模型。这意味着，尽管他对动态问题的思考取决于他作为一个数学家的思维，但他并未提出一个可以从中得出他的结论的动态模型。

　　《美国经济评论》的编辑们给萨缪尔森提供了一个将这些概念与凯恩斯和古典经济学的争论联系起来的机会，主要论点体现在他和兰格的美国经济学会辩论中，当时他们邀请他对剑桥大学经济学家庇古的最新作品《就业与均衡》（*Employment and Equilibrium*，1941）进行评论。萨缪尔森认为，在讨论什么是古典经济学时，凯恩斯的口口相传者们"就像一个失去了驴的人，他毫无办法，只能问自己，如果他是一头驴，会怎么做，然后再做同样的事情"。[17] 作为凯恩斯引为古典理论典范的经济学家，庇古可以告诉凯恩斯主义者一头驴是如何思考的。[①][18] 萨缪尔森高度评价这本书是"近年来最重要的著作之一"。[19] 他认为该书的方法论"近乎完美"，它揭示了古典经济学和凯恩斯主义经济学之间的共同点。评论的结尾称，庇古的书"以非凡的力量揭示了凯恩斯主义者一直在讲的古典主义'散文'的程度，同时也揭示了'古典主义者'在凯恩斯主义'诗歌'中的思想"。这个评论比他之前和汉森在经济周期上的合作，或者他对财政政策的探讨，更清楚地表明了1941年的萨缪尔森是如何思考凯恩斯主义体系的。

储蓄和投资的概念正在被人们广泛讨论，它们引起了极大的混乱。萨缪尔森承认，庇古接受凯恩斯主义的定义是正确的，根据这个定义，储蓄和投资总是相等的。[20] 但是，仍然可能存在失衡，因为家庭希望用于储蓄的收入额，和企业家在同一收入水平希望用于投资的收入额之间可能会有不同。由于有必要处理那些不一定能被观察到的幅度，他建议，与其使用瑞典经济学家倡导的术语，不如说"事前"储蓄和投资可能存在不同，即使"事后"储蓄和投资必然相等，但"事实上的"（virtual）和"可观察的"（observable）术语似乎更合适。

萨缪尔森认为，庇古这本书从方法论的角度看"近乎完美"，是因为它得出了比较静态结果，并将注意力集中在动态过程上——这些方法是他同年早些时候答辩的论文的核心。失衡或愿意储蓄和投资的"不相称性"（inappropriateness）引起了变化，这一点在"罗伯逊、卡恩、约翰·莫里斯·克拉克、伦德伯格"，以及至关重要的"早期凯恩斯"的"富有成效的详细的时间序列分析"中得到了确认。[21] 萨缪尔森认为，即使短期均

---

① 讨论自己在芝加哥大学的教育时，萨缪尔森使用了驴的比喻（参见本书第5章）。一开始他使用这个类比来确立庇古的权威，后来他将其用在了自己身上。

衡会在长期内发生变化，在分析短期均衡时也并无不一致之处。为了佐证这一点，他提到了古希腊哲学家芝诺的悖论，他曾借用这个悖论批评凯恩斯：正如箭在空中移动一样，任何时候它都在某个特定的地方；因此储蓄和投资可以相等，但也会发生变化。[22]

1942 年年初，萨缪尔森继上述评论后又写了一个注释，称他和另一位评论者尼古拉斯·卡尔多关于投资取决于就业水平的观点是正确的。[23]他采用了自己在这种情况下的常用策略，即从一个简单的模型开始并对其进行了归纳。最简单的模型采用了总生产函数，其中产出是劳动力和资本的函数。[①]假设利率等于边际资本产出，而产出取决于就业和资本存量。投资（股本增长率）可以是任何东西——投资函数的形状是水平的。接着，他和庇古一样，给消费品和投资品的生产假定了不同的生产函数。庇古认为，随着投资品产量的上升，生产投资品的资本边际生产率将下降，从而使投资和利率之间呈负相关，这也许是正确的。有争议的问题在于，它没有考虑到这两个部门之间的关系。

萨缪尔森的第一个结论是，庇古的假设定义了一个比庇古意识到的要复杂得多的体系，这些额外的复杂性并未给庇古的论点增加任何实质性内容。但是，还有一个更有趣的地方。庇古提出了一种可以实现充分就业的古典制度。萨缪尔森认为，高投资将带来高就业和高边际资本产出。他所说的"对市场利率的完美主义操纵"，可能会确保为实现充分就业而进行的投资达到适当的水平。但即使货币政策能够实现这个完美的结果，它也是通过贬低"严格加总原则的粗暴做法"实现的。萨缪尔森含蓄地运用了源自美国传统商业周期理论的非凯恩斯主义的概念，对庇

---

①　萨缪尔森把提出问题的这种方式归功于剑桥大学经济学家弗兰克·拉姆赛（1927年，这里年份似乎弄错了，他指的是 1928 年的文章）。

古的古典理论进行了批判。

正如他早期的文章一样，萨缪尔森对凯恩斯持批评态度。凯恩斯不仅抛弃了对推导运算定理很重要的早期研究的动态分析，而且过于不加批判地接受了边际生产率递减规律，即当就业增加时，雇主愿意支付的工资将减少。但是，他也发现了庇古的缺点。或许最重要的问题是，他的字里行间充满了对庇古关于央行可以确定货币收入水平的质疑：低息货币可能无法提高需求，因为它不可能降低利率，或者因为投资没有对利率变化做出反应。他后来的注释所传递的信息是，以汉森的研究为代表的美国商业周期理论，所关注的是凯恩斯和庇古都未能理解的重要关系。

消费、投资与乘数

1942 年年初，萨缪尔森与他的朋友艾布拉姆·柏格森的通信，说明了收入决定理论的不稳固地位。柏格森写了一篇文章，分析价格变化在收入决定中的作用。[24] 他的方法是为了表明，不论企业是在竞争性市场运营还是拥有垄断权力，都可以从价格同时依赖于产出和边际劳动力成本的函数角度来论证。[①] 包括凯恩斯、希克斯和庇古在内的不同作者，得出了不同的结果，柏格森称，这是因为他们对价格对这两个变量的反应做出了不同的假设。这就需要重新思考储蓄和投资理论，考虑将随产出变化而发生的价格变化。

在撰写这篇文章的过程中，柏格森联系了萨缪尔森，问他稳定性是否要求边际储蓄倾向（以货币表示）必须大于边际投资倾向（萨缪尔森的分

---

① 这是一个简化，因为柏格森考虑到了其他可能需要和劳动力一起使用的投入，但它并不影响论证。

析中都以实际货币表示）。这使萨缪尔森对自己的立场做了一番解释。他
把价格变化排除在外，并把它作为"严重萧条时期的第一个近似值"。工
资率根据"制度上的原因"来设定，它假设物价和工资率成正比，因为规
模收益不变。很显然，这些都是"极端假设"，但它们"对于涉及工资单
位等更基本的乘数模型的有效性必不可少"。[25] 然后，他继续解释说，当
假设一个更现实的模型时，理解稳定性条件如何变化的唯一方法是确定一
个动态模型。例如，人们可能会假设产出的变化等于储蓄和投资之间的差
额，后两者取决于实际收入和其他变量。在柏格森该文的出版版本中，他
采用了这种方法，得出了一个类似于萨缪尔森之前的一篇文章中所使用的
方程，但他对它做了修改，纳入了消费和投资品的价格。[26] 一个月后，作
为柏格森该文推荐人的萨缪尔森，建议迪克森·利文斯将该文收入《计量
经济学》，他说该文对解决一个非常棘手的问题做出了贡献，并提议柏格
森补上它所基于的整套方程，以更好地阐明它所依据的假设。[27]

　　萨缪尔森在提供收入决定理论的系统性处理方法上取得了更大的进
展，1941 年年底或 1942 年年初，他写了一篇很长的文章，最初的题目是
《消费、投资与收入》（Consumption, Investment and Income），但后来他把
它改成了《现代收入理论》（The Modern Theory of Income）。[28] 该文的主
要目的是说明性的：它提出了一个简化版的现代收入决定理论，得出了关
于消费和投资在刺激产出方面的相对重要性的结论。但在转向对动态问题
的论证时，相关阐述变得简单多了。该文表明了萨缪尔森正在接受的凯恩
斯主义理论的研究方向，以及他对其他经济学家的描述，这种描述后来成
为一种独特的风格。他在讨论同时代人的著作时采用了反讽的方式。

　　　尽管明智的经济学家对于什么构成了整个正确的产出理论，毫
　　无疑问一直有着完美的共识，但直到最近都没有一位明智的经济学

家能够说出这个理论究竟是什么。在过去的 6 年里（自 1936 年凯恩斯的《通论》出版以来），这个秘密已经被泄露，尽管它的全部含义只是逐渐为人们所熟悉。[29]

虽然这个秘密被泄露的影响总体上是有益的，但萨缪尔森称，近期事态发展的一个不幸影响是"粉饰了实际投资相对于消费的扩张性刺激效果"。因此，他的目的是纠正这种观点背后的误解。更具讽刺意味的是，在一个论及（英国）剑桥大学经济学家的脚注中提到了凯恩斯。他看出凯恩斯两本"价值堪比博士论文"的主要书籍之间缺乏连续性，同时，琼·罗宾逊夫人的文章提供了线索，揭示了（英国）剑桥大学经济学家们的思想何时发生了变化，"她是'剑桥学派'和世界其他地方经济学流派之间思想论战的权威公关专家"。[30]

萨缪尔森明确地以不同思想流派的措辞来写作——古典主义、新古典主义（甚至新新古典主义）和凯恩斯主义。尽管他显然赞同凯恩斯的主要观点，但他并不认同任何一种学派，这意味着他凌驾于所有学派之上。他的语气显示出：他通晓数学，能够运用正确的数学知识指出错误，其他经济学家未必能做到这一点。因此，有一次他说："我想澄清一下，我没有指责任何一种学派（如反凯恩斯主义者）比他们的反对者更加混乱。凯恩斯主义者，包括凯恩斯本人在内，也犯了错。"在这段话的脚注中，他指出了四个"凯恩斯主义体系在数学方面的错误，其中一些已经得到使徒们的祝福"。[31] 他傲慢地指责琼·罗宾逊夫人犯了糊涂，"严重误导"了波兰经济学家米哈尔·卡莱斯基。①

---

① 卡莱斯基离开波兰去了剑桥，他提出了一个和凯恩斯理论有很多共同点，但带有马克思主义元素的理论。琼·罗宾逊夫人在 1942 年发现了马克思。

　　在文章开头部分，他阐明了理解数学的重要性。他解释说，经济学家之所以认为投资是驱动因素，原因之一是投资品行业（如生铁行业）的产出波动被认为远大于消费品行业的产出波动。由于投资波动似乎领先于消费变化，人们假设因果关系必定是从投资指向消费。不同于此，根据自己的数学经验，萨缪尔森能够很容易地看出，如果对投资和消费变化（如加速数所暗示的）进行比较，时间顺序便会倒转过来，使任何因果关系假设瞬间颠倒。

　　这篇文章的意义还在于，萨缪尔森第一次用到图解。萨缪尔森后来不仅把这张图放了他最畅销的经济学入门教科书的内页中，还把它放在了该书的封面上。该图表明，收入水平由向上倾斜的储蓄函数和水平的投资函数的交点所决定。图 18–1 是他和汉森使用的图示（见图 13–1）的一个变形，但他没有绘出消费和收入的关系图，而是绘出了两者之间的差额（储蓄）和收入的关系图。①均衡产出是 Z，在这一点上，事前（计划的）储蓄和投资相等（尽管萨缪尔森更偏好"虚拟储蓄"一词，但这里他使用的是后来被普遍接受的术语）。[32] 如果 Z 小于充分就业产出 F，那么 F 不可能是均衡点。萨缪尔森称，尽管这种关于收入决定的解释过于简单，但它以"任何一种理论都必须考虑的企业经验模式"——尤其是他在之前研究中估算出的消费函数的稳定性和大概形状——为基础这一点足以纠正误解。[33] 他把自己的图和著名的马歇尔"十字交叉"供需关系图进行了比较，并用马歇尔对一把剪刀的两个刀刃的类比，解释了决定收入的既非储蓄也非投资，而是两者之间的关系。因此，这张图被称为"凯恩斯十字图"。

---

① 如果把储蓄定义为收入和消费之间的差额，那么支出（消费加投资）和收入之间的差额必然等于投资和储蓄之间的差额。

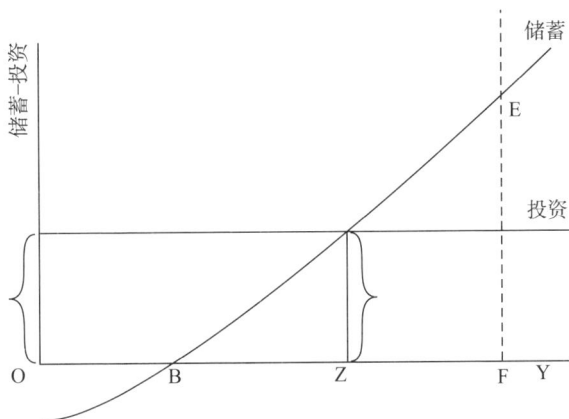

图 18-1　收入决定——储蓄和投资

然而，尽管这些图示可以很好地解释储蓄和投资之间的关系，但它们需要和其他论据结合使用，因为利率发挥了关键作用，它带来了货币供给和央行政策问题。更复杂的是时间的作用。最早的草稿中增加了 8 页内容，介绍了这些静态图解背后的动态过程。这就要求萨缪尔森对相关的滞后做出假设。一种可能性是假设当前的消费依赖于前一时期的收入。另一个假设是，生产对销售变化的反应需要时间，两者之间的任何差额都可以通过库存来满足。在任何一种情况下，储蓄和投资失衡之间的关系都不相同。正是在这里，他做出了上述评论，即凯恩斯主义者和反凯恩斯主义者都犯了同样的错误。

萨缪尔森认为，使消费倾向高到足以产生充分就业将是最优的，因为如果出现失业，消费和投资都可能会增加。然而，一旦达到充分就业，消费和投资就会此消彼长，这意味着"此时的最优行为是经过深思熟虑的社会决策，而不能基于机械行为主义的理由做出决定"。[34] 他认为，也许"社会既不希望每一单位时间的资本积累率达到最大，也不希望它达到最小"。萨缪尔森在文章最后对"消费不足主义学派"（underconsumptionist school）做了概述。马尔萨斯曾认为，失业可能是消费水平过低的结果。[①] 萨缪尔森指出，即使是汉森这样的顶级学者，也一直在摒弃现代思想，而现代思想正朝着自己的方向发展。这怎么可能呢？

萨缪尔森的回答是，有效需求分析是"经济分析中最难的问题之一"，价值理论（即个别价格如何决定的理论）的进步对此贡献甚微。[35] 尽管价值理论发展得很好，可以简化为几个基本原则（如他在文章中所展示的），但他认为"任何一个经济学家都能发展出一个美丽的、合乎逻辑的、完整的（有效需求）理论……是一种不切实际的愿望"。他引用凯恩斯的《通论》指出，"消费不足主义者'模糊地看待真相'，而且他们常常把它与天真的、古怪的和可反驳的分析观点结合起来"。[36] 当他称这些错误并不足以构成拒绝这个理论的原因时，他所指的无疑是他的老师们。[②]

这篇文章的结论是，尽管在经济政策上存在分歧，但在经济分析上却有很大的共识。他在该文中提出了许多同时代最杰出学者的著作中的错误，并称"尤为重要的一点是，强调几乎所有当代经济学家所达成的巨大分析共识"，这含蓄地给他自己的论点赋予了权威性。[37]

如果按篇幅长短来判断，萨缪尔森这篇文章的主要批评对象之一是奥斯卡·兰格（1938）在一篇文章中接受的马尔萨斯 19 世纪初提出的"最优"消费倾向的观点。这个观点很重要，它挑战了经济学思想中根深

---

① 人们普遍认为（至少从亚当·斯密时代开始）储蓄（不消费）是有益的。高储蓄将降低利率，增加投资，刺激经济增长。马尔萨斯认为，存在一个最优消费倾向（概念上等价于假设存在一个最优储蓄倾向），因为在某一点之后，储蓄会变得有害，消费将不足以购买所有可能生产的商品。结果便是失业。这种观点是消费不足主义的基础，被认为是异端邪说，因为它挑战了储蓄永远是一种美德的观念。

② 萨缪尔森批评了斯利克特和约翰·威廉姆斯。他在本科时曾用过斯利克特撰写的教科书（参见本书第 3 章），威廉姆斯则在哈佛教他货币银行学，还和汉森（参见本书第 12 章）一起举办财政政策研讨会，威廉姆斯只是口头上反对消费不足。

蒂固的正统观点。兰格使用了类似于萨缪尔森的模型，但他还有一个方程，其中货币供求决定利率，利率又会影响投资。兰格表明，在投资最大化的情况下，存在某种消费倾向。如果消费低于这个水平，利率就会降低，投资就会增加；如果消费高于这个水平，利率就会上升，从而降低投资。兰格认为，这证明了消费不足论者的观点是正确的，他们认为消费不足会阻碍经济发展，这和储蓄总是有益的正统观点相矛盾。然而，萨缪尔森认为兰格的论点在几个方面有误，而兰格认为的可能存在一种导致就业不足的最优消费倾向，则是完全错误的。

　　萨缪尔森曾和兰格就自己早期有关消费和福利经济学的文章有过通信，并很自然地给兰格寄了一份这篇文章的副本。兰格回答说，他怀着极大的兴趣读了文章。[38] 他提出了许多改进建议，如他此前在萨缪尔森批评他时所做的，他承认萨缪尔森确实发现了他的代数有误，但他称萨缪尔森自己的代数也不正确，而且修正错误后他自己的结论也是合理的。兰格说他"对新古典理论，倾向于比我以前或比你看起来更加宽容"。他的理由是，新古典经济学家假设所有的价格都具备完全弹性，这意味着如果消费倾向下降，价格和产出也会下降，从而减少对货币的需求。此外，如果人们确实发现自己的现金余额过多，就会对耐用消费品需求和投资需求产生直接影响。[①] 该理论假设货币供给的下降比需求的下降更慢；如果像大多数新古典经济学家一样，假设货币供给保持不变，则这一点无疑是成立的。兰格最后总结说，他希望在一个月内写好一本名为《价格弹性、就业与经济稳定》（Price Flexibility，Employment and Economic Stability）的小册子草稿，对新古典理论做出一番解释。除了一个脚注外，"最优"消费倾向的概念并没有出现。兰格称，如果萨缪尔森不太忙的话，他可能会寄一本小册子给他。

---

① 　投资函数的形式为 $I = F(i, C, M)$，其中 i 是利率，C 是消费，M 是现金余额。

果不其然，萨缪尔森觉得这封信很有用。他给兰格回信说，他特别感谢兰格发现了他的数学错误，因为"在印刷品上出现这样的错误会很尴尬"，这暗示兰格也应该为自己的错误感到尴尬。[39] 他接着说，在重读文章时，他意识到自己的措辞并未充分阐明兰格方程完整的普遍性。他含蓄地认为兰格是在讨论一个存在失业的世界。在这样的世界里，工资可以被看作是恒定不变的。只有在接近充分就业时，工资才会上涨。相反，他认为兰格试图在自己的方程中包含充分就业的情况。

萨缪尔森随后解释了他为什么不太信服兰格关于实际现金余额的论点。这个效应①假设资本市场是不完美的，因为在一个企业可以按市场利率无限量借贷的完美的资本市场，现金余额应该无足轻重。然而，虽然他承认资本市场是不完美的，但他认为，兰格所讨论的效应将被价格水平下降对边际资本效率的效应"完全掩盖"。

> 因此，在现实条件下，我认为新古典的立场是完全错误的，尽管事实上可以构建一种模型，其中的曲线并不具备现实世界的平坦度和陡峭度，而且工资削减会暂时增加就业。[40]

接着，他明确表示反对新古典理论，并解释了为什么他希望兰格所承诺的手稿不会在关键问题上妥协。

> 和我们这个世界（包括军备时期在内）的情况相反，对他们（新古典经济学家）的计划真正彻底的应用将导致恶性通货紧缩，给我们的经济和政治体制造成灾难性的后果。因此，如果你的小册子

---

① 指实际现金余额效应。——译者注

在这些问题上让步，我将深感遗憾。最优消费倾向不应该只占据一个脚注的位置。[41]

在这封信的附言中，萨缪尔森解释说，尽管他不急于发表文章，但汉森希望他能尽快发表出来，这意味着如果把文章分为两部分会更容易发表。为了避免这种情况的发生，他想知道兰格是否认为《政治经济学杂志》愿意接受这篇文章目前的篇幅。然而，这篇尚未完成的文章被提交给了《美国经济评论》，征求如何能够使它发表的相关意见。编辑回复称，只要萨缪尔森对文章感到满意并觉得它可以发表，他就会欣然接受，尽管他并不放弃"提出改进建议的编辑权利"。[42] 但编辑也证实了萨缪尔森的观点，即他应该花大量时间彻底修改一下这篇文章。

如果我是你的话，我就不会太着急。换句话说，手稿要经过仔细的修改。特别是，我建议你试着使你的实证分析同你对汉森和兰格的评论更有序地相互关联。这两种思路有点相互干扰。另外，一些批评意见是否可以简化成脚注呢？在最后一节中，你花了太多的篇幅来评论萨姆纳·斯利克特，这样的收尾可不太好。[43]

在信的结尾，该编辑邀请萨缪尔森下次来华盛顿时共进午餐。然而，尽管萨缪尔森咨询过的每一个人都认为这篇文章足够重要，可以发表，但它却从未被发表，文章中的思想是以其他方式出现的。对此的解释毫无疑问是萨缪尔森越来越忙于麻省理工学院的教学，且每两周需到华盛顿一次。①

———————————

① 参见本书第19章。

凯恩斯主义体系

1942 年 10 月，萨缪尔森收到麻省理工学院前学生阿瑟·阿什布鲁克（Arthur Ashbrook）的一封信，阿什布鲁克称自己是华盛顿"OPA 钢铁部门的一名雇员"，但将在年底前去部队服役。[①] 阿什布鲁克告诉萨缪尔森，由于无法抑制"我在麻省理工学院学到的一些更有害的恶习"，他一直在阅读《通论》。[44] "可怕的怀疑"已经深入他的思想，他认为凯恩斯关于为何不存在充分就业的论点是混乱的。对传统意义上的充分就业和统计意义上的充分就业进行区分，是很重要的。

> 作为充分就业这个传统概念的条件，非自愿失业应该与摩擦性失业和自愿失业联系起来。当我们谈到"数以百万计的失业者"时，我们主要不是指严格意义上的充分就业不足，而是指低 MPC（边际消费倾向）和低 MEC（边际外部成本），以及因制度因素而不会低于一个显著高于 0 值的 I（利率）。换言之，我们总能得到充分就业的第一个近似值；我们真正的目标是统计上的充分就业。[②]

阿什布鲁克问萨缪尔森，是否愿意通过引用一些解释失业率为何在劳动力供求旺盛的情况下依然居高不下的文章，来"恢复我对权威书籍的信心"。毕竟，"可以怀疑约书亚（Joshua）阻止了太阳的运行，但是，当人们开始怀疑人人生而有罪时……"。

萨缪尔森回答说，他不确定自己能否恢复阿什布鲁克的信心。他写

---

① OPA 即价格管理办公室（Office of Price Administration）。1947 年，阿什布鲁克在萨缪尔森的指导下取得了博士学业。

② 失业统计数据衡量了充分就业情况。

道，"你必须记住，并非所有的权威书籍都会受到同样的重视"，并且他"一直认为凯恩斯关于非自愿失业的讨论是这本书①中最薄弱的部分。"[45] 萨缪尔森承认，如果所有市场都是无摩擦的和竞争性的，很难理解为什么工资不会下降。如果真是这样的话，凯恩斯试图用货币幻觉来解释这一点就不太重要了。然而，尽管他在这一点上同意阿什布鲁克的看法，但他质疑阿什布鲁克对"充分就业"一词的定义是否有用：

> 它所掩盖的问题比它所揭示的更多。特别是，它并不能解释有效需求的巨大波动，而有效需求决定了经济体的实际充分就业和你所说的"统计意义上的"充分就业之间的差距。

失业不仅仅可以由工资结构解释。劳动力市场是高度不完美的，人们往往无法出卖他们的劳动力，无论他们愿意接受多少工资。这是一个无关任何理论依据的现实。

> 如果你不相信，不妨等待下一次大萧条。试着把自己锁在一家大公司人事主管的办公桌前，炫耀你的高智商并陈述你的家人正在挨饿的事实。出于一千零一个原因，雇主不会接受你提出的以更低工资工作的建议，即使他应该这么做……如果他是一个善良的人，他也不会这样做，因为他自己相信一个公平的最低工资，不管这种信念是否有充分的根据。

萨缪尔森接着解释说，对公平工资和工资削减都将无济于事的信念

---

① 指《通论》。——译者注

是很重要的。

　　　　在解释工人不愿在他们的家庭几乎揭不开锅时降低工资率时，
我们必须诉诸对公平工资同样模糊的信念，这种直觉的概念对给予
他们的群体和阶级同情毫无帮助。

　　　　总而言之，解释工资率为何持续上升是很容易的。凯恩斯应该
就此打住，他指出摩擦因素解释了工资率而非失业的刚性。因为如
果消除摩擦，并使工资率具有弹性，在某些情况下，其结果可能只
会引发价格和工资的恶性下挫。

　　基于凯恩斯提出的观点，萨缪尔森挑战了阿什布鲁克关于一个人的工
资只要低于他的边际劳动产出就可以得到工作的观点；即使它对个人来说
成立，对大群体来说也是不成立的。对此，阿什布鲁克只是持部分确信的
态度，他在给萨缪尔森的一封长信中为自己的立场做了辩护，称在充分就
业的多个概念并存的情况下进行研究会更有意义。[1]46 遗憾的是，我们不清
楚萨缪尔森对此如何答复。[2]

---

① 这封信很吸引人，因为阿什布鲁克描绘了价格管理办公室内部的生活。阿什布鲁克
　　写道，在一所"价格制定者的学校"，员工们有机会听到"有关价格和工会状况的
　　高谈阔论"。加尔布雷斯解释说，尽管大多数经济学家认为价格控制是幼稚的，但
　　价格管理办公室采取的行动要么清空了商店的货架，要么导致了定量配给。会议上
　　唯一的"火药"是对其他机构的批评。作为主席，西摩·哈里斯的举止特别笨拙，
　　虽然他显然是个勤奋的人，但"他能最好地利用自己的时间，集中精力思考各种问
　　题，当然不排除经济学"。米尔顿·吉尔伯特（Milton Gilbert）给人留下了良好印
　　象，克拉克（阿什布鲁克写的是 J. B. 克拉克，但他一定指的是 J. M. 克拉克）给人
　　的印象是非常谦虚。
② 阿什布鲁克不久即应征入伍，他再次出现在萨缪尔森的文章中是在战后，当时他回
　　到麻省理工完成了博士学业。

萨缪尔森认为凯恩斯关于非自愿失业的讨论是《通论》中最薄弱的部分，这一观点具有重要意义，因为它证明了凯恩斯主义经济学的致命弱点。[47]当阿什布鲁克援用标准供求理论，向萨缪尔森提出他认为凯恩斯对非自愿失业的处理存在理论上的不一致时，萨缪尔森没有为凯恩斯的推理辩护。萨缪尔森诉诸非自愿失业的现实，称虽然这些解释不是理论的一部分，但很容易解释为什么工资不会使劳动力市场达到均衡。这意味着，即使缺乏正式的理论依据，讨论非自愿失业的存在，而非把分析塞进更接近于传统价格理论的类别中，也不无意义。萨缪尔森的反应也表明了动态分析的重要性。如凯恩斯所认识到的，并且萨缪尔森在早些时候的一篇论文中也指出的，他颇为重视凯恩斯关于工资削减可能会破坏稳定的信念。

阿什布鲁克并非唯一一个联系萨缪尔森寻求新理论解释的经济学家。同样在价格管理办公室工作的汉斯·奈塞尔（Hans Neisser）7月曾写道，如果收入和消费支出之间没有滞后，乘数-加速数模型将不会产生一个周期，而只会导致指数增长。[48]在阅读了萨缪尔森的"财政政策和收入决定"后，奈塞尔于11月再次写到了这一点。[49]在萨缪尔森对投资的看法被认为是一种误解后，奈塞尔质疑消费倾向的上升是否必然会导致充分就业。存在一个定义上的关键点，即失业统计数据可能无法正确衡量失业，而且充分就业点可能需要生活水平的下降。这一点源于萨缪尔森对他在供给方面所做的假设的明确声明。

> 对于你所说的第二点，即有效需求的增加是否只会通过降低实际工资而引起额外就业，我并不认同。我不认为凯恩斯会同意这一点——我知道我应该不会同意。这将取决于外部和内部收益损失的确切性质，以及垄断的程度。[50]

消费倾向上升的影响将取决于垄断力量的程度和企业面临的成本条件，萨缪尔森和奈塞尔对此做出了不同的假设。

> 我要说的是，我们在强调有限资本作为瓶颈的重要性方面意见并不相同，因为这个瓶颈导致有效需求的增加在通货膨胀初期自行消散，造成就业不足。1929 年以后，我认为美国经济特别幸运的是拥有过剩的实体设备，因此在大萧条期间，这不是一个重要的考虑因素。但是，在长期停滞之后，当资本设备最终调整到远低于充分就业的最高收入水平时，这可能会成为一个非常重要的因素。

对此，奈塞尔回复说，成本"只在有限的范围内"可能是恒定的，没有理由相信成本开始上升的点将是充分就业。[51] 换句话说，他是在暗示，如果不降低实际工资，就可能没有足够的生产能力来雇用全部劳动力。这促使萨缪尔森做了进一步的澄清。

> 我同意，充分就业点不必和产能释放的瓶颈点重合，也不必和工人开始提高货币工资的瓶颈点重合。在长期停滞之后，瓶颈点肯定会大大低于充分就业点，因此即使人们仍处于失业状态，价格螺旋上升也是一个（严重）问题。另一方面，在繁荣时期之后，这一逆转可能确实存在，我不确定 1929 年之后的情况是否如此。当然，对这一事实的任何解释都会涉及与垄断、预期等有关的某些假设。[52]

这表明，萨缪尔森充分意识到了产能问题和考虑供给方面的必要性。他关于产能将在长期停滞期间下降的观点无疑反映了 1937 年的经验，当时经济复苏因充分就业不足而被迫中断。同样值得注意的是，他一再强调垄断和预期。

　　萨缪尔森发现了一个更难回答但更有趣的观点，即奈塞尔关于消费倾向上升是否会降低投资的观点，兰格也提出了这个观点。萨缪尔森解释说，奈塞尔需要区分人们打算储蓄什么和他们实际储蓄了什么。如果人们试图消费他们所有的收入，或者如果储蓄被征税，并且正在进行投资，那么就必须强制储蓄：人们将无法消费他们所有的收入。萨缪尔森承认，问题的一部分在于，奈塞尔没有充分准确地界定"消费倾向"的含义，从而造成了混乱。但真正的问题是，奈塞尔没有意识到消费的增加会导致收入的增加。萨缪尔森写道："我的观点可以概括为一种论断，即生产者商品行业在消费自主增长至产出不可扩张的情况下将会受益，而非受损。"这一点可能和充分就业一致，也可能和充分就业不一致。[53]

　　他们通信的最终结果是大大减少了彼此间的分歧。奈塞尔解释说，他认为萨缪尔森是"成熟经济"理论家之一，这些理论家"在当前资本主义发展阶段否认净储蓄的必要性"，但他这样认为是错误的。他对自己的误解做了辩解，因为他认为萨缪尔森曾以一种误导性的方式谈论过"避税储蓄"（taxing away saving）。"你应该解释一下，"他写道，"只要产能利用和收入不超过（比如说）1939 年的水平，且不会在同样程度上减少为更高收入而储蓄的边际倾向，那么一个减少储蓄和提高消费的税收体系会是什么样子的。我们现行的累进所得税制度似乎产生了相反的效果。"[54]

　　萨缪尔森赞同汉森关于可能存在投资机会短缺的观点，但他正在远离更激进的立场。奈塞尔对萨缪尔森的观点和凯恩斯的观点进行了明确区分，认为这可能反映了欧洲和美国的不同情况。

　　　　关于成熟经济的问题，我想指出的是，充分投资的不可能性对欧洲经济体来说完全没有得到证明，尤其是，德国 1929 年之前和英国 1933 年以后的经验都证明了这一点。正是这一经验，使凯恩斯大概从成熟经济理论家那里得出了不同的观点，也就是说，导致 1930 年之前英国失业的主要原因，并非投资机会的缺乏（边际效率函数的缺乏弹性），而是货币供给缺乏弹性。

奈塞尔赞同欧洲的投资机会并不存在短缺——相比于 20 世纪 20 年代美国的情况，短缺是不可能的。但是，他不认可英国的问题是货币供给缺乏弹性。另一方面，尽管有更多证据支持和美国有关的成熟经济的理论，但他认为"从未有过确凿的证据。而且，我们的税收制度和其他制度在投资方面设置的巨大障碍，使这一证明尤为困难"。

在和奈塞尔的这封通信中，我们不仅看到萨缪尔森讨论了同过去 10 年经历相关的新经济学，讨论了它的相关性和逻辑一致性，还看到他对自己所确信的结果做了解释，因为他已经在数学上证明了这些结果。奈塞尔可以接受萨缪尔森的数学论证——他读过并且似乎至少理解了某一篇萨缪尔森关于均衡稳定性的技术性很高的文章——并对萨缪尔森提出的观点表示赞同。[55] 他的问题出现在把得自简单的数学模型的结果和他们所看到的复杂世界混为一谈。这次通信交流也显示了凯恩斯主义思想被两名尚未完全接受它的经济学家所援用的方式。

萨缪尔森和阿巴·勒纳在同一个月进行的一次交流中，也提到了关于就业的凯恩斯主义思考方式的优点。勒纳试图说服萨缪尔森，有可能对储蓄的供求进行分析，从而将凯恩斯主义理论和更古老的从可贷资金的供求角度分析的理论联系起来。[56] 尽管萨缪尔森认为勒纳的观点是错误的，并且提出了一种推导这类曲线的替代方法，但他争辩说这和旧理论没有任何关系。[57] 勒纳试图找到一种方法，将这个问题简化成一张涉及供给和需求等熟悉概念的二维图。萨缪尔森的信件表明他发现了凯恩斯主义者和反凯恩斯主义者的错误。

> 凯恩斯主义者因不理解自己的体系而犯下了严重错误。我相信哈罗德、琼·罗宾逊夫人、卡莱斯基也是这样认为的，有一次甚至兰格也对储蓄和投资的边际倾向是否必须相等感到困惑。凯恩斯本人对这些问题的认识是分裂的。事实上，可以看出在《货币论》和他早期的著作中，他犯了类似的错误，因为他没有认识到事物在图表的交叉点上是相等的，但"实际上"它们却远离交叉点……在凯恩斯主义体系中，非数理经济学家第一次不得不处理许多维度的关系。然而，如果一个世纪前关于供需平衡的混乱局面再次出来折磨和迷惑我们，这就不是奇不奇怪，而是很可悲的事了。[58]

使用适当的数学分析至关重要，因为凯恩斯主义体系是多维的。尽管如此，萨缪尔森仍然坚持用二维图来试图帮助勒纳理解它。如果萨缪尔森已经建立一个能够覆盖问题所有维度的代数模型，他也没有向勒纳揭示它。

萨缪尔森还指出了使用数学推理来分析相关著作中的乘数的好处。1943 年年初，在评述弗里茨·马克卢普的一本书时，他发现了一长串他认为马克卢普犯错之处，并称马克卢普这本 200 页的书可以压缩成一篇数学论文。[59] 当他认为马克卢普的技术性章节最容易理解时，他认为使用数学来简化论点会更加明确。在这些研究中，马克卢普运用数学分析了国际贸易体系中乘数的计算：分析了需求从国内产品转向国外产品的影响，以及在另一个国家增加投资对本国的影响。乘数得到了越来越广泛的应用。

然而，尽管所有的注意力都集中在乘数上，仍有一些问题没有得到解答。在研究一些他怀疑计算错误的数值例子时，萨缪尔森就发现了其中的一个。[60] 他注意到，尽管乘数有两种不同的用法，但没有人（包括他自己）证明它们是等价的。一种情况是支出出现一次性增加，另一种情况是支出上升到一个新的水平并保持不变。在第一种情况下，乘数会带来收入的累积性增长；在第二种情况下，乘数会带来每个时期更高的收入水平。萨缪尔森试图证明这两个乘数是相同的，而不管它们是在什么时期被计算出来的。[61] 他把自己的分析扩展到多国乘数的情况，并使用了自己从工程相关研究中学到的技术。[62]

萨缪尔森提出的"截断的"（truncated）乘数的概念——在有限时间段内计算出的乘数——被奥斯卡·兰格所采用，兰格对其结果进行了推广，纳入了各个时期支出的变化。[63] 通过一些萨缪尔森不甚明了的技巧，兰格加深了数学分析，1944 年 4 月，萨缪尔森写信给兰格，要求他提供一些参考资料，并对他的一些结论提出了疑问。[64] 萨缪尔森认为，问题之一可能是对连续时间模型中一次性支出增加的表示方式——单次的支出冲动必须被表示为"无穷大的瞬时冲动——也即，像一个不恰当的狄拉克函数"。[65] 乘数可能看起来是一个简单的概念，但它提出了一些难以解决的数学问题，很少有经济学家能够正确处理这些问题。

利率和静止状态

1943 年 2 月，《经济学与统计学评论》发表了 13 篇文章，以纪念熊彼特所说的"可悲之事"——他的 60 岁生日。[66] 萨缪尔森显然会对此有所贡献，他选择讨论熊彼特关于静止均衡状态下的利率为零的理论。[①] 萨

---

① 萨缪尔森可能对这个问题感兴趣的原因之一是埃弗里特·哈根（Everett Hagen），哈根当时和他在国家资源规划委员会合作密切（参见本书第 19 章），他转而采用弗兰克·奈特的资本理论来分析净投资对收入分配的影响，这对他们的消费研究颇为重要（哈根，1942）。

缪尔森首先分析了"静态"和"动态"这两个术语，它们是熊彼特经济进化理论的核心，萨缪尔森认为这部分文献并不能令人满意。[67]理论物理学对静力学和动力学之间关系的理解卓有成效，但很少有人具备正确处理该问题所必需的技术知识，这是他和他的芝大老师弗兰克·奈特阐明过的一种批评意见。[68]尽管生物学曾试图研究动力学，但是结果颇令人失望："人们徒劳地寻找任何新的武器、秘密或其他东西，以便发现科学真理。"在试图通过提出一套相互一致的术语来澄清讨论后，萨缪尔森转向了熊彼特的概念，即静止状态下的利率将为零。

　　萨缪尔森回顾了熊彼特、莱昂内尔·罗宾斯和弗兰克·奈特（连同他的"弟子"乔治·斯蒂格勒）的理论，称熊彼特的批评者罗宾斯和奈特未能理解一些基本概念，例如静态情况和作为动态过程最终结果的静态均衡之间的差异，或达到零值和接近零值之间的区别。他引用了与尤尔（Yule）、尤金·斯卢茨基（Eugen Slutsky）和弗里希有关的随机过程的文献，并大量引用了剑桥大学数学家弗兰克·拉姆赛的一篇文章，所传达的信息是，经济学家们忽视数学是危险的。[69]即便是熊彼特也未能逃脱批评，利率是否收敛到零值或某个正的利率值，对他的商业周期理论没有任何影响。萨缪尔森认为熊彼特的论点具有"戏剧性的价值"，尽管萨缪尔森的偏好不是"具体阐述"熊彼特的静止状态，而是"聚焦于"达到这种均衡的"动态路径"。生产性投资的机会是否有限是一个重要的问题，但这是一个"事实问题"，而不是熊彼特、罗宾斯和奈特提出的理论问题。

　　尽管1942年的萨缪尔森有理由在其他著作的背景下思考这些问题，但写这篇文章明显是因为他想向一位他非常敬重的老师致敬，这似乎是他20世纪30年代末作为一名初级研究员时所做研究的一种倒退。他并未在同时代人的讨论中发展理论概念，而是用数学论证来证明他那些不懂数学的前辈们的争辩是混乱和误导性的。或许比批评前辈们数学上的失败更能说明问题的是，他对他们关于数学"晦涩难懂"的担忧并不在意。这很大程度上正是他对自己之前的消费者理论文献的态度。他引用的数学模型可能会导致看似不现实的结果，但这是因为做出的假设的错误，而不是数学的错误。例如，若利率接近零值，贴现的数学公式意味着永久性资产应该具有无限的价值。与之前一篇论文的主题相呼应，萨缪尔森写道：

> 如果说一个零利率经济体中的永久性资产的无限价值看似反常，那么这个悖论实则源于一种不真实的假设，即人们可以在无限宽广的范围内使效用最大化。人们试图用一段时间内消费流的调整来解释储蓄的整个过程，但这种解释是否成立颇值得怀疑。[70]

以上陈述清楚地表明，尽管萨缪尔森熟悉储蓄是家庭跨时最优化行为结果的数学理论，但他拒绝了这种不切实际的方法。因此，他拒绝了20世纪50年代成为消费和储蓄标准建模方法的框架。就像他对有限投资机会重要性的评论所表明的，他正从汉森理论的角度看待熊彼特的利率理论。此外，虽然他非常重视最优化行为理论，但他并不认为储蓄是由跨时最优化决定的。

熊彼特告诉萨缪尔森，他觉得这篇文章很有启发性，他希望有机会和萨缪尔森讨论，并继续说道：

> 如果你的书再版，请别忘了给我寄一本。我想要一整套萨缪尔森的著作。当然，我最看重的是我们这个时代最有才华的经济学家之一的善意。[71]

这个小插曲表明，尽管萨缪尔森在文章中提出了批评，但他仍然高度尊重熊彼特，这一点得到了回报。这也提醒我们，尽管萨缪尔森的研究还在继续，但他仍然愿意指出他的前辈们所陷入的困惑。他提出了一个对奈特和熊彼特都很重要的问题，他认为由于不太精通数学，他的前辈们犯了严重的错误。正如他在自己的论文中用数学来阐明观点，从而使旧的辩论变得多余并和过去彻底决裂。相反，在该时期的其他文章中，他参与了将成为战后大多数宏观经济学基础的理论发展，它们将通过他的教科书广为传播。其中的一些成果已经打印成稿，但是由于他的研究节奏，他并未把一些重要的文章提交给可供发表的刊物。

本章所讨论的概念——"新经济学"——以乘数为核心，现在的大多数经济学家可能会认为它非常简单幼稚：它被认为适合经济学入门课程，并且可以很快被更高年级的学生掌握，这些学生甚至可能不会把它当作一个起点。20 世纪 70 年代，这些凯恩斯主义模型被基于对跨时最优化框架系统性应用的其他模型所取代，但萨缪尔森认为后者不切实际，并且普遍认为是被误解的。然而多年来，经济学家们确实认真地对待这些模型，推动其发展并使其复杂化，将其作为预测和政策分析的基础。本章和本书第 20 章所讨论的有时令人费解的辩论表明，在 20 世纪 40 年代初，这些想法远远谈不上简单。对一个现代经济学研究生来说，数学也许微不足道，但理论的概念基础远非无足轻重，尤其是当这些概念必须和国民经济核算相关联时。几年后，萨缪尔森在他的入门教科书中以简单形式提出的观点之所以简单，只是因为它们在这段时期得到了广泛讨论，概念问题也得到了澄清。同样重要的是，它们是美国战时所面临的主要政策问题的核心。这意味着，讨论新经济学的主要地方是在华盛顿政府机构工作的经济学家圈内。萨缪尔森于 1941 年加入这个圈子，尽管他继续住在剑桥，教学仍是他的主要职业，但他开始作为国家资源规划委员会顾问而定期往返于华盛顿。

第 19 章

汉森和国家资源规划委员会：
1941—1943 年

汉森和凯恩斯主义网络

在搬到麻省理工学院之前不久，萨缪尔森就开始和阿尔文·汉森密切合作。汉森的研究是萨缪尔森商业周期理论的基础，他在整个 20 世纪 30 年代一直担任联邦政府各部门的顾问，但在加入哈佛后，他作为一名公众人物变得更加引人注目。1938 年，汉森开始和劳克林·柯里合作，柯里是一名经济学家，1934 年之前一直在哈佛大学任教，在那里和其他人共同倡导使用扩张性政策来对抗萧条。[1] 1934 年，柯里在美国财政部工作了一段时间后，在美联储担任新任主席马瑞纳·伊寇斯的助理时，也提出了类似的观点。柯里成了华盛顿一群凯恩斯主义经济学家中的主要人物。柯里和汉森 1939 年 5 月进入公众视野，当时他们在临时国家经济委员会（TNEC）作证，美国国会为调查经济力量集中而设立了该委员会。凯恩斯在《通论》中指出，市场力量是导致经济萧条的原因，他们的证词则有助于将人们的注意力从市场力量转到金融体系未能实现储蓄和投资间的均衡上。柯里生动地回忆了当时的情景：

无论如何，我相信在 1938 年的某个时候，我们张开双臂欢迎阿尔文·汉森成为我们最重要的新成员。我记得在临时国家经济委员会的听证会上，我很好地安排他作为我们的明星证人，一起排练我们的证词，并仔细阅读斯图尔特·蔡斯（Stuart Chase）为政府证人准备的一长串"好"和"坏"的词汇。不幸的是，有人把清单泄露给了媒体，媒体从中获得了极大的乐趣。[2]

这份证词中并未提到凯恩斯，尽管这样做很自然——也许他的名字是一个不该提及的"坏"词汇——但在和凯恩斯的朋友兼同事丹尼斯·罗伯逊的通信中，汉森没有那么谨慎。罗伯逊读了汉森在美国经济学会上的主席报告后写信给他，批评他使用了加速数。[3]作为回应，汉森询问罗伯森对他在临时国家经济委员会上的证词中所做的观察有何看法。通过社会保障和税收制度，英国已经在向高消费经济过渡。"也许，"汉森写道，"我变得过于凯恩斯主义了。"[4]

1939 年 7 月，柯里作为富兰克林·罗斯福总统的助手搬入白宫。战争期间，柯里比任何人都更直接地负责把凯恩斯主义者招募到华盛顿。他后来对此的记忆反映了当时正在创建的广泛网络。[①]1940 年，汉森成为这

---

① "1939 年，我成为白宫的第一位经济学家，我们组成了一个强大的群体。我招募了迪克·吉尔伯特（Dick Gilbert）和他的团队，包括 V. L. 巴锡（V. L. Bassie）、罗德·赖利（Rod Riley）等人，为商务部的哈里·霍普金斯（Harry Hopkins）工作，给鲍勃·内森（Bob Nathan）提供支持，后者长期以来一直是敌对地区的唯一前哨。我把我在美联储的职位交给了埃米尔·德普雷。我很高兴地说，我曾负责把约翰·肯尼斯·加尔布雷斯招到华盛顿，并让格哈德·科尔姆（Gerhard Colm）进入预算署，现在他被调到了总统的执行办公室。沃尔特·萨兰特和比尔·萨兰特、格里夫·约翰逊（Griff Johnson）、艾伦·斯威齐、亚瑟·盖尔（Arthur Gayer）、马尔科姆·布赖恩（Malcolm Bryan）、乔治·埃迪（George Eddy）、阿尔伯特·哈特和马丁·克罗斯特（Martin Krost）是我以前的学生或同事，并担任重要职务。（转下页）

个网络的一部分，当时他任美联储和国家资源规划委员会的顾问，整个战争期间他都待在美联储。[5] 他兼顾华盛顿的工作和哈佛的教职，每周四和周五在华盛顿，其余时间则在剑桥度过，乘夜班火车往返于两地，很快萨缪尔森也将跟他一起。

在华盛顿，尽管当务之急是满足战争的需要，但汉森从一开始就关注战后繁荣的问题。[6] 他发给美联储同事伊曼纽尔·亚历山大·戈登韦泽的一份长长的备忘录，显示了他活动的范围和性质，该备忘录详细介绍了他正在研究的议题和已经召开的跨部门会议。来自多个政府机构的工作人员讨论了国防计划的各个方面及其对经济的影响。[7]

汉森的备忘录包含一份日期为 1940 年 9 月 25 日的初步报告，其中明确了这个问题的规模和所涉及的不确定性程度。按目前的规划，国防支出预计将从 1941 年的 45 亿美元增加到 1942 年的 100 亿美元和 1943 年的 90 亿美元。如果通过谈判达成和平，"英国成为无可争议的海上强国"，这些计划就已足够，因为即使德国主导欧洲大陆，美国也不会感到受威胁。如果德国征服了英国，国防支出必定会增加，1942 年可能是 150 亿美元，1943 年可能是 250 亿美元。然而，如果美国参战，支出可能会迅速增加到 400 亿美元。从这个角度看，1940 年的国民收入估计为 740 亿美元。[8] 汉森的结论是，鉴于这些不确定性，很难估计 1942 年以后国防计划的效果。

汉森的备忘录还列出了美联储需要得出结论的一系列问题。这些问

（接上页）随着哈里·怀特（Harry White）的影响力越来越大，我们在财政部的地位也越来越稳固，我们与加德纳·米恩斯、国家资源规划委员会的托马斯·布莱斯德尔（Thomas Blaisdell）和董事会成员，以及农业部的莫迪凯·伊齐基尔（Mordecai Ezekiel）和路易斯·比恩（Louis Bean）、劳工部的伊萨多·卢宾（Isador Lubin）、美国证券交易委员会的利昂·亨德森（Leon Henderson）和杰罗姆·弗兰克（Jerome Frank）均有密切的合作关系。汉森赢得了外部的拥护者。"（凯泽林等，1972，第 141 页）。这份名单包括许多萨缪尔森在战争期间交往过的人。

题包括：战时特定行业的严峻瓶颈问题、税收、联邦借贷以及通过货币和其他手段控制通胀。最后，汉森补充了一小节，题为"关于战后国防支出大幅下降的长期规划"（Long Range Planning with Respect to a Post-Defense Slump）。[9] 考虑到战后国防支出大幅下降的可能性是很自然的，这一节的内容极其粗略（只有半页），关注的是财政问题，只包括可能考虑的四项政策。这四项政策旨在当国防支出减少后增加流入经济体的购买力。

1941 年 5 月，在美联储备忘录中指出这个问题 6 个多月后，汉森写了一篇文章，提出了所谓的"后防御时期的充分就业"（post-defense full employment）的理由。[10] 该文以一个大胆的声明开始，说明为什么仅仅是军事胜利并不够，有必要为和平制订计划。

> 战争的直接目的是打败希特勒，维护和捍卫政治自由。但对民主国家来说，军事胜利还不够。如果获胜的民主国家再经历 10 年的经济挫折和大规模失业，我们可能会看到社会解体和另一场国际冲突。
>
> 一个积极的战后经济扩张和充分就业计划，大胆地构想并在一份充满活力的宣言中提出，是唯一能够点燃大众热情的东西，它可以和威尔逊的"十四点"相提并论。这样的宣言将在我国、英国和被征服的国家，引起巨大的反响。[11]

在战争期间，国民收入可以提高到 1000 亿美元，但由于和平时期和战争时期需要生产完全不同的商品，而且对人们进行再培训以使他们适应新的生产工作类型需要时间，因此需要进行规划，以确保战争结束时国民收入不会下降。

汉森通过国民收入来分析这个问题。1940 年，750 亿美元的国民收入被分配如下：640 亿美元用于消费，80 亿美元用于投资（包括库存和国外投资），30 亿美元用于国防。他估计，考虑到人口和生产率的增长，1943—1944 年的潜在产出至少将达到 1000 亿美元。如果人均消费保持在 1940 年的水平，消费将占其中的 650 亿美元。投资可能减少到 50 亿美元，剩下 300 亿美元用于国防。如果要在战后（国防支出大幅下降的情况下）维持充分就业，其他支出来源就必须增加。他描绘了这样一幅图景：国防支出降至 100 亿美元（包括用于国际重建的 30 亿～40 亿美元），用于补充库存和住房投资的投资额升至 100 亿美元，剩下 800 亿美元用于消费。然后，他分析了消费者支出增加额外 150 亿美元的来源及其对联邦预算赤字的影响，并对消费品和企业利润征税做出了假设。到 1947 年，从战争向和平过渡后，国防支出（包括国际捐助）应减少到 30 亿美元；如果那时潜在的国民收入已经上升到 1100 亿美元，投资上升到 120 亿美元，那么消费需要上升到 950 亿美元。

　　这些几乎都不是预测，因为它们只是表明了问题所涉及的规模。不过，他们提出了一个明确的战后国防政策规划，所有这些都是为了将消费维持在必要的水平。这就产生了对大规模公共支出计划的需求，要求联邦政府保留一批公共投资项目，以便在需要时实施。[12] 这种分析以对国民收入的简单计算为基础，它的政治含义是显而易见的。此外，它也表明汉森意识到了战后国防计划的核心问题是保持高水平的消费。

　　尽管萨缪尔森参与了汉森的研究，但 1940 年和 1941 年的大部分时间他都待在剑桥，在华盛顿圈子之外，通过储蓄和投资管制来维持充分就业的观念正在形成。萨缪尔森通过国家资源规划委员会进入华盛顿圈子。[13] 国家资源规划委员会起源于国家规划委员会（NPB），该委员会在哈罗德·伊克斯（Harold Ickes）的领导下，于 1933 年作为公共工程管理局的一部分而成立。它的主席弗雷达里克·德拉诺（Frederic Delano）是罗斯福总统的叔叔，也是一名经验丰富的规划师，其他成员包括美国国家经济研究局创始人、经济学家韦斯利·米切尔和芝加哥大学政治学家查尔斯·梅里亚姆，它的目标是把科学思维应用于社会和政治问题。1934年，该委员会变成了总统委员会，由主要政府机构的秘书组成，但由德拉诺、米切尔和梅里亚姆组成的咨询委员会负责相关工作。1939年，国会将国家规划委员会重新改组为国家资源规划委员会，并作为总统行政办公室的一部分。委员会的主要职能是向总统提供咨询意见，并改善不同政府机构之间的沟通。为此，国家资源规划委员会组织编写了许多报告，由其工作人员或外部顾问编写。这些报告都以大量的统计数据为基础，有些报告被印刷（出版），有些被油印。其中，大部分涉及从交通运输到城市和区域发展，以及从自然资源管理到保护等在内的计划的主要内容。

　　国家资源规划委员会还提供了关于如何避免失业的报告。1937年4月，伊克斯、梅里亚姆和比尔兹利·拉姆尔（Beardsley Ruml）说服罗斯福总统同意了一项关于消费支出的调查，以便能够实现"一个更加平衡的经济"。这次调查采访了30万户家庭，在1938年、1939年和1941年的三份报告中公布了新的、非常详细的统计数据。[14] 这些报告不仅揭示了消费支出的模式，也揭示了收入的分配模式，得出大多数美国人相对贫穷、大部分收入掌握在相对少数人手中的结论。[15] 其中一个最显著的发现和储蓄有关：年收入低于1250美元的家庭的储蓄为负，而在另一个极端，年收入超过20000美元的家庭的储蓄占其收入的40%。[①] 1940年11月，国

---

① 由于意识到调查涵盖了收入异常低的一段时期（1935—1936年），报告将重点放在了正常收入对支出的影响上。因此，萨缪尔森对这一时期消费的分析（参见本书第17章和第20章）包含了后来被称为永久收入和消费的生命周期理论的呼应，也就不足为奇了。克劳森（Clawson）指出，前一种理论的提出者米尔顿·弗里德曼曾参与准备一项研究，并协助另一项研究。

家资源规划委员会发表了一份由约翰·肯尼斯·加尔布雷斯编写的关于公共工程支出影响的深度报告。

因此，1939 年 9 月，随着欧洲战争的爆发，国家资源规划委员会转向了它所称的"战后防御计划"，它有一系列数据可供参考。① 起初，对战后世界的规划不无争议，因为即便罗斯福总统本人，也认为这太过超前。然而，1940 年 11 月，罗斯福总统授权国家资源规划委员会研究如何避免"紧急状态后的衰退"。这就是萨缪尔森将要参与的项目。

充分就业稳定部门

1941 年 7 月 10 日，阿尔文·汉森从美联储写信给萨缪尔森。汉森提醒他，他还未回复之前和国家资源规划委员会相关的研究提议。汉森想提出另一个建议，"它或许更有趣，也更可行"。[16] 国家资源规划委员会正在利用其对收入分配的早期研究，设法弄清楚如果实现充分就业，以及为改善最贫穷家庭的处境实施家庭津贴，收入的分配情况将会怎样。以这种方式扭曲收入分配，通过提高穷人的收入，应该会缩小消费和收入之间的差距。这直接以 20 世纪 30 年代收集的家庭支出数据为基础。汉森想知道萨缪尔森有无兴趣做一名非常驻顾问，并就这项研究向他们提供建议。剑桥会有工作人员协助他工作，他们会对国家资源规划委员会正在做的研究提出批评和改进的方法。他和国家资源规划委员会的托马斯·布莱斯德尔都很期待萨缪尔森能参与进来。

萨缪尔森同意了。7 月 23 日，布莱斯德尔写信给萨缪尔森，表示国

---

① 尽管美国尚未参战，而且在接下来的两年内也不会参战，但"战后防御"和"战后紧急状态"这两个术语已在使用中。

家资源规划委员会对聘用他非常感兴趣，但要再等几个星期才能给他提供更多细节。萨缪尔森于 8 月 5 日填写了正式申请，8 月 11 日收到一封确认任命他的函件，每月工作不超过 15 天，报酬为每天 12.77 美元。[17] 萨缪尔森的计划是效仿汉森的做法，每两周乘夜班火车往返华盛顿，最多离家一晚。[18] 在华盛顿的时候，他会和埃里克（Erich，曾在英国供应代表团工作过）、弗雷达·罗尔（Freda Roll）、约翰·D. 威尔逊（John D. Wilson，当时在战略服务办公室工作）以及大卫·卢舍（David Lusher，当时在价格管理办公室工作）等朋友们待在一起。[19]

两周后，萨缪尔森写了一份备忘录，概述了他的项目和他需要的资源。[20] 他估计他需要一到两名"经济学家"或"副经济学家"（associate economist）级别的高级人员，以及另外两名"助理经济学家"（assistant economists）。[21] 他们将住在华盛顿，当萨缪尔森不在时，至少有一名高级人员负责和其他单位联络。他还要求在剑桥至少有一位助理经济学家。他称，由于该项目涉及"使用和解释各种统计数据"，因此这些新成员最重要的素质是"具备足够的想象力来提出正确的问题，并有足够的创造力去挖掘答案"。[22] "专业的高质量的理论和统计工具"则并不是那么重要。

尽管萨缪尔森提议雇用更多人做进一步的研究，但他想必已在这个问题上做了大量工作，这或许是他和汉森早先讨论的结果。他的备忘录"充分产能上的消费者需求"（Consumer Demand at Full Production）几乎不可能在一个月内从无到有。[23] 该备忘录的假设是，政策应该有两个目标：维持充分就业和大幅减少贫困。这两者之间相互联系，因为改变收入分配有利于穷人增加支出，进而提高需求水平，反过来影响需求的构成。因此，萨缪尔森的备忘录提出了一个技术问题，即人们在充分就业的情况下会选择购买哪些类型的商品，他采用了国家资源规划委员会调查日期为 1935—1936 年的消费模式，并且预测了 1950 年左右的"目标年份"（基于二战会在 1944 年结束的假设做出的选择）。关键假设是，到 1950 年，国民收入将达到 1250 亿美元（1929 年为 800 亿美元），这是人口增长和技术进步的结果，其中家庭收入将达到 1200 亿美元。对消费者按收入类别和地点（城市、乡村农场和农村非农业领域）进行细分，计算消费者需求的前提是，假设目标年份的收入分配与 1935—1936 年相同，并在以下关键方面做了修改：采取相应措施以确保没有一个家庭的年收入会低于 1200 美元（一个被认为满足基本需要所必需的水平）。其结果是，收入不平等将显著减少；根据他们对收入不平等的测算方式，这一比例将会减半。①

做出这个估算的理由在于计划。萨缪尔森对战时与和平时期的计划做了明确类比。

> 我们武装部队的指挥官，有责任说清楚在目前条件下需要什么：枪支、坦克、飞机、军舰还是弹药？必要的原材料、生产设备、劳动力、能源和交通设施，对这些装备的生产至关重要。我们的组织和生产天才，必须把注意力转向必须做的事情，以便为我们提供必要的防御手段。[24]

萨缪尔森接着称，"同样的方法也可以用来满足消费者的需求——这是和平时期经济的根本目的"。没有必要"为所有美国人提供一种美国人的生活标准"，因此"生产目标可以由对美国人需要什么和应该拥有什么多少有点武断的决定来设置"。如果它是民主的（不同于其他地方正在推行的计划），它将"保留尽可能多的消费者选择权"。

---

① 洛伦茨曲线（Lorenz curve）会向收入完全相等线（绝对公平线）位移将近一半。

萨缪尔森的备忘录提出了一种和消费者选择相一致的计划方法，他在附录中列出了需要做的事项：[25]

（1）建立货物、人员和机器清单。

（2）定义过渡期要求。

（3）设计实现目标的方案。

（4）探讨政府现有指令的有效性。

这是一个非常广泛的项目，涉及整个经济的详细规划和一系列政府政策，从职业培训和维持购买力，到住房、教育和娱乐项目。其显著特征之一是，收入分配在分析中的核心位置。萨缪尔森有必要在附录中解释如何计算显示各消费部门的累积性收入分布的曲线，并在附录中提供30页关于各消费部门之间不同支出类型分布的表格。他的项目和汉森的研究密切相关，他把汉森关于"后防御时期的充分就业"的备忘录描述为"对问题的巧妙陈述"。[26]萨缪尔森提到的要点包括，在计算政府支出会如何影响需求时必须考虑收入分配，以及为私人投资创造足够机会的问题。

萨缪尔森在国家资源规划委员会合作最密切的经济学家是奥斯卡·奥尔特曼（Oscar Altman），他是萨缪尔森所属充分就业稳定部门的负责人。他比萨缪尔森年长6岁，曾在芝大和萨缪尔森有过交往，当时他还是一名研究生，1936年获得博士学位。[27]他的博士论文与税收和法律有关，其中有两章发表在一份法律评论上，他在战争结束时接受了统计方面的训练，还发表了一篇关于B-29飞机发动机寿命的精算分析文章。[28]1939年5月，作为国家资源规划委员会的一名工作人员，他负责撰写临时国家经济委员会关于储蓄和投资的审议报告。在储蓄、投资和国民收入方面，[29]以《专论37》为题发表在关于经济力量分配的临时国家经济委员会系列报告中，奥尔特曼断然宣称，储蓄和投资是国民收入的两个主要决定因素，所有证人都同意，如果要维持国民收入，"储蓄必须回到收入流中——用在投资品上或以其他方式花掉"。例如，他引用汉森的证词来作为支持。

> 尤为重要的是，当前收入流中不被用于消费品的那一部分，即储蓄部分，应直接由储蓄者本人或通过借款者，间接地被用于某种新厂房和设备。如果储蓄金额很大，由于很可能处在高收入水平，故有必要在设备和工厂扩建以及住宅和公共建设方面，为这些储蓄提供同样规模的出口。[30]

与经济力量分配委员会的一份报告相吻合的是，奥尔特曼的统计数据试图分析谁的储蓄最多，包括企业储蓄、政府储蓄和不同收入家庭的储蓄。国民收入的集中是决定储蓄的主要因素之一。在考虑储蓄如何传递给投资者和讨论投资方向时，集中度——特别是与通过养老金和寿险公司将储蓄制度化相关的金融机构的集中——也是他分析的一个因素。他的结论是，投资已经比20年前更加集中，这个结论得到了显示不同规模企业之间储蓄和投资分布的诸多表格的支持。这种集中度的提高使储蓄机构更具流动性，并意味着不同部门之间获得一个不均衡的储蓄流。奥尔特曼在结论中提出，投资需要被作为储蓄的一种弥补，不管它能否产生收益。

萨缪尔森和奥尔特曼负责国家资源规划委员会计划活动的一小部分。在列出正在执行的计划任务时，国家资源规划委员会负责人查尔斯·埃利奥特（Charles Elliott）单独归类出了与"消费者市场等"有关的"私人活动"，而"私人活动"本身被列为8个"实质性项目"之一。[31] 由单独的部门负责处理诸如人力和机器、工业和公共部门的复员（demobilization）

等项目。"财政和财政问题"被分配给汉森。因此，确保国家资源规划委员会内不同单位的活动之间的协调至关重要。此外，还必须和其他机构保持联系，以便获取信息和协调其活动。国家资源规划委员会无权将工作"分配"给任何其他机构，尽管一些机构被要求向它报告其活动。

萨缪尔森和其他机构接触的途径之一是定期会议，例如，汉森10月30日在国家资源规划委员会主持的一次会议，就在他开始每两周访问华盛顿几周之后。参会者包括来自农业经济局、劳工统计局、国内外商务局（The Bureau of Foreign and Domestic Commerce）的代表，还有被列为美联储代表的汉森，以及国家资源规划委员会的萨缪尔森。[32] 这次会议的目的是交流有关研究的信息，以便对战后的调整有所了解。为了避免有人认为他们只关心投资额，汉森明确表示，他们关心的是"各种各样的资本改善"。为了继续保持联系，他们同意每隔一周的星期四的11点30分见面，先一起吃午饭，然后回顾各自所代表的不同部门正在进行的研究。

商务部正准备将国民生产总值细分为63个类别，并且正在计划扩大私营企业的投资。国内外商务局正计划对充分就业的外贸模式进行研究。国民经济部门正计划调查不同收入水平下将进行多少投资。劳工统计局正在研究就业构成和国防计划的就业影响，并且正在计划研究生活成本（以可得资金为基准）。会议记录更详细地描述了萨缪尔森的项目：

> 萨缪尔森先生正在指导一个项目，该项目将从对陷入僵局的经济、高消费经济、再分配收入经济和充分就业经济下的收入分配做出不同假设开始。收入分配是在这些条件下预测消费者购买的第一步，然后从这个角度来探讨私人资本形成的必要水平。[33]

我们并不清楚会议结果将如何协调研究工作，但这无疑使萨缪尔森比在任何一个部门工作，都能更清楚地了解华盛顿的经济学家在做什么。

奥尔特曼和萨缪尔森面临的第一个任务是招聘员工，因此在 8 月和 9 月，萨缪尔森接触了潜在的候选人和近期可能会有博士生的院系，后者可以向他们推荐人选。[34] 一份 30 个潜在人员的名单显示，他正在考虑目前供职于其他机构和仍在大学就读的人，其中的许多人都不可用，因为他们可能被要求服兵役。[35] 这不是一年中的最佳招聘时期，因为许多潜在的新兵已经被征用。芝加哥大学经济学院的秘书报告称，萨缪尔森询问的两个人中的一个已有学术职位，另一个去了预算署。[36] 加州大学伯克利分校的霍华德·埃利斯写道："我的许多学生最近都进入了政府部门，或者填补了因移居华盛顿而留下的学术职位空缺，因此我只有一个建议。"[37] 沃尔特·罗斯托（Walt Rostow）和拉特利奇·维宁（Rutledge Vining）都表示有兴趣，但也解释了他们为什么不能参与。[38] 萨缪尔森广泛发布了他正在找人的消息，让别人联系他，[39] 但在 10 月，他告诉乔治·贾齐（George Jaszi）和美联储，他"仍在竭力寻找有资格获得公务员评级的称职经济学家"。[40] 12 月 11 日，奥尔特曼报告说，几天之内，他们就能推荐至少一半的必要任命。[41]

要使研究工作按时完成，就必须在几周内雇用其他人。到 12 月 30 日，奥尔特曼已经为开展这个项目找到了 8 个人，比萨缪尔森暑期提出的人数还多，其中大部分人是从其他政府机构或国家资源规划委员会内部其他项目中调过来的。[42] 萨缪尔森试图从大学招收外部人员的努力似乎毫无结果，而奥尔特曼似乎在华盛顿有更广的圈子，是他发现了一些人，尽管萨缪尔森也参与了面试和筛选。其中一名高级雇员的工作描述是：

在全面监督下，筹备和指导国民收入不同层次的消费和公私投资模式的研究；调查这些模式的过去和未来趋势；研究国民收入不同层次的个人和企业收入分配，并就原始统计材料及分析和展示方法向初级工作人员提供建议。[43]

初级雇员的职责与此类似，但他们的职责性质是协助而不是指导此类研究。[44]

准备报告

在项目的头几个月，萨缪尔森和奥尔特曼进行了广泛磋商。除了 10 月 30 日的会议外，他们还与预算署、劳工部、价格管理办公室、证券交易委员会和战时经济委员会（Board of Economic Warfare）的经济学家有所联系。[①] 奥尔特曼称，这些磋商证实了他们研究的重要性，因为研究消费者需求被认为是保持充分就业和了解过渡问题的基础。[45] 到 1942 年 3 月，他们自己的工作（已经都）需要对基本统计数据进行分析。他们关于消费者收入和支出的基本数据来自以前的报告，因此他们回顾了学术期刊上发表的对这些数据的批评。这表明，除了其他问题外，预算署对高收入阶层收入的估计（样本少始终是一个问题）明显是错误的，这些错误影响了整个收入分配。[46] 因此，他们根据最近的证据重新计算了家庭收入数据；他们检查了企业储蓄，研究了农业部的预测值，并审查了城乡移民工作。所有这些都将成为他们估算"目标年份"收入分配的基础。[47]

作为对国家资源规划委员会负责人要求提交进度报告的部分回应，

---

① 这些经济学家分别是格哈德·科尔姆、里昂惕夫、希尔德加德·尼兰（Hildegaard Kneeland）、雷蒙德·戈德史密斯（Raymond Goldsmith），以及路易斯·比恩。

奥尔特曼为他们的研究提供了详细的原理阐述。[48] 显然，他们的成果将有助于更专业的规划。奥尔特曼强调，他们的研究不仅为政府提供信息，而且为全体美国人民提供信息，因为这有助于他们了解政府、企业和个人在保持充分就业方面的作用。由此，人们就能更好地选择如何最好地实现充分就业。这些目标无疑和查尔斯·梅里亚姆（国家资源规划委员会的另一个部门）关于民主计划的研究相吻合。为了实现这一目标，需要对消费支出以外的问题进行研究。奥尔特曼认为，有必要研究企业储蓄、企业发行债券和股票以及金融机构的行为（后两者在储蓄流入投资的渠道中很重要）、投资品需求以及经济体的生产方面（它把商品需求转化为不同部门的生产和就业）。如果他们的部门要做到这一点，他和萨缪尔森将承担超出他们最初分析消费支出职责范围的任务。

1942 年 3 月 24 日，萨缪尔森在发给布莱斯德尔的一份题为"非必要民用产能的扩张"（Expansion in Non-Essential Civilian Capacity）的备忘录中，说明了他们的研究是如何扩展到确定消费者支出之外的。[49] 这只是间接涉及充分就业的消费问题，因为它处理的问题是，在战争期间，当经济接近充分产能时会怎样。萨缪尔森认为，到目前为止，经济的各个部门已经能够共同发展。因此，尽管国防支出大幅增加，1941 年仍有 1/6 的钢铁用于汽车生产。耐用消费品的产量比以往任何时候都高。当他写道，"经济体以一千种方式共同前进，每一个组成部分都在以最慢的速度等待"时，他很可能已经对里昂惕夫的投入-产出分析烂熟于心。"但现在正接近于充分就业，因此它是不可能的，一些活动将不得不受到限制。至关重要的是，确保非必要的活动不占用对战争生产有用的资源。例如，大多数耐用消费品会和军工生产抢夺资源。"他提出了一些可以采取的具体措施，包括控制库存和歧视性的定性信贷控制。

写完这份备忘录几天后，萨缪尔森同意写一篇可以作为投资控制备忘录的一部分的文章，题为《1941 年的投资和 1942 年的商业通胀缺口》。凯恩斯为分析英国通胀而提出的"通胀缺口"一词，当时被广泛用于表示资源总需求和现有资源之间的缺口，萨缪尔森假设这个缺口将导致价格上涨。[①] 但他最关心的不是通胀问题本身，而是有多少投资会因建筑材料和其他商品的短缺而受阻。[50] 他希望农业部的莫迪凯·伊齐基尔，以及他所在部门的其他两人能够阐明通常的投资项目。一份记录显示，他的一名员工古德曼（Goodman）曾和美国商务部联系，请后者解释一下他们的库存统计数据。在一份备忘录中，他们的一个团队计算出生铁产量的 2.4% 被直接用于消费品，表明这是在一个相当分散的水平上进行的。[51]

　　1942 年 4 月，该项目碰到了潜在危机，当时奥尔特曼认为他可能不得不离开国家资源规划委员会，加入空军。很显然，需要一位经验丰富的经济学家接替他的位置，于是他找到在芝加哥大学时认识的阿尔伯特·哈特，问哈特是否感兴趣。[52] 哈特对接手这项工作有兴趣，但不愿搬到华盛顿。哈特认为，华盛顿外部的经济学家群体保持实力，并且自由批评那里所发生的事情，是很重要的。出于这个原因，哈特认为放弃他在艾奥瓦州立大学的系职务并不明智。他问道，是否有可能把整个项目转到艾奥瓦州的埃姆斯市（Ames）？这符合权力下放的政策，工作人员可能想离开华盛顿，而且转到埃姆斯市是可行的，因为艾奥瓦州立大学是"消费经济学"的主要中心，所以这个项目会得到很多支持。[53] 哈特在 4 月 23 日访问华盛顿时提出了一个更有力的理由——芝加哥大学的马丁·布朗芬布伦纳有望被招募到埃姆斯，奥尔特曼第二天就把这个建议提给了布莱斯德尔，但并未有任何结果，这或许是因为奥尔特曼的征兵处

---

① 　虽然米尔顿·弗里德曼（1942）怀疑这一概念在和平时期是否有用，但他认为这是战时计划的一个有用工具，这一事实表明了通胀缺口分析的普遍性。

境改变了，他能够继续留在国家资源规划委员会。虽然奥尔特曼建议布莱斯德尔认真考虑此事，但很难看出会有结果，因为往返埃姆斯比往返华盛顿更不便，更重要的是，奥尔特曼及其部门成员颇为依赖和其他机构之间的频繁联系。

5月，他们顺利得到了萨缪尔森前一年希望招募的一流学院经济学家。艾布拉姆·柏格森从6月1日开始受雇，为期3个月，负责消费研究的一个特定部分。除了协助该部门开展不同国民收入水平的消费方面的一般研究外，柏格森承担的任务是进行更为细致的分析，他被要求督导或开展以下研究："（1）商业企业和工业活动不同领域的收入分配；（2）按地理区域的收入分配；（3）按个人和家庭的收入分配。"[54]

萨缪尔森希望他们能在年度报告材料中"迅速成形"的一份内容清单，总结了他们的工作，体现了这个项目的发展方式。[55]清单包括四个部分：战后是否会出现繁荣或萧条，战后企业和家庭的财务状况，战后收入、储蓄和支出的分配，以及政策影响。第一部分的草稿已于5月28日完成。[56]其中，他们质疑了有时人们所提出的主张，即第一次世界大战后的复员表明没有必要进行规划。

整个夏天，柏格森都投身于这个项目。7月7日，他向该部门成员发送了一份关于消费函数的评论，伊齐基尔在最近一期《美国经济评论》上的刊文提出了这个函数，柏格森认为它存在缺陷：它并未使用适当的甚至是一致的储蓄和投资定义，伊齐基尔用的是现值美元，他也未证明使用时间趋势的合理性。[57]所有这些都指出了该部门需要做得更好的地方。月底提交的一份进度报告显示，柏格森在督导该部门的研究工作中发挥了重要作用。除了督导初级同事的工作外，他还写了一份备忘录，介绍了约翰·邓禄普（John Dunlop）关于工资结构周期性变化的研究，以及约瑟夫·佩契曼（Joseph Pechman）关于收入变化如何和分配挂钩的论文，佩契曼正在调查不同收入水平下的边际储蓄倾向和平均储蓄倾向之间的关系。他列出了8个项目清单，这些项目是某人（不一定是他自己）应该承接的。

也是在7月，古德曼报告了他和国家资源规划委员会进步城市规划部门（Progressive Urban Planning Section）一名成员的一次对话，并由此提出了一些建议。这些建议会扩大充分就业稳定部门的活动范围，以便对战后可能出现的经济形势有更广泛的了解。[58] 古德曼还报告了国家资源规划委员会其他部门正在进行的可能有用的活动。[59]

关于这项工作的报告草稿《继续维持充分就业的战时规划研究》（*Studies in Wartime Planning for Continuing Full Employment*）于8月完成。[60] 这是充分就业稳定部门工作人员的一份报告，有10个人被列入名单，奥尔特曼（该部门的负责人）和萨缪尔森（顾问）列在名单前两位。但在萨缪尔森的参考书目中，他把它列作自己和埃弗里特·哈根共同撰写的文章，哈根是奥尔特曼和萨缪尔森手下的三名高级经济学家之一。我们不清楚这是否意味着他们共同起草了其中的大部分内容，或者考虑到萨缪尔森显然起草了第一部分，剩下的部分是由哈根起草的。但似乎没有理由怀疑这是一份由整个部门奉献的报告。

这份报告沿袭了萨缪尔森在6月向艾略特提交的目录，以1918年后的复员经验开篇。战争刚结束不久就出现了小规模的繁荣，但这是因为（从经济角度来看）战争并未在1918年结束，尽管那时战争已经停止。许多政府合同必须完成，例如在战争结束后进行船舶建造，而且政府承诺向退伍军人支付抚恤金。其结果是，"接近战争最后一年水平的政府赤字支出，避免了复员期间的经济困难，而过早停止这种支持则导致了萧条"。[61] 这份报告继续争辩说，不同的战争之间具有显著差异：当前的战争是全面战争，前一场战争只是局部战争，只有四分之一的国民收入被用于战争，直到最后两个月才需要削减消费。由于当前战争的动员力度更大，复员将更加困难，造成许多结构性问题。还有一个问题是，与 1917 年的情况不同，由于战前的长期萧条，不可能会在战后出现持续的增长。

二战后的失业率将取决于需求水平，因此，报告的大部分内容涉及对消费支出的估算，采用和以往研究一样的分类方法，探索了使收入分配更加平等的不同方式的影响。报告认为，投资增长不足以维持充分就业，因为在战争期间，厂房和设备已经大幅增加。他们得出的结论是，在没有政府干预的情况下，战后可能会出现失业。由于工业来不及调整生产以适应战后直接需要的消费品，消费品的缺乏可能会导致价格上涨。他们的预测是，除非继续实行价格控制，否则"大规模的失业将伴随着价格通胀"。[62]在题为"提高我们的视野"的一节中，报告提出了这样一种观点：

> 战争告诉我们，如果我们关注经济的本质，而不是经济的陈词滥调，国家的收入、消费和投资水平将尽在我们掌握之中。如果战后的公共政策致力于保持就业和经济机会……美国人民在这 10 年内的国民收入，将比 1941 年增加三分之一，是 30 年代中期的两倍。[63]

报告主张通过支出退伍军人抚恤金等来维持收入，但对降低税收持谨慎态度：企业税和超额利润税应低于战时税率，但应保持在"高于战前标准"的水平。[64]原因不仅在于需要保持收入，还在于需要减少不平等。报告还认为，应该逐渐减少国防支出，并且应该重新建立公共工程储备。①

---

① 公共工程储备是一项维持公共工程项目储备的计划，可在经济萧条期间实施，以缓解高失业率。

《继续维持充分就业的战时规划研究》是油印的，发行量比出版时要少。以这种方式编写报告符合国家资源规划委员会的任务，即为稳定就业和保持高国民收入的活动提供"机密的'紧随时事的建议'，并在战争持续期间逐月不断填充和完善"。[65]

这份中期报告被送去审查，不少于 19 人对它提出了批评和建议。[66]许多读者都对报告表示赞同，尽管他们中的大多数人发现了不一致或需要改进的地方。其中最关键的一位是乔治·斯蒂格勒，他的观点总结在一份内部备忘录中：

> 在乔治·斯蒂格勒看来，这份报告目前的形式不适合官方出版，他的观点也"与作者隐含的政治和社会观点有很大不同"。他还说，"在许多情况下，用你的工具做出的陈述既可以被证明，也可以被反驳。"[67]

备忘录并未详细说明这些政治和社会观点是什么，或者其中的哪些陈述需要进行检验。备忘录的第一部分是对过往经验的总结，尽管这部分内容也受到了批评，但评审员对这一节的评价最好。布鲁金斯协会（Brookings Institution）的哈罗德·莫尔顿（Harold Moulton）曾写过关于凯恩斯《通论》的评论，他认为政府支出的波动约束了经济活动的水平是错误的，因为这一论点没有考虑到总购买力是私人支出和政府支出的结果；他并不认可它们在第一次世界大战后是同步行动的观点。[68]社会研究新学派（New School for Social Research）的雅各布·马尔沙克也给出了类似的评论，虽然他认为这部分内容暗示了对"政府净开支"的过度依赖，但是这一缺陷在报告的后面已经得到了纠正。马尔沙克发现，关于一战后向和平过渡及和当前战争的比较部分"特别具有启发性"，并认为它"显然有非常大的实际用途"。[69]

　　鉴于当时经济理论的不稳定状态，对报告其他部分的批评可以被看作是对所承担任务的雄心勃勃性质的赞扬。例如，马尔沙克对需求如何对价格变化做出反应的假设提出了质疑。萨缪尔森在哈佛大学的朋友、马克思主义者保罗·斯威齐发表了有趣的评论，最后还批评了政策分析背后的观点。

> 当谈到为经济问题开出解决方案时，作者们似乎认为，所需要的只是一个适当的分析，所指出的解决办法自然会被采纳。换句话说，经济问题本质上被视为是技术问题；它们也是社会和政治问题，这些问题是由特定阶级权力和阶级目标的社会结构引起的，并与之密不可分。（这些）在我看来，是对报告范围的明确限制。[70]

　　总的结论似乎是，中期报告在成为最终报告之前需要做大量的修改。可能是因为听到了其中的一些批评，汉森提出了一些防御性的建议，戈登韦泽告诉德拉诺："汉森先生已经就报告与布莱斯德尔和萨缪尔森先生进行了多次会议，并提出了广泛的评论和批评。"[71]萨缪尔森可能是负责这份报告的学术顾问，但汉森一直对报告予以密切关注。

国家资源规划委员会的公众形象

　　如果国家资源规划委员会只是提供机密报告供政府内部使用，就不太可能会激起强烈的政治反对。然而，在向国会提交时进入公众领域的报告以及出版的小册子，使它在公众中具备很高的、富有争议的形象。最具争议的报告是关于失业政策的报告，这些报告和充分就业稳定部门的研究有关，即使他们没有直接参与编写这些报告。萨缪尔森担任顾问期间，国家资源规划委员会在伊芙琳·伯恩斯（Eveline Burns）的指导下，发布了题为《安全、工作和救济政策》（Security, Work and Relief Policies）的报告，并于 1941 年 12 月 4 日提交给罗斯福总统，但直到 1943 年 2 月 10 日才转交给国会。[72] 该报告所包含的信息得到了《1943 年国家资源开发报告》（National Resources Development：Report for 1943）的强化。[73] 第一个是政治上的争议，因为它提出了一个范围广泛的社会福利制度。导言清楚地表明，这既是一份技术文件，也是一份政治文件。

> 本报告尤其关注为那些丧失谋生手段或谋生手段不足的人提供充分的财政拨款。导致痛苦的部分原因是个人的性格……但是，经济失调带来的痛苦和个人的痛苦一样真实。人们有时认为，一套完整的社会保障体系最终会产生抑制自力更生的效果，甚至通过破坏对工业的激励，消除纪律粗暴却有益的影响，促进失业。毫无疑问，一些边缘群体即使有最低生活保障，也会故意选择逃避工作。但是，它们必须和数百万种情况进行权衡取舍，在这些情况下，深深的焦虑、对贫困的恐惧、剧烈的痛苦和不幸，折磨着男女老少的生活。大多数漂泊的灵魂，是那些被自然环境或冷酷的社会经历造就的不幸环境关闭了希望之门的人。[74]

该报告强烈主张采取措施确保最低收入水平。

> 以剥夺基本生活必需品、寒冷、饥饿、疾病等而强制执行的纪律，不应被允许在最低安全标准之下执行，当然也不应在一个有足够粮食供应的富饶国家执行。在这个层次上，并非恐惧而是希望，

促使人们付出更大的努力，发挥聪明才智和竞争精神，为他们所追求的生活价值进行激烈的斗争，努力构建一个公正、自由、公平竞争和公平分享文明成果的框架。[75]

为了实现这一目标，报告建议采取两项措施以确保充分就业：向中断收入者提供公共援助，向需要的人提供公共医疗、教育和福利。这需要联邦政府协调各项行动，包括财政政策和货币政策。1943年的两卷报告将这一愿景和战后规划的可行性连在一起，他们认为，这是一项刻不容缓的任务。当这份报告解释了如何在一个民主国家进行计划时，这个项目的政治性质被明确表述为："在我们这个时代，暴政和独裁统治的核心……一个无法解决的内部冲突，它不可避免地导致软弱和解体……试图将理性作为不公正、暴力、不平等、奴役的工具，最终导致了革命。"[76]

毫无疑问，《安全、工作和救济政策》与国家资源规划委员会的命运息息相关。罗斯福总统可能认为这份报告在政治上有助于让美国人民安心，美国正在发布一份与威廉·贝弗里奇（William Beveridge）的《社会保险和相关服务》（*Social Insurance and Allied Services*）——为英国成为战后福利国家奠定基础的报告——相当的报告[77]。虽然《贝弗里奇报告》深受欢迎，以至英国政府在执行其建议方面承受着巨大压力，但是，美国政府对《安全、工作和救济政策》的反应却截然不同，该报告的发表可能会削弱国家资源规划委员会的地位。国家资源规划委员会的一位历史学家认为，推迟到《贝弗里奇报告》发表之后再发布这份报告，会使国会更容易拒绝它，因为它涉及一个"社会主义的""从摇篮到坟墓的"计划项目。[78]随着萨缪尔森与汉森和国家资源规划委员会的关系越来越密切，他不可避免地和这些想法产生了联系。

为了吸引那些不愿阅读国会报告的读者，国家资源规划委员会出版了小册子。1942 年 1 月，他们出版了阿尔文·汉森的一本题为《战后充分就业》（*After the War——Full Employment*，1942a）的小册子，汉森在这本小册子中提出了利用联邦预算来稳定需求水平的理由；他认为，公共债务不是什么可怕的东西，而是政府的政策工具。用一位历史学家的话说：

> 这本小册子，几乎和国家资源规划委员会的其他出版物一样，在国会、商界和至少部分媒体上引起了激烈的情绪化的批评。参议员罗伯特·塔夫特（Robert Taft）当时是共和党知识分子的领军人物，也是参议院的重要人物，他对此尤为恼火。[79]

同年 9 月，他们又出版了另一本题为《战后规划：充分就业、安全和建设美国》（*Post War Planning——Full Employment*，*Security*，*Building America*）的小册子，在罗斯福总统于 1941 年 1 月 6 日呼吁"四项自由"之后，又提出一项新的《权利法案》（Bill of Rights），这些构成了战后规划战略的基础。[80] 就像一位历史学家所言，"正如四项自由的演讲代表了罗斯福对法西斯意识形态和海外侵略的回应，规划者的文件也代表了他们对美国国内自由民主的看法"。[81] 这些权利包括各种经济权利：工作的权利，公平的薪酬，足够的食物，衣服、住房和医疗，摆脱对老年、贫困、依赖、疾病、失业和事故的恐惧，以及教育。自由企业制度中的权利是为了约束私营企业和政府，因为它附加了一个条件："免于强制劳动、不负责任的私人权力、任意的公共权力和不受监管的垄断。"[82] 它的目的不仅在总结现有的权利，而且在"通过规划和合作行动"扩大这些权利。两个月后，这份声明得到进一步公布，并以图表形式总结在一张折叠的宣传页上。他们提议的《权利法案》也在《1943 年国家资源开发报告》开始时印发，强调了它和规划进展的关联。[83]

1942 年 8 月 21 日，在他们的报告起草完后，萨缪尔森部门的三名成员（柏格森、古德曼和哈根）向布莱斯德尔提议，利用他们部门所做的研究，编写一系列小册子，紧接着汉森的小册子，以报道战后的经济问题。[84] 他们的理由是，他们的研究成果可以被广泛获取，而且除了就一个热点问题提供急需的教科书外，还将有助于向公众提供信息——这是民主国家的一项重要任务。他们提出了从"充分就业的国民收入"（The National Income at Full Employment）到"战后的危机转换"（A Conversion Crisis after The War）的 10 个题目。[85] 当时国家资源规划委员会的资金存在问题，但布莱斯德尔坚持认为，他们应该在资金即将到位的假设下继续推进。[86] 柏格森很快被调到战略服务办公室（OSS），负责俄罗斯事务，在国家资源规划委员会工作的最后两周，他努力准备了第一本小册子。[87] 柏格森很可能完成了这本小册子，因为在他进入战略服务办公室的 9 月 15 日，哈根向他的同事们分发了一本关于 1950 年国民收入概要展望的小册子，以供评论。[88]

这些出版物中都没有提到萨缪尔森的名字，但大家都知道他是国家资源规划委员会的一名顾问，他所在的部门正在发布一些主张激进思想的材料。结果，到 1942 年年底，一些局外人已经把萨缪尔森和战后高公共支出的主张联系在一起。萨缪尔森以前的一个学生当时在价格管理办公室担任初级职位，他写道：

> 我的一个在华盛顿工作的教授朋友读了国家资源规划委员会最近发表的一篇文章，是关于美国战后经济组织的。您想必也参与其中。他说，作者们在战后被政府支出问题"冲昏了头"。我还没有看过报告，但我想您也许会对他的反应感兴趣。[89]

关于萨缪尔森和这些想法之间的联系的任何怀疑，都将在次年6月烟消云散。当时，国家资源规划委员会根据由萨缪尔森和哈根撰写的题为《战后：1918—1920》（*After the War*：1918—1920）的中期报告的第一部分，出版了一本小册子。[90] 萨缪尔森和哈根选择这一部分出版，也许是因为它是收到这份报告的评审员评价最好的部分。尽管他们在报告的第一部分明确提出了同样的观点，即1918年至1920年的经历证明了计划转型的必要性，而非计划外的市场的成功，但报告的性质却大不相同，这表明他们从批评者那里学到了东西。

在解释了从过去的经验中学习的重要性之后，这本小册子以美国参与一战的历史开始，从中可以看出《和平的经济后果》（凯恩斯因在该书中攻击"一战"后的《凡尔赛条约》而声名鹊起）和汉森提出的关于长期停滞的观点的痕迹。[91]

　　　　1914年以前的日子，回想起来遥远得让人觉得像是乌托邦，因此人们可以信口开河地谈论回归"常态"。那些拥有更准确记忆的人可能清楚，1914年时，有迹象表明世界即将进入萧条时期；如果没有世界大战，威尔逊政府可能不得不面对同样类型的问题，这些问题在20年后已变得更加严重。[92]

战争把美国从萧条中拯救了出来。正如凯恩斯20年前所主张的那样，萨缪尔森和哈根认为，让人们渴望已久的"常态"回归是不可能的。汉森的观点反映在他们对战后大萧条如何复苏的分析中：复苏需要某种东西来推动投资。然后，他们采纳了汉森的观点（本书第12章讨论过），即随着边境的关闭，人口增长放缓，没有新的产业来推动投资，萧条将变得更加普遍，持续的时间也会更长。这本小册子记录了"一战"后复员工作进展得极为迅速。每个人都急于遣散部队，军事合同也被尽快取消。结果导致 1918—1919 年严冬出现了大量的公开和隐性失业。1919—1920 年产量上升，但随之而来的是通货膨胀，物价比战时最高水平上涨了 25%，直到 1920—1921 年才双双暴跌。他们可能意识到中期报告所受到的批评，转而用图表说明了生产、就业和价格的运行过程。

然后，萨缪尔森和哈根转向了报告的核心内容：原因分析。战后曾经出现过大萧条，尽管大萧条很糟糕（如果有统计数据来衡量失业率的上升，情况似乎会更糟），但它只是昙花一现。1920—1921 年的大萧条也很短暂，这显然表明那些认为政府不需要采取任何措施放松调整的人是正确的。作为对中期报告批评的回应，他们非常关注政府赤字以外的其他因素。他们指出，1919 年时，尽管收入下降，家庭储蓄却增加了。这一观点认为存在战后的"延期需求"，可以维持经济扩张，他们试图驳斥这一观点。1919—1920 年的短暂繁荣并不是由消费支出推动的。

政府支出是部分原因。报告中的一张图表生动地说明了政府赤字，这种赤字一直持续到 1919 年。即使消除了赤字，政府支出依然很高。萨缪尔森和哈根的结论是，尽管并非有意，但政府支出和赤字"阻止了复员工作导致国民收入急剧下降，并在 1919 年年初促成了经济好转"，当时其他因素也发挥了作用。[93] 出口增长超过进口，投机活动激增，库存等也大幅增加。生产和运输出现瓶颈，还出现了短缺及金融和房地产投机。这些在很大程度上与物价上涨和宽松的信贷条件有关（在这种情况下，美联储向成员银行发出的，要求它们停止为投机活动提供资金的警告是无效的）。因此，1919—1920 年的复苏崩溃并不令人感到意外。报告中的一张图表显示了世界贸易的急剧下降，其中欧洲的降幅最大，间接导致了美国的经济萧条。

这本小册子最后把"一战"和目前正在发生的事情进行了比较，认为重新调整的问题将会变得更加严重。目前的情况是，战争的规模要大得多；政府赤字要高得多；战时许多工业得到了更充分的动员，一些民用工业被完全关闭。如果说政府行动对于避免一战后的灾难必不可少，那么此时此刻就更加重要了。或许是认识到了这个问题的政治敏感性，他们非常重视当务之急的复原问题。

> 无论人们对长期问题持何种看法，我们都一致认为，在这场战争结束时，存在一个关键的较短时期的巨大危险，在此期间就业和收入必定会下降。显然，工业界和政府应尽一切可能维持最低收入标准，办法包括推行解雇工资、失业补偿、分期支付遣散费、直接救济和工作救济。尽管长期公共工程的可取性也许存在争议，但没有人能否认提供一个短期有用的"填充物"类型的公共和私人项目的紧迫性，这些项目的目的是在复员和重新改造危机中提供就业机会。[94]

他们预测会同时出现通货膨胀和失业。

> 我们将同时经历繁荣和萧条。有种种迹象表明，战争的结束将让我们进入一段"不稳定"时期，它具有繁荣的所有表象——价格通胀压力、短缺、企图积累库存。同时，我们也将面临经济萧条的不利方面，包括劳动力和设备的错配、损失、失业，以及低于潜能的实际收入。[95]

考虑到他们的汉森主义视角，他们显然相信，从长远来看，政府将不得不发挥作用，因为他们指出，"私营企业和公共企业都需要新的概念和责任"，但为了集中精力解决战后迫在眉睫的问题，他们淡化了这一点。[96]

在国家资源规划委员会的工作中，萨缪尔森全身心地投入到数据分析中，他组建了一支庞大的团队来处理一个比他之前处理过的更为复杂难懂的问题。公众对中期报告的批评程度无疑是一个挫折，它表明有必要开展进一步的研究；而鉴于国家资源规划委员会未来的不确定性，这些研究可能永远不会开展。他和哈根一起撰写的小册子借鉴了这项研究，但避免了技术上的细节，也没有涉及汉森和国家资源规划委员会报告中更为激进的观点，而是对"一战"的经历及其对当今的影响做了高度精练的分析。它既不依赖于正式的统计分析，也不依赖于复杂的预测模型，如战后用于预测消费者需求的模型。它依赖于简单的数据分析和历史阐述。

次年，萨缪尔森在和沃尔特·萨兰特的通信中称，这本小册子的主要目的是揭穿"有关战后繁荣的普遍观点"。[97]他认为它已经达到了这一目的，但他知道它有缺陷，这既是因为缺乏数据，也是因为缺乏对他们所掌握的事实的解释。他在给萨兰特的信中还解释说，他认为总需求和价格变化之间没有直接关系。

> 一段时间以来，我都不相信那些试图把价格变化的速度和方向，与需求因素单独联系得过于紧密的分析。需求过低或过高都是一种可容许的因素，它创造了形成价格设定和工资确定的环境。但工资和价格（其他人的成本）的变化往往是物价上涨的直接或近似原因。从这个角度来看，在这段时期，可能并不难确定导致价格上涨的物理因素（短缺、交通运输）和心理因素（行业动荡、战后疲劳等）。[98]

其结果是，价格的上涨将是不均匀的。

这本小册子使萨缪尔森更坚定地与汉森、国家资源规划委员会以及

同他们有关的激进政策联系在了一起。他和哈根可能已经谨慎地表达了
自己的观点，但这本小册子是国家资源规划委员会项目计划的出版物，
在一些商人和政治家的眼里，这就足以使它受到谴责。此外，它用了同
样的标题"战后"，使自己和汉森极具争议的小册子联系起来。

　　尽管这可能并未让萨缪尔森完全进入政治舞台，但这是他向前迈出
的一大步。他已不再只是一个为其他经济学家所熟知的数理经济学家。

　　当萨缪尔森抽时间为行业杂志《机械工程学》（*Mechanical Engineer-
ing*）撰写两本书的书评时，他开始接触到不同的外行读者。这个计划起源
于麻省理工学院，是应美国机械工程师学会（ASME）的要求，由经济学
与社会科学系的成员对影响工程学的一系列经济文献进行的一系列综述
之一。这两本书涉及了当前经济形势和未来前景，由麻省理工学院训练
有素的工程师、自由撰稿人斯图尔特·蔡斯撰写，他赞成中央计划，是萨
缪尔森部门一年前所发表报告的唯一一位极其热情的读者。蔡斯写出了
许多萨缪尔森会同意的话。蔡斯认为，当出于军事目的需要资源时，人
们不会问钱从哪里来，而是像德国那样把钱花掉。阻碍德国发展的不是
金融破产，而是物资的匮乏。蔡斯称："亚当·斯密的学说也许会过时，
但在 1942 年那个危险的世界，没有哪个国家会因为一些教科书上的说法
而顺从地走向破产。"[99]面对一位以支持苏联计划而闻名的人士的这些言
论，以及工程师读者，萨缪尔森采取了非常谨慎的语气，表面上采取了
保守的立场。"因为蔡斯代表了一个正在成长的思想流派，有历史感的聪
明保守派很容易对他的观点感兴趣。"

　　就像一名职业拳击手手握重拳，"深思熟虑的温和派希望避免灾难性
的革命性变革"，拥抱渐进式改革，保存好的事物。萨缪尔森用冗长的引
语阐明了蔡斯的论点，并仔细挑选了一段引语，在这段引语中，蔡斯对
汉森的大萧条理论（汉森认为大萧条是由投资渠道饱和引起的）进行了

总结——他同意这一评论。在评论蔡斯为基本资源——食物、衣服、住房、健康和教育——制定的"预算"时，萨缪尔森得出结论，认为"政府和企业方面需要做出巨大的共同努力"。尽管保守派可能对其中的暗示持怀疑态度，但它含糊其词，甚至不清楚萨缪尔森是在表达自己的观点，抑或只是在总结他正在评论的书中的观点。萨缪尔森在结语中称，即使读者不赞同这本书的观点，通过该书他们也会对未来有所了解。

萨缪尔森对这本书的态度是积极的，但他并未公开承认自己和一个曾是斯大林（Stalin）中央计划的狂热支持者达成了一致。萨缪尔森正在学习如何在报道政治敏感问题时非常老练地写作，这一技能在他编写教科书时被证明尤为重要。

国家资源规划委员会的终结

与罗斯福总统的许多新政机构一样，国家资源规划委员会备受争议，受到保守派的强烈批评。例如，一位共和党参议员批评国家资源规划委员会采纳了汉森的财政支出政策，并且"在意图侵犯'我们年轻人的性生活领域'的'这个共产主义计划'中，引领'计划新社会秩序的巨大行动'，而最终的目标是'彻底摧毁所有自由企业'"。[100] 此外，人们普遍怀疑国家资源规划委员会的作用，因为它的工作似乎和其他机构的工作有相当大的重叠，对它所发挥的协调作用也普遍认识不足。

国家资源规划委员会还卷入了行政部门和国会之间的纠纷，因为它直接向总统而不是向国会报告。共和党在 1942 年大选中获胜后，党派对立变得更加激烈。除此之外，许多国会议员认为，应该由他们而不是总统在战后制订计划。人们还认为罗斯福总统过早开始战后规划，他应该至少等到战争结果变得更加明朗。1943 年，这种批评达到了顶点，同年

6 月，总统决定解散国家资源规划委员会，并于 8 月底执行。[101]

这些争议的背后，是对新政和政府应该在刺激经济方面发挥作用的观念的持续敌意。梅里亚姆、蔡斯和其他与国家资源规划委员会有关的人在《国家报》（*The Nation*）和《哈珀》杂志（*Harper's*）等拥有广泛读者的媒体上一直主张，政府应该在战后继续控制经济活动。批评人士认为，这表明政府希望改变美国经济的本质。[102] 参议员罗伯特·塔夫特认为，"混合经济体实际上意味着 50% 的社会主义经济"，这一观点被很多媒体采纳，他们认为政府试图对企业进行控制。这个批评力度如此之大，以至几个月后，国家资源规划委员会的支持者之一哈罗德·伊克斯觉得有必要在《新共和》杂志上发表一篇题为《官僚与商人》（*Bureaucrats v. Business men*）的文章，长篇大论地提出抗议。[103] 商人们可能会批评官僚主义，但正是罗斯福总统招进政府的商人们在指挥这场战争。

根据一位历史学家的说法，对国家资源规划委员会的攻击在 1943 年的《安全、工作和救济政策》和《1943 年国家资源开发报告》发布后达到顶峰，它们被解读为暗示国家资源规划委员会支持不断增加国家债务的观点。[104] 塔夫特在国会声称，"不断增加的债务将导致我们整个制度的崩溃，摧毁构成美国人民过去储蓄的所有价值"。《纽约太阳报》（*New York Sun*）的一篇文章批评了国家资源规划委员会政策的理论基础：

> 他们（国家资源规划委员会）的基本计算所依据的理论，与已确立和已被接受的经济学定律形成了如此根本性的背离，以至微妙地暗示，有必要修正科学进步赖以存在了几个世纪的许多基本公理。例如，掉下来的苹果可能真的恰好砸到了牛顿头上。[105]

《纽约时报》报道了耶鲁大学教授弗雷德·费尔柴尔德（Fred Fairchild）在一次演讲中对美国商会提出的规划风险的警告，他用更强硬的语言支持塔夫特的立场。他攻击的不仅是计划，还有美国能在世界上扮演重要角色的观念。

> 我们必须放弃控制商业周期的虚幻权宜之计，削减军事开支，平衡预算，避免拒付并开始削减公共债务。我们必须摒弃美国维持世界治安、养活世界人民、重建战后世界的宏伟理想。我们必须放弃《大西洋宪章》（Atlantic Charter），以及它提出的要求美国为世界做的一切事情，不要白做。它们已经不切实际了。美国承担不起这些事情。[106]

费尔柴尔德认为，控制企业是异想天开，或者是不可能的幻想。[107] 美国劳工联合会副主席持有类似的立场，称企业税收政策只会被用来"破坏我们的社会，或使它转变成某种理想主义状态"。[108]

费尔柴尔德的孤立主义言论指出，这两种对美国之世界角色的截然不同的看法，在当时主导了公共辩论，与萨缪尔森两年前概述的观点形成了鲜明对比：

> 一旦当前冲突结束，美国的人道主义热情将渴望养活世界上饱受战争蹂躏的人民，美国可能希望协助重建被摧毁的生产性工厂，而这取决于为其他国家提供更好的生活水平。在某种程度上，美国向世界其他地区提供的商品和服务，可能是用提供给我们的原材料和服务来换取的。另一方面，可能有必要在不指望补偿的情况下提供某些商品和服务。[109]

没有证据表明，费尔柴尔德曾考虑过这些言论，甚至读过这些言论——它们出现在一份内部备忘录中。就他对国家资源规划委员会工作人员的区别而言，费尔柴尔德的批评目标是汉森，汉森当时是凯恩斯主义政策的主要公共倡导者，也是《战后充分就业》这本颇具争议的国家资源规划委员会小册子的作者。但是，萨缪尔森坚定地支持汉森的政策，他是汉森关于这一主题的主要学术出版物的撰稿人之一，也是一本小册子的作者，尽管这本小册子非常谨慎，但它所倡导的政策本质上和汉森在几乎相同标题下的政策是相同的。

国家资源规划委员会的工作人员在他们工作的组织受到攻击的这段时间内一直在工作。3月，哈根写信给萨缪尔森说，他收到了战时劳工委员会（WLB）的邀请，而且他正与战略事务办公室讨论类似的职位。[110]哈根承认国家资源规划委员会面临的形势似乎正在改善，布莱斯德尔对此也表示乐观，但他对该部门的未来并不确信，因此他可能会接受这两个职位中的一个。哈根和萨缪尔森撰写的小册子已于3月完成，但中期报告的修订仍在进行中。[111]萨缪尔森写给布莱斯德尔的备忘录，表明了他对形势的认识。他曾被要求就他的朋友戴维·麦科德·赖特的一份有关国家债务问题的手稿发表评论。他发现手稿清晰而得体，只有几个需要注意的技术问题。然而，他对发表它持怀疑态度。

> 从战术的角度看，有时我觉得完全不讨论债务问题似乎是可取的。除非我们能成功地说服怀疑者，否则我们将其置于明确的关注和分析之下，可能只是像在伤口上捅了一刀，或者像在公牛面前挥舞了一面红旗。毕竟，对债务的恐惧在很大程度上是非理性的，在这种情况下，逻辑并不总是最好的武器。[112]

因此，尽管他认为如果发表在《大西洋月刊》或《读者文摘》（Reader's Digest）上会有很多好处，但他也认为"董事会已经在这些问题上持怀疑态度，因此，它可能带来不好的影响"。

萨缪尔森部门的成员一直工作到最后。5月底，萨缪尔森收到了一份关于"流动储蓄"的备忘录，提供了他们的储蓄业务中有多少是以现金形式持有的数据。[113] 6月10日，哈根把一份关于"1950年美国充分就业的国民产出"的手稿寄给了布莱斯德尔。他意识到国家资源规划委员会可能无法发表这篇文章，于是请求在其他地方发表。[①]7月1日，该部门的另一名成员向萨缪尔森发送了一份他前一天起草的关于"一战"期间英国储蓄的备忘录，其中写道："按照现状，完成这份备忘录需要很大的纪律和勇气。玛丽（Mary）是一个真正的战士，在大家都松懈的时候还在工作。"[114]

国家资源规划委员会刚被解散，萨缪尔森就开始收到关于他能否在其他地方从事类似工作的询问。1943年8月6日，沃尔特·萨兰特写道，价格管理办公室的那些人认为是时候开展这样的工作了，于是问他是否有兴趣与他们达成一项类似于他和国家资源规划委员会达成的协议。[115]尽管国家资源规划委员会的关停本应让萨缪尔森腾出时间，但萨缪尔森回答说他太忙了，至少在未来几个月内不可能从事任何咨询工作。尽管萨缪尔森保住了在麻省理工学院的职位，可以拒绝这样的邀请，然而他的属下却不得不忙于在其他政府机构寻找工作机会。[116]哈根在战略事务办公室担任了一个职位。萨缪尔森的合同于8月31日终止，他结束了在华盛顿的工作。[117]

---

①　后来它发表在《美国经济评论》上，当时供职于美联储的哈根和供职于战略服务办公室的诺拉·柯克帕特里克（Nora Kirkpatrick）是共同作者。

尽管萨缪尔森每周只在华盛顿待两天，时间也才两年，但这段经历对他作为经济学家的发展至关重要。他曾负责一个涉及广泛数据分析的大型实证项目；通过与在政府工作方面经验丰富的经济学家奥斯卡·奥尔特曼的合作，他在指导一个项目、招募员工，以及试图将结果转化为一份经得起那些倾向于质疑其结论的人批评的报告方面积累了经验。[118] 通过汉森，他接触到其他政府部门的工作，并建立了广泛的联系，如果他留在剑桥，将很难有此收获。他也越来越认同汉森以及在经济政策上的一系列国际主义和干涉主义立场。

国家资源规划委员会的终结促使一些人在一份显然未完成且未发表的草稿中进行了反思，草稿题为《一名退休战后规划师所亲历的战后规划》(Post-war Planning as Seen by a Retired Post-war Planner)。[119] 萨缪尔森承认，他"在战争爆发前 6 个月"就开始了战后规划，并花了两年时间往返于华盛顿。①

> 通常是在半夜时分，机会成本理论抬起它丑陋的头来提醒他，他的有限脑海已经装不下那些重要的事物——对于这个问题，他的良心只有一个回答，那就是恶棍们最后的避难所："如果我不使用普尔曼空间（Pullman space），其他一些战后规划者也会使用。"[120]

萨缪尔森的内疚感也让他担心他的缺席会给麻省理工学院的同事们带来额外负担。他写道"牺牲和痛苦经历"，比如很难找到酒店房间和预订火车，与那些牺牲和痛苦经历远没有那么微不足道的人相比，这一点不言而喻。但是，华盛顿确实有它的优势：对于一位"来自偏远地区"

---

① 萨缪尔森似乎对当时发生的战争视而不见，即使美国还不是一个参战国。

的大学教授来说，它可能看起来"像一所荣耀的研究生院，充满了此类机构特有的八卦和友爱"，它为"经济学家的妻子为自己开创事业"提供了机会。[①][121] 萨缪尔森想必感到双重的特权，他把一部分时间花在这种氛围中，其余的时间则花在剑桥。在剑桥，他有幸参与了麻省理工学院的研究生项目，并参加了哈佛的研讨会。

在萨缪尔森试图证明年轻经济学家能够获得高薪的合理性时，非战斗型经济学家（non-combatant economists）的舒适地位也可能让人感到内疚。他认为，雇用他们的机构每花一美元都能获得高昂的回报。

> 他略去了顾问经验中的精华，因此，即使他把剩余时间奉献给机构，也会受到迅速递减的回报的影响。更重要的是，顾问既不出售工作时间，也不为机构购买工作时间，而是为某个任务或研究领域承担责任。这种责任是不可分割的，不能敷衍塞责。如果一个人每个月工作 5¼ 天的话，它的重要性将和全职工作相当。[122]

萨缪尔森称自己所说的话并无偏见，因为他从来就只是一个兼职顾问。然后，他谈到了对他和其他处于他的位置的人来说，肯定至关重要的问题。

> 如果认为一个急于逃避服兵役的人去华盛顿会很好，那将是一种严重的误解，几乎与事情的实际情况背道而驰。相反，对最近经济学专业学生的经历进行调查，会发现联邦机构在对待选择性服务

---

① 　同这个关于经济学家性别的假设相对应，应该提到的是，萨缪尔森很快就要指导两个女博士生，她们继续担任职业经济学家的职位。

的态度上有所倒退。在任何意义上，政府部门都没有提供逃避服兵役的机会。

萨缪尔森的某些论点的逻辑令人生疑，尽管他试图用幽默的方式粉饰部分论点，这些都表明他的良心在和他战争期间享有的特权做斗争。如果这些话写于 1943 年，它可能有助于解释，为什么尽管他痴迷于经济问题，却卷入了和消防控制有关的军事技术问题。对萨缪尔森来说，后来能够告诉记者他从事的是机密的战争研究工作，这一点无疑至关重要。

第 20 章

创立新经济学（Ⅱ）——政策：
1942—1943 年

平衡预算乘数

1942 年 3—6 月的某个时候，萨缪尔森为西摩·哈里斯正在编辑的一本书《战后经济问题》（*Postwar Economic Problems*）写了题为"战后充分就业"（Full Employment After the War）的一章。[1] 在其他地方萨缪尔森关注的是采取行动的必要性，而在本章中他关注的则是经济理论。萨缪尔森对政治影响非常敏感，他反复强调，他所讨论的分析方法"在政策问题上是中立的"，而且，尽管失业问题的分析框架通常以凯恩斯的名字命名，但它根植于更早期的思考。[2] 自第一次接触财政政策问题以来，他一直在这样做，他和凯恩斯保持着距离。

消费和收入之间存在稳定关系是就业理论的核心。萨缪尔森通过讨论家庭预算在不同商品上所占比例的稳定性，来解释这种稳定性，在国家资源规划委员会的工作使他对这一点非常熟悉。萨缪尔森认为，在短时间内，储蓄占收入的比例将随收入的增加而上升。在一定的收入水平上，人们不会进行任何储蓄，随着收入的增加，储蓄占收入的比例也在上升。这可以由图 20-1 中的消费函数 AA 表示。随着时间的推移，消费函数向上移动，从曲线 AA 移动到曲线 A'A'。由于收入随商业周期波动，消费和收入遵循的时间路径将如图 20-1 中的虚线所示。[①]

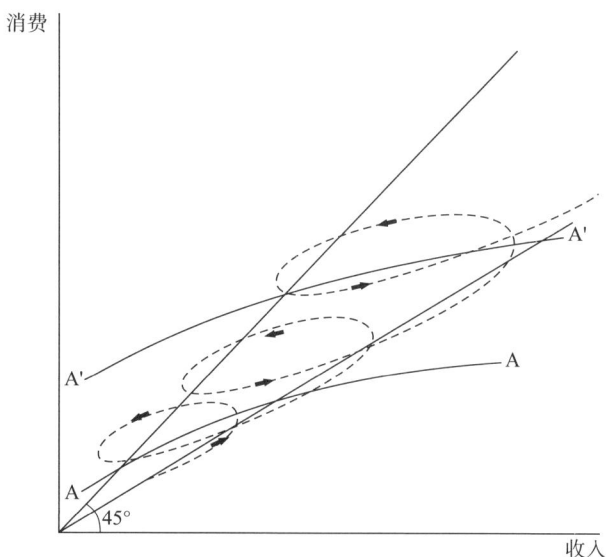

图 20-1　消费和收入模型

资料来源：萨缪尔森（1943d，第 35 页）

萨缪尔森强调了消费和收入之间的关系，因为他认为这是所有商业周期分析的核心：作为决定收入如何在消费和储蓄之间分配的因素，利率和财富存量的重要性不及收入。消费和收入之间的关系在历史上一直非常稳定，但这种稳定可以被"蓄意的社会行动"改变。[3]这一点之所以重要，是因为储蓄必须通过支出来"抵消"（offset），要么通过企业投资，

---

① 此处再现这张图旨在说明这一章包含了一个关于消费函数行为的观点，它通常被认为后来才出现，但这么说并不正确。这张图与后来用于证明永久收入假说和生命周期消费理论的图颇为相似。

要么通过政府支出。如果要实现充分就业，就必须有足够的支出来抵消人们希望储蓄的数额。否则，在储蓄出现相应的减少之前，收入和就业将呈螺旋式下降。

萨缪尔森反驳了以下观点，即弹性工资能够通过使物价下跌，进而降低利率和刺激投资，来维持充分就业。这个观点的问题在于，低利率——低息货币——可能不起作用：它依赖于不断下跌的价格，但这将产生"逆向的心理效应"。因此，不断下跌的物价可能会使失业状况恶化，而不是好转。同样，没有理由相信经济体系会自动创造充分就业，也没有理由相信必然会存在失业。这是一个经验问题。萨缪尔森并未指出，同样的论点在凯恩斯的《通论》中也能找到。

这一章也是萨缪尔森首次在出版物中提到他在《现代收入理论》一文中使用的储蓄和投资图（见图 18–1），他称它"类似于供求关系的'马歇尔交叉图'"。[4] 这张图及其所对应的消费、投资和 45 度线（见图 13–1），与凯恩斯经济学和萨缪尔森的教科书关系密切。值得注意的是，萨缪尔森对这张图持怀疑态度，原因是它过分简化了投资背后的因素。

> 无论其（S 和 I 图）在形式上多么有效，有必要坚持认为，除了最短时间内的投资外，任何投资都不能像储蓄那样和收入挂钩。即使在最短的时间内，它也不是静态的收入水平，但它发生变化的时间模式，却和资本设备的现有存量（其决定了投资水平）的变化相一致。在作者看来，再怎么强调这一点也不为过。[5]

萨缪尔森再次强调了动态的重要性。也许这就是他不急于发表他早期文章的原因，尽管汉森敦促他早日发表。

在回顾可能有助于实现充分就业对储蓄的"抵消"时，萨缪尔森涵盖了各种可能性，包括商业投资、政府的再分配支出、国外投资、旨在刺激消费的新需求的开发、赤字融资的政府支出，以及"与同等税收相匹配的政府支出"。[6]最后一个是新近发现的。

> 直到最近，我才确信第 6 项（清单上的最后一个因素）确实对储蓄起到了真正的抵消作用——高水平的平衡预算加上"非累进的"税收和支出，仍然在创造就业和收入。此处暂且不给出证明。但是，如果这种形式有效，它可能会提供一个重要的方法，我们的经济便有望维持有效需求水平。[7]

这就是后来人们所称的"平衡预算乘数"的概念。平衡预算乘数认为，和税收的同等增加相匹配的政府支出的增加，是扩张性的。鉴于凯恩斯主义思想的反对派把注意力集中在政府长期赤字的危险性上，这一点的政治意义很难被夸大。

发现平衡预算乘数后不久，萨缪尔森和比尔·萨兰特（萨缪尔森在哈佛读书时认识的两兄弟之一）进行了交谈，发现他们两人得出的结果基本相同。[8]萨缪尔森确信这个研究结果没有人发表过，至少没有在英文期刊发表过，并建议他们两人一起把它写出来。1942 年 7 月，时任劳克林·柯里白宫幕僚的萨兰特，把这个想法写成《税收、乘数和通胀缺口》（Taxes, the Multiplier and the Inflationary Gap）一文。[9]

萨兰特的出发点是，主张政府赤字对国民收入的影响相当于增加投资。这使经济学家们推断，如果赤字保持不变，政府支出的变化将不会产生任何影响。萨兰特接着解释了为什么这是不正确的。关键是要单独考虑政府支出的变化：政府支出不仅会直接提高国民收入，而且会通过刺激消费实现这一点。如果通过提高税收来为政府支出的增长筹集资金，那么将会减少消费，并且恰好抵消政府支出增长所带来的消费增长，只留下政府支出的增长。[①] 平衡预算乘数的取值将恰好等于1。

另一种思考方式是，之所以产生平衡预算乘数，是因为政府支出和税收的唯一区别在于前者是国民收入的组成部分，而税收不是（税收被视为转移支付，比如社会保障金，或者一个人赠予另一个人的礼物，这些都和任何商品或服务的生产无关）。因此，平衡预算乘数取决于国民核算的构建方式，这是它未能被更早发现的原因之一。[②] 最早的国民经济核算所定义的国民收入，只包括政府支出中由税收提供资金的部分，这种做法即使在大萧条时期有意义，在战争期间也毫无意义，因为战争期间赤字占国民收入的比例上升到了空前高的水平。同样，当柯里利用乘数分析计算出1937年经济衰退的原因时，他用的是赤字——政府对收入创造的净贡献。[③] 萨缪尔森还对人们未能发现特别适用于他和萨兰特的平衡

---

① 政府支出增加1将立即使收入增加1；收入增加将导致消费增加和收入进一步增加 c，其中 c 是边际消费倾向。这反过来又会导致消费进一步增加 c^2，以此类推。收入的总增加额即为 $1+c+c^2+c^3+\cdots=\dfrac{1}{1-c}$。这是众所周知的。但是，假设税收也增加了1。通过减少消费者的可支配收入，消费减少了 c，此时国民收入减少，消费进一步减少了 c^2，以此类推。国民收入的总减少额为 $c+c^2+c^3+\cdots=\dfrac{1}{1-c}$。净效应是 $\dfrac{1}{1-c}-\dfrac{1}{1-c}=1$。也就是说，政府支出增加1美元，税收增加1美元，国民收入增加1美元。

② 在现代国民经济核算中，"国民收入"是指"消费＋投资＋政府对商品和服务的支出＋净出口（出口-进口）"。不减去税收的理由在于，税收是一种转移支付，而不是商品和服务的支出。萨缪尔森（1975b，第44-45页。）

③ 柯里一年前在分析一份未发表的备忘录中的支出计划时写道："当政府把征税的钱花在纳税人身上时，它只是购买力的一种转移，而不是一种净增长。虽然刺激政府支出的活动的净效应无法准确衡量，但可以通过从总支出中扣除……除房地产税以外的、在某种程度上被认为是公共支出减少的所有税收，来作为这种净效应的近似"（柯里，2004，第302页）。

预算乘数给出了另一种解释——他们都只关注外贸乘数，根据这种乘数，将刺激视为贸易平衡或出口减去进口的差额是合理的。

萨缪尔森有理由对未能更早地发现这一结果感到惊讶。如果只看代数形式，很难理解为何他在前一年夏天撰写的论文中，分析公共工程和救济支出之间的差异时，没有发现这个概念。[①][10] 如果他考察从公共工程预算转到社会保障预算会产生多少收入，他也会得到同样的答案。那些关注战时财政的人，如白宫的比尔·萨兰特和他在价格管理办公室的兄弟沃尔特，都在使用通胀缺口的概念；正是在这种背景下，凯恩斯含蓄地运用平衡预算乘数的概念，为英国 1940 年的预算写了一份声明。[11] 然而，或许最能说明问题的解释是，他们没有看到这一概念阐释了乘数理论的形成如何受政策问题而非学科内部的理论问题所推动。萨缪尔森关于乘数的两篇论文，都缺乏他在以纯理论分析为目标的论文中所达到的理论精度和关注度。

萨缪尔森和萨兰特继续就论文的发表问题保持着联系。10月，他对文章的开头提出了一些建议，称萨兰特已经撰写的内容可以遵循这一思路。他还建议对这个结果增加另一种解释。

> 起初，社会在这个收入水平处于均衡状态，储蓄和投资在时间意义上是相等的。在计划的改变发生之后，只有假设私人投资不变且储蓄仅取决于可支配收入，为平民人口（civilian population）创造

---

① 这里，萨缪尔森比较了系列（1，1/2，1/4，1/8，……）和系列（1/2，1/4，1/8，……）。考虑到社会保障支付在现代国民收入核算中被视为税收转移，很自然的做法是，将前者和公共工程联系起来，将后者和社会保障支付联系起来。事实上，萨缪尔森的观点恰好相反，他认为公共工程不太可能被充分利用。他把重点放在收入是否会被使用上，而忽略了哪项支出对国民收入有贡献，哪项没有贡献。

的国民收入才能在同一水平上达到均衡。任何其他结果都会导致矛盾。因此，政府支出总额即在旧的支出水平上的叠加，每增加 1 美元的税收，政府支出就会增加 1 美元。[12]

这清楚地表明，尽管文章结果背后的数学非常简单，但他们仍在和概念问题做斗争，以不同的方式推导定理。他们提到了为平民人口创造的国民收入，这表明，他们的研究植根于战时的讨论，这一点并非通过国民收入的抽象概念，而是通过政府机构制定的具体收入系列，得到了加强。即使将要被采用的正确的国民收入概念，也还未定下来。萨缪尔森在结语中坚持要求他们的名字按字母顺序出现，并希望一周后他在华盛顿时两人能碰个面。但这篇文章并未完成，因为萨兰特去了伦敦，他开始为战略事务办公室工作，分析轰炸目标。[13]

沃尔特·萨兰特和就业预测

11 月，萨缪尔森开始和比尔·萨兰特的兄弟沃尔特·萨兰特通信，沃尔特正在价格管理办公室和汉斯·奈塞尔共同研究一篇同属价格管理办公室的理查德·吉尔伯特（Richard Gilbert）和维克托·佩罗（Victor Perlo）写的文章，该文于 1941 年 12 月提交给了计量经济学会，最近刚在《计量经济学》上发表。[14] 这篇文章认为，传统的预测方法（其涉及对每个工业部门的单独预测进行组合汇总）并未被证明是成功的。问题不在于缺乏行业知识，因为预测通常是由对相关行业非常了解的人做出的。相反，吉尔伯特和佩罗建议从另一个角度来解决这个问题，从"一般经济因素"入手，然后对单个行业进行预测。吉尔伯特和佩罗使用的理论框架是乘数的扩展版本。① 利用最小二乘回归分析，他们估算了 10 种他们认为稳定的关系。这形成了一组联立方程，可以用来生成预测值，他们认为这比传统方法要成功得多。②

　　萨缪尔森当时正在国家资源规划委员会参与战后国防预测工作，他认为吉尔伯特和佩罗的乘数太大了，因为萨缪尔森对投资倾向持怀疑态度，而投资倾向是他们计算的核心。萨缪尔森写道："我自己倾向于不信任收入和投资之间的机械关系，我充其量也只是倾向于相信极其短期的投资。"[15] 萨缪尔森认为，吉尔伯特和佩罗的方法在前两年奏效，只是因为"国防时期"的私人投资增加了，而不管"消费和收入之间是否存在一种可逆的可重复的关系"。这非常清楚地表明，萨缪尔森坚信，尽管凯恩斯模型中储蓄和投资函数之间存在形式上的相似性，但它们的行为本质上并不同。接着，他解释了自己对商业周期的看法。

---

① 吉尔伯特和佩罗的模型和萨缪尔森的乘数 – 加速数模型之间的关键区别在于，他们并未发现投资水平和收入变化之间的关系，而是发现投资变化和收入变化之间的关系。这种差异完全改变了系统的动态特征。

② 收入的时间路径由 4 组方程解释：

　　（1）乘数：国民生产总值（GNP）的增长等于"加权的储蓄抵消"（投资和政府净支等变量）增长的 3 倍。

　　（2）三种投资类型的方程：私人对设备投资的增长等于国民生产总值增长乘以 0.1，私人对工厂投资的增长等于国民生产总值增长乘以 0.06，住房投资增长等于国民生产总值增长乘以 0.05。

　　（3）确定联邦收入（非线性关系）以及州和地方政府净收入的方程。

　　（4）进口增长等于国民生产总值增长乘以 0.03。

　　一旦算出国民生产总值的变化，吉尔伯特和佩罗就可以用另外两个方程来计算工业生产和非农就业的变化。尽管这些方程是通过回归分析算出的，但它们并没有报告任何统计检验的结果，就像现代计量经济学研究中的惯常做法（吉尔伯特和佩罗，1942，第 312 页）。

我个人的观点是，商业周期代表着投资的传染性波动，它受自主因素和收入水平变化的影响。这些准诱发性的刺激因素（quasi-induced bursts）将取决于技术变革、资本存量变化、广阔增长前景等带来的投资机会的积累。

他显然认为投资是一个动态的问题，并且像汉森一样，强调长期的结构性因素。尽管萨缪尔森对价格管理办公室的预测持怀疑态度，但是他认为，佩罗和吉尔伯特避免了其他政府机构（如农业和商业部门）在预测时所犯的许多错误。

价格管理办公室内部讨论了萨缪尔森对吉尔伯特和佩罗研究的评论，1942 年 12 月，萨兰特给萨缪尔森寄去了一份同事默里·盖斯勒（Murray Geisler）的备忘录，解释说《计量经济学》上的文章漏掉了一个重要的方程。[16] 这表明，"加权抵消"（即适用乘数后的支出）实际上是加权平均，包括 0.6 倍的当前"抵消"和 0.4 倍的前一年的数据。这使系统产生了一个滞后，大大降低了乘数值——得到了 2¼ 的更正常水平。如果不考虑这种滞后，萨缪尔森发现的不合理的高乘数值将是正确的。萨缪尔森发现的问题是一个打字错误。

但是，萨缪尔森并不满意，他又重新审视了这个问题。让他感到困扰的是，如果这样解释是正确的，那么它就破坏了一个基本观点——在所有的刺激支出发生之后，滞后效应不会影响乘数的最终取值。这是他在早期研究商业周期时就持有的观点，当时他将乘数视为收入水平的决定因素，而其中的滞后因素至关重要的加速数则决定了波动。他驳斥了关于盖斯勒未能考虑乘数过程发挥作用的观点，而且发现了另一个错误：他们在计算中忘记把滞后项——即相当于前一年 0.4 倍的抵消——加进去。[17] 佩罗给萨兰特写了一份备忘录，转交给萨缪尔森，他在备忘录中表示，萨缪尔森认为滞后不会影响最终均衡的观点是正确的，但"问题是，近年来的普遍情况是，这个体系从未稳定下来"。[18] 吉尔伯特和佩罗在一个勘误中解释说，他们的文章中漏掉了一个方程，并指出，"（公共支出的变化）对整个商业周期的总体影响，就像不存在滞后一样巨大，但是时间上有了很大的改变"。

他们继续争论计算的技术细节，萨缪尔森并未信服佩罗的解释。他们的讨论引出了关于预测方法和预测者目前所面临的统计问题的更实质性的问题。佩罗指出，萨缪尔森的主张是，如果没有联邦税收，这个体系将是爆发性的：假设无论联邦支出是高还是低，这个体系都将保持不变，这是危险的。战时政府开支增长如此之大，以致对战前和战后的开支采取同样的分析是危险的。萨缪尔森回应说，他的主要批评仍然成立。[19] 他们假设储蓄和投资之间存在机械关系，从而得到高乘数值。投资和收入之间的相关性证明不了什么，因为它没有说明因果关系，同样的数据也被用来推断储蓄和投资计划。这将产生储蓄和投资的边际倾向，这些倾向本质上是相同的，且会导致"几乎无穷大的"乘数值。同样的问题也适用于其他预测者得出的结果，如莫迪凯·伊齐基尔、理查德·比斯尔（Richard Bissell）和詹姆斯·托宾。

这里，萨缪尔森提出了两个方法论观点。如果价格管理办公室的方法在他们研究的时期内产生了良好的结果，那么这些方法就是合理的。但是，正确的预测并不意味着理论是正确的：为了证明这一点，有必要证明投资函数是不变的、可逆的，并且随着时间的推移，变化要么可以忽略，要么可以预测。这与现代商业周期理论的趋势背道而驰，现代商业周期理论"倾向于最大限度地强调净投资计划的反复无常和不断变化的特性"。他这么说，其实是在认同凯恩斯的观点。

萨缪尔森推断，佩罗的评论基于正在从事的战后预测研究，这

是因为，如果人们认为有可能在 20 世纪二三十年代找到一种可逆的
（reversible）关系，我们就不能责怪他们把这种关系推到战后世界。[①] 这
是非常重要的，因为"许多人在关于战后前景的政策思考中，使用了我
认为是错误的理论，告诉他们战后世界肯定会和战前世界不同是行不通
的"。这需要更多研究。

第二年夏天，萨缪尔森寄给沃尔特·萨兰特一份哈里斯所编书中他那
一章的副本，萨兰特给出如下评论：

> 你声称包含非累进税的更高水平上的预算平衡能够创造就业，
> 这当然是一种有诱惑力的说法。你能简单地告诉我你的想法吗？这
> 听起来像是我兄弟比尔大约一年前提出的观点，但我不记得确切的
> 推理思路了。[20]

萨缪尔森回答说这是同一个论点，他和比尔·萨兰特各自独立得出
了它。他补充说，这是一个他"多年来一直下意识抗拒的结论"。[21] 萨缪
尔森告诉沃尔特他与比尔已经有过讨论，这在本章前面已经讲过，他为
自己太忙而无法完成他们的联合文章感到内疚。他说，如果他不多介入，
而保持比尔原稿的原样，情况就会好得多。因此他建议，如果比尔同意，
沃尔特现在就可以看到比尔的原稿，直至它公开发表。

萨缪尔森还指出了展示结果的另一种方式。预算赤字衡量的是对私
营部门国民收入的刺激，因此，如果公共支出出现一个平衡预算的增长，
私营部门的就业将不会改变，但几乎很难抵消公共部门就业的增长，从

[①] 萨缪尔森使用了"可逆的"一词，并加了下划线表示强调。他似乎意指一种稳定的
结构性关系，而不是一种随环境变化就会消失的相关性。

而导致就业总量的增加。萨缪尔森还解释了为什么他认为这个结果很重要。它在战时的意义在于，表明了通胀缺口大于预算赤字。在和平时期，讨论税收负担可能很重要，它可能改变"对税收发生率的整体分析"。

> 在战后世界，可能有必要征收累进税。当我们问及谁来分担这些负担时，结果可能是没有人这样做。政府获得了原本可以闲置的资源，他们的工作则是税收的唯一负担。[22]

可能需要征收固定税（一次性税收）的说法表明，即使在一年之后，他们也没有把这看作一种普遍性的主张，而是把它看作和具体税收制度有关的东西。

平衡预算乘数的想法也出现在汉森的脑海中。1943 年 9 月，汉森与沃尔特·萨兰特和阿巴·勒纳讨论过这个问题后，给萨缪尔森写了一封信。[23]那时，萨缪尔森已经不再往返于华盛顿，他们已经有一段时间没有见面了。汉森表示，希望有一天他们能在他还在哈佛时见个面。汉森在数学上犹豫不决，他想要得到保证，证明这个想法是正确的。当沃尔特·萨兰特说他的兄弟提出了这个想法时，汉森想起萨缪尔森几个月前也曾向他提到过这个想法，并在哈里斯编的书中陈述过。萨缪尔森和比尔·萨兰特可能还没有完成他们的文章，但文章的主要观点已在华盛顿流传开来。①

---

① 萨缪尔森在国家资源规划委员会任职期间和汉森的通信很少，可能是因为他们作为委员会成员每两周举行一次会议，午餐时举行一次会议，以及在剑桥举行的财政政策研讨会上接触较多，因此，很难确认萨缪尔森和汉森的互动程度。例如，1942 年 12 月的一封信表明，他们一直在讨论富裕和贫困家庭的边际消费倾向以及社会保障支出的作用，这是萨缪尔森在国家资源规划委员会研究的核心问题［萨缪尔森 1942 年 12 月 16 日，给阿尔文·汉森的信，第 36 页（汉森）］。汉森密切关注萨缪尔森的研究情况。

教授新经济学

在麻省理工学院，萨缪尔森在商业周期和公共财政两门课上教授了他正在研究的概念。当他接手第一门课程时，他改变了对课程的描述，以反映经济学的新方法，提供了"对收入、生产和就业决定因素的统计、历史和理论检验。现代方法被用于分析、预测和控制等问题"。[24] 一名学生的笔记显示了到1943年年初，萨缪尔森对宏观经济问题的观点是如何演变的。他以关于商业周期问题的一讲课开始，然后转向对储蓄、投资、乘数、财政政策和总需求的分析。[25] 最后，他概述了凯恩斯主义体系（"把凯恩斯的思想组合在一起"）和通胀缺口，对后来被称为凯恩斯主义宏观经济学的理论进行了全面阐述，并加入了同时代关于凯恩斯主义理论和战时政策问题的争论。萨缪尔森认为，凯恩斯体系的价值不在于凯恩斯的通盘正确性，而在于他提供了一个能够纳入总需求可能过低的思想的体系。①

然而，尽管萨缪尔森称赞凯恩斯提供了一个逻辑系统，但他却很难解释其各部分之间的相互依赖关系。萨缪尔森尝试绘制一个复杂的"四象限"图，但它包含了一些非常笨拙的结构，用起来很麻烦。他反复提出的批评之一是，凯恩斯主义和古典理论都忽视了货币以外的财富形式。在凯恩斯主义体系中，对货币的需求应该依赖于这些其他资产。他曾一度建议，可以通过计算收入的现值（不包括工资和薪金）来估算财富总额（如果按市场利率投资，这部分国民收入将不计入工资和薪

---

① 一名叫林戈（译者注：见第16章）的学生的笔记是这里叙述的来源，她的注解是："PAS（译者注：指萨缪尔森）认为《通论》的真正贡献在于，它是一个逻辑上的相互依赖的系统，并且考虑了无效需求问题。"

金）。[1] 鉴于财富效应在 20 世纪 40 年代末和 50 年代末的宏观经济学中所扮演的角色，这些批评似乎颇具先见之明。

在萨缪尔森的课上，理论占据主导地位，尽管他从未舍弃数据——考虑到他同时要去华盛顿讨论他在课上讨论的问题，这并不奇怪。[2] 例如，萨缪尔森引用了他在国家资源规划委员会使用的不同收入阶层家庭储蓄的相关数据，他密切关注收入分配问题，解释了帕累托分布定律，并使用洛伦茨曲线和基尼系数来衡量不平等。[3] 收入分配在整个周期中不断变化，这一点很重要，因为它对储蓄会有影响。然而，由于不同家庭的边际消费倾向差别不大，再分配对消费的影响很小：它必须从社会的角度加以证明，而不仅仅是因为它对储蓄的影响。他使用了一个类似于他在哈里斯编的书中他的章节里使用的图（见图 20-1），来说明短期消费函数和长期消费函数之间的关系，尽管这两个短期消费函数的时间标签分别被记作"1776 年"和"现今"。

在解释储蓄和投资如何决定收入的过程中，萨缪尔森发表了一些重要的评论。他指出，充分就业并不是一个明确的点，他用"滞后效应"一词

---

① 萨缪尔森写道，"$W=\dfrac{mY}{i}$［收入］的现值，不包括工资和薪金（$m\approx33\%$）"。（"财富"已被"收入"所取代，这可能是林戈记错了笔记。）因此，货币的需求函数应该是 $M=M\left(i, Y, \dfrac{mY}{i}\right)$。

② 学生们被要求写关于一场战争（它可能是美国内战或拿破仑战争）后果的学期论文，这个主题和他正在做的关于"一战"的研究工作直接类似。

③ 将收入获得者从最贫穷的到最富裕的进行排序，然后按所得收入比例和相应的人口比例描出，就得到一条洛伦茨曲线。如果收入完全平等，最底层的 10% 的人口将拥有 10% 的收入，最底层的 50% 的人口将拥有 50% 的收入，以此类推。结果将是一条和横轴成 45 度角的直线。如果存在不平等，它会是这条 45 度线下方的一条曲线。这条曲线和 45 度线的距离（用基尼系数测量）可以作为不平等的度量。

表示以不可逆的方式改变一项计划的变动情况。在出版物中，他可能不得不使用被普遍接受的术语；但在他的课上，他更热情洋溢地讲解了自己的偏好。林戈指出："萨缪尔森不喜欢'事前'和'事后'，也不喜欢'计划的'和'非计划的'……混乱的时间表、期望和恒等式。"萨缪尔森的关键论点是，重要的是投资能否得到维持。事后的储蓄和投资是相等的，但只有在均衡状态下，投资才能得到维持。出于避免"为了使过程瞬间发生而不得不引入一个小的倾斜角"，最好使用"可观察的"数值而不是"虚拟的"数值。如果这样解释还不完全清楚，它可能反映了以下事实：尽管萨缪尔森理解这些论点，但他尚未确定具体的表达方式。

甚至国民核算的概念也不确定，因为政府机构的经济学家当时正在为国民核算制定不同的框架。[①] 这无疑解释了为什么他的讨论（当然是对现代读者来说）似乎缺乏明确性。也许最值得注意的是，他并未引入价值的概念（他只是把私营部门当作一个单一单元），也未提到里昂惕夫的投入-产出分析，后来这种分析被用来阐明国民核算的组成方式。

当萨缪尔森转向政府支出时，他引入了平衡预算乘数，这是他和比尔·萨兰特刚计算出来的，但尚未发表。同理，他的论述反映了这些问题虽得到热烈讨论但尚未有定论。关于乘数是应用于政府支出还是应用于政府赤字，以及究竟应将什么纳入乘数，仍未达成共识。他引用美联储主席马瑞纳·伊寇斯的说法来说明这一点："平衡预算的方法是自由消费，增加收入，然后从较高的收入中征税。"萨缪尔森解释说，伊寇斯忘记了在乘数中考虑边际税收倾向：他的结论可能是正确的，但他的逻辑却是错误的。

由于美国和盟国的战时关系问题，以及关于战后支持欧洲国家的必要

---

① 萨缪尔森提到了库兹涅茨和米尔顿·吉尔伯特，但他也提到了罗伯特·内森（Robert Nathan），或者英国的经济学家詹姆斯·米德（James Meade）和理查德·斯通（Richard Stone）。

性的争论，乘数成了热门话题。乘数提供的证据反驳了保守派"因为额外的支出可能导致额外的产出，美国将无力给其他国家提供支持"的说法。萨缪尔森运用乘数推理来确定，国外贷款是否会通过加息减少国内投资，以及它是否会提高出口。后者可能通过两种机制发生：通过国外贷款改变两国价格的"古典机制"，通过改变收入进而改变支出的"现代机制"。

　　萨缪尔森还扩展了凯恩斯主义模型，以允许资本存量发生变化。在这方面，他正努力解决那些缺乏普遍认可的分析模式的问题。显然，资本积累问题很重要，但他讨论这个问题的原因可能是，他想解决奥斯卡·兰格关于存在最优消费倾向的论点。[①] 讨论这个问题需要他考虑资本积累，因为兰格的论点提出"使国民收入、资本存量或投资率最大化的做法是否合适"的问题。

　　萨缪尔森在第一季度的商业周期课上提到了财政政策，但在夏季讲授公共财政的课上，他对财政政策进行了更详细的阐述。公共财政是一门新课程，它关注的是公共工程支出、赤字及其对总需求和就业的影响。尽管萨缪尔森在讲座中涵盖了很多理论，但大量阅读使学生接触到了最新的制度性和经验性资料，包括国家资源规划委员会和国家经济研究局的几份报告。[26] 如果说这门课有教科书的话，那就是亨利·维拉德（Henry Villard）的《赤字支出和国民收入》(*Deficit Spending and the National Income*, 1941)[②]，它很可能像萨缪尔森那样处理了这个主题。它的覆盖范围——90 页关于商业周期、不少于 160 页关于乘数，以及 150 页关于"最近的公共净收入增长型支出"分析——清楚地表明了讨论情况：乘数的概念仍然没有定论，需要进行详细解释。其中一个原因是乘数与它在实

---

① 参见本书第 18 章。

② 林戈指出，这本书应该被"'仔细'阅读"。

践中的定义问题有关。

萨缪尔森在课程开始时指出，必须根据政府活动的直接作用及其对有效需求的影响，来评价政府活动。后者很重要，因为公共工程是"政府唯一值得尊敬的武器，它以反周期的方式运作"（他似乎并未提到那些不值得尊敬的武器是什么）。在回顾了20世纪30年代对公共事业的讨论后，萨缪尔森把话题转向了战后形势以及遣散1000万退役士兵的后果。他提出的观点和他在华盛顿时令他困扰的观点相同，即没有足够的计划来实施防止失业所需的公共支出。他从三个学派的角度提出了公共工程支出理论。第一个学派和赫伯特·胡佛（Herbert Hoover）有关，政策的重点在于调整公共工程的时间安排，而不管这些工程将如何开展。它所依据的观点是，经济活动处于正常水平，政策只是保持这一水平附近的稳定，而不是提高这一水平。第二种是"政府注资"学派，该学派认为，由于大萧条是由投机引起的，因此，少量的公共工程支出就足以恢复信心。这一学派的一些人（如萨姆纳·斯利克特）认为，积累起来的购买力将在战后创造长期的繁荣。与汉森和阿巴·勒纳相关的第三个学派认为，需要的不仅仅是政府注资，否则政府可能会陷入持续的赤字。

萨缪尔森为汉森的政策进行了辩护，反驳了保守派经常提出的两项指控：一是这些政策是社会主义的，二是它们将导致一个不可持续的政府债务负担。他认为，除了田纳西河谷管理局（Tennessee Valley Authority）和博尔德大坝（Boulder dam）——这两个都是大型项目——等公共设施，公共工程支出并没有带来社会主义。尽管从某种意义上说，公共工程和私人活动是相互竞争的，但其影响有限。此外，随着联邦支出的增加，州和地方政府的支出，特别是救济支出，也在下降。萨缪尔森为社会保障支出进行了辩护，称罗斯福总统的政策不涉及和以往政策的任何背离，也不会损害私营企业经济。的确，1935年通过的《社会保障法》（Social Security Act）成为最受欢迎的新政措施，这是有充分理由的。萨缪尔森反驳了关于政府债务为何是个问题的一系列观点：从担心政府有一天会违约，到认为高昂的债务会导致通货膨胀。他认为造成通胀的是政府支出，而不是政府债务；造成负担的是利息支付，而不是债务本身。几百年来，英国一直能够承受沉重的债务负担，而且无论如何，美国的很多债务都是国内的，只涉及美国国内的转移。他驳斥了盖尔的观点，即政府债务是 1937 年大萧条的原因。尽管他在很多方面明确支持汉森，但他也驳斥了汉森的观点，称其为"无稽之谈"。汉森认为，一旦刺激计划退出，消费热潮就会停止，而投资热潮则会自我维持。

尽管萨缪尔森坚信数学是重要的，但他此时却很少使用数学。[①] 显然，萨缪尔森认为，学生们需要思考的重要问题，并不是通过简单地求解一组方程就能找到答案的。

美国的凯恩斯主义

对《通论》出版之后凯恩斯经济学发展的论述一般集中在 IS-LM 模型上，有时称作希克斯-汉森 IS-LM 模型。[27] 这个模型提供了商品和货币市场相互作用的图解，可以用来分析货币和财政政策的后果。该模型的核心是国民收入或产出和利率之间的关系。[②] 然而，大多数时候，萨缪尔森同和他一起工作的经济学家圈并非从 IS-LM 模型（它显示了商品和货币市场的相互作用）的角度，而是从一个简单的乘数模型的角度展

[①]　他把在保持低债务的同时使就业最大化的问题称为等周问题（isoperimetric problem），用积分来表示它。

[②]　例如，若政府支出上升导致产出上升，则将增加对货币的需求，进而提高利率；利率上升将部分抑制产出增长，导致政府支出的乘数效应低于利率未上升时的乘数效应。

开争论，该模型忽略了货币市场，没有考虑产出增加对利率的影响。虽然经济学家最终对这个模型的使用仅限于入门级的教科书，作为学生们在学习更复杂的 IS-LM 模型之前需要学习的内容，但本书第 18~20 章的讨论表明，20 世纪 40 年代早期，这个数学上非常简单的模型所表达的思想远非直截了当。经济学家必须解决一些概念性的问题，即收入由储蓄和投资相互作用决定的模式如何适合于国民核算，而国民核算的结构仍悬而未决。虽然这个模型很简单，但是在和传统理论得出的解释相对照时，结果往往显得自相矛盾。

战争是强调财政政策的部分原因。大规模增加军事生产的需要，不可避免地导致联邦政府开支的大幅增加，这是一项庞大的财政刺激。虽然防止通货膨胀很重要，但是否允许通过加息政策进行干预不成问题，因为国家的当务之急是打赢战争。政府支出增加可能会导致产出增加，而不是价格上涨，因为即使在美国参战时，它还没有从大萧条中恢复过来，拥有大量可以利用的生产资源储备。财政政策和公共财政成为经济学家感到有必要研究的重大热点问题，他们享有不必上前线作战的特权，因此他们感到有义务恪尽职责。这一动机意味着，经济学家对凯恩斯经济学的讨论，主要聚焦与计量和政策实施有关的实际问题。尽管使用了理论，但萨缪尔森和他的同事首先是应用经济学家，对他们来说，细致的数据分析比复杂的理论更为重要。

不只是政府开支大幅增加，赤字——联邦支出和税收之间的差额——也在大幅扩大。[①] 这在战时被普遍接受，甚至保守派也接受了，

---

① 1943 年，联邦支出为 8170 亿美元，占国内生产总值（GDP）的 42.5%。财政收入仅为 2500 亿美元，赤字为 5680 亿美元，占 GDP 的 29.6%（参见网址：http://federalbudget.insidegov.com/l/45/1943，访问日期：2016 年 3 月 3 日）。而 1938 年的预算几乎实现了平衡。

但人们担心赤字会持续到和平时期。萨缪尔森和他的许多同事一样，认为战后美国面临的危险是回到大萧条时期的状况，在为和平时期进行规划时，他们开始明确表示，财政政策是一种可以用来维持繁荣的工具。这种政策方法可以被合理地称为"美国的凯恩斯主义"，尽管包括萨缪尔森在内的许多凯恩斯主义支持者在支持凯恩斯时都持谨慎态度，他们更倾向于认为凯恩斯的理论创新需要和其他思想结合使用。凯恩斯关注的是增加投资的必要性，强调的是提高消费；凯恩斯试图避免提倡预算失衡，据称持续的预算赤字不成问题。这引起了保守派的愤怒，他们认为平衡和平时期的预算是健全财政的标志。

萨缪尔森和汉森的合作越来越密切，他在经济政策上的立场也越来越具有政治争议。在华盛顿的经济学家圈中，他的立场就是标准，他可以就技术细节展开辩论，但在更广阔的世界中，他正在发表的观点受到强烈抨击。1943 年，他还未冒险进入公众领域，在那里汉森是保守派攻击的主要目标，但他已经成为国家资源规划委员会的重要人物，他是社会经济改革激进思想的来源，比如《经济权利法案》（Bill of Economic Rights）的提案，并通过他的小册子，把他自己和汉森联系在了一起。两年后，萨缪尔森打算从学术界和政府经济学家的圈子里走出来，涉猎新闻专栏评论领域，但在此之前，他将和另一个不同的世界——麻省理工学院辐射实验室的物理学家们——密切接触。但当务之急是，萨缪尔森正准备出版他的博士论文。

第 21 章

科学家和科学政策：1944—1945 年

技术性的战争工作：1944 年 3—12 月

国家资源规划委员会撤销后，萨缪尔森不再去华盛顿，他在麻省理工学院的活动增加了。1944 年 3 月，他写信给自己的朋友沃尔特·萨兰特说："自去年 6 月以来，除了一两个小时的访问以外，我再没有去过华盛顿。我在这里一直非常忙，在接下来的一两周内我可能会做出一两个决定个人命运的决定。"[1] 其中一个决定是关于明年做什么。为了把资源集中在战争所需要的东西上，麻省理工学院正在逐渐结束其大部分经济学教学，与此同时他在 1944—1945 学年不会开设任何课程。他需要做点别的事情。

3 月 18 日，星期六，卡尔·康普顿与萨缪尔森讨论让他去为外勤事务厅（Office of Field Services，OFS）工作的可能性。这是由万尼瓦尔·布什领导的美国科学研究局（Office of Scientific Research and Development，OSRD）的一个下属部门，康普顿从 1943 年至 1945 年担任该事务厅的负责人。[1] 接下来的星期二，萨缪尔森写信给康普顿说他已经做出决定，

---

① 没有迹象表明萨缪尔森得到了这份工作。

他应该转到麻省理工学院的辐射实验室，原因是他"过去的防空实验活动"使他认为他的比较优势在于继续这项研究。[2]我们并不清楚他在何时或何地从事过这样的研究。一种可能性是，在他为数学系承担的海军军官教学中，涉及了和射击控制有关的数学问题。另一种可能性是，他和诺伯特·维纳的交往让他思考了射击控制的问题。诺伯特·维纳和生理学家阿图罗·罗森布鲁斯（Arturo Rosenblueth）共同举办了一个跨学科研讨会，会上维纳阐述了控制论原理。1937 年至 1942 年的某个时候，萨缪尔森开始参加这个研讨会。[3]① 这些研讨会涵盖了生理学——劳伦斯·亨德森曾向萨缪尔森介绍过这门学科——和机器，还涉及信息反馈和控制问题。1940—1942 年，维纳一直致力于防空射击控制研究，试图解决一名炮手如何预测一架由尝试采取规避动作的人类飞行员控制的飞机的运行。这被建模为一个随机过程，包括飞机飞行方向的随机变化。[4]1942 年，当维纳接受的资助终止时，他把这些想法应用到其他问题上。萨缪尔森在《经济分析基础》中简要地引用了维纳的研究，并且从 20 世纪 50 年代起，他开始在自己的财政研究中使用类似的方法。

就在萨缪尔森和康普顿谈话的同一天，萨缪尔森还写信给当地的征兵委员会，说自己已经从教学任务中脱身，以便承担辐射实验室全职工作人员的职责，其工作描述为"研发高度机密的高频电子领域军事装备"。[5]1944 年 3 月 22 日，也就是第二天，他正式开始工作，在理论部门

---

① 历史学家和政治学家卡尔·多伊奇（Karl Deutsch）1942 年来到麻省理工学院，他写道："维纳的非正式'研讨会'在附近一家餐馆的后院举行，一些年轻的科学家，包括保罗·萨缪尔森、杰罗姆·威斯纳（Jerome Wiesner）、弗兰克·皮奥里（Frank Piore）、朱利叶斯·斯特拉顿（Julius Stratton）和其他研究项目带头人，将参与这些讨论，这对我来说是一段非凡的经历。"（多伊奇，1980，第 326 页）。多伊奇后来成了麻省理工学院院长。

从事数学和统计研究，致力于"设计和研究射击控制问题"。[6]他告诉艾布拉姆·柏格森，他觉得这份工作"相当令人兴奋"，尽管"非常辛苦，要从上午 8 点半工作到下午 6 点，我几乎没有时间阅读我想读的经济学书籍。实际上，只有付出最大努力，我才能在自己手稿的剩余章节取得进展"。[①][7]考虑到他仅在那里工作了两周，这表明他低估了自己在那里要花费的时间。

在辐射实验室，萨缪尔森是伊万·格廷射击控制部门的一员。格廷比萨缪尔森年长近 3 岁，1933 年从麻省理工学院毕业，之后在牛津大学取得天体物理学博士学位。后来，他成为哈佛大学的一名初级研究员，和萨缪尔森有 3 年时间重叠。1940 年，格廷加入辐射实验室，联合指挥开发 SCR 584 雷达项目，该雷达于 1943 年年底投入使用，极大地提高了陆军跟踪和击落敌机的能力。这次项目成功之后，1943 年格廷转而为美国海军开发 Mark 56 炮火控制系统。这个项目的目标是使一艘船的炮火能够"盲射"，可以在夜间或者当大雾或大气条件致使无法看到目标时击中目标。完全自动化系统的目标，无论在概念上还是在官僚体制上都是相当有雄心的，因为人们相信要实现这一目标，就必须控制系统的设计和生产。该系统在 1944 年春首次测试，同年 12 月进行了第一次自动实弹射击。[8]

萨缪尔森是理论部门的成员，逻辑学家和认知科学家沃尔特·皮茨（Walter Pitts）也在该部门。皮茨最近提出了一个神经网络的数学模型，他出于和诺伯特·维纳的合作而来到剑桥。[9]他们关注的是整个系统，这也是格廷花费相当大的精力，试图控制项目各个方面的原因之一，尽管他并没有完全成功。[10]有必要将弹道学分析与对机械系统和人类操作者的理解结合起来。

---

① 　这里指萨缪尔森对论文的修改，本书第 22 章将做讨论。

　　萨缪尔森长时间工作于其中的小组的活动细节尚不清楚，这无疑是因为工作的机密性使他无法留下和自己的研究相关的书面记录。当他写信给同事们谢绝他们的工作邀请时，他显然为能够解释自己从事的是机密的、技术性的战争工作感到自豪。鉴于他作为国家资源规划委员会经济学家的工作并没有为战争做出足够的贡献，对他来说颇重要的是，他正在做的事情证明了他没有被征召入伍的理由。但是，他并不局限于麻省理工学院的辐射实验室，因为 1943 年 10 月，他告诉时任国务院官员阿瑟·史密西斯（Arthur Smithies），他上次去华盛顿的大部分时间在阿纳卡斯蒂亚（Anacostia）的海军研究实验室度过，"离经济学专业有 100 万英里远"。[11]

　　一份幸存的草稿显示，萨缪尔森对射击控制系统有着广泛的看法，"提出了一个通用射击控制校正框的建议"。[12] 这是关于攻击移动目标的一般性问题。它也是一个涉及预测的数学问题，其中的相关变量需要同时被确定。换句话说，如果一发炮弹射向一个移动中的目标（对于远程炮弹，地球的运动可能也需要考虑），炮弹到达目标时的位置（假设它被成功击中）取决于炮弹到达目的地的时间，但这个时间取决于目标在哪里，所以这个涉及解两个联立微分方程。这是该问题的固有属性，它必须用某种动态反馈机制来解决。萨缪尔森假设目标是直线移动的，这样它的位置就可以根据它的初始位置，以及它的速度和炮弹到达目标的时间计算出来。这种情况下的求解取决于弹道因素，包括炮弹的类型、初始速度、空气密度和炮火瞄准的方向。求解这两个方程时，可以发现一个公式，它将炮火瞄准的方向与不同的位置和速度联系起来。萨缪尔森其实并没有解出这个方程组，他用抽象函数描述了这个方程组，推导出了它的性质。

　　这是该问题最简单的版本，在实践中，必须考虑炮弹和炮火射击指

挥仪（雷达）所在舰船的移动情况、风，炮火射击指挥仪和炮弹不在同
一个位置还会产生视差效应（预计将有一套雷达控制炮装在舰船的不同
位置）。萨缪尔森提议的校正框和动态校正有关，它依赖于目标运动。他
举例说明了这种动态校正的重要性。

> 回到水平视差的例子，设想一架鱼雷轰炸机正以每秒150码[①]的
> 速度越过前方约2000码处的一艘舰船的船头。如果炮火距离目标比
> 指挥仪更远，仅仅改变引信设置来防止炮弹在舰船和目标之间爆炸
> 并不够。通过延长熔断器的设置，我们可以让它在之前预测的位置
> 熄灭。但这还是会太晚，轰炸机已经飞过去了。实际上，适当的动
> 态校正需要新的熔丝设置和新的引线角度。[13]

这意味着理想的做法是，在考虑校正数据的情况下重新计算问题。

问题在于，这并不总是可能的。Mark 56指挥仪所在的位置并没有考
虑到某些因素，例如空气密度的变化。更重要的是，不同炮火对使用的
相同指挥仪产生的干扰影响，可能是不同的。对5英寸和400毫米炮弹
的校正会有所不同，如果目标是用一门炮火对准一个编队中两架不同的
飞机，校正也会有所不同。萨缪尔森随后发展了校正框理论，该理论涉
及描述系统运动的微分方程，并求解炮弹飞行时间（可能需要设置引信）
和发射方向的变化。只有引入动态校正时，问题才变得更有意义。文章
最后以一个数值例子说明动态校正是非常重要的，该数值例子使用了一
个设计用于90毫米炮弹的炮弹指挥仪来控制一发40毫米炮弹。如果不
进行校正，40毫米的炮弹将在离目标200码远的地方爆炸。采用静态校

[①]　1码约等于0.9144米。——编者注

正和近炸引信可以将误差减小到 21 码，采用动态校正时，误差则可以忽略不计。

这篇只打算分发给熟悉该项目的专家的文章，没有指出萨缪尔森的研究和其他同事的研究之间的关系。修正框的想法很可能是萨缪尔森提出来解决部门成员已经确定的问题的，甚至正是萨缪尔森找出了现有的控制仪无法按要求工作的原因，但鉴于格廷在这类问题上的丰富经验，这似乎不太可能。更有可能的是，其他人（或者说越来越多的人）已经发现了这个问题，萨缪尔森的任务是建立这样一个修正框的理论。不管怎样，这篇文章都清楚地表明，萨缪尔森考虑的是整个系统，而不仅仅是机械计算。

另外两篇文章显示，萨缪尔森解决的问题范围较窄。"防空弹道的差分校正"（Differential Corrections in Anti-Aircraft Trajectories）的目的是，寻找一种更简单的方法来解微分方程，从而减少计算量，这是一个关键问题，因为当时并无强大的计算机，而且计算速度必须非常快。[14] 另一篇文章在性质上截然不同，它涉及跟踪数据的统计分析，作为辐射实验室的报告被分发。此时，已经有了 Mark 56 指挥仪的原型，在实弹测试之前，该机械装置的精度主要通过安装在雷达盘上的运动图像摄像机所记录的"实际仰角和横向位置误差"来测试。文章摘要如下：

> Mk 56 型指挥仪的试验板模型。对角位置误差和陀螺转矩电机转速电流进行统计分析，并进行一致性检验。计算出自相关、矩形平滑率、双指数平滑率、均方误差等统计量。
>
> 在所有 4 个分析过程中，平滑 1.5 秒的横移率的均方根误差为 0.7 英里 / 秒或更小。在一个经过深入比较的过程中，陀螺电流产生的速率似乎和位置数据产生的速率高度一致。[15]

这是一个重要的统计问题，因为数据测算容易出错，所以必须用各种方法对数据进行平滑处理。减少不必要的计算量再一次成为主要限制。萨缪尔森意识到，可能有更便捷的方法，他指出，试图测量的误差和自相关函数之间存在关系。自相关函数是一种相对容易计算的统计量，因此可以避免更复杂的一组计算。这篇文章 5 页的正文之后是 23 页的图表。和其他文章不同的是，撰写该文时他显然有一组助手来负责计算部分。他的结论是，"这是一个很好的跟踪系统"。

萨缪尔森对他的同事和他们的数学能力印象深刻。他后来说，在辐射实验室的工作是他第一次体验到他并不是房间里最聪明的人，这甚至可能表明，这对他的自信是一个打击。[16] 然而，尽管这是一个由物理学家和工程师主导的项目，他们拥有可以与之竞争的能力，但它也是一个像萨缪尔森和皮茨这样聪明的外部人可以做出贡献的项目。他的数学知识——统计学、微分方程和等式理论——很重要，但他不仅仅是作为一名数学家。如果是那样的话，他就不必参观海军研究实验室了。为了能够分析系统并得出校正框理论，将数学分析和物理问题联系起来的能力同样重要。

尽管作为一名数学家工作了很长时间，但他从未与他的经济学家朋友和同事断绝联系。1944 年 6 月，他向以前的学生鲍勃·鲁萨（Bob Roosa）描述了剑桥发生的事情。

> 剑桥的情况也大同小异。我从系里全职休假，然后在辐射实验室从事保密的研究工作。我想，现阶段研究生的经济学教学任务并不多，但本科生的教学负担似乎还挺重。鲍勃·毕晓普、阿特·布莱特（Art Bright）和丹尼尔·范德穆伦（Daniel Vandermeulen）还在这里，大多数常设工作人员也都还在，其间，他们和各种各样的重要

团体进行了许多重要的磋商。

除了所有的学生都是中国人和南美人外，哈佛还是按照它一贯的方式前进。汉森的时间表和过去一样；哈伯勒曾到美联储工作，现在回来了；哈里斯在剑桥担任全职工作，正在写不少于4本书。熊彼特住在这里，但除了夏天的几个月，我们没怎么看到他。伯比（译者注：指伯班克）再次担任了经济系的系主任。

今年春天，利陶尔中心举办了一系列晚间讲座，许多来访的专家在讲座上讨论了重建问题。总的来说他们不够好。像往常一样，约翰·威廉姆斯对演讲者的评论，一开始表现得很出色，但不幸的是，在系列讲座开始后，他不得不重复自己说过的话，所以结果有点令人扫兴。信不信由你，他现在谈到了提高消费的必要性，但他没有说该怎么做；他似乎真的相信，伴随美国工业部门庞大的技术生产力，失业将是不可避免的。[17]

辐射实验室的经历，对萨缪尔森来说非常重要。这不仅仅是因为他为战争做出了贡献，从而证明他没有被征入伍是正确的。他一直对科学很感兴趣，在这里，他与物理学家和数学家在一个重大项目上密切合作。同这些人交往对他是有益的，他们使他意识到自己的局限性。他总是强调工作的长期性和艰苦性，但他也很清楚他的许多同龄人在军队中面临着更糟糕的情况。他记得自己对这份工作感到厌倦，也许是因为他知道这是一个他并不擅长的环境，他称"到了下午4点，我的计算尺似乎变得很重，我会'躲'到麻省理工学院的数学图书馆"。[18] 他的工作量并不大，不至于妨碍他继续从事经济学家的研究工作。他参加了哈佛的讲座和研讨会，尽管他在麻省理工学院的教学已经暂停，但他继续在弗莱彻学院教书；他还继续修改他的论文以供出版，在战时生产委员会担任非正式顾问，并迈出了进入新闻专栏领域的第一步。[①] 这项工作还意味着，他在麻省理工学院的职位，远远超过了一个相对边缘化部门的成员：他所做的研究是麻省理工学院活动的核心，是那些主导着该学院的科学家所能够理解的研究。他还对政府的科学政策问题产生了兴趣，这可能是因为他和辐射实验室的官方历史学家亨利·格拉克讨论了辐射实验室里发生的事情。亨利·格拉克是一名科学历史学家，和萨缪尔森在研究员协会有过交往。这已不仅仅是一时的兴趣，而是逐渐占据了他的大部分时间。

战后科学规划

1944 年夏天，当萨缪尔森在辐射实验室工作时，他和鲁珀特·麦克劳林将目光转向了战后科学政策问题。这个问题是有争议的，在一定程度上是由美国西弗吉尼亚州民粹主义参议员哈维·基尔戈（Harvey Kilgore）的努力所引起的，基尔戈向国会提出了一系列法案，建议采取措施为战后的科学资助提供联邦支持。基尔戈的提议引起了保守派的反对，保守派对政府活动的任何扩张都持怀疑态度，尤其是在他们经历了"新政"之后；这个提议还引起了科学家本身的反对，他们担心政府对科学资助的控制将意味着政治干预。[19] 不过，麦克劳林对这个问题很感兴趣，这是他正在进行的创新经济学研究项目的一部分。从 1941 年开始，这个项目已经在纸和玻璃容器产业的创新上取得了一些成果，但是它的主要研究目标还没有实现——尤其是麦克劳林对无线电产业的研究——而且还在进行中。

1941 年夏，萨缪尔森加入了麦克劳林的项目，但由于对国家资源规划委员会的承诺，他不得不早早退出。他对科学资助的兴趣似乎来自他

---

① 参见本书第 22 章和第 23 章。

在辐射实验室的工作，在那里，他对联邦政府的科学支持所能取得的成果有了第一手经验，而且，他在华盛顿工作时进行过方方面面的讨论，他还和格拉克做了交谈。通用电气总裁查尔斯·威尔逊（Charles Wilson）领导的一个委员会的任命，立即刺激了关于这一主题文章的写作，该机构是在美国科学研究局取得战时成功后设立的，旨在为战后军队开展所需基础研究的最佳方式提供咨询。[20]

萨缪尔森对一旦战争结束受政府资助的研究项目可能会大幅缩减尤为担心。甚至在威尔逊委员会的计划发布之前，萨缪尔森就对该计划表示了担忧。1944 年 8 月，他写信给美国国家规划协会（National Planning Association，NPA）的约翰·科伊尔（John Coil），提醒说该委员会正在制订"一些海军人员认为……完全不够格"的计划。正如他在谈到该委员会时所写的那样，"至少有 3 名平民成员似乎对私下'推销'这整个计划感兴趣，或者至少对缩小其范围和效力感兴趣"。他补充道，"贝尔电话实验室的朱厄特，来自麻省理工学院的国家航空咨询委员会（N.A.C.A.）主席杰罗姆·亨塞克（Jerome Hunsaker），以及麻省理工学院院长卡尔·康普顿等人，希望规模不大的项目能得到一些人的支持，而不需要国会拨款，可以由军方和美国国家艺术和科学院（NAAS）进行私下协商"。[21]

科伊尔与《新共和》杂志编辑布鲁斯·布利文（Bruce Bliven）分享了萨缪尔森关于威尔逊委员会的信，科伊尔请布利文找一个可以写这方面文章的人。这年夏天早些时候，布利文曾和萨缪尔森就战后失业问题的两篇文章有过通信，所以他直接联系了萨缪尔森。萨缪尔森建议让格拉克撰文，尽管他担心由于格拉克是辐射实验室的官方历史学家，可能会觉得自己接触了太多的机密信息，无法就这个主题写作。[①][22] 当他向布

---

① 萨缪尔森在《新共和》上的其他文章将在本书第 23 章进行讨论。

利文暗示他自己可以写一篇社论时，萨缪尔森得到了热烈的回应。[①23]

萨缪尔森最终为布利文撰写了一篇社论草稿，但此时他们最初的担忧已被事态发展所压倒。威尔逊报告已经发布，1944 年 11 月 17 日，罗斯福总统要求麻省理工学院的工程师、美国科学研究局的负责人万尼瓦尔·布什准备一份关于这个问题的报告。萨缪尔森向布利文解释说，情况并没有 8 月份时那么糟糕，因为看上去政府迅速结束研究活动的政策已经被撤销。[24] "然而，"他继续说，"仍然没有迹象表明战后有足够的计划。这是一种轻描淡写的说法。我希望有利的选举和可能的讨论能改善前景，但对此我并不乐观。"情况虽然有所改善，但仍旧让人非常担忧。

接着，萨缪尔森列出了他在社论草稿中没有提出的一些观点（布利文要求文稿篇幅不超过 1000 字）。虽然防御可能是最初的动机，但"军事研究应该只是鼓励技术进步的前进计划的一个楔子"，这将有利于工业。政府的研究可能会降低大企业的"相对声望"，但从任何绝对意义上说，它们都不会受到影响。当然，没有研发能力的小企业将从中受益，其结果将是更健康的竞争。萨缪尔森还根据自己在辐射实验室的经验，称"美国科学研究局实验室的集中研究"比联邦资助的研究要有效得多。

鉴于威尔逊报告的发布和罗斯福总统致函的刊发，布利文不可避免地会要求萨缪尔森对文章进行修改：这份草稿比以往任何时候都更有话题性，但它并未反映出发生了什么。布利文告诉萨缪尔森，威尔逊委员会的海军代表、海军少将 J. A. 富雷尔（J. A. Furer）最近在《科学》杂志上发表的一篇文章给他留下了深刻印象。[25] 富雷尔以国家航空咨询委员会

---

① 当萨缪尔森和布利文讨论这些问题时，麦克劳林起草了一份提案，拟通过一项调查，研究大学基础研究和工业发展之间的关系。这个建议是麦克劳林提出的，但它包含的观点和萨缪尔森的观点非常一致，因此几乎可以肯定他们讨论过这个问题。

为例，认为它开一个由"科学、工程和工业方面的杰出平民"加上军官组成的协调机构之先例，为委员会的建议提供了理由。他提出的一个颇吸引布利文的观点是，委员会不应该直接管理自己的实验室，而应将研究工作承包给现有的组织；尽管在没有适当设施的情况下，委员会可以为特定目的建立实验室，然后将其移交给另一个机构负责运作。[26]

萨缪尔森在给布利文的回信中赞成威尔逊报告"有些令人印象深刻，尤其是考虑到人们可能对报告的预期"，但他并未信服。[27]在回应富雷尔关于国家安全资源局（NSRB）没有自己的实验室的争论时，萨缪尔森指出，辐射实验室在麻省理工学院只是"一种形式"。事实上，他指出，它"与麻省理工学院没有什么关系，它是美国科学研究局（在原文中强调）的下属部门"。他用非麻省理工学院的例子阐明了他的观点：

> 试问任何一名卓有成就的科学家，向应用数学小组还是向哈佛大学的无线电研究实验室（Radio Research Laboratory）提供资助更有成效。他肯定会选择后者，而且总是这样。

最富有成效的研究正是以富雷尔反对的方式组织的。萨缪尔森建议布利文同约翰斯·霍普金斯大学的地球物理学家默尔·图夫（Merle Tuve）谈谈，图夫"对委员会中任何人的问题都有最好的把握"。尽管萨缪尔森明确表示，他绝不怀疑自己的正直，但他辩称，朱厄特的立场反映了一种源于其担任美国国家科学院院长期间的思维方式。其中隐含的信息是，布利文应该继续为更好的政策而努力；威尔逊委员会只是"迫于持续的压力"，才提出了合理的建议。

布利文建议他们增加一段新的导读，因为萨缪尔森直接介入了这个问题，而没有解释科学对战争的贡献有多大，并且科学将继续发挥重要作用。布利文还将萨缪尔森对相关人士态度的评论改得更加老练，尽管措辞仍然强硬 [28]：

> 然而，许多著名科学家从他们的同事和保守的商人那里沾染了他们的色彩，而且似乎非常担心政府对科学研究的资助会干扰人们对"私营企业"的盲目崇拜。一种真正的危险是，他们可能会把科学研究交给 1941 年致使我们陷入这种危险境地的相同性质的资助，从而损害科学研究。[29]

萨缪尔森认为这个修改后的导读"棒极了"，尽管它可能低估了科学家们自己所持保守观点的程度。[30] 布利文的导读直接指向威尔逊委员会的一份报告，指出该委员会只关注"军事技术科学研究"，并将其描述为"一份能干但谨慎的报告，显示出了妥协的迹象"。在声称应由总统任命委员会成员时，他建议把这项职责交给国家科学院，就像建议"木匠工会应该选出一个负责公共工程规划的董事会成员"。[31] 考虑到对工会的保守态度，这是一个强有力的主张。他认为，科学太重要了，不能只交给科学家们。

阐述科学进步的全面程度仍会涉及军事秘密（当时尚未在广岛投下第一颗原子弹），萨缪尔森列选了一些依靠科学进步的成果（拦截敌机、战胜潜艇、连续轰炸德国），并强调这有"很大的运气"成分，因为 1939 年之前，"在同一领域的基础研究中，只有少得可怜的资源可用，而这些领域现在吸引了数百名物理学家和电气工程师"。应该通过建立一个组织，来减少对"运气"的需求，该组织将为大学和实验室提供资助，并进行持续的基础研究和开发。萨缪尔森认为，美国再也承担不起不这么做的后果：非军事领域也需要富有想象力的计划。如果科学家们未能提出一个适当的计划，就会存在其他人这样做的危险，从而导致不尽如人意的局面。

鲍曼委员会

当罗斯福总统要求万尼瓦尔·布什准备一份关于战后科学政策的报告时，布什立即成立了 4 个委员会为他出谋划策，对罗斯福提出的 4 个问题逐一作答。关键的问题是第三个：政府可以做什么来帮助公共和私人组织的研究？布什选择了约翰斯·霍普金斯大学校长、地理学教授以赛亚·鲍曼（Isaiah Bowman）担任负责回答这个问题的委员会的主席。鲍曼在政府委员会方面有丰富的经验。鲍曼委员会的成员包括来自大学和商业研究实验室的杰出科学家和科学管理人员，包括明尼苏达大学的物理学家约翰·泰特（John Tate）、贝尔实验室的奥利弗·巴克利（Oliver Buckley）、洛克菲勒基金会的沃伦·韦弗（Warren Weaver），以及卡里尔·哈斯金斯（Caryl Haskins），一位经营私人研究实验室的生物物理学家。委员会中最杰出的成员是伊西多·I. 拉比（Isidor I. Rabi），他是一名物理学家，也是辐射实验室的副主任，还积极参与了原子弹项目，是新晋（1944 年）诺贝尔物理学奖获得者。麦克劳林致力于创新，并为布什所熟知，显然是委员会秘书的最佳人选，萨缪尔森也加入了他的行列，担任秘书助理。布什称，由于萨缪尔森在国家资源规划委员会的工作，以及他在"技术变革和各种国家规划研究的经济影响"方面的工作，他"非常有资格"完成这项任务。[32] 考虑到他正受雇于辐射实验室，因此他会从 1945 年 1 月 1 日起被"借"回麻省理工学院。[33] 人们期望他会在三四个月后回来。他的职责是记录主要委员会及其指导委员会的会议。委员会设有一个由亨利·格拉克领导的实质性秘书处，协助搜集材料和起草报告。萨缪尔森在这项任务上的主要合作者是格拉克。[34]

　　萨缪尔森起草了备忘录，作为 1945 年 1 月 3 日指导委员会第一次会议讨论的基础。[35] 备忘录首先确定了罗斯福总统指令的广度，从大学、私人和政府实验室以及工业部门开展的"纯理论（或基础）和应用研究"开始。它列举了为什么研究对国家是可取的，以及研究经费减少的原因：收入分配越来越平等，富人能够提供的资金更少；债券收益率很低；在大萧条和战争期间进行的研究太少；战后研究经费的购买力已经减半；大学也面临着压力（高教学负担和低报酬）。

　　这份备忘录大概是萨缪尔森和麦克劳林合作编写的，标记了需要讨论的重要问题。大型和小型大学分散研究是否应该牺牲规模经济？研究是否应该被用来帮助落后产业（纺织、住房、农业），以及它是否应该被用作反垄断目的？政府能在不加以控制的情况下支持研究吗？如何定义纯理论研究和应用研究？在分配研究经费时，应遵循什么条件？最后，备忘录还提到了"可能的工具"——教育部或内政部的分支机构，或一个结合军事和民用研究机构的独立行政办公室。它全面概述了需要承担的任务。

　　委员会的一个问题是如何定义不同类型的科学：他们应该使用纯粹科学和应用科学的术语，还是更喜欢诸如"基础"或"基本"科学的术语？这一点至关重要，因为人们普遍认为，应用研究（其产生的思想可以受到专利保护并在商业上加以利用）将由工业部门进行，而无须任何政府支持。问题在于，如果没有政府支持，长期以来至关重要的研究可能不会得到资助。①

---

① 萨缪尔森建议格拉克会是一个处理定义纯科学问题的合适人选，但委员会没有采纳。

鲍曼委员会的主要声音显然是自然科学家和工程师的声音。他们对多年来发展起来的自然科学有着深刻的看法。关键参与者——布什、科南特、康普顿和朱厄特——都对政府的控制持怀疑态度，他们担心联邦政府对科学的支持会减少科学家的自由。尽管他们对科学家如鱼得水的制度环境——科学家从事长期合作项目的实验室，或个人交谈的公共休息室——有着不同的看法，科南特和康普顿一致同意在科学家的好奇心驱使下加强纯科学研究的作用。尽管委员会中科学家的观点占主导地位，但是秘书处的成员也不仅仅是抄写员。他们自己具有很强的专业性看法，他们的作用使他们有能力影响委员会的讨论。

萨缪尔森刚刚在辐射实验室工作过，格拉克的观点则可以追溯到他关于 18 世纪法国军事研究的博士论文，这些使他们坚信计划研究的战时经验可以延续到和平时期。[36] 他们有拉比这个强大的盟友，他也能看出对科学进行规划的重要性。然而，他们是少数派观点，因为大多数委员会成员担心对科学进行规划会损害科学家的个人自由，而且政府资助可能会造成不受欢迎的政府控制。有必要找到一种平衡，既能确保足够的资金，又能尽量减少非科学家对委员会成员的控制和干扰。

"科学最高指挥"（scientific high command）一词是一份未注明日期的说明上的标题，大概是在鲍曼委员会的审议初期写的，显然不打算被广泛传播，因为它尖锐地批评了一些著名科学家，特别是朱厄特。[37] 这份说明的语气和结论反映了萨缪尔森在《新共和》杂志上发表社论时的立场，暗示了萨缪尔森可能是这份说明的作者。[38] 它评估了目前的情况，描述了科学事务中主要科学决策者的情绪，并提供了可能的解决方案清单。最后一个方案包括了从最保守的到最激进的：放任陆军和海军做任何事情，利用现有的机构，比如国家科学院，或者建立一个永久性的政府机构。

因此，这份文件认为，即使是在保守派的声音中，也有"逐渐认识到"为了确保"国家充分利用科学"，有必要进行"一些规划"的声音。平民科学家和军队的合作在战争中取得了成功，应该找到一种继续这种合作的方法。此外，现实情况是，无论发生什么，仍有"少数科学家"将继续处于"关键位置"。[①] 这就是文件所描述的"东海岸和麻省理工学院"共和党人的"亲密内部帮派"，他们反对官僚主义，虽然保守，但是爱国而不反动。这个小组在把平民科学家带到和战争有关的问题的研究方面做了一项"非凡的工作"，他们决心在战后"全力以赴"保持这种活跃状态。接着，该文件讨论了其他组织形式，但随后在鲍曼委员会的讨论中暴露了任何此类提议的敏感性。

3月底，在巴尔的摩约翰斯·霍普金斯大学举行的一次会议上，讨论了一份由委员会成员和秘书处共同编写的报告草案。[39] 萨缪尔森和秘书处另一名成员编写的会议记录表明，即使在这个时候，对联邦资助的必要性也存在深刻的分歧。一边是那些赞成政府支持科学研究的人，另一边则提出了四个反对意见：（1）联邦资助将导致联邦控制，（2）纯科学研究的不可预测性意味着任何一个团体对它进行规划都是危险的，（3）政府资助会阻碍其他资助渠道，使纯科学研究完全依附于前者，（4）公务员制度不利于培育纯科学研究。例如，作为洛克菲勒基金会的代表，韦弗曾承诺以私人名义资助研究，他对联邦资金战时的成功可以延续到和平时期的说法提出了质疑；战时方法着眼于即时需求，损害了纯科学研究，和平时期的科学家们不会容忍他们在战争中接受的同样条件。拉比反驳了这些论点，他认为韦弗受数学家的影响太大，称辐射实验室四分之三的科学家愿意在战后的类似环境中工作；大学过去曾为自由而

---

① 例如，布什、朱厄特、科南特、亨塞克、图夫和康普顿。

战，可以学会"对抗政府的命令"。

这场争论的解决方法是，在报告的开头加上鲍曼所说的"社会哲学声明"。[40] 从人们熟悉的关闭边界的比喻开始，报告认为即使地理边界已经关闭，"总会有一种取之不尽的国家资源——创造性的科学研究"。[41] 在解释联邦资助是委员会"被迫"做出的结论之前，报告表达了对现有研究体制的自豪，并阐述了委员会成员反对联邦控制的论点。接着，报告声称委员会的联邦资助提案根植于美国传统。

> 基本上说，这个问题只是美国实验（American experiment）提出的一系列类似问题的一个例子。我们所有重要的政治决策都涉及平衡不可简化的国家职能和自由发挥个人主动性的必要性……委员会认为，增加联邦支持的措施将带来新的问题。因此，我们仔细考虑了增加联邦政府对科学研究的援助的可能性，同时又避免引入不受欢迎的家长作风。为了取得丰硕成果，科学研究必须不受政治影响，不受立即取得实际成果的压力，不受非科学家谋划手段或目的的压力，不受任何中央委员会的命令。[42]

建立一个新的机构是鲍曼委员会勉强同意的必要条件，必须这样做才能避免科学的集中规划。

> 最终设立的组织或手段应能消除政治影响，并且避免不必要的压力。它本身既不应试图扮演一个全方位的计划委员会的角色，也不应试图详细指导科学的正常发展过程。[43]

这份报告获得一致认同，并被转交给了布什。布什把它作为自己

1945 年 7 月发布的报告《科学：无尽的前沿》（*Science：Endless Frontier*）的基础，并作为附录载入。① ⁴⁴

在给布什的一封信中，鲍曼指出了他所谓的社会哲学声明的重要性。

> 这项声明起草得很仔细。它包含了对委员会的最佳判断。这是一个经过深思熟虑的判断，在开始时意见分歧很大。这是一个一致的判断。如果没有这几页关于社会哲学的内容，委员会中大约有一半成员将不愿签署我们的报告。我也会在这一半人中。我们必须表达我们对联邦控制的担忧，我们必须明确说明我们将如何避免这种控制。这样做之后，我们准备提出关于资助规模及其分配方案的建议。⁴⁵

萨缪尔森和鲍曼委员会的关系，似乎与他的其他担忧有很大不同，因为他自己的出版物中并未涉及这个问题，但事实并非如此。在和汉森的合作中，萨缪尔森确信政府在维持混合资本主义经济中有着重要作用。同样的政治哲学强调了个人自由和主动性，但政府采取行动承担私营企业将忽视的任务，也可以从他对科研管理和经济管理的研究中看出。② 而且，至少从他读本科以来，科学一直是一个特别令人关注的问题；与哈佛研究员协会、麻省理工学院辐射实验室以及鲍曼委员会的科学家们的交流，无疑对他非常重要。能够把他作为一名经济学家的专业知识带到一个科学可以繁荣发展的环境中，是他非常重视的事情。鲍曼委员会还让他接触到那些不仅被用来攻击政府资助的科学，而且更广泛地攻击政

---

① 这就解释了为什么萨缪尔森会把布什的报告包括在他的参考书目中，并在附注中说，布什的报告大部分都是他写的。

② 关于后者，参见本书第23章。

府参与经济的论据。这些论据是由那些他尊重并值得认真对待的科学权威人士提出的。制定一份可以为整个委员会接受的文件的经验，给萨缪尔森上了一课，让他知道怎样以一些人（认为美国人就应该反对任何政府对个人活动进行控制的人）所能接受的方式，提出国家干预。

辐射实验室之后

当 3 月 22 日萨缪尔森忙于起草这份报告时，他已经在辐射实验室完成了一年的工作。4 月 4 日，辐射实验室的主任惠勒·卢米斯（Wheeler Loomis）写信询问他是否会延长他在麻省理工学院的休假时间。[46] 萨缪尔森解释说，出于两个理由他选择不延长。第一，尽管迄今为止他已经能够顶住这种压力，但经济系不愿将他的休假延长到 1945 年 7 月 1 日以后。第二，在听取了有关他所在的辐射实验室部门的人力资源状况的意见后，他知道经济学家有必要研究战争复原问题，他认为"像我这样的人，最好还是回归经济学家的岗位"。[47]

鲍曼报告传给万尼瓦尔·布什后不久，萨缪尔森和格廷进行了一次谈话，他认为有必要向卢米斯澄清自己的处境。[48] 他明确表示，如果他的职责是继续在辐射实验室工作，他会这样做：

> 我写给您的上一封信反映了我心中的想法，那就是把一名好的经济学家变成一名平庸的数学家不再符合国家利益的日子即将来临。然而，这一天何时到来并不取决于我。因此，我打算在这封信中撤回我在上一封信中的陈述。只要需要，我愿意继续在实验室工作。

然后他表示，他可以延长 3 个月以内的时间，但不能再长了。还有另外两个考虑。经济系有一个"必要项目"，他可以独立为经济学入门课程编写新材料。[49] 但是，相对于国家紧急情况，这也许并不是决定性的。一个潜在的更重要的考虑是拉比曾联系过他，请他写写在洛斯阿拉莫斯（Los Alamos）研究原子弹的曼哈顿计划的内情。[50] 这是一个自相矛盾的提议，因为官方不允许他知道有这样一个项目，但有人问他是否愿意写写它的历史。他并未受过历史学家的训练，但他是一名受过数学训练的社会科学家，虽然他的数学知识对这项任务很重要，但他后来指出，"野马不可能拽着我去做这份或任何一份历史工作"——尽管在回复卢米斯时，他的措辞要委婉一些：

> 我（对拉比的要求）的直接反应是，在经历了缺乏传统学术假期的 4 年繁重工作后，我认为接受一份需要创造性能量的全新工作并不明智；我更愿意在我已经熟悉的辐射实验室工作，为战争做出贡献。[51]

此外，战争即将结束，他无意从事一项可能需要很长时间才能完成的项目。①

萨缪尔森继续在辐射实验室工作，直到 1945 年 7 月 14 日重返麻省理工学院。[52] 毫无疑问，5 月上旬，他参与了在鲍曼委员会报告的最终版本送交布什之前的进一步修订。[53] 5 月中旬，随着战争在欧洲的结束，这项工作完成；5 月 19 日，布什的秘书祝贺麦克劳林，称他们完成了"出

---

① 即使萨缪尔森有兴趣，他也会从辐射实验室的官方历史学家格拉克那里了解到撰写这样一段历史的困难之处。萨缪尔森可能已经意识到格拉克所面临——他想写的充分关注科学发展的社会和政治背景的历史类型，同他的雇主想让他写的历史类型之间——的冲突。

色的工作"。① 54

当里昂惕夫向萨缪尔森发出加入科学间讨论小组（Inter-Scientific Discussion Group）的邀请时，萨缪尔森获得了进一步接触科学家（和哲学家）的机会。55 这个团体是科学联合界运动的一部分，该运动后来和哈佛联系在一起，始于 1939 年哈佛举行的第五届国际科学联合界大会（International Congress for the Unity of Science），当时奥地利流亡物理学家、哲学家菲利普·弗兰克（Philip Frank）也正移居哈佛。科学间讨论小组是 1940 年秋由心理学家斯坦利·史密斯·史蒂文斯（Stanley Smith Stevens）组织的科学讨论小组的前身。讨论小组的背后有一个共同的主线，那就是与布里奇曼的操作主义（史蒂文斯在心理学上提倡）、鲁道夫·卡尔纳普的逻辑实证主义（威拉德·蒯因将其带到哈佛），以及维也纳圈子有密切关系。鉴于萨缪尔森在其论文和正在撰写的书中对操作主义的强调，可以很自然地推断，正是这些联系促使他回函接受了里昂惕夫的邀请。

萨缪尔森第一次参加会议是在 3 月 21 日，当时专门研究视力的生物化学家乔治·瓦尔德（George Wald）就"生物学和社会行为"发表了演讲。56 一群熟悉的面孔将聚在一起，不仅有他的老师熊彼特、里昂惕夫、哈伯勒，还有和他一起在鲍曼秘书处工作的约翰·埃德萨尔（John Edsall），他担任初级研究员时就认识的珀西·布里奇曼（他可能旁听过布里奇曼的热力学课），以及诺伯特·维纳（他参加了维纳的控制论研讨会）。由于生病，他错过了 4 月 18 日的会议。这次会议上，哲学家柯特·杜卡斯（Curt Ducasse）发表了题为《科学是什么？》（What Is

---

① 除了为鲍曼委员会所做的工作外，尚不清楚萨缪尔森在过去两个月里为辐射实验室做了哪些工作（如果有的话）。

Science?）的演讲。[57] 6 月 18 日，当埃德萨尔谈论"生物体的稳定性和流动性"时，萨缪尔森重新参加了会议。此后直到 1946 年 2 月，他才又一次参加了会议，当时讨论的主题是冯·诺伊曼和摩根斯特恩的《博弈论与经济行为》（1944），这引来了哈佛大学的一大批经济学家：哈伯勒、里昂惕夫、汉斯·施特勒（Hans Staehle）和理查德·古德温（Richard Goodwin）。尽管萨缪尔森在 1945—1946 学年忙于教学，但他似乎对这个小组活动兴趣不大，只是回来听奥斯卡·摩根斯特恩谈论一本显然非常重要的书。一年后，他又参加了一个关于"自动计算机器"的会议，但这些似乎是他参与的全部活动。

　　萨缪尔森很忙，但鉴于他有能力将承诺排入自己的日程，很难不得出这样的结论：尽管他在论文和《经济分析基础》（当时已提交给哈佛大学出版社）中强调操作主义，但他对科学哲学并不感兴趣。[①] 他在受邀后参加了第一次会议，之后似乎只参加了和他自己的研究密切相关的会议。这有力地表明，虽然他选择使用"操作主义"一词，而非其他诸如"可检验性""可反驳性"或"证伪主义"等替代词，但并无证据表明他认真处理了相关的哲学问题。正如大约 10 年前亨德森举办的帕累托研讨会一样，他尝试了一番，然后继续前进。

　　本章所覆盖的时间很短，尽管辐射实验室提出了要求，但萨缪尔森对自然科学的投入从来都不是全职的，因为他一直是作为一名经济学家在工作。然而，即使这只是他生命中的一小部分，对他也是非常重要的。对他来说，研究雷达意义非凡——毫无疑问，这对打赢战争很重要。如果说他为自己在国家资源规划委员会的未竟工作感到遗憾，那么这项研究无疑是一种宽慰。当然，在战争的大部分时间里，他都在执教学生，

---

① 关于《经济分析基础》，参见本书第 22 章。

包括在数学系帮忙；尽管这些教学也很重要，但它对战争努力或和平规划基本任务的贡献却只是间接的。如前所述，他可能受到了埃德温·比德韦尔·威尔逊在"一战"中成功进入航空领域做研究的启发。如果是这样的话，和一些世界一流科学家的合作经验，可能有助于他不断确认自己想成为一名经济学家。虽然他想成为一名经济学家，且有能力成为一名顶级经济学家，但同一流科学家的共事对他无疑也相当重要。

第22章

《经济分析基础》：1944—1947年

从论文到专著

在辐射实验室工作时，萨缪尔森把《经济分析基础》的定稿提交给了哈佛大学出版社。1947年，《经济分析基础》一书出版，它很快巩固了萨缪尔森作为同时代一流经济学家的地位。该书是1940年萨缪尔森提交的博士学位论文（参见本书第14章的讨论）的修订版本，它经历了一段漫长的酝酿期。

《经济分析基础》出版50年后，萨缪尔森对把论文改写为专著过程中碰到的困难和耗时之久，做了解释：

> 然而，珍珠港事件使二战的炮火烧到了美国西海岸。在辐射实验室从事雷达和数学发射项目研究时，我只能利用晚上和休息日的时间，反复修改和扩充博士论文。1944年，我终于完成了初稿。[1]

萨缪尔森称，书稿随后被弃置在经济学系一角，落满了灰尘。这是由于经济学系主任长期以来对50岁以下者从事经济理论研究缺乏热情，而作为系里赞助的丛书系列中的一本，它必须获得批准才能出版。①萨缪尔森称，伯班克还曾试图通过减少印数和损害数学模型来妨碍出版：

> 不那么幸运的是，系主任决定把首印量定在 500 册，我提出了反对。我们在 750 册上达成妥协，但他握有最终决定权。他要求在首次印刷之后删除所有优美的数学模型。2

但是，萨缪尔森关于这些事情的回忆并非完全准确，而是多少受到了他对伯班克的态度的影响。②

搬到麻省理工学院后不久，萨缪尔森完成了博士论文答辩。答辩被安排在 1940 年 12 月 4 日，答辩委员会由威尔逊、张伯伦、泰勒和熊彼特组成，熊彼特任主席。威尔逊并不担心萨缪尔森在数理经济学上的能力，他丝毫也不怀疑萨缪尔森是"一个完美的数理经济学家"，对该学科的掌握毫不逊色于甚至超过经济学系的其他任何人，但是威尔逊担心萨缪尔森在一般经济理论上的能力。他曾听说萨缪尔森的"经济理论知识存在一个小瑕疵……它不能用数学形式呈现"。3 由于威尔逊认为自己没有资格评判这一点，在答辩开始前不久，他建议张伯伦通过答辩会上对萨缪尔森的提问，来测试其经济理论研究功底。在威尔逊看来，答辩结果完全出乎人们的意料。无论如何，委员会一致认为萨缪尔森在一般经

---

① 在其他地方，萨缪尔森把系主任伯班克对他的厌恶归咎于后者的反犹太主义，参见本书第 15 章。

② 最重要的线索是，由于他无疑赋予了这段时期重大意义，他让读者自己推断整个战争期间他都在辐射实验室工作；但正如本书第 21 章所解释的，他在辐射实验室的聘期直到 1944 年 3 月 22 日才开始，而且从 1945 年 1 月 1 日起，他被派到了鲍曼委员会。没有文件记录表明除这些节点外他还在那里从事非正式的工作。

济理论上表现优异，正如他在数理经济学领域那样。[4] 新年那天，威尔逊写信给萨缪尔森，称赞其在答辩会上的表现非常出色。威尔逊认为熊彼特很可能因太忙而没有提前阅读论文，因为他提了一些能够从论文中找到答案的问题。[5]

萨缪尔森的论文很自然地成了威尔斯奖（Wells Prize）的候选论文，该奖项被授予年度最佳博士学位论文，这使萨缪尔森的论文获得了哈佛大学出版社的出版承诺。但是，由于答辩时间已近年底，哈佛大学校董事会决定萨缪尔森的论文将不会被评奖委员会排上 1941 年的出版议程，而是必须等到 1942 年。得知这个消息后[6]，威尔逊建议萨缪尔森利用推迟出版的时机，对论文做一次修改：尽管威尔逊或其他数理经济学家能够读懂现在这一版论文，修改论文可能不会对他们理解论文产生更有益的影响，但这却会使该书对那些不太熟悉数学的经济学家更有价值。威尔逊解释说，论文中"太多的数学公式将使（不太熟悉数学的经济学家）望而却步"，而对内容做一些扩充，"有助于他们（其中不少人持怀疑态度）领会严谨的数理经济学的价值"。[7] 威尔逊解释说，既然萨缪尔森在博士论文的开篇暗含了对阿尔弗雷德·马歇尔的经济学原理的严厉批评，他认为萨缪尔森就应该给出更多的例证，并且尽可能把数学公式换成文字表述。

威尔逊写信给威尔斯奖评委会主席哈里斯，表示对论文不会被推迟到其他年份授奖感到欣慰，他在信中给出了一些自己认为的，萨缪尔森换一种写作风格就能读懂它的经济学家名单。

　　然而，重要的是以一种不会使泰勒、张伯伦、弗兰克·奈特和约翰·莫里斯·克拉克等人，或者其他我们这个时代未受过数学专业训练的一流经济理论家感到过于晦涩的方式出版该书。（这些经济学家）应该知道（萨缪尔森的）结论是什么，以避免可能引起的一些困惑。[8]

威尔逊指出，萨缪尔森在论文的一些段落中常常意有所指。威尔逊对萨缪尔森论文的看法源于其数理经济学研究的潜在读者非常有限的观点。鉴于张伯伦和泰勒是答辩委员会成员，威尔逊的看法表明，他们并未认识到数理经济学已经大有基础。

在写给张伯伦的信中，威尔逊表示这篇284页的博士论文应该加上100页左右的附录。除了提供"实际经济问题"的例证外，他认为还应该有"更多诸如马歇尔的（《经济学原理》）等标准经济学论著的参考文献"，而且在萨缪尔森提到这些文献的地方，也需要有详细的脚注。[9]威尔逊向张伯伦明确表示，他不认可萨缪尔森对待马歇尔的态度，甚至比他对萨缪尔森所表示的还要明显：

> 萨缪尔森援引了马歇尔关于"你应该把你的数理经济学转译为文字表述"的评注，但他表示并不赞同它，而我却引用它以表示赞同。我充分意识到也许不可能达到完全转译，但我进一步意识到，我们这一代理论经济学家可能没有受过很高深的数学训练，做这样的转译并使之尽可能地浅显易懂，具有极其重要的意义。

威尔逊的这些评论和他早期对萨缪尔森应聘绝大多数经济学系的受欢迎程度的怀疑，表明他未能预料到读者对数理经济学的接受程度将会不断高涨。

1941年的威尔斯奖授给了萨缪尔森的朋友麦科德·赖特，其获奖的论文题为《购买力的创造》（The Creation of Purchasing Power），萨缪尔森的论文则在 1942 年年初获奖。由哈里斯、哈伯勒、汉森和里昂惕夫组成的评委会，决定授予萨缪尔森威尔斯奖，1942 年 2 月 10 日，经济学系批准了该决定。[10] 3 月 16 日，伯班克致信萨缪尔森祝贺其好运，并说这次授奖的背后原因之一"涉及论文出版的一些考虑"，他希望萨缪尔森尽快寄一份初稿给哈佛大学出版社。威尔斯奖的奖金不仅填补了出版成本，还有 500 美元的额外报酬，但只有在出版社收到最终定稿时才能拿到，这已经是 1945 年 2 月的事了。[11]

1942 年 5 月 29 日，哈佛大学出版社的戴维·波廷杰（David Pott-inger）请萨缪尔森提供一份图书内容简介和作者详细履历，以供他做前期宣传。[12] 在回复中，萨缪尔森解释称，他正在对书稿进行"大范围修订"，而由于他在国家资源规划委员会的顾问工作，进度不得不延迟。萨缪尔森并不指望能在 1942 年完成初稿。他解释说，这本书非常重要："书中所分析的并不是一些艰深或狭隘的问题，而是所有经济学著作都会涉及的基本问题，不管这些著作采取文字形式还是数学形式，也不管它们是理论性的还是应用性的。"但是，萨缪尔森提醒波廷杰说，它将是一本数理经济学著作。萨缪尔森希望非数理经济学家也能从中获益，尽管他对此并不乐观。[13] 接着，他对书中的内容继续总结道：

> 这是阐明价值和价格理论以及商业周期理论共同的基本假说的一个尝试。这些基本假说常常呈现出两种截然不同却相互关联的类型。第一种假说认为，决定某些经济变量取值的均衡条件，源于给定企业或家庭的最大化行为。特别是，利息取决于和任何所谓的"先验"（*a priori*）有效性相反的假说，所产生的非循环的、可驳斥的、有意义的、可观察的影响。
>
> 第二个基本假说涉及以下假设，即汇总不同经济单元行为的时

间表的相互作用，满足某些"稳定性"条件。后者预设了一个基本的或明或暗的动态理论。本书第二部分将聚焦于如何建立一个动态理论，以及该理论与经济体系统计特征相关的有用信息推导之间的关联。它们通过对一些更基础的经济理论和商业周期的应用分析，得以阐明。[14]

这表明从很早（大概是 1941 年或 1942 年）开始，萨缪尔森就决定对专著进行扩充，以纳入商业周期理论，而尽管博士论文提到了这一点（论文中有对凯恩斯主义体系稳定性的分析和商业周期的援引），相关资料仍然非常有限。没有迹象表明，当时萨缪尔森已有撰写一篇福利经济学章节的想法。

正如萨缪尔森预期的那样，进展是缓慢的。1943 年 7 月 8 日，他写信给阿博特·厄舍——厄舍当时代表经济学系和出版社沟通出版事宜，提到专著的写作进展：

> 我只是写信让您知道，我终于腾出了把论文改写成可出版的著作的空闲时间。可付印的稿子将在 9 月 1 日之前准备好。但这个时间并不是确定无疑的，因为我可能会在最后部分碰到一些问题。[15]

厄舍敦促萨缪尔森尽快完成书稿。他明确表示，萨缪尔森可以随意进行修订，他还表达了对把书稿更新至最新情况可能会使萨缪尔森裹足不前的担心。厄舍建议萨缪尔森增加注释，而不是"大篇幅地修订，以至于它仍然不够完整"。[16] 8 月，萨缪尔森写信给沃尔特·萨兰特，在描述了那些占用他的暑假时间的活动后，他说："为了把控节奏，我正努力试图对我的博士论文做些小的修订，以便它可以被寄给出版社。我已经推迟了很久，既然已经到冲刺阶段，我希望一鼓作气把它完成。"[17]

1944年4月，即萨缪尔森开始在辐射实验室工作两周后，他告诉朋友沃尔夫冈·斯托尔珀，只有付出巨大努力，才能"在书稿的剩下章节"取得一点进展。[18]遗憾的是，他并未提及已完成哪些章节。考虑到一年前萨缪尔森就告诉萨兰特正在进行一些小的修订且"已经在冲刺阶段"，很显然他在1943—1944年的某段时期曾决定补充一些新资料。[①]至于是哪些新资料，在萨缪尔森将手稿提交给系里时不得而知。由于4月他还在努力腾时间完善书稿，完稿时间似乎不太可能早于1944年夏天，更可能是这一年年底。书稿在1945年2月被转交给哈佛大学出版社，这意味着它被摆上伯班克的办公桌——大概是因为他已经有时间审读书稿、咨询同事意见和做出批准——最迟是6个月后的事，即使萨缪尔森和玛丽昂在萨缪尔森受雇于辐射实验室期间对此倾注了大量时间和精力，当然也可能是更短的时间。既然书稿已经提交，萨缪尔森可能就没耐心去了解它被转交给出版社的情况，他很可能错误地记得一个比实际情况更长的延迟时间。

1945年2月27日，萨缪尔森写信给埃德温·比德韦尔·威尔逊说："我终于把威尔斯奖获奖论文提交给了出版社，顿感如释重负。"[19]收到稿件后，哈佛大学出版社马上就遇到一个问题：他们不确定什么时候出版它合适。不仅存在纸张短缺问题，而且由于经济学系已经给了出版社另一本待付印书稿，他们认为同时处理萨缪尔森的书稿不太可能。[20]负责联络出版社的厄舍解释称，虽然他不指望印数会超过750册，但他也愿意听听1200册的报价是多少，以免先入为主地误判印数规模。[21]但是，出

[①] 萨缪尔森并未提到这些新材料具体指什么。一种可能是指本章后面论及的福利经济学章节。

版社碰到的第一个问题便是，哈佛大学印刷部称，书稿包含的数学运算使他们难以估算成本，因为绝大部分排版工作必须依靠手工完成。[22] 厄舍让出版社从专业从事这项工作的印刷厂处获得评估，而非在成本加价基础上进行估算。[23] 这样一来，哈佛大学印刷部报了一个出版社认为过高的价格。[24] 于是，哈佛大学出版社决定把书稿交给宾夕法尼亚州的一家印刷厂，即兰开斯特出版社（Lancaster Press）印刷部承印，理由是他们拥有更多的经验且值得信赖。[25] 但工作并未展开，1945 年 12 月，哈佛大学出版社从印刷部取回了书稿，因为它将很快进入制作流程。听说此事后，萨缪尔森试图再打磨一下书稿。[①][26]

　　1946 年 4 月，出版社告知厄舍兰开斯特出版社印刷部太忙了，他们还要过几个月才能着手处理。[27]4 月底，萨缪尔森敲定最终的书名就叫《经济分析基础》。萨缪尔森给出的理由是，这个书名更为精确，因为他不仅增加了新资料，而且他认为这个书名会更受欢迎，厄舍对此表示强烈赞成。[②] 尽管如此，直到 12 月，兰开斯特出版社印刷部才把前两章的长条校样寄给哈佛大学出版社审核。[28] 也是在 12 月，兰开斯特出版社印刷部获悉他们的供应商将从 1947 年 1 月开始生产合适的纸张。[29] 萨缪尔森坚持要求印刷部对一些符号重新进行认真校排，而印刷部也不得不重新进行铅字铸妥[30]，书稿已准备好在 6 月付印。首印量被定为 1200 册，一个明显高于萨缪尔森所记得的数目。萨缪尔森还揽来了一单 100 册的包含数学推导附录的单行本业务。[31]

　　一旦制版完毕，就会出现销毁金属模块的压力，这种压力完全由印刷部承担。1947 年 4 月，兰开斯特出版社印刷部写信给哈佛大学出版社

---

① 　信中提到"作者"想做些修改，但我们并不清楚此时萨缪尔森想进行哪些修改。

② 　原来博士论文的题目是《经济学分析基础：经济理论可观察的意义》。

生产主管阿尔弗雷德·朱尔斯（Alfred Jules），称他们已经几乎可以付印书稿，因此他们不想过久地保存金属制版。

> 制版金属模块短缺问题仍然严峻，可获得的金属模块的定价几乎是其正常成本的两倍。出于这些原因，我们对印刷完一本书后是否保存过多金属模块权衡未决，我们想知道您可否考虑在首印之前让我们把它做成电铸版，这样一来我们就可以在后面需要加印时，直接调用现成的制版。[32]

信件在朱尔斯和出版社业务主管之间来回传递。朱尔斯问："确定可以在付印完毕后销毁金属制版了吗？"他被告知："等等，我们还要再研究一下。"朱尔斯随后写信给兰卡斯特出版社印刷部，解释说"出于一些明确原因，我们还不能销毁金属制版，但是我很能理解你们的金属模板现状，我会竭力促使学院尽快做出决定"。[33] 然而，差不多两个月过去后，决定还没有做出。在一封转寄给史密斯（当时他负责联络厄舍）的信函中，兰开斯特出版社印刷部再次询问模板是否可被销毁。[34] 朱尔斯写信给兰开斯特出版社印刷部：

> 我已经和我们的业务主管就销毁金属制版做了沟通，并且无论如何想在今天得到答复。从经济学系获得批准需要一些时间，因为绝大多数情况下，他们倾向于把金属制版保存一段时间。由于他们难以理解金属模块短缺的情况，我们多少感到有点无助。[35]

7月，厄舍确认金属制版可以被销毁。[36]

1947年10月1日，兰开斯特出版社印刷部终于发过来887册图书，它们在 10 月 7 日被分销出去。[37] 纸张短缺似乎仍是影响因素，一封由出版社印刷部写给厄舍的信函解释称，战时生产委员会（WPB）有望很快撤销对纸张使用的管控，这样一来，加速扩大生产将不再成问题。[38] 由于距合同签署已过去将近两年，而成本出现了大幅上涨，兰开斯特出版社被获准将定价提高 10 美分；威尔斯奖的奖金补贴使图书仍可按每册 5 美元销售，而且麦格劳-希尔公司出版的萨缪尔森的经济学入门教材差不多也是这个定价。[39] 如萨缪尔森一年前意识到的那样，从提交书稿到正式出版之间所延长的时间，主要是由纸张短缺导致的。[40]

静态分析：生产与消费

虽然论文在成书后的章节主题的变动之少令人惊讶，但萨缪尔森称他对博士论文做了扩充和修改是完全正确的，因为书中确有一半内容是新的。[①][41] 不过，有一个变化相当明显。在论文导言中，萨缪尔森阐释了比较静态理论和动态理论之间的关联："我们这里的假设是，依据一种假定的动态系统理论，系统处于稳定均衡或稳定运动状态。这意味着不存在意识形态上的或规范性的意义。"[42] 但在书中，措辞变为：

> 相反，系统的动态特征是具体指定的，假定系统处于"稳定"均衡或稳定运动状态。通过我所说的比较静态和动态之间的对应原理（Correspondence Principle），就能从如此简单的假设中，推导出具有明确操作意义的定理。只对富有成效的静态分析感兴趣的人，

---

① 他新增了 4 章正文和 1 个附录，占该书总共 439 页的 181 页。另外还有 47 页新增内容分散在书中其他地方。

必须研究动态问题。

　　当然，定理的实证有效性和富有成效性不能超越原始假设。此外，稳定性假设并不具备技术上的或规范性的意义。[43]

　　类似地，在"稳定性和比较静态分析"一章中，在阐释了动态分析和比较静态分析的相互关联之后，萨缪尔森补充说："这种二元性构成了我所谓的'对应原理'。"[44]尽管萨缪尔森的论点内容没变，但他引进了一个名称来表述这个概念，并把它升格为"原理"。[45]对概念的命名，赋予了概念本身所不具备的突出含义；它使萨缪尔森声称的具体指定一个动态系统颇为重要这一点，变得引人注目，因为不然的话，比较静态结果的推导将是不可能的。鉴于绝大多数此前的研究都未能指定明确的动态系统，这是一个很大胆的论断，它使萨缪尔森的著作和以往研究迥然有别。①

　　萨缪尔森在其论文第一处实质性的补充部分，即题为"数量关系的计算"的小节中，举了一个例子来说明这一点。萨缪尔森称，即使我们知道一个系统中所有参数的取值符号（经济理论通常不会给出系数的大小，而只会给出它们取值的正负），也不可能推导出比较静态结果。例如，在只包含三个方程决定三个变量的凯恩斯主义体系中，尽管我们知道所有参数的取值符号，要推导比较静态结果即使不是不可能的，也是相当复杂的。因此，萨缪尔森要做的是，向读者解释为何必须使用如他在《经济分析基础》中所提出的数学方法。"对事物运行方向的直觉和一般感觉，在分析一个复杂的多变量系统中，并不能使我们走得太远。"[46]

　　既然萨缪尔森试图采用这种写作方式，他的论文中关于最大化、成

---

① 虽然希克斯在《价值与资本》中分析了动态问题，但是他没有具体指出支配着非均衡系统行为的方程。

本和生产以及消费者的绝大部分讨论，在成书时均未改动。萨缪尔森在
"最纯粹竞争的不确定性"一节增加了两页内容，但这本质上无关紧要。①
他用几个段落做了澄清，且扩展了他对希克斯在《价值与资本》（一本那
时的萨缪尔森有时间更仔细研读的专著）中关于消费者分析的讨论。萨
缪尔森大幅削减了对货币边际效用之恒定性（constancy）的讨论，这是
因为，尽管其曾在消费者理论的相关争论中居于中心位置，但只是具有
历史上的意义。由于希克斯和其他经济学家正试图重建消费者剩余概念，
并将其作为福利经济学的一种分析方法，萨缪尔森也必须论及这一点。②
但萨缪尔森认为，消费者剩余的概念虽然引出了一些有意义的数学问题，
但它对福利经济学来说并不必要，而只是经济学家善用文字表述方法和
未能认清其中的数学结构那段年代的一种残存。

　　萨缪尔森所认为的消费者理论应该推进的方向，在一个全新的章节，
即"转换、综合商品和配给"中得到了呈现。他在书中对马歇尔弹性概
念的批评，更甚于在博士论文中对马歇尔弹性的批评，他认为弹性概念
掩盖了问题，"除了可能当作入门学生的思维训练外"，并无多大用处。[47]
指数更加重要，因为它们对国民经济核算至关重要，它们在测算工业产
值或那些需要对许多商品进行加总的价格水平等经济概念中，也是必不
可少的。例如，"生活成本"指的就是一揽子商品，正如经济学家感兴趣
的绝大多数"商品"那样，它们没有天然的（natural）的计量单位。即使
看起来非常简单的商品，比如小麦，也没有一个"天然的"价格，因为

---

① 萨缪尔森的观点是，如果公司面临不变的成本和一个能售罄产品的价格，就没有必
　要确定单个公司的产量水平，因为产量变化将不会改变价格和平均成本。但这不是
　一个问题，因为所有公司的产量总和是确定的：总产量在不同公司之间如何分配并
　不重要。

② 关于消费者剩余的概念，参见本书第 10 章。

小麦价格是许多不同种类和等级的小麦价格的综合。指数吸引萨缪尔森研究加总问题，他在研究生阶段就已接触到该问题，里昂惕夫和希克斯也研究过该问题。萨缪尔森十分推崇希克斯的《价值与资本》，他认为该书大获成功的原因之一是引进了加总理论，这使希克斯能像处理单一商品那样处理一组商品的价格问题。[48]

指数面临的一个主要问题是，它们能否被用来确定个人消费者在条件发生变化时的境况是改善了还是变糟了。运用可追溯至其早年研究的显示性偏好的相关论证，萨缪尔森认为存在一个"不可避免的"（inevitable）无知领域，因为从某种意义上说，任何单一的指数都不可能是福利的完美测量。例如，对于任何指数，都可能存在多种情况，此时实际收入的测量值上升而某些人的境况却变得更糟，或者此时实际收入的测量值下降而某些人的境况却得到改善。这种不确定性是不可避免的，尽管许多经济学家在 20 世纪二三十年代研究该问题时，都曾试图消除它。萨缪尔森强调了以下这一点：

> 我应该不厌其烦地强调指出，这种最终的不确定性是固有的和内在的。任何深思熟虑都不能消除它，因为它根植于无差异曲线（indifference field）本质上的凸性特征，或者更确切地说，根源于个人的一致性行为。[49]

他同时指出，只有当涉及有限变化时才会产生上述问题，这呼应了威尔逊继威拉德·吉布斯之后强调的，必须考虑有限变化的重要性的观点。虽然理论可能是抽象的，它却推导出一个实用性结论，即当缺乏一个完美的指数时，研究更多的指数或者选择一个符合眼前需要的最优代理指数，颇有必要。

同样的数学推理也可用来分析配给问题，该问题在战时局部存在。配给可能涉及对一种商品的购买数量进行限制，也可能涉及"积分配给"（points rationing），此时需要现金加上积分才能购买商品。两种情况下，描述均衡的方程都必须得到修正，这样一来，萨缪尔森论文中所讨论的勒夏特列原理，使他能推断出何时采用配给，消费者对价格变化的反应比不存在配给时更不敏感。萨缪尔森还考察了允许人们拿配给积分（ration points）兑换货币，会增加还是减少他们的福利的问题。

静态分析：福利经济学

萨缪尔森在博士论文中并没有处理福利经济学问题，尽管他和他的同学艾布拉姆·柏格森合作密切，而柏格森已经发表了一篇关于该问题的论文。[①] 萨缪尔森赞同柏格森关于如何处理这一问题的观点，但在《经济分析基础》出版之前的研究论文中，他只是强调指出，福利问题和消费者理论中所理解的效用概念并无关联。虽然萨缪尔森在有关国际贸易的研究中做出了福利判断，但他只是运用了福利标准，而没有对它们进行分析。

柏格森的论文发表后，很快出现了大量分析福利的相关文献，希克斯称之为"新福利经济学"。[50] 人们普遍认为，对福利的判断是主观的，它取决于做出判断的个人的价值观，并且没有任何科学依据。希克斯称，"经济福利必定是因人——作为一个自由主义者还是社会主义者、民族主义者还是国际主义者、基督教徒还是异教徒——而异的"，他发现"（这是）一件不得不接受的可怕事情"。福利经济学的问题在于，如何找到一条摆脱这种

[①]　参见本书第 11 章。

困境的道路，即找到一条科学地分析福利的途径。马歇尔和庇古是标准分析方法的代表，他们试图把福利经济学建立于效用理论之上。但这存在概念上的缺陷，主要问题是它涉及对不同个人的效用的加总，而这并没有客观依据。[①] 幸运的是，希克斯接着称，最近的研究已指出了不依赖对一个人的福利如何通过另一个人的福利衡量的武断的主观判断，来探讨经济体系效率的若干途径。

希克斯论证过程的第一步是，将"最优"定义为一种每个人都处于最好，同时又不会使其他人的情况变得更糟（后来被称为"帕累托最优"）的状态。在这种最优状态下，任何改变都会使至少一个人的处境更糟。有可能存在许多这样的最优。第二步是减少潜在最优的数量，将那些受益者足以补偿受损者且仍然保持较好状态的改善考虑在内。如希克斯和其他人所认为的，这样的补偿检验将决定一种分配是否有效。如果补偿不是实际支付的，可能就无法证明社会福利得到了提高——对某些人的福利和其他人遭受的损失进行比较涉及价值判断，但它表明新的分配"有可能"使每个人的处境变得更好。因此，据称补偿检验使一种科学的福利经济学成为可能，它不依赖于主观的价值判断，而是完全取决于个人对自身福利的判断。

促使萨缪尔森撰写福利经济学这一新章节的，似乎是他在芝加哥大学读书期间的朋友乔治·斯蒂格勒刊于《美国经济评论》上的对新福利经济学的批评文章。我们知道，与斯蒂格勒交流后不久，萨缪尔森便决定在《经济分析基础》中增加重要的新素材，而同该书其他部分风格迥异的关于福利经济学的章节，很可能是他补充的内容。斯蒂格勒认为，有

---

① 事实上，马歇尔和庇古对效用测量的怀疑比这句话所暗示的更多，但这句话是对此处观点的一个很好总结。他们可能想避免效用（或满意度）的人际比较，但他们的方法却假定了这种比较。关于消费者剩余，参见本书第 257 页的脚注①。

必要修正柏格森对新福利经济学的阐述，这可能是因为他并没有理解该理论。斯蒂格勒在其文章中称，"新福利经济学家"（其中包括萨缪尔森关于国际贸易的文章）主张，"许多政策……可以被证明是好的或坏的，而不会陷入价值判断的危险泥淖"。[51] 斯蒂格勒声称，虽然新理论通常借助高深的数学来呈现，但却简单到可以用半页纸概括，他还提出了他认为的一个尖锐批评：如果新福利经济学的信条被遵守，盗贼就会因其罪行得到奖赏，战争就应该用支票簿来打。考虑到斯蒂格勒的文章是在 1943 年发表的，这一批评显得尤为重要。[52] 斯蒂格勒认为，这些论点的问题在于，社会不仅仅关注国民收入的最大化。政策的变化将导致个人偏好的变化，因此不可能把这种偏好作为福利分析的基础。斯蒂格勒称，社会所需要的是，在其所追求的目标上达成共识。缺乏这样的共识和对公平制度的信念，社会制度就会分崩离析。

　　萨缪尔森对斯蒂格勒做了回应，他大体赞成斯蒂格勒的观点，即经济福利不必然是社会的主要目标，且偏好也会发生变化，但他认为斯蒂格勒完全误解了新福利经济学。[①] 新福利经济学并非要取代旧福利经济学，而是要为改善社会福利探索"必要的"条件，它的基础是一些非常合理的假设，即"拥有更多比拥有更少就是一种改善"，以及"从所有人变得'更好'就是一种'改善'这个意义上说，个人偏好是可以'计算'的"。[53] 萨缪尔森所说的新福利经济学并非要取代旧福利经济学，实则暗含着，可以而且应该做出更尖锐的伦理判断，尽管这不是他所强调的重点。关于福利经济学的崭新一章——长达 50 页、数学模型远远少于其他章节的一个重要章节，对斯蒂格勒严重误解的新福利经济学做了明确阐述。

　　萨缪尔森历史性地处理了这个问题。他称，经济学总是和"完全竞

---

① 这些他赞成斯蒂格勒的观点，正是他和斯蒂格勒共同的老师奈特所高度重视的。

争某种意义上代表着最优状态"的观念联系在一起，自由贸易的例子就能说明这一点。[54] 竞争符合社会最优这一观念，常常被用来反对政府干预，但萨缪尔森认为，这也可能是一种激进的观念，用来挑战现状，正如它被用来为反垄断立法辩护一样。以往，它和目的论——关于自然权利、自然选择的争论，或者竞争对激发人们的最大潜力不可或缺的马尔萨斯主义信条——关系密切，但是也有一些论点并不取决于目的论。"有贸易总比没有贸易好"的观点，很容易（尽管不合理）成为自由贸易的论据。这得到了以下论点的进一步证实，即在均衡状态，每一个行为主体都在为自己竭尽所能。虽然一些经济学家走得更远，但直到19世纪末，经济学家们仍普遍认为，必须注意的是，只要收入分配得当，完全竞争即是最优的。不过他们都犯了错，结果便是没有一个人能提供这一主张的证据。最接近正确的经济学家是帕累托，他认为竞争产生了"最大的集体效用，其与收入分配无关，而且事实上，甚至不同个体的效用也不被认为具有可比性"。[55] 帕累托将最优状态定义为，"不存在任何可能的变化或运动，此时每个人的生活都得到改善"。[56] 这是一个颇具说服力的论点，但帕累托未能明确表明他所定义的最优状态并非唯一的。

20世纪20年代，经济学家发展了帕累托的观点。萨缪尔森认为，这些文献在柏格森的研究中达到了顶峰：

> 他（柏格森）是第一个熟悉前辈学者贡献的人，也是能够对它们进行综合运用的人。此外，他是第一个明确提出序数社会福利函数概念的人。根据这个概念，各种不同的思想流派都能得到解释，而且它们也是首次具有假设的重要意义。[57]

柏格森的论文引进了社会福利函数概念，萨缪尔森把它作为自己处理社会福利问题的一种方法。

萨缪尔森对社会福利函数概念的辩护源于莱昂内尔·罗宾斯的指责，后者认为价值判断在科学分析中一无是处。[58] 尽管这个观点在排除错误推理上不无用处，但它也走过了头。

> 研究不同的价值判断——不管它们是否为理论家们共同拥有——的结果，就像比较伦理学研究（study of comparative ethics）本身是一门与人类学任何其他分支类似的科学那样，是一种正当的经济分析训练。[59]

不同于罗宾斯和许多新福利经济学的支持者，萨缪尔森认为，"对科学分析人员而言"，即使那些依赖于人际效用比较的命题，仍具有真正的内容和意义，尽管经济学家可能并不乐意去推断或验证他们所依据的伦理判断（"除非在人类学的层面上"）。萨缪尔森在解释他对社会福利函数的运用时总结道：

> 不必去探究它的起源，我们就可以把它作为讨论一个系统中所有经济变量的函数的立足点，该函数被认为代表了某种伦理信念——一个仁慈的君主、一个完全利己主义者，或者"所有善良的人"、一个愤世嫉俗者，一个国家，一个种族，或者群体心理、上帝，等等。任何可能的意见（包括我自己的）都是可以接受的，尽管考虑到涉及个人信仰的人性弱点，我们最好先忽略后者。[60]

这清楚地表明，经济学家所能做的就是审视伦理信念的后果，然后选择一套不同的信念组合和对社会福利的不同评估。萨缪尔森关于这些伦理信念的唯一假设是，它们为世界可能的状态提供了一致的顺序，即如果 A 被认为优于 B，而 B 被认为优于 C，那么 A 必然优于 C。[1]

虽然萨缪尔森对社会福利函数的使用沿袭了柏格森，但他以柏格森所未能使用的方式，使自己的分析摆脱了 20 世纪 30 年代纠缠不清的争论。这正是他对消费者理论所做的：基于以往的研究，以一种使人在读了他的阐述后，似乎不再有必要回顾以往文献的方式，展现自己的理论。使自己摆脱早期文献的桎梏，涉及概述（远比柏格森要更清楚）那些可能决定社会福利函数的结构，并使之能够产生实质性结果的伦理判断。

萨缪尔森从一个比柏格森更为普遍和简略的函数着手，它只是简单地表明，社会福利是一个关于所有被认为和社会福利相关的变量的函数。[2] 事实上，这几乎等于什么也没说。要赋予它内容，就必须做出伦理判断，而这会限制该函数的形式。它的作用在于提供了一个框架，以分析具体的价值判断的意义，并评估诸如帕累托最优等福利标准所隐含的价值判断。

观察到社会福利函数中的变量通常不包括价格（其本身是一种价值判断）后，萨缪尔森解释说，许多变量只是具体适用于个人家庭。不同家庭的消费——它们消费了什么——至关重要，而且不同家庭提供的服务（包括劳动）是不可互换的。然而，关键的假设是，个人的偏好是"有价值的"。这种假设远不是意识形态中立的，因为纳粹和"极权主义"本质上认为，个人的偏好无足轻重；但是，绝大多数美国经济学家认为，个人的重要性是理所当然的，发现这一假设是可以接受的。萨缪尔森在谈到人们对"肥皂盒扬声器"的态度时，含蓄地提到了这一假设的意识形态层面，

---

① 此即效用的可传递性假设。

② $W=W(z_1, z_2, ...)$，其中 z 表示所有和社会福利相关的变量。

他说："当革命来临时，你会去吃草莓和奶油，并且喜欢上它！"[61]诸如炫耀性消费——享受其他人不能享有的东西——和嫉妒等问题则更严重，但如果假设个人的偏好只取决于他们自己的消费，而不是其他人的消费，这些问题就会被最小化。

萨缪尔森认为，到目前为止所做的伦理判断，是大多数经济学家可以接受的。随后，他探讨了更有争议的问题，即社会福利函数关于所有个人的消费呈均匀分布（每个人的社会福利函数大致相同），社会福利是个人最基本的可衡量的效用之和。这涉及对资源分配的判断。必须注意的是，萨缪尔森并不是说这种判断是不合理的，而只是表明，它们的确涉及价值判断，尽管它们似乎只是技术上的假设。

接着，萨缪尔森转向了福利的数学分析，通过价值判断列表得出两个结论。第一，社会福利函数中的变量，应包括所消费商品的数量和所提供的生产性服务（如劳动）的数量。第二，只有当这些变量影响个人效用时，它们才会影响社会福利。[①]即使有了这些限制，社会福利函数仍然是含糊不清的，但这足以使萨缪尔森得出与希克斯和其他人所得出的社会最优状态可比照的条件——这些条件后来被称为帕累托最优条件。萨缪尔森总结称，他所得出的最优条件，定义了他所谓的"效用可能性函数"，该函数表明了给定社会中其他人的所得效用时，某一个体所能获得的最大效用。它清楚地表明，存在无限种可能的社会最优状态，从中进行选择将涉及对一些人所得和另一些人所失情况的评估。

萨缪尔森接着称，任何"个人主义"的伦理最优（即由前文讨论的条件所定义的最优状态之一），都可以通过一次性税收实现。这一定理的吸引人之处在于，它使从个人间的分配问题中区分出资源配置问题变成

---

① 　$W=W(U_1(.), U_2(.), ...)$，其中 U 表示所评估社会的个体效用函数。

可能。但萨缪尔森认为，这既不是福利经济学中的一个基本定理，也不是一个普遍的事实。[①] 他的理由包括：人们可能会有使均衡趋于不稳定的偏好；如果通过价格歧视（向不同的个体索取不同的价格）达到最优条件，这种均衡将不再成立；而且，设计真正意义上的一次性税收（不以任何方式取决于个人行为的税收），在实践中困难重重。

或许是为了呼应在国家资源规划委员会上所讨论的旨在减少收入不平等的议题，萨缪尔森指出，单独拎出收入分配问题，可以简化"那些得到广泛认可的政治口号和政治信仰的塑造问题"。[62] 但他不加任何解释地声称，即使在政治上可取，"也决不能忘记，从一致的伦理角度来看，应该基于福利函数本身做出决定。关于收入分配的观念，是派生的而不是根本性的"。在一个脚注中，萨缪尔森暗示，理解该问题的数学推算，有助于阐明资本主义经济中公平与效率之间的冲突；将资源分配和效率考量分开考察的过于简化的分析，是误导性的。

当其他经济学家在寻找一种独立于任何伦理判断的福利经济学研究时，萨缪尔森否认了这种可能。从福利经济学中排除伦理考量的尝试，是完全错误的，因为福利判断本质上是伦理性的。任何福利分析的出发点，都必须是一套伦理原则或价值判断。这也意味着，如果不同的人或不同的群体坚持不同的伦理原则，结果将导致对福利的不同判断。因此，社会福利函数必须反映出一套具体的伦理观点，它不可能完全客观和独立于做出评估者。

在这一立场上，萨缪尔森被认为接受了弗兰克·奈特的观点，他在芝

---

① 它后来被称为福利经济学（两个基本定理中）的第二定理，即任何竞争性均衡都是帕累托有效的，任何帕累托有效的分配，都可以通过合理的资源再分配实现竞争性均衡。

加哥大学读本科时就被奈特所吸引。[①] 虽然萨缪尔森通常对这位他曾非常着迷的导师持批评态度，但奈特关于伦理学和经济学关系的观点，同萨缪尔森的福利经济学之间具有明显的相似之处。关于福利经济学的一章中有 4 次提到奈特，每一次萨缪尔森都对奈特赞誉有加。[63] 也许，和斯蒂格勒的交流，使萨缪尔森不仅理清了对福利经济学的看法，还重读了老师的著作（两人都曾深受奈特思想的影响）。

萨缪尔森认为，福利经济学分析完善了他关于最大化问题的静态分析。在前几章中，他分析了企业和消费者的最大化问题。在关于福利那一章中，他讨论了社会福利最大化问题。由于不清楚应该最大化的是什么，这种讨论的性质必定迥然有别，且集中于更富哲理的概念性问题，最终就形成了颇令威尔逊满意的文字和数学公式较平衡的一章。如萨缪尔森的其他著作那样，数学主要被用来澄清他的论点，但较之《经济分析基础》一书中其他地方用到的数学，福利经济学一章中的数学相对简单。萨缪尔森在这一章接受了罗宾斯的挑战，罗宾斯认为价值判断不应成为经济科学的一部分。科学的经济分析可能无法在相互矛盾的价值判断之间做出仲裁，但它可以分析不同价值组合的含义；萨缪尔森并不认可以下观点，即经济学家作为经济学家，在人际比较上纯属外行，因此福利经济学不可能超越所谓的帕累托最优。[②]

柏格森和萨缪尔森的分析角度与希克斯所定义的新福利经济学大相径庭，他们并未试图在不做任何主观价值判断的情况下，研究福利经济学，而是将伦理判断置于该领域的中心。但是，他们的研究被视为新福利经济学（New Welfare Economics）的一部分。他们均赞成，不能用和

---

① 参见本书第 5 章。

② 需要注意的是，罗宾斯针对福利判断的观点比萨缪尔森在他的书中所持的立场温和得多。

测量温度相同的方式来测算效用。此外，他们已准备好做出类似的判断——尤其是，个人偏好是至关重要的。随着经济学家逐渐认可补偿检验存在概念上的缺陷，以及福利经济学其他研究方法的发展，萨缪尔森的方法似乎和希克斯的方法有了更多的共同之处。

动态分析和商业周期

虽然萨缪尔森的《经济分析基础》从静态分析切入，但动态问题同样重要。明显的原因是，一些经济问题，如商业周期，具有内在的动态性。不那么明显的原因则是他所谓的对应原理——一个可利用稳定性假设推导比较静态结果的概念标签。这导致了比较静态和稳定性之间的双向关联：不仅可利用稳定性假设推出富有成效的比较静态结果，而且"可利用（比较）静态系统的已知特征，推导某个系统相关动态特性的信息"。[64] 出于这个理由，萨缪尔森把他在撰写博士论文时尚未想到怎么称呼的概念，提到了"原理"的高度。[①] 他关于动态分析的绝大部分内容，最早出现在刊于《计量经济学》和《经济学与统计学评论》上的系列论文中，只有最前面一节来自博士论文中的一章。[65] 在这一系列论文的第二篇，萨缪尔森引进了对应原理，并且声称，它将给经济学带来根本性的变化。

> 在纯粹经济理论已经历从静态模型到动态模型的思潮变革之际，对这一原理（对应原理）的理解显得尤为重要。尽管文献中可以找到许多早期先兆，我们仍然要把这种剧变追溯至 10 年前拉格纳·弗里希

---

① 这个观点是萨缪尔森 1938 年从威尔逊那里学到的。参见本书第 14 章。

的论卡塞尔卷文章（Cassel Volume essay）的发表。由此产生的观念变化，可以同从经典力学到量子力学的转变相提并论。正如在物理学领域一样，新旧理论之间的关系可以得到部分澄清，因此在我们的领域中，类似的研究也就顺理成章。[66]

　　萨缪尔森可能会想到凯恩斯曾将其《通论》在经济学中引发的革命，和爱因斯坦（相对论）在物理学中引发的革命相比。萨缪尔森并未声称是自己发起了这场革命——它甚至可能比凯恩斯革命更具根本性意义，但他认为自己在其中扮演了一个重要角色。[①]

　　萨缪尔森关于动态问题的三篇论文中的第三篇《动态、静态和稳定状态》，并没有成为《经济分析基础》的一章，但它是"静态分析和动态分析"这一重要章节的来源。在该小节中，萨缪尔森只对基本术语做了较少的技术定义和解释，他称，鉴于该领域最近的进展，给出一个关于"静态和稳态、动态和历史之间"的严格区分是可能的。[67]然而，这些区别的细节，似乎不如萨缪尔森对一些经济学家的批评重要，他们认为"动态"这个术语只是"好的、复杂的或现实的"同义词。问题是，尽管经济学家可能会拿理论物理学做类比，但他们通常因受到技术知识欠缺的束缚，导致"在对与质量、能量、惯性、动能、力和空间等相应的经济概念的探索中所获甚微"。这里，萨缪尔森显示出他从威尔逊那里学到的知识：物理学中学到的方法之所以有用，是因为经济问题和物理问题

---

①　令人惊讶的是，萨缪尔森引用了处理"完整因果系统"和"历史的或不完整因果系统"之间区别的"一篇未发表的手稿"（萨缪尔森，1942f，第2页），而没有引用他的论文。这篇未发表的手稿可能就是他的论文，也可能是他次年发表的文章。后者被原封不动地收入了他的《经济分析基础》中，除了增加三句话概述他的研究结果和一处对他未来研究的说明。

可能表现出共同的数学结构，而且在经济学和物理学间寻找具体的相似点是一个错误。他指责芝加哥大学的老师弗兰克·奈特怎么会犯这样一个错误，此处以及其他诸多萨缪尔森的文章暗示，理解数学是很重要的。

同样，正如在物理系统和经济系统间寻找精确类比是一个错误，在生物学和经济学间寻找精确类比，也是一个错误。这里，萨缪尔森主要针对的是马歇尔，他发现马歇尔使用的生物学类比非常模糊。物理科学和生物科学在原则上并无区别：

> 如果人们考察更精确的生物科学，那么他寻找任何新的"武器"（无论秘密的还是公开的）来探索科学真理的尝试，都只会徒劳无功。如果血液运动能用物理热力学的一般定律进行简单、抽象、严谨的描述，那当然最好不过，否则，人们就必须满足于更为复杂而拙劣的解释。[68]

事实上，劳伦斯·亨德森已经指出，对物理学至关重要的稳定均衡，最早在研究人体对疾病的抵抗性中得到阐述。这推翻了马歇尔的论点，即需要用生物学类比代替对经济学的机械类比，因为它们在原则上并无区别。

萨缪尔森提出了经济系统的四种分类法，借此批评希克斯所称的"动态分析中的变量必须标注日期"过于含糊其词。[①] 他提供了更严谨的说法。在论文中，他继续使用这个术语，来处理许多经济学家讨论的稳定状态概念，以及"稳定状态下的利率是否为零"这个对奈特和熊彼特

---

① 萨缪尔森认为，经济系统可以归为以下四种类型：（1）静态的和稳态的，（2）静态的和历史的，（3）动态的和因果的（非历史的），（4）动态的和因果的。

而言颇为重要的问题。但在《经济分析基础》一书中，萨缪尔森省略了所有关于稳定状态和利率的讨论，只是将他对不同类型系统的非技术性分类，作为从他的论文中得出的相同概念的更技术性的阐释的铺垫。他在关于因果系统的那一节后面讨论了稳定状态，但后者只是作为一组泛函方程的特征解。萨缪尔森还通过引进随机系统，扩展了对系统类型的分类。[①]

萨缪尔森在本章结束部分讨论了商业周期理论。在解释了这部分的目的是表明动态问题和周期问题不是同义词后，他继续解释说，他不打算提供基于经济特征的调查，而是把重点放在"其中涉及的分析差异"上。[69]换言之，商业周期的"性质"是由数学建模定义的。因此，萨缪尔森在这一小节，较少地探讨商业周期理论，更多地分析了可用于对商业周期建模的不同数学模型。内生模型（把周期解释成是自生的、由所分析系统的内部因素决定的）和外生理论（根据模型的外部因素来解释波动）之间的区别，是基本区别。

内生理论的问题是，它们要求不存在阻尼，即经济系统的参数能够产生一个其波动既不衰减也不激增的系统。物理学中的某些常量可能会产生这样的系统，但在经济学中没有理由假定存在这样的常量。因此，萨缪尔森批评了波兰经济学家米哈尔·卡莱斯基提出的商业周期不受抑制的条件。[70]以下是他在写给赫维奇的一封信中，私下对卡莱斯基所做的较温和的评论：

---

① 鉴于随机冲击已在商业周期理论中使用多年（例如弗里希），并不清楚萨缪尔森为何没在 1943 年的论文中引入这些概念。这可能是因为他并未考虑过这个问题，或者他认为没有必要讨论静态。20 世纪七八十年代，动态随机系统成为宏观经济建模的主要方法，但是很少有经济学家把这种研究和《经济分析基础》中非常简短的论述联系起来。

顺便问一下，你读过卡莱斯基最新的《动态经济学研究》(*Studies in Economic Dynamics*)吗？里面有一章是关于"纯粹"商业周期的，依我之见，就研究方法而言，这一章可谓拙劣至极。为了得到他所偏好的混合差分-微分方程，他用求导来对差分做近似处理，但又并非通篇如此，这样一来，他就得到了一个简单的微分方程。而且，为保持稳定性，他不考虑系数就假设了方程的非线性，但他并没有直接对方程组求积分，甚至没有写出它的非线性项。[71]

萨缪尔森认为，卡莱斯基并不懂他所用到的数学推导。

萨缪尔森接着说，线性内生模型的问题是，它不能解释周期的振幅：像钟摆一样，振幅可以是任何数量级，这取决于系统从哪里开始。一种方法是放弃纯粹的内生周期假设，假定外生因素使整个系统保持着运行（尽管这里萨缪尔森尚未提及，但这正是拉格纳·弗里希提出的"摇摆木马"周期模型，根据该模型，周期性受到外部冲击的摇摆木马将呈现一个持续的周期）。另一种方法是采用非线性模型，以"弹子台"理论做比喻，根据该理论，产出在充分就业的上限和下限之间上下弹跳。[72]如汉森所表明的，这里的一个问题是，"不存在（中肯的）经济系统的自然底部"。不出所料，萨缪尔森主张混合的内生-外生系统，这一部分他引证了自己的研究。他提出的乘数-加速数模型是一个内生模型，可以产生循环，也会受到外部冲击的强化。

最后，萨缪尔森转向了"线性随机类型的混合系统"——服从于随机冲击的线性模型。俄罗斯经济学家尤金·斯卢茨基和拉格纳·弗里希已经对这类模型做了分析，特别是，萨缪尔森认为弗里希的论文相当出色，但萨缪尔森仍将这种方法和麻省理工学院的同事诺伯特·维纳联系在一起；维纳是控制论发展的关键人物，萨缪尔森曾参加过他的非正式研讨会。[1] 萨缪尔森还援引特里夫·哈维尔莫的《计量经济学中的概率方法》（*The Probability Approach in Econometrics*），将弗里希的商业周期研究方法和模型估值问题联系起来。[2] 尽管这类模型更难处理，但萨缪尔森仍概述了把商业周期当作一个非线性随机系统来建模的问题。

撇开对应原理，《经济分析基础》中关于动态研究的章节，也许是最有原创性和最具影响力的，对许多经济学家来说，它们也是该书最难的部分。在静态分析章节中，萨缪尔森对几十年来的相关研究思想做了完善和提炼：严肃对待它，纠正其错误，并使其系统化。在动态理论上，萨缪尔森就很难这样做了，因此，他利用了更多完全不同的数学文献。相比于研究最优化的章节，动态分析章节在更大程度上和数学有关，由此表明数学模型和经济学研究息息相关。这样做的原因是，可以综合起来的动态经济理论寥寥无几，已有的大多数分析均依赖于不同的概念基础。例如，凯恩斯模型在概念上有别于动态瓦尔拉斯一般均衡理论，许多流行的商业周期模型存在概念上的异质性。在这种情况下，萨缪尔森必然会把重点放在数学上，他对动态问题和商业周期的讨论，也就呈现出更多未完成的迹象。专著的这一部分似乎也不可避免地包含了许多经济学家难以理解的内容。

在消费者行为一章的结尾，萨缪尔森还讨论了构成许多商业周期理论重要部分的货币需求。[73] 值得注意的是，他决定不从最近的文献（如凯恩斯的著作），而是从瓦尔拉斯（他对一般均衡理论情形下的现金余额需求做了分析）的著作切入研究。在某种程度上，萨缪尔森这样的讨论是个尝试，旨在表明他的需求理论适用于对货币以及普通商品和服务的分析。

---

[1]　参见本书第 9 章和第 21 章。

[2]　参见本书第 17 章。

萨缪尔森没有更多地结合货币研究文献。考虑到他的概率论和数理统计知识不断精深，也许值得注意的是，这一节并未主张必须用数学分析来处理利害攸关的问题，例如，流动性偏好（凯恩斯用该术语来指为应对利率和债券价格可能发生的不确定性而持有的货币）对于确保一个正的利率是否有必要。

专著被接受的情况

评论者们普遍对《经济分析基础》表现出了热情，把它视作对经济理论的一个非常重要的贡献。这可能是因为他们中的大多数人都很年轻——老一辈中很少有人能够深入理解该书的观点。[①] 数学附录提供了急需的教学内容，因而颇受欢迎。该书还激起了人们对数学在经济学中的作用的讨论，1947 年的时候，这还是一个颇有争议的问题。[74] 毫不奇怪的是，一些评论者拿萨缪尔森和马歇尔做比较，马歇尔关于数学在经济学中所扮演角色的观点，遭到了萨缪尔森的质疑。例如，梅尔文·雷德（Melvin Reder）认为，马歇尔只是使用数学来澄清概念，萨缪尔森则"从方程组开始，并试图推导出它们的经验或操作意义"。[75] 雷德称，如果一个人遵循萨缪尔森的研究方法，数学更有可能大有用处。同理，罗伊·艾伦将马歇尔对数学的使用比作用钢材提供脚手架，而萨缪尔森则把数学作为结构

---

① 评论者包括：罗伊·艾伦（41 岁）、格哈德·廷特纳（Gerhard Tintner，40 岁）、肯尼斯·博尔丁（37 岁）、乔治·斯蒂格勒（36 岁）、沃尔夫冈·斯托尔珀（35 岁）、劳埃德·梅茨勒（34 岁）、肯尼思·梅（Kenneth May，32 岁）、莱纳德·萨维奇（Leonard Savage，30 岁）、查尔斯·卡特（Charles Carter，28 岁）、梅尔文·雷德（28 岁）和威廉·鲍莫尔（25 岁）。其中包括萨缪尔森的同学斯蒂格勒（芝大同学）、梅茨勒和斯托尔珀（两人都是哈佛同学）。

的一部分。[76]《经济分析基础》几乎不可避免地被人们拿来同希克斯的《价值与资本》相提并论，雷德和艾伦提供了广泛的比较。

在庆祝《经济分析基础》出版 50 周年之际，萨缪尔森把希克斯的《价值与资本》形容为"一本极具独创性的伟大著作，为《经济分析基础》努力解决的问题和即将到来的数理经济学的大繁荣，培育了读者基础"。[77]但很少有评论者以这一方式看待这种关系。艾伦在 20 世纪 30 年代初曾与希克斯合作研究消费者理论，他认为，希克斯企图建立一个完整的经济理论，而萨缪尔森只是提供了经济学不同领域的共同数学基础。[78]

更严重的是，威廉·鲍莫尔指出，这本书缺乏理论上的一致性，一些章节就像"他（萨缪尔森）思想万花筒和精美分析框架，基于构思巧妙的共同特点的大杂烩"。[79]这是对使许多评论者颇感沮丧的关于动态和商业周期章节的合理批评。[①][80]鲍莫尔提出了三个主要问题：对动态问题的讨论依赖于非常特殊的假设，这意味着结论未必令人信服；这些假设聚焦于数学形式，经济含义甚少；它们未给予预期应有的关注。也有人指出，萨缪尔森的方法是不完整的，因为他没有论及量化这一理论的方法。

和《价值与资本》不同，《经济分析基础》可以从多个方面进行阐释。例如，《经济分析基础》开始与基于最优化和微积分方法的新古典传统联系在一起，但这本书还有另外的方面。根据威尔逊的建议，萨缪尔森花了大量精力分析有限变化，他否认可以从最大化的角度分析总量问题——一些评论者已经注意到这一点。[81]他的朋友梅茨勒在该书出版前便和他就动态问题进行了广泛讨论，他强调萨缪尔森背离了传统理论，甚至称萨缪尔森认为"大部分重要的经济问题"不能"归结为简单的最

---

① 相反，劳埃德·梅茨勒（1948b，第 906 页）使用了类似方法，认为动态分析处理是该书最重要的部分。

大化问题"。[82] 一名数学家则称，这本书包含了"对经济理论隐含的基本批判"，因为"许多经济理论在剥去模糊的文字表述后，将变得平庸或了无新意"。[83]

虽然萨缪尔森很重视勒夏特列原理，但这并未给他的评论者留下深刻印象，无论是经济学家还是数学家。唯一提到它的评论者，在一个脚注中指出，萨缪尔森出现了一个符号运算错误。[84] 理由大概是，虽然勒夏特列原理对萨缪尔森来说是重要的一步，但这并不是必要的一步；从最优化条件和对应原理的结论开始，就已足够。这也许是萨缪尔森自己的错，因为虽然他称勒夏特列原理在自然科学中扮演着重要角色，但他提到的"形而上学的模糊"并不会鼓励经济学家沿用这个不熟悉的概念。

不无争议的是，《经济分析基础》的竞争作品是冯·诺伊曼和摩根斯特恩的《博弈论与经济行为》。根据威尔逊的建议，萨缪尔森试图将经济理论建立在传统数学的基础上，在物理学和经济学中找到相同的数学结构，使之可能运用同样的数学技术；冯·诺伊曼和摩根斯特恩则认为，有必要转向更现代的数学，其与物理学中使用的数学不同。如该书第 16 章中所解释的，萨缪尔森认为，他们的著作许多地方都基于最优化分析。不幸的是，考虑到萨缪尔森早期对少数个体之间互动的兴趣，从他写给张伯伦的一篇文章中就能找到这方面的证据（参见本书第 6 章）。《博弈论与经济行为》出现得太晚了，以至《经济分析基础》中尚无法考虑它。[①]哈伯勒写信给摩根斯特恩，建议冯·诺伊曼读一读《经济分析基础》。冯·诺伊曼在收到请求后还是拒绝了，尽管他承认自己曾考虑过。他觉得这本书"非常有趣和详尽"，但要认真读完它，需要他付出更多的努力。

---

① 《博弈论与经济行为》出版于 1944 年，几乎与《经济分析基础》同时出现。——编者注

> 我不愿意在正式出版物中，处理在经济学中使用数学方法的全部问题，除非我已仔细研究了我的创新之处和我的相应公式。其中所涉及的方法论问题非常微妙，而且很容易通过夸大和轻描淡写的方式来处理。[85]

《经济分析基础》巩固了萨缪尔森作为世界顶级数理经济学家的声誉，它的出版对改变经济学研究方法产生了重要作用。使用数学模型来得出比较静态分析结果，成为一项标准技术，到了 20 世纪 60 年代，所有的研究生都必须掌握它。这本书很大程度上是萨缪尔森哈佛时期的成果，尽管他做了大量补充，包括关于福利和动态的创新性内容，但该书的基本思想是 20 世纪 30 年代萨缪尔森在威尔逊的指导下发展起来的。从 1940 年搬到麻省理工学院到 1944 年向哈佛大学出版社提交书稿期间，他产生了新的兴趣，但这并未使他对该书进行任何实质性的修改。结果便是，他的数理经济学（威尔逊是这方面的导师）和他对宏观经济问题的研究（汉森是这方面的导师）之间，形成了一定的差距。随着萨缪尔森对经济政策辩论的持续参与，他在这两个方面研究之间的差距进一步拉大。

第 23 章

战后经济政策：1944—1947 年

战时生产委员会

1943 年 10 月，萨缪尔森收到雷蒙德·戈德史密斯的一封信。戈德史密斯是一名德籍犹太裔经济学家，于 1934 年移居美国，之后在一些政府机构从事统计工作。他即将成为收入和财富测算领域的一流专家，并将很快推动起草一份德国货币改革计划。戈德史密斯询问萨缪尔森，国家资源规划委员会既已解散，他能否为战时生产委员会做些事，战时生产委员会即将把精力转向战争复员（demobilization）及向和平时期经济过渡问题。[1] 萨缪尔森回函谢绝了这一邀请，因为他在剑桥非常忙碌，教学负担增加，而且要"从事某些技术性的战时研究"。[2] 他没有提到更多细节，但这可能涉及和炮弹发射控制有关的研究，后来他曾在这方面全职工作过。[3] 尽管如此，萨缪尔森对戈德史密斯的邀请很感兴趣，他说，他的技术工作可能会在年底结束，这样一来，他就可以自由地接受邀请。他这样描述了自己的兴趣：

> 我对复原（reconversion）的技术问题（政府所有财产的处置、最终的重新谈判、战争合同的终止等），而非总需求规模和繁荣前景

等的推测，非常感兴趣。我明白规模和前景的推测是重要的课题，但我觉得我已经在它们上面花了足够的时间。[4]

尽管工作繁忙，但萨缪尔森并不想放弃戈德史密斯提供的这次机会。经过进一步讨论，萨缪尔森表示，他的比较优势可能在于"运用批判性的而不是创造性的才能"。[5]如能提供相当于 8500 美元的年薪，一个比麻省理工学院高得多的薪酬，无疑将增加戈德史密斯所聘岗位的吸引力。

虽有这样的兴趣，萨缪尔森仍在 1944 年 1 月写信给戈德史密斯，称他不能为战时生产委员会工作，这一决定令戈德史密斯颇感遗憾。戈德史密斯解释说，萨缪尔森的信函寄达时已经太晚，而行政流程已经在执行了，并且他的经济顾问的任务也已得到公务员委员会（Civil Service Commission）的批准。显然，戈德史密斯不会接受拒绝的答复。他建议萨缪尔森可以先宣誓就职，直到时间允许的情况下再做实际工作。萨缪尔森回复说，这忽略了一点，即他需要给自己留些空间，"因为我对眼前的问题有着根本的兴趣，我更应该使自己不受外力影响，而不是让承担公职变得更容易"。[6]为了证明他的兴趣，他附上了一份已经写好的备忘录，阐释了使工业恢复和平时期产量的成本是否应被纳入战争开销估算。备忘录给出了不应该这样做的理由，尽管他在写完这封信后就改变了想法。萨缪尔森指出，打一场炮击战的费用应该包括事后将装甲车运回武器库的成本。

不管通过什么术语——可能是萨缪尔森开玩笑所说的"贷款租赁基础"（a lend-lease basis）——萨缪尔森至少断断续续地和戈德史密斯进行过讨论。[7]他提出了缓解从军事生产转向民用生产的企业所面临的财务问题的建议，讨论的建议内容包括：加速终止战争合同（这些合同会使公司的财务问题变得更糟），向战争承包商提供减税和"V贷款"，以及"通过私营企业搞好政府福利"——补贴私人公司，使之能继续提供就业。[8]他认为这些问题如果处理不当，可能会出现经济衰退。

政府既要尽可能地从出售其不再需要的资产（工厂和设备）中收回战争成本，又要确保这些资产流向那些能最有效地利用它们的人，这是一个两难选择。提出这些建议的备忘录不涉及任何经济理论，但需要对其中的实际困难进行长期和未必会有收获的调查。战争动员严重扭曲了经济结构，导致某些工业出现扩张和另一些工业出现萎缩，但是，并无简单的方法可以确定哪些工业应该继续保持战时生产水平，哪些工业需要恢复战前生产水平。在过渡期间，也没有任何简单的方法，可以调和金融政策方面相互矛盾的压力。关于私人部门财务状况的详细统计数据必须要有，但这是文件的第二部分，萨缪尔森并没有撰写。

萨缪尔森和戈德史密斯之间的讨论，并未因萨缪尔森开始替辐射实验室工作而停止。[①]1944年6月，戈德史密斯给萨缪尔森寄去了一些解释战争支出如何计算的"附加数据表"；7月，萨缪尔森访问了华盛顿，他证实战时生产委员会的估算与他的估算是一致的。[9]不久后，战时生产委员会的一位经济学家也访问了华盛顿，并且给萨缪尔森写了一封信，在信中他表示赞同萨缪尔森的观点，即230亿美元是国民收入预期下降的"最低"估计值——该估计值是以1.5的乘数为基础的，而当时的实际乘数在1.6到1.8之间。[10]萨缪尔森在得出这一估计值的文章中，首先对预测国民收入在2000亿美元的经济学家的盲目乐观，同那些认为他们的产量水平不可能超过战前的商人做了对比分析。[11]萨缪尔森解释说，乐观主义者忘记了战时的高收入水平，是以"任何经济体都未经历过的最庞大

---

① 参见本书第21章。

的赤字支出规模"为支撑的。[12] 他认为，以大多数标准来看，这都是一种人为制造的繁荣——从应对国家紧急状况来看是合理的繁荣，这使他听起来像是一个传统的商业周期理论家（如熊彼特）。他甚至把乐观主义者比作安徒生童话《皇帝的新装》中的皇帝。但即使战时繁荣是人为的，重要的是确保国民收入不跌落至战前水平（900 亿~1000 亿美元），因为这将是一种灾难。

　　萨缪尔森提供了一个应该如何分析这一问题的非技术性的解释。支出可以分成"相对稳定的部分"（其变动已经被而且可以被预期是被动地和可预测地同其他部分相关的）和"相对自发的部分"（其需要通过"预计会在未来一段时间内出现的特殊情况"来解释）。[13] 萨缪尔森认为，非耐用品的消费支出即属这一类，1 美元的可支配收入产生了 60 美分的支出增长。考虑到税收，1 美元的额外收入，将使可支配收入增加 70 美分或 80 美分。相比之下，耐用品的消费支出将受到供给的限制，因为在战争期间，人们无法维持其汽车和其他商品的库存。联邦开支和私人投资也是相对自发的。它们不能根据过去的情况或诸如商业储蓄等变量来预测，因为这些变量很容易受到大幅波动的影响。经济预报员所擅长的是，计算出这些自发因素将如何变动。在对这些做了一番解释后，萨缪尔森写下了一个乘数的数学模型。根据相应的数据，他估计，联邦开支削减 150 亿美元，将使国民收入减少 250 亿美元，并造成 400 万人失业。

　　到 1944 年 10 月，萨缪尔森的时间压力小了很多，这大概是因为他在辐射实验室的工作量减少了。预期到工作量还会进一步减少后，他告诉戈德史密斯，他现在想做一些咨询工作。[14] 他给出的理由之一是，在分析当前经济事件时，他认识到"孤立的研究是没有希望的"，而从事咨询工作可以改善这种状况。他很高兴地回忆起在国家资源规划委员会为托马斯·布莱斯德尔所做的工作。然而，尽管他的任命在1月已经获批，但行政手续尚未走完。其结果是，公务员委员会要求提供证据，以证明他不会因同样的工作享受两份报酬。萨缪尔森解决了这个问题，他被获准每个月从麻省理工学院休息4天，这4天麻省理工学院不会给他支付薪酬。戈德史密斯对此深表欢迎，他希望公务员委员会不要提出"与去年同样愚蠢的反对意见"。

事情并非如此简单，直到1945年3月，行政手续才走完，包括得到委员会的任命批准。正式的委任通知在5月7日发出，第二天，也就是欧洲战场正式结束的那天，也是关于科学政策的鲍曼报告送达万尼瓦尔·布什的那天，萨缪尔森宣誓就职。[15]他的年薪相当于6500美元（两个月后升至7175美元），远低于萨缪尔森告诉戈德史密斯的其他机构给他提供的报酬，但仍远高于他在麻省理工学院的薪水和他为国家资源规划委员会工作时的薪水。[16]戈德史密斯正在努力克服的一个行政障碍似乎是，让萨缪尔森获得一个比公务员委员会认为适合他这个年龄和经验的人的更高的职位级别。

戈德史密斯希望萨缪尔森不是以数学家，而是以普通经济学家的身份工作。[17]当时，戈德史密斯必须准备一份旨在使工业恢复和平时期状况的报告，他建议先回顾一下1939年以来6年里的工业现状，包括工厂开工率、工业产值在各行业的分布以及各地区工业分布的变化，等等。[18]这是评估复原后经济规模和结构的基础。过渡将分两个阶段来考虑：从欧战胜利纪念日（V-E Day，1945年5月8日）到对日作战胜利日（V-J Day，尚未确定）[①]，以及从对日作战胜利日到"战后常态时期"。[19]报告还要对政府在这一过渡时期继续掌管工业的观点进行评估。根据对对日

---

① V-E和V-J分别指盟军在欧洲和日本的胜利日。

作战胜利日的不同假设（1946 年 6 月 30 日或 12 月 30 日），埃弗里特·哈根（萨缪尔森在国家资源规划委员会时的同事）提交的一份备忘录已经给出了关于军费开销的预测。[20]

　　萨缪尔森为解决这一问题提出的方法，涉及对不同收入水平对工业产值的影响（他在国家资源规划委员会时研究过该问题）估计，但也有必要考虑这种收入是如何产生的。他估计 1943 年的充分就业收入为 1700 亿美元，并解释说，这一收入水平可以通过高私人投资、高消费或政府资助实现，它们会带来不同的工业产出规模。萨缪尔森也很重视区域不平衡问题，因为战时工业扩张导致某些城市的规模达到了长期来看不可持续的程度。有趣的是，他还认为，供给侧因素——影响经济复苏所需资源的瓶颈——可能对总需求产生不利影响，而且存在需要引起重视的财政问题。在他的阐述中，总需求可能无法带来必要的产出水平，因此货币和财政措施至关重要。

　　获任命一周后，萨缪尔森在华盛顿待了两天。一周后，戈德史密斯给萨缪尔森寄去了 1947 年的 GDP 预测及其构成明细，要求其通过电话给个反馈，他迫不及待想获得"投入回报"。[21] 戈德史密斯和他的同事所使用的方法，与萨缪尔森早前在备忘录中表达过的观点是一致的。非耐用品消费根据收入估计值及关于税率和消费倾向的假设来建模。通常认为，非耐用品支出受生产能力的制约，因为人们相信，储蓄积累将产生充分的需求。这些假设意味着，戈德史密斯及其同事的预测（从 1946 年的 2060 亿美元，降至 1947 年的 1560 亿~1600 亿美元），在他们正考虑的削减军费支出的不同情形中变动甚少。

　　萨缪尔森对这些数据做何反应并未记录在案，但几天后他给戈德史密斯写了一份关于如何估算工业产值的备忘录。[22] 1941 年工业产值占国民收入的比重，可能会提供一个上限；将近年来的这一比值绘制成图并据此进行推断，可能会得到一个较低的数值。此外，萨缪尔森认为，或许也可以参照劳工统计局的研究和瓦西里·里昂惕夫1939年的投入产出表数据。根据投入产出表，我们可以算出给定某一消费水平所对应的工业产值，而且可以利用劳工统计局数据，计算不同类型的消费与国民收入之间的关系。如果能预测提高的生产能力和工时，就能估算就业情况。在备忘录的最后，萨缪尔森指出，他假设具有足够的投资渠道，而其检验方法之一是，对根据里昂惕夫的投入产出表和战时生产委员会的研究得出的不同部门生产能力的估计值进行比较。

这些沟通表明，戈德史密斯对萨缪尔森的倚重，不仅在于把他当作乘数和收入决定理论方面的权威，而且在于把他当作经验方法方面技术咨询的来源。例如，他问萨缪尔森对二十世纪基金会（Twentieth Century Fund）提供的资本存量——包括"工业设施"或制造及加工厂房和设备资产的估计值——持什么观点。问题是，回归分析没有得出和历史数据十分吻合的方程（资本存量和GDP之间的相关性不高）。[23] 战争期间的资本投资中有多少在和平时期仍然有用，以及直接管制对工业的影响，也难以估计。萨缪尔森的观点是，在一个充分就业的经济中，这些问题使人们难以确定乘数值。[24] 没有理由认为，军费开销缩减时的乘数值，会和1943—1944年军费开销扩张时相同。考虑到供给侧问题，这一分析和简单地关注总需求相去甚远，萨缪尔森等凯恩斯主义者后来对此提出了批评。

整个夏天，戈德史密斯都未能及时完成报告，他转而向萨缪尔森寻求帮助：

> 同时，我希望你去做一件事。我想在报告中简短地（大约用5页篇幅）描述一下，在目前情况下，通货膨胀或通货紧缩（或更

广泛的总需求变化）及其涉及的主要力量的基本运行机制（原文如此）。

我认为，这部分内容在很大程度上将是对高层管理人员进行经济学教育的一次冒险。因此，它必须以非技术形式撰写。但是，它又应该高于通常提供给一般公众的过于简单和基本的陈述。可以用到一些简单的代数。更重要的是，公众声明通常所做的限制必须得到满足，且该过程所涉及的时间滞后因素应该单独考虑。同理，应该说明哪些过程是累积性的，哪些过程不是。换言之，我后面的陈述，一方面是对经济事实（而非经济理论）有合理认识的行政人员可以理解的，另一方面也完全符合最近经济分析家的结论。这似乎是一项几乎不可能完成的任务，但我认为你和一些人有能力成功地做好这件事。[25]

尽管戈德史密斯此前曾请萨缪尔森就如何处理数据提供建议，但现在他却要求萨缪尔森充分施展自己的教学才能。

戈德史密斯继续请萨缪尔森提供技术建议，要求他根据对太平洋战争结束日期的两种不同假设（1945 年 9 月 30 日和 1946 年 12 月 31 日），就到 1950 年的 GDP 预测值和 1945—1947 年的 GDP 估计值发表评论；1945 年结束二战的可能性现在已经被人们严肃考虑。[26] 萨缪尔森建议，与其在过渡期间维持"大体上的充分就业"，不如假定一些最乐观的最低失业水平（大约 4%），并允许劳动力有所缩减，因为"大量的战时劳工"不再能从事有偿工作。他还特别关注工人如何应对失业问题。高失业率会诱使一些人加入劳动力市场，也会使另一些人沮丧却步，很难说哪个影响占主导地位。许多妇女将被迫退出劳动力市场，而且除非她们的丈夫和父亲失业，否则她们不会找工作。此外，还有一些预测未考虑到的和工作时间有关的问题。萨缪尔森还对农业产量和服务业生产力的估计值表达了看法。[27] 他对建模过程的各个方面都发表了看法。

同时，戈德史密斯就他希望萨缪尔森撰写的说明性内容，提出了一个更深入的观点。[28] 流行的观念似乎认为，通货膨胀和通货紧缩可能同时发生，这使调和不同政府官员的观点变得更加容易。[①] 戈德史密斯认为这一点非常重要，因此希望萨缪尔森对此谈谈意见；不管萨缪尔森的结论怎样，这些意见都可以纳入他自己的介绍性章节。[29] 萨缪尔森执笔的部分题为"国民收入和通货膨胀的决定因素"，其中解释说，尽管经济学家不一定赞同他们的预测，但普遍认为，有必要聚焦于储蓄和投资问题。这不是一种新的分析方法，它可以解释为何"一战"期间出现经济繁荣，为何 20 世纪 20 年代存在短暂的繁荣，以及为何大萧条会让位于战时繁荣。萨缪尔森接着讨论了对这种分析方法提出的反对意见。认为产量颇为重要是正确的，但正如绝大多数商业人士所认识到的，"决定总体产量的因素在很大程度上是金融方面的"。[30] 然后他解释了为什么政府必须介入。商界人士无权用他们股东的钱，来阻止繁荣和萧条浪潮的涨落，而且无论如何，他们都不具备所需的"无底钱包"（bottomless purse）。萨缪尔森反复强调，保守派和自由派都赞成，自由企业制度不会自动产生合理的有效需求水平：需求过度，将出现通胀；需求不足，则会出现萧条。在稍微离题谈了"神秘的乘数"（他建议在第一次读时可以省略）后，他解释了为什么储蓄必须和某种形式的支出相匹配。如果不是这样，收入就不会流回企业，而企业将被迫削减产量。他把"抵消储蓄"称为必要的支出，其不仅包括私人投资，也包括国外贷款（出口减去进口），以及消费或政府支出的自发性增长。由于私人投资的不规则性，政府的财政

---

① 正如萨缪尔森将指出的，这个评论引出了如何定义通货膨胀和通货紧缩的问题。

政策不得不扮演"稳定的飞轮"这一角色。[31]

通胀缺口基于以下论点，即"如果'充分就业'是像弹子球球桌边缘一样明显的条件"，那么直至达到充分就业之前，需求上升不会对物价产生任何影响。如果需求超过充分就业点，产出就无法再增长，需求和产出之间就会出现一个只有物价上涨才能缩小的缺口。但故事不会在这里结束，因为物价上涨会提高企业利润，最终工资将会上升，导致出现通胀螺旋。因为涉及对有限数量商品的竞争，所以这会一直延续下去。

> 这可以用一种更简单的方式来表达。在充分就业时，有100%的产出需要分配。但如果总的有效需求很高，消费者、政府和资本生产商可能分别想得到国民产值的90%、20%和40%，加起来总共是150%，这是一种不可能的情况。各方都不可能满足其全部需求，但其中的尝试却会抬高物价。阻止物价无限快速上涨的唯一原因是以下事实，即获得收入与支出之间必然存在某种延迟。也就是说，当人们花钱的时候，他们会发现开支远比国民收入的90%低得多。[32]

为了强调这一点，萨缪尔森解释说："在通胀期间，各方都会试图通过抬高物价来改善自己，这就好比一个胖子弯腰去捡礼帽，结果却用脚又踢了它一脚的滑稽场面。"①

戈德史密斯要求萨缪尔森就该问题写上几句，在回复中萨缪尔森解释称，有可能同时出现通货膨胀和通货紧缩，因为物价未必会朝同一个方向变动。同样重要的是，虽然"通货膨胀"总是意味着物价上涨，但

---

① 鉴于人们普遍指责凯恩斯经济学直到20世纪60年代都忽视了预期通胀的影响，以及通胀对工资增长的反馈效应，值得注意的是，萨缪尔森当时正是这样思考的。

"通货紧缩"却可以被用来指物价下跌和萧条；也就是说，即使存在大规模失业，物价也可能会上涨，如1937年的情况。

1945年8月6日和9日，美军分别在广岛和长崎投下原子弹，战争突然宣告结束。戈德史密斯在长崎爆炸的当天写信给萨缪尔森，称完成报告变得更加紧迫，并请他到华盛顿一起讨论。[33]战时生产委员会很快被撤销，萨缪尔森的任期也在9月底结束，但戈德史密斯继续向他寻求建议。戈德史密斯写了一篇关于该主题的非技术性文章，它完全以萨缪尔森的备忘录为基础（他解释说因自己太忙而没有读其他资料），但他担心这对读者提出了和读萨缪尔森的论文同样高的要求。[34]

戈德史密斯征求萨缪尔森意见的草案的一个有趣之处是，他避免使用储蓄和投资的术语，他认为这样做可能会产生误导，因此他采用了自己对交换的四种分类方法。[①]戈德史密斯的替代分类反映了他作为一个在国民经济核算方面做了大量工作的人的思考，他想找到一种详尽的方案对支出进行分类，并寻求将特定项目归入某一类别而非另一个类别的明确理由。他接受了萨缪尔森的许多想法，并且在一些地方使用了自己的措辞，尽管他对此做了广泛修改，例如，他更加关注原先计划和那些被列入国民账户的最终计划之间的区别。他不只是简单地重复萨缪尔森的资料，而是企图以理论上更具创新性的方式发展它们，这就是为什么他要求萨缪尔森确保它们"从目前专业讨论的角度来看是毫无异议的"。[35]这表明，尽管凯恩斯主义的储蓄和投资术语正得到广泛使用，但人们仍

---

① 收入交换（E-transactions）是指由当前收入和回到收入流的收入构成的交换。储蓄交换（S-transactions，这么称呼是因为储蓄是它的主要构成）是指当前收入而非回到收入流的收入构成的交换。投资交换（I-transactions，以投资命名）是指由进入收入流的非当前收入构成的交换。其他交换（N-transactions）是指除了以上三大类型外的完全中性的交换。

不认为它是理所当然的。遗憾的是，戈德史密斯需要立即得到反馈，而萨缪尔森大概是通过电话给出了回应，因而没有记录在册。[36]

萨缪尔森为战时生产委员会所做的工作，显示出他作为一名传统的数理经济学家，同凯恩斯主义理论家的形象大相径庭的广泛兴趣。乘数概念和总需求分析是战时生产委员会预测的核心，但萨缪尔森的兴趣既在技术和统计问题及制度细节上，也在理论因素上。此外，他对这些问题如此精通，以至他的建议甚至受到了那些整个职业生涯都在研究国民收入核算问题的人的尊重。戈德史密斯也在力促萨缪尔森以非专业读者所能理解的方式写作，萨缪尔森在涉足新闻专栏写作后才逐渐掌握这项技能。

即将到来的失业

1944 年 7 月 20 日，即德国军官暗杀希特勒的阴谋失败那天，萨缪尔森开始向国家新闻界迈出了第一步，他给《新共和》杂志寄去一篇文章。还在辐射实验室工作时，萨缪尔森就这样介绍自己：（我）在解散前的国家资源规划委员会工作过两年，一直关注这种正在形成的无端的乐观主义气氛。他称，华盛顿的经济学家们期待，"私人企业本身就能创造一个高度繁荣的战后时期"。他写道："我宽慰自己说，随着战后越来越近，这种幻觉会烟消云散。不幸的是，最近一次去拜访国会却表明，情况远非如此。"[37] 8 月，他同《新共和》杂志的编辑布鲁斯·布利文讨论了这篇论文，布利文认为他对华盛顿的经济学家太苛刻了，但没有点名指谁。[①]

---

① 萨缪尔森称他之所以没有指名道姓，是因为他的观察以他希望给予尊重的机密资料作为基础。

萨缪尔森回应说自己曾是华盛顿的圈内人，但已今非昔比。他写道："一年多前，我最后一次在华盛顿参加晚宴。"[38] 在这次有总统助理及国家支出和计划机构负责人出席的宴会上，萨缪尔森发现，没人关心一旦出现战后萧条，是否应该立即实施一系列的"公共工程项目"。他承认，随着战争的结束，自满情绪可能正在消退，但他仍然坚称：

> 我能根据个人经验证明，许多人（他们自己也在评估过渡性的失业状况）怀有一种相当明显的乐观主义……我亲自与联邦储备委员会、商务部和预算局的工作人员做了核实。过去几周，我都在给战时生产委员会的一个部门提供非正式咨询，战时生产委员会负责对相关问题进行评估，而且我只能颇费口舌地使一些人相信国民收入可能会下降多达 230 亿美元。在我看来，新政拥护者的最近一些公开言论着实令人费解。[39]

尽管已是一个局外人，但萨缪尔森和华盛顿圈内人仍有联系，这使他能自信满满地陈述圈内人的观点。

萨缪尔森接受了布利文的许多建议，对一些段落做了删减，并提到了战时生产委员会和军方之间的冲突，包括通过辞职抗议对其工作进行军事干预的战时生产委员会员工，这就使文章更有话题性。[40] 他还援引了《美联储公报》（*Federal Reserve Bulletin*）新近发表的一篇文章中的一张图表，来阐释这个问题。[41] 结果，文章被分成了两部分，布利文问他能否提供一些图注。萨缪尔森没有提供图注，尽管他提供了两张图，其中一张最终用在了第二部分。他写道："平时我会尽更大努力处理这些事情，但我不可能从晚上 8 点半直到早上 6 点，都在研究军事问题。"[42]

萨缪尔森文章的第一部分在 9 月 11 日刊出，题目是《近在眼前的失业：对华盛顿专家的一个警告》。[43] 文章一开头即描述了最近的一次华盛顿之行，如何让他清楚地认识到战争可能很快就会结束。

> 令人高兴的是，我们正迎来一个欧洲战事即将结束的时期。每天的报纸越来越清楚地表明了这一点，但只有在最近一次华盛顿之行后，我才第一次明白它正在成为现实。我所到之处，都能嗅到军工生产削减的气息；在社会保障大楼的走廊里，年薪 1 美元的战时生产委员会雇员仍然一抓一大把；在闷热的"临时办公室"里，价格管理办公室的要员齐聚一堂，气味甚至穿透了美联储的大理石帐篷。[44]

这一段引文表明，萨缪尔森把自己定义为一个局外人，尽管他对权力走廊很熟悉。弹药产量正在减少，库存很大。布里恩·萨默维尔（Brehon Somerville）将军正在推动重型卡车、机载雷达和重型轰炸机的生产，他不同意战时生产委员会负责人唐纳德·纳尔逊（Donald Nelson）必须开始规划复原问题的观点。但萨缪尔森解释说，如果战事进展顺利，萨默维尔也会改变主意。私营企业对投标军事合同的热情越来越低，它们不想在和平时期的生产竞争中落后。由于太平洋地区的持续海战，船舶建造可能会受到打击，但萨缪尔森认为，军火生产很快将会"缩减大约 40%"，每年减产 250 亿美元。这大致相当于消费从 20 世纪 20 年代繁荣期的最高点到 30 年代大萧条时的萎缩数额，这是一个巨幅下降。

由于乘数的存在，这种效应还会更大，"各种学派的经济学家现在大多已经认识到这个常识"。[45] 萨缪尔森称，他只是阐述了他的读者很容易接受的常识性观点，并转而对华盛顿的经济专家提出了批评。

> 一旦了解上述事实，任何消息灵通的外行人……都会立刻意识

到，一场严重的风暴即将来临。如果可以指望业余人士这么做，我们就不难揣测华盛顿的职业经济学家、拥有政府全部统计资料的全职专家、经验丰富的行政人员的观点，他的官方职责是通过适当的政策措施，来预见和防止经济繁荣所面临的一切威胁。当然，他有一套周密的计划，随时准备应对紧急情况。或者，至少他必须疯狂地工作，以便赶在深夜凌晨之前弥补自身的不足。不幸的是，情况并非如此。[46]

萨缪尔森从《美联储公报》中摘取的图表随后被原样刊出，它预测了战后产出和失业的各种可能情况。尽管没有改成图例，但《新共和》杂志的编辑配上了一家工厂和一名失业工人的照片，失业工人正在垂头思考可能到来的艰难时期。萨缪尔森接着写道，不幸的是，华盛顿的经济学家既无视普通人都能看到的东西，也未能想出应对失业的措施："他的胃口很好，晚上也不会做噩梦。"[47]经济学家的确预见到了一些问题，但认为它们只是暂时性的。萨缪尔森认为这很矛盾，因为就在几年前，作为学院经济学家，他们还在奔走呼告长期停滞的危险。[①]

萨缪尔森明确表示，总体而言他对经济学家并不算苛刻。公众需要知道，经济学家在战争期间完成了一项非同寻常的任务。

据说上一次战争（译者注：指第一次世界大战）是化学家的战争，而这一次（译者注：指第二次世界大战）是物理学家的战争。同样可以说，这是一场经济学家的战争……不论是从合理的期望角

---

① 这段时期的长期停滞学说和汉森及其年轻的同事关联密切。参见巴克豪斯和博扬诺夫斯基（2016）。

度来看，还是相比于获邀到政府机构工作的企业高管，华盛顿的经济学家都做了出色的工作。在官僚主义遭人唾骂的时候，我们必须强调，历史上没有任何一个行政机构，能够取得具有同样热情、正直或能力的人们自主行动所能达到的效果。[48]

在讨论了经济学家对政策是否具有重要影响后（结论是，一些政策确实直接来自经济学家的建议），萨缪尔森解释了为何华盛顿的经济学家如此意得志满。

然而，也许是由于战时对供给不足、人力和资源短缺、购买力过剩和通胀缺口的先入为主的成功预见，华盛顿的经济学家瞬间丧失了对战后紧迫问题的洞见……华盛顿的经济学家生活在一个同行"臭味相投"的世界。我很明白这一点，因为我也曾属于那个欢快的圈子。当听到某人得出和他一样的乐观估计时，他会认为这是对他观点正确的独立证实，而非意识到这只是他自己上周所表达的观点的反映。这种观念的相互影响和吹捧过程是累积性的，它会自我强化，由此他的信心不断膨胀就不难理解了。[49]

文章以另一个容易理解的故事收尾：某投资顾问对欧战结束的影响做了仔细估计，并告知华盛顿他的结论是，国民收入将会从1500亿美元降到1100亿美元，结果却只遭到一通嘲笑。"原因在于，你的口吻太像认为将有800万人失业的利昂·亨德森（价格管理办公室不受欢迎的负责人，于1942年大选后重操自己的商人职业）。"萨缪尔森认为，亨德森的能力和干预立场使他未被视为"经济学家的经济学家"。

文章刊出后不久，萨缪尔森在芝加哥时代的朋友雅各布·莫萨克从价格管理办公室写信向他表示祝贺。莫萨克写道："我认为华盛顿的绝大多数经济学家早就需要这个警告了。近一年来，我都在主张同样的思路。"[50]他补充说，价格管理办公室的研究员对战后前景（无论是过渡期还是长期）非常悲观，莫萨克还附上一份《华盛顿邮报》的剪报，上面有未来几年可能的乘数估计值。萨缪尔森回信说，发现他们意见一致他感到很欣慰，他向莫萨克解释了自己给战时生产委员会计算的乘数值。[51]

问题是，不能从过去的数据中推测消费函数：个人税率表和企业税率表发生了变化，消费的一些构成要素在复原时期将独立于收入。单独考虑个人储蓄和企业储蓄，以及个人和企业的不同税率，萨缪尔森计算出的乘数为 $1^2/_3$。他总结道，假设乘数值在 1.5 到 2 之间，是"很稳妥的"。他补充道："凯恩斯说，一个孤立工作的人可能会自说自话。我也很想知道自己是否在完全自言自语。"

文章第一部分刊出一周后，《新共和》杂志登载了萨缪尔森文章的第二部分，副标题是《正在到来的经济危机》。[52] 在提醒读者一周前的文章中讨论过的华盛顿专家的自满后，他列举了各种乐观的理由。"一战"的复员并没有规划，但它也未带来彻底的灾难。虽然的确存在因有待消耗的战时储备极高而导致的递延需求积压，但对失业的记忆正在消失，还有各种新技术的奇迹——"电视、Flivver飞机、合成材料、空调、塑料汽车"。[53] 所有这些论点都有道理，但萨缪尔森解释说，它们忽略了战时繁荣是受 1000 亿美元的政府开支刺激的——相当于每天两个田纳西河流域政府的开支。根据两次世界大战之间共同的商业周期理论，他认为这是"人为的"繁荣。它基于汽车、飞机、船舶和电子产品的产量增长，而这在战后是不可持续的。这么说似乎有点危言耸听，但事实是，战争的的确确带来了繁荣。

> 对平民百姓来说，战争时期的感受并不比大萧条时期更真实……比家庭每周实得工资增长更珍贵的是个人安全感的提高，个人安全感正是源于高昂的有效需求。在上次战争中，许多观察家听到"不管你怎么说，这场战争（的确）造就了许多幸福的家庭"这一坦率断言时都颇感震惊。在我们和平时期的经济管理上，一个可悲的评论是，今天同样的情绪应该（不管是否乐意）被更多的人接受。[54]

但即使是对那些切身经历过的人来说，这种繁荣似乎也是短暂的和不稳定的。这种感觉很快就会被那些企图否认战争确实带来了大规模产量增长的人所利用。

> 我预测，揭穿战时产量增长谎言的论战才刚刚开始，它将会发展成大合唱。我们将被告知，战时繁荣是一种幻想；我们没有生产我们本该生产的东西；即使我们这么做了，这种产量也不能同民用商品相提并论，而且它与和平时期的实际收入毫无关联……

甚至有一些人害怕恢复充分就业。[①] 因此，迫切需要证明，和平时期的高国民收入是可能的。

回到萨缪尔森第一篇文章引入的主题，他认为，只要决策者意识到眼前的严峻形势，常识就会给他们提供指导。

> 让他们（决策者）根据自己对战时繁荣起因的诊断，以一种常

---

① 萨缪尔森没有解释人们为何担心这一点。人们可能会认为充分就业将导致通货膨胀，或者仅仅认为它和不必要的规划程度有关。

识性的方式行事。让他们无视所谓正统金融（orthodox finance）的虚伪、前后矛盾和混乱。让他们去做这些事情，他们就不需要依靠高级理论或统计数据的建议，来决定正确的政策方向。[55]

萨缪尔森最具体的建议（完全符合常识）是，调整需要逐步推进：在民间支出扩张超过100亿美元之前，政府开支不应该被削减。"在经济上，战争并非始于珍珠港事件，它也不会随着日本战败而结束。我们的经济体系严重依赖政府开支的庞大体量。从长远来看，它将被发现成本更低；但从人类的角度来看，逐步戒掉这种依赖性无疑更加明智。"通过储备废弃的弹药实现缓慢调整是可能的，但更好的做法则是，开始实施一项实质性的社会保障计划和有价值的公共建设项目。

尽管萨缪尔森把批评矛头指向了华盛顿的经济学家们，但商务部的莫里斯·利文斯顿（Morris Livingston）却写信称赞了他的文章。对此萨缪尔森回应称，他对利文斯顿领导下的商务部的贡献评价极高。[56]他还收到了莫萨克的一封附函，莫萨克说他们计算乘数的方法本质上和萨缪尔森无异。[57]萨缪尔森也附上了一份关于"战后需求预测"的论文复印件，一个月前他在计量经济学会和美国统计学会会议上提交了该论文，利文斯顿和另外两位经济学家也为会议做出了贡献。[58]莫萨克预估，到1950年（考虑到复员所需时间后的时点），潜在国民收入将达到2000亿美元；为了确保有足够的需求实现这一目标，必须制定政策使消费倾向远高于战前水平，并使政府开支高到足以弥补私人投资无法弥补的缺口。其中的关键在于，政府应当确保充分就业，而这正是私营部门机构做不到的。[59]

萨缪尔森对莫萨克文章的反应是，他对维持充分就业所需的政府开支规模感到"有点惊讶"。[①][60] 他建议莫萨克应该考虑到以下可能，即到 1950 年，消费函数可能会上移；而若能在几年内维持合理的充分就业（只要对高收入更有信心，人们就不会储蓄太多），这种情况将极有可能发生。[②] 话虽如此，他很快又解释说，并不存在"能确保消费习惯奇迹般地增长至恰好满足我们需要"的"神秘之手"，而且战争甚至可能会增加节俭。这一点的重要意义不在于对"将来会发生什么的不确定性"的确切论证。尽管萨缪尔森始终强调存在一个稳定的消费函数，但他认识到宏观系统的重大变化（如战争时期和向和平过渡时期），可能会显著改变人们的消费行为。[③]

低利率之辩

在战争期间，美联储实行钉住利率，以适应美国财政部。1944 年夏，萨缪尔森提出应大幅降低利率的论点。他认为高利率有利于银行，这一主张遭到了银行家的质疑。他给出的例外是，只有当利率上升降

---

①　莫萨克并未具体说明所需的政府支出水平，这取决于对私人投资的假设。

②　另一种表述使人联想起弗里德曼后来所谓的永久收入假说。

③　虽然萨缪尔森可能要到 1945 年 1 月会议论文发表后才会看出这一点，但是同样的结论也可以从 9 月 14 日的会议讨论中得出，当时莫萨克宣读了他的论文（罗斯等，1945）。查尔斯·罗斯（Charles Roos）认为，不确定性已经足够大，以至莫萨克所做的国民收入研究不应被视为预测，而应被视为指导，这就好比是一家公司的营业账目。一套账目对于判断一家公司的健康状况极其重要，但它不是一种预测。利奥尼德·赫维奇提出了支出模式发生结构性变化的可能性，埃弗里特·哈根注意到，有可能不存在预测消费的可靠方法。

低银行所持证券的价值时，它对银行才是有害的。① 萨缪尔森向他的同行和工程贸易杂志《现代工业》（*Modern Industry*）的读者阐述了这种情况。

1944 年夏，萨缪尔森写了一篇论文，最终发表在《美国经济评论》上。[61] 银行资产的现值（即银行资产可以在市场上出售的价值）将因利率上升而下降，这当然没错，但它并不意味着银行的状况会更糟。相反，这样的变化会让银行处境更好。萨缪尔森的目的不是说应该提高利率。反之，他认为利率应该被降低：争议一直围绕 2% 的利率展开，但它应该围绕 1% 的利率展开。因为这会降低其成本，而且在一个存在直接控制和通胀缺口的世界，利率并不会影响消费或投资。

萨缪尔森的核心论点是，其中的错误在于只看到所持债券的价值，而没有看到银行积累的收益流。他首先考虑了一所大学将捐赠基金投资于政府债券的情况，该例子对他的主要学术界听众来说耳熟能详。如果利率下降，所持债券的价值就会下降，但只要债券一直被持至到期，该大学并不会变得更糟，它的收入也不会一成不变。当然，更好的做法是推迟购买债券，直到其价值下降，但这是一个完全不同的论点。然后，他转向了一家保险公司，由于其负债性质，它的问题略有不同，但结论是一样的。萨缪尔森由此认为，同样的论点也适用于银行，他举了一个各种利率均上升一个百分点的例子。他称，这相当于每年给银行提供 6 亿美元补贴。资本价值损失造成的显著问题是，如果突然出现大规模的存款提取，银行将不得不面临资产清算。但萨缪尔森认为，考虑到银行

---

① 利率和固定息票证券的市场价格之间存在一种反比关系。对于永续年金，这种证券的收益率 $i=AP/V$，其中 V 是证券的价值，AP 是年度利息支付。这就得到了 $V=AP/i$ 的关系。对于固定期限证券，其等价公式更为复杂，但是当 i 上升时，V 仍然会下降。

当时面临的情况，这种情况根本不会发生。

虽然萨缪尔森认为这些结论显而易见——他把自己描述为"泄露了所有明智者都知道却不会讲出来的秘密"，但为它们辩护需要他提供更多的技术细节。[62] 他给出了显示银行持有少量受利率变动影响最大的长期债务的数据；他计算了利率、证券价格和收益流之间的关系；他还颇具说服力地谈到了美国财政部和美联储在战后会如何采取行动。然而，尽管他首次证明自己有资格在金融领域品头论足，但他的潜在说教涉及一个基本要点：高利率使债权人受益并使债务人受损。

11 月中旬，萨缪尔森受邀参加了《现代工业》杂志的"热点辩论"，讨论联邦政府是否应该放弃其宽松的货币政策问题。[63] 萨缪尔森的对手是克里斯蒂安·索尼（Christian Sonne），一个商业银行家（Amsinck & Sonne 公司的董事长），他写了一本关于免除企业所得税的书，并且担任国家规划协会（NPA）执行委员会主席。萨缪尔森被告知，这场辩论应该讨论对《现代工业》的 5 万名制造业经理人订阅者至关重要的问题。在访问波士顿时，萨缪尔森被安排和索尼讨论这一问题，以便他们之间不会各说各话。他迅速起草了一篇短文章，并在 12 月给汉森寄去一份复印件，汉森读后认为这篇文章"棒极"，没看出有任何漏洞。[64]

1945 年 1 月 15 日该文刊出时，除了工业用手套、滚柱轴承和无声起重设备方面的广告外，第 1 页还有一张表（见表 23-1）对相反的论点做了总结。[65] 萨缪尔森的观点很简单：低利率使商业投资更有利可图，进而刺激了商业投资。但他必须减轻人们对联邦债务状况的担忧，他认为宽松的货币政策不同于赤字支出，因为前者涉及资本供给的增加，而不是依靠政府向经济体注入货币来维持低利率。尽管联邦债务超过了 2000 亿美元，但"政府信用从来没有这么好过"，因此无须任何担心。只要美国财政部愿意，政府就可以降低利率，甚至可以降到很低。高利率可以控制战后繁荣时期的通货膨胀，但它们不会刺激投资，而可能导致萧条。索尼认为美国需要吸引国外资金，萨缪尔森反对这种观点，他提醒读者美国是世界上最大的债权国，美国应该效仿英国的做法，像世界上其他国家所希望的那样保持低利率。

表 23-1　关于低息货币的争论要点

萨缪尔森的观点	索尼的观点
（1）"低息货币"能使企业获得更多投资资金	（1）"低息货币"不会降低利率，利率取决于国民产出、信心和储蓄
（2）低利率会刺激私人借贷需求，由供给减少导致的高利率不会使储蓄增加	（2）低利率妨碍企业积累起高到足以给小企业提供合理借贷的资金储备
	（3）利率不必高到足以吸引国外资本

注：该表归纳了《现代工业》上的文章的主要内容，原文还给出了它们的图示和简短说明。

萨缪尔森在这篇刊于《美国经济评论》的文章最后，要求公众听听"明智者"（wise man）对政府把利率维持在 2% 的政策是否"缺乏创见"的看法。[66] 哈佛大学的西摩·哈里斯和密西西比流域信托公司的经济学家乔治·科尔曼（George Coleman）回应了这一挑战。哈里斯称自己是在补充而不是批评萨缪尔森"才华横溢"的文章，他为政府政策辩护，认为政府在防止银行从战争融资中过度获利上做得很棒，而且银行的赢利能力也不如其他企业。[67] 科尔曼的批评则更尖锐。他首先以萨缪尔森关于"这是一个所有'明智者'都知道的秘密"的修辞反驳萨缪尔森：

（听取"明智者"的意见）这种说辞使任何想对文章发表评论的人，都会陷于因自视为"明智者"而被指责的鲁莽位置。但是，若意识到萨缪尔森对"明智者"的评价可能会大打折扣（因为他认为理发师比银行家更熟悉银行业务），那么这种困境在某种程度上会变得更能站稳脚跟。[68]

科尔曼称，萨缪尔森犯了一个计算错误——或许小到不值得学院经济学家担心，但足以影响债券交易中的利润和损失。萨缪尔森还根据错误的基础评估资产价值，而纠正这一错误会改变利率从萨缪尔森的 3% 提高到 25% 所导致的资本损失。更重要的是，"连最底层的银行职员"都可以告诉萨缪尔森，即使他的理发师做不到，银行还是会开设空头头寸，因为他们担心萨缪尔森所说的利率上升不奏效。[69] "萨缪尔森先生和他的理发师"应该为低利率提供一个更好的论据。[70]

作为对哈里斯和科尔曼的回应，萨缪尔森一改他在之前文章中的傲慢语气，转向"科尔曼先生的银行职员和我的经济学大二学生间的一场大战"，并且讨论了其文章发表以来政府债券市场所发生的变化。他最大的让步是，认为科尔曼关于如何评估证券价值的建议，确实具有"一定的影响"。[71] 虽然措辞不再那么傲慢，但他对银行家的批评并未软化。1942 年以来，美国财政部实际上确保了一种特定的利率模式。银行没有转向收益率更高的债券的事实表明，它们要么不相信这一点，要么不理解这一点。萨缪尔森把关于财政部如何实现对利率的严格控制的解释，变成了他对"再次转向'低利率'螺旋"的重复呼吁。[72] 他将自己描述成一个非常熟悉政府融资制度细节及其对银行业和经济影响的人。

上述有关利率的论点正是萨缪尔森对金融领域的最初涉足，20 世纪 50 年代，他成了该领域的主要贡献者之一。这个插曲，就像前面提到的"皇帝的新装"的比喻，标志着萨缪尔森高度自信和讽刺风格的写作特色的出现。

汉森的新世界

随着战争接近尾声，实施战后世界的重建计划迫在眉睫，政治领域的辩论也更加活跃。1945 年 1 月 3 日，罗斯福总统向国会提交了年度预算报告。[73] 他明确表示，政府开支将视军事形势而定，尽管他估计 1946 年需要 730 亿美元用于战争，但这取决于战争的进展情况。罗斯福总统也谈到了复原、加强社会保障计划及确保"世界范围内的经济合作"的必要性。虽然大规模的复员不会在预算期间展开（计划人员预期对日战争会持续更长时间），为和平做好准备仍必不可少。他提供了显示国民收入在战争期间增长情况的相关数据，作为考察雇用 6000 万男女劳动力问题的一个框架。联邦政府支出增长了 10 倍，达到 950 亿美元，赤字是 470 亿美元。但这并不是以牺牲私营部门为代价的，因为消费者收入从 1939 年到 1944 年翻了一番，储蓄也增长了近 6 倍，从 56 亿美元增长到 360 亿美元，与此同时，企业储蓄从-26 亿美元增长到 97 亿美元。国民生产总值增长了 1 倍多，从 890 亿美元上升到 1960 亿美元。

罗斯福总统把国内繁荣和外交政策联系在一起。美国已经认识到，它不能忍受"经济孤立主义的有害影响""战后充分就业不仅是一个关乎自身利益的问题，还是我们在世界稳定和繁荣中的利益所在"。他最后就需要做的事情做了总结：

> 我们必须开发国家的人力标准和物质资源，它们反过来会提高我们的生产力，最有效地支撑企业扩张和就业。我们的方案应包括扩大医疗保障等社会保障供给，改善教育、公共卫生和营养，改善我们的住房、城市和农场，以及发展交通设施和河运。我们必须现在做出规划，以便在人力和物力可得的情况下，使这些方案能够生

效……我们在战争期间取得的丰硕成果，最彻底地证明了我们国家所能支撑的进步，只要我们把所有资源充分用在和平时期，就能取得这种进步。但是，战争也会给我们的经济生活造成严重扭曲，它们必须被克服。我们对那些为了实现结束战争与和平目标而倾尽所有的人亏欠太多。

虽然对需要多少联邦支出语焉不详，但上述引文清楚地表明了萨缪尔森长期以来所主张的政策。在萨缪尔森为《新共和》杂志撰写的一篇匿名社论［刊于亨利·华莱士（Henry Wallace）讨论"全民就业"文章发表不久前的 1 月 29 日］中，他对总统的讲话表示欢迎，认为这是"迈向合理财政政策的一座里程碑"。[74] 罗斯福总统的数据表明，"即使在全面战争的高潮"，联邦支出也只占不到国民收入的一半。[①] 但是，萨缪尔森认为这还不够。预算应该根据"充分就业收入"来设定。这样计算就能确定国家目标，总统也可以对联邦支出做出规划，避免失业或通货膨胀。国民账户将不再只是对过往历史的记录，而将成为一种控制方法。

3 月 26 日，随着鲍曼委员会的审议接近尾声，萨缪尔森从罗斯福总统的讲话中读出了另一个主题——美国必须支持国际机构，这一次是在《新共和》杂志的一篇署名文章中。该刊封面上的重点文章题为《汉森的新世界》（Hansen's New World）[75]，这是对汉森新著《美国在世界经济中的角色》（America's Role in the World Economy）的回应。[76] 汉森的书以人们记忆犹新的战争开篇。在中国和依然强大的大英帝国的支持下，美国和苏联为建立一个有望确保稳定的国际政治秩序的国际安全组织开辟了

---

① 罗斯福总统原本可以指出，1939—1944 年国民收入的增长，超过了政府支出的增长。

可能性。但只有在美国和世界其他国家保持繁荣的情况下，才有可能实现这一点——物质资源匮乏的国家显然不足以维护和平。换句话说，美国采取措施以确保充分就业对国际安全十分重要，因为世界面临的主要不确定因素之一便是美国经济的未来，这在战前是一个"令人不安的重要因素"。[77]

汉森认为，经济问题是"相当复杂和棘手的"，尽管我们"在学习如何管理复杂的经济问题上还处于幼儿园阶段"，但已经有了一个开端。

> 我们已经在很大程度上挣脱了以往束缚我们手脚、让我们寸步难行的限制。我们正在不断发展实现这项任务所需的工具和机制。但是，无论在国内还是在国际层面，我们还没有制订出一项全面的、意义深远的方案，来确保我们对未来经济的安全性充满信心和信念。[78]

现实可行的国际制度，必须能确保世界不再陷入另一轮大萧条。[79]这是结束孤立主义和实施能确保充分就业的政策的要求。汉森赞成英国正在采取的建立福利国家和促进充分就业的措施，以及澳大利亚对各国政府签署一项国际协议，来维持本国充分就业的呼吁。

萨缪尔森指出，这是汉森第一本写给大众的书，也是众多有关国际问题的书籍中最重要的一本。他解释说，该书的核心论点是，美国对世界经济的最大贡献是整顿自己的经济，并保持较高的收入和就业水平。萨缪尔森给读者的印象是，他显然和汉森一样，支持正在建立的新机构；他最接近批评他的导师之处在于，他指责汉森在批评国际货币基金组织（IMF）的"关键货币"（Key Currency）目标时"过于温和"，萨缪尔森称他和《时代》杂志都对这个目标困惑不解。这是汉森国际主义思想一个非常明显的公共标识。①80

汉森的书避开了对经济理论的技术探讨，但在文章最后几段中，萨缪尔森通过对汉森学术经历的回顾向读者阐述了凯恩斯革命，他的学生克莱因最近就该主题撰写了毕业论文。②

汉森自己就足以说明经济学家摆脱旧有的错误观念、努力寻求对经济现实的更好理解的痛苦过程。他在"一战"前学习经济学，20世纪20年代在美国商业周期理论家中脱颖而出。"新时代"快结束的时候，人们开始认为商业周期已经一去不复返了，连汉森也认为商业周期只是反映了资本主义制度成长中的苦楚，在未来有望消失，从他的《商业周期理论》（1927）中就可以看出这一点。81

萨缪尔森把1927年的汉森形容为"尼安德特人"（Neanderthal），他继续写道：

汉森具备那种30岁以上的学者中罕见的改变自己想法的能力，他成了和凯恩斯有关的革命性创新的最重要贡献者之一。这是一场经济学理论的革命，新学说本身在本质上带有资本主义的深刻烙印。读完这本书后，任何明智的读者都会知道谁是（自由）企业制度真正的朋友：凯恩斯还是哈耶克，拉姆尔还是奎尼（Queeny），斯图尔特·蔡斯还是卡尔·斯奈德（Carl Snyder），阿尔文·汉森还是亨利·西蒙斯。

---

① "Key Currency"的拼写和大小写同引文原文。这里指的是美元作为国际储备货币的核心角色。
② 参见本书第24章。

那些支持采取措施维持充分就业的人，而不是把政府干预说成是社会主义者的人，才是（自由）企业制度的朋友。[①]萨缪尔森和汉森所支持的国际主义和充分就业政策，与经济理论中的凯恩斯革命具有明确关联。同样重要的是，萨缪尔森强有力地论证道，自由企业制度的真正捍卫者是凯恩斯主义者，而不是政府的批评者。那些反对这些观念的银行家并不理解他们。

> 银行家所理解的货币或金融是一种奇特的概念，它在经验主义的观察下是站不住脚的。理发师似乎可以雄辩地讨论银行能否赚钱，而从远古时期开始，半吊子经济学门外汉就以牺牲银行家的账单为代价夸夸其谈。出于这个原因，银行家总是依赖雇用经济学家，充当他们的"扳机手"和"影子作家"。

萨缪尔森似乎并不担心树敌太多。

对战后经济秩序的安排，在 1944 年 7 月新罕布什尔州布雷顿森林小镇召开的一次国际会议上讨论过，但相关提议仍需得到国会的批准。这一年 4 月，萨缪尔森刊于《新共和》杂志的另一篇文章《布雷顿森林，正反两个方面》（Bretton Wood，Pro and Con），促成了这场辩论。他列出了这些计划的批评者提出的五项指控，并试图一一进行反驳。在这样做之前，他明确表示，所涉问题有多么重要。"可以毫不夸张地说，世界和平与国际政治经济合作的未来悬而未决。如果国会不接受这些提议，其影响将远远超过目前最重要的问题。"[82]

两项异议很快得到了处理。尽管有相反的说法，但是没有一位经济

---

① 在引文的每一组名字中，前者是自由派，后者是保守派。

学家、银行家或国际贸易专家，能够发现任何根本的技术缺陷，并且这些计划也绝非仓促制订。认为这些计划涉及对金本位制的彻底背离的反对意见，也是错误的。由于美国谈判代表哈里·德克斯特·怀特的计划，而不是凯恩斯的计划被采纳，黄金将成为布雷顿森林体系的核心。为阐述这些计划有望产生的影响，萨缪尔森推测了如果布雷顿森林体系在"一战"后得到推行，两次大战之间的经济史可能会有哪些不同。汇率政策中的几个严重错误原本可以被避免。布雷顿森林体系的反对者（特别是萨缪尔森在前一篇文章中痛斥的银行家），反对罗斯福总统 1933 年对金本位制的废弃，以及他设立证券交易委员会和联邦存款保险公司的措施，而这些措施被普遍认为是有益的。

　　萨缪尔森说，最常听到的争论是，布雷顿森林协议将使"山姆大叔"成为"圣诞老人"。这显然是错误的，因为对其他国家可以从国际货币基金组织借款的数额有严格限制，美国的债务也被限制在 30 亿美元之内。批评人士则辩称，海外美元持有量过大，国际货币基金组织持有的美元将在几年内消耗殆尽。有关协议需要修改的论点，只是其反对者在公众的强烈支持面前所假装的妥协。修改协议就会破坏协议，因为一切都需要重新谈判。萨缪尔森认为，国会面临的"唯一"真正问题是"孤立主义"。他还说，如果这些提议被否决，"就让那些应对由此导致的国际无政府状态负责的人众目共睹吧。"[83] 萨缪尔森对布雷顿森林体系的支持坚定不移。①

---

① 虽然 1944—1945 年萨缪尔森在麻省理工学院没有教学任务，但他继续在弗莱彻学院教授崭露头角的外交官。在那里，他讲授的关于美国在世界经济中的位置和美国商业政策的课程，涵盖了他在《新共和》杂志刊文中讨论过的相同主题。他向国际关系专家们讲解了汉森所主张的自由主义的国际主义世界秩序。我们很容易得出如下结论：他在这里所做的一切，和他在芝加哥大学读本科时听到的观点遥相呼应。在芝大时，他自己也上了一门主题广泛的社会科学课程，想成为一名外交官。接下去的学年（1945—1946 年），他重新开始教授国际经济关系课程，以此取代美国商业政策课程，又一年后，美国商业政策课程索性被取消了。1948—1949 年，在他的教科书出版后，他停止了在塔夫茨大学的教学。

在致力于创建新的国际秩序的同时，汉森主张进行国内改革，为此，他辅助起草了1945年1月提交给参议院的《充分就业法案》。该法案试图设定一种工作权，以确保联邦政府有义务确保那些想工作的人都能找到工作。[84] 除了要求总统报告经济状况，并就如何实现充分就业陈述建议外，汉森还提出了一个规划周详的稳定投资的方案。

> 我的建议更具体地涉及总统对联邦、州和地方公共工程和发展项目的综合方案的提议，其着眼于使公共和私人建设项目处于一个较高的稳定水平。[85]

总统在历届国会会议召开时的提议，应当包括"联邦公共工程和发展项目的长期方案，以及联邦援助州和地方公共工程和基本建设项目的综合规划"，且至少涵盖6年。[86]汉森试图表明，政策的目标是公共和私人建设项目的稳定以及避免通货膨胀和通货紧缩。

对法案的讨论因一些更紧迫的事务——例如，布雷顿森林协议的获批——被延迟，但是，随着1945年8月15日对日作战的突然结束，人们对避免复原过程中的失业的担忧与日俱增。直到9月1日才就该法案举行公开听证会，在那之后召开了闭门会议。整个夏天，萨缪尔森都在忙于撰写教材和为戈德史密斯提供咨询，他的新闻专栏也停了一段时间，但9月2日的《华盛顿邮报》却刊出了一篇他试图影响国会审议的文章。[87]

在该文中，萨缪尔森没有试图解释任何技术性的经济论点，而是完全聚焦于政治问题。他认为，"资本主义制度的善意支持者，在维持高水平的就业和有效需求上，迄今为止最为利益攸关"。自由派和工会主义者支持该法案这一事实，并不构成企业界反对该法案的理由。他写道："如果美国产业工会联合会（CIO）站出来反对罪恶，那就不符合美国商会一意孤行的真正利益了。"运行良好的市场需要高就业水平，没有高就业水平，个人的主动性就得不到回报。弗里德里希·哈耶克的《通往奴役之路》（1944b）一书强调了政府干预的危险，萨缪尔森对此予以回应，他认为在"奴役"和"放任自由"之间做出明显区分是错误的；美国实行的是一种混合经济，其中政府必须扮演应对繁荣和衰退的"平衡轮"的角色。在混合经济中，企业和政府负有不同但"相辅相成"的责任。他用一段斜体文字写道：

> *我们不能指望工商企业创造其自身的市场和数量刚刚好的需求，一方面避免过剩的购买力和通货膨胀，另一方面避免通货紧缩和普遍失业。*

缺少政府的行动，经济发展便会跌跌撞撞，因为企业将没有动力调整其行动，以规范经济活动。萨缪尔森认为，法案的反对者实际上提出了关于充分就业本身是否可取的论点，这是一个错误。他强烈主张，否定实现充分就业的合理性，或者否定政府在实现充分就业中可以发挥作用，就是"为自由私人企业制度的公开敌人辩护"。

虽然法案在参议院得到通过，但在11月众议院审议时，保守派的反对声音却非常激烈。经过多轮磋商，1946年2月，替代性的《就业法案》正式成为法律。作为旨在靠补偿性支出保障的工作权的一种替代，人们只能敦促总统竭力促进较高的就业水平。一个由三人组成的经济顾问委员会将负责为总统提供咨询，并且会有一份关于经济状况的年度报告。我们似乎不难推断，萨缪尔森会赞同汉森的观点，即原来法案最重要的特点是它关于支出的条款，而这些条款已经被删除。[88]

预测失败

　　萨缪尔森是相信如果缺乏强有力的政府行动，战争结束后将会出现萧条的经济学家之一。尽管战争在他认为必要的措施出台之前就突然结束，但是预测的衰退却未发生。这引发了一场关乎这些预测所依据的方法的争论，争论的焦点在于凯恩斯理论的基础和这些预测所依据的统计技术。[89] 尽管萨缪尔森在幕后参与了最新预测数据的编制，且只是私底下为戈德史密斯提供咨询，但是通过在《新共和》杂志上的刊文，他却和这些预测明显缠在了一起。此外，他更加坚定地致力于研究推算这些数据的方法。他利用机会在《美国经济学家》(*The American Economist*) 的试开专栏上，发表了一篇题为《预测失业：一个失败》的回应文章，这是一份创办于 1946 年的旨在发表公众能轻松读懂的文章的专业刊物。[90] 该刊物上的文章一律不署名，因此萨缪尔森一直都在匿名撰稿。

　　萨缪尔森写道，如果失败的原因是预测者没能正确预测投资，他不会对此感到惊讶，因为预测投资的困难众所周知。然而，失败主要源于预测者未能弄清可支配收入和非耐用消费之间的关系，后者比预测值高出了 100 亿美元（约占 1945 年国民收入的 5%）。正如萨缪尔森所言，这一错误"使人们对'消费函数'这个经济术语的稳定性产生了怀疑"。[91] 人们通常假定，由于工业复原需要时间和耐用消费品的供应短缺，消费者会推迟消费，直到生产出更多的耐用消费品。相反，他们会大幅增加非耐用品的消费支出。

　　但这只是一种狭隘的技术性观点。预测的失败也使人们质疑做出预测的整个基础。该问题的复杂性从萨缪尔森和他曾经的合作者埃弗里特·哈根的交流中可见一斑，哈根在离开国家资源规划委员会后曾为美联储工作过，他于 1945 年 2 月去了战争动员和恢复办公室。[92] 哈根基于和萨缪尔森在国家资源规划委员会时的共同研究，写了两篇关于预测的文章，他们两人在 1944 年年底开始了通信。[93]

这封信似乎是以一些对哈根一篇文章初稿的手写评论开头的。[94] 在探讨了同企业和家庭储蓄估计值有关的技术性问题后，哈根转向了萨缪尔森在《新共和》刊文中对"华盛顿经济学家"的批评。他写道："我不认为你在给《新共和》撰文之前，已经对华府有了充分认识，你显然没有准确理解价格管理办公室的立场。"[95] 他称，萨缪尔森的失误在于未能区分两种截然不同的概念，即对最可能的事件进展的简单估计，以及"应当采取的政策措施所面临的偶然性"。哈根说，和华盛顿的其他一些经济学家一样，他只关心前者，而如果时间允许，他可能会就萨缪尔森的批评起草一份答复。

萨缪尔森把这理解为暗示他在《新共和》杂志上的刊文可能会有负面影响，他解释说自己写这些文章是为了反驳他认为对战后局势过于乐观的看法，尽管他意识到它们甚至在发表前可能就已不合时宜。[96]

> 如果我在《新共和》上的文章造成了任何负面影响，我感到抱歉。正如你知道的，价格管理办公室显然和我一样悲观。但沃尔特·萨兰特和杰克·莫萨克（即雅各布·莫萨克）都很友善地认为这些文章起到了一些有益的作用。事实上，由于我为他们提供的非正式咨询工作，只关心削减开支的战时生产委员会——就其影响而言——好比是处在一个愚人国里。[97]

接着，他讨论了哈根关于不同类型预测的观点。

> 无疑，我们对于未来国民收入水平的主观概率分布，确实存在

重要的分歧。你最可能的期望值和我的不同，你的概率分布和我的
也不同。我想，科尔姆、史密西斯、伊齐基尔的观点和我自己的观
点之间也是如此。当我问史密西斯我是否错误地认为联邦政府没有
任何缓解失业问题的实质性计划时，他的回答很巧妙："在这个国
家，难道我们曾做过计划吗？"[98]

哈根保证说，萨缪尔森误解了他所称的对华盛顿经济学家（哈根就
是其中之一）评论的"轻率反应"，《新共和》上的文章确实起到了一些
有益的作用。[99]

哈根的反思以署名文章发表在《美国经济评论》上，而且措辞比萨
缪尔森的让步更严重。[100]哈根承认，预测者应该做得更好。他们过于自
信，因为在珍珠港事件之前的几年和战争期间，他们在消费预测方面取
得了巨大成功，当时他们的模型预测结果比他们期望的还好。更重要的
是，他们在战争期间正确地预测到，切换到战时生产的速度比企业界人
士认为的可能要快得多，这种经验应该已经使他们明白，复原过程也可
能会很快，而且事实上确实如此。相反，萨缪尔森认为，预测者并未能
预测到一些不可预测之事，例如退伍军人开支，或者人们在无法获得期
望购买的耐用品时会做何反应。

哈根提出了一个与应采用何种方法有关的更普遍的问题，并且主张有
必要开展"更系统的经济计量研究，就像考尔斯委员会正在做的那样"。[101]

根据以往利用不连续的"国家预算"模型预测复原情况的经验
来得出结论，是一个灾难性的错误。假定使用经济晴雨表或"定性
历史"方法，或依赖"明智判断"，可以取代对总需求及其构成要素
和总供给之间关系的定量估算，也是愚蠢的。

萨缪尔森支持采用这种正式的预测方法，但他的支持要谨慎得多。

> 若对如此小心谨慎的预测彻底失去信心，而盲目得出与"福音真理"一样的错误，那将是愚蠢的。任何伪科学的估算，都是以似乎无懈可击的高深的统计学、数学和经济学技巧为基础的。去年的经历已经表明，经济学家不能完全依赖于对以往统计曲线和回归方程的常规推断。信息量越多越好。如果人们再次表明，预测并不是靠助手转动一台计算器的曲柄就得到答案，那么从战后的预测失误中将能吸取一个很好的教训。[102]

哈根提倡而萨缪尔森持更多怀疑的考尔斯委员会的方法，正是特里夫·哈维尔莫在参访麻省理工学院统计学研讨会时谈到的方法，20 世纪 60 年代，它们成了经济学实证研究的主导方法。[①] 它们要求给出正式的数学模型，然后通过正式的统计推断，代入数据得到模型中的系数，并验证其对数据的解释能力。

萨缪尔森没有公开回应哈根对经济学家采用考尔斯委员会方法的呼吁，但是不久后，他向《经济学与统计学评论》编辑西摩·哈里斯私下表达了自己的观点，哈里斯当时是美国国家经济研究局的拉特利奇·维宁撰写的一篇文章的匿名审稿人，该文是对考尔斯委员会佳林·库普曼斯的文章的回应。[103] 库普曼斯的文章题为《缺乏理论依据的测量》（Measurement without Theory），是对韦斯利·米切尔和阿瑟·伯恩斯（后来曾任总统经济顾问委员会主席）最新商业周期研究的回应。[104] 这是一项需处理大量

---

① 参见本书第 17 章。劳伦斯·克莱因在萨缪尔森的指导下获得博士学位后，便去了考尔斯委员会工作，他用这种方法进行实证研究，他的宏观经济模型启发了许多人。

数据的工作，两位作者试图提供商业周期的详细统计描述。"缺乏理论的测量"是对考尔斯委员会方法——哈根希望看到这种方法得到更广泛的采用——的辩护。维宁在回应文章中为伯恩斯和米切尔做了辩护，并从美国国家经济研究局的立场批评了这些方法。他的主要论点是，考尔斯委员会想当然地认为，应该采纳的正确理论是瓦尔拉斯一般均衡理论，但如果不接受这一理论并需要去寻找正确的理论，那么他们的方法就不会有多大用处。如果必须找到所谓的正确理论，那么美国国家经济研究局的方法显然更有用。萨缪尔森对维宁文章的评论是："当他反对考尔斯委员会的完美主义–形式主义且为经验主义者辩护时，我们许多人都会对他大加赞赏。"[105] 和维宁不同的是，萨缪尔森并不赞成把重返30年前美国国家经济研究局"日渐式微"的方法论探讨视为一种备选。

上述通信证实萨缪尔森对几乎构成后来人们所称的"计量经济学"（econometrics）研究方法的态度模棱两可。几年前，萨缪尔森曾就格哈德·廷特纳的计量经济学论文写过一篇精彩评论，显示了他对这项研究的熟悉和他对廷特纳的支持。[106] 因此，他赞成使用考尔斯委员会的方法，但他认为使用这些方法时应更讲究实效，他也看到了非形式化研究的重要作用。一方面萨缪尔森对相关研究表现出极大兴趣，另一方面他又对以这种方式开展实证研究的必要性保持怀疑，这种态度与威尔逊对哈维尔莫《计量经济学的概率方法》（Probability Approach to Econometrics）一书（在库普曼斯对伯恩斯和米切尔的评述文章前一年出版，攻击了美国国家经济研究局的方法）的评述中表达的观点是一致的。威尔逊的主要观点是，虽然"从理想的角度"指明和考察错误术语的做法（哈维尔莫方法的本质）是可取的，但令人困惑之处在于，天文学、物理学、工程学、生物学、心理学和医学等其他学科的科学家，并未发现有这样做的必要。[107] 他质疑道，为何"发展迟缓的计量经济学"需要"比其他学科更严格地考虑其概率假设"？虽然他愿闻其详，但在哈维尔莫的文章中却找不到答案。[①] 萨缪尔森似乎赞同威尔逊对考尔斯委员会方法模棱两可的观点，尽管两人在表述上大相径庭，但他和哈根之间的分歧才是重点和根本。

保障性工资研究

　　1944 年年底，战时劳工委员会卷入了卡内基–伊利诺伊钢铁公司和美国钢铁工人联合会之间的争端。[108] 工会方面要求，在合同有效期内，钢铁公司应向每个雇员提供保障性工资。战时劳工委员会不同意这一点，它担心这会使钢铁行业面临不堪忍受的金融风险。但是，作为裁决的一部分，它建议总统设立一个独立机构，对保障性工资问题进行综合性的全国研究，据称已有五六十个方案在运作中。结果是，美国铁路退休委员会（RRB）主席默里·拉蒂默（Murray Latimer）发表了一份题为《保障性工资》（*Guaranteed Wages*）的综合报告。报告对保障性工资的经济学分析源自汉森和萨缪尔森合写的一份文件，该文件作为咨询委员会报告的附录印发，报告对其中的一章做了概述。[109] 汉森和萨缪尔森在 1946年 2 月就撰写报告做了初次讨论，三个月后他们签署了一份协议。[②] [110] 报告在 12 月成稿，并且与约翰·莫里斯·克拉克、爱德华·梅森、萨姆

---

① 威尔逊对哈维尔莫的批评，与他对萨缪尔森博士论文的批评如出一辙：哈维尔莫有很多对经济学家来说非常重要的内容要说，采用技术色彩不那么浓厚的写作风格，将会增加其著作的可读性。

② 这次合作似乎是汉森揽来的，他亲自和萨缪尔森讨论过，萨缪尔森在这封信中说他认为这是可行的。他们获得了一笔两人可以自主分配的报酬（总共 7800 美元，11个月全职工作，其中萨缪尔森 6 个月，汉森 5 个月）。

纳·斯利克特的评论及他们对评论的回应一起刊出。

由于两人定期见面（除了萨缪尔森和玛丽昂的女儿简出生时，因不那么费力的家庭事务而"有点分心"的那一周外），他们之间的合作几乎没有书面记录。萨缪尔森写的一封信是个例外，除了提到关于这个问题的两篇文章和一本专著，他还注意到约翰·莫里斯·克拉克的《间接成本经济学》（*Economics of Overhead Costs*，1923）中的一些内容[111]，萨缪尔森给汉森寄去了一份他标出 20 个简短引用的该书复印本的副件。[112] 这表明，萨缪尔森正在思考随商业周期变动的成本问题。以下事实尤其重要，即存在依附于劳动力的间接成本：包括培训费用和维持工人健康所需的最低消费支出。不管工人是否被雇用，这些成本都必须有人承担，其结果是，只给工人支付工作时间内的劳动报酬，造成了雇主劳动力成本和社会劳动力成本之间的差异。此外，如果产品销量下降，在衰退时期削减就业实际上可能不会使企业受益。

萨缪尔森和汉森的最终报告尤为关注商业周期。他们认为，保障性工资可以平滑消费支出，特别是耐用品的消费支出，进而缓解总需求的波动。这类方案的一个重要优势是，不同于其他反周期措施，它们在实践中具有立竿见影的效果：一旦需求停滞不前，保障性工资计划就会增加家庭收入。但它们并不能取代其他措施，它们最有效的角色是平滑就业的季节性和其他异常因素，而不是治愈失业问题。它们对商业周期背后的主要因素——企业固定投资的波动——几乎无能为力。此外，即使它们覆盖了全部劳动力，也仍不足以平滑消费。因此，保障性工资计划必须和其他政策配套施行。

虽然汉森和萨缪尔森主要关注商业周期，但他们并未忽视个体企业和工人方面的影响。很明显，保障性工资计划对工人有益，但前提是它们不会伴随低得多的工资率。保障性工资也可以使公司受益，因为加强工作保障会提高工人的生产率；如果保障性工资计划运行有效，雇主通过寻求提高生产率而非解雇工人来应对经济下滑，也是有可能的。在这一点上，他们不得不对计划的筹资方式进行技术性讨论，因为不同类型的计划可能会对公司的投资和创新激励产生不同影响。

汉森和萨缪尔森的结论是，对保障性工资计划不应立法，而应通过公司和工会间的集体谈判达成。协议应包括对雇主债务的限制，以便其财务能力在产量急剧下降的情况下，也不会面临威胁。应该鼓励政府修改税收条款，以鼓励公司采取保障性收入规定，例如，给公司持有的储备金提供优惠措施，并将保障性收入计划纳入社会保障体系。这些建议是适中的，它们无疑反映了萨缪尔森和汉森报告中所论及的相互矛盾的论点，以及他们对政治上可行措施的敏感。

克拉克赞成他们结论中的谨慎和现实成分。但是，他批评他们"透过语气和暗示，时不时地"表达了保障性工资可能会产生比"和实际建议的谨慎特征完全相称"更大的效果。[113] 在通篇评论中，他都在质疑报告是否充分注意到保障性工资和充分就业承诺可能会破坏价格运行机制。三位评论者都比汉森和萨缪尔森更为谨慎，关注于对投资的影响和对就业可能产生的负面效应，并提出了减少雇主负债的方法。简言之，他们不太相信保障性工资措施会有效。

拉蒂默的报告却明确赞成汉森和萨缪尔森提出的建议。其结论是，只要设计得当，保障性工资计划就能产生经济效益。要做到这一点，它们必须和失业保险配套实行，以使雇主成本限于某人工资和其失业津贴之间的差额部分，而且补偿保障性工资的资金必须视为税收方面的开支。保障性工资计划还会通过使工人更有保障来改善劳资关系。拉蒂默领导下的委员会接受了汉森和萨缪尔森的判断（即这些计划有助于平滑经济活动中的季节性和其他小波动），以及他们关于还需采取其他稳定政策的观点。报告摘要以一种乐观但谨慎的语调收尾。

> 工资保障不是万能药，而是一种工具，一种将随着更密集广泛
> 使用变得更锋利而非更迟钝的工具……假定任何单一的工具——无
> 论是保障性工资、公共工程还是任何其他举措——都会成为一种可
> 治愈所有经济弊端的多用途工具，只会导致混乱和失败。当谨慎使
> 用它，充分认识到它的局限性，并且提防超过这些限制的危险时，
> 保障性工资就会成为整体方案中一个不可或缺的组成部分，以实现
> 更高的保障、更和谐的劳资关系和更持久的繁荣。[114]

尽管汉森和萨缪尔森只是撰写了报告中的一章所依据的文件，但他
们显然影响了整个报告的基调，他们的重要作用在给杜鲁门总统的递函
中展露无遗。他们通过在《纽约时报》上发表的一篇题为"让年度工资
发挥作用"的文章，使自己的观点得到了更广泛的传播。[115] 这篇文章称，
保障性工资是开明的企业界人士提出的理念，他们认为这会减少劳动力
周转并提高劳动生产率：这是工人的合理目标，因为家庭个人并不关心
小时工资率，而是关心长期"实得工资"，而且保障性工资代表了一种更
好的劳动合同形式。现行的体制并不合理，因为尽管一家公司可以通过
解雇员工来削减成本，但"认为社会能够摆脱不必要的失业所导致的浪
费和损失是一种假象"。[116] 这是关于稳定政策的陈述的前奏。

> 较高生产力水平上的就业稳定，是我们在战后时期必须面对的
> 一项挑战。但是，只有作为旨在维持充分就业和充足的社会保障，
> 包括财政和货币措施在内的综合方案的一部分，保障性工资才能有
> 效施行。

　　萨缪尔森在战时生产委员会和保障性工资报告中的咨询工作，是他战争早期在国家资源规划委员会所起作用的一个延续。相反，他涉足新闻专栏撰稿标志着一个新的开始，它将成为他投入更多时间的一项活动。虽然他从未放弃数理经济学家的本职身份，但他显然很喜欢政策分析带来的迥然不同的挑战，以及熟悉经济机构和经济统计数据的必要性。否则，在辐射实验室每天 9 个半小时的工作和完成《经济分析基础》的压力之余，他完全有足够的理由推掉为戈德史密斯提供咨询这项额外负担。他想必怀着同样的动机继续在弗莱彻学院授课。正如戈德史密斯所认为的，萨缪尔森已成为一名通才型经济学家，既有资格讨论国民账户核算的技术细节，又能解释经济学理论的数学原理。他不再是数理经济学领域的狭隘专家，他的老师认为他可能很难找到一份学术职位。也许更重要的是，萨缪尔森逐渐确立了他一生中的大部分时间都明确坚守的政治立场。

　　鉴于萨缪尔森承认支持罗斯福总统，他称自己在芝加哥大学时是一个保守主义者，这一点必须被质疑，但似乎没有理由怀疑他称自己已经转向一种更倾向于自由主义的立场。任何读过 1942—1943 年国家资源规划委员会报告的人都能发现他和汉森的联系，但是随着战争的结束，他和汉森的关系变得公开；萨缪尔森在发表于《新共和》杂志的文章中对汉森关于战后时期展望的支持，以及他和汉森在保障性工资报告上的合作便是一个缩影。

　　到此刻为止，萨缪尔森通常都和凯恩斯保持着距离。但是，在发表于《新共和》杂志的文章中，他几乎不可避免地采取了一种和自由主义或干预主义政策广泛关联的经济学家的立场，他辩称自己是自由企业制度的真正朋友。萨缪尔森对凯恩斯的这种态度转变，很大程度上显然要归功于汉森，但除了对他的第一个博士生劳伦斯·克莱因的论文指导外，这一点亦着实令人费解。

第24章

凯恩斯和凯恩斯经济学

凯恩斯经济学

第一个在麻省理工学院获得经济学博士学位的是劳伦斯·克莱因。1942 年，克莱因从加州大学伯克利分校本科毕业，在伯克利期间他把大部分时间花在了数学和经济学课程上。[1]他对大学数学非常着迷，并相信它会在经济学中起到重要作用。在做研究助理的暑假实习期间，克莱因对加州柠檬的市场需求量进行了估算。还在读本科时，他就在《经济学季刊》上发表了一篇短文章，指出了最近刊出的一篇使用相关分析的论文中的严重缺陷。[2]他回忆说自己在伯克利图书馆浏览前几期《计量经济学》杂志时看到了萨缪尔森的名字，而萨缪尔森正是他选择去麻省理工学院攻读研究生的原因。克莱因被安排给萨缪尔森当研究助手，他尽可能地和萨缪尔森待在了一起。[3]他发现和萨缪尔森共事令人兴奋，因为萨缪尔森才思敏捷，他作为助手只需处理自己感兴趣的问题。[4]

萨缪尔森关注的问题之一，与试图从一组数据集中确定相应的储蓄函数和投资函数有关，因为他并不确信这么做是否可行。当特里夫·哈维尔莫传来一篇分析识别问题（即如何判定价格和数量数据能否描绘出一条需求曲线或供给曲线的问题）的论文时，萨缪尔森很感兴趣，他让克莱因研究一下储蓄–投资问题和确定供求函数之间的等价性。[①]

　　萨缪尔森认为，这两个问题在形式上是相同的，这意味着一个问题所使用的方法可以适用于另一个问题。[5]根据这种想法，克莱因批评了莫迪凯·伊齐基尔对储蓄、投资和收入之间关系的一项主要研究。[6]伊齐基尔试图把投资函数和储蓄函数区分开来，他将投资分成四类，分别估计每一类投资和国民收入之间的关系。其背后的思路是，尽管总投资等于储蓄，但投资的组成部分却不然。克莱因对此提出质疑，称确定单个储蓄和投资方程所需的条件没有得到满足，因为伊齐基尔的数据中并未包含足够的信息。虽然克莱因没有采用这些方法，但是他说，哈维尔莫用于确定一个关于所有变量的联合概率分布的处理步骤更为可取。其中的一个问题和住房投资有关，克莱因认为，许多证据表明，住房投资将随收入的变化而变化，它也是收入变化的原因。伊齐基尔回应称，克莱因弄错了他的住房投资证据；克莱因则辩驳说，这不是他的主要论点，他的主要论点是，对投资函数的估计非常困难，现有的处理方法迄今还未成功地做到这一点。[7]

　　储蓄函数和投资函数的估计问题，完全在萨缪尔森此时的学术论文和国家资源规划委员会所处理的问题范畴中。1942年7月，就在克莱因到来之前，萨缪尔森批评了伊齐基尔对消费函数的估计。克莱因在麻省理工学院时写的另一篇论文《美国"贝弗里奇计划"的代价》（The Cost of a "Beveridge Plan" in the United States），也和萨缪尔森在国家资源规划委员会的工作直接相关。[8]克莱因考察了社会支出的八大类别，包括退休金和失业抚恤金，以及结婚津贴和丧葬补助金等，并且估算了它们在美国的实施成本，这是一项涉及确定福利水平和计算有多少人有权获得这些福利的艰巨任务。克莱因强调，他的目的只是评估这项计划的成本，

---

① 　参见本书第17章有关哈维尔莫在麻省理工学院统计学研讨会上的讨论内容。

而非对这些福利是否适当做出评论，但根据他的推断，这些成本"较之于预期的战后国民收入水平，并不算太高"，不会超过较高国民收入水平的 10%~13%。[9] 萨缪尔森和克莱因两人之间的研究关联，几乎不能更密切了。

萨缪尔森指导克莱因研究的最重要的主题，是对凯恩斯主义体系的分析，克莱因以此为基础撰写了博士论文。在论文的前言中，克莱因写道："我常常觉得自己在很多情况下所做的，不过是复述我在课上学到的东西，以及和萨缪尔森教授进行的无数次讨论。"[10] 尽管克莱因喜欢使用数学和他的计量经济学技能，但这篇论文包含了对凯恩斯经济学的历史分析，追溯了凯恩斯从早期著作到《通论》的思想脉络。当时凯恩斯尚未逝世，他经常带着战时任务访问美国。克莱因把凯恩斯形容为，一开始坚守"正统学说"并表现出"极端的古典主义"做派，后来却和这一传统分道扬镳。[11] 凯恩斯的思想脉络存在连贯性——避免通货紧缩和失业的必要性，对食利者的批评态度，以及对投资波动是资本主义经济主要推动力的信念。他的直觉最早出现，然后它发展成一种形式化理论。凯恩斯意识到储蓄–投资过程决定了有效需求水平，由此理论革命就产生了，这个新理论是在 1933 年年中提出的。

似乎没有理由怀疑克莱因论文中的许多观点来源于萨缪尔森。克莱因的关键论点是，凯恩斯革命的历史性时刻是，凯恩斯看到了储蓄和投资之间的相互作用可以决定国民收入，这要追溯到 1933 年年中，它可以被视作是对萨缪尔森在《现代收入理论》一文（该文解释了在琼·罗宾逊夫人 1932 年的文章和 1933 年的文章发表期间，剑桥学派发生的变化）中所提出的疑问的回应。[①] 克莱因写道：

---

① 参见本书第 18 章。

　　萨缪尔森教授向我指出了 1933 年经济学文献中一个非常有趣的发展。我们永远不可能十分确定剑桥学派经济学背后的政治圈子发生了什么事，但我们知道，某些群体的个人之间存在大量的信息交流。如果我们把琼·罗宾逊夫人看作凯恩斯圈子内部的权威代言人，我们就会发现，1933 年时剑桥圈子的观念出现了一个巨大的变化。（琼·罗宾逊夫人，1933b）琼·罗宾逊夫人对凯恩斯极其推崇，她在文章中实际上清楚地交代了自己初次接触《通论》本质部分时的震撼心情。[12]

　　在下一页中，他重申了这个观点，他写道："琼·罗宾逊夫人这两篇文章在理论结构上的差异着实惊人，这应该让我们对 1933 年剑桥学派发生的思想革命产生疑惑。"[13]

　　克莱因的博士论文回应了萨缪尔森过去两年关于乘数的文章中所阐述的诸多主题。其中包括从变量关系曲线或虚拟变动的角度来论述问题，根据定义恒成立的可观察变量之间关系的重要性，以及失业源于某些特定变量关系曲线（投资和储蓄不对利率做出反应）的形状，而非源于刚性。

　　在一个没有摩擦的现实经济系统中，只需要假设某些变量关系曲线的形状和古典假设的不同。如果储蓄和投资曲线都是缺乏利率弹性的，正如我们现在相信的那样，那么很容易理解为什么不可能存在关于完全竞争的完美均衡。[14]

　　像萨缪尔森一样，克莱因不太重视凯恩斯的货币和利率理论，而更重视他的收入决定理论。克莱因采纳了充分就业和产出水平之间的差额，这个差额很是关键。他强调说，他所提出的通胀缺口理论是完全可行的。人们很容易看出萨缪尔森对他的影响，他评论道，尽管熊彼特称自己是彻底的非凯恩斯主义者，却不得不承认自己的商业周期理论和凯恩斯的理论之间存在很大的相似性，因为两者都强调投资的首要地位，而且，对《通论》的许多批判性评论都是建设性的。[15]

　　1944年3月，克莱因在写给汉森的一封信中，很好地说明了他在写论文时对凯恩斯经济学的看法。在前一天的一次谈话中，克莱因没有向汉森解释他所说的"凯恩斯主义体系中的收入水平取决于储蓄和投资"是什么意思。[16] 在这封信中，克莱因解释了只满足一个变量的一个值的等式和满足该变量所有值的恒等式之间的区别。然后，他转向"希克斯、兰格、萨缪尔森和其他许多人使用的静态凯恩斯主义体系"，它包括两个方程：货币供给等于货币需求；储蓄等于投资，其中，除货币供给（不变）外的所有变量值均取决于收入和利率。[①] 第一个方程可以通过把利率作为收入和货币供给的函数来求解。然后把它代入储蓄等于投资的方程，得到一个收入是唯一变量的函数。[②] 如果假设投资不依赖于产出，结果将得到一张如图18-1所示的图解。克莱因的结论是，投资的变化决定了收入的波动，这个结论是凯恩斯主义体系的核心。如果储蓄和投资的相互作用不能决定收入，凯恩斯主义体系将是不确定的。这些概念现在是宏观经济学入门课程的主要内容，但当时人们对它们的理解还不够透彻。

　　克莱因入读麻省理工学院时，是一个热衷把数学应用于经济学的人，他具备大量的统计学和计量经济学技能，在和萨缪尔森一起学习以及在数学系上课时，他扩展了这些技能。似乎可以肯定地认为，如果萨缪尔

---

① 这两个方程即 $M=M(i, Y)$ 和 $S(i, Y)=I(i, Y)$。

② $S(i(M_0, Y), Y)=I(i(M_0, Y), Y)$。

森鼓励他写一篇数学技巧更强的博士论文，他也会欣然同意。这意味着，尽管萨缪尔森热衷于在经济学中应用数学，但他鼓励克莱因走一条不同的道路，正如他自己的商业周期研究那样。克莱因提出了一个重要的方法论观点，即数学模型至关重要：

> 凯恩斯在《通论》中对数理经济学家相当不客气，但这本书有望和兰格、史密西斯、希克斯、萨缪尔森、卡尔多等人的基本著作一起，表明只有通过揭示了理论的数学框架模型，才能追溯理论的全部内涵。[17]

然而，仅仅依靠数学框架本身还不够，有必要回到历史中去理解那些正在分析的经济体系。因此，克莱因写道：

> 在揭示凯恩斯经济学的某些重要结构，去除对新理论的某些错误概念，以及对比凯恩斯主义体系和古典体系中，《通论》基本体系的数学模型是非常有用的。这些模型显示了完整的、相互关联的体系所依赖的基本构件。[18]

这里，"模型"和"体系"之间存在一个明显的区别。

克莱因运用物理机器的类比，对模型与世界和决策之间的关系，进行了令人信服的讨论。

> 也就是说，凯恩斯主义经济体系本质上就像一台机器，它根据系统设置的若干刻度盘来操控结果。刻度盘即各种各样的函数关系，它们的设置取决于银行系统、政府、消费者心理、投资者的态

度、技术人员的成就等综合因素。如果刻度盘始终被设置在不良状态，那么，责怪机器不能正常运转是正确的吗？如果机器是现实世界体制运行的真实模型，那么我们就没有理由批评机器，因为其他因素将刻度盘设置在了特定状态。如果我们考虑到每个阶段所涉及的关系的正确结构，那么用凯恩斯分析来解释商业周期的某一阶段，将和解释其他任何阶段一样容易。我们以往的经验是，在一段持续几年的时期内，这种关系足够相似，因此我们可以求出这个稳态体系的均衡解。如果我们现在的条件是，这种稳态解不符合充分就业，那么我们必须认识到这一事实，并采取相应的行动。另一方面，未来我们的经济模型，可能不得不具备一个不断变化的结构。不需要太过复杂的修正，我们就可以把这一点纳入理论范畴。没有任何理由使我们必须固守恒定的不变的函数关系。移动的均衡和动态变化的关系，也可以适合这台机器。凯恩斯革命的原理不应被抛弃；相反，它们必须经过精心推敲和扩展，以便处理更复杂的情况。[19]

萨缪尔森没有以这种方式表达自己的观点——在他截至当时的所有出版成果中，他尚未讨论"模型"这个术语，尽管在他的未刊论文《现代收入理论》中，他曾把自己的简化方程系统和其他人的简化方程系统称为模型。相比之下，克莱因的博士论文中到处都是这个词，它至少出现在195页篇幅中的43页上。[20] 它包含了一些可以从萨缪尔森著作中找到的主题，例如恒定的结构性关系的重要性，我们可以理解为它表达了一种超越萨缪尔森著作的、乐观主义的实证建模策略。这一思想来源于克莱因和萨缪尔森之间的持久关系，即使萨缪尔森自己没有采取这条研究路径，想必他也是接触颇深。

到目前为止，克莱因对凯恩斯革命性质的看法，和萨缪尔森在自己的出版物中表达的观点迥然有别。萨缪尔森并非从古典经济学的角度，而是从以汉森为代表的美国商业周期理论的角度，来看待凯恩斯。萨缪尔森最早的商业周期理论研究紧随汉森的思想，认为凯恩斯在一系列文献中加入了乘数的概念，这些文献在商业周期理论上采取了比《通论》更富动态性的视角。没有迹象表明，萨缪尔森是从凯恩斯主义理论和古典理论二分法的角度来思考的。甚至在《现代收入理论》中，他也从一个局外人的角度，对凯恩斯主义者做了描述：采纳一种现代收入决定理论，并不等同于就是一名凯恩斯主义者。[①] 例如，他批评"凯恩斯主义者"有两种关于储蓄和投资相等的不同理论，他们不断地在这两种理论之间转换。这和克莱因所描绘的凯恩斯形象截然不同，克莱因认为凯恩斯是一个兼收一切思想，以创造出一种新体系的经济学家。此外，当克莱因拿凯恩斯的理论和其他经济学家的观点进行比较时，他的名单中不包括美国人，除非熊彼特被认为是美国人。[②] 这就产生了一个问题：尽管克莱因称在他的许多讨论中，他只是转述了从萨缪尔森那里学到的东西，但他确实帮助萨缪尔森转而对凯恩斯采取一种不同的立场。

　　萨缪尔森在 1943 年年初（此时克莱因正在撰写他的论文）的授课，聚焦于"凯恩斯主义体系"；同他早期的著作相比，这是一个重大的转变，他把凯恩斯的思想纳入了更一般的汉森理论中。[③] 不管是不是克莱因说服萨缪尔森改变了他的重点，正是在和克莱因合作时，萨缪尔森开始把凯恩斯而非汉森作为新经济学的关键人物。克莱因的政治立场也比萨缪尔森更加坚定。他信奉社会主义，离开麻省理工学院后不久，他甚至

---

① 这个判断以他对"凯恩斯主义"（指凯恩斯的思想）和"凯恩斯主义者"（指一群可以区别出来的经济学家）这两个术语的用法为基础。

② 他的名单包括哈耶克、熊彼特、缪尔达尔、庇古、霍特里和霍布森。

③ 参见本书第 20 章。

成了一名共产党员。[21] 相反，萨缪尔森从来都不是一个社会主义者，但随着他和汉森的关系越来越近——汉森政治理念的根源在于新政（New Deal），他逐渐采取了一种更具有干涉主义色彩的立场，保守派批评者把这种干预主义称为社会主义者的标签。萨缪尔森和克莱因拥有许多共同点，似乎可以肯定的是，他们的关系并不像克莱因暗示的那般不对等。

凯恩斯经济学之争

战争期间，萨缪尔森和奥斯卡·兰格往来频繁，兰格既是一名数理经济学家，也是一名商业周期理论家。1944 年 4 月，萨缪尔森在给兰格的一封信中，阐述了他们所专注的研究主题。他首先针对兰格前一年夏天发表的题为《乘数理论》（The theory of the multiplier）的文章，提出了一些问题。[22] 它们都是高度技术性的数学问题，涉及方程是否具备兰格所假设的性质。萨缪尔森称，"关键矛盾是，在连续的情况下，单次消费冲动必须被视作一种大小有限的瞬时冲动——也就是说，类似于一个不恰当的狄拉克函数"。他这么说，就像是一名数学家在和另一名数学家切磋问题。[23] 很少有经济学家，即使是《计量经济学》的读者，会认同这一点。然而在下一页，当他论及意大利经济学家佛朗哥·莫迪利亚尼最近发表的一篇论文时，他采用了完全不同的方法；莫迪利亚尼于 1939 年流亡到美国，当时在纽约的新学院大学（The New School）跟随雅各布·马尔沙克攻读博士学位。①

莫迪利亚尼的论文，形成了他发表在《计量经济学》上的《流动性

---

① 20 世纪 60 年代，萨缪尔森与莫迪利亚尼和罗伯特·索洛成为麻省理工学院同事，他们被誉为美国三名一流的凯恩斯主义经济学家。

偏好及利息和货币理论》（Liquidity Preference and the Theory of Interest and Money）一文的基础，该文试图调和凯恩斯的利息理论和古典理论，进而评估约翰·希克斯和阿巴·勒纳对凯恩斯理论的解读。[24] 这篇文章颇值得注意，它明确给出莫迪利亚尼纳入了实物产出、投资和价格水平的总量模型，作为对瓦尔拉斯一般均衡体系的简化，其中的每一种商品都被单独考虑。像希克斯一样，莫迪利亚尼用两个分别与利率和国民收入有关的方程来分析这个简化系统，一个叫作 IS 曲线（其中，投资等于储蓄），另一个叫作 L 曲线（其中，货币需求，又称流动性偏好，等于货币供给）。① 他的图示描绘了一个明确设定的动态模型的稳态解。

　　莫迪利亚尼的结论挑战了汉森-萨缪尔森-克莱因的观点，即投资和国民收入之间存在因果关系。它们的确是同步运作的，但这是因为低投资和低就业是"同一个因素（即货币数量和工资率之间的基本失调）的作用结果。货币工资相对于货币数量过高的事实，解释了为什么将就业扩大到'充分就业'水平是徒劳无益的"。[25] 萨缪尔森在给兰格的信中说，他怀着极大的兴趣读了这封信。但他认为，莫迪利亚尼和许多讨论凯恩斯主义体系的经济学家一样，并未能正确地处理货币和价格问题。② 在莫迪利亚尼的体系中，货币供给增加和工资率下降，都会造成利率下降和投资率上升。"凯恩斯主义体系"是个例外，此时存在一个利率无法被进一步压低的最低水平，因为在这个利率上人们将乐意持有无限量的货币。相反，萨缪尔森认为在古典体系下，无论货币数量如何都将存在充分就

---

① 希克斯（1937）。在他的图示中，两条替代曲线分别标记为 $L(M=M_0)$ 和 $L'(M=M_1)$。这个标记颇接近于 10 年后教科书讲到 IS-LM 模型时（它的其他构成是 $I=S$）的标准标记。

② 萨缪尔森称，莫迪利亚尼没能正确处理一般均衡文献中的标准观点，即需求函数关于价格是零次齐次的。

业，而工资削减（这将增加就业）并不等同于货币供应的增加（这不会增加就业）。这里，萨缪尔森并非质疑莫迪利亚尼的数学模型，而是质疑他的理论所基于的经济假设。他希望兰格即将出版的专论能解决他的这些难点，最后他说："我希望这封信不至于太不连贯。它是我在其他活动间隙写成的。"

尽管萨缪尔森仍然在商业周期的标题下教授凯恩斯经济学，且并未改变他认为动态很重要的观点，但商业周期已不再像 1940 年那样，框定他对经济作为一个整体的研究。军工生产需求扮演着一个重要角色，把它作为对体系的外部冲击，而非某种循环过程的一部分来分析，显然能够说通。理解乘数的作用原理同样很重要。自 20 世纪 30 年代初以来，乘数的概念就为人所知，但即使到 40 年代初，人们仍然没有正确地理解它。在储蓄和投资之间关系的探讨上并没有达成一致，理论问题与涉及国民收入测算的实际问题相互关联。通过学术研究、咨询和教学等活动，萨缪尔森全身心地投入其中。其结果是，通过储蓄和投资曲线之间的相互作用来确定国民收入，成为他思想的核心。凯恩斯作为一种新体系的创造者，变得越来越引人关注。与萨缪尔森早期的观点相比，以这种方式看待凯恩斯，更符合克莱因所称的凯恩斯革命。

虽然萨缪尔森开始认同美国的凯恩斯革命，但他自己对凯恩斯和凯恩斯革命观念的认同却是缓慢的。我们很容易看出，他不愿意把自己看作凯恩斯主义者，因为汉森的政策理念已经受到了保守派的攻击，他们反对任何关于政府在和平时期应该陷入赤字的建议。[1] 然而，他使自己和凯恩斯划清界限还有知识上的原因。他对《通论》的反应受汉森影响颇深，尽管以汉森和克拉克为代表的两次世界大战之间的美国商业周期理

---

① 此类攻击导致了国家资源规划委员会的关停。参见本书第 19 章。

论，在萨缪尔森的著作中不再那么突出，但它却为他对凯恩斯的解释增色不少。莫迪利亚尼在雅各布·马尔沙克的影响下，遵循他的一般均衡体系的数学逻辑，推断出摩擦因素——工资刚性——必定构成了凯恩斯结论的基础（特殊情况除外），萨缪尔森却从未采取这条研究路径。低息货币并未阻止大萧条，因此，依赖于任何涉及投资对利率变化做出反应的机制，都是没有意义的。他想当然地认为，市场是非竞争性的，就像20世纪30年代普遍盛行的那样。有可能存在一个不足以维持充分就业的投资水平的观点，是萨缪尔森从汉森那里学到的结论之一，他从未放弃过该结论，而且它继续影响着他对凯恩斯经济学的解释。他正在发展一种凯恩斯主义，它和战后主导宏观经济理论的凯恩斯主义截然不同。

凯恩斯和凯恩斯主义：1946年5月

1946年4月21日，约翰·梅纳德·凯恩斯去世，此时距离《通论》出版几乎刚好10年。在马尔沙克的推荐下，萨缪尔森受邀为《计量经济学》7月刊撰写一篇纪念凯恩斯的文章。[①][26] 弗里希希望萨缪尔森的文章能和威廉·贝弗里奇的文章一起刊出，以此表达对凯恩斯的个人追忆，但贝弗里奇的文章出了状况，萨缪尔森的文章只好单独见刊。[27] 尽管萨缪尔森逐渐认可凯恩斯主义理论，但像这样一篇半历史性的文章却代表了一种新的背离。他大方地承认自己从克莱因那里学到很多，而他对克莱因的论文的了解，或许为他相当熟悉凯恩斯思想及其背景演变提供了解释。考虑到贝弗里奇和其他人会广泛讨论这些问题，他选择略过凯恩斯的个

---

① 当时萨缪尔森显然在马尔沙克的考虑中，因为马尔沙克试图说服芝加哥大学聘用萨缪尔森。参见本书第28章。

人生活细节，主要关注凯恩斯的研究对现代经济分析的影响。

　　萨缪尔森的文章以本书第 12 章引用的一句他的评论作为开头，即 35 岁以下的经济学家对《通论》没有任何抵抗力。但他并未对凯恩斯大加赞扬，而是以他哈佛老师里昂惕夫和熊彼特 10 年前的批评口吻，指出了这本书的错漏。

> 　　这本书写得很差劲，组织结构一团糟。任何一个被作者以往名声所迷惑的外行人，买了这本书后都会发现像被骗了 5 先令。它不太适合在课堂上使用。它充斥着傲慢自大、独断专横和好辩，而且在致谢时一点也不够慷慨。它充斥着混乱和困惑：非自愿失业、工资单位、储蓄和投资相等、乘数的作用时机、边际效率和利率之间的相互作用、强迫性储蓄、自主利率，以及许多其他因素。（它）就像一个天才少年在多年时间里随意写下的笔记，作者年轻时凭借《和平的经济后果》大获成功所带来的名声和财富，使出版商对他言听计从。[28]

　　结果，凯恩斯就像发明了"一个室内猜谜游戏"：《通论》的本质贡献在哪里？它区别于古典著作的特征又在哪里？"《通论》是"一本晦涩难懂的书"，萨缪尔森推测，这本书晦涩难懂和好辩的特点，将使它的长期影响达到最大化。尽管如此，萨缪尔森称，它的确是一部天才之作，它的分析既明显又新颖。

　　但是，这本书的创新之处在哪里？他驳斥了凯恩斯的流动性偏好理论，理由是利率并没有那么重要。萨缪尔森称，尽管凯恩斯出色地唤起了人们对预期的重要性的关注，但他几乎没有提供任何理论。《通论》的创新之处不在于它的流动性偏好理论或预期概念，而在于它对有效需求的分析。

　　　我个人认为，《通论》的广泛意义在于，它为分析有效需求水平及其波动，提供了一个相对现实的完整体系。更狭隘地说，我认为它的核心贡献在于它的方程的子集（subset），这个子集又与消费倾向和储蓄倾向有关，而储蓄倾向又关系到对储蓄的抵消情况。

　　不存在能确保充分就业时的投资和储蓄相等的机制。《通论》可能是一本晦涩难懂的书，需要一本配套指南来引导阅读，但它提供了一套崭新的理论体系，这正是它击败古典理论所必不可少的。①

　　萨缪尔森着重提到了凯恩斯对通货膨胀的战时分析，他把"通货膨胀缺口"的概念作为现代通货膨胀理论使用。这个理论可能解释了二战期间的通货膨胀率为何会比以往几次大战低得多。这表明，该理论不仅符合萧条时期的经济学分析，也适用于繁荣时期。但即使在这一点上，萨缪尔森也对凯恩斯持批评态度，因为他认为，通胀并非完全由总需求决定。萨缪尔森撰写此文时，价格控制仍在实施，他认为，取消这些控制可能会导致"价格出现一个大幅度的自我维持的上涨"，即使存在有效需求不足。[29]

　　《通论》产生了巨大的影响，因为英国的经济学家们很快意识到，有效需求并非昙花一现，而是"未来潮流"的一部分。不久后，美国的经济学家们也争相效仿。

　　　显然，不能用完全相同的措辞，来描述兰格、哈特、哈里斯、埃

---

① 几年后，汉森（1953）也写了这样一本指导读物。

利斯、汉森、比斯尔、哈伯勒、斯利克特、约翰·莫里斯·克拉克或
我自己的收入决定分析。但是，我们每一个人毫无疑问都受到了凯恩
斯主义的深刻影响。（我要赶紧补充一句——谁不会这么做呢？——我
自己并不是一名凯恩斯主义者，尽管我的一些好朋友是。）[30]

　　萨缪尔森认为，凯恩斯的确提供了一套崭新的理论体系，他的经济
学确实构成了一种通论，适用于繁荣时期和萧条时期。他还试图证明，
凯恩斯的哲学本质上是"极度资本主义的"，它的主要目的是挽救现行
制度。凯恩斯本人是一位"温文尔雅的、博学多才的英国本土自由主义
者"，他发现"红书店（Red bookshops）的废纸堆中"一无是处。[①][31]

　　接着，萨缪尔森转向了凯恩斯的思想发展脉络，他认为，从凯恩斯
之前的著作来看，《通论》的诞生是不可预测的。尽管凯恩斯批评了诸
如欧文·费雪的货币数量论等正统学说，但凯恩斯并不是一位原创的经
济理论家，他的著作只是以"政治新颖性和雄辩性"而闻名。他甚至犯
了一些严重的错误，比如他对人口问题的看法以及他和贝蒂·俄林在赔
款问题上的争论。"他是各种当代观点的共鸣板、扩音器和首创者，他
的优点和缺点在于他的直觉、大胆和多变。"[32]凯恩斯从未对经济理论
有任何兴趣。他唯一一次对经济理论表现出兴趣，是在称赞弗兰克·拉
姆赛的储蓄理论时。对此，萨缪尔森写道："他的推理显然更加高明，
我这么说可不是开玩笑的！因为即使没有错误，它在数学上也不算严
谨。"[33]凯恩斯对这篇文章的过分重视，只能用他对拉姆赛的个人偏爱来

---

① 除了他想在不做出过多让步的情况下承认凯恩斯的品质外，人们并不清楚他把凯恩
　　斯形容为一个世界主义者和一个偏狭者究竟是何意思。他对凯恩斯的描述也许有点
　　文过饰非了。

解释。[①][34]

那么，为何凯恩斯对经济理论如此不感兴趣，而且他不擅长形式化理论呢？萨缪尔森的回答是：

> 也许是因为他太年轻就接触了经济学，或者他在马歇尔对经济理论的影响令人迟钝的回潮中达到了成熟——不管出于什么原因，凯恩斯似乎从未对纯粹经济理论有过任何真正的兴趣。值得注意的是，他那么敏捷的大脑竟然未对价值理论做出任何贡献。除了他在《通论》第一编中关于指数的讨论和"使用者成本"（user cost）的寥寥评述外，他似乎在纯粹价值理论上毫无建树。[35]

要读懂这篇文章的言外之意，并不容易。考虑到萨缪尔森很清楚自己的早熟，他批评凯恩斯过早地涉足经济学，这值得我们引起注意。他把凯恩斯主义比作一种疾病，这表明人们要么染上它，要么没有染上它。在和凯恩斯划清界限的过程中，他暗示，尽管他可能无法幸免，但他也从未完全屈服。他在《经济分析基础》中对马歇尔的猛烈抨击，不能不使人们揣测，这正是一篇他期望获得熊彼特建议的文章。萨缪尔森把凯恩斯形容为一个"偶然发现并创立了一种新分析体系"的人，他对经济理论不感兴趣，他的推理也不乏错漏。虽然凯恩斯具备卓越的直觉能力，但他留下了一个萨缪尔森必须用"凯恩斯主义的储蓄-投资-收入交叉理论"来填补的缺口。[36]

关于萨缪尔森对凯恩斯的态度的一个重要解释是，他是通过阿尔

---

① 萨缪尔森后来对拉姆赛的储蓄理论持更为正面的看法，该理论在 20 世纪 80 年代被视为宏观经济理论的主要基础之一。

文·汉森发现"凯恩斯主义"问题的。汉森已经接受凯恩斯的思想，把它们纳入自己的理论。这就解释了一个悖论，即如萨缪尔森所言，"凯恩斯主义的概念是新旧并存的"。[37] 萨缪尔森有时并不认同他的导师，例如，他试图解释消费支出对需求和投资的影响可能是完全相同的，或者他有时不得不武断地辩称，从储蓄和投资的角度或者从收入（储蓄加上消费）和支出（投资加上消费）的角度来分析问题，并无多大区别——汉森直到 1947 年都很难理解这个观点。然而，在个人层面和知识层面，萨缪尔森和汉森仍然非常接近。[38] 这就解释了为何在 1946 年，尽管萨缪尔森很钦佩凯恩斯，但他仍然能够和凯恩斯保持距离，而且提出了一种强调的正是符合汉森思维方式的那些要素的《通论》解释。萨缪尔森后来传递的汉森"皈依"凯恩斯的"神话"，此时还不是他思想的一部分。[39]

但是，萨缪尔森对凯恩斯的立场发生了变化。也许是认识到总需求分析能够在政策制定中发挥强大作用，或者通过与克莱因探讨其博士论文，他已经从把凯恩斯看作仅仅提供了可运用于既有动态理论的相关概念，转向把凯恩斯看作提出了一种阐述得相当糟糕，以至需要其他人（汉森和他自己）加以丰富和完善的新理论体系。这让他更接近约翰·莫里斯·克拉克的观点，克拉克在《通论》发表后不久即写信给凯恩斯：

> 在我看来，我所谓的"收入流分析"（income flow analysis）——其中你们的研究最为引人瞩目，已经取得了一些自李嘉图和马克思以来从未有过的成果，即构建一种满足逻辑连贯性的理论体系或公式，它具有机械主义的特征，直接产生于当前至关重要的条件和问题，并且为制定明确的政策措施提供了一把钥匙。[40]

虽然萨缪尔森不会读到这封信，但他的立场是：凯恩斯主义的收入决定理论，如果恰当地加以动态化，就能使克拉克、汉森和其他人的收入流分析形式化。尽管克拉克不是数学家，但他认为经济学是动态的，关注的是需求波动和相对缺乏弹性的供给之间的关系。在《间接成本经济学研究》（*Studies in the Economics of Overhead Costs*）中，克拉克写道，他的书"研究的是不断波动的需求和相对缺乏弹性的生产能力之间的偏差，这种偏差造成了部分闲置资源的浪费和许多其他经济混乱"。[41] 他可能会论述"闲置产能"而非失业，或者强调不完全竞争的作用，其主题都是一样的。1946 年，萨缪尔森有机会重读《间接成本经济学研究》，他写信给克拉克称赞了这一研究。①

> 我忍不住要写信告诉你，这是一部极富开创性的著作。
>
> 十几年前，我在芝加哥大学读本科时第一次读到这本书。我惊讶地发现，我的脑海中有很多想法可以追溯到这次阅读——顺便提一下，当前有关失业的讨论也在很大程度上反映了这本书的影响。我还很高兴地注意到，作为一名沉浸于正统芝加哥传统的本科生，我当时写下了一些批评性的旁注，如今我显然不会再拿它们来反驳您了。[42]

当萨缪尔森写下这些话时，他的观点已经发生巨大变化，这使他能够欣赏克拉克的著作。然而，尽管凯恩斯的思想对他的这种转变至关重要，但他并没有像他的导师那样，通盘接受凯恩斯。当纽约大学的刘易斯·黑尼（Lewis Haney）——此人后来成了萨缪尔森教科书最苛刻的学

---

① 间接成本（营业成本）是指无论生产水平如何，都会产生的成本。随着产出增加，这些成本被分摊到更大的产量上，结果是单位产出成本的下降。面对这样的成本条件，企业不可能处于竞争均衡状态，必然存在垄断因素。

术批评者——在他的经济思想史教科书中，将萨缪尔森归类为凯恩斯主义者时，萨缪尔森的回答是，在对《通论》持敌对态度后，他"最终改变了看法，认为尽管他（指凯恩斯）的著作有许多逻辑上的缺陷和遗漏，但他的研究工具却是对我们经济知识的重要补充"，他"并未特别宗奉凯恩斯所倡导的具体政策或他的一般世界观"。[43]

　　尽管出于其他原因，上述说辞可能不无道理，但考虑到战后的政治气候对凯恩斯主义的敌意越来越浓，我们没有理由认为，萨缪尔森这些针对他和凯恩斯之间关系的声明，不是他过去几年来（这几年他都在从事与战争和战后有关的紧迫的实际问题研究）所处立场的如实反映。[①] 这一版本的凯恩斯经济学不仅植根于《通论》，也植根于克拉克和汉森的思想，它很快将在萨缪尔森的畅销教科书中得到普及。

---

① 萨缪尔森也会拿自己的观点开玩笑。当保罗·道格拉斯以美国经济学会主席的身份邀请萨缪尔森参加 1947 年的凯恩斯经济学研讨会时（道格拉斯想邀请一个凯恩斯的真正捍卫者、一个强大的反对者以及另外两个中立者），萨缪尔森回答说，他不太确定"自己应该被归入哪个立场：'真正的捍卫者''强大的反对者'抑或'中立者'"。参见 1947 年 5 月 20 日萨缪尔森写给保罗·道格拉斯的信，萨缪尔森，24［D (1942-64)］。

第25章

撰写教科书：1945 年

以国民收入为中心的教科书

1945 年夏，萨缪尔森开始撰写教科书，由于这本书，他成为越来越多学习经济学的大学生耳熟能详的人。大多数进入研究生院的经济学家，都读过他的学术论文和他的《经济分析基础》，但是，使更多选修基础经济学课程的本科生认识他的，却是这本《经济学：入门分析》(*Economics：An Introductory Analysis*)。[1] 该书初版于 1948 年，到 1985 年增加一名合著者做进一步修订前，已经发行到第 11 版。① 这本书主导了迅速增长的经济学入门教科书市场，以至曾有人称，所有这些书都模仿了萨缪尔森的书。这本书被翻译成多种语言，风靡全球，并使萨缪尔森获得了高额经济回报。

萨缪尔森记得，这本书是他和麻省理工学院经济学系主任拉尔夫·弗里曼，在结束辐射实验室全职工作后不久交谈的结果。[2] "请来一下我的办公室，把门带上。"弗里曼提出了一个建议：

---

① 威廉·诺德豪斯（William Nordhaus）加入时，这本书的特点发生了很大变化。当时的教科书市场已经发生变化，比该书第一版出版时庞大得多，竞争也更激烈。

麻省理工学院的 800 名大三学生必须上完一整年的经济学必修课。他们很讨厌上这门课。尽管我们已经竭尽所能，他们还是讨厌它。我们甚至合编了一本教材。这或许是我一生中最糟糕的编辑经历。在我们的资深同事提交他负责的那一章后，我不得不说："弗洛伊德（Floyd），这不是一个关于公共财政的章节。这是一个反对公共财政的章节。"保罗，你能否在一两个学期内只上半天课，然后去写一本学生们会喜欢的教科书呢？如果他们喜欢，你的经济学就是好的经济学。你偏好什么内容就写什么内容，尽量简洁易懂即可。无论你想写什么内容，都将是对我们现状的巨大改善。①3

然而，重写课程教材还有另一个原因。弗里曼在写给康普顿的信中强调，原因并非现有的教材不够好，而是需要修订这门课程，使之适应麻省理工学院即将推出的人文学科新课程。4 这涉及第一年学习英语，第二年学习现代史，第三年学习包括经济学在内的社会科学。社会科学包括经济学原理，萨缪尔森正是因此而被要求重新编写这门课的教材。这些课程基本用不上科学家和工程师在数学方面所受的训练，它们旨在强调书面和口头表达。5 麻省理工学院的院长报告中强调了该项目的这一特点，报告指出，"良好的写作和表达能力"将"在四年课程的剩余时间里，在其他学科中继续得到加强"。6 萨缪尔森的这本书将会引起麻省理工学院理工科学生的兴趣，他们都学过数学，但萨缪尔森的任务不是写一本以数学为主的教科书，而是写一本好教材。弗里曼请康普顿考虑下有无可能在不让萨缪尔森离开重要的战争研究的情况下，从辐射实验室的职

---

① "反对公共财政"一词暗示它可能涉及政治因素。但是，需要注意这句话是拉尔夫·弗里曼说的，萨缪尔森在描述哈罗德·赫钦斯·伯班克在哈佛大学的公共财政课程时，使用了完全相同的措辞。

责中脱身出来。他强调了萨缪尔森编写新教材的必要性。

　　尽管萨缪尔森认为，弗里曼让他编写这本书是为了满足麻省理工学院的教学需要，但他很快就有了为更广泛的读者写书的想法。1945年7月，在他正式离开辐射实验室的前几天，麦格劳-希尔出版公司给他寄去一份合同草稿，邀请他写一本题为《基础经济学手册》(*Elementary Economics Handbook*) 的书。[①][7]1945—1946学年，他致力于这本书的写作，章节一完成就复印分发给学生们。[8]尽管这些材料都被冠以《现代经济学：入门分析》(*Modern Economics*：*An Introductory Analysis*) 的标题[9]，但它显然还未完成，他不愿意把它用在麻省理工学院以外的地方。但是，1946年年初，他有了一份更加成熟的初稿，其中"现代"一词已从书名中去掉，并在麻省理工学院的书店里出售给选购者。经过进一步的修订，这本书最终于1948年由麦格劳-希尔出版公司出版。

　　萨缪尔森之所以接受这项任务，是因为他很看重别人对他的恭维和器重。他已经在期刊上发了多篇论文，这样做几乎不会损害他的声誉，而且他错误地认为，完成这项任务只需不到3个月的时间。《经济分析基础》已经在出版流程中，他意识到因为现有的教科书已经过时，故而存在一个机会窗口。另一个因素是，如果编写这本教科书，他将被允许减少授课量，尽管麻省理工学院的课程目录中很难找到这方面的证据。[②]他

---

① 萨缪尔森在辐射实验室的最后几个月都忙于布什报告，所以他可能把他和弗里曼的谈话误记为在离开辐射实验室后，尽管当时他还在辐射实验室工作。

② 1945—1946年，在实际停课一年之后，萨缪尔森恢复了教学任务。课程目录显示，他教授和1944年前相同的课程，第二年他又教授了另外两门课程。它们都是一些比较基础的课程——经济学原理 (Ec. 11) 以及价格和生产 (Ec. 13)，大概就是他的书在学生中试用的那些课程。如果课程目录无误，那么很可能他的教学和目录公布时的预期有所不同，由此，编写教科书的"奖励"必定包括将他接手这些课程推迟一个学年。但是，这份开课前几个月就付印的目录，似乎并不能正确地表明每门课的最终授课者。

在哈佛读书时的朋友洛里·塔希斯写了一本教科书，战前已经完成一半，会比萨缪尔森的书早一年问世，但在 1945 年，萨缪尔森并不知情。[10]事实表明，撰写该书花了他 3 年时间，并使他卷入了意想不到的争议中。

正如弗里曼 1945 年告诉萨缪尔森的那样，该系多年来一直试图改革麻省理工学院的经济学入门课程。1942 年，两名讲师理查德·克莱门斯（Richard Clemence）和弗朗西斯·杜迪（Francis Doody）（两人都还未获得博士学位），在《美国经济评论》上发表了一篇关于入门课程应教些什么内容的文章，提出了萨缪尔森可能熟悉的论点。他们和萨缪尔森同在一个系里，萨缪尔森在写书时和克莱门斯建立了友谊，克莱门斯的妻子埃莉（Ellie）是萨缪尔森感谢提供了编辑和秘书协助的人之一。[11]当克莱门斯向哈佛大学提交自己的博士论文时（同年，萨缪尔森的教科书出版），他寄了一份副本给萨缪尔森，萨缪尔森就论文出版成书提了一些建议。如果克莱门斯能够说服出版商，他有一天会给他们寄去一本教科书，他们将更有可能在预期销量不佳但更专业的书上冒险。[12]

当美国参战之际，克莱门斯和杜迪提出，教师有责任向学生解释世界正在发生的巨大变化。[13]但人们普遍认为，大多数通识课程在这方面并不成功。课堂上教授的理论过于静态，教师无法向学生展示如何用它们解决现实世界中的问题。学生们需要学习有关商业周期的知识，即使经济学家们在如何分析商业周期上尚未达成一致。克莱门斯和杜迪认为，凯恩斯理论提供了一种方式，通过更接近现实的模型来补充静态理论。教师应避免要求学生学习大量他们自己都无法记住的年复一年的事实，经济史教学应该解释理论和事实是如何结合在一起的。

克莱门斯和杜迪建议，经济学应被视为关于经济体系的研究，其中，经济体系"被定义为一群人试图据此来满足他们对稀缺商品和服务需求的任何安排组合"。[14]即便采用这个定义，也仍然存在对材料进行整合的问题，他们建议使用国民收入的概念。

> 整个过程可以看作是解决单一经济问题的一种尝试。其中的主要问题是，解释决定国民收入规模及其构成、其随时间波动，以及其空间和时间分布的力量。[①][15]

商业周期将是其中的一部分，但它们不是唯一的讨论主题——对国民收入的研究要广泛得多。这门课应该从讨论"早期"美国国民收入的统计数据开始，学生们甚至可以在学习任何理论之前讨论这些数据。然后，他们应该学习均衡的概念，"首先简要讨论形成资本主义制度结构的主要制度，重点是自由市场"。[16]这将包括商业组织、公司、工会、集体谈判、公共财政和国际贸易。关键的一点是，各项制度被认为和解释国民收入的主要问题有关。

1948年4月出版的《经济学》序言中称，它将遵循6年前克莱门斯和杜迪设定的标准。

> 本书旨在阐释20世纪中叶美国文明的经济制度和问题。国民收入是本书的核心主题。[17]

传统的主题被省略，取而代之的是萨缪尔森所称的"丰富的定量素材"。这本书是最新的，它的大部分素材只在过去的6年中才有。它关注那些对理解战后世界而言必不可少的和人们觉得有意义的主题。正如学

---

① 值得注意的是，这种方法并不完全是新的，它使人想起"一战"前庇古所使用的方法。

习物理的非专业人士应该学习原子能和核结构，经济学专业学生也应该学习经济政策等重大问题。这本书应该使学生理解经济发展委员会（一个由商人、报刊出版商和共和党参议员领导的商业团体）等机构的公开声明，或者总统向国会提交的经济报告。书中或许提出了和凯恩斯有关的现代理论，但萨缪尔森称，它在政治上绝不是激进的：教授国民收入和采取中间立场并不冲突。[18]

萨缪尔森关于这本书的理念早已成形。1946年3月，他在写给埃米尔·德普雷的一封信中，总结了他的做法。

> 我坚信，基础课程主要是为那些永远不会成为专业经济学家，甚至不会专注于经济学的人设计的。［我也相信（但我对自己的立场不是很确定），针对专业人士的入门课程，不应该和针对其他人的入门课程偏得太多。］因此，基础课程应该关注任何有智识的成年人所面临的重要经济问题。很自然地，所有的"重要"问题都会让学生们感兴趣。事实上，激发学生的兴趣是这门课的主要目的。这听上去可能有些"牵强附会"，但我并不这么认为，因为一般外行人对有趣事物的直觉都是很棒的。[19]

该书序言中也有类似的表述，萨缪尔森称，人们发现，有趣的话题和对理解战后世界至关重要的话题，"几乎完美地"相互重叠，"非专业人士的直觉几乎是绝对可靠的"。[20]之前那封信明确指出，这种"近乎绝对可靠"的说辞，是指对重要问题的识别：他并不是在暗示，外行人对这些问题的理解是正确的。萨缪尔森随后向德普雷讲到了这在实践中意味着什么。

> 当然，这意味着对一切所谓的价值和分配理论进行化繁为简的

处理。稍微分析一下供求关系、成本、生产和利润，对企业并没有什么坏处；对比较成本的严格处理亦然。此外，我还将强调国民收入、货币、失业、商业周期、财政政策、公共债务、社会保障等等，并初步阐述企业、工会、股票市场等经济生活中的基本事实。

他的"初步阐述经济生活中的基本事实"是如此重要，以至在这本600页的书中，几乎占了250页的篇幅。

第一稿：1945年

萨缪尔森从麻省理工学院经济学系不同成员合编的一本书着手，该书由拉尔夫·弗里曼负责主编，书名叫《经济过程》，是1934年写成的一本书的修订版。[21]与陶西格在哈佛使用的教科书一样，这本书包括两卷，每卷将近500页。它的各个章节由经济学系9位成员起草，弗里曼写道："其中的……思想交流如此之多，编辑又很随意地运用他的修改权限，因此很难将可能出现的各种错误和不完善之处，追究到具体某个人的身上。"[22]正是这本被所有讲师使用的书，引发了关于课程的争论，并促使克莱门斯和杜迪撰写了他们的那篇文章。

尽管书的组织原则可能是由萨缪尔森之前的同事提出的，而且萨缪尔森也从弗里曼编辑的文本开始，但萨缪尔森的书的开篇似乎完全是他的独创。他首先引用了哈佛法学院一位没有提及姓名的教授的话，这位教授过去常常在新生课堂上声称："好好看看你右边的人和你左边的人，明年你们中间就不会有人在这里了。"[23]萨缪尔森援用这个故事（任何上第一堂课的学生都能够理解），并非为了说明努力工作的必要性，而是为了说明失业可能打击到任何人。失业不是人们自找的，而是影响企业乃至整个行业的因素。萨缪尔森认为，独裁者的崛起，以及由此引发的第二次世界大战，都是由于未能保持较高的就业水平。经济学再重要不过了，它解释了商品充裕的社会中为何会存在贫困。

从这里开始，萨缪尔森试图说服他的学生读者，经济学是一项充满智力挑战的活动（它不仅仅是对应该发生的事情表达个人观点的问题），经济分析也不仅仅是描述问题。他使用科学类比，解释了为什么经济学家必须区分对世界现状的理解与他们期待发生的结果之间的差异。

> 在我们分析的每一个点上，我们都将试图阐明这些政策问题（控制商业周期、推动经济进步和实现收入的公平分配）。但是，要想在这些方面取得成功，经济学专业的学生必须首先培养一种能看清事物本质的客观的、超然的能力，无论他乐意与否。必须面对的事实是，经济主体在情感上和每个人都很接近。当涉及根深蒂固的信仰和偏见时，血压便会升高，声音也会变得尖锐。一个热衷于根除疾病的医生，必须训练自己观察事物本质的能力。他所用到的细菌学和一个企图用瘟疫消灭人类的疯狂科学家所使用的细菌学，并无不同。一厢情愿的想法是错误的想法，它将导致愿望很少能得到实现。[24]

萨缪尔森称，不存在专门提供给民主党或共和党的经济学。人们可能会有不同的道德立场，但在经济分析上却意见一致。经济学可能不像数学那么难，它处理的是每个人都熟悉的事情，但这种简单性可能具有欺骗性。语言可能是靠不住的，因为它们会引起情绪上的反应。像所有科学一样，经济学也包括简化、理想化和抽象化。这段话中最值得注意的地方是，萨缪尔森避免使用诸如"实证"和"规范"等经济学术语，尽管这些术语自19世纪以来就在文献中根深蒂固。他避免使用专业术语，尽管在经济学家们看来它们可能很简单。哲学术语并非完全不存在，但仅限于他能够确信它们是学生们已经理解的术语，就像他撰写理论研究文章时那样。

> 因此，如果得到正确理解的话，理论和观察、演绎和归纳之间不可能会有冲突。就像鸡蛋理论，只有两种：好的理论和坏的理论。对一个理论好坏的检验标准是，它在阐明可观察的现实中的有用性。它是否具备合乎逻辑的优雅和精致之美，则无关紧要。因此，当一个学生说"它在理论上没问题，但在实践中行不通"时，他的真正意思是"它在理论上行不通"，否则他就是在胡说八道。[25]

这里，和早些时候一样，他试图说服学生们，经济学在阐述一些实质性的东西——它不仅仅是一个观点问题。

萨缪尔森的开篇一章以"整体和部分"一节结束，它阐明了一个论点，即对个人而言正确的东西，对整个社会而言未必正确。因此，他正在为那些与学生们从自身经历中得出的结论相悖的分析扫清道路。尽管个体行为可能不可预测，但有可能预测大群体的行为。毕竟，他解释说，行星并不知道它们是沿椭圆轨道运行的。如果所有人都采取同样的行为，那么对一个人有益的行为（例如，踮起脚尖观看游行队列）可能就会毫无价值。萨缪尔森进一步解释说，当失业时，"我们进入了一个颠倒的仙境，那里，右似乎就是左，左似乎就是右；上似乎就是下，黑似乎就是白"。[26] 根据凯恩斯10年前使用的类比，他继续称，他的学生们都受过数学和物理学训练，因此能够理解：

> 数学家告诉我们，除了欧几里得几何外，还有非欧几里得几何。

在这些非欧几里得的世界，两条平行线可能相交——例如，在地球的表面上，两条垂直于赤道的"平行线"会在极点处相交。对一个世界是正确的事物，对另一个世界可能是错误的。同理，对处于失业中的现代世界，旧的古典经济学或欧几里得经济学的结论，可能根本不适用。

萨缪尔森指出，把黄金从矿山转运到诺克斯堡（Fort Knox）、出口更多商品，以及增加储蓄等所带来的好处，都取决于是否存在失业或充分就业。这就是从国民收入和失业分析入手颇为重要的原因。然而，继凯恩斯之后，他又一次提出，如果可以消除失业，那么传统经济学将会独树一帜。

萨缪尔森接着给出了他对经济学的看法。他认为，任何社会都必须解决三个经济问题：（1）生产什么？（2）如何生产？（3）为谁生产？这些问题有助于定义经济学的主题，但它们并不完备。生产什么取决于个人偏好，这是心理学家、人类学家，甚至生物学家的研究领域。解释制度是社会学家或人类学家的事，而技术则是物理学家和工程师的事。他认为，经济学家应该以其他科学家的研究成果作为出发点："社会制度框架、个人偏好、奋斗目标，所有这些都必须被视作是给定的。其他更多的方面，也是如此。因为资源的性质和数量，以及它们的组合和生产转变的技术事实，也必须被认为是给定的。"[27]

然后，他举了一个简单例子，把这个有点抽象的经济学主题定义得更加具体，这个例子是关于一个面临枪支和黄油之间交易的社会。他给出了一个数值例子，不仅使用了表格和图解，还使用了抽象的火炮和黄油包形象——正如布鲁斯·布利文曾想让他在《新共和》杂志上发表的一

篇文章中使用的——如图 25-1 所示。[①] "生产可能性曲线"和"替代"等
技术概念，可以解释美国、德国和苏俄不同的战时经历。在美国，"民主
的军火库"消除了失业，使拥有更多的枪支和黄油成为可能，继而提高
了生活水平。在德国，失业造成的闲置全部进入了军事生产，而已经处
于生产可能性边界的苏联，则只能以平民的苦难为代价增加其军事生产。
这些和 1945 年选修这门课的学生的关系再密切不过了。[②]

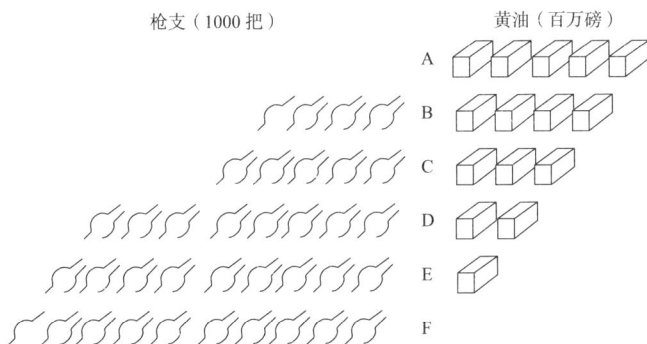

图 25-1　枪支还是黄油？

资料来源：保罗·萨缪尔森，《现代经济学：国民收入和政策的入门分析》（1945，
PASP 91，p.II-6）

正如萨缪尔森对战时经历的讨论所表明的，他认为失业问题是经济

---

① 尽管这个选择被认为可以追溯到 1916 年《国防法案》（National Defense Act）的新
　闻报道，但最为臭名昭著的是约瑟夫·戈培尔（Joseph Goebbels）在 1936 年对它的
　使用，当时戈培尔谬称枪支会让德国人变得强大，而黄油则会让他们变得肥胖。萨
　缪尔森的教科书中使用这样的插图是一件新奇之事。
② 这可以被看作是试图确定经济学主题的传统经济学定义和莱昂内尔·罗宾斯
　（1932）提出的著名的分析定义之间的折中，罗宾斯将经济学定义为分析稀缺性
　（所有行为的一个方面）这一事实的影响。萨缪尔森接受了存在稀缺性的事实，甚
　至写到了"稀缺性法则"，但他的定义设定了一个特定主题；参见巴克豪斯和米德
　玛（2009）。

学的核心问题。然而，更深远的影响来自他的芝加哥大学老师弗兰克·奈特。在第二版教科书中，萨缪尔森在阐释社会面临的三个问题时加了一个脚注，说"这个观点稍稍做了修改，和弗兰克·奈特……在他的《社会经济组织》（*Social Economic Organization*）中提出的观点相一致"，他在本科时曾引用过这个观点。[①][28] 和奈特一样，萨缪尔森反对把经济学定义得非常宽泛（这使经济学成了理性行为的同义词），而且他主要是根据经济体系的不同功能来给教科书谋篇布局的。但是，当萨缪尔森称只是对奈特的观点做了很小的修改时，他对奈特其实做出了太多让步。奈特所说的五个功能被删减为三个，它们和萨缪尔森所说的功能并非完全一致。奈特写到了"固定标准"和"效率"——萨缪尔森没有使用这两个术语，大概是因为他想避开道德问题；奈特的"经济维持和进步"和"在极短时间内调整消费以适应生产"的功能，在萨缪尔森的目录列表中也无对应内容。萨缪尔森定义的经济体系的功能不仅简单，对初学者来说更容易记住，而且也不那么细致入微，去掉了奈特在讨论中穿插的许多哲学观点。

然而，尽管萨缪尔森承认自己从奈特处获益颇多，但不难看出萨缪尔森的开篇三章和他系里原来用书的相同章节具有相似之处。它们并不是关于经济组织，而是关于经济过程，阐明了生产不仅仅涉及工程学。经济问题产生于稀缺性，这意味着需要进行选择和节约。

萨缪尔森最明显的创新是他的写作风格，这从他的开场白就可见一斑。弗里曼及其同事的教材枯燥无味且分析性很强，而萨缪尔森的开篇却充满了各种悖论：富足中有贫穷、整体和部分之间存在差异，以及涉

---

① 我们不清楚他为何在第二版中加了这个脚注。大概在他准备第二版的时候，奈特和他有过一场略带尖刻的意见交流，也许萨缪尔森正在试图予以修正。也可能他在写第一版时没有充分考虑他的想法的来源（他是从修改系里原来的教科书着手的），后来他注意到了他和奈特文本之间的相似之处。

及货币和支出的形象比喻。萨缪尔森提出了社会必须解决的三个更具体的问题，而不是抽象的选择问题。他描述了在枪支和黄油之间的具体选择，如前所述，他使用图解帮助学生将其形象化。原先的教材通过抽象术语来描述塑造个人行为的社会制度——惯例、法律、方法和习俗，而萨缪尔森摒弃了这种一般性的讨论，详细介绍了学生们需要了解的那些制度——家庭、企业和政府。

国民收入及其用途

这本教科书的初稿于 1945 年分发给学生，书名为《现代经济学：国民收入和政策的入门分析》（*Modern Economics*：*An Introductory Analysis of National Income and Policy*）。正如克莱门斯和杜迪所建议的，国民收入成为统一的主题。不仅副书名近似于将现代经济学和国民收入研究等同起来，而且第一部分（包括 8 章）以对国民收入的解释收尾。收入的概念在"个人收入和家庭收入"两章中得到阐述，这个概念在学生们熟悉的背景下构建。

这些章节以国家资源委员会编制的统计数据为中心，萨缪尔森战时为该委员会预测消费者支出时，所依据的正是这些数据。他加入了一些显示不同收入水平的家庭数量的表格，并展示了如何用图来表示不平等的程度。[①] 他对收入分配进行了广泛讨论，包括男女收入以及黑人和白人家庭收入之间的差异。他讨论了贫困和工业革命，以及马克思关于阶级斗争的观点，指出苏联的不平等程度似乎与美国相当。在关于个人收入的第二章，他聚焦于相同职业内部和不同职业之间的职业性差异。这两章探讨了

---

① 萨缪尔森使用了本书第 20 章所定义的洛伦茨曲线。

社会流动和"读大学是否值得"的问题，明确涵盖了学生们可以联系实际的问题。一张显示化学工程专业毕业生起薪的图表，则直击麻省理工学院学生的关注重点。萨缪尔森解释说，他们将非常清楚地看到，工程专业毕业生在战争期间取得了巨大成功，这是因为"我们目光短浅的国家政策，把科学、医学和工程专业的学生选拔到了军队中"。[①][29] 在萨缪尔森转向更形式化的讨论之前，这是供需方面一个既简单又非常明显的教训。

接着，萨缪尔森谈到了"商业组织和收入"，这一章的语气截然不同，包括直接摘自弗里曼以前写的部分内容。[②] 它所涉及的范围更广，侧重于制度形式——个人、合伙、企业——以及企业的融资方式。最后一个话题关于金融资产、股票市场和投机。他介绍了如何阅读资产负债表和分析企业的收入流。在这个过程中，他加入了一张图（摘自弗里曼编的教材），表明资金是如何流入和流出企业的（见图 25-2）。萨缪尔森支持对企业账目分析的强调，他在书中收录了国际收割机公司（International Harvester Company）1941 年的收益报告，包括许多资产负债表、不同种类的收入和支出账户以及海外交易，从中引出了一系列可供学生回答的问题。

企业财务会计被直接并入国民账户。目录中列了一章有关政府收支的内容，但第一稿中并没有这一章。关于个人和家庭收入的讨论，与根据收入类型对国民收入进行的分类之间，存在一种明确关联。实际收入和名义收入之间的差异，引发了对国民产值（所生产的不同商品和服务的总和）以及储蓄和资本积累之间关系的讨论。关于国民收入的那一章以两张图收尾。第一张图描绘了大萧条时期国民收入的变化过程，显示

---

① 即使在潜意识里，这也可能是萨缪尔森为自己在战争期间的行为辩解的理由。

② 脚注显示这部分内容的资料来源为"改编自《经济过程》一书"。

了实际国民收入低于其充分就业对应水平所导致的浪费。第二张图显示，尽管存在通货膨胀，战时实际国民收入却大幅增加。怎样理解 20 世纪 30 年代初和 40 年代初的经济形势会如此不同，是萨缪尔森为他的学生读者制造的一个挑战。

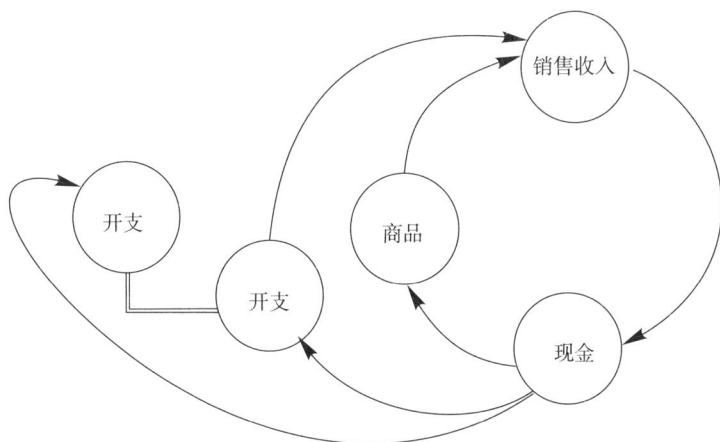

图 25-2 财务报表

资料来源：保罗·萨缪尔森：《现代经济学：国民收入和政策的入门分析》（1945，PASP 91，p.V-15）

关注收入是萨缪尔森让经济学观点看起来更具体的方法之一，因为家庭收入是学生们可以联系到的东西，尤其是当它和最新的家庭收入分配统计数据结合在一起时。但关于企业收入的一章并未遵循这种模式，其方法更为全面，近乎一种分类学的方法。造成这种差异的原因很明显，萨缪尔森没有时间按照他设想的方式重写这一章，尽管他对材料进行了删减和重新编排，但这一章是弗里曼书中的系列章节之一。用来描绘公司账目的虚构的"圣诞老人制造公司"（Santa Claus Manufacturing Company）的具体例子，直接摘自弗里曼书中的章节。但是，萨缪尔森增加了一份真实的公司报告（大概是传真版本），它有助于学生们认真对待这个虚构例子。正文第一部分以国民收入一章收尾，这一章不仅总结了前几章，而且以他在个人和家庭收入一章中的同样方式，使对整个经济制度的讨论更加具体。克莱门斯和杜迪倡导的变动颇有作用，不仅能使材料更具活力，把它们和历史联系起来，还能使它们不那么抽象。

初稿的第二部分没有给出标题，但语气完全不同。萨缪尔森用简单的数值例子解释了供给和需求曲线，而没有假设读者对数据图示事先已经有所理解。他的表格和图示包含了基于纯理论假设的抽象例子——替代率递减、线性需求曲线和"U形"平均成本曲线。他不仅阐释了经济学含义，还阐释了人们应该如何读懂图表和最优条件的含义，以及当某些产品（例如鸡蛋）不可分割时，如何使用连续函数来证明。

在完全竞争均衡下，萨缪尔森使用供给需求图来说明问题，但是当转向垄断竞争时，他并未使用图表或数字，而是让读者设想自己处于公司总裁的位置，在决定如何定价之前必须征求会计和销售经理（1947年时，他们可能会被假定为男性）的意见。"'伙计们'，你们会说，'如果我们保持警惕，保住我们的市场份额，我们的产量大概会是多少？'"[30]此时，经理的决定将是确定这些会计人员的成本加价是多少。这可能不符合利润最大化理论，但萨缪尔森认为这就是现实情况。

> 许多实际商业定价政策的调查人员证实，企业经常遵循上述以"成本加价"为基础的做法，希望这么做不仅能收回全部成本，而且能获得投资回报。因此，这个理论是现实的。[31]

尽管是现实的，但是上述陈述并没有提供太多信息，因为它没有解释加成（markup）。为了更进一步分析，萨缪尔森没有转向理论，而是转向实证研究，他认为"对于这种令人不满意的局面，我们似乎无能为力，只能试图具体说明各种重要的产业情况所特有的一些不同的竞争和垄断模式"。这包括：长期过度密集的病态产业，几乎没有同质产品的销售商（寡头垄断），由研发和广告维持的垄断，以及受到公共监管的垄断。萨缪尔森正在采用张伯伦对市场结构的分类策略，但他的例子更容易使人想起临时国家经济委员会报告中，关于定价的制度主义研究。

　　当萨缪尔森继续讨论"生产均衡和分配问题"时，这个理论再次以数值例子和附录中的图表得到说明。他强调的一点是，边际生产率理论解释了在当前价格水平下，一家企业会使用每一种要素的多少：它没有解释要素价格。他对那些发展了他屡屡称为"所谓的边际生产率分配理论"的经济学家，持严厉的批判态度。[32] 对边际生产率分配理论的探讨（其中每一种要素都根据最后一单位的产量进行支付），是一种"不切实际"（will-o-the-wisp）和"考虑不周"（ill-conceived）。[33] 这个理论几乎不能阐明社会所关心的问题。

> 　　不幸的是，我们对这个一般供求问题阐述不多，而这一问题对理解富人和穷人、劳动者和业主之间、一个业主和另一个业主之间的收入分配非常有用。这令人遗憾，而且必须承认，我们的经济知识存在缺陷。但无论如何，"社会产品分配"问题是一个具有误导性的问题，在解决它的过程中出现的困难也无关紧要。[34]

　　边际生产率理论还存在一些技术问题，主要表现为联合生产。如果资本和劳动力必须被同时使用，那么，撤销一种要素将意味着损失整个产出。边际生产率理论只能确定要素价格必然处于的极限（在极端情况下，它可能会表明，一种要素占了整个产品 0 到 100% 之间的多少比例）。

考虑到这一点，通过谈判来影响要素支付是有操作余地的，这使萨缪尔森对工会能否提高工资提出了质疑。他的回答是，它们可以改变工资，尽管只是在一定的范围内。这些限制可能很难定义，但它们是真实存在的。然而，萨缪尔森并不完全站在工会一边，因为工资上涨可能会产生有害的影响，而且工人的要求可能无法得到满足。

该书第二部分是最传统的部分。在这一部分中，萨缪尔森并非通过讨论现实世界的数据来寻找具体性（concreteness），而是通过简化理论，通过将概念简化到可以用最简单的数学解释的本质，来解释概念。这是人们对《经济分析基础》一书作者的更多期待。像陶西格和他之前的其他人一样，弗里曼阐述了一套经济原则，而无论是消费者行为、收入分配，还是储蓄和投资过程，萨缪尔森都更加明确地给学生们提供了一套分析技术，他们可以用这些技术来解决经济问题。他关于供求、消费者和企业的章节是对经济学理论的学习，与关于现实世界市场的讨论显然是分开的。

萨缪尔森接着从生产理论转向国际贸易，运用相似的图示技术来说明比较优势理论。他的主要阐释工具是一个数值例子，在这个例子中，美国和欧洲进行食品和服装的贸易。这一章讲的是专业化的重要性，因此也讲到了国际贸易的重要性。其中一张图显示了"非常有利的三角贸易"，美国向英国出口汽车，英国向东印度群岛出口服装，东印度群岛向美国出口橡胶。1938 年的多边贸易体系用一张更复杂的图来说明，它显示了美国、热带地区、最近定居的地区、欧洲大陆和非欧洲大陆之间的贸易流向。这张图的重点是显示双边主义（两国之间一次谈判达成的贸易协议）将是多么悲惨——他把这种政策和欧洲大陆的法西斯国家联系在一起。他提醒读者，联合国已经设立了国际复兴开发银行（即现在世界银行的前身）和国际货币基金组织，为多边贸易的繁荣创造条件，富兰克林·罗斯福总统敦促削减关税的政策仍然是美国的国家政策。这种讨论使他的学生读者了解到他在《新共和》杂志刊文中所持的国际主义立场，清楚地表明他的战时经历如何影响了他的教科书写作。

这种国际主义立场得到了一章内容的支持，该章中没有关于关税保护和自由贸易的技术理论（尽管他的许多论点背后都有理论观点）。他的立足点是以下事实："不受阻碍的自由贸易促进了互利的国际分工，极大地提高了所有国家潜在的实际国民生产总值，并使全球各地有可能实现更高的生活水平。"[35] 这是一个"事实"，而不是一个抽象的理论结论。然后，他讨论了各种保护措施的理由，但即使此时，他也对常见的理由提出了质疑。国防等非经济目标可能很重要，就像促进国内橡胶生产一样。然而，在这种情况下，产业补贴比征收关税要好。其他主张征收关税的理由，如把财富留在国内、提高工资或为特殊利益集团服务，则完全是错误的。甚至旨在增加税收、保护国内市场或国内劳动力的关税，都是错误的。保护"幼稚产业"和"新兴经济"的论点更有说服力，但它们更多地适用于"落后国家"，而不是20世纪的美国。萨缪尔森对自由贸易的支持态度是明确的。

解释国民收入

1945年初稿的最后几章，涵盖了储蓄和投资、价格和货币以及银行体系，显然没有前几章那么"精雕细琢"。[①] 关于储蓄和投资的章节一开

---

① 这三章中没有一章列在目录里，第一章虽然和前几章连在一起，却没有编号，第二章即第18章，第三章即第19章。第一章中的图表编号以"图5"开始。这本教科书的初稿显然是用他为其他课程准备的一些材料拼凑起来的，它们已经找不到了。他可能使用了他的同事们提供的一些材料（尽管这似乎不太可能），因为他承认早前的一章确实使用了这些材料。

始就告诉读者，储蓄和投资最重要的事实是，在现代工业社会，储蓄和投资是由不同的人做出的，储蓄和投资的原因也不同。投资是"极其多变的"。萨缪尔森的解释呼应了汉森关于投资机会的观点。

> 当我们认识到投资机会取决于新发现、新产品、新疆域、新资源、新人口以及更高的产出和收入时，这种反复无常的、不稳定的行为就不难理解了。需要注意的是，这里强调了"新"和"更高的"。投资取决于系统中的动态和不可预测的增长因素，取决于经济体系本身以外的因素：技术、政治、乐观或悲观预期，政府税收、支出和立法政策，等等。[36]

"就总投资而言，"萨缪尔森写道，"整个体系都掌握在上帝手上。"[37]与凯恩斯一样，萨缪尔森的结论是没人能保证会有足够的投资，尽管他使用的论据来自汉森。

相比之下，储蓄的主要决定因素是收入，消费中存在可观察的模式。他用图示说明了食物、住房、服装、娱乐、教育和储蓄等方面的支出，将如何随着收入的增加而增加。因此，总消费量被解释为若干组成部分的总和，每一个组成部分都和收入有关。他引用了国家资源委员会对消费支出所做的统计分析，这是他在国家资源规划委员会工作的基础。[38]然后，他通过省略除总支出曲线外的所有曲线，来简化图解，还提供了一张显示储蓄和投资与收入之比的图，并把它放在书的封面上，以此强调该图的重要性。[①]

在这最后一张图中，储蓄是由前面列出的多种因素决定的，他还对

---

① 如本书前面提及的图 18-1。

收入进行了调整，使储蓄等于投资。投资的变动会带来收入的变动，这使萨缪尔森得以解释乘数效应、节俭悖论（即储蓄增加会减少收入）以及通缩和通胀缺口等概念。在讨论了私人投资和对外贸易的作用后，萨缪尔森在这一章的结尾用一节内容，解释了政府应如何利用货币政策和财政政策来稳定收入。由于针对这一点的主要反对意见是其对公共债务的影响，他指出，即使是保守派总统胡佛（Herbert Clark Hoover），也曾试图实施公共工程，以缓和这种周期。萨缪尔森承认，公共债务是一个重要问题，但他辩称，这不是美国面临的最严重问题。

关于储蓄和投资这一章，可以说是书中最具创新性的一章。[①] 弗里曼及其合著者的书中，也有一章的标题是"储蓄和投资"，但其内容和萨缪尔森这一章没有任何关系。弗里曼的章节中有丰富的定义，尽管它对储蓄和投资做了明确区分，并对储蓄的成因进行了长篇讨论，解释了储蓄可用于投资的其他方式，但他并没有分析它们之间的关系。储蓄和投资既是分析概念，也是分类工具。他的学生读到的是一系列的原则。其中一些是关于商人态度的信念，比如"本金安全最重要：投资者主要关注未来收入的确定性"。[39] 另一些似乎是经验主义的概括，比如"意向储蓄的数额取决于国民收入规模及其分配情况"[40]，或者是简单的分类方案（储蓄可能带来非生产性商品、耐用消费品、商业资产或闲置资金的创造）。[41] 其他的则是理论命题，尽管它们没有像"商业银行的信贷扩张可能会挤压实际储蓄"这样的命题那样被提出。[42] 与萨缪尔森不同，他的前辈们并没有对现实世界市场如何运作的经济理论和主张做出明确区分。

相反，萨缪尔森用高度串联他的书中内容的图示，来说明为何市场

---

① 塔希斯是本书第12章提到的哈佛研讨会的参与者之一，他在次年出版的一本教科书中引入了凯恩斯主义思想，但此时萨缪尔森对此一无所知。参见本书第26章。

不一定会产生适当的投资水平以确保充分就业，尽管保守派批评者对这一论点表示反对。萨缪尔森试图颠覆的其他保守主义信条，包括通胀必然有害的观点，以及关于"货币之所以有价值，是因为它有黄金作为后盾"的"神秘信仰"。他解释了通货膨胀是如何将财富从债权人手中重新分配给债务人，进而在不同的经济阶层之间进行分配的。温和的通货膨胀使"工业的车轮……润滑得很好"，每个人都能从中受益：债权人得到的补偿是比价格不变时更高的利率。然而，通货膨胀的迅速上升将会扰乱生产——尽管他解释称，除了战时或战后，很少有恶性通胀的案例。

至于货币，虽然美钞上可能写着"银币券"或"可兑换合法货币"，但这只是意味着你可以把一张 10 美元的钞票换成一张"新钞票"，或者换成 5 美元和 1 美元的混合钞票。① 货币之所以拥有很高的价值，是因为它一直都很稀缺。如果一国政府发行的债券超过了需求，那么它的价值就会下跌，进而可能出现恶性通胀；但只要发行量没有超过需求，债券就会保持其价值。萨缪尔森认为，就像个别价格一样，总体价格水平由供给和需求决定——由国民收入水平和充分就业之间的关系决定。货币意义重大，因为它是影响消费和储蓄的因素之一。1945 年撰写书稿时，萨缪尔森非常清楚家庭资产对于消费的重要性，因为在战争期间，美国家庭和企业积累了高达 2000 亿美元的现金和流动资产，这可能会导致战后更高的支出。尽管这涉及过去，但如果没有对货币数量论（即价格水平和货币供给成正比的理论）的描述，这本书就不可能是完整的。货币数量论是米尔顿·弗里德曼在 20 世纪 50 年代使之复兴的理论。萨缪尔森认为，这个理论的问题在于，价格和总支出不一定成比例，总支出和货币供给也不一定成比例。著名的"交易方程式"（货币供给乘以流通速率

---

① 这并不正确，因为银币券可以兑换成银圆或 25 美分。

等于价格水平乘以产出数量）是一个真理——它是正确的，因为流通速率被定义为货币收入（PQ）和货币供给之比。

批评和反馈

麻省理工学院并非唯一一所教材存在问题的大学。在一封信中，萨缪尔森甚至开玩笑说，"对入门教材和教学现状的哀叹，是一项头等重要的室内学术运动"。[43] 1946 年 2 月，萨缪尔森哈佛时代的朋友艾伦·斯威齐写信给萨缪尔森，称他听说萨缪尔森正在写一本教科书。[44] 斯威齐写道："和往常一样，我们担心基础课程。"他们想找到一本更好的教科书。斯威齐问萨缪尔森，他的书什么时候出版，出版商是否会反对他和同事在威廉姆斯学院的学生身上试用一些内容。萨缪尔森回答说，尽管他认为这本书很成功，吸引了很多学生，他也很乐意提供一些有趣的章节征求意见，但他认为，在麻省理工学院以外的地方使用这些章节教学，目前还为时过早，因为还有一些空白和"粗糙的地方需要修改"。[45] 他承诺在 3 月 1 日给斯威齐寄去一份副本，因为新学期开始他自己会拿到更多的副本。

萨缪尔森已经给沃尔夫冈·斯托尔珀和埃里克·罗尔寄去几份副本。斯托尔珀将此事告诉了几家出版商的代表，希望萨缪尔森能签下一份"丰厚的合同"，[46] 一个月后，麦格劳-希尔出版公司的代表告诉斯托尔珀，萨缪尔森已经签约，斯托尔珀回答说，他确信斯沃斯莫尔学院每年会订购 500 册。罗尔对埃米尔·德普雷大加称赞这份手稿，因此，德普雷向萨缪尔森索要了一份副本。德普雷已从政府部门回到威廉姆斯学院，他在给萨缪尔森的信中写道，当他思考"一般教学问题，尤其是入门课程教学问题"时，他感到困惑。[47] 他得到了与斯威齐和斯托尔珀相同的回应：欢迎他对内容发表评论，但这本书太不完整，还不适合在麻省理工学院以外的地方使用。[48]

　　此时，萨缪尔森对自己正在做的事情已有清晰认识。正如他向德普雷所解释的，他的目标读者是那些非主攻经济学的学生，他们在这门课上"自然"会遇到他们认为重要的问题。[①] 戴维·麦科德·赖特写道，"学生的需求便是那些理解力强的公民的需求"。[49] 这或许可以解释为什么这门课受到了广泛欢迎，尽管正如萨缪尔森向斯威齐所承认的那样，坐在教室里的退伍军人比战前的学生对经济政策的广泛问题更感兴趣。[50] 其结果是，萨缪尔森"无情地弱化"了价值分配理论，除了对供求关系、成本和利润进行简要分析外，他还对比较成本做了相当严谨的分析。他关注的是国家收入政策问题，以及他所谓的"关于企业、工会、股票市场等基本生活事实的初步阐述"。[②][51]

　　萨缪尔森反复向几个朋友强调的一点是，他很喜欢写教材这项工作——尽管对此他表示略有为难。他对斯威齐写道："我开始这项工作时有些惭愧，但我必须承认，我一直很享受这项工作。"[52] 鉴于他在这段时间（1946 年 3—4 月）前后发表这些言论的一致性，以及这些言论是对他不需要树立形象的亲密朋友说的，似乎没有理由不按字面意思理解它们。[53] 他感到惭愧的是，为了让读者能读懂这本书，他不得不做出简化和妥协。但在这一点上，我们必须确定他的观点，即他是在处理读者需要理解的实际问题，尽管不无难度。令他略感为难的另一个原因可能是，当时正在哈佛

---

① 本章前面讨论了萨缪尔森和德普雷的通信。

② 萨缪尔森还非常清楚地指出了他认为的其他教科书中的错误。例如，希克斯写了一本"太简短却不算枯燥的，太少关注经济'心理学'而不是非经济集中器（non-economic concentrator）的'解剖学'的书"。博尔丁的书则分析性太强。鲍曼和巴赫（Bach）的书虽然很棒，但是"卷帙浩繁且理论性强，对基础课程来说难度过大"。他自称"私下颇喜欢"布鲁斯·奈特（Bruce Knight）的书，这本书通常被看作"是为专科学院的新生和女生写的"，但他对这一点并不在意。

大学出版社出版流程中的《经济分析基础》，详细地阐述了他对入门学生"刻意弱化"的理论。

那些收到手稿的朋友提供了反馈。斯托尔珀批评手稿太长、太详细，例子也太多，因为它没有给教师留下任何可以补充到这本书中的东西。[54] 这和萨缪尔森在麻省理工学院的同事们的反馈形成了鲜明对比。萨缪尔森的同事们很喜欢这本书，因为它激起了学生们的极大兴趣，以至他们从来没有时间讨论"阅读资料中提到的一些偶然事件"。艾伦·斯威齐严厉批评了"货币和价格"那一章。[55] 他认为萨缪尔森搞错了方向，在解释货币是什么之前，萨缪尔森讨论了货币供给和价格水平的关系，而斯威齐认为首先应该介绍货币创造的过程。斯威齐还以凯恩斯主义的风格提出，萨缪尔森应该一开始就把支出作为影响价格的因素。他对货币数量论的批判远远超过了萨缪尔森。

> 它（指货币流通速率）是一个相当无用的概念，实际上，它比无用更糟糕，因为它暗示了一个根本不存在的神秘因果过程。仅仅因为我们在这样的环境中长大，后来我们必须努力去理清相关思路，并不构成让现在的学生重复这段痛苦经历的理由。支出才是让货币"流通"的真正原因，我认为从一开始就强调这个简单的道理，并让它频繁出现在学生面前，是非常重要的。[56]

斯威齐认为采用历史方法来教授理论是错误的，而萨缪尔森似乎认真对待了斯威齐的批评。几天后，萨缪尔森收到了斯蒂格勒新一版的《价格理论》（1946），萨缪尔森回复说，这是他所能推荐的有关中级或高级价格理论课程的"唯一读本"，因为"迄今为止，我们都在犯让学生重复经济思想发展所经历的曲折历史的教育罪"。[57]

　　萨缪尔森的朋友们给出了截然不同的反馈。斯托尔珀觉得这本书太全面，斯威齐却觉得它太简短。斯威齐说，他很喜欢这本书，因为它"比他所知道的任何一本基础教科书都更有冲击力和味道"，而且"胖的人钓鱼、瘦的人打猎、聪明的人制药"等内容很棒，但是他说，其中的很多内容过于简洁。尽管要点陈述得很清楚，但对入门学生来说，有必要详细说明那些看似很简单的要点："你必须考虑它们（看上去很明显的要点），反反复复提到它们，介绍一些插图，一遍又一遍地重复你说过的话，仅仅稍微做些变化。"萨缪尔森正在从斯威齐那里吸取有益的建议，斯威齐的哈佛生涯给他教授基础经济学提供了许多经验借鉴。他还力促萨缪尔森删掉一些东西，以便把更多时间花在重大观点上。

　　当时正值 1946 年 2 月底，萨缪尔森希望能在 6 月前完成修订工作，这样这本教科书就能在秋季出版。[58]4 月初，他对这个时间表产生了怀疑，他怀疑自己能否在夏季结束之前完成，他说这本书花费了他大部分的闲暇时间。[59]到 4 月底，他又改变了主意，说"最终版本"差不多已经完成。[60]同年 5 月，弗里茨·马克卢普写信给萨缪尔森，说他听说了这本书，或许萨缪尔森可以考虑把布拉基斯顿（Blakiston）作为出版人。萨缪尔森回信称，书已经快完成了，麦格劳-希尔出版公司将在秋季或冬季出版它。[61]不久后，萨缪尔森又签下了另一本书——《经济学入门》（*A Primer of Economics*）——的出版合同，这是一本针对中级学生的书。[62]然而，事实证明这过于乐观了，修订内容的过程被拖延得更长。

　　在重新撰写书稿的过程中，萨缪尔森出版了"第二版初稿"，这次的书名为《经济学：入门分析》，供 1946 年 10 月开始学习的学生使用。[63]这是第一版的扩展版本。除了下面将讨论的一章外，他的改动仅限于对章节的重新排序和编写新的章节。最重要的变化，如图 25–3 所示，是他把储蓄和投资、货币和价格以及银行系统这三章往前移了，成为第二部分的修订初稿，直接从第一部分末尾的国民收入一章开始。最重要的是，第二部分以"商业周期"一章开始，这说明他的思维方式仍然是传统的，认为储蓄、投资和收入决定理论是商业周期理论的一部分。[①]

重新安排的结果是，从供给和需求开始的传统内容变成了第三部分，放在商业周期分析后，现在的标题是"充分就业的经济学"。鉴于第二部分从对周期的讨论开始，萨缪尔森似乎并未接受凯恩斯《通论》中的观点，即商业周期可以是就业理论的补充，而不是其背景，但他接受了凯恩斯《通论》最后一章提出的传统理论适用于充分就业的主张。

尽管该书仍被标注为"仅供私下阅读"，但萨缪尔森已经就印刷精装本与艾迪生–韦斯利出版公司（Addison-Wesley）达成协议，并在麻省理工学院书店以 3 美元的价格出售。当人们问起购书一事时，萨缪尔森会告诉他们去书店，有时他甚至会亲自检查库存情况。[64] 然而，尽管该书以这种方式出版，但它仍未完成，修订工作还在继续。8 月，他写信给一位朋友说，关于中央银行的那一章刚刚完成，并向朋友征求意见。[65] 9 月，他在写给麻省理工学院同事的信中称，希望能在秋季完成修订。[66] 10 月，他告诉以前的学生丹尼尔·范德穆伦，他刚修改完国民收入那一章，而且即将修改储蓄和投资那一章。这本书的修订过程一直拖到 1947 年。[67]

但那时，这本不仅牵涉到萨缪尔森和弗里曼，还牵涉到麻省理工学院院长卡尔·康普顿的书，引发了一场争论。这场争论和第二版初稿有关，这是萨缪尔森的批评者正在阅读的版本，1948 年 1 月，他把这一版寄给了其他大学的同行。[68]

---

① 关于 1945 年的初稿，有两点尚不清楚。第一点是，为什么萨缪尔森把储蓄和投资、货币和银行相关的章节放在最后。这是因为他尚未弄清楚想把它们放在什么地方，还是因为它们无法包含在之前的内容中？第二个问题是，一些章节被省略是因为它们还没有写出来，还是因为那一年的学生不需要它们？

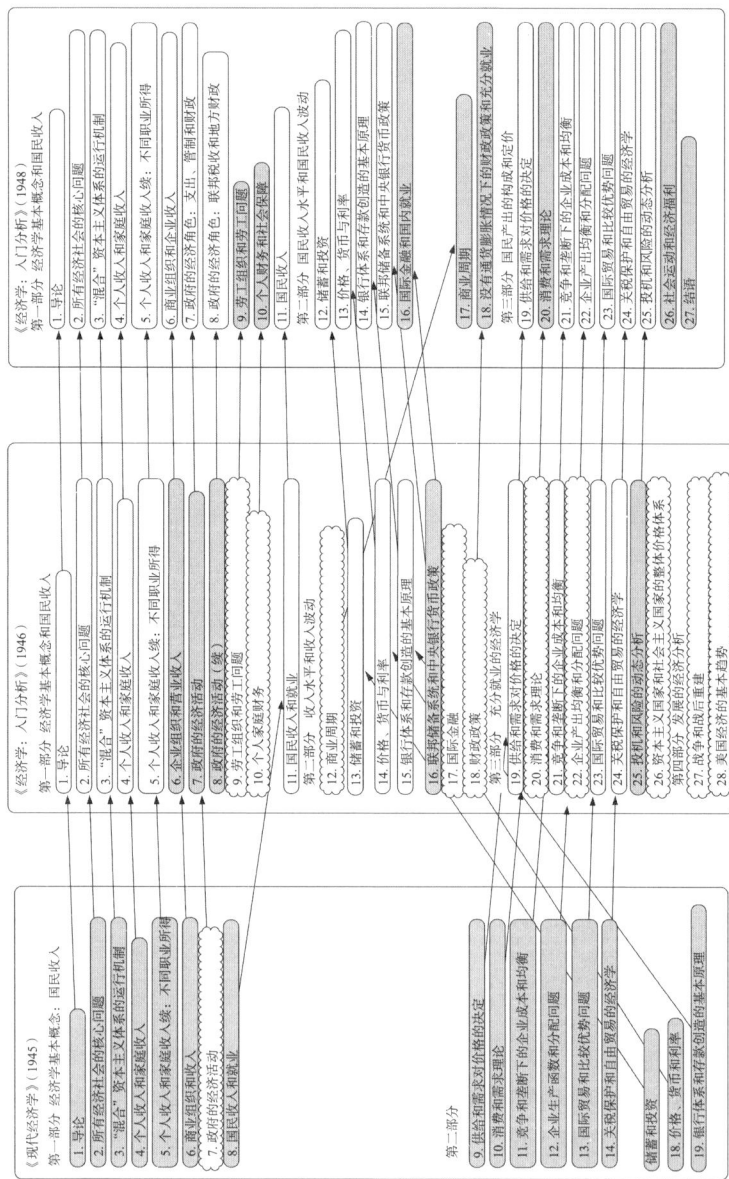

图25-3　不同版本教科书初稿的章节情况，1945—1948 年

注：云形框表示列出但未出现在初稿中的章节。阴影框表示新写或大幅度修改的章节。一些内容从一章移动到另一章的情况，在图中没有得到显示。

第26章

围绕教科书的争议：1947—1948 年

麻省理工学院内部的争议

1947 年 3 月 3 日，由麻省理工学院社团法人（MIT Corporation）指派的视察委员会召开了一次会议，讨论萨缪尔森所在经济学系的相关活动。[1] 会议由沃尔特·J. 比德尔（Walter J. Beadle）主持，他是麻省理工学院的毕业生，之后供职于杜邦公司（该公司也是麻省理工学院社团法人的成员，有两位代表）。这次会议与杜邦公司有关的重要意义在于，该公司的皮埃尔·杜邦（Pierre DuPont）、伊恩·杜邦（Irénée DuPont）和拉姆莫特·杜邦（Lammot DuPont）三兄弟在 1934 年已经认定，富兰克林·罗斯福总统不仅会采取措施废除禁令（其中一个兄弟因此而支持罗斯福），还将实施他们认为对企业不利的政策。他们成了某个历史学家所描述的"反对新政运动的商人群体"的核心。[2] 因此，比德尔并非杜邦公司唯一对萨缪尔森感兴趣的人。3 月下旬，埃德蒙德·林肯（Edmond Lincoln）从杜邦公司特拉华州办事处写信给哈佛大学的哈罗德·赫钦斯·伯班克，询问其对萨缪尔森的看法，并让伯班克放心，在这个问题上他完全可以畅所欲言。[3] 作为回应，伯班克首先高度赞扬了萨缪尔森。

　　从各方面而言，萨缪尔森来哈佛后的表现都是我们有史以来最出色的学生之一。我想，可以肯定地说，他已经和我们国家的大多数年长经济学家一样出名。他被许多人认为是美国最有前途的年轻经济学家。我们自己的教师，比如哈里斯、汉森、熊彼特，或许还有里昂惕夫和梅森，会尽一切办法支持他，而不是支持其他人。[4]

但是，伯班克接着提出了质疑，他说，人们对"一个成长如此之快、走得如此远的年轻人（尤其是在有争议的话题上）"的看法存在分歧。

一些人认为，萨缪尔森是同时代最杰出的经济学家；另一些人认为，他没有学会如何有效地运用自己那些毋庸置疑的能力；还有一些人认为，他非常精通数理经济学这个狭窄的领域，但缺乏在该领域之外进行有效研究的知识和能力。伯班克没有点出最后两类人的名字，尽管最后一类人准确地描绘了 1940 年萨缪尔森期末考试前，威尔逊从他同事那里得到的看法。

比德尔向拉尔夫·弗里曼形容自己是"一个在应用经济学领域耗了 30 年时间的商人"，他对经济学的教学特别感兴趣。[5] 一年前，比德尔曾写信表示，希望麻省理工学院能够不再为只修一两年经济学的学生提供"不平衡"的经济学知识。[6] 当他对这门入门课表现出特别兴趣时，拉尔夫·弗里曼解释称，这门课的核心问题是保持充分就业，它和传统的教学大纲截然不同，尽管传统的教学大纲被认为对学生来说更有意义和更加有趣。[7] 弗里曼已经解释过，系里并未试图向学生们灌输思想，而是把他们放在一个可以"采纳他们认为最好的哲学和理论"的位置。这一事实表明，甚至在会议开始前，就有人提出了有关系里应该教授什么内容的问题。[8] 会议结束后，委员会参加了麻省理工学院社团法人的午餐会，对萨缪尔森教科书的内容做了讨论，几名成员表示有兴趣对这些内容进行审阅。

1947 年 6 月 13 日，萨缪尔森在麻省理工学院毕业典礼上和比德尔有过交谈，大概已经被告知该公司对他的教科书很感兴趣。他似乎表示，他很高兴有人会对这本书进行批判性的审阅。在亲自阅读这本书前，比德尔曾写信给拉尔夫·弗里曼，建议弗里曼邀请威尔福德·金（Wilford King，任教于纽约大学）和弗雷德·费尔柴尔德（任教于耶鲁大学）等经济学家一起审阅这本书。①6 月底，比德尔仔细阅读了这本书，并在 7 月写信给弗里曼。比德尔说，这本书非常重要，因为它和麻省理工学院有关联。不仅因为这本书被用于教授麻省理工学院的经济学基础课，而且所有麻省理工学院教授写的书都会得到"广泛而批判性的"阅读。9由于麻省理工学院的声誉，以及改革后的四年经济学和社会科学课程，确保所有教科书"完全客观和成熟"颇为重要。

比德尔对这本书的某些方面持肯定态度，他写道："我想称赞萨缪尔森教授，他以清晰的风格展示了大量有趣的材料，我想，它比我本科时使用的陶西格那本乏味的书，更能激发学生们的兴趣。"10但是，他表示，试图让陈述变得生动活泼的做法有时会略显轻率，比如当萨缪尔森写道铁路公司总裁的"工作相当单调"时。尽管萨缪尔森试图保持客观，但比德尔认为他有时也会犯错，比如他说联邦政府有无限的资金来源时，他称私人投资者犯的错误可以通过"先进的集中规划"来避免。比德尔称，后一种说法暗示联邦雇员比私人雇员更可靠。比德尔还为一些言论感到不安，比如这本书不能像它本来应该做的那样，彻底地处理"从根本上改变经济制度的问题"。

---

① 费尔柴尔德公开反对汉森的国际主义政策。参见本书第 19 章。

当比德尔说他很高兴萨缪尔森已经邀请弗里曼来编辑他（指萨缪尔森）的书时，比德尔是在暗示他自己手上有一份"重要的编辑工作"。如果萨缪尔森"像一所工程院校教授对待这类问题那样客观地对待"自己的任务，他乐观地认为这本书将为麻省理工学院和它的作者带来声誉。显然，比德尔认为一所工程院校的所有人都有责任保持客观。①

视察委员会的另一名成员邀请波士顿第一国民银行的经济学家尼古拉斯·彼得森（Nicholas Peterson）审阅这本书。虽然注意到仍然缺少几个重要章节，但彼得森称，作者提出的"既定事实"是某种形式的"有管理的资本主义"（managed capitalism）所必需的，不过彼得森没有提出其他观点。彼得森认为，只有给学生提供更多的历史背景，比如经济史如何演变、"美国企业制度的基本原则"，以及"美国经济中的明显优势和劣势"等信息，学生们才能理解这门学科。[11]萨缪尔森的写作风格"轻率而自大"，给人的印象是"他的思想有些不成熟，缺乏经济和政治史方面的学术背景"。彼得森附上了一份贯穿作者观点的段落清单，尽管他自称提供的是事实分析。②

比德尔把他写给弗里曼的信的副本寄给了麻省理工学院院长卡尔·康普顿和其他三名麻省理工学院社团法人成员。他引用伯班克写给他在杜邦的同事尼尔森的信，对萨缪尔森评估道：

> 我从未见过萨缪尔森教授，但据我所知，他拥有出色的履历，在数理经济学领域造诣颇深。许多人把他看作美国最有前途的年轻经济学家，也有些人觉得他还没有学会有效地运用他那毋庸置疑的

---

① 这是不是对哈佛更注重人文学科的含蓄批评呢？

② 这份清单似乎没有在档案中保存下来。

能力，还有些人甚至认为，他缺乏在数理经济学的狭隘领域之外发挥自己作用的知识和能力。他只有32岁，6年前刚拿到博士学位，这个事实向我表明，在适当的行政监督下，麻省理工学院也许能够使他成熟起来，使该学院和他本人共同获益。[12]

普利茅斯绳索公司（Plymouth Cordage Company）的埃利斯·布鲁斯特（Ellis Brewster）是社团法人成员之一，也是麻省理工学院校友，他赞同比德尔的观点，即萨缪尔森并不总是客观的，而是倾向于对政府期望过高。[13] 他认为萨缪尔森目光短浅，过于关注近期的经济事件，但这一点也很容易解释，因为他只有32岁。

然而，社团法人的另一名校友成员、贝尔电话公司的弗兰克·切斯特曼（Frank Chesterman，另一个收到信件副本的人）则持有另一种立场，他暗示萨缪尔森接近于一名共产主义者，甚至可能就是一名共产党员或其他类似组织的成员。切斯特曼写道，他"惊讶地发现，麻省理工学院的一名教师竟然说出了沃尔特在给您的信中引用的一些荒谬想法"。[14] 切斯特曼接着写道：

> 很明显，这个年轻人即便不是严格的共产主义者，也是有社会主义意识的。如果这本书以目前的状况出版，那将是对麻省理工学院一个糟糕透顶的反映。我怀疑萨缪尔森是否是我们经常听到的一些颠覆性社团的成员，因为他的推理思路和表达思想的方法，都属于那个群体。

相比于比德尔和布鲁斯特，切斯特曼对萨缪尔森的"错误观点"可以被纠正并不那么乐观，他还建议应该采取行动，以"避免使该学院卷入萨缪尔森的书出版后产生的后果"中。他的语气和比德尔完全不同——那是一种威胁。切斯特曼并不是视察委员会的一员，因此他可能对该系不太熟悉，他对"弗里曼教授和萨缪尔森允许我们的年轻人（指教师），按照萨缪尔森书中的数据进行教学"的想法，表示极度不满。

萨缪尔森认为比德尔的信提供了建设性的意见，并在 7 月 31 日以缓和的口吻回复，感谢他给出的非常有益的意见。[15] 他解释说，手稿现在已经交给出版商，做了重大修改，和比德尔看到的版本"大不相同"。他谨慎指出了存在意见分歧的地方和他的材料有争议的地方。这本书最初并不打算在麻省理工学院使用，在其他地方它也不会进入"内部渠道"从而面临竞争。为打消比德尔的疑虑，他解释说，他曾向比德尔建议的地方征求建议："美联储的许多经济学家都读过银行业的章节；卡耐基理工学院、威廉姆斯学院和耶鲁大学的一些教员……非常热心地审阅了手稿，我还请新泽西州标准石油公司的一些商业经济学家阅读了这本书。"[16] 他可能没有咨询费尔柴尔德，但他咨询了费尔柴尔德在耶鲁大学所教公共财政课的继任者。当然，他并未指出这些经济学家大多是他在哈佛的朋友和他以前的学生。

萨缪尔森还称，他修改了几乎所有比德尔认为存疑的 10 段文字的措辞。比德尔在 8 月 6 日回复说，他很遗憾听到手稿已经付印，因为他怀疑改写的程度是否足以为萨缪尔森和麻省理工学院带来声誉。他引用的例子只是说明了这本书中普遍存在的问题，仅仅纠正这些问题并不会有什么改变。萨缪尔森曾发表过类似言论的事实表明，"总体上不成熟的论调"可能仍然存在。[17] 比德尔最后总结说，如果萨缪尔森的目标是培养学生的独立思考能力，那么他们就应该帮助学生在历史的经济教训方面打下更好的基础。正如多年前在麻省理工学院学过经济学的人所希望的，比德尔主张用一种更具历史意义的方法来研究经济学。萨缪尔森亲自回复了比德尔，但可以理解的是，他似乎把回复切斯特曼的任务留给了他的上司们。[18]

麻省理工学院副院长詹姆斯·基利安（James Killian）在8月6日给比德尔的回信中为整个系做了辩护，他称该系所有成员都支持自由企业制度。

毫无疑问，我们经济学系的每一位成员都是自由企业制度的忠实拥护者。他们中没有一位是社会主义者或共产主义者。但是我相信，他们中的许多人可能真诚地认为，建立在没有经济控制或由政府平衡（或主导）基础上的政策，是破坏自由企业制度最有效的方式之一。[19]

基利安意识到比德尔可能会对最后一点提出质疑，他解释说，商业咨询委员会（Business Advisory Council，一个包括保守派和自由派在内的大型团体）的大多数成员都持同样观点，而且它们"当然不是主要指新政"。他还为拉尔夫·弗里曼辩护，称他是由戴维斯·杜威（Davis Dewey）提名担任系主任一职的（比德尔还是学生时他就担任这个职务了），因为他"能力强、判断准确客观、思想既保守又开明、兼具实业界和学术界双重背景"。[20]

鉴于比德尔在信中提到萨缪尔森的书会损害麻省理工学院的声望，基利安选择不关注他的思想观点，而是关注他对学院的忠诚：

毫无疑问，他是我院在经济学领域最杰出的学者。他也是一个具备非凡的个人品格的年轻人。战争期间，他做出了许多专业上的牺牲，在数学系教授一些课程，以帮助应对紧急情况。同样，他在分析某些雷达设备的性能和要求上，也做出很大贡献。他既谦虚又有很强的合作精神，他对学院的忠诚是我们把他留在员工队伍中的唯一原因。[21]

即将和康普顿讨论此事的基利安，毫无保留地支持萨缪尔森。

基利安还质疑比德尔对萨缪尔森的书的看法，这暗示着比德尔之所以觉得这本书令人反感，只是因为他的个人倾向。在基利安看来，比德尔引用的陈述是"合理的政策陈述"，它们"在支持自由企业制度的精神下执行，而不是作为破坏或削弱自由企业制度的一种手段"。是否为萨缪尔森的言论感到不安，取决于读者本人是否"碰巧对自由企业制度的颠覆动机特别敏感和持怀疑态度"。

此外，尽管比德尔的批评并不合理，但萨缪尔森一直都愿意修改这本书，并和许多经济学家进行了讨论，还将他们的批评考虑在内。这并不意味着教条主义。基利安接着为系里做了辩护，解释说学生们需要接触不同的思想流派。对教师的唯一要求是能力和对"我们的美国理想"的忠诚。他重申，书中毫无颠覆意图，完全支持自由企业制度。最后，他感谢了比德尔提出的建设性意见。

尽管基利安试图澄清事实，但争议却不断升温。基利安写给比德尔的信和一封比德尔写给康普顿的信混在了一起。比德尔从萨缪尔森那里得知，这本书已经付印，由于他怀疑萨缪尔森的修改不令人满意，他决定采取更有力的措施。他问道："难道您自己不可能拿到修改后的书稿，在出版之前仔细阅读一遍吗？"[22] 有必要弄清楚，如他在早些时候的信中所推定的，这本书的问题是源于萨缪尔森的"不成熟"，还是源于"一种根深蒂固的社会主义哲学"。如果是后者，那么似乎就需要"对整个学院的教学进行更严厉的纠正"。比德尔改变了立场，虽然他没有指责萨缪尔森是一名共产主义者，但他离切斯特曼的立场更近了一步。比德尔还把抨击范围从对萨缪尔森的批评，扩大到对整个经济学系的批评。

> 无论如何，我认为由于他们允许以委员会审阅的形式把这本书分发给 Ec.11 的学生们，并把它作为课堂教学的基础，因此，经济学系的管理部门将会受到严厉指责。这使我对这一届管理部门的能力产生了质疑。

鉴于此，他建议和康普顿再举行一次会议，但不要请该系的任何代表出席。

8 月 7 日，萨缪尔森写信给康普顿，寄去了他写给比德尔的一封信的副本。[23] 他的主要辩护是，他的书代表了"过去 10 年 90% 的 50 岁以下的活跃的学院派经济学家使用的分析方法"。[24] 老一代经济学家可能不会同意，但这个领域已经发生变化，萨缪尔森所做的不过是反映年青一代的共识。与比德尔现在的建议相反，他和比德尔在"社会主义、共产主义和资本主义的一般问题"上毫无分歧，只是在具体政策上存在分歧。他向康普顿清楚而明确地陈述了对政治自由和学术自由的信念。

> 需要补充的是，这本书在任何意义上都不是一本"左翼"作品；我本人从未和任何形式的左翼组织有过联系，也从未与此类组织有过合作，或者——就这一点而言——与任何劳工组织有过合作。这并不意味着我不承认其他教师有权利坚持自己的信念。就我个人而言，我将毫不犹豫地推荐任何一位忠于美国政府的、性格温和的、训练有素的、令人满意的教师和研究人员到我们系里任职——即使他对社会主义或和平主义持有一种我不赞同的观点。[25]

　　萨缪尔森为自己辩护的原因不仅仅是反驳比德尔，还因为切斯特曼指控他如果不是一个附属组织的成员，至少也是一个共产主义的同情者。萨缪尔森否认有任何这种参与，这一点无可置疑，因为除了在《新共和》杂志和全国性报纸上发表文章支持汉森的政策外，他没有任何政治活动的历史。但是，他的朋友中包括许多社会主义者——当时拉斯·尼克松正在联合电气、无线电和机械工人工会（工会中有许多共产党员）发展自己的事业，尽管其中一人因杰出的军事生涯而中断；保罗·斯威齐和都留重人都是公认的马克思主义者；劳伦斯·克莱因当时也加入了共产党——他也是在捍卫对自己信念的权利。①

　　指控正在迅速升级，而且康普顿可能不需要萨缪尔森的任何提示就能明白，如果不想让事态失控，他必须采取更加强硬的措施。由于萨缪尔森的批评者都是麻省理工学院社团法人的成员，他们称要捍卫麻省理工学院，因此他选择对麻省理工学院社团法人和学术自由之间的关系进行解释。

　　　　一开始，整个大学的传统及创造性学术和有效教育蓬勃发展的条件，基本上都取决于有时被呼吁，有时被滥用的"学术自由"。教育机构并不是指令可以从控制机构和行政部门，流向那些直接执行机构职能的人的"直线组织"（line organization）。大学更像是学者和教师的合作集合体。为了支持这项有价值的工作，托管人董事会自愿联合起来提供业务领导和设施。他们可以通过建议、提议和批评，但不能通过指导或控制，来影响教师的观点，以及教师应该教什么或应该如何教。托管人董事会对这类事务的唯一合法控制是任命管理人员和教学人员。26

---

① 也许他提及和平主义反映了他对有关他在战争中的贡献问题的敏感性。

这一立场的明确含义是，无论是比德尔所在的委员会，还是麻省理工学院院长，"超越建议、提议和批评"都是错误的。康普顿在信中写道，虽然他曾相信比德尔无意超越这条界限，但比德尔最近来信的语气迫使他澄清自己的立场。虽然可以在"道德败坏、不忠、颠覆活动或表现无能"的情况下采取行动，但康普顿明确表示，他不会发布任何侵犯学术自由的命令或指示，"只要我是院长，麻省理工学院社团法人就不会发布任何此类命令或指示"。比德尔对萨缪尔森的批评已经到了康普顿不愿妥协的地步。康普顿要求知道每一位收到比德尔的信的人的名字，以确保他们也收到了他的回信。

面对康普顿的这一裁定，比德尔急忙退了回去，称他的话只是想提供有建设性的帮助，而不是意欲命令或控制。[27] 他写道，萨缪尔森7月31日的信反映了康普顿提到的"良好的个人品质"，同时他认为萨缪尔森根本没有理解他和麻省理工学院社团法人的同事们评论的所指范围。康普顿对比德尔关于召开会议进一步讨论此事的建议做出了积极回应，但由于他8月底没有时间，他建议由基利安作为管理层代表。埃利斯·布鲁斯特和查尔斯·斯宾塞（Charles Spencer）——与其他批评者不同，他们是麻省理工学院社团法人的常任成员——一致认为，还有一些程序问题需要解决，并支持召开会议。[28] 现在想影响萨缪尔森的教材的内容为时已晚，他们坚持认为，学术自由要求学生接触所有观点，他们希望有适当的程序确保可以实现这一点。

8月，比德尔试图为他对萨缪尔森这本书的批评争取支持意见。曾在洛克菲勒基金会和社会科学研究委员会工作过的经济学家比尔兹利·拉姆尔表示，原则上，视察委员会成员不应就该系某门课上使用的教科书发表评论。他所能做的最多就是表达以下观点：萨缪尔森书中的某些内容还不如其他人的好，他很乐意和萨缪尔森讨论这个问题。[29] 米德尔伯里学院（Middlebury College）的塞缪尔·斯特拉顿（Samuel Stratton）最初对萨缪尔森的书持负面看法，认为它给读者的印象是自由企业制度存在很多问题；这不是因为萨缪尔森实际上说了什么，而是因为他表达自己的方式。[30] 但是，当斯特拉顿有时间好好读完这本书后，他改变了看法。斯特拉顿承认萨缪尔森过于简化了实现充分就业的问题，一些结论过于教条，但他发现这本书很有启发性，他会喜欢用它来教学，因为它会引起课堂上的热烈讨论。他的结论是，萨缪尔森显然熟悉正统理论，书中的部分内容（例如关于价格决定和央行政策）写得很棒。[31]

基利安于 8 月 27 日会见了比德尔、斯宾塞和布鲁斯特，各方都希望把这件事画上句号。基利安在向康普顿汇报时说，他已经解释了视察委员会的职责仅限于就该系的经济学教学提供建议，萨缪尔森可以自由出版任何他喜欢的书。然而，尽管斯宾塞和布鲁斯特同意这一点，比德尔却不同意。基利安总结了这次会议的要点：

> 但是，比德尔一再抨击萨缪尔森，在该书的批评者中最为激烈和尖刻。他的判断有一种福音派的狂热，在我看来，这和他冷静地讨论萨缪尔森的观点毫无关联。
>
> 会议一结束，我就对比德尔的观点感到非常沮丧，并对只能被理解为威胁的东西感到不安。比德尔举例说，如果学院继续像现在这样教授经济学，他就不能认真地批准学院的筹款计划，他还报告说，他最终决定将整件事告诉拉姆莫特·杜邦，拉姆莫特曾表示自己不敢去想萨缪尔森正在向学院的学生们灌输什么。他还发表了其他一些好战和专制的言论。[32]

基利安的结论是，这件事应该由麻省理工学院执行委员会来处理，因为很明显，比德尔打算追查此事，而且这很可能会造成很大的伤害。

会后第二天，基利安起草了一份关于经济学教学的政策声明，其中包含非常广泛的原则声明。[33] 正如当他把它寄给比德尔时解释的那样，这份声明补充了课程目录中对不同课程的描述。[34] 他还称自己可以向委员会提供 Ec. 11 课程学生的调查问卷结果，以缓和这种局面。但是，他指出，麻省理工学院的管理层和教员无权就学生的信仰或观点向他们提问。[35] 然而，比德尔含蓄地质疑了这一点，理由是，如果学生们不被问及他们的信仰，可能就无法证明教学并不像他认为的那样富有偏见。[36] 此外，鉴于他认为萨缪尔森对这门课程的处理未能符合"对这门学科的学术处理"标准和基利安声明中所列的"所有相关事实和观点"，他想知道弗里曼打算在未来如何应用政策声明。

系主任罗伯特·考德威尔（Robert Caldwell）想出了一个办法来安抚比德尔。学生们不仅将得到一本教科书，还将得到一套推荐阅读材料，这些材料可以确保不同观点在教学中得到体现。这种可能性使他声称，比德尔 9 月 10 日的信中含有"具有真正教育价值"的建议。[37] 无论他是否读到比德尔的信中所表达的内容更深层次的东西，这都是一个可行的解决办法。

麻省理工学院和美国凯恩斯主义：1947 年秋

对萨缪尔森教科书的一个辩护理由是，他教授的是美国大学里广泛教授的最新材料。在麻省理工学院，这是一个很有意义的战略。然而，当萨缪尔森在麻省理工学院为自己的书辩护的同时，凯恩斯主义化的教学在其他地方也受到了抨击。1947 年 8 月，一个名为国家经济委员会（National Economic Council）的组织发表了一篇关于由斯坦福大学教授洛里·塔希斯撰写的《经济学基础》（*Elements of Economics*）的评论。[38] 这篇由罗斯·怀尔德·莱恩（Rose Wilder Lane）撰写的评论，企图明确颠覆美国人对用于教育子女的教科书的信任。[39] 她敦促读者们去读一读这本教科书，以便了解其中包含的谎言和宣教。她选择塔希斯的书并非因为它与众不同，而是因为她认为这是当时大学里教授的典型内容。

> 大学里每天都在教授凯恩斯主义理论，该理论多年来一直在经济学教学中占据主导地位，如今在大学里已经成为正统理论，在华盛顿势力强大。
>
> 这本书包含许多谎言。我指的是事实的矛盾，一个称职的经济学家知道这些都是谎言，例如（第 53 页），"100 年前……像最近几年那样，根本不为人知"……它还包含许多遗漏和歪曲的谎言，例如，强调企业利润而不提损失，尽管每个经济学家都知道，50% 的美国企业通常会出现亏损，而且即使在最繁荣时期，还有将近 1/3 的企业面临财务赤字。但我没有精力来讨论这本书中的谎言，你们可以自己去读一读。《经济学基础》的重要性在于，它对凯恩斯主义理论的有效宣传。
>
> 我们不去探究这个理论的古代史（基督教诞生前的神学渊源），在现代经济学中，它代表了卡尔·马克思关于"资本主义内在矛盾"的理论。[40]

尽管莱恩承认凯恩斯主义者"绝非共产主义者"，而是试图拯救资本主义的中间派，但是，他们认可"对经济萧条的马克思主义-凯恩斯主义（Marxian-Keynesian）解释"，并否认了"政府的经济行动导致了美国历史上的每一次经济萧条这个事实"。塔希斯这本书的真正问题在于，

它的倾向性观点和无数次重复所产生的"情感效应"。[41] 莱恩写道："我
不能公正地评价这本书对不成熟者的魅力。我无法表达它的严肃段落对
他们最深刻的、最美好的情感的影响。"这本书甚至不像一本经济学教
科书。

> 《经济学基础》以恐惧、羞耻、怜悯、贪婪、理想主义和希望为
> 基础，力劝年轻的美国公民按照这一理论行事。它根本不像一本经
> 济学教科书，它是一本异教徒的宗教和政治小册子。它激发了一种
> 非理性的信仰，并促使人们采取政治行动。从头到尾，没有任何迹
> 象表明，任何行动可以不涉及政治——和联邦政府。[42]

据称，莱恩的动机既源于塔希斯对民主政治的观念，也源于经济学
家在社会中的角色，以及他的经济论点细节，因为她对反凯恩斯主义
者路德维希·冯·米塞斯也持强烈批判态度。[43] 这篇评论列出了 15 所使
用该教科书的大学，出版商给这些大学的托管人写了信。[①][44] 寄回审阅
报告的人中就有麻省理工学院社团法人的成员。收到这封信后，拉姆莫
特·杜邦写信给比德尔，说他认为这是"麻省理工学院教授以一种更温

---

① 1950 年，当塔希斯的书再次引起争议时，萨缪尔森向基利安提供了该书发行的详
　　细情况："大约 3 年前，所谓的国家经济委员会以罗斯·怀尔德·莱恩的名义，对斯
　　坦福大学洛里·塔希斯教授的《经济学基础》发起了一场攻击。它以尖刻的表述，
　　使这本教科书看上去就像一个充满爱意的轻拍。这是第一次有人听说这个组织或
　　作为经济学家的罗斯·怀尔德·莱恩小姐。这次攻击的副本被发送到 15000 家银行
　　（要求每家银行捐 500 美元用于精选大学教科书）。同时，副本还被寄给了使用塔希
　　斯的书的每一所大学的每一位理事。顺带说一句，塔希斯的书是一项体面的研究，
　　获得学术期刊的好评，对它的任何批评都和莱恩小姐的批评对象没有共同之处。"
　　［1950 年 8 月 22 日萨缪尔森写给詹姆斯·基利安的信，PASP 87 (MIT Archives)］。

和的方式做事的一个严重例子"。[45] 拉姆莫特欣慰地看到，麻省理工学院并未被列入采用这本教科书的大学之一。随后，他对一些大学里的"左派"持反对态度表示惋惜，并举了"东方一所知名大学的一名教授"的例子，这名教授已经被建议到其他地方去找工作。他朋友的问题是这个系有 11 名教授，其中 7 名是左派，只有 4 名是"政治良好派"（sound）；民主进程意味着不善社交的政治良好派（retiring sound people）将被左派取代。比德尔从公司的一位同事那里收到了一份审阅报告的副本，连同杜邦的信一起寄给了康普顿，解释说报告指出了美国经济学教学中存在的问题。[46]

康普顿是在和家人一起参加夏令营时读到这篇评论的，他认为它是"非常有效的陈述"——如果萨缪尔森听到这句话，可能会感到担忧。他还将《财富》杂志上的一篇评论和克莱因的《凯恩斯主义革命》（*The Keynesian Revolution*）一书联系在一起。[①][47] 这篇评论认为萨缪尔森是"当代最杰出的经济学家之一"，并聚焦于凯恩斯的保守主义：因为凯恩斯提供了解决失业问题的方法，"保守派应该比他们更感激凯恩斯（他给他们上了正确的一课）。这位匿名评论者确实认为克莱因"过分热情"，并批评了他对凯恩斯主义思想的社会和政治后果的糟糕认识，但又认为他对技术细节的描述"足够娴熟"，足以弥补这一缺点。[②] 康普顿或许是希望一本商业杂志的观点能引起比德尔的重视。

秋季，管理层继续就经济学系的教学事宜与视察委员会保持联系。比德尔建议基利安去读一读哈佛大学校长科南特关于哈佛商学院商业责任教育的一份声明。他提请基利安注意科南特的一段话，科南特在这段话中认

---

① 参见本书第 24 章。

② 审查太过简短，无法具体说明克莱因的缺点是什么。他可能是在暗示自己相信苏联已经解决了确保充分就业的问题。

为，机会平等"只有在私有制和利润动机被视为基本原则的竞争性社会中才有意义。"[48]一个明确的建议是，麻省理工学院应该考虑将这种对自由企业制度的承诺纳入经济学教学的声明中。基利安宽慰比德尔说，课堂上讨论了不同观点，还给他发了科南特关于学术自由的演讲。[①][49]他们讨论了为 Ec. 11 指定的补充阅读材料，并应比德尔的要求，讨论了工业经济学的辅修课程 Ec. 12。[50]

比德尔和耶鲁大学的弗雷德·费尔柴尔德讨论了这种情况，众所周知，费尔柴尔德反对汉森的国际主义，在他的建议下，比德尔试图让科南特对匹兹堡大学商学院院长文森特·兰菲尔（Vincent Lanfear）所遵循的程序感兴趣。[②]用比德尔在给康普顿的信中引用的话说，费尔柴尔德赞同兰菲尔的观点，认为他是"我所知道的唯一一位对经济学教授的教学方法持坚定立场的行政官员，特别是关于商业和宣传共产主义、集体主义等的虚假和鲁莽言论。"[51]比德尔试图安排兰菲尔和麻省理工学院管理层会面，但基利安拒绝邀请外部人士对麻省理工学院的经济学系做出判断。对比德尔来说，同基利安一起反思这起事件要好得多。[52]迪安·考德威尔（Dean Caldwell）也对咨询兰菲尔的想法反应消极，理由是匹兹堡大学因自己的政策而饱受批评。[53]尽管他们希望尽可能地帮助麻省理工学院

---

① 佛蒙特大理石公司（Vermont Marble Company）的雷德菲尔德·普罗克特（Redfield Proctor）是麻省理工学院社团法人的另一位终身成员，他认为萨缪尔森给人的印象是，对一些工资统计数据持怀疑态度，且认为每个人的工资都应该一样，这进一步强化了他的观点，他由此推断萨缪尔森不可能成为一个"真正的好教师"。［1947年 10 月 21 日普罗克特写给康普顿的信，PASP 87（MIT Archives）］。

② 关于费尔柴尔德，参见本书第 19 章。

社团法人的成员，但他们不想卷入和其他大学的讨论中。①

视察委员会的报告：1948 年 2—4 月

在被康普顿告知克莱因的《凯恩斯主义革命》一书后，比德尔对萨缪尔森有了一个新的担心理由。1948 年 1 月，他写信给弗里曼，询问这本书的最后一章"凯恩斯和社会改革"是否也在克莱因的博士论文中。克莱因在这一章概述了一项经济政策计划，称该计划得到了汉森和萨缪尔森等人的支持。如果论文中有这一章，萨缪尔森一定会赞同这一章，这将表明他的教学并不像人们所称的那样无害。② 54 克莱因的书还被

---

① 当这些讨论在麻省理工学院内部进行时，塔希斯在美国经济学会内部得到了强有力的支持。10 月，哈佛大学的西摩·哈里斯写信给保罗·道格拉斯（美国经济学会主席），让他注意一个被普遍视为"众所周知的法西斯分子"所运营的组织，对学术自由的威胁，并指出哥伦比亚大学的卡尔·舒普（Carl Shoup）已经起草了一份对塔希斯批评者的回应［1947 年 10 月 27 日西摩写给保罗·道格拉斯的信，PASP 37（Harris）］。因为他认为教师在选择教科书时不受外界压力很重要，哈里斯建议美国经济学会成立一个委员会以增强那些想争取学术自由的人的力量。他预测这个问题将变得越来越重要，他还建议美国经济学会调查一下"国家经济委员会究竟是什么机构，它从哪里获得资金"。其结果是，1947 年 12 月 30 日，美国经济学会批准了一项声明，称"大学和学院教师，必须有自由和不受限制的权利，来选择他们教学和研究中所使用的教科书和相关材料，而且没有任何人相信，通过他们教师的教学可以促进他们课程目的的实现"（美国经济学会，1948，533）。此外，还成立了一个由 3 名前任校长组成的委员会，负责对情况进行审查并做出自己的判断，在必要时将其提交给美国大学教授协会（American Association of University Professors）。但是，由于没有邮寄清单，事实证明很难传阅该文件并把它通知到委员会，这导致一年后才采取进一步行动（参见美国经济学会，1949）。

② 克莱因的博士论文并未包含这一章，而是以反驳凯恩斯主义理论只是一种"萧条经济学"收尾。

雷明顿武器公司（Remington Arms Company）的唐纳德·卡彭特（Donald Carpenter，麻省理工学院社团法人的成员之一，基利安曾就其他问题征求过他的意见）用作反对萨缪尔森的证据。[55] 卡彭特一直在和比德尔沟通，根据比德尔的建议，他读了这本书的最后一章。[56] 他的反应是，"如果这代表了萨缪尔森教授的经济学类型……我也有点担心……对我来说很难认同其中的一些陈述，我会严肃质疑在麻省理工学院教授这种经济学是否适当。我真诚地希望这本书没有正确地反映所教的学说"。[57]

尽管卡彭特承认断章取义并不公正，但他还是引用了克莱因最后一章中的几句话，以便基利安进一步探讨这个问题。这些引文包括关于必须将收入从富人那里重新分配给穷人，以减少储蓄的声明，以及即使在失业计划得到解决后仍有必要进行社会改革的声明。其中有一句话赞扬了备受争议的价格管理办公室的工作，称其"在战争期间为我们提供了超出一切最佳希望和愿望的服务，它没有侵犯任何基本的自由，只是侵犯了贪婪地牟取暴利的自由"。[58] 在附言中，卡彭特提到他曾和一位朋友讨论过这个问题，这位朋友的反应是："这不是我想让我儿子被教的那种经济学。"[59] 卡彭特做出了一个让步：

> 他（指卡彭特的朋友）接着进一步指出（我赞成这一点），如果那位教授指出这是一种经济思想，而这里（给出保守的类型）是另一种类型的思想——客观地说，尽管我更愿意他陈述的是一种对保守型的偏好——那么这种类型的教学就不会受到严厉批评。

两天后，比德尔写信给基利安，随信附上一本克莱因的书，并说如果他和康普顿没有读过这本书，他们或许会乐意一读。[60]

在做出回复之前，基利安询问了迪安·考德威尔的意见。考德威尔评论说，卡彭特的信的最后一段确实包含了一个建设性的建议，他自己和该系的讨论证实了卡彭特的观点，即萨缪尔森的教科书提出了广泛的观点。萨缪尔森和同样从事教学工作的塔克教授持截然不同的观点，他对学生们"经常"被提及的材料的数量和种类感到惊讶。[61] 至于提到克莱因，考德威尔不以为然，理由是学生们的观点并不总是反映他们老师的观点，萨缪尔森显然会比更年轻的、经验更少的人，更谨慎地、更不那么极端地表达自己的观点。考德威尔的回应被详细地转述给了卡彭特。萨缪尔森比他的学生更谨慎，这一点表明应该以萨缪尔森自己的陈述作为判断基础，他们应该等到这本书出版后再发表评论。基利安还强调，正如他早些时候对比德尔所说的，萨缪尔森是经济思想的先驱和极具创造力的学者，他致力于追求真理，他的工作"受学术研究的最高理想指引"。[62] 萨缪尔森对自由企业制度的成功或许有不同看法，但他无疑相信这一点。①

基利安试图说服卡彭特不要只拘泥于一门课：

> 更重要的也许是，学院学生所处的一般学术环境。如果整个氛围客观，即使哪一门课的材料有偏差，我认为它对我们的学生产生不良影响的可能性也微乎其微。我非常尊重我们学生群体的批判意识，不觉得他们有可能会被宣传严重误导，即使存在宣传。[63]

然而，在试图说服麻省理工学院管理层认可萨缪尔森的观点是危险的过程中，比德尔并没有让步。4月，他写信给基利安，让人们关注最新一期《美国经济评论》上发表的一篇对克莱因的书极具批判性的评论。

---

① 这里，他引用了道格拉斯在授予萨缪尔森克拉克奖时宣读的全文来支持该观点。参见本书第 28 章。

这篇评论的作者戴维·麦科德·赖特是萨缪尔森在哈佛的朋友，他从技术角度批评了这本书，并在比德尔提请基利安注意的一段话中指出，克莱因显然同情马克思主义。

> 克莱因似乎也从未考虑过，至少部分活动的动机不仅是享受收入，而且是积累和传递财富。我认为，对他和其他人这一疏忽的解释是意识形态上的。从本书来看，克莱因博士似乎对社会主义（如果不是马克思主义的话）有着强烈共鸣。[64]

的确如此。为了证明萨缪尔森并不反对克莱因将某些观点归功于他，比德尔引用了萨缪尔森最近在西摩·哈里斯编的一本书中写的章节，他称这个章节很大程度上归功于他和克莱因的讨论，克莱因的"有益研究"即将出版。[65] 比德尔把萨缪尔森和克莱因的观点联系起来，旨在表明对萨缪尔森的攻讦并非空穴来风。比德尔还提请基利安注意麦科德·赖特的结束语。

> 如果经济学家们所要做的不仅仅是成为时下各个学派争论的辩护者，他们就必须牢记不同的假设、政策和哲学；在我们有限的头脑竭力描述的广阔而多样的生活面前，他们也需要少一些扬扬自得。[66]

比德尔显然认为萨缪尔森是"时下争论的辩护者"，他必须被迫去考虑其他观点。

在这种情况下，萨缪尔森必定收到了教师们的一系列来信，他们要么读过他1946年的初稿，要么听说过它，并询问出版的版本是否能及时在他们的课上使用，从而打消了他的疑虑。1948年上半年，他积极参与编写了一本教师手册作为该书附录，并收集了一些读物作为该书补充，后者无疑受到了视察委员会事件的影响。[67]

鉴于经济学系觉得受到了比德尔的攻击，而比德尔又因"为经济学系的进步无私奉献的愿望受挫"而备感沮丧，在视察委员会的公开会议上就此事发表意见将至关重要。在准备这次会议时，比德尔咨询了比尔兹利·拉姆尔的意见，拉姆尔在洛克菲勒基金会工作过。拉姆尔解释说，他个人更喜欢一门关于国家和个体企业之间关系的经济学课程，无论是在受控制的、计划的还是自由的企业制度中。但是，他的主要兴趣在整个课程的组织结构上，他认为应该把重点放在政治和经济实力上，而不是经济分析上。[68]比德尔读了拉姆尔推荐的书，他认为拉姆尔的"利润和报酬"一章应该在课程中作为必读章节，这是他读过的关于"我们经济的激励方面"最有力的陈述。[69]他还提出了对规划的一种批评。[70]

视察委员会的这次会议最终于 1948 年 5 月 3 日举行，其主要议程是向弗里曼提出一系列问题。委员会对"人文和社会科学"的小册子中包括政策声明感到满意，但它要求提供一种保证，即该政策正在实施，不会引入偏见，因为学生恰好碰到了一个具有特定观点或没能去读可选材料的教师。拉姆尔关于激励的重要性的一章已被列入阅读清单，有人建议还应增加一篇文章，其中凯恩斯指出"古典经济学教义包含了一些具有重大意义的永恒真理"。[71]委员会还询问（弗里曼）学生们是否会注意到对计划提出的五项批评主张：政府规划者和私营企业规划者一样容易犯错，对政府管理者施加的政治压力可能会导致"严重的经济错误"，政府的错误可能比私营企业的错误造成更严重的后果，损益问责制的缺乏可能会使政府的错误持续更久，政府的活动和控制可能会阻碍私人的积极性和投资。[72]这份清单表明，虽然他们称已接受了不同立场的思想，但委员会显然是想确保学生们能接触到它对政府活动的批评意见。

最终的报告对经济学系的合作态度及其对委员会政策的支持表达了赞赏，但它指出，像其他大学一样，该系的教学"深受已故凯恩斯勋爵著作的影响"。[73] 他们注意到这些意见和中央政府的计划相关，因此建议，当学生在学习有关计划可能带来的好处的理论时，也应注意计划可能有害的若干原因。他们承认，委员会特别关注"保守或传统观点"的表述，并接受了弗里曼的一份政策声明，其大意是，推荐阅读材料将提供和教科书不同的观点。他们还建议，教师的任命应该反映出不同观点的可取性。尽管使用了外交式的公文表述，强调了观点多样性和客观性的必要，并避免了任何可能令麻省理工学院难堪之事，但其无异于试图将经济学系的教学推向更保守的方向。萨缪尔森的教科书对学生们的影响原本可能会引发一场危机，但它却被避免了，尽管只是暂时的。①

---

① 该书出版后，争议再次爆发，并在整个 20 世纪 50 年代持续。

第 27 章

《经济学》第一版：1948 年

现代经济学

1948 年 5 月，《经济学：入门分析》出版。首印量非常大，达到了 20000 册，但不到两个月便告售罄，麦格劳-希尔出版公司又安排印刷了 25000 万册。到 8 月，该书已被耶鲁大学、哈佛大学、普林斯顿大学、杜克大学、哥伦比亚大学、普渡大学和其他许多大学采用。[1]

萨缪尔森的书之所以能主导经济学教学，是因为它提供了对现代经济学的解释。"现代"这个词虽然已经被从书名中删除，但开篇几页清楚地表明，现代经济学与解释"商业活动令人眼花缭乱的涨落起伏"有关。[2] 大萧条、1937 年复苏夭折，以及战时规模空前的扩张活动，都是近期的记忆，而解释这些记忆所需的理论在过去 10 年才发展起来。经济学教学必须与时俱进，尤其是对包括返校复员士兵在内的一代学生而言。和大多数学生相比，复员士兵年龄偏大、更自信，对无关紧要的事情也不那么宽容。为此，萨缪尔森的书在内容和风格上都进行了创新。洛里·塔希斯的《经济学基础》在前一年出版，内容和萨缪尔森的书相似，但风格更为传统；萨缪尔森的书一经出版，《经济学基础》的销量就迅速下滑。①

正如早期草稿及克莱门斯和杜迪几年前提出的那样，国民收入这个在战争期间成为制定政策的核心的概念，是这本书的中心思想。然而，在出版的版本中，萨缪尔森进一步打破了和过去的关联。传统方法将经济活动的波动视为商业周期更广泛理论的一部分，而萨缪尔森把收入决定理论放在开头，尽管他确实在书中加入了一章关于商业周期的内容，但这一章被放在了后面。收入决定的静态理论变得与更为复杂的、不那么成熟的动态思想无甚关联，正如它在凯恩斯的《通论》中那样。

萨缪尔森用早期草稿中没有用过的图来阐释这一理论，该图描绘了收入的循环流动，这将成为此类书籍的一个标准特征。他用了两个版本的图。第一个版本直接复制了图 27-1，阐释了国民收入如何用两种方法来衡量：要么作为收入，要么作为产出。

在接下来的章节中，他将图表转化为如图 27-2 所示，增加了管道和水泵，表示流向循环的投资流量，底部的出口则表示经济体中储蓄的泄漏量。这样一来，它显然成了一个液压系统，尽管目前尚不清楚其物理构造（水泵表明它由重力驱动，不适合圆周运动），这很容易使萨缪尔森阐述的理论的核心特征形象化。

---

① 萨缪尔森将塔希斯的书的命运归因于外界对塔希斯的攻击，称他是一个"凯恩斯主义的马克思主义者"（KeynesianMarxist），对此本书第 26 章已有讨论。萨缪尔森把自己的书能经受住这样的攻击归功于它更科学的风格。这些攻击确实满怀恶意，但似乎并无确凿的证据表明，它们导致任何机构放弃了塔希斯的《经济学基础》，倒是有一些证据表明，这些攻击是无效的。《经济学基础》的销量下降，可能只是因为大多数教师更喜欢萨缪尔森的教科书。

作为收益和产出的收入

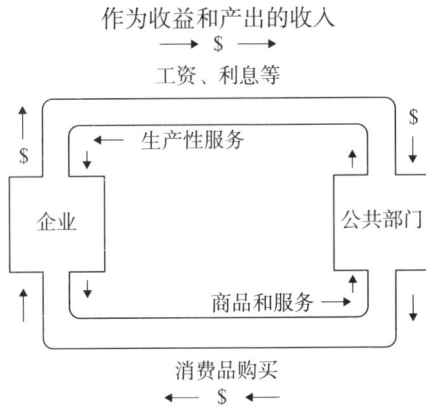

图 27-1 收入的两种定义

资料来源：萨缪尔森，《经济学：入门分析》，麦格劳-希尔出版公司，1948 年版，第 226 页。麦格劳-希尔教育集团授权使用

投资如何决定收入

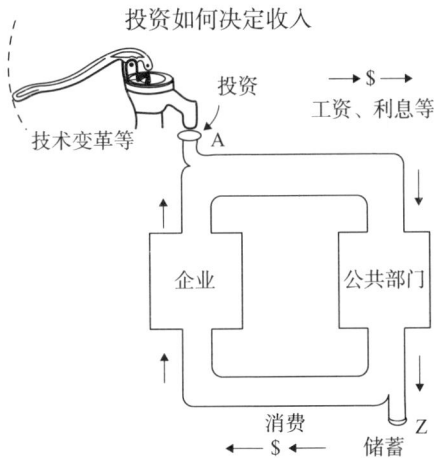

图 27-2 投资与收入流

资料来源：萨缪尔森，《经济学：入门分析》，麦格劳-希尔出版公司，1948 年版，第 264 页。麦格劳-希尔教育集团授权使用

这张图可以追溯到萨缪尔森的芝大老师弗兰克·奈特所使用的"财富之轮"。值得注意的是，萨缪尔森直到 1947 年才想到使用这张图。[①]但是，奈特的示意图被改成了对一些确实存在的东西的描述。这方面已有先例，特别是欧文·费雪 20 世纪初使用的水力模型，以及 20 世纪 30 年代其他人使用过的图表，但萨缪尔森使这一理念具有现代化意义，并赋予其在经济学教学中前所未有的中心地位。这直接指向了他对储蓄和投资的分析，通过对装饰图书封面的储蓄和投资图进行处理，该图给出了均衡的静态描述，类似于半个世纪以来一直是经济学教学主要内容的供求关系图。这种简化理论是可行的，因为尽管萨缪尔森的分析有着汉森式的根源（Hansenian roots），但他不再认为必须从商业周期的动态理论出发，才能分析与国民收入和失业相关的问题。

萨缪尔森的写作风格也和过去迥然不同。汉森本人就是一本成功教科书的作者，尽管这本书是他在 20 世纪 30 年代末思想发生转变之前写的，但它为老一代教科书提供了一个很好的示范，这表明萨缪尔森的教科书需要与之竞争。[3]如果把经济学定义为"对人类活动和制度的价格及价值方面的研究"，那么萨缪尔森的工科学生会认为经济学非常枯燥，并且与他们正在关注的问题或当代事件的直接联系甚少。汉森和他的合著者清楚地看到，大萧条是一个值得关注的重要事件，但它被置于一个多世纪的经济争议的背景下。这本书称存在"经济规律"，尽管和萨缪尔森的所有著作都相当一致，但更有可能引起麻省理工学院工程师们的怀疑，尽管萨缪尔森确实讨论了稀缺性法则。

萨缪尔森可能从汉森的书中汲取了一些思想——考虑到他们的亲密关系，如果他没有这么做，那将是令人惊讶的——但他的语气却大不相

[①]　参见本书前面给出的图 3–1。

同。要了解这一点，不妨看一下比较老的书中对国民收入的处理。汉森的书从国民收入开始，在提供统计数据后，接着讨论了收入在家庭间的分配、消费和投资之间的区别，最后介绍了不同类型商品的生产。[4] 在此基础上，汉森对经济组织的替代方案进行了探讨。[①] 相反，萨缪尔森在阐释了经济体系需要解决的问题，并描述了"混合"资本主义企业制度如何运作之后，继续讲述了学生读者可以立即想到的问题：家庭、企业和政府。同样重要的是，他的写作风格截然不同。这一点在前一版草稿的两章中最为明显。[②]

在讨论家庭收入时，萨缪尔森强调了家庭之间的差异和美国国内收入分配的不平等。关于劳工问题的一章阐述了这一点。萨缪尔森从美国劳工运动历史、工会发展以及同业工会（美国劳工联合会，简称AFL）和产业工会（美国产业工会联合会，简称CIO）之间的差异开始论述。然后，他利用毫无疑问是他在高中时专注于文学和新闻时获得的技能，做了一件前人都不会做的事情：用一系列虚构的故事来解释劳工问题，并含蓄地展示了美国社会的阶级结构。他从约翰·肯尼迪的生平说起［约翰·肯尼迪曾是一名木匠，是美国木匠和工匠联合兄弟会（United

① 另一个区别是，与萨缪尔森的观点相比，国民收入并没有起到分析的作用。有一个关于如何控制购买力流的讨论，但这在书中非常靠后的地方才出现，与对国民收入的公开讨论无关。汉森的书从讨论货币是如何产生的开始，然后讲解价格波动和商业周期，最后是"控制购买力"。萨缪尔森颠倒了这一顺序，他从储蓄和投资开始，在解释货币供给的重要性后，他才开始解释货币供给是如何产生的。

② 同样明显的是，萨缪尔森决定淡化对传统价格理论的重视，因为传统价格理论严重依赖分析图，使得这类图示在书中没有他的同时代竞争者那么突出，比如博尔丁的《经济分析》（1941，1948）或塔希斯的《经济学基础》（1947）。萨缪尔森在写给德普雷的评论中称，博尔丁的书过于偏重分析，意味着这是萨缪尔森做出的一个有意识的决定。［1946年3月2日萨缪尔森写给德普雷的信，PASP 28（经济不稳定问题小组委员会）］。

Brotherhood of Carpenters and Joiners）的成员，这个组织隶属于美国劳工联合会]。萨缪尔森描述了肯尼迪的工作条件，以及他在"一战"后和20世纪20年代剩余时间里房地产繁荣时期的经历。约翰·肯尼迪一直是拉福莱特（La Follette）进步党的支持者，但他没有时间和共产主义者打交道，也从未见过共产主义者。相比之下，美国汽车、飞机、农业机械工人联合会［劳工联合会-产业工会联合会（简称劳联-产联）］的汽车工人谢尔比·怀特（Shelby White）认识到，他所在工会的少数共产主义者也在为他想要的东西斗争，但有必要确保他们不会在工会会议上更胜一筹。

在通过讲述一个劳工律师、一个"慈善资本家"和一个国会议员的故事给出不同的观点后，萨缪尔森随后通过一所"中西部州立大学"一名45岁的劳工经济学教授戈登·布鲁斯（Gordon Bruce）的经历提供了一个更广阔的视角，布鲁斯的一些学生在劳工部和国家劳动关系委员会工作。[5]这名教授对劳动力市场了如指掌，但他仍然是"一个有烦恼和困惑的人"，因为他意识到没有简单的解决办法。[6]

> 如果罗列自己的疑虑和恐惧，布鲁斯几乎可以无穷尽地继续下去。例如，他关注的问题是保持工会民主，他开始怀疑集体谈判朝越来越广泛的工业和全国范围发展的趋势是否会加剧罢工，不可避免地引发强烈抗议，并产生接近于侵犯个人自由的极权主义的政府行为。但他的工作就是为所有和劳动有关的事情操心。当被要求总结他对劳工问题的态度时，他仍然相当乐观。[7]

最后一个案例研究很重要，因为布鲁斯显然是萨缪尔森最密切关注的对象。经济学家很难在劳动力和资本之间进行协调，需要平衡从限制工业权力到维护个人自由等诸多因素。萨缪尔森在这一章的结尾写道：

"毫无疑问，这种观点（在前一段引文中）受到典型的保守派农民、眼光狭隘的编辑和左翼煽动者的一致谴责。这也是他（布鲁斯）工作的一部分。"[8]尽管他的学生读者可能不太清楚这一点，但萨缪尔森是在暗示他写这本书时所遇到的问题。

"个人财务和社会保障"一章，阐述了萨缪尔森是如何将国民收入的核心理念和学生可能遇到的问题联系起来的。他写道："并非每个人都能直接接触到金本位制或联邦储备银行政策的运作，但每个人在一生中的每一天都会遇到这样的问题：如何获得收入、如何把它花在消费品上，如何对储蓄进行投资，以便最大限度地抵御人生中的大起大落。"[9]他给出了消费模式如何随家庭收入变化的证据，并向更抽象的概念迈出了一小步，比如边际储蓄倾向，这是他即将提出的理论的核心。通过把讨论和战时经历联系起来，他指出了有多少消费者从战争中受益，以及流动资产和储蓄之间的联系，使学生们的兴趣得以保持。对政府债券、拥有房屋的成本（由贷款提供资金）和人寿保险的解释，引发了对社会保障简短有力的辩护，并以一种保险的形式得到呈现。

撇开所有的人道主义不谈，社会保障计划只是用来提供必须通过其他方式提供或资助的个人关怀的一种廉价而明智的方式。私人保险不是从国民产出和收入中的扣除，社会保险也不是。有时会遇到这样一种说法："像英国这样的穷国负担不起贝弗里奇计划，这个计划要求实现从摇篮到坟墓的保障，以应对人生中的大起大落，而不是以失业、老年、疾病、怀孕和庞大的家庭开支为代价。"这种说法并不是一种好的经济学分析。在任何情况下，这些意外事件都必须得到考虑，问题是这些意外事件是应该以系统、高效和明智的方式进行预算，还是应该留给个人或无序的慈善机构来承担。

传统教科书中枯燥偏僻的思想与学生的切身经历和当前的政策问题有关。萨缪尔森所改变的不仅是一本入门教科书的内容，还采用了一种新的风格，即使是最顽固的批评者也承认这一点。他的写作风格可能会被批评为过于轻率，但它改变了教科书的写作方式。①

自由企业制度和社会主义

萨缪尔森在打磨这本教科书的 3 年里，一直在锤炼他的思想。这表现在他重新安排章节的方式和他增加的新材料上。一些变化是同事们批评的结果，比如将"充分就业的经济学"改为"国民产出的构成和定价"。但值得注意的是，他 1945 年夏天写的许多章节在印刷版本中基本没有变化。考虑到 1946 年爆发的争论，以及他在这本书出版 50 周年之际坦言自己写《经济学》时，仿佛有一位律师在背后看着他一样，关于他如何在资本主义和社会主义之间进行选择的思虑，颇为重要。

在 1946 年的草稿中，萨缪尔森解释说，尽管在不同的经济体系之间做出选择是一个重要问题，但这不是经济科学可以解释的。他曾写道：

我们的任务并非评估不同经济体系的优缺点，尤其是在现阶段。没有一个科学家委员会能够权衡这个问题并给出一个科学的答案，

① 比德尔写道："但是，在某些情况下，这种让阐述更加形象生动的努力已经到了相当轻率的地步；例如，'铁路公司总裁（他们通常来自基层）的工作相当单调'（V-6.Underscoring supplied）。"［1947 年比德尔写给弗里曼的信，PASP 87（MIT Archives）］。该书的一些学院评论者也发表了类似的评论。第 4 版之后，萨缪尔森在回顾这本书时承认，他的写作风格刻意采用了通俗风格，尽管一些教师对此感到不快，但这在商业上或许不无益处。［1961 年 5 月 16 日萨缪尔森写给拉尔夫·P. 阿格纽（Ralph P. Agnew）的信，PASP 87（Economics，1945—2008，Folder 2）］。

因为这不仅仅是一个科学问题。但经济学的研究可以为回答这个问题提供部分必要的材料。[10]

在这本书中，他去掉了在经济体系之间进行选择的提法，而是简单地写道，经济学研究可以为回答任何社会都面临的"生产什么""如何生产""为谁生产"等问题提供所需的部分材料。在那一页的下方，他删除了对竞争体系的引用。

当我们谈到个人之间财富和收入的理想分配这第三个问题时，我们完全离开了科学领域。人们的鉴赏力偏好各不相同：不存在毫无争议的（合乎科学的）偏好；道德问题也是如此。我们必须把对社会目标下定义这件事留给哲学家、神学家、政治家和公众舆论，把我们自己限定在一项更平凡的任务上，即根据不断被接受的目标完善既定体系的运行，而不是改变体系本身。由于时间所限，我们不能彻底地解决经济体制改革问题，必须满足于就这一重要问题提出几点思考。[①][11]

尽管萨缪尔森似乎对文本做了重大修改，但由于这两段都是关于经济科学所不涉及的内容，所以这一修改并未对这本书产生较大影响。这些修改的结果是把注意力集中在经济学能做什么上，这可以从教育学的角度，而不是回避一个萨缪尔森曾受过攻击的问题加以证明。

替代性经济体系问题被放到最后一章"社会运动和经济福利"中，萨缪尔森对其进行了更加细致入微的讨论。他的出发点是20世纪30年代困扰资本主义的危机，以及各种各样的应对之道——法西斯主义、共

---

① 引文末尾的斜体字出现在1946年的草稿中，但没有出现在书中。

产主义和社会主义等"一捆主义"。在对美国和欧洲的社会主义运动做了简要而严肃的历史概述后，他用了 3 页篇幅讲述法西斯主义和马克思共产主义在苏俄的历史。他的叙述可能很简短，但却对这些运动是什么以及它们如何演变给出了严肃解释。他对共产主义和社会主义进行了明确区分，指出瑞典和英国的社会主义政府代表着"一条中间道路"。他解释称，在英国，国有工业的所有者得到了补偿，而且"任何反对工党政府的人——和大多数英文报纸一样——都可以自由表达自己的观点，并在政治上组织起来。从 1948 年起，甚至共产主义者也被赋予了完全的公民权利和自由"。[12] 萨缪尔森明确表示，倡导"和平与民主的演变""往往不仅仅是一种战术举措，还是一种深刻的哲学信条"。这显然是对英国社会主义的一种同情式描述，和苏联共产主义形成鲜明对比。在这种情况下，诸如"工业化民主"等阶段，被用来表示和它们在西方截然不同的立场。

　　萨缪尔森对政治自由和经济控制有着同样鲜明的区分，这一点也是不被他的保守派批评者所认可的。在评论了法西斯主义和共产主义对公民自由的压制后，他继续说道，

　　　　另一方面，当司法部部长帕尔默（Palmer）监禁并释放了数百名被称为"红色分子"的人时，社会主义的英国（1948 年）拥有的公民自由比 1920 年的美国还要多。

　　　　告诉一家企业它可以收取多少电费是一回事，告诉一个人他能说什么、他能相信什么、他必须崇拜什么，是另一回事。混淆这两者是不行的。[13]

萨缪尔森明确表示，行业监管和自由社会是一致的。

比德尔曾批评萨缪尔森暗示联邦雇员比私人雇员"更可靠"。[14] 萨缪

尔森修改了这段可能令人不快的文字（删去斜体字，取而代之以方括号内的文字）：

> 但是，有时一群相互独立的竞争对手犯下的［某些］错误——例如，1929年的所有过度建设，或者不断进入已经拥挤不堪的杂货店业务——可以通过先进的集中规划来避免［在以计划为特征的经济体中，将会减少。（当然，容易犯错的官僚们可能会在他们一系列的计划上犯错，并产生新的个人自由问题）］。[15]

　　萨缪尔森稍稍淡化了中央计划所能达成的目标的主张，并明确表示，他确实打算在这段话中加入比德尔的解释——计划制订者有时能比商人做得更好。他承认比德尔关于计划存在不完善的观点，但他明确表示，他认为这是显而易见的。尽管他对计划所能达成的目标提出的要求更为微妙，但其中一节的内容并没有改变。它仍然是对商界人士和他们对竞争模棱两可态度的直率批评，当竞争符合他们自身的利益时予以认可，当竞争对他们不利时，则将其描述为"欺骗性""不公平"或"毁灭性"。竞争被用来消除竞争对手和创造垄断，当竞争威胁到工资时，工人们就会抱怨竞争。[①]

---

① 书中还有一些地方强化了对商人的批评。例如，（为了与他的批评者们妥协）他用其他例子代替"一位工会领袖领导了一次成功的罢工"，感觉自己是"工资经济学专家"。此外，还有其他例子："因为一位工会领袖成功地协商了几份劳动合同，他可能就觉得自己是工资经济学方面的专家。一个'读到工资单'的商人，也可能会觉得他对价格控制的观点最有权威。一个能平衡收支的银行家，可能会得出他对金钱了如指掌的结论。一位研究过商业周期的经济学家也可能会产生一种错觉，以为自己能比股市猜得更准。"［参见萨缪尔森（1948，6）。前一个例子来自萨缪尔森：《经济学：入门分析》（1946），PASP 91，p. I-3）］。

这个关于自由企业制度的局限性的讨论，为解释政府的角色提供了条件，即政府所做的事情是私营企业所不能做的。这一部分丝毫没有被削弱。事实上，它得到了加强，因为除提供集体服务和制定私营企业运作的框架之外，萨缪尔森还增加了第三项职能：利用货币和财政政策"使私营企业保持稳定的高就业水平和不断提高的生产力"。[16]这可能是强制性的，但也是必要的，因为正如萨缪尔森在书的结语（第 26 章）中所明确指出的，自由放任的制度不会产生社会最优。它没有产生最优收入分配，而且由于失业和商业周期，它还造成了巨大的浪费。此外，萨缪尔森通过学生们在这本书中间章节学到的垄断竞争理论，描述了垄断的"罪恶"：因担心破坏市场而限制产量、浪费性的广告、不必要的产品差异化，以及过多的公司之间低效率的生产分工。"罪恶"这个词在一段短短的文字中被用到了三次。[17]

商业周期和经济政策

尽管萨缪尔森使经济学的内容和表述更加现代化，但他这本书的一个显著特点是，它植根于两次世界大战之间的"制度主义"经济学。当他向朋友们描述经济学非常"制度化"时，他必定已经想到了这一点。[18]第一部分描述任何社会所面临的经济问题，概述资本主义制度如何运行，接着讨论家庭、商业组织和政府，这部分一直是这本书的关键部分。从1945 年的手稿来看，这是他写这本书时最早写的部分，尽管书中增加了关于政府、劳动力市场、个人财务和家庭收入的章节，但它的基本结构和重点从未改变。

这种涉及经济生活内容的一个重要特点是，它们提供了大量的统计信息，其中许多来自新政机构。正如他向艾伦·斯威齐解释的那样，这是这本书的一个重要部分："我试图利用关于国民收入、企业等方面的大量最新统计资料——这些资料最近才从《当代商业概览》(*Survey of Current Business*)和其他来源获得。"[19]然而他使用的数据来源要广泛得多，不仅局限于《当代商业概览》。家庭收入的相关内容依赖于 1935—1936 年国家资源委员会发布的收入分配和不平等统计数据（他在为国家资源规划委员会工作期间所熟悉的数据）。这些数据也是讨论支出模式的基础，正是这些支出模式引出了他对储蓄的分析。他使用了 20 世纪 30 年代末和 40 年代不同职业的收入分配数据。国民收入计算依据的是美国商务部的数据，这些数据直到 20 世纪 30 年代中期才可得。他向美国国家统计局的阿瑟·伯恩斯寻求商业周期数据，伯恩斯的《测量商业周期》(*Measuring Business Cycles*)一书刚刚问世。[20]他还提到临时国家经济委员会的出版物，以便获取关于市场结构的数据。他对垄断弊端的谴责，与其说归功于张伯伦对市场结构的分析，不如说归功于临时国家经济委员会。

撰写这本书时，萨缪尔森和汉森的关系非常亲密。萨缪尔森对商业周期和经济政策的介绍，完全符合汉森经验主义的制度研究方法。他以一种 20 世纪 20 年代经济学家所熟悉的统计描述，开始了对经济周期的介绍，并附上了一张商业活动的"晴雨表"。事实证明，尝试做出预测并不比算命师算命更可靠，除考虑季节性变化和长期趋势外，所能做的只是描述周期的各个阶段。尽管他对商业周期四个阶段的描述源自韦斯利·米切尔，但他援引了汉森对美国商业周期的概述，其中建筑活动是一个关键因素。[21]通过讨论经济活动中的长期波动，萨缪尔森表达了对熊彼特的敬意，但他的结论是，现在断定这些经济活动是否只是历史事件为时尚早。

汉森把商业周期和建筑业的活动联系起来，为理解周期提供了第一个线索。最大的波动发生在耐用品生产行业——他展示的图表支持了这一点。他回顾了其他替代性的理论，得出的结论是，我们需要的是一种综合。在已经提出的经济体系的内部机制中，他侧重于选择加速数原理。他用一个数值例子来说明，这个原理导致了不稳定，放大了需求波动。[①] 这一章证实了其他几章得出的结论，即"经济体系或多或少是没有方向盘的"。即使商人和工人无私且有效地采取行动，这个体系也可能会经历通货膨胀或通货紧缩，"这取决于投资和储蓄之间复杂互动的偶然情况"。[22]

解决这个问题的办法无疑是财政政策。最没有争议的版本是"补偿性"或"反周期"政策，即在整个周期内保持预算平衡，但在衰退时增加支出，在繁荣时减少支出。萨缪尔森将它描述为一种"相当保守"的学说——它对于一些"当代经济学家"来说过于保守。[23] 尽管他认为这是一种和前几代经济学家有关的保守学说，但他对它进行了详细讨论，包括公共工程、福利支付和税收调整。萨缪尔森还指出了它的局限性，他提出的主要反对意见是，一开始是反周期的支出，最终可能会变成长期性的支出。他以 20 世纪 30 年代为例说明了这一点，指出 1933—1938 年是一个完整的周期。根据这个理论，1935—1937 年这段黄金时期应该会有盈余。"然而，在当时有近 1000 万人失业的情况下，踩下财政刹车看上去既不合理，也不符合'政治'要求。"[24] 鉴于这意味着在如此高的失业率上踩刹车并不合理，它削弱了萨缪尔森对补偿性财政政策的反对。

这促使他直接考虑了汉森对长期停滞的看法，以及长期政府赤字的论点。[②][25] 汉森认为，尽管技术创新很快，但像美国这样的成熟经济体很容易受到投资停滞的影响：在 19 世纪刺激了大量投资的边疆开发已经结

---

① 加速数原理表明，投资和产出的变化成正比。因此，如果产出增长更慢，投资就会下降，从而可能会通过乘数效应导致产出下降。萨缪尔森对加速数的使用在本书第 13 章已有讨论。

② 这是劳伦斯·萨默斯（Lawrence Summers）最近重新提出的一个观点。参见巴克豪斯和博扬诺夫斯基（2016）。

束，因此为了维持投资，需要在电力和机动车辆的规模上进行创新。如果缺乏足够的创新，并且考虑到储蓄有上升的趋势，其结果将是总需求的增长速度不够快，无法维持高水平的就业。萨缪尔森把汉森描绘为不那么谨慎的支持者，站在另一边的则是事实上和他意见一致，但认为原因在于政府干预商业活动的保守派。汉森也遭到了经济学家们的反对，他们对可能会存在长期停滞的观点提出了质疑。这里，萨缪尔森引用了乔治·特伯格（George Terborgh，1945）新近出版的一本书，特伯格在书中提出了许多理由，说明为何投资仍然高足以维持需求。特伯格认为储蓄和投资分析是中立的，萨缪尔森显然非常重视这一点。

萨缪尔森可能已经删去一处比德尔反对政府能够"从社会角度看待任何经济成本"的陈述，[26] 但在他的结论中很难看到任何妥协：

> 简而言之，一个狂热地沉迷于赤字支出的国家，没有任何技术上的理由不应该在我们的余生甚至更久的时间里推行这一政策。真正的问题是，这样的政策是否会对通货膨胀或通货紧缩的经济造成冲击。只要私人和政府支出仅够抵消储蓄，它就不会带来问题。如果一个国家或国会在总消费和私人投资变得过大后，被误导继续大举支出和减少征税，那么其结果将是通货膨胀。

萨缪尔森的关键论点是，政府支出的适当水平取决于整个经济中储蓄和投资的平衡，而不仅仅取决于政府的债务状况。

如果通货膨胀只是在充分就业时才成为一个问题，那么根据储蓄和投资一章中阐述的通货紧缩和通货膨胀缺口的概念，就足以计算出最优财政状况。但事实并非如此，因为价格通常在达到充分就业之前就开始上涨。这意味着维持充分就业需要的不仅仅是财政政策。这是一个心理问题，因为它源于企业和工会对需求增长的"反常"反应。建立一支由失业人员组成的后备军来压低物价的解决方案，是不可接受的；价格指导和工资控制的解决方案，也不可接受，因为它意味着高度的集中控制，这和萨缪尔森所认为的"绝大多数美国人的哲学信仰"相一致。[27] 一些人认为轻微的通货膨胀不得不容忍，但是找到"一个充分就业的工资和价格政策"，才是"美国面临的最大问题和挑战"。[28] 这个问题不仅涉及储蓄和投资的平衡，还涉及经济资源的配置。

一个新的章节，即"国际金融和资本流动"，支持了与汉森相关的国际主义，萨缪尔森几年前在《新共和》杂志上的刊文曾为汉森做了辩护。萨缪尔森试图消除一些谬论，例如，国际收支中的顺差总是好的。他认为，各国都经历了几个发展阶段，在这些阶段，外国投资先是提高了产出，随后产生了方向相反的收入流。通常，人们都会理解这一点，但是"当民族主义抬起丑陋（或美丽）的头时，事情就发生了变化"。[29] 那些从不抱怨由一个国家的某个地区向另一个地区支付利息的人，将会反对外国人的不在地主所有权（absentee ownership）。贸易和政治是相互交织的，但萨缪尔森认为它们交织的方式太过复杂，以至无法进行讨论。一些人寻求一个没有战争或民族主义的世界，以便在他们喜欢的任何地方自由投资和自由交易；另一些人认为军功章比舒适的生活更重要，他们认为一个"超级种族"应该能够剥夺其他人的物品，这样他们就可以"拥有（其他人的）蛋糕和大炮"。[30] 过去两个世纪以来，世界处于这两个极端之间。

萨缪尔森把有关固定汇率和弹性汇率、金本位和国际贸易乘数等话题的技术性更强的讨论，放到附录中，继而讨论当代问题。他攻击的目标是孤立主义。在提醒读者出口商品可以创造繁荣，就像"一战"期间欧洲国家突然需要美国商品，以及 20 世纪 20 年代美国向世界其他国家提供大量贷款时那样，萨缪尔森列举了一系列可能增加就业的政策。这些"以邻为壑"的政策，包括关税、进口配额、外汇管制和美元贬值。如果其他国家听之任之，这些政策可能会奏效，但如果它们以牙还牙（这是必然的），其结果将是国际贸易的螺旋式下降，美国的情况最终也会变得更糟。这些政策是愚蠢的，即使对"冷漠"或"自私"的国家也是如此。它们的教训是，美国应该转而通过国内政策来解决失业问题，并且依靠"只是为了提高我们目前和未来的消费水平，或是为了服务于我们的政治抱负和责任"的贸易。[31]"经济孤立是行不通的，"他继续说，"在这个问题上，如果没有其他建议，99.44%的经济学家都会表示赞同。"随后，他转向了应该推行的政策。

第一项政策是，通过国内创造的购买力来维持充分就业，使消除关税壁垒和补贴效率低下的行业成为可能。"马歇尔计划"也很重要，因为促进西欧繁荣对遏制共产主义至关重要。[①]取消战时债务是明智之举，不会伤害到美国人。此外，有必要向英国提供贷款，否则，英国就不可能实现贸易自由和恢复货币可兑换性——美国高度重视的两项政策。最重要的也许是，通过新成立的国际复兴开发银行（世界银行的前身）和国际货币基金组织（IMF）进行国际合作。萨缪尔森解释了这些机构是如何运作的，指出美国并没有获得不受限制的债务。世界银行是一个商业机构，应该能够支付它的各项成本，但是如果债务真的变成坏账，账单将由所有成员而不仅仅是美国承担。国际货币基金组织将创造更大的汇率稳定性，整套改革将使其有可能朝更加自由的国际贸易迈进。这是一项厚颜无耻的国际主义政策，它得到了国内需求管理政策的支持。

---

① 此处的内容写于"马歇尔计划"获得批准之前。教科书出版前一个月，杜鲁门总统批准了该计划。

　　在和比德尔的辩论中，萨缪尔森为自己的立场辩护时称，他试图保持"中间道路"，这个措辞意味着平衡，因此，教科书才可以被安全地用于教学。[32] 鉴于在冷战时期，某些立场被认为超出了可接受的信仰范围，这就引出了一个如何平衡的问题。萨缪尔森没有对该问题进行分析，但他的朋友小亚瑟·施莱辛格在萨缪尔森教科书出版后不久出版的一本书中，对其进行了分析。该书名为《活力中枢》(The Vital Center)，正如书名所暗示的，该书试图划出一个中枢地带。[33] 受美国和苏联之间冷战的影响，该书毫不妥协地反对共产主义，毫不留情地谴责那些忠于美国共产党、无视苏联极权主义危险的人。然而，作者也对资本主义持批评态度，因为现代工业主义加剧了当代政治背后的焦虑。文明变成了"工业主义的受害者，而不是主人"，打破了将前工业社会维系在一起的个人纽带。[34] 施莱辛格对右翼的攻击即对商人的攻击。他称，这些方法在提高生产率方面颇为有效，但随着它们越来越脱离财务监管，它们的效果也越来越差。"习惯了只追求自身利益的人发现很难扮演政治家的角色，因为政治家必须平衡和协调许多群体之间相互冲突的利益。"[35]

　　施莱辛格甚至把共产主义社会比作类似于匹兹堡这样的企业城（company towns）："苏联就像宾夕法尼亚州或西弗吉尼亚州那样紧凑，钢铁公司和政府以不可分割的纽带团结在一起。"[36] 他提出了对美国社会进行阶级分析的理由，并将富人统治及贵族统治和贵族义务感做了不利的对比。商界没有能力保卫一个自由的社会，而政府是非商业阶层保护自己的手段。因此，新兴商人们谨慎地走出"私营企业的丛林"和"不负责任的富人统治的暴政"。[①][37]

---

① 施莱辛格对"中间道路"（middle of the road）一词的理解，可以从他对德国社会民主党人卡尔·考茨基（Karl Kautsky）的描述中看出。参见 Schlesinger（1949，132）。

萨缪尔森在哈佛读书时就认识了施莱辛格，20世纪五六十年代，他们都积极为民主党政客提供咨询。我们不知道他们在萨缪尔森编写教科书期间有多少接触，但施莱辛格提出的政治哲学，与萨缪尔森（追随汉森）在教科书中的观点完全一致。[38] 也许萨缪尔森不像施莱辛格那样，对商界和商界人士持如此严厉的批评态度，但他们对政府采取监管行动，进而维护自由社会的必要性持有同样观点。萨缪尔森认为，"中间道路"立场需要政府进行大量干预；在一本以论述再分配、垄断恶果和自由放任下的浪费收尾的书中，这些可被看作把中枢地带置于施莱辛格认为它必须待的地方的措施。[39]

《经济学》一书的反响

《经济学》是一本麻省理工学院意义上的书，这和《经济分析基础》不同，《经济分析基础》虽然在萨缪尔森到麻省理工学院7年后才出版，但本质上却是他在哈佛时期的产物。萨缪尔森最坚持不懈的批评者比德尔，显然不认为《经济学》纯粹出自一位教授之手，而认为这本书是由麻省理工学院背书的，因此，应该由集体承担责任。这种态度解释了为何当弗里曼称萨缪尔森让他审阅草稿时，比德尔明白他是在说他将像他以前编辑系里出版的其他书一样编辑这本书。[40] 然而，尽管比德尔误解了弗里曼将投入的编辑工作力度，但他认为萨缪尔森的书旨在满足麻省理工学院自身需要这一点，却是正确的。麻省理工学院不需要一本技术书籍，因为经济学是旨在教学生如何写作的人文社会科学课程的一部分。尽管萨缪尔森利用了自己学生时代的资源，尤其是他曾经的偶像弗兰克·奈特所写的教科书，但他的立足点是他所在经济学系同事10年前编写的教科书；在改写这本书的过程中，他采纳了麻省理工学院教师关于如何编写这样一本教科书时产生的一些想法。

《经济学》也是一本属于萨缪尔森自己的书，它展示了萨缪尔森在完成哈佛博士论文后发生的巨大变化。这是一本绝不可能由纯粹数理经济学家写出的书，它反映了萨缪尔森在战时担任政府机构顾问及与相同处境的其他年轻经济学家接触中受到的各种熏陶。这项工作使他熟悉了数据——不只是哪里可以获得统计数据，还包括这些数据如何构建及如何使用——这影响了他对经济体系的理解。第二次世界大战既是经济学家的战争，也是物理学家的战争，这种说法反映了一种根深蒂固的信念，即一个由明智的计划者做出指导、企业通过市场运作的混合经济也是可以发挥作用的。美国经历了空前繁荣，同时也打赢了战争。下一个任务将是赢得和平。萨缪尔森对汉森所代表的国际主义的认同并非偶然。相反，这是他自身经验发展的自然结果。他已不再是一个"象牙塔里的"经济学家。

萨缪尔森对自己的书的态度，随着他的写作不断深入而改变。1945年7月，也是他开始写作后不久，他写信给克莱因："令我羞愧的是，我正在花一些时间按照我们讨论过的思路写一本一学期的入门教科书。"[41]然而，随着这项工作的推进，一旦他把内容分发给学生们使用，他的态度就开始发生了改变。一年后，他向德普雷坦承，他不得不做出的妥协让他"在我的专业同事看来很容易遭受非议"，但让他感到欣慰的是，他"（极其不体面地）喜欢写手稿"。[42]但接下来的一个月，他写信给麦科德·赖特时只是简单地说："我必须承认，我很喜欢做这件事，尽管结果充满妥协且不能完全令我满意。"[43]到下一学年开始，他的第二本更完整的手稿通过麻省理工学院书店提供给学生时，他的态度已经完全改变。在写给马克斯·米利肯（Max Millikan）的一封信中，他谈到了这项任务的难度："在一本书中涵盖现代经济现实的丰富性，同时给出一些分析性的见解，无疑是一项具有里程碑意义的任务。"[44]

一个显著的变化是，萨缪尔森没有因这本书涉及制度而敷衍了事，他把重点放在把握经济现实的丰富性的必要性上，他似乎认为这是一项不同于分析的任务。在转向生理学之前，进行解剖学研究很有必要，这样做没什么不好意思的。[45]萨缪尔森不再把它当作一本很基础的书。他为政府机构做的工作，加上他与汉森及奥斯卡·奥尔特曼和雷蒙德·戈德史密斯等经济学家——他们都致力于严谨的实证研究——的接触，似乎改变了他对如何进行经济调查的看法。

该书出版后得到的第一份有记录的回应，来自萨缪尔森的芝大朋友马丁·布朗芬布伦纳，布朗芬布伦纳写信给出版商称，他从这本书的每一章中都能学到一些东西。[46]保守派批评萨缪尔森表达了自己的观点，而布朗芬布伦纳正是在这一点上称赞了该书："经济学教科书整体上已经保持太长时间虚张声势的公正传统，看到萨缪尔森以自己的思想清楚地提出自己的观点，我感到极大的欣慰。"他称，这本书的结构为如何向当代学生教授经济学提供了一个解决方案。萨缪尔森哈佛大学的朋友、凯恩斯主义者西摩·哈里斯称，这本书具有里程碑式的意义。哈里斯表示，如此杰出的一位经济学家能够如此有效地为学生们撰写教科书，着实令他感到惊讶。[47]

8月31日，新学年正式开始前，萨缪尔森向康普顿报告了这本书在商业上取得的成功。他还向康普顿提到《财富》上一篇热情洋溢的评论和《经济学人》上的一篇简评，以及哥伦比亚大学的阿尔伯特·哈特为《美国经济评论》撰写的一篇热心的评论。萨缪尔森写道，这本书已经被广泛采用，"这是一次有利可图的冒险，超出了我的最大期望"。[①][48] 他之

---

① 这两本书的版税大致相当于萨缪尔森在麻省理工学院的年薪。

所以告诉康普顿这些，就像他说的那样不是自鸣得意，而是他想让康普顿知道，他并未完全辜负康普顿的信任。最后，萨缪尔森反思了经济学正在发生的变化，暗指保守派对他的批评缺乏客观性。

> 不过，我应该补充一点，尽管目前国民收入方法在基础经济学领域很流行，但它可能不会得到经济学领域所有权威人士的认可。我认为这在充满争议和情感的社会科学领域不可避免。但是我也认为，人们正逐渐就与政策处方不同的、更为中立和客观的分析工具，达成更大的共识。[49]

萨缪尔森试图驳斥批评者的观点，他称中立和客观存在于分析工具中，这一立场和他的哈佛老师兼朋友约瑟夫·熊彼特的观点遥相呼应。[①] 正如他的批评者所声称的，客观性不应只停留在提出相互矛盾的观点上。

在书评中，评论者们大多表达了对这本书的浓厚兴趣。1948 年 10 月出版的《南方经济杂志》(*Southern Economic Journal*) 上的第一篇学术评论明确指出，尽管该书采用凯恩斯主义的表述风格，但它并不是一本凯恩斯主义的教科书，因为萨缪尔森"以令人钦佩的自我克制""竭力避免阐述自己所偏好的政策处方"。[50]《农业经济学杂志》(*Journal of Farm Economics*) 的评论者发现，关于国民产出的构成和定价的第三部分是正文中最薄弱的部分，较之涉及总量分析的第二部分，它就像是"一块电阻片……尽管充满了相关性"，只有缺乏想象力的教师才能对这种刺激的效果无动于衷。[51]

萨缪尔森 8 月份向康普顿报告的哈特的评论发表于 12 月。哈特认为，

---

① 这些分析工具是否像萨缪尔森和熊彼特所称的那样中立，仍值得怀疑。

这本书有很多缺点，其中许多是他详细讨论过的，但这些缺点被这本书的许多优点所抵消。似乎是为了反驳萨缪尔森对保守派评论者的批评，哈特强调了自己的中间立场。[52]

> 在我看来，这本书的最大优点在于，它系统地努力寻找学生和他们的社会邻居可能持有的不同观点之间的联系点。萨缪尔森自己的政策立场是"中间道路"，他支持绝大多数劳动力的私人雇用，以及主要通过家庭和企业的私人决定来分配投入和产出。另一方面，萨缪尔森强调，由于私营经济本身所固有的不稳定性，以及政府无法逃避分配收入和财富的责任，经济稳定的责任在政府身上。[53]

当然，正是（哈特认可的）最后一句话中提出的观点，是萨缪尔森的保守派批评者们所不能接受的。[①] 相较而言，哈特认为萨缪尔森讨论社会主义的"真正价值"，主要是为了理解西欧（当时的英国政府正致力于确定一项社会主义计划）："他毫不讳言法西斯主义和共产主义的罪恶。"

这种热情反应的主要例外是纽约大学的刘易斯·黑尼。黑尼在《美国政治与社会科学院年鉴》上撰文，对这本书的写作风格提出了尖锐批评。

> 萨缪尔森的《经济学》具有一种清新活泼的风格，这可能会得到一些人的欣赏。它有时会流于俏皮话。它对语言或词汇的使用通常也不够可靠、不够精确。与这些特点不无关系的是，它对无知的颂扬——重复陈述诸如"非专业人士的直觉几乎是绝对正确的""每一个上过大学的人对钱都很了解，也许甚至比他意识到的还要多（！）""专

[①] 值得注意的是，哈特和萨缪尔森一样，在芝加哥大学受过奈特和西蒙斯的教育。

家和其他人一样，只有一票的支持或否决权利"等。这种说法可能会
让差生（和教师）感觉良好，但它们真的合适吗？ [54]

黑尼接着说，这本书确实有一些很好的观点，但是它们被书中的主
要观点所抵消：

> 总的来说，萨缪尔森认为：个人利益和社会利益之间存在冲突、
> 平均价格是适中的、货币数量理论在大多数场合行之有效，而且
> "经济学"的主要"任务"是寻找"合适的"经济政策，以制定他认
> 为"有用的""明智的""合适的"和"公平的"经济政策。除了他
> 所谓的"现代经济学"外，其他所有的引用都带有贬义色彩。

黑尼称，萨缪尔森的经济学是凯恩斯主义经济学，涉及控制国民收
入的集体行动。他甚至反对把国民收入定义为消费、投资、贸易差额和
政府支出的总和。萨缪尔森在讨论银行体系和货币创造时"陷入了困境"
（塞缪尔·斯特拉顿一开始对这一章的初稿持批评态度，后来却认为它写
得很好）[55]，他关注的是货币数量而不是货币本质："有意义的货币本质
是怎样的？在这种假设的经济学中，同义重复给出了答案。"[56] 年轻的威
廉·F. 巴克利（William F. Buckley）选择把萨缪尔森的书作为现代保守主
义运动的基础文献之一《耶鲁的上帝与人》（*God and Man at Yale*）一书
中的主要批判对象，这加剧了对这本书的抨击，黑尼无疑在其中扮演了
重要角色。[57] 黑尼和他的同事可能会谴责这本书是凯恩斯主义的，但这仍
然只是少数人的观点，并未妨碍萨缪尔森的书获得巨大成功。

第 28 章

在麻省理工学院埋首耕耘

恢复常态

《经济学》一书出版的时候，麻省理工学院的经济学家团队仍然非常小。如果把两名人事管理专家排除在外，经济学与社会科学系的经济学家人数还不及心理学家的人数。但是，该系得到了院长卡尔·康普顿的大力支持，并且已经做好扩大的准备。[①] 最重要的是，这是一个气氛和谐的系，麻省理工学院没有萨缪尔森在哈佛时遇到的反犹太主义。[1] 同样重要的是，到目前为止，萨缪尔森显然被视为他们必须留住的学术明星，而且新院长詹姆斯·基利安也认识到这一点。围绕教科书的争议，尽管耗费了康普顿和基利安的大量时间，却丝毫没有伤害到萨缪尔森，相反，这些争议使麻省理工学院的两位院长更加意识到萨缪尔森在经济学界的地位。几年后，基利安在写回忆录时称，"有一个人得到了所有人的认可，他体现了这个系的高水准"。

---

① 接下来的两年，该系将引进查尔斯·金德尔伯格（Charles Kindleberger）、莫里斯·埃德尔曼（Morris Edelman）、马克斯·米利肯、乔治·舒尔茨（George Schultz）和罗伯特·索洛等人。

萨缪尔森在哈佛的成绩是如此出色，他在麻省理工学院的成绩又是如此立竿见影，所以他很快成为吸引其他有才能的经济学家到麻省理工学院的磁石，他们一起帮助麻省理工学院建立了一个享誉世界的经济学系。[2]

此外，在战争期间，他所在的麻省理工学院成了世界上最杰出的自然科学和工程中心之一；在战时工作结束后，这是一个非常适合他的环境。芝加哥大学和哈佛大学或许自有它们的吸引力，但麻省理工学院现在已成为他的家。

萨缪尔森也在经济学界站稳了脚跟。1942 年，他被选为《计量经济学》编委会成员，两年后，在 28 岁时，他被选为《美国经济评论》编辑之一。他在《美国经济评论》的任期为 3 年，即从 1944 年至 1946 年，作为 6 人小组中的一员，他在一名主编的领导下工作，这名主编负责安排稿件，有权决定选用或退稿。进入辐射实验室前的一个月，他已经同意接受这份工作。[3]

萨缪尔森之所以认为这份工作和其他活动不冲突，可能是因为主编保罗·霍曼向他保证，只要战争继续下去，稿件数量就会很少，任务也不会太繁重。[1] 但是，这个角色很快使萨缪尔森卷入一场争论，他不得不向霍曼寻求帮助。事情的起因是，布鲁金斯协会资深经济学家哈罗德·莫尔顿抱怨麦科德·赖特（萨缪尔森在哈佛的朋友之一）最近的一篇文章是因萨缪尔森的徇私舞弊而发表的，因此，他质疑萨缪尔森的公正性，称其对编辑过程产生了恶劣影响。在重读赖特及莫尔顿所写而他却持批评态度的一本书后，萨缪尔森向霍曼详细解释了为什么他不认为莫

---

① 在萨缪尔森 3 年任期的第二年，霍曼被代理执行主编弗里茨·马克卢普取代。

尔顿的指责是正当的。然而，在经历一个艰难的开头后，霍曼对工作量的预判被证明是正确的（萨缪尔森在3个月里只审阅了3篇论文）。[4]但是，萨缪尔森为数不多的报告充分佐证了霍曼对萨缪尔森的评价，即在霍曼的任期结束时，他从未见过任何人能"如此高效且投入地"履行自己的职责。[5]毫不奇怪，在萨缪尔森的编辑任期结束后，霍曼仍然把他作为一个匿名审稿人。

作为一名审稿人，萨缪尔森很好地履行着他的职责，这体现在他对荷兰籍计量经济学模型先驱简·丁伯根文稿的回复上。[6]尽管他建议拒稿，但他详细解释了为什么说对像《美国经济评论》这样的杂志而言，愿意发表技术类论文将是很重要的，即便只有少数读者能读懂它们。即使读者没有完全读懂这些论文，他们也能从中获益；而且，根据对相关问题的系统回顾，萨缪尔森认为，10年或20年后被最广泛引用的文章将会是"那些深奥难懂的理论文章，它们在发表时，对许多读者来说，可能是很难理解的和抽象的"。[7]他表示，《美国经济评论》之所以表现糟糕，是因为此前的编辑假定技术论文应被发表在《经济学季刊》上。相反，埃奇沃思和凯恩斯主编的《经济学杂志》之所以表现优秀，是因为它愿意发表技术类论文。当然，萨缪尔森给出的也正是《美国经济评论》应该发表他自己经常撰写的一类论文的理由。他建议退回丁伯根论文的理由是，他认为丁伯根没有意识到（或许是因为丁伯根生活在一个被德国占领的国家）其他人也得出了类似结果，在评审意见中，他详细解释了这些结果的错误之处。他建议丁伯根把这篇论文提交给《计量经济学》，尽管他怀疑它是否可以在那里发表。

结束《美国经济评论》的编辑任期后不久，萨缪尔森就获邀担任《经济研究评论》的编辑，该刊物由一群年轻的英国经济学家于20世纪30年代创办。这是一个更重要的角色，因为他成了美国经济学家提交论文的桥梁。接任工作后，他写信给该刊英国的一位编辑尼古拉斯·卡尔多，谈论了美国大学中"令人难以置信"的研究生潮，他们很快就会尝试发表自己的文章。[8] 这给了他能够增加论文提交数量的信心。但是，他扮演的角色远不只是征集稿件。他在《美国经济评论》的编辑工作主要是为霍曼和马克卢普提供审稿意见，现在则不同，他将负责接受或退回美国经济学家的论文，而卡尔多和厄休拉·希克斯将决定是否录用欧洲学者提交的论文。[①][9] 实际上，接受或退回的决定是共同做出的，因为萨缪尔森会询问厄休拉一篇论文是否会引起欧洲学者的兴趣，而厄休拉也会询问他欧洲学者提交的论文是否会引起美国学者的兴趣。按照今天的标准，复印和来回寄送这些文章涉及的困难似乎颇令人费解，因为他们经常讨论只有一方能读懂的文章。

萨缪尔森加入《经济研究评论》的编辑队伍，促成了他和欧洲经济学家日益密切的接触，这种接触随着战争的结束而成为可能。萨缪尔森邀请了一大批欧洲经济学家访问麻省理工学院，而美国经济学家也在访问欧洲。例如，约翰·希克斯和厄休拉·希克斯夫妇于 1946 年年底访问美国。毫无疑问，正是萨缪尔森，使麻省理工学院成为他们"精彩访学之旅"的一部分；而战前，一名访问马萨诸塞剑桥的欧洲经济学家很可能只会去哈佛。萨缪尔森曾对（英国）剑桥大学经济学家琼·罗宾逊夫人（20 世纪五六十年代，她成了与萨缪尔森通信最频繁的人，他们为资本理论争论不休）说："我们占用了他们大量访问时间，让他们马不停蹄地参加各种活动。"[10] 他告诉厄休拉，他们的来访是那一学年最有意义的事情。[11]

---

① 这么做背后的考虑是加快决策速度，因为跨大西洋邮件的速度比今天要慢得多，即使不考虑电子邮件。

　　萨缪尔森和厄休拉·希克斯建立了深厚友谊，两人经常互致长信，分享有关两国发展的消息。萨缪尔森向她传递了关于美国经济学家和谁谁要去哪里供职，以及他的第二个女儿玛格丽特出生的消息。[12] 萨缪尔森同厄休拉分享了自己在"花费令人难以置信的大量时间，亲自核实密西西比州的养老补助金，以及中央储备城市银行的存款准备金要求变更的日期等"之后，把教科书交给麦格劳-希尔出版公司时的如释重负。[13] 厄休拉则提到，在艾伦·迪雷克托和米尔顿·弗里德曼结束哈耶克于瑞士组织的"精彩的自由主义者会议"（在欧洲，"自由主义者"被用来指那些致力于个人自由的人）——这次会议上成立了朝圣山学社（Mont Pelerin Society）——的返程途中，她招待了他们。"因为他们100%同意立即废除所有控制"，她写道，"我不太清楚还有什么可以再讨论的。"萨缪尔森回信说，里昂惕夫和一位同事将前往萨尔茨堡"进行一次为期6周的研讨会交流，旨在把美国文化介绍给中欧人"，提醒她有可能他们在途经英国返回美国时会与她联系。[14] 而萨缪尔森1948年秋季假期的欧洲之行，则构成了重建跨大西洋经济学家群体的一部分；随着欧洲经济复苏的进展，以及跨大西洋旅行的速度和成本的大幅下降，这个经济学家群体的联系将更为密切。

　　像大多数美国经济学家那样，欧洲是最重要的国际交流平台。但是，和日本的联系对萨缪尔森来说也很重要，其中最关键的一环是他哈佛时期的密友都留重人。尽管两人已经完全失去联系，但他需要联系，因为自1942年都留重人突然离开哈佛后，他一直在处理都留重人的事情。① 1946年年初，在参加刚去过日本的约翰·肯尼斯·加尔布雷斯的讲座时，萨缪尔森得到了消息。加尔布雷斯告诉他，都留重人"不再是一

_____

① 参见本书第16章。

个纯粹的马克思主义者，他进入了一个'新政拥护者'的阶段"。[15]但一直到9月，萨缪尔森才从里昂惕夫那里得知都留重人的地址，并写信给都留重人，解释说他之前曾试图联系他们，但异常困难，因为作为占领军的一部分访问日本的人，并没有在一个地方停留太长时间。他曾寄去一捆书，但它们在西太平洋搁置几个月后又被退了回来。萨缪尔森告知都留夫妇他的女儿简的出生，并且说，"不用说，我们都是喜欢和溺爱孩子的父母"。[16]他提到了他们那些已经有孩子的朋友，其中的一个离了婚，还有哈佛的发展情况。

> 剑桥的生活一如既往。哈佛现在有300名研究生，所有课程都被排得很满。哈伯勒、伯班克、泰勒、张伯伦和其他教授都在照常上课。威尔逊已经退休，熊彼特、厄舍和布莱克离退休年龄只有几年了。[17]

萨缪尔森还解释了战争如何影响经济学研究。

> 在战争期间，除了涉及战争经费和当前问题外，经济研究大幅减少。因此，大多数进展是在凯恩斯经济学和财政政策领域取得的。几乎所有的现役军人都觉得有必要重新振作起来，迎头赶上。然而，政府部门的薪水比大学高出很多，生活成本也在大幅上涨，以至许多经济学家决定不再重返学术圈子。（顺便说一下，罗伯特·特里芬已经去华盛顿的国际货币基金组织工作。他现在已然是一个拉丁美洲领域的专家。他现在有两个年幼的儿子。）[18]

萨缪尔森解释说，1942年时，他们曾试图要回哈佛欠都留重人的钱，但未能如愿。他会再试一次，因为他知道哈佛大学和哈佛书店还欠都留重人钱，最重要的是，都留重人应该得到一份退税单。萨缪尔森还告诉都留重人，他会设法找到"马丁街的老看门人"，看看他（都留重人）的书是否还在那里。他答应把都留重人收藏的卡莱斯基、俄林和庇古的著作影印本连同他们的朋友最近写的书，以及他自己的一些再版文章一起寄给都留重人。萨缪尔森在波士顿的美国马歇尔办公室找到了都留重人的相机，并打算用它给简拍些照片。由于担心这封信太过细致而无法邮寄，他就如何可以寄出它征求了一些意见。萨缪尔森最后说，他和玛丽昂经常想知道重人和雅子近况如何，而且他间接听说重人正在写一本关于美国的书，并提出可以寄去一些食品："我们会去咨询一下，是否被允许在没有书面申请的情况下，寄一些咖啡或其他东西给你们。"

　　但是，这封信并没有送到都留重人手上，而是被退回给了萨缪尔森。6个月后，他们重新取得了联系，萨缪尔森和玛丽昂收到了一封1947年3月都留重人写的信。这封信中说，他从日本经济学家那里听到了很多关于萨缪尔森的消息。都留重人通过杰罗姆·康菲尔德（Jerome Cornfield）——他曾把萨缪尔森刊于《计量经济学》上的关于凯恩斯的文章誉为"杰作"——向萨缪尔森写信索要一份该文副本。都留重人描述了日本经济文献的缺乏。

　　　　总的来说，我们仍然在遭受文献隔离（当然，无处不在的《时代》和《读者文摘》除外），特别是我最感兴趣的那一类，即经济学学术文献。如果你能按这个地址把这些东西寄给我，我将不胜感激。兰格给我寄来了他最近出版的关于价格弹性的书，莫萨克也寄来了他自己的书。我很想知道你的书怎样了，我还以为几年前你那本书就已出版。如果梅茨勒的书已经出版，我也想要一本。[19]

都留重人接着总结了自己的情况：

> 就我个人而言，正如你很容易想象的那样，学术追求在过去 5
> 年里一直被忽视，这实在令人惭愧。但不知何故，我又被那门最为
> 晦涩深奥的学科所吸引。

这封信很快到了萨缪尔森手中，他立即回复。3 月 11 日，他寄去一
封他几个月前寄的那封信的副本，并重申他很乐意寄去"咖啡、食品、
书籍或其他任何你最喜爱的东西"。[20] 几周后，他又小心翼翼地寄了一封
信，并称如果都留重人能给他发来一份正式委托书，他会尽力追回哈佛
方面欠都留重人的钱。[21] 6 月，萨缪尔森写信说，在里昂惕夫的办公室里
发现了都留重人的笔记，这些笔记已经寄给了他，里昂惕夫还给他捎了
一包食物，但是他没有找到其他的书。哈伯勒把都留重人的大部分书都
捐给了怀特海图书馆。[22] 萨缪尔森宣布了玛丽昂几周内就将生第二个孩子
的消息，还寄给都留重人一张简的照片。

这年 9 月，都留重人写信感谢了萨缪尔森给他寄去几大件书籍和再
版书。他说，之所以他迟迟才回复，主要原因是他进入了政府服务部门，
担任经济稳定委员会下设的项目委员会的执行主席。他写道，"这份工作
让我前所未有地忙碌。我经常不得不连续三个晚上坐在那里开会，还要
翻译文件。（现在）虽然稳定的目标远未实现，但日常工作的强度已经有
所降低，我开始有时间处理一些私事了。"[23] 日本经济的稳定意味着需要
找到一个降低通货膨胀的方法，1946—1947 年，日本的通货膨胀年增长
率超过了 100%。[24]

对萨缪尔森来说，与都留重人再次取得联系非常重要。在个人层面，
他和玛丽昂与重人和雅子关系非常亲近，保持着定期联系，他们还经常

访问日本。都留重人后来还把萨缪尔森的教科书翻译成日语，最重要的是，他给萨缪尔森提供了与日本经济学联系的桥梁，这对萨缪尔森的学术论文和专栏文章意义重大。

芝加哥大学的诱惑

1946 年年初，当萨缪尔森还在编写他的教科书时，芝加哥大学就为招揽他采取了一些举措。[25]支持者之一是考尔斯委员会的雅各布·马尔沙克，他曾鼓动芝大校长罗伯特·哈钦斯同时引进萨缪尔森和米尔顿·弗里德曼。芝大如果能够同时吸纳他们两人，那么无疑将拥有一个强大的团队，把哈佛大学、牛津大学和斯德哥尔摩大学远远甩在后头。[26]马尔沙克认为，萨缪尔森和弗里德曼的学术气质和政治主张相辅相成，然而，如果必须在两人之间做出选择，他更倾向于萨缪尔森，他认为萨缪尔森是个天才，阿尔文·汉森也持同样的观点。与弗里德曼形成鲜明对比的是，萨缪尔森发表了大量的文章，弗里德曼则"几乎没有什么值得注意的东西，大概是因为他在过去 10 年一直待在国家统计局，那里弥漫着一种令人窒息的实证主义气氛，而且他更重视破坏而不是建设"。[27]虽然弗里德曼对统计学和质量控制的贡献引人关注，但就经济学而言，他是"一个细分领域的一流行家"。相比之下，萨缪尔森则是一个"体系构建者"。

> 萨缪尔森表明理性经济学（rational economics）的全部假设——无论在什么领域——都可以归结为稳定性。他运用强大的工具对稳定性进行了实证检验。他对"微观经济学"（关于企业和家庭以及相对价格的理论）和"宏观经济学"（关于整体经济的理论）进

行了彻底革新，其意义远非希克斯为解答所有经济学领域问题提供的一把钥匙所能及。

接着，马尔沙克向哈钦斯解释了为何他很难说服系里支持萨缪尔森。"因为宏观经济学——它毕竟不是无所作为的，而是所有经济政策的基础——被认为是凯恩斯主义的异端邪说"，马尔沙克写道，"我很难在系里为这个候选人辩护。"也有一些同事认为，萨缪尔森是在抄袭兰格，但事实并非如此。在解释了为什么这两个人使用相似的方法不是一个问题后，马尔沙克写道：

> 另一方面，如果萨缪尔森的反对者认为他和兰格具有相似的理念，那么我们必须建立一个平衡良好的两党（或两派）制度，同时，如果这种非学术的、政客式的观点应该得到完全认同——我希望它不会——那么，只能说句公道话，即目前的平衡在另一个方向上是严重扭曲的。只要这种扭曲源自奈特和瓦伊纳的名声，且只要经济萧条和战争经验没有显示出旧传统的缺陷，这种对新研究潮流的"代表性不足"就无关紧要。现在，这种情况已经发生了变化。[28]

即便马尔沙克力主的同时引进萨缪尔森和弗里德曼得以实现，也不会改变经济学系的政治平衡，尽管他抗议说，问题在于大多数同事不愿采取"客观的、无党派的、非个人的行动"。

马尔沙克写信给萨缪尔森，索要他说服他的同事们可能需要用到的材料。萨缪尔森不得不解释说他只有一份《经济分析基础》的副本，他不能把它寄出去。[29] 3月20日，系主任西奥多·舒尔茨（Theodore Schultz）写信邀请萨缪尔森参观访问该系，并同名誉校长哈钦斯和校长科威尔（Colwell）进行交谈。[30] 同时寄出的还有一封马尔沙克写的信，信中告诉萨缪尔森芝大的某些人是如何看待他的，以及他在参访期间需要做些什么。

> 需要克服的主要困难是，说服这里的人们：（1）你不是一个被激情蒙蔽的党派主义者，（2）你不是一个自私、傲慢或粗鲁的人。我确信至少这里的一些人，无论是系里的还是行政部门的，都充分认识到了你作为少数的活跃的经济体系构建者的重要性。虽然这一点可以通过你发表的成果得到轻易证明，但是我前面提到的问题仍然存在。消除任何个人偏见将取决于你自己。这些偏见似乎可以追溯到你还是一个年轻学生的时候。经过这些年后，每个人都会变得更加"成熟"，但自少年时代后，这里就很少有人见过你。[31]

回信中，萨缪尔森引用了华兹华斯的诗来解释他对学生时代的态度："能活在那个黎明，已是幸福，若再加上年轻，更胜天堂！"他还注意到那时候芝大的"经济学巨匠正如日中天"。[32] 但是，尽管斯蒂格勒、弗里德曼和艾伦·沃利斯当时一直都是他的偶像，现在他却发现自己正在试图转变他的偶像们。以下便是他政治哲学声明的前奏：

> 就有关方面而言……这些年来我的变化并不大……。我仍然倾向于"个人自由"。但或多或少，我不得不修改关于刺激私人投资的弹性利率、詹姆斯·穆勒（James Mill）对有效需求的定论，以及其他一些技术问题的看法。
>
> 因此，在战略政策层面，我不得不稍微改变我的判断。今天站在这里的我，已经掌握一些财政概念，美国商会可能会认为这些概

念是可疑的，而产业工会联合会则会认为它们是反动的。[33]

马尔沙克把萨缪尔森的信转给了哈钦斯，并解释了萨缪尔森的性格和态度，他希望这些政治哲学声明能使哈钦斯相信，萨缪尔森并非一个"被激情蒙蔽的党派主义者"。[34] 萨缪尔森于 4 月 18 日至 20 日访问了芝加哥大学。[35]

一回到马省剑桥，萨缪尔森就立即写信给舒尔茨，为这一次愉快的访问而感谢他，并含蓄地表示自己有兴趣接受这份工作。[36] 他感谢马尔沙克促成这次访问，他说自己唯一的遗憾是除了和佳林·库普曼斯有过一次激动人心的谈话外（库普曼斯告诉了他一些考尔斯委员会正在做的事），没有科学讨论的机会。他表示，访问芝大后他才意识到马尔沙克为这次活动的开展付出了多少努力，他还解释说他很难离开剑桥。

> 显然，仅仅是和如此强大的经济学系携手并行的可能前景，也颇令人兴奋。我唯一的犹豫不决，来自一种自然而然的不情愿离开剑桥圈子的情结，这里的研究激励、教学负担和财务总收入等方面的机会都是如此诱人。事实上，只有我深信在未来几年里，芝大将成为经济学研究的世界级中心之一，并且我可以为这一发展做出和谐而重要的贡献，我才会遵从内心，考虑辞掉现在的工作（假如我能有幸被芝大选中）。[37]

萨缪尔森提到了该系内部的"和谐问题"，以及不想让马尔沙克因鼓动引进他而处于"不适处境"，这些都清楚地表明他了解该系内部的紧张氛围。

但是，他一直没有收到职位邀请的进一步消息，甚至没有人回应他对旅费的要求。6 月 6 日，他写信给舒尔茨询问自己前一封信是否寄错了地方。舒尔茨为耽搁向他道歉，并解释说自己一直在等待一个可以告知他的明确决定。[38] 由于该系在夏季已经放假，（对于此事）秋季之前不太可能会有任何决定。其间，萨缪尔森的老师、芝大经济学系最杰出的货币经济学家亨利·西蒙斯意外去世，年仅 46 岁。听到这个消息后，萨缪尔森立即写信给舒尔茨，表达了自己对西蒙斯的同情和钦佩。他建议通过把西蒙斯的几篇文章出版成书，来纪念他。[39] 当时舒尔茨人在印度，要到 7 月底才能回来。[40]

在夏季结束后学校重又步入正轨时，芝大经济学系对邀请萨缪尔森做了进一步讨论，并于 1946 年 11 月 11 日决定从 1947 年 10 月 1 日起聘任萨缪尔森为副教授，年薪 7500 美元。[41] 面对这个必须由校长做出的决定，科威尔写了一封信给哈钦斯，询问他在接待萨缪尔森时形成的看法。[42] 哈钦斯对萨缪尔森的印象显然很糟，他在回复科威尔的电报中说："萨缪尔森是个高智商的异端分子。他们说他将成为未来的瓦伊纳，但是我并不喜欢瓦伊纳。"[43]（瓦伊纳不仅被认为是一个杰出的经济理论家，而且被认为是一个异端分子。）

11 月中旬，舒尔茨到东海岸旅行，其间见到了萨缪尔森，同他解释说芝大"长期以来都有引进你的兴趣"。[44] 舒尔茨向萨缪尔森罗列了芝大将会给他创造的机会，并讨论了其他可能引进的人员，当中包括萨缪尔森的哈佛朋友劳埃德·梅茨勒——舒尔茨刚刚邀请梅茨勒再一次参访芝大。经与马尔沙克沟通，库普曼斯试图通过解释芝大为什么需要他，以及芝大能提供些什么来说服萨缪尔森。

芝大需要你，因为它目前的教学并未对充分就业问题，以及更普遍的、涉及经济总量的关系问题给予足够重视，这些都是你特别感兴趣的领域，也是你已经做出很大贡献的领域。[45]

但是，需要萨缪尔森的主要原因是，他的研究契合考尔斯委员会正在进行的研究。

> 芝大需要你，还因为在你的研究兴趣中，经济理论更清晰的数学公式和统计程序更清晰的公式相互补充，它们适合于经济应用，特别是考尔斯委员会所从事的研究。我相信，你在这里时我们进行的两小时谈话表明，我们的目标是一致的，努力是互补的，这让我强烈希望你能来芝大。①

库普曼斯举了他所指研究的例子，然后更详细地解释了为什么芝大需要萨缪尔森。他们在统计方面取得了进展，这使他们对经济理论提出了更高的要求。

> 无论是考尔斯委员会的研究活动，还是系里的教学，目前都存在统计数据过于臃肿的风险。因为，在所有的经济理论家中，你最赞成我们通过重新调整统计方法来分析[46]经济问题，也最赞成我们力促经济理论家拓展他们的研究结果，以便为计量经济学的关系测量提供一个真正的立足点。

萨缪尔森是最有可能从事他们正在做的统计工作的经济理论家，他能使芝大经济学家的研究朝经济理论方向重新取得平衡。

---

① 这便是萨缪尔森早些时候给马尔沙克的信中所描述的"令人兴奋"的谈话。

但是，马尔沙克和库普曼斯对萨缪尔森的热情遭到了强烈反对，现在9月1日刚加入该系的弗里德曼也站到了反对者的行列。11月27日，弗里德曼写信给乔治·斯蒂格勒，指责保罗·道格拉斯向萨缪尔森发出邀请。

> 萨缪尔森问题又一次——被道格拉斯——压到了我们头上，而且主要是由于他的努力，让我们感觉情况很糟糕。经济学系已经投票决定向萨缪尔森发出邀请。我们不知道故事的结局，但不管结局如何，我很担心这意味着我们输了。凯恩斯主义者握有投票权及使用这些投票权的手段。奈特很不满，他说他将主动退出参与该系的活动。（劳埃德·）明茨，格雷格（·刘易斯）和我对此都颇感沮丧。[47]

这封信清楚地表明，正是萨缪尔森所谓的凯恩斯主义惹恼了那些反对引进他的人，而且，如果萨缪尔森接受邀请，他将加入一个分歧很大的系，其中各派别之间存在意气用事。弗里德曼可能还认为，引进萨缪尔森会减少引进斯蒂格勒的可能性，斯蒂格勒当时正在几所顶尖大学转来转去地寻觅一个职位。[①][48]

直到1月，舒尔茨还没有收到任何消息，于是他写信给萨缪尔森，请其当月晚些时候在大西洋城召开的美国经济学会会议上抽空同他谈谈。[49]萨缪尔森写了一封回信，信中详细解释了他为何决定不接受这份邀请。他承认芝大有一个更好的经济学系，而且他将从奈特和马尔沙克那里得到的知识启发将是首屈一指的。但是，他认为麻省理工学院是一个更为理想的环境。那里离哈佛很近，他和哈佛的关系也很好："我相信，这种

[①]　这一年晚些时候，斯蒂格勒去了哥伦比亚大学。

共生关系不会变成寄生。"⁵⁰ 研究的时间、经费和设施"几乎不受限制"，而且由于研究生课程不多，他可以享受教授各种各样课程的乐趣。毫无疑问，麻省理工学院最重要的一点，同他如果去芝大会形成鲜明的对比，那就是"这里有一种宁静而气味相投的氛围，这种氛围非常愉快，且非常有助于学术的发展和平衡"。他可能还提到了在麻省理工学院社团法人成员抨击他的教科书对自由市场的支持不足时，康普顿院长所给予他的大力支持。

萨缪尔森的最后一个理由是，东海岸的生活使他能够参加更丰富的活动，而在芝加哥，他的学术活动可能将仅限于大学。

> 我还有一种感觉——也许我是错的——在东海岸，不受芝大聘用合同的限制，我觉得我会积极参与更有价值的外部咨询活动。对一个可能是"狭隘的"理论经济学家来说，这些活动的价值远远超过了它们的金钱回报。但如果不考虑其中的金钱因素，这种价值可能也会逐渐削弱。⁵¹

随后，他又部分收回了这番话，称这只是一个小问题，而且聘用合同意味着他不需要关注这一决定的财务方面。① 但是，他补充说，他和玛丽昂已经在剑桥定居，不愿意离开。

尽管萨缪尔森有如此全面的理由不接受芝大邀请，舒尔茨还是继续对萨缪尔森施压，他在美国经济学会会议上和萨缪尔森做了交谈，又写信告诉他芝大住房的详细情况，其中包括五套房屋和公寓的细节，并且

---

① 芝加哥大学提供了一份涉及该大学有权获取教授外部收入的合同。鉴于此，萨缪尔森的言论表明，要么他不知道他的教科书会产生多少版税，要么他没有说实话。

分析了它们的购买和管理成本。看来，在和舒尔茨的交谈中，萨缪尔森强调了使自己留在剑桥的个人感情，因为几乎就在见面后不久，保罗·道格拉斯就写信给他，试图向他保证，他将在芝大受到非常热烈的欢迎。道格拉斯描绘了在自己的课上，萨缪尔森、雅各布·莫萨克和格雷格·刘易斯给他带来的启发，他还补充说，萨缪尔森不仅被视为他们引以为傲的毕业生，还将以"受人尊敬的同事，和他交往将是一种乐趣和荣幸"的身份出现。尽管系里的讨论有时"尖锐而激烈"，偶尔也涉及个人层面，但道格拉斯写道，他"从不知道系里有任何真正的玩弄权术"。[52] 罗伊·布劳（Roy Blough）在搬到芝大前通过美国财政部的咨询公司认识了萨缪尔森，他在来信中表达了对萨缪尔森所做决定的忧虑，他要萨缪尔森重新考虑一下。[①][53] 他还试图消除萨缪尔森对街坊邻里的顾虑。他说，尽管他曾对来芝加哥颇有顾虑，但他和妻子已经安顿下来，比起他们之前住过的其他地方，他们更喜欢这个"不拘礼节的圈子"。他赞扬舒尔茨为芝大经济学系所做的一切，并向萨缪尔森保证，这里每个人的所作所为都是完全独立的。

意识到萨缪尔森确实不愿去芝大后，舒尔茨转而邀请他担任为期一年的客座教授，并于2月27日和萨缪尔森通电话商谈此事。随后，萨缪尔森就此事与系主任拉尔夫·弗里曼和玛丽昂进行了讨论，第二天他回信给舒尔茨谢绝了这个提议。考虑到复员退伍军人的涌入，他离开的这一年很可能是麻省理工学院最困难的时期。此外，他和玛丽昂认为，带着两个孩子（其中一个只有几周大）临时搬家时机并不恰当。[54] 同一天，萨缪尔森还写信给道格拉斯，表达了对道格拉斯的感激，并说非常喜欢他

---

① 这项活动尚未讨论过，因为它在本书所述的时期才刚刚开始。这是他在20世纪50年代继续从事的一项活动。

的课。[55]萨缪尔森解释说，他之所以决定留下，主要是因为他觉得自己现在所处的环境"非常愉快和令人兴奋"，而且考虑到很少有人真正满足于自己的工作，通过搬来搬去碰运气似乎并不明智。

萨缪尔森向道格拉斯明确表示，与其他芝大经济学家在意识形态上的分歧，并没有对他的决定产生任何影响。

> 在意识层面上（我相信，在潜意识层面上亦然），我的政策观点可能和其他人不同（比如，我和奈特教授在失业的储蓄-投资分析的有效性等问题上就有分歧），但这个因素并未对我的决定产生影响。如您所知，我从来不是一个畏首畏尾的人。此外，过去10年，我在某种程度上已经改变自己的观点，但这只是在手段层面，而不是在目的层面。即使在目的层面，我们的分歧也不能被夸大。凯恩斯和詹姆斯·穆勒之间一定程度上的融合，可能会产生比两者都更可行的东西。[56]

三天后，萨缪尔森收到基利安的一封信，告知他从7月1日起他将晋升为正教授，年薪7500美元。①

但是，舒尔茨仍然没有打退堂鼓，他继续试图说服萨缪尔森。3月4日，他告诉萨缪尔森，他们将要填补三个新职位，并就可以任命谁以使芝大更具吸引力征求其意见。[57]这让萨缪尔森改变了主意，他打电话给舒尔茨接受了一个长期职位邀请。3月7日（星期五），道格拉斯写信说，他对这一决定感到非常高兴。[58]萨缪尔森对这一转变的解释是，在拒绝芝

---

① 没有迹象表明这是对芝大职位邀请的反应，它很可能在一段时间前就已经提上议事日程。

大的邀请后，他感到后悔了。[59] 但是，在玛丽昂和他的同事们看来，萨缪尔森这么说显然是出于对自己的决定感到不安，他们劝他去度一个安静的周末，其间他可以好好考虑一下。

结果，3月11日星期二，萨缪尔森写信给舒尔茨说，他决定还是留在麻省理工学院，理由即他之前婉拒时给出的那些"无形的非职业上的"理由。他表示为自己造成的麻烦和困惑深感歉意，说他"在这整件事上给人留下了相当令人遗憾的印象"。他显然非常尴尬！不久后，他和玛丽昂在贝尔蒙特郊区购置了一栋适合他们日益庞大的家庭的新房子，这表明他们已经决定永远留在剑桥。

尽管不愿搬家显然是萨缪尔森留在麻省理工学院的主要原因，但是，基利安周一写来的一封信说，作为麻省理工学院愿意支持他的工作的证据，他们已经批准将他的待遇提高到年薪8500美元，并向他提供一个带薪假期，这样他就可以去他一直想去的欧洲旅行了。一个月后，基利安再次写信说，从7月1日起他的待遇将提高到年薪9000美元。

芝大并非唯一一所对萨缪尔森感兴趣的大学。第二年年初，鲁珀特·麦克劳林听说哈佛有三个职位空缺，有意向引进萨缪尔森和他的同事理查德·比斯尔。但麦克劳林信心十足地写信给康普顿说："据我观察，萨缪尔森教授和比斯尔教授关系密切，他们现在在这里都很开心，只有做出极大努力，才能说服他们中的任何一位离开。我也相信这一点在哈佛众所周知。"[60]

舒尔茨还是不肯放弃，他继续抱着萨缪尔森可能再次改变主意的希望。1947年11月，他写信给萨缪尔森，询问他们在华盛顿或纽约时是否可以见个面，"重新讨论我们希望你成为我们的同事和教员的真诚愿望"。[61] 萨缪尔森没能在纽约或华盛顿见到舒尔茨，但那时他已经改变了去参加美国经济学会会议的想法。他向舒尔茨解释说，他们全家将在威斯康星州度过圣诞节假期，如果他能抽出几天去参加美国经济学会会议，他们也许可以碰个面。[62] 由于不知道萨缪尔森已经拒绝芝大，也不知道如果他愿意的话本可以转到哈佛，其他大学的经济学系系主任不断来试探他的想法，他们误认为只要有晋升机会，麻省理工学院的经济学家们就都会把握住机会。但是，无论怎样，萨缪尔森的答复都是他无意离开。这时候的萨缪尔森几乎可以转到任何有职位空缺的经济学系，但他坚定地在麻省理工学院埋首耕耘。①

克拉克奖：1947 年 11—12 月

一周后，萨缪尔森收到一封道格拉斯以美国经济学会主席的身份写来的非常特殊的信。信中告诉萨缪尔森，作为"对经济思想和知识的主要部分做出最杰出贡献的年轻经济学家"，他将被授予约翰·贝茨·克拉克奖。[63] 道格拉斯对萨缪尔森强调了出席该年 12 月在芝加哥尼克博克酒店（Knickerbocker Hotel）举办的美国经济学会颁奖晚宴的重要性。萨缪尔森立即回复说，"原子弹也不能阻止我参加 28 日的晚宴"，而在那之前他将会守口如瓶。[64]

这是第一次颁发克拉克奖，任何 40 岁以下的经济学家都有资格获奖，而它被授予年仅 32 岁的萨缪尔森，并且是在有众多强有力的候选人和他未来几年仍有资格获奖的情况下，这使这次颁奖颇引起注意。萨缪尔森

---

① 马克卢普曾试图把萨缪尔森引进到约翰斯·霍普金斯大学，即便他知道萨缪尔森已经拒绝芝大。尽管他推测萨缪尔森会接到哈佛的邀请电话，但他觉得萨缪尔森可能会很不耐烦，于是他向萨缪尔森保证说，约翰斯·霍普金斯大学可以建成一流的经济学系，从而暗示麻省理工学院做不到这一点［1947 年 12 月 2 日马克卢普写给萨缪尔森的信，PASP 51（Machlup）］。

的提名完全基于他的学术文章，在投票开始时，委员会知道《经济分析基础》很快就会出版，尽管他们还没有看到它，也不知道经济学家们会对它做何反应。①

拉尔夫·弗里曼没能参加晚宴，但麻省理工学院的几位教员一同去了。其中一位是工商管理系的欧文·谢尔（Erwin Schell），他写信给弗里曼讲述相关情况，并把他的信抄送给两个系的所有成员，他还全文引用了道格拉斯的颁奖词：

> 现在，我很荣幸地把约翰·贝茨·克拉克奖授予一位才华横溢的年轻经济学家，他年纪轻轻就掌握了数学和经济理论，他对就业、生产、分配和价值理论做出了极具影响的贡献，他的新书（指《经济分析基础》）证明他是我们这个领域的杰出人物。他已经取得惊人的成绩，未来他有望取得更大的成就。因此，我谨代表美国经济学会，把约翰·贝茨·克拉克奖授予麻省理工学院的保罗·萨缪尔森先生。麻省理工学院是弗朗西斯·A.沃克（麻省理工学院经济学家和美国经济学会第一任主席）所深爱的大学，他为推动这所大学的发展做出了巨大努力。
>
> 我能感觉到在瓦尔哈拉（Valhalla）的某个地方，伟大的弗朗西斯·A.沃克正散发出幸福的光芒。65

鉴于这番褒奖，一点也不令人奇怪的是，萨缪尔森很快写信给道格

---

① 其他候选人包括肯尼思·博尔丁和乔治·斯蒂格勒（他们进入了最后一轮投票），阿尔伯特·哈特和约翰·邓禄普则进入了最后五名。不同于现在颁发的许多奖项，当时克拉克奖不会提到具体的获奖理由，投票依据的是一份关于候选人出版物和任职情况的清单。

拉斯，感谢他以"热情而亲切的方式亲自颁发克拉克奖"，并表示这是"一个我将长久铭记和珍惜的时刻"。[66]

　　尽管萨缪尔森承诺保密，基利安还是收到了一封关于他获奖的信。因此，12 月 15 日，也就是公开颁奖的两周前，在把 Ec.12 的补充阅读清单寄发给比德尔时，基利安附上了这封信的一份副本，并摘录了授予该奖的标准。他还提醒说，美国经济学会的另一个主要奖项是以麻省理工学院前院长的名字命名的，萨缪尔森的活动显然丝毫没有损害麻省理工学院的声誉。相反，他想让比德尔知道，麻省理工学院经济学系日益增长的声誉和萨缪尔森的声誉密切相关，而现在，萨缪尔森已经决定永远留在这里。

第 29 章

萨缪尔森：风华正茂

萨缪尔森和现代经济学

本书讲述了一个擅长数理经济学的学生，如何在不到 10 年的时间里在这门学科中占据主导地位的故事，而在某种程度上，他的一些老师甚至一度认为他很难在高校谋到职位。在以二战为标志的那段时期，萨缪尔森从一个狭隘的专家转变成一个全面的经济学家，他对数据分析的精通不亚于对操控方程的娴熟。但是，发生改变的不仅仅是萨缪尔森，他之所以能成为举足轻重的人物，还因为经济学已经和 10 年前大不相同。

那是一个美国经济学由弗兰克·奈特、雅各布·瓦伊纳、沃伦·珀森斯、韦斯利·米切尔、爱德华·张伯伦、约瑟夫·熊彼特和阿尔文·汉森等人主导，让步给佳林·库普曼斯、雅各布·马尔沙克、米尔顿·弗里德曼、肯尼斯·阿罗、特里夫·哈维尔莫、劳伦斯·克莱因、詹姆斯·托宾、罗伯特·索洛等更年轻、技术性更强、更精通数学的经济学家的时代。在所有这些人中，最重要的是萨缪尔森，他本人就是旗帜性人物之一。萨缪尔森的学术生涯蒸蒸日上，因为这门学科变得对数理经济学更加开放，他自己的研究也对这一转变做出了重大贡献。这个过程在 1948 年尚未完成——它还差得很多，对包括瓦伊纳、张伯伦和汉森等在内的非数理经济学家来说，直到 20 世纪 60 年代，这一过程仍然很重要。但到那时，这一趋势已经牢固确立，数理经济学不再只是一个边缘领域。

通过他那个时代领先的两个经济学系①，萨缪尔森从一个多少拜运气垂青的门外汉，成长为经济学领域举足轻重的经济学家。萨缪尔森是一对犹太夫妇的儿子，父母双方的家庭均离开波兰来到美国中西部，主要收入来自一家药房和一家餐馆的合伙事业，因此他不是任何能给他提供全力帮助的机构的一员。他的天赋得到了认可，机会的大门也不断向他打开——特别是，获得奖学金先是让他到了芝大，接着使他进入哈佛，之后他又加入了哈佛研究员学会。在这个过程中，他遇到了许多当时的主要经济学家，吸收了一位又一位老师的思想。有时，一位老师的思想会取代另一位老师的思想，例如，他和汉森的关系就改变了他对经济稳定的看法。有时，正如与哈伯勒和威尔逊的关系那样，他能够把从不同老师那里学到的东西融为一体，迸发出一些有别于任何一位老师教给他的东西。

本书的一个重要主张是，这些经历使萨缪尔森成了一个过渡性的人物。毫无疑问，他变成了一个彻彻底底的现代经济学家，即便是 20 世纪 70 年代的学生，也能从他的著作中读到新鲜的东西，而且在 1948 年后的许多年里，他继续从事创新性的研究（例如，公共产品理论、消费贷款模型、有效市场理论、增长理论和资本理论）。但是，他的著作保留了他的老师们的经济学研究痕迹。他在学生时代写的文章，普遍存在对数学理论的适用性的怀疑，其中一些怀疑在他的畅销教科书中隐约可见。取代旧有经济学方法的技术性更强的现代经济学并非凭空而来：它从传统经济学中酝酿和发展而来。这显然适用于消费者和企业的数学理论，在

---

① 指芝加哥大学经济学系和哈佛大学经济学系。——译者注

这些理论中，萨缪尔森对盛行于整个 20 世纪的思想进行了提炼。对于"凯恩斯主义"经济学也是如此，萨缪尔森对凯恩斯的反应，植根于汉森的研究和两次世界大战之间的美国商业周期理论。萨缪尔森如何借鉴老师们的研究，写出了两本著作的故事（其中一本的现代性体现为突出了数学分析的作用，另一本的现代性则体现为写作风格和对新收入决定理论的阐述），可以看作现代经济学如何从这门学科的旧方法中破茧而出的故事。[①]

从芝加哥大学到麻省理工学院

萨缪尔森能够深情地回忆他的童年。他回忆起父亲在那家药房教他怎么做算术题，这段经历对他来说显然很重要。他的母亲于他而言是一个比较疏远的人，也许是因为按照当时的惯例，她本应是他的主要看护人，他责备母亲把自己送到农场待了很长时间。这是他永远无法理解的事，在妇女们这样做变得正常之前，母亲是不是就在追求事业？或者，有没有其他原因，比如家庭疾病，迫使她这样做？他一再强调，他曾受到准寄养人的照顾和关爱，如果他写自传的话，他可以采取传统的态度，称这是一件不应该引起怨恨的事情。[1] 但他的家人和朋友却证实了另一种说法——这不仅成了他随着年龄渐长而怨恨加深的事情，还因为他不明白为什么它会发生而困扰着他。他的两个兄弟，哈罗德和罗伯特，也在不同的年龄被送到了农场，但受到的影响明显要小得多。

---

① 虽然我本不想使用"现代经济学"这个术语，但这种转变确实可以描述为涉及从多元主义到新古典经济学的转变；参见摩根和拉瑟福德（1998）。使用这一术语的论据是，尽管萨缪尔森在很大程度上是一位新古典经济学家，但他保留了自己所受教育的多元主义知识背景的痕迹。

当萨缪尔森和玛丽昂愈发亲密后，她的家乡威斯康星州的新柏林市成了他的另一个家，至少在假期里是这样。他仍然会去芝加哥探望他的父母，但这只是出于一种责任。他的父亲于 1939 年 8 月去世，之后，他的母亲搬到了旧金山，并在 1950 年再婚，一年后，尽管他曾去西部旅行，但他并未去见母亲的再婚丈夫。哈罗德和罗伯特就住在附近，帮忙照顾他们的母亲。

尽管萨缪尔森是一名走读生，但当他 1932 年 1 月抵达芝大时，他还是沉浸在芝大的愉悦氛围中，把抵达那里形容为一次新生。我们很容易把这一点解读为对一个"新家"的承诺，它超越了他在第一堂课上遇到的马尔萨斯人口增长理论的纯粹知识刺激。他和他的老师们很亲近，包括那些他没有修过学分课程的老师。尽管他严重低估了芝大货币理论的复杂性，甚至到了曲解其意的程度，但似乎没有理由怀疑他的政治立场变得保守了——对一个被弗兰克·奈特迷住，最亲密的朋友包括艾伦·迪雷克托和乔治·斯蒂格勒的年轻学生（他到芝大时才 16 岁）来说，这并不奇怪。他称自己深深地为奈特"着迷"，并将奈特形容为他的"偶像"。他被他们的反传统思想所吸引。另一个对萨缪尔森来说很重要的老师哈里·吉德昂斯，也认同他们的政治观点。[①] 在个人意义上，他与更倾向于自由主义的保罗·道格拉斯关系密切，但与其说是道格拉斯的政治观点吸引了他，不如说萨缪尔森是以迪雷克托为参照，迅速地从道格拉斯那里绕到了奈特的圈子里。

尽管萨缪尔森称，进入芝大是自己的一次新生，但他在接下来的两年里并未投身于经济学。哈钦斯校长主政时期的芝大，要求所有学生必须参加一个涵盖自然科学、社会科学和人文科学的通识教育项目。萨缪

---

① 吉德昂斯、奈特、迪雷克托和斯蒂格勒都参加了 1947 年朝圣山学社的第一次会议。

尔森对这个项目一点也不感到遗憾，尽管他的专业深造被推迟了。他获得的第一个奖项与经济学无关，而是一篇关于公民政府的文章——考虑到他曾对外交事业颇感兴趣，这对他来说不无意义。在他选择主攻社会科学时，他学了人类学、社会学和政治学等课程。他投身于经济学是在他大三学年年中，这似乎是受迪雷克托关于劳工问题的课程影响，他在迪雷克托的课上写的一篇文章不仅保留了下来，后来还被列入他的出版物目录。

　　许多在大萧条时期进入经济学领域的人（例如詹姆斯·托宾），都是出于想为失业问题做些什么的愿望。然而，尽管萨缪尔森在大萧条最严重时期进入芝大，他也确实在某个时候提到过这个原因，但他通常给出的是一个更加以自我为中心的动机——他非常适合经济学。他声称自己天生就是一个经济学家。这种态度和他沉迷于奈特（曾经的怀疑论者和反传统主义者），以及称自己吸收了许多老师倡导的保守主义经济学，完全一致。但是，在芝大的最后两年里，他开始认识到数学对经济理论至关重要，这意味着他对奈特所持立场的重大背离。他选修了重要的研究生理论课程，但不是由奈特教授的，而是由雅各布·瓦伊纳教授的。他在课上发现并纠正了瓦伊纳的错误，这使他在一大批研究生中脱颖而出，而这些研究生中的许多人在20世纪40年代也都成了美国经济学领域的重要人物。

　　尽管在当时，他可能还未把自己想象成一个"数理经济学家"，但这正是他所走的道路，而且似乎没有理由怀疑他所说的，他上的数学课比以往任何经济学专业要求的都多。在哈佛，当他开始支持操作主义和"有意义的定理是可检验的"观点时，他正在远离奈特的立场。然而，他的经济学和所有重要的政治参与都是脱节的，这在他和汉森合作后才发生改变。二战期间，当萨缪尔森公开亮出自己的明确政治立场时，他的观点和奈特的观点之间的鸿沟无疑变得更大了。

如果可以选择，萨缪尔森会继续留在芝大，但瓦伊纳帮他获取的社会科学研究委员会奖学金的条款，迫使他离开了芝大这个他新找到的家。他选择了哈佛，尽管一开始他并不指望自己能在那里安顿下来。在哈佛，他遇到了约瑟夫·熊彼特（或许是当时在美国工作的最著名的欧洲经济学家，两人建立了毕生友谊），以及其他欧洲经济学家：戈特弗里德·哈伯勒和瓦西里·里昂惕夫。萨缪尔森从他们那里接受了比奈特或瓦伊纳更为严格的经济理论训练，这是他从埃德温·比德韦尔·威尔逊那里获得的数理经济学和统计学训练的一种补充。

他被哈佛接受（至少暂时如此）的最明显迹象是，成为第一个被聘任为初级研究员的经济学家。他加入了一个精英阶层，他们的影响力超出了经济学的范畴，而且他们的道路也会不断地和他自己的道路产生交集。他的同时代人包括：历史学家小阿瑟·施莱辛格、数学家斯塔尼斯拉夫·乌拉姆、化学家 E. 布莱特·威尔逊、化学家鲍勃·伍德沃德（Bob Woodward）、物理学家伊万·格廷（尽管他当时已不再是一名初级研究员）和哲学家威拉德·蒯因。哈佛研究员学会所提供的精神自由和丰富资源，是使他后来声名鹊起的一系列文章的源泉。

与离开芝大的决定不同，1940 年 10 月离开哈佛前往麻省理工学院的决定并非萨缪尔森的被迫选择。他在哈佛接受了一个讲师职位，并确信这个职位可能会被续聘，但麻省理工学院给他提供了一个级别更高、薪水和条件也更好的职位。麻省理工学院的经济学与社会科学系致力于为科学家和工程师提供服务性教学，实力上显然比不上哈佛大学经济学系，但从地理位置看它距离哈佛只有两英里远，萨缪尔森可以与他的朋友和前同事们保持联系。他继续生活在离哈佛校园一步之遥的地方。还有一个问题是，他的犹太血统很可能会成为哈佛甚嚣尘上的反犹太环境的一个障碍。由于熊彼特给了他强有力的支持，加上许多其他教员对他的尊敬，萨缪尔森对此视而不见。他已经被接纳为研究员学会的一员，尽管一些人，比如系主任哈罗德·赫钦斯·伯班克，可能不太待见他，但萨缪尔森可以将他们明显的反感归因于政治分歧，或者是对比他们聪明的人的质疑，而不是反犹太主义。另一方面，玛丽昂比萨缪尔森更清楚地看到，哈佛的反犹太主义终将成为一个问题，搬到麻省理工学院则会把他从中解放出来。她说服他接受了麻省理工学院的职位，加入哈佛教员队伍不到一个月，他就离开哈佛来到麻省理工学院。

　　萨缪尔森在麻省理工学院的同事们对他表示热烈欢迎，对他们来说，聘用他是一次巨大成功，尽管他可能只是一名助理教授，但他得到了强大的支持。开始他们可能是在从事服务性教学，但随着战争的发展，麻省理工学院的经济学系成了一个因拥有共同目标而紧密联结的系。萨缪尔森同拉尔夫·弗里曼和鲁珀特·麦克劳林相处融洽，和哈罗德·弗里曼也很亲近。在他加入后不久，麻省理工学院设立了一个经济学博士项目，并在20世纪40年代进行了多项任命，聘请了许多哈佛不愿接受的犹太背景的学者，这使该系显著壮大。他得到了迅速提拔，当有机会重返芝大时，麻省理工学院的吸引力已经因离威斯康星州和他自己的家更近而变得非常强大了。

　　正如他搬到麻省理工学院一样，玛丽昂最清楚地看到，留在他原来的地方（同他们日益壮大的家庭和郊区的一所房子一起）他会更快乐。麻省理工学院的经济学实力与芝大或哈佛相比可能仍然弱小，他们依旧是一所工程院校的经济学家，但随着战争时期大量研究实验室的发展（辐射实验室是其中之一），战后麻省理工学院作为美国"大"科学研究中心的显赫地位获得了巨大声望。其他大学的经济学家可能需要一些时间才能理解这一点——他不断收到关于他是否对其他地方的某个职位感兴趣的询问，似乎清楚地反映了这一看法，即麻省理工学院的经济学家定然希望在其他地方谋取职位。但是，对那些致力于把经济学当作一门科学来研究的人来说，麻省理工学院是一个自然的首选之地。

麻省理工学院靠近哈佛，这使其在课程设置和研究合作方面颇具优势。但这也导致激烈的竞争，结果是，当麻省理工学院招到一个明显优于他（这一时期的大多数学者都是男性）在哈佛的竞争者的学者，比如诺伯特·维纳或诺姆·乔姆斯基（Noam Chomsky）时，此人便会被誉为学术明星。到 1948 年，在《经济分析基础》引发热烈反响和《经济学：入门分析》取得巨大成功后，萨缪尔森就处于这样的地位。康普顿的接班人、麻省理工学院院长詹姆斯·基利安认为，萨缪尔森是麻省理工学院经济学系成功的关键原因——他就像是吸引其他优秀经济学家加入麻省理工学院的磁石。这显然是一个萨缪尔森当之无愧的角色。

数理经济学家

萨缪尔森在芝大时就决定学习大量数学知识，他在哈佛的数理经济学老师包括熊彼特和里昂惕夫。熊彼特自己虽然不是数学家，但他鼓励别人使用数学。然而，塑造了萨缪尔森的数理经济学概念的人，则是人口统计学教授和经济学系的一员埃德温·比德韦尔·威尔逊。在芝大，"操作主义"一词已经流行开来，亨利·舒尔茨和保罗·道格拉斯都在使用它。在哈佛，"操作主义"一词显然更为人们熟知，因为哈佛是该词的创造者、物理学家珀西·布里奇曼的家。但是，正是威尔逊引导萨缪尔森接触和学习了他将要用于经济理论研究的数学工具。他把威拉德·吉布斯的著作介绍给萨缪尔森，试图向萨缪尔森灌输吉布斯孜孜以求的学术严谨性。威尔逊在 20 世纪数学的许多发展领域别具一格，其中包括一些后来流行于经济学的思想，但他仍为萨缪尔森提供了和其在其他地方所能获得的一样严格的数理经济学训练。

萨缪尔森从威尔逊那里学到的核心思想是，看似不同的问题可能具有一个共同的数学结构。一个系统所涉及的均衡，无论是物理学的、化学的、生物学的还是经济学的，可能都足以显示出某些性质，这些性质可以在对相关领域所知甚少的情况下推导出来。萨缪尔森将这种洞见——他的"对应原理"（Correspondence Principle）——扩展成一个理念，即人们可能需要假设均衡是稳定的。这使萨缪尔森（在威尔逊的指导下）把注意力集中在线性代数上，将其作为可能在包含多个变量的系统中推导比较静态结果的手段，并致力于研究动态问题所需的差分和微分方程理论。这种对线性代数和差分/微分方程的关注，使萨缪尔森的研究结果有别于20世纪40年代其他重要的数理经济学著作，比如约翰·冯·诺伊曼和奥斯卡·摩根斯特恩的《博弈论与经济行为》。萨缪尔森理解他们的著作，但他仍然对博弈论的有效性持怀疑态度，在威尔逊的指导下，他选择不遵循他们在经济学中所使用的数学方法。

萨缪尔森在战时的弹道学研究的经历，和威尔逊在"一战"时期涉足航空领域的经历具有明显的相似之处。我们并不清楚萨缪尔森何时开始这项工作，因为他称在全职加入辐射实验室前就已着手研究射击控制问题。他还给数学系上课，而且完全有可能的是，在他战时数学系的教学中，他的重点是炮弹轨迹的数学研究，这方面可以直接用到微积分和微分方程。他也可能在诺伯特·维纳主持的研讨会上讨论过这个问题，控制论就是在这个研讨会上诞生的。然而，当威尔逊继续写一本航空学教科书时，萨缪尔森结束了他在辐射实验室的时光，迫不及待地重返经济学家的全职工作。

在向辐射实验室主任惠勒·卢米斯形容自己是一个"二流数学家"

时，萨缪尔森毫无疑问是拿自己与伊西多·I.拉比、伊万·格廷和斯塔尼斯拉夫·乌拉姆等同事进行比较。他意识到在他们那样的团队中，自己几乎不可能成为像在经济学领域那样的学术明星。他显然受到了与他共事的科学家和数学家的尊敬，否则拉比就不会邀请他担当曼哈顿原子弹开发项目的官方历史学家。他对雷蒙德·戈德史密斯试图招募他为战时生产委员会顾问的回应表明，他并没有全身心地投入科学和工程学中，而是依旧对经济问题着迷。他想去一个他能够脱颖而出的地方。

考虑到萨缪尔森致力于使经济理论更具可操作性，他在1940年和利奥尼德·赫维奇一起开展一项聚焦于数据分析的商业周期实证项目，也就不足为奇了。这个雄心勃勃的项目显然未能产生预期的结果，萨缪尔森也没有跟进其他类似的项目。他在和哈罗德·弗里曼以及麻省理工学院新一代经济学研究生共事的过程中，掌握了全面的数理统计知识。他本可以利用哈维尔莫和考尔斯委员会的其他人正在开发的方法继续一个项目，但他没有这么做。他选择不去做一名现代意义上的计量经济学家。

他对计量经济学结果持怀疑态度的原因之一源自埃德温·比德韦尔·威尔逊，正是威尔逊的课程把数理统计学介绍给了他。威尔逊具备进行形式化统计或计量经济学建模的数学专业知识，但他对韦斯利·米切尔的研究深表赞赏，并认为有必要进行类似于生物学中物种鉴定的分类工作。经济理论必须和对经济数据的密切关注相互结合。这解释了为什么威尔逊可以与他的哈佛同事克拉姆和弗里基密切合作，萨缪尔森则对这两人的研究颇有诋毁。重视对数据的正确理解（它是如何构造的以及它意味着什么）符合他的以下观点，即除非有证据表明这样做增加了知识，否则理论就不应该得到应用；这也和他赞同斯蒂芬·里柯克对复杂的数学理论的怀疑相一致。

萨缪尔森最系统的统计研究工作是在战时进行的。他在国家资源规划委员会的工作并不涉及复杂的形式化建模，更不用说如哈维尔莫所倡导的概率模型估计，但确实需要对消费模式和收入分配变化的结果进行细致分析。它并不涉及推理，只是涉及细致的数据分析。萨缪尔森和战时华盛顿的经济学家讨论乘数问题时，数据也是至关重要的。他显然很关注理论问题，例如后来被称为平衡预算乘数的问题；但数据从未远离过他，因为要在政策上使用，就必须确定乘数的取值区间。显然，萨缪尔森不仅注重数据的适当性，也注重理论的正确性。

从这个角度上看，面对库普曼斯和维宁关于"缺乏理论依据的测量"的交锋，萨缪尔森至少会部分支持维宁"反对考尔斯委员会的完美主义形式主义（perfectionistic-formalism）"的经验主义辩护。[2] 萨缪尔森并不像威尔逊那样热衷于米切尔的经济学——他认为美国国家经济研究局采用的方法，从米切尔第一本关于商业周期的书到他（和阿瑟·伯恩斯合著）的最后一本书，在近30年里已经变得过时了。萨缪尔森永远不可能如威尔逊1938年所写的那样，赞同米切尔所做的一切。但是，他对不同数据分析方法的实际运用——其在理论和数据分析之间保持着一定的距离，以及他在专注于事实的同时进行理论研究，都明显地反映了威尔逊的立场。

新经济学

萨缪尔森是一名彻头彻尾的数理经济学家，他一直致力于发展新的定理。整个20世纪40年代，除了出版两本书外，他还发表了一系列有关数理经济学和应用数学的论文。由于前一小节给出的原因，这个成果很大程度上深受他从威尔逊那里学到的思想所影响。但从1937年起，他开始被利陶尔中心新任公共政策教授阿尔文·汉森吸引，汉森把他拉到其他方向。汉森并非数学家，这意味着萨缪尔森可以通过构建一个汉森能表达却无法分析的商业周期模型，来向他证明自己的价值。萨缪尔森发展的乘数–加速数模型，是作为一种理论推演的汉森模型。但是，萨缪尔森与汉森的关系，不仅仅体现在他作为一个解决了汉森无法解决的技术问题的数学家上，而且体现在他被吸引加入了财政政策研讨会，在1938年的美国经济学会会议上，他对财政刺激方案的替代形式做了文字分析，这很大程度上是汉森的观点。

战争期间，汉森在把萨缪尔森带到华盛顿的过程中发挥了重要作用，在那里，萨缪尔森加入了解决战后问题的研究工作。通过汉森及美联储的定期会议，他建立了广泛的人脉圈子，扩大了他在哈佛和芝大已经拥有的社交圈。他不仅投身于国家资源规划委员会的实证研究，而且与其他机构的朋友和联系人一起，探讨了乘数和公共财政问题——经济学家战时所面临的主要问题。作为一名应用经济学家，他发展了自己的专业知识，他的联系人既可能向他提出有关数据意义的问题，也可能让他解决他们无法解决的理论问题。

萨缪尔森曾称，他一度颇为抵制凯恩斯《通论》的诱惑。从1939年起，他开始提出乘数的概念，并认为总需求水平决定了就业水平。然而，像汉森一样，在20世纪40年代的大部分时间里，他继续和凯恩斯保持距离。他们都认为乘数是一种有用的（如果不是极其重要的话）理论工具，但两人都在根植于汉森早期发展的欧洲大陆和美国商业周期理论的知识框架下，使用乘数理论。萨缪尔森版本的"新经济学"或"现代收入决定理论"，成了美国凯恩斯主义的一种独特形式，它强调创新和技术变革在决定投资水平方面的作用。

在和汉森合作的同时，萨缪尔森也在修改他的博士论文以供出版。在《经济分析基础》一书中，他对收入决定的分析与他关于消费者的新理论仍然是分开的，因为不同于当今经济学的普遍观点，他并不认为经济关系可以建立在最优化行为的基础上。相反，他对整体经济的分析基于经验上确定的关系——消费函数和加速原理。他提供了一种动态建模的方法，其中借鉴了微分方程和差分方程的系统稳定性定理，但它从未与他关于消费者和企业行为的理论相结合。

尽管萨缪尔森担任顾问的部门职责范围较窄，但此时的国家资源规划委员会是许多激进提案的源头，这些提案可能会深刻影响美国社会。基于贫困将被消除和收入分配将更加平等的假设，这些提案和他所在部门对战后消费的预测是一致的。但这也暗示了一种强烈的政治立场，因为这些提案遭到了已经对罗斯福新政感到愤怒的保守派的唾弃。萨缪尔森坚定地和汉森站在同一战线，这是他职业生涯中第一次表现出明确的政治立场，似乎汉森不仅说服他从事应用宏观经济问题的研究，而且使他改变主意，转而采取了一种明确的政治立场。他和汉森的关联原本就可以从他在国家资源规划委员会时写的一本小册子中看出，但当他开始撰文支持汉森在《新共和》刊文中的政治立场时，这种关联变得更加明确。有别于他之前的文章，在这些文章中，他发展出一种强烈的政治倾向及他从未放弃的对撰写专栏文章的偏好。

萨缪尔森还对战后科学政策问题采取了强有力的政治立场，这是他在辐射实验室工作时感兴趣的一个问题。他担心威尔逊委员会的建议不够大胆，于是试图说服美国国家规划协会（National Planning Association）的一位联系人和《新共和》杂志的编辑采取行动。1945年年初，他有机会尝试塑造鲍曼委员会的观点，辅助撰写了一份报告，而万尼瓦尔·布什的《科学：无尽的前沿》正是以此作为基础。即使有当年的诺贝尔物理学奖得主伊西多·I.拉比的支持，他也无法战胜那些反对计划的保守派，但就最终报告而言，他和他的朋友亨利·格拉克正试图取得尽可能好的结果。萨缪尔森已经成为计划科学的支持者，例如，他和格拉克都曾加入麻省理工学院大型研究实验室进行的一项研究。

　　萨缪尔森对汉森的支持几乎从未使他脱离政治主流，即便如此，这也意味着他突破了自己芝大老师（迪雷克托和奈特）的反干预主义和反凯恩斯主义立场，并使他更接近于保罗·道格拉斯（尽管他颇为感激道格拉斯向他介绍了经济理论，但在芝大时他拒绝接受道格拉斯对政策的看法）。但萨缪尔森的著作中，仍然保留了他们教学的痕迹。在教科书中，萨缪尔森以奈特的理论为基础，构建了他的经济过程概念，并借鉴奈特所谓的"财富之轮"，作为教科书中一个重要的视觉辅助工具。

　　我们不难看出，萨缪尔森对资本理论的毕生兴趣，与奈特和熊彼特之间的争论存在一种关联。最引人注目的是萨缪尔森对伦理的立场——福利经济学必须包含伦理判断，因为没有伦理判断，就无法得出有关福利的任何结论所依据的基础，这是奈特的重要主题之一，也是众多学术文章的研究主题。萨缪尔森开始排斥奈特写的许多东西：1950年，奈特甚至向一位他们共同的朋友抱怨说，萨缪尔森从未错过任何一个可以诋毁他并让自己上新闻的机会。³ 萨缪尔森后来指责芝加哥学派货币经济学活在前凯恩斯主义的黑暗中，比芝大经济学家所说的最粗略的一瞥要黑暗得多。然而，尽管萨缪尔森对老师们进行了强烈的公开指责，但在重要的方面——他对资本理论的关注和他的福利经济学研究方法将变得非常重要——他直言不讳的批评掩盖了一个事实，那就是他从未放弃的一些东西正是他从奈特身上学到的。

两本书

　　萨缪尔森在相对短的时间内出版了两本截然不同的书，其中《经济分析基础》是一本关于经济理论的技术著作,《经济学：入门分析》则是一本在当时很基础的教科书,以至偶尔他会因为写了这本书而感到尴尬。尽管两本书的出版日期相隔不久,但它们反映了他在两个不同时期掌握的思想和技能。《经济分析基础》的显著标志是威尔逊对经济理论的严谨态度和他指导萨缪尔森研究的数学类型,特别是线性方程、差分方程和微分方程理论。与此形成鲜明对比的是,《经济学》带有明显的经济理论的印记,以及他通过和汉森合作及与战时政府机构的接触所学到的数量分析和教学技能。雷蒙德·戈德史密斯希望萨缪尔森为一些高级管理者撰写一份简单的乘数理论说明,总的来说,他们可能比一个初次学习经济学的普通本科生理解力更强,也更见多识广,但他们同样无法容忍写得晦涩难懂的东西。战争给了他写教科书所需的专业知识,如果是在1940年,他很可能无法写出这样的书。

但是,他并未因为支持汉森而排斥威尔逊,即使他最终的政策立场是支持"稳健"财政的威尔逊不会支持的(或许,萨缪尔森和凯恩斯保持距离十多年的部分原因是受威尔逊的影响)。《经济分析基础》的核心内容可能在1940年已经写好,但在他研究战时问题时他才把它变成一本书。正如亚当·斯密的两本伟大著作——《道德情操论》(*The Theory of Moral Sentiments*)和《国富论》——一样,我们有必要假定萨缪尔森认为《经济分析基础》和《经济学》是互补的。[1][4] 这种调和不仅涉及萨缪尔森在《经济分析基础》中假设的微观和宏观之间的区隔,而且涉及他直接应用的从威尔逊那里学到的、汉森举例证明的对抽象理论的怀疑：汉森是一位非技术型经济学家,他自己的理论的含义需要他人来阐述,但他对经

---

[1] 这种比较的意义在于,长期以来人们一直在争论斯密这两本书之间的关系。表面上看,它们似乎基于对人性的矛盾假设。

济政策的判断得到了萨缪尔森的尊重和认真对待。

　　萨缪尔森显然不属于 20 世纪二三十年代所谓的"制度主义"经济学家，因为他深受数理经济学和凯恩斯主义思想的影响。但在威尔逊和汉森的帮助和鼓励下，他的一些研究颇具制度主义的特征。在审阅《经济分析基础》时，萨缪尔森的朋友劳埃德·梅茨勒评论说，萨缪尔森对自己推动改写的现代消费者理论持怀疑态度。[5] 因此，不足为奇的是，在教科书中写到现实世界中的企业和市场时，他提出的观点正是基于新政期间他所做的实证研究，他在国家资源规划委员会的战时工作极大地依赖于这些研究。萨缪尔森代表了美国凯恩斯主义的一股不同于"货币瓦尔拉斯主义"（monetary Walrasianism）的力量，后者试图将收入决定理论与消费者和企业的最优化模型结合起来。

　　在本书所涵盖的时期内，我们可以恰如其分地说，在诸多导师中，萨缪尔森和个别几个很亲近，最重要的当属奈特、威尔逊和汉森。尽管他密切追随他们的思想——也许比人们立即会意识到的更加密切，但是他很快学会了采取独立于他们的立场。正如他不厌其烦地说的那样，他充满了自信，所以当他有了一个想法时，他会追根究底，并和导师之外的其他人讨论。例如，他曾对人口动态（威尔逊关注的问题之一）颇感兴趣，他便和洛特卡展开了深入探讨，并朝新的方向做了拓展。虽然是威尔逊教授了他数理统计学，但他也接触了许多统计学家和计量经济学家——他们都是在他的支持下，由他的研究生们在 20 世纪 40 年代初带到麻省理工学院的。汉森为他提供了进入战时华盛顿的机会，这正是萨缪尔森积极寻求的，因此他得以和负责在政府部门应用凯恩斯主义思想的主要经济学家讨论财政政策。

　　在芝大读本科时，萨缪尔森和几位研究生交上了朋友，他们和他在哈佛的朋友使得他的圈子中有很大一部分是他所处时代最优秀的经济学家。战争提供的机会，政府对经济学家的巨大需求，再加上由《退伍军人法》（GI Bill）及该法案对退伍军人教育的承诺所推动的战后大学繁荣，使这一代人得到迅速成长。萨缪尔森身处中心地位，他几乎认识所有人，并受到了许多人的尊重。他不知疲倦地庆贺朋友们取得的成就，尤其是那些他称和他们的老师们一样，创造了哈佛经济学黄金时代的研究生。他慷慨地最小化自己的角色，把自己的很多想法归功于朋友们。他的朋友们很看重他的天赋，这从他给他们做的数理经济学讲座中可见一斑，他们能比自己的一些老师，更清楚地看到他所使用的方法的重要性。萨缪尔森的朋友们帮助他认识到，《经济分析基础》完全可以取得成功，没必要为了让非数理经济学家可以理解，而去增加威尔逊希望他提供的几百页额外的文字解释。

他最亲密的伴侣选择不参与所有这一切，除了给他提供无私支持。玛丽昂自己似乎并无大志，但她引导她的丈夫走过了重要的10年——说服他搬到麻省理工学院，后来留在那里，并拒绝了芝大的邀请。她还密切参与了他的学术研究，包括贸易保护理论、人口动态，以及至关重要的——撰写《经济分析基础》。最重要的是，她给了他一个他想要的家。萨缪尔森的毕生挚友兼同事罗伯特·索洛曾表示，当他听到人们说"如果萨缪尔森写了《经济分析基础》，那么肯定是玛丽昂写了《经济学》"时，他回应道："你搞错了，是保罗写了《经济学》，玛丽昂写了《经济分析基础》。"这虽然是句玩笑话，却不无严肃成分，因为玛丽昂在萨缪尔森撰写《经济分析基础》中起到了非常重要的作用。相比之下，《经济学》则部分是麻省理工学院经济学系的产物，部分是他战时经历的产物。那时，玛丽昂已经很少介入他的学术研究，而是越来越多地把精力倾注到他们日益壮大的家庭中。

战后经济学

从二战结束到 20 世纪 60 年代，经济学发生了翻天覆地的变化。随着形式化理论的广泛应用，它变得更加技术化。学术期刊上的文章对理论研究和实证研究做出了明确区分，已经成为常态：第一部分可能提出理论模型，第二部分则是实证应用，可能会使用统计数据来估算系数。萨缪尔森的《经济分析基础》侧重于可操作的定理和比较静态结果，为经济学家提供工具箱，他们可以用这个工具箱来构建能满足最新期望的严格标准的理论。它不仅向经济学家展示了如何求解一个经济模型，而且提供了必要的数学技术纲要。它被研究生广泛使用，成了重要的参考文献。与此同时，萨缪尔森的《经济学》一书则改变了经济学入门课程。它涵盖了新收入决定理论，并给出了现代混合经济的理由，在这种混合经济中，政府（即使在艾森豪威尔的共和党主政期间）发挥的作用也远比前一代人所处的时期更大。经济学并非一夜之间就发生了转变，许多经济学家仍像他们战前所做的那样，但在年轻一代中，新方法正迅速得到采纳。

萨缪尔森显然不是经济学新研究方法的唯一创造者。考尔斯委员会正在瓦尔拉斯一般均衡理论的基础上，对经济学进行数学化处理，其方法和萨缪尔森著作中的截然不同。在美国空军的支持下，"活动性分析"方法得到了迅速发展，与萨缪尔森的老师瓦西里·里昂惕夫的投入-产出模型颇有几分相似。约翰·冯·诺伊曼和奥斯卡·摩根斯特恩在《博弈论与经济行为》中，提出了一个全新的经济均衡概念，他们使用了萨缪尔森没有用到的不动点定理等高等数学技术，这些技术在考尔斯委员会和其他地方得到了应用。计量经济学越来越被理解为利用统计推理来估计理论模型的系数——在考尔斯委员会，它正以哈维尔莫提出的方法得到发展；而在国家经济研究局，韦斯利·米切尔确立的定量研究传统仍在不断加强。米尔顿·弗里德曼（比萨缪尔森年长几岁）曾和西蒙·库兹涅茨有过合作，他在芝大发起了一个货币分析研究项目，该项目遵循米切尔-库兹涅茨的研究模式。

尽管这些推动经济学现代化的方法中没有一种属于萨缪尔森独创，但他和大多数研究息息相关。他可能对复杂模型的计量经济学估计持怀疑态度，这是考尔斯委员会正在开发的技术，但从1948年起，他开始和该委员会的一位领军人物佳林·库普曼斯密切合作。此外，他的第一个博士生劳伦斯·克莱因，在考尔斯委员会工作了一段时间后，于20世纪50年代成为大规模宏观经济学建模的领军者。萨缪尔森参与了大量的线性建模，与他在麻省理工学院的同事罗伯特·索洛和哈佛的罗伯特·多夫曼（Robert Dorfman）一起，为兰德公司写了一本书名为《线性规划与经济分析》（*Linear Programming and Economic Analysis*）的高级教科书。兰德公司是一家成立于1948年的智囊机构，它将在经济学和政策制定中发挥重要作用。[6]

萨缪尔森从不是一名国民收入核算专家，但在战争期间，他和当时的国民收入核算专家雷蒙德·戈德史密斯建立了密切的工作关系。萨缪尔森一边和拉特利奇·维宁（他继续在国家统计局的制度主义传统下工作）等人合作并支持他们，一边和那些研究方法上更严格遵循"新古典主义"的经济学家非常亲近，例如索洛和詹姆斯·托宾（哈佛毕业生，很快将成为耶鲁大学的领军经济学家）。萨缪尔森同索洛、托宾和佛朗哥·莫迪利亚尼（最终受聘于麻省理工学院）一道，成了美国主要的凯恩斯主义经济学家之一。

从出版他的两本书到退休，萨缪尔森一直处在美国和世界经济学的中心。他之所以能在麻省理工学院做到这一点，是因为战时的麻省理工学院在自然科学和工程领域取得成就的基础上，其经济学系也迅速成为美国经济学的中心。到 20 世纪 60 年代，它的研究生项目培养出许多后来成为该领域领军人物的经济学家。随着米尔顿·弗里德曼及其追随者的崛起，芝大在诺贝尔经济学奖得主人数上最终取代了麻省理工学院，但麻省理工学院的经济学家依旧占据重要地位，出自麻省理工学院的经济学思想在绝大多数经济学分支领域仍至关重要。萨缪尔森本人并未参与所有这一切，尽管他积极参与了许多重大的发展，包括财政学、公共经济学、资源代际转移模型、资本理论和经济增长等。他是这个系的一个重量级存在，他使麻省理工学院成为其他经济学家心向往之的地方。

尽管萨缪尔森在《经济分析基础》一书中对英国经济学家阿尔弗雷德·马歇尔的许多观点大加贬斥，但是他们也有许多相同之处。他们都肩负着同一项使命，即通过建立一个经济研究和教学中心，发展出一门新的科学的经济学。当然，1948 年的麻省理工学院不是 1885 年的剑桥大学，而且萨缪尔森对数理经济学的狂热明显非马歇尔所能及。尽管两人都对企业利润最大化和消费者效用最大化理论做出了贡献，但是他们都不是简单的新古典经济学家。他们都谨慎地将这些理论应用于解决现实世界的问题，并有能力吸引风格各异的经济学家群体，甚至是那些不认可他们更加形式化的理论研究之价值的经济学家。正如马歇尔的著作中有一股强烈的历史主义倾向一样，我们也可以在萨缪尔森的著作中发现制度主义的痕迹。[7]

本书讲述了一个具有人文背景的学生，如何通过社会科学的跨学科教育，迈入经济学领域的故事。他在本科时即认识到数学可能是解开这门学科秘密的钥匙。他发现自己有从事这方面研究的天赋，在威尔逊和汉森的指导下，他于 20 世纪 50 年代成长为一个可以在这个领域占据支配地位的经济学家。1948 年，年仅 33 岁的萨缪尔森以正教授的身份在麻省理工学院埋首耕耘，他的卓越成就获得了美国经济学会的认可，并且很快他就出版了两部重要著作。从那时起，萨缪尔森的故事发生了变化。它不再是一个年轻人探寻自己道路的故事，而是该领域一位标志性人物的故事。那将是另一本书的精彩篇章。

参考缩略语及来源

AHP	Alvin Hansen Papers, Harvard University Archives, HUGFP 3.xx
Direct	Supplied by author of document, recipient of letter, or by family member of the author
EBWP	Edwin Bidwell Wilson Papers, Harvard University Archives
GHP	Gottfried Haberler Papers, Harvard University Archives, 12516
HUA-E	Harvard University Archives, Economics Department, UAV349.10
HUESR	Harvard University, Economics Student Records
HUPF	Harvard University Press Archive, Foundations Folder
JHWP	John H. Williams Papers, Harvard University Archives
JTP	James Tobin Papers, Yale University
LAMP	Lloyd A. Metzler Papers, David M. Rubenstein Rare Book and Manuscript Library, Duke University
MIT-AC04	Massachusetts Institute of Techology, Office of the President，records of Karl Taylor Compton and James Rhyne Killian, AC0004, Massachusetts Institute of Technology, Institute Archives and Special Collections, Cambridge, Massachusetts
MIT-AC20	Massachusetts Institute of Techology, School of Humanities and Social Science, Office of the Dean, records of John E. Burchard
AC0020	Massachusetts Institute of Technology, Institute Archive
MIT-AC394	Massachusetts Institute of Technology, Department of Economics Records, AC0394, Massachusetts Institute of Technology, Institute Archives and Special Collections,

Cambridge, Massachusetts

OSRD   Records of the OSRD, National Archives and Records Administration, College Park

NARA   National Archives and Records Administration, St. Louis

PASP   Paul A. Samuelson Papers, David M. Rubenstein Rare Book and Manuscript Library,
Duke University. Citations take the form PASP n (folder), where "n" is the box
number. The folder name is omitted if it is the same as either the document or, for
correspondence, Samuelson's correspondent

RMSP   Robert M. Solow Papers, David M. Rubenstein Rare Book and Manuscript Library,
Duke University

RFP   Rockefeller Foundation records (FA386), Record Group 1.1: Projects, Series 224.
S: Massachusetts— Social Sciences, Box 6, folders 60- 64, "MIT— Industrial
Relations"; dates indicate the appropriate folders

STP   Shigeto Tsuru Papers, held in Library of the Institute of Economic Research,
Hitotsubashi University

UCOP   University of Chicago, Office of the President, Hutchins Administration Records,
1892- 1951

WSP   Wolfgang Stolper Papers, David M. Rubenstein Rare Book and Manuscript Library,
Duke University

注　释

·· ━◆━ ··

导　言

1. E. H. Schell，December 31，1947，Letter to Ralph E. Freeman，PASP 87（MIT）.

2. 这一术语来自摩根和拉瑟福德（1998）。

第 1 章　童年

1. 关于保罗早年的档案记录不多。除了他与老师和邻居之间 20 世纪 70 年代的简短信件交流外，所能获取的信息仅限于他在自传文章和采访中对往事的回忆。幸运的是，由于他习惯在出版物中加入自传性的评论，这样的文章数不胜数。遗憾的则是，这部分文字通常很简短，且往往缺乏描述所叙事件的具体细节。同他早年生活和家庭背景有关的最重要的作品是一部未发表且未命名的长篇“自传片段”（Autobiographical fragment）[undated，PASP 149（Autobiographical）]；一部未出版的、手写的、不完整的《萨缪尔森家族简谱》（"Brief history of the Samuelsons"）[undated, PASP 149（Autobiographical）]；1989 年 3 月，他写的一篇题为《一个年轻学者的肖像》（"Portrait of the scholar as a young pup"）的文章 [PASP 149（Autobiographical）]；以及一篇 1987 年写的短文《寻根》（"Roots"）[PASP 149（Autobiographical）]，两页手稿中有很大一部分已被划掉，这些文字可能是打字员在录入完毕后划掉的。我们不清楚保罗是否打算将划去的内容删掉，就像我们不清楚为什么这份文件没有被丢弃。在各种采访中也有许多评论。他对自己的过往有清晰的思考，对自己的童年也有一些清晰的记忆，但从未把这些材料整合成一个故事。

2. P. A. Samuelson, Undated, Autobiographical fragment, PASP 149（Autobiographical）. Ch. 1, p. 9.

3. "吉米叔叔"同萨缪尔森的确切关系目前尚不清楚。

4. 鉴于萨缪尔森的父亲改换了姓名，我们不清楚这些名字究竟是萨缪尔森认识的叔叔或阿姨的名字，还是他们的本名。萨缪尔森列了五个名字，根据他的说法，他相信可能还有另一个姐妹。萨拉的名字及所有的出生日期，都得自 1910 年的美国人口普查资料。

5. 萨缪尔森写的是 Hankanson，但这显然是一个拼写错误。

6. 这是 1910 年人口普查资料中记载的到达日期。萨缪尔森在叙述中简单提到了爱德华七世在位时期（1901—1910 年）。

7. P. A. Samuelson, Undated, Autobiographical fragment, PASP 149（Autobiographical），Ch. 1, p. 11.

8. 在 1920 年的人口普查资料中，弗兰克的移民日期为 1908 年，但要注意的是，这类记录中的抄写错误很常见。

9. 萨缪尔森的描述表明埃拉可能已将近 15 岁，尽管他明确表示不知道她的年龄。

10. 萨缪尔森，自传片段。

11. 一份日期更迟的出生证明副本参见 PASP 149（Personal）。

12. 萨缪尔森，《一个年轻学者的肖像》，p. 4.

13. P. A. Samuelson，March 6，1976，Letter to Anna Buchfuehrer，Lester Gordon，and Ethel Ruth，PASP 152（Personal）.

14. 萨缪尔森，自传片段。保罗对那段时期的记忆并不是很清晰，他一面说在那里一直待到 5 岁，另一面却说从 1916 年到 1924 年是田园诗般的时光。

15. 萨缪尔森，《一个年轻学者的肖像》。

16. 同上，p. 4.

17. 萨缪尔森，自传片段。

18. 萨缪尔森，《一个年轻学者的肖像》。

19. 原文写作"doining"。这封信显然是保罗自己写的，里面有许多手写修改。

20. P. A. Samuelson，March 6，1976，Letter to Anna Buchfuehrer，Lester Gordon，and Ethel Ruth，PASP 152（Personal）.

21. 同上。

22. 40（个），也可能是 70（个）。这封信是手写的。

23. E. Ruth，March 5，1976，Letter to Paul A. Samuelson，PASP 152（Personal）.

24. 需要注意的是，萨缪尔森对这封信的记忆可能不太确定，因为他说自己是三年级的学生，而露丝小姐明确称自己是在萨缪尔森一年级和二年级的时候教过他。

25. 这则信息由一名家庭成员提供。

26. 萨缪尔森（2009a），p. 45.

27. 他们之间的关系尚未可知，赫尔曼当时 35 岁。同住一所房子的还有一个叫珍妮·霍芬斯（Jenny Hopheins）的人（时年 51 岁）。

28. 这则信息由一名家庭成员提供。萨缪尔森并没有提及此事。

29. 萨缪尔森，《萨缪尔森家庭简谱》。

30. E. Ruth，March 5，1976，Letter to Paul A. Samuelson，PASP 152（Personal）.

31. 萨缪尔森，自传片段。也可参见 P. A. Samuelson，December 31，1951，Letter to Robert Summers，PASP 71（Summers family）.

32. 萨缪尔森，自传片段。

33. *Hyde Park Herald*，June 23，1982，p. 11.

34. *Hyde Park Herald*，September 8，1933.

35. *Hyde Park Herald*，November 1，1929，p. 22.

36. *Hyde Park Herald*，November 28，1930，p. 1.

37. *Hyde Park Herald*，December 5，1930，p. 16.

38. 关于芝加哥学校系统的描述摘自 Tyack et al. 1984：69.

39. *Hyde Park Herald*，May 26，1933，p. 1.

40. *Hyde Park Herald*，April 12，1945，p. 8.

41. *Hyde Park Herald*，June 17，1959，p. 13.

42. 海曼（2012）。

43. 奥里尔（2004），p. 64.

44. 里德和史密斯（1925），p. 342，引自休史密斯（1916）。

45. 肖尔林（1915），p. 658，引自休史密斯（1916）的升级版。

46. 美国数学协会（1932），p. 308.

47. 肖尔林（1915），p. 658，引自休史密斯（1916）的升级版。

48. *Hyde Park Herald*，December 23，1959，p. 12. 后来，有一所小学以她的名字命名，以此来纪念她。

49. 萨缪尔森等（1996），p. 970.

50. 萨缪尔森（2009a），pp. 1103–1104.

51. P. A. Samuelson，1992，[Answers] by Paul A. Samuelson，PASP 152（Walker），p. 2.

52. 萨缪尔森（1930）。

53. 萨缪尔森，《一个年轻学者的肖像》，p. 3.

54. P. A. Samuelson，June 11，1996，Letter to Norman Davidson，PASP 25（D，1991–2009，2 of 2）. 这封信在本书第 4 章还会涉及。

55. 萨缪尔森（1972a）；萨缪尔森，自传片段。

56. 例如，萨缪尔森，自传片段，Ch. 1，pp. 5，8.

57. 萨缪尔森，自传片段。

58. 萨缪尔森（2009a），p. 45.

59. 萨缪尔森，自传片段。

60. 萨缪尔森（2002b），p. 30.

61. 萨缪尔森，自传片段，Ch. 1，p. 5.

62. 同上，Ch. 1，p. 4. 一张萨缪尔森 3 岁时的照片表明，他对自己长相的描述一点也不夸张!

63. 同上，Ch. 1，p. 5.

64. 拉德克里夫学院是哈佛大学的女子学院。

65. 萨缪尔森，自传片段，Ch 1，p. 5.

66. P. A. Samuelson，July，1987，Roots，PASP 149（Autobiographical）.

67. 同上。索菲在 1914 年夏天嫁给了弗雷德·门德尔松。

68. 我把这个想法归功于布拉德利·贝特曼（Bradley Bateman）。

69. 这种信念使他回忆自己的教育细节时颇不耐烦。这一点可从萨缪尔森与唐纳德·沃克（Donald Walker）的一次通信中得到印证。信中萨缪尔森收到一份 36 个问题的清单，里面有 6 页内容涉及他的数学和经济学训练［P. A. Samuelson，1992，（Answers）by Paul A Samuelson，PASP 152（Walker）；D. A. Walker，1992，Paul A.Samuelson on some aspects of the origins and evolution of his economic ideas，PASP 152（Walker）］。萨缪尔森的回复用了 5 页纸，他解释说他的数学基本上是自学的。他并未回答沃克提出的大多数具体问题，尽管其中的许多问题对他来说很容易回答。里面有一个他想提供的解释，包括对他生活的详细叙述，尽管他确实添加了一些有趣的细节（例如，关于比拉·休史密斯以及他在海德公园中学受到的数学教育），他对那些不属于这个故事的细节并不感兴趣。

70.P. A. Samuelson，December 31，1951，Letter to Robert Summers，PASP 71（Summers family），p. 6.

第 2 章　芝加哥大学：1932 年

1. P. A. Samuelson，Undated，Autobiographical fragment，PASP 149（Autobiographical），Ch. 2，p. 1.

2. 萨缪尔森（2002a）.

3. 同上，p. 48.

4. 同上，p. 48.

5. 凯尼斯顿等（1934），p. 415.

6. 同上，p. 282.

7. 同上，p. 283.

8. 同上，p. 284.

9. 同上，p. 291.

10. 同上，p. 361.

11. 同上，p. 362.

12. Gideonse，Kerwin，et al. 1931，p. 30.

13. R. M. McIver, quoted in Gideonse, Kerwin, et al. 1931, p. 5.

14. Suzumura 2005, p. 332.

15. 萨姆纳（1906），p. 99.

16. 同上，p. 80.

17. 同上，p. 87.

18. Gideonse，Kerwin，et al. 1931，p. 96.

19. 斯利克特（1931），p. 16.

20. Gideonse，Kerwin，et al. 1931，p. 101.

21. 巴尼特（2004），p. 529.

22. 关于迪雷克托的传记资料摘自 Van Horn 2010a；Van Horn 2010b.

23. 斯利克特（1931），p. 16.

24. 同上，pp. 9–10.

25. 同上。

26. 巴尼特（2004），p. 529. 这似乎参考了第 4 章 "定价机制"（The Mechanism of Pricing），该章第一部分的标题是 "均衡问题的算术处理"（Arithmetical Treatment of the Problem of Equilibrium）。

27. P. A. Samuelson, 1992, [Answers] by Paul A Samuelson, PASP 152（Walker），p. 2.

28. 巴尼特（2004）p. 529.

29. 参见伦尼·J. 菲利普斯（Ronnie J. Phillips）2006 年的记录。尽管这门课在 1927 年被取消了，但在他去听货币课程后，他很可能又重新开始上这门课，正值迪雷克托加盟时。

30. P. A. Samuelson，March 31，2003，Letter to Roger Sandilands and David Laidler，PASP 67（Sandilands）.

第 3 章　自然科学和社会科学：1932—1933 年

1. P. A. Samuelson，January 9，2008，Letter to Stephen Stigler，PASP 71.

2. 库尔特（1932），p. 1.

3. 同上，p. 3.

4. 同上，p. 163.

5. 同上，pp. 181–189.

6. M. Crawford Samuelson，July 12，2002，Interview with Paul A. Samuelson，Direct.

7. 库尔特（1932），p. 277.

8. 同上，p. 277.

9. P. A. Samuelson，January 9，2008，Letter to Stephen Stigler，PASP 71.

10. 库尔特（1932），p. 334.

11. 同上，p. 339.

12. 伊斯特（1927），p. 175.

13. 同上，p. 176.

14. 同上，p. 179.

15. Lemon and Schlesinger 1932, chapter41. Quotation taken from Lemon and Schlesinger 1934, p. 186.

16. 莱蒙和施莱辛格（1934），p. 187.

17. P. A. Samuelson，June 24，1996，Letter to Norman Davidson，PASP 25（D，1991–2009，2 of 2）. 萨缪尔森指出，在经济学中，它被称为勒夏特列–萨缪尔森原理。

18. 吉德昂斯、约翰逊等（1932），p. xi.

19. 索利斯（1936）。

20. 同上，pp. 250–251.

21. 同上，p. 237.

22. 同上，p. 240.

23. 同上，pp. 244–245.

24. 安吉尔（1932），p. 187.

25. 索尔特（1932），p. xiv.

26. 同上，p. 13.

27. 博纳（1911），Ch. 3.

28. 同上，p. 59.

29. 同上，p. 61.

30. 吉德昂斯、约翰逊等（1932），p. 4.

31. 同上，pp. 4–5. 第三个引语因为篇幅太长而省略了。

32. 同上，p. 15.

33. 同上，p. 21.

34. 同上，p. 38.

35. 同上，p. 50.

36. 同上，p. 55.

37. 克拉克（1936），p. 268. 原文中为斜体格式。

38. 参见本书第 5 章。

39. 萨缪尔森（1972b）。

40. 萨缪尔森（11951a），p. 14.

41. 吉德昂斯、约翰逊等（1932），p. 129.

42. 同上，p. 155.

43. 同上，p. 160.

44. 同上，p. 200.

45. 同上，p. 215.

46. 同上，p. 218.

47. 同上，p. 220.

48. 同上，p. 205.

49. 同上，p. 205.

50. 同上，pp. 244–245.

51. P. A. Samuelson，May 1933，Diary，PASP 149（Autobiographical），p. 1.

52. 同上。

53. 同上，p. 2.

54. 萨缪尔森（1972a）。

55. P. A. Samuelson，Undated，Autobiographical fragment，PASP 149（Autobiographical），p. 7.

56. 同上，p. 3.

57. 1933 年 2 月 9 日，"众议院在任何情况下都不会为国王和国家而战"的决议以绝大多数赞成票获得通过。

第 4 章　从社会科学家到数理经济学家：1933—1934 年

1. 传记细节摘自埃根（1963）。

2. 埃根（1962）.

3. 科尔（1931）.

4. 这个信息获取自 http:// www.asanet.org/ about/ presidents/Leonard_ Cottrell.cfm.科特雷尔 1950 年成为美国统计协会主席。

5. 芝加哥大学（1932），p. 108.

6. 舒曼（1932a，1932b，1932c）。

7. 舒曼（1934b，1934a，1934c）。

8. 舒曼（1934c，p. 42）。

9. P. A. Samuelson，May 1933，Diary，PASP 149（Autobiographical），pp. 11–12.

10. 同上，p. 9.

11. 萨缪尔森（1992），p. 239.

12. P. A. Samuelson，Undated，Autobiographical fragment，PASP 149（Autobiographical），p. 8.

13. 芝加哥大学（1932），p. 31.

14. P. A. Samuelson，1934，The Limitations of Collective Bargaining（Economics240），PASP，Box 152. 其他学生的论文不包括在出版物清单中。

15. 同上，p. 1. 原文中是 "its own self"。

16. http:// www.spring-valley.il.us/ history/ john_ mitchell.htm.

17. P. A. Samuelson，Limitations of Collective Bargaining，p. 2.

18. 同上，p. 4.

19. 同上，p. 5.

20. 同上，p. 9.

21. P. A. Samuelson，June 11，1996，Letter to Norman Davidson，PASP 25（D，1991–2009，2 of 2）.

22. N. Davidson，June 18，1996，Letter to Paul A. Samuelson，PASP 25（D，1991–2009，2 of 2）.

23. P. A. Samuelson，June 24，1996，Letter to Norman Davidson，PASP 25（D 1991–2009，2 of 2）.

24. P. A. Samuelson，1992，[Answers] by Paul A Samuelson，PASP 152（Walker），p. 2.

25. 这一描述基于 1933—1934 学年 Econ 209 的课程公告。

26. P. A. Samuelson，1934，The Relationship Between Changes in Exchange Rates and General Prices，PASP 135.

27. 同上，p. 5.

28. 唯一被引用的芝加哥大学经济学家是西奥多·英特马，但保罗在回忆录中从未提及他。

29. 参见本书第 5 章。

30. 萨缪尔森，《汇率变化与一般价格之间的关系》。

31. 同上，p. 8.

32. 同上，p. 9.

33. P. A. Samuelson，Undated，Autobiographical fragment，PASP 149（Autobiographical），p. 6.

34. 同上，p. 11.

35. 斯蒂格勒（1988），p. 25.

36. 萨缪尔森（2003），p. 463.

37. 同上，p. 463.

38. 同上，pp. 463–464.

39. P. A. Samuelson，May 1933，Diary，PASP 149（Autobiographical），p. 12.

40. 同上，p. 14.

41. 同上，p. 20.

42. 同上，p. 22.

第 5 章　芝加哥大学的经济学：1932—1935 年

1. 巴尼特（2004），p. 531.

2. 同上，p. 526. 尽管他记得自己的课堂笔记，但是没有证据表明他承认并引用过它。

3. P. A. Samuelson，Undated，Money at the University of Chicago，PASP 133.

4. 萨缪尔森（1968），p. 2.

5. 同上，p. 1.

6. 巴尼特（2004），p. 530.

7. 同上，p. 527.

8. 参见莱德勒（1999），Ch. 9.

9. 哈特（1935）。

10. 参见莱德勒（1999）第 9 章中的讨论，特别是第 231 页。

11. 赖特（1932）。

12. 道格拉斯（1932），p. 8.

13. 同上，p. 21.

14. 道格拉斯（1934），p. xv.

15. 同上。

16. 前言注明的日期是 1935 年 1 月 31 日。

17. 道格拉斯（1935），p. 79. 这里动词的时态被改变了。原为一般现在时"has"，被改为一般过去时"had"。

18. 同上，pp. 80–82.

19. 同上，p. 85.

20. 萨缪尔森（1991a），p. 542.

21. 萨缪尔森（1972c），pp. 5–6.

22. 同上，p. 11.

23. 瓦伊纳（2013）。

24. 萨缪尔森（1972c），p. 7.

25. 同上，p. 7.

26. 同上，p. 8.

27. 瓦伊纳（1931）。

28. 萨缪尔森（1972c），p. 9.

29. 这是奈特在 1933 年发表的第一篇文章。

30. 奈特（1933），p. 8.

31. 同上，p. 14.

32. 同上，p. 15.

33. P. A. Samuelson，September 14，1994，Letter to Donald Dewey，PASP 25.

34. 奈特（1982），p. 30.

35. 奈特（1922）。

36. 同上，p. 459.

37. 同上，pp. 472–473.

38. 同上，p. 475，原文为斜体字。

39. 同上，p. 477.

40. 奈特（1923），p. 580.

41. 同上，pp. 580，584.

42. 同上，p. 582.

43. 同上，p. 587.

44. 同上，p. 598.

45. 同上，p. 600.

46. 同上，p. 583.

47. 同上，p. 601.

48. 奈特（1997）。

49. 同上，p. 71.

50. 同上，p. 73.

51. 同上，p. 74.

52. 同上，p. 92.

53. 同上，p. 97.

54. 同上，p 97.

55. 同上，p. 133.

56. P. A. Samuelson，Undated，Autobiographical fragment，PASP 149（Autobiographical）.

57. 这些手写文字的可信度有待考证，同时被删掉的文字中还有难以识别的。"价格组成的概念"指的是亚当·斯密和他之前的理论，即价格可以由其构成要素，也就是工资、利润和地租相相加来解释。P. A. Samuelson，May 1933，Diary，PASP 149（Autobiographical），pp. 27–28.

58. P. A. Samuelson，1992，[Answers] by Paul A Samuelson，PASP 152（Walker），p. 4.

59. 萨缪尔森，自传片段，p. 7.

60. 同上。

61. P. A. Samuelson，January 8，1997，Letter to Donald Dewey，PASP 25;Samuelson 1991a，p. 537；P. A. Samuelson，February 8，2000，Letter to MarcNerlove，PASP 55（N，1991–2009）.

62. 萨缪尔森（1951a），p. 14，n1.

第 6 章　在哈佛的第一学期：1935 年秋

1. J. Viner，April 15，1935，Reference for PAS for SSRC，PASP 74.

2. 萨缪尔森（2003），p. 464.

3. P. A. Samuelson，Undated，Autobiographical fragment，PASP 149（Autobiographical），p. 12.

4. 同上，p. 14.

5. 同上，p. 12.

6. 课表显示这门课的授课教师是克拉姆和弗里基。但是都留重人（2001，p. 118）和萨缪尔森（P. A. Samuelson，January 26，1999，Letterto Stephen Stigler，PASP 71）记得这门课是由克拉姆教的。克拉姆很可能教了第一学期，第二学期则由弗里基教。

7. Yule 1911 Most likely Yule 1911. 萨缪尔森记得作者，但是不记得内容。

8. P. A. Samuelson，January 26，1999，Letter to Stephen Stigler，PASP 71.

9. Keller and Keller 2001，pp. 22–26.

10. 它们将在下文详细讨论。

11. 弗里基（1942），伯恩斯（1944）。

12. 布洛克等（1927）。

13. 布洛克和克拉姆（1932），pp. 136–137.

14. 同上，p. 138.

15. 梅森（1982）。

16. 克拉姆（1932）。

17. 克拉姆（1938）。

18. P. A. Samuelson，January 26，1999，Letter to Stephen Stigler，PASP 71.

19. 梅森（1982），p. 413，张伯伦是个例外，他自 1938 年当上系主任后连续任了三年。

20. 关于这一点在本书其他部分有进一步的讨论。

21. 萨缪尔森（2011b），p. 1.

22. 摩根（1990）认为，珀森斯和他的 A、B、C 曲线在计量经济学史上具有重要地位。

23. 参见张伯伦（1961）.

24. 萨缪尔森（2004b），p. 4.

25. P. A. Samuelson，September 26，1989，Letter to Henry Rosovsky，PASP 63. 本书第 15 章将做进一步讨论。

26. 萨缪尔森（2004b），p. 5. 萨缪尔森在书单上提到的名字有约翰·斯图尔特·穆勒、阿尔弗雷德·马歇尔、张伯伦和琼·罗宾逊夫人。

27. 根据文章的字体和风格，这是一篇早期文章，其中引用了张伯伦的一个章节（尽管没有透露来源细节），表明这篇文章是写给他的。在一个脚注中，萨缪尔森指责张伯伦错误地解读了帕累托（第三节，脚注 2），张伯伦则很明显地写了旁注"我什么时候这么说过？"P. A. Samuelson，February 1936，A fragmentary note on the equilibrium of the firm，

PASP 151，dated Winter 1935/36，提供了进一步证据，其中提到一篇双寡头制下不确定性的较早论文，该论文可能就是这篇文章或它的变体。这篇论文并不完整，尽管被标为"第三部分"的内容似乎相当独立。引用的标题可能是附在主要论文上的注释的标题。遗憾的是，这些页面没有全部编号，它们的顺序并不确定。

28. P. A. Samuelson，Undated，Notes on the similarity between duopoly and bilateral monopoly，PASP 152，Section III，p. 5.

29. 同上，p. 9.

30. 同上，p. 9.

31. 同上，p. 4；在萨缪尔森的原稿中强调。

32. 一个脚注引用了鲍利和希克斯的话。

33. 萨缪尔森，关于相似性的说明，p. 1.

34. 参考张伯伦（1933），p. 52，n2.

35. 萨缪尔森，关于相似性的说明。

36. 除非萨缪尔森后来修改了这篇论文，同时存档的副本注明了修改日期，否则卡尔多听到的不可能是萨缪尔森发表的这篇论文。

37. 一个脚注显示，他同时注意到了二阶条件。

38. P. A. Samuelson，February 1936，A fragmentary note on the equilibrium of the firm，PASP 151，p. 7，n3. 斜体字部分（原文加了下划线）显然参考自张伯伦。

39. 同上，p. 24. 括号里的内容为萨缪尔森所加。如他上一篇论文中阐明的那样，其中的含义是，他怀疑是否存在能得到一个确定解的非任意的限制条件（non-arbitrary restrictions）。

40. 尽管萨缪尔森没有提到霍特林，但这个部分肯定是暗指霍特林关于空间竞争的论文。

41. 萨缪尔森，零碎的笔记，pp. 28–29.

42. 同上，pp. 29–30. 他以拉姆齐（1928）和里昂惕夫（1934c）为例，指出这方面的研究非常之少。

43. 萨缪尔森，零碎的笔记，p. 29.

44. 同上，p. 30.

45. 同上，p. 1.

46. 里昂惕夫（1925），翻译为里昂惕夫（1977），第 1 章，pp. 3–9。

47. 里昂惕夫（1936c）。

48. 同上，p. 105.

49. 多夫曼注意到了这一点。多夫曼（1973），p. 432.

50. 里昂惕夫（1935）。

51. 萨缪尔森（2004b），p. 5.

52. 都留重人（2001），p. 116.

53. 一个经典的例子是，某人因买不起面包而吃了很多土豆。如果土豆价格上涨，此人将变得更穷，他不得不吃更少的面包，并吃更多的土豆。

54. 萨缪尔森（2004b），p. 6.

55. 都留重人（2001），p. 122.

56. 以下关于该课程的讨论主要基于 L. A. Metzler, 1938, Noteson Leontief's Econ. 116, Session 1937-8, LAMP Box 7（Econ 116）.

57. 同上。

58. 阅读清单写在一张完全不同的纸上，不一定在课程开始时所写：考虑到萨缪尔森对里昂惕夫课程的描述，它甚至很可能不是里昂惕夫口述的。但是，根据注释可知该理论既不能用来得出结果，也不能用来检验结果，这表明里昂惕夫考虑的是估计需求函数。

59. 萨缪尔森（2004b），p. 6.

60. 萨缪尔森（1972a），p. 163.

61. 都留重人（2000），p. 7.

62. 萨缪尔森（1990a），p. 312.

63. 都留重人（2000），p. 7.

64. 都留重人（2001），第 7 章。

65. S. Tsuru, September 17, 2000, Letter to Paul A. Samuelson, PASP 73, p. 5.

66. Suzumura 2006.

67. P. A. Samuelson, Undated, Marion Crawford's Life, Direct, p. 6.

68. R. Bishop, February 16, 1978, Marion Crawford Samuelson, Direct, p. 4；R. M. Bergson, February 16, 1978, Marion Crawford Samuelson, Direct, p. 1；E. C. Brown, February 16, 1978, Marion Crawford Samuelson, Direct, p. 1；R. M. Solow, February 16, 1978, Marion Crawford Samuelson, Direct, p. 1.

69. M. Crawford Samuelson, July 12, 2002, Interview with Paul A. Samuelson, Direct.

70. P. A. Samuelson, Undated, Marion Crawford's Life, Direct, p. 1. See also Crawford Samuelson, Interview with Paul A. Samuelson, p. 1.

71. R. Bishop, February 16, 1978, Marion Crawford Samuelson, Direct, p. 2.

72. 克劳福德（1937）。

73. 同上，p. 28.

74. 同上，pp. 29–30.

75. 同上，p. 30.

76. E. B. Wilson，March 22，1939，Letter to Griffith Evans，EBWPHUG4878.203 Box 32（E）.

77. 哈里斯（1941），p. viii.

78. P. A. Samuelson，Undated，Marion Crawford's Life，Direct，p. 3.

79. 都留重人（2001），p. 118.

80. 克劳福德·萨缪尔森，采访保罗·萨缪尔森。

81. 同上。

82. R. Bishop，February 16，1978，Marion Crawford Samuelson，Direct，p. 3.

第 7 章　约瑟夫·阿洛伊斯·熊彼特

1. 关于熊彼特在永久性地搬到哈佛之前的生活描述很大程度上借鉴了麦克劳（2007）。

2. P. A. Samuelson，1991，Afterthoughts on Schumpeter，PASP 68（Schumpeter），p. 635.

3. *Das Wesen und Hauptinhalt der theoretischen Nationalökonomie*（1908），translated as The Nature and Essence of Economic Theory（Schumpeter 2010）.

4. 里昂惕夫（1950），p. 105.

5. 在萨缪尔森来哈佛之前，由弗兰克·陶西格的女婿雷德弗斯·奥佩翻译成英语。

6. 麦克劳（2007），p. 98.

7. 同上，pp. 130–131.

8. 在本书别处有讨论。美国经济学会，1935。

9. 萨缪尔森（1951b），p. 101.

10. 同上，p. 100.

11. 特里芬（1950），p. 413.

12. 同上。

13. 萨缪尔森（1951b），p. 101.

14. 同上，p. 102.

15. W. Stolper，1935，Notes on Ec. 11，1934-5（Schumpeter），WSP 2002-0207Box 19（Theory）.

16. 希克斯（1932），琼·罗宾逊夫人（1933a），张伯伦（1933）。

17. 特里芬（1950），p. 413,

18. 引自斯威德伯格（1991），p. 117.

19. 熊彼特（1939），p. 31.

20. 同上，p. 32.

21. 同上，p. 33.

22. 麦克劳（2007），pp. 220–221.

23. 熊彼特（1939），p. v.

24. 这件事在麦克劳（2007，p. 271）中有讨论，理查德·马斯格雷夫是在场的学生之一，他这么说道："不管怎样，他召开了一个关于商业周期的晚间研讨会——讨论中，每个人都在谈论凯恩斯，而不是他的书。所以最后他说，'你们自己决定是否赞同书中的观点，但我希望你至少读过它。'我们对此颇感羞愧，于是便给熊彼特写了一封信。"（R. Hett, September 30，2000，Transcript of Interview with Richard Musgrave，Direct.）

25. 里昂惕夫（1950），p. 105.

26. 参见 Shionoya 1997，pp. 99–104.

27. 熊彼特（1908），pp. 340–341；translated in Shionoya 1997，pp. 107–108.

28. 同上，pp. 106，112，101.

29. 同上，pp. 115–118.

30. 摩根斯特恩（1951），p. 198.

31. 参见麦克劳（2007），第 26 章。

32. 巴克豪斯（1998b）将熊彼特的观点与托马斯·库恩（1962）的观点进行了比较，这是哈佛关注科学方法的另一个产物（参见艾萨克，2012）。

33. 熊彼特（1954），p. 7.

34. 同上，p. 15.

35. 同上，p. 16；原文中强调。

36. 哈耶克（1942），1943，1944a。

37. 熊彼特（1954），p. 18.

38. Schumpeter to Haberler，March 20，1933，quoted in McCraw 2007，p. 220.

39. 萨缪尔森（2003），p. 465.

40. 熊彼特（1933），p. 5.

41. 同上，p. 5.

42. 麦克劳（2007），pp. 116–117.

43. 哈伯勒（1950），p. 333.

44. 麦克劳（2007），pp. 155–157.

45. 斯威德伯格（1991），p. 13.

46. 麦克劳（2007），p. 271.

47. 丁伯根（1951），p. 109.

48. J. A. Schumpeter，May 19，1937，Letter to Edwin Bidwell Wilson，EBWPHUG4878.203 Box 29（S 1937）.

49. 萨缪尔森等（1996），p. 163.

50. 哈伯勒（1950），p. 342.

51. 熊彼特（1954），pp. 133–134.

52. J. A. Schumpeter，June 5，1936，Letter to Edwin Bidwell Wilson，EBWPHUG4878.203 Box 27（S 1936）.

53. 麦克劳（2007），p. 222.

54. J. A. Schumpeter，January 19，1939，Letter to Paul A. Samuelson，PASP 68.

55. J. A. Schumpeter，March 15，1943，Letter to Paul A. Samuelson，PASP 68.See also his comment on Samuelson 1943f in J. A. Schumpeter，October 30，1943，Letter to Paul A. Samuelson，PASP 68.

56. J. A. Schumpeter，October 30，1943，Letter to Paul A. Samuelson，PASP 68.

57. J. A. Schumpeter，August 6，1948，Letter to Marion Samuelson，PASP 68.

58. 参见麦克劳（2007），pp. 403–405.

59. 这件事在麦克劳（2007，第 17 章）中有重新叙述。

60. P. A. Samuelson，June 3，1940，Letter to Joseph A. Schumpeter，PASP 68.

第 8 章　埃德温·比德韦尔·威尔逊

1. P. A. Samuelson，Undated，Autobiographical fragment，PASP 149（Autobiographical），p. 18. See also Samuelson 1989a.

2. 关于威尔逊的大部分传记信息的主要来源是亨塞克和莱恩（1973）。关于威尔逊的重要讨论也可以在卡瓦哈利诺（2016）中找到。

3. 威尔逊（1912）。

4. 亨塞克和莱恩（1973），p. 287.

5. 萨缪尔森（1989a），p. 259；萨缪尔森（1991b），p. 337.

6. 参见卡瓦哈利诺（2016）。

7. 萨缪尔森（1982），p. 861.

8. 萨缪尔森（1989a），p. 259.

9. E. B. Wilson，July 14，1936，Letter to John D. Black，EBWP HUG4878.203Box 27（B 1935–36）.

10. 威尔逊（1935），p. 717. 一个脚注给出了其引用来源是鲍利（1924，p. 12）。

11. J. A. Schumpeter，April 24，1936，Letter to Edwin Bidwell Wilson，EBWPHUG4878.203 Box 27（S 1936）.

12. E. B. Wilson，April 30，1936，Letter to Joseph A. Schumpeter，EBWPHUG4878.203 Box 27（S 1936）.

13. 同上。第二句话读起来有些拗口，这显然是因为它是一封口授信，威尔逊的秘书一边听他叙述，一边做记录。

14. 威尔逊（1926），p. 290–291.

15. E. B. Wilson，April 15，1936，Letter to John D. Black，EBWPHUG4878.203 Box 26. The project is identified more fully in J. D. Black，July 7，1936，Letter to Edwin Bidwell Wilson，EBWP HUG4878.203Box 27（B 1935-6），and was to be supervised by Wilson and Crum.

16. 萨缪尔森（1991b），pp. 334–335.

17. E. B. Wilson，December 11，1939，Letter to Lloyd A. Metzler，EBWPHUG4878.203 Box 35（M）.

18. E. B. Wilson，June 6，1936，Letter to Joseph A. Schumpeter，EBWPHUG4878.203 Box 27（S 1936）.

19. 同上。

20. E. B. Wilson，January 13，1937，Letter to Lawrence J. Henderson，EBWPHUG4878.203 Box 29（H 1937）.

21. 同上。

22. E. B. Wilson，June 6，1936，Letter to Joseph A. Schumpeter，EBWPHUG4878.203 Box 27（S 1936）.

23. J. A. Schumpeter，May 19，1937，Letter to Edwin Bidwell Wilson，EBWPHUG4878.203 Box 29（S 1937）.

24. 同上。

25. 我认为这是胡安·卡瓦哈利诺的观点。

26. 萨缪尔森（1971），p. 994.

27. E. B. Wilson，March 10，1938，Letter to Dickson H. Leavens，EBWPHUG4878.203 Box 31（L 1938）.

28. 没有任何迹象表明这就是事实。这些内容，威尔逊在 1935—1936 年都会教到。

29. L. A. Metzler，Undated，Notes on E. B. Wilson's lectures，LAMP Box 7（Wilson），p. 6；italics indicate Metzler's underlining.

30. 同上，p. 10；斜体表示梅茨勒在下面画了线。

31. 里柯克（1936），p. 94，讨论庇古（1935）。

32. 同上，p. 95.

33. E. B. Wilson，July 14，1936，Letter to John D. Black，EBWPHUG4878.203 Box 27（B 1935-6）.

34. E. B. Wilson，January 3，1940，Letter to Lloyd Metzler，EBWPHUG4878.203 Box 35（M）.

35. E. B. Wilson，January 5，1938，Letter to Wesley C. Mitchell，EBWPHUG4878.203 Box 31（M 1938）.

36. W. C. Mitchell，October 17，1938，Letter to Edwin Bidwell Wilson，EBWPHUG4878.203 Box 31（M 1938）.

37. E. B. Wilson，December 11，1938，Letter to Wesley C. Mitchell，EBWPHUG4878.203 Box 31（M 1938）.

38. E. B. Wilson，December 30，1938，Letter to A. P. Usher，EBWP HUG4878.203Box 31（T，U 1938）.

39. 凯恩斯［1973（1921）］，威尔逊（1923）。

40. 威尔逊（1926），p. 292.

41. Keynes 1971；E. B. Wilson，December 7，1939，Letter to C. J. Bullock，EBWP HUG4878.203 Box 32（B）.

42. E. B. Wilson，February 12，1937，Letter to Alvin H. Hansen，EBWPHUG4878.203 Box 29（H 1937）. 这里提到的想必就是这篇评论，因为汉森的另一篇评论中并无脚注。

43. 汉森（1936a），p. 667，n3.

44. E. B. Wilson，February 12，1937，Letter to Alvin H. Hansen.

45. 根据斯蒂格勒（1994），这种强调基于事实而非有争议的理论的观点，也出现在威尔逊和米尔顿·弗里德曼之间的信件中。

46. E. B. Wilson，December 7，1939，Letter to C. J. Bullock，EBWPHUG4878.203 Box 32（B）.

47. P. A. Samuelson，October 9，1940，Letter to Edwin Bidwell Wilson，EBWPHUG4878.203 Box 35（S）. 他在原信中误拼了吉布斯的名字，此处已纠正。

48. 萨缪尔森（1982），p. 861.

49. 萨缪尔森（1991b），pp. 334–335.

50. 卡瓦加利诺对此进行了详细论证。见前文注 2。

第 9 章　建立联系

1. P. A. Samuelson, Undated, Autobiographical fragment, PASP 149（Autobiographical）, pp. 20–21.

2. P. A. Samuelson, 1992, [Answers] by Paul A Samuelson, PASP 152（Walker）, p. 3.

3. P. A. Samuelson, 2005, Answers to written questions, PASP 149, pp. 1–2.

4. P. A. Samuelson, Undated, Minimization, Teleology, and Causality in the Calculus of Variations and in Mechanics, PASP 138. The article is Birkhoff and Hestenes 1935.

5. P. A. Samuelson, Undated, Marion Crawford's Life, Direct. University of Wisconsin 1936 gives the address of Paul's residence as 615 N. Henry.

6. Wolf and Wolf 1938.

7. 萨缪尔森（1937a）。

8. 同上，p. 159.

9. 同上，p. 159.

10. 同上，p. 160.

11. 威尔逊（1935）。

12. 萨缪尔森（1937a），p. 161.

13. 萨缪尔森（1990a），p. 311.

14. 哈伯勒（1936）。

15. 萨缪尔森（1990a），p. 311.

16. 同上，p. 312.

17. L. A. Metzler, 1938, Notes on Haberler's lectures, LAMP Box 7（Haberler）.

18. 哈伯勒（1936），pp. 3–4.

19. 同上，p. v.

20. 里昂惕夫（1933）；勒纳（1932，1934）；以及马歇尔（1923）和马歇尔的早期关于纯粹贸易理论的未刊论文。

21. L. A. Metzler, 1938, Notes on Haberler's lectures, LAMP Box 7（Haberler）, p. 31. 考虑到大约一周后，他推荐了这篇论文，这句话也许并未出现在梅茨勒笔记中的话，可能反映了哈伯勒对萨缪尔森 1938 年论文的解读。

22. 同上，p. 32.

23. 大概源自舒尔茨（1927）。

24. 当然，随着布料产量的上升，小麦产量也会下降。

25. L. A. Metzler，1938，Notes on Haberler's lectures，LAMP Box 7（Haberler），p. 56. Haberler（1936，pp. 194–195）得出了类似的结论。

26. 哈伯勒（1936），p. 250.

27. 同上，pp. 250–251.

28. 同上，pp. 251.

29. 斯托尔珀和萨缪尔森（1941）。参见本书第 11 章。

30. 哈伯勒（1936），p. 273.

31. 参见 Boianovsky and Trautwein 2006；Howson 2011，pp. 295–298.

32. Boianovsky and Trautwein 2006，p. 74；De Marchi 1991，p. 149.

33. 萨缪尔森（1996a），p. 1683.

34. 哈伯勒（1946），p. 257.

35. Boianovsky and Trautwein 2006，p. 73.

36. 同上，p. 54.

37. 哈罗德（1936），p. 98；哈伯勒（1937b），p. 217.

38. 哈伯勒（1937a），p. 691.

39. 后来，哈罗德在 1939 年认识到了滞后效应的重要性，尽管他仍主张在滞后效应重要或不重要的问题之间进行区分研究。

40. 俄林（1929）。

41. P. A. Samuelson，April，1937，The Effect of a Unilateral Payment Upon the Terms of International Trade，PASP 134，p. 2. 他把这一说法主要归于 "大陆学者"，其中包括瑞典人俄林。

42. 同上，p. 3.

43. 6 月 7 日，瓦伊纳为自己过晚回复致歉，这暗示萨缪尔森可能在 4 月论文一写好时就寄出了。

44. J. Viner，June 7，1937，Letter to Paul A. Samuelson，PASP 74.

45. 在瓦伊纳阅读萨缪尔森论文的同时，俄林访问了哈佛，但无从得知他和萨缪尔森是否见过面。参见 B. Ohlin，May，1937，Letter to John H. Williams，JHWPMiscellaneous Correspondence and Other Papers，1929–71；J. H. Williams，May 7，1937，Letter to Bertil Ohlin，

JHWPMiscellaneous Correspondence and Other Papers，1929–71.

46. 萨缪尔森（1950），pp. 369–370.

47. 若所有价格以同样的比例上涨，那么问题就无足轻重。

48. 有关有用的调查，请参阅施特勒（1935）和弗里希（1936）。

49. 哈伯勒（1928）讨论了这个结果，他在书中为读者更详尽地讨论了这个问题。

50. 艾伦（1933）。

51. 萨缪尔森（2004b），p. 6.

52. 萨缪尔森（1937b）。

53. 哈耶克（1931）。

54. 方坦（2010），p. 233.

55. 萨缪尔森（1937b），p. 482.

56. 威尔逊（1912）；G. 罗宾逊（1926）。

57. 参见奈特（1935），博尔丁（1936）。

58. 萨缪尔森（2004a）中讲述了这个故事。

59. 柏格森（1936），萨缪尔森（1937a）。

60. 柏格森（1936），p. 33，n1；弗里希（1936）。

61. 柏格森（1936），p. 39.

62. 这些文章前文已讨论过。

63. 萨缪尔森（1938b），p. 71.

64. 萨缪尔森（1981），p. 224.

65. Suzumura 2005，p. 334.

66. 他这里提到的意大利文原著和他前引评论中提到的法语作品并不矛盾，因为它们指的是
   不同的书。他们可能读过帕累托的书，这些书被翻译成法语，作为通过"通识"考试的
   条件，这是他们被要求学习的语言，但在期刊文章上他们别无选择，只能死抠意大利语。
   应谨慎对待此时萨缪尔森对发现帕累托社会学的回忆，因为在他成为一个初级研究员时，
   通过劳伦斯·亨德森，他接触了帕累托的社会学，这可能影响了他关于对帕累托理论的最
   初反应的记忆。

67. 萨缪尔森（2004a），p. 24.

68. 同上，p. 25.

69. 萨缪尔森（1981），p. 223.

70. Suzumura 2005，p. 334.

71. G. D. Birkhoff，January 24，1940，Letter to Paul A. Samuelson，PASP 14（B，1939-51）.

72. 伯克霍夫（1941），p. 3，n6.

73. 问题在于，每个州的代表数量必须是整数，不能是分数。

74. 伯克霍夫（1941），p. 18.

第 10 章　简化经济学理论

1. E. B. Wilson，January 13，1937，Letter to Lawrence J. Henderson，EBWPHUG4878.203 Box 29（H 1937）.

2. 布林顿（1959），p. 4.

3. 同上，p. 3.

4. 威尔逊，给亨德森的信。

5. 参见本书第 15 章 .

6. 威尔逊，给亨德森的信。括号中的"质疑"（doubts）原文中被写作"outs"，这可能是他的秘书听写错误，此处已做更正。

7. 关于社会学 23 的意义，参见艾萨克（2012），pp. 70–71。

8. J. A. Schumpeter，February 1，1937，Letter to George Birkhoff，PASP 68.

9. 同上。

10. 萨缪尔森（1972a），p. 164.

11. 萨缪尔森（1946a），p. 187；萨缪尔森（1972a），p. 166.

12. 萨缪尔森（1990b），p. 66.

13. 同上。

14. 萨缪尔森（1939d，1940b）。

15. 保罗还参与了另一个类似的跨学科机构——公共管理研究生院（Graduate School of Public Administration），它将在本书第 12 章中讨论。

16. 这部分关于亨德森思想的叙述参考了艾萨克（2012，pp. 66–69）。

17. 亨德森，引自艾萨克（2012），p. 68.

18. 萨缪尔森（1998c），p. 1383.

19. 艾萨克（2012），p. 72.

20. P. A. Samuelson，October 9，1940，Letter to Edwin Bidwell Wilson，EBWPHUG4878.203 Box 35（S）.

21. 萨缪尔森等（1996），p. 163.

22. 具体讨论参见艾萨克（2012）。

23. 同上，p. 93.

24. 布里奇曼（1927），pp. x–xi.

25. 同上，p. 5；布里奇曼强调。

26. 同上，p. 30.

27. 同上，p. 31.

28. 艾萨克（2012），p. 108.

29. 布里奇曼（1938），p. 114.

30. 艾萨克（2012），pp. 102–107.

31. 沃尔特（1990），第 7 章。

32. 萨缪尔森（1938a）。

33. P. A. Samuelson，January 25，1938，Letter to Edwin Bidwell Wilson，EBWPHUG4878.203 Box 33.

34. E. B. Wilson，March 10，1938，Letter to Dickson H. Leavens，EBWPHUG4878.203 Box 31（L 1938）.

35. Epstein 1937；P. A. Samuelson，November 29，1938，Letter to Edwin Bidwell Wilson，EBWP HUG4878.203 Box 31（S 1938）.

36. E. B. Wilson，December 21，1938，Letter to Paul A. Samuelson，EBWPHUG4878.203 Box 31（S 1938）.

37. P. A. Samuelson，Undated，The Le Chatelier Principle of Displaced Equilibrium，PASP 147.

38. 参见希克斯和艾伦（1934a，1934b）。

39. 萨缪尔森（1938b），p. 64.

40. P. A. Samuelson，1937，New Foundations for the Pure Theory of Consumer's Behavior，PASP 152. 打印稿未注明日期，但因这篇文章的修订版在 1938 年 2 月刊发，可推断初稿写于 1937 年。关于微分的讨论在 "插入的第 20b 页"。尽管加入了这部分和其他一些不那么重要的内容，这份文稿并不是最终版本，因为在发表的版本中，消费者理论的历史被归纳为一个简短段落，而在草稿中这部分却占近两页篇幅。

41. 萨缪尔森（1938b），p. 70. 原文中吉布斯名字的拼写错误已被纠正。

42. 同上，p. 71.

43. P. A. Samuelson，1937，New Foundations for the Pure Theory of Consumer's Behavior，PASP 152.

44. 罗宾斯（1932）。

45. 萨缪尔森（1938c）。

46. 萨缪尔森（1938b），p. 62.

47. 萨缪尔森（1938e），p. 344.

48. 斯威齐（1934），p. 182，引自考夫曼（1933），p. 392。

49. 考夫曼（1933），p. 381，n1.

50. 参见哈奇森（2009）。

51. 萨缪尔森（1938d），兰格（1934）。

52. 萨缪尔森（1938d），p. 65.

53. O. Lange，May 10，1938，Letter to Paul A. Samuelson，PASP 48.

54. 萨缪尔森（1938d），p. 70.

55. 威尔逊（1939）。

56. E. B. Wilson，December 21，1939，Letter to Paul A. Samuelson，EBWPHUG4878.203 Box 33.

57. 威尔逊信中提到的方程式数量与刊行版本中的方程式数量相同。与兰格的通信（O. Lange，September 10，1940，Letter to Paul A. Samuelson，PASP 48；P. A. Samuelson，September 13，1940，Letter to Oskar Lange，PASP 48）显示，除对兰格认为不明确的地方做了一些小修改外，1939 年的文稿基本上与发表的版本相同。

58. 萨缪尔森（1942b），p. 75.

59. 熊彼特等（1939），p. 120.

60. P. A. Samuelson，December 12，1937，Letter to Frank Knight，PASP 45.

61. F. H. Knight，February 10，1938，Letter to Paul A. Samuelson，PASP 45.

62. 萨缪尔森（1939c）。他把小节数量从 7 节减为 5 节，并删掉了奈特提到的一个附录或将其纳入了正文。此外，尚不清楚萨缪尔森对奈特的批评做何反应。

63. 同上，p. 297.

64. 同上，p. 290.

65. 同上，p. 289.

66. 同上，p. 290.

67. 同上，p. 292.

68. 同上，p. 291.

69. 同上，p. 292.

70. 同上，pp. 295–296；原文中强调。

71. 萨缪尔森（1958）。

72. 萨缪尔森（1939c），p. 294.

73. 都留重人（2001），第 7 章。

74. 萨缪尔森（1939c），p. 291，n1.

第 11 章　合作研究

1. W. F. Stolper，1940，Notes on Samuelson lectures 1939–40，Parts I and II，WSP 2002-0207，Box 14（Samuelson course notes）.

2. 具体是哪一篇论文不太清楚。很可能是 P. A. Samuelson and M. C. Samuelson，1938，A Fundamental Function in Population Analysis，PASP 140，但正如下文所指出的，文章的具体日期有考证难度。

3. A. J. Lotka，May 26，1937，Letter to Edwin Bidwell Wilson，EBWPHUG4878.203 Box 29（L 1937）.

4. A. J. Lotka，February 20，1939，Letter to Paul A. Samuelson，PASP 46（L，1946-60）；Lotka 1939a.

5. Samuelson and Samuelson，A Fundamental Function in Population Analysis.

6. 同上，p. 3. 不太清楚这句话是什么时候被删除的。

7. A. J. Lotka，March 14，1939，Letter to Paul A. Samuelson，PASP 46（L，1946-60）.

8. P. A. Samuelson，Undated，A Note on the Net Reproductive Ratio and the Intrinsic Rate of Population Growth，PASP 140. 这篇文章没有注明日期，但从字体和纸张类型来看，它应该算作这一时期。它被归入萨缪尔森和玛丽昂合写的论文文件夹中，这表明它可以追溯到差不多的时间。

9. P. A. Samuelson，1939，The Structure of a Population Growing According to Any Prescribed Law，PASP 48（Lotka）.

10. 同上，p. 5.

11. 洛特卡（1939b）。

12. A. J. Lotka，October 19，1939，Letter to Paul A. Samuelson，PASP 46（L，1946–60）.

13. P. A. Samuelson，November 7，1939，Letter to Alfred J. Lotka，PASP 46（L，1946–60）.

14. 萨缪尔森在给阿弗雷德·J. 洛特卡的信中写道："在严格的周期函数中，例如商业周期中出现的，所有时刻都是无穷尽的。"

15. A. J. Lotka，November 9，1939，Letter to Paul A. Samuelson，PASP 46（L，1946–60）.

16. A. J. Lotka，September 12，1944，Letter to Paul A. Samuelson，PASP 46（L，1946–60）；P. A. Samuelson，September 18，1944，Letter to Alfred J. Lotka，PASP 46（L，1946–60）.

17. United Electrical，Radio and Machine Workers（CIO），Undated，Biographical sketch—Russ Nixon，Russ Nixon Papers，University of Pittsburgh.

18. 哈尔彭（2003），p. 96.

19. 萨缪尔森（2002a），p. 52.

20. 萨缪尔森（1996b），p. 16.

21. 尼克松和萨缪尔森（1940）；萨缪尔森（1996b），p. 16.

22. 尼克松和萨缪尔森（1940），p. 102.

23. 同上，p. 102.

24. 同上，p. 103.

25. 罗宾逊（1937）。

26. 尼克松和萨缪尔森（1940），p. 103.

27. 同上，pp. 103–104；原文中强调。

28. 同上，p. 104.

29. 同上，p. 104.

30. 萨缪尔森（1938f），p. 261.

31. 萨缪尔森（1939a），p. 200.

32. 同上，p. 195.

33. 继瓦伊纳（1937）之后，这被称为"格雷厄姆悖论"。

34. 萨缪尔森（1939a），p. 205；原文中强调。

35. 同上，p. 205.

36. 安德森（1938），p. 104.

37. 玛丽昂·萨缪尔森（1939），p. 147.

38. 安德森（1939），p. 150；原文中强调。

39. F. D. Graham，February 7，1940，Letter to Paul A. Samuelson，PASP 32（G，1940–1952）.

40. 柏格森（1938）。

41. 萨缪尔森（1987），p. 240.

42. 同上，p. 240.

43. 迪尔多夫和斯特恩（1994），p. 339.

44. 萨缪尔森（1994），p. 346.

45. 斯托尔珀和萨缪尔森（1941），p. 66.

46. P. T. Homan，May 2，1941，Letter to Paul A. Samuelson，PASP 71（Stolper，1）. The letter is reproduced in Deardorff and Stern 1994，p. xi.

47. U. K. Hicks，October 16，1941，Letter to Wolfgang Stolper，PASP 71（Stolper，1）. The letter is reproduced in Deardorff and Stern 1994，p. x.

48. 迪尔多夫和斯特恩（1994），p. 4.

49. E.g.，the Introduction to Heckscher and Ohlin 1991.

第 12 章　阿尔文·哈维·汉森

1. 萨缪尔森（1946a），p. 187.

2. 同上，p. 189.

3. 同上，pp. 187–188.

4. 萨缪尔森（1976a），p. 29.

5. 萨缪尔森（1975a）。

6. 萨缪尔森（1976b）。

7. 萨缪尔森（1975a）。

8. 萨缪尔森（1972a）；P. A. Samuelson，1972，Dedication to Alvin Hansen，AHPBox 1. 值得注意的是，这本回忆录近两页的引言，其中包括这里引用的关于凯恩斯革命的描述。

9. 萨缪尔森（1976a），p. 28.

10. 同上，p. 28.

11. 梅尔林（1997），p. 131. 他以萨缪尔森（1976a）为例，证明了这一公认观点。

12. 熊彼特等（1934）。

13. 同上，p. viii.

14. 哈伯勒（1937b），p. 281.

15. 同上，p. 299.

16. 里昂惕夫（1936b）。

17. 熊彼特（1936）。

18. 同上。

19. 里昂惕夫（1937）。

20. 托宾（1988），p. 36.

21. 布赖斯（1988），p. 147.

22. 这段话摘自科兰德和兰德雷思（1996，pp. 43–45）中萨缪尔森与布赖斯的对话。也可参见 Hamouda and Price 1998，pp. xvii–xviii.

23. 凯恩斯（1972）。

24. 加尔布雷斯（1981），p. 49.

25. 莫格里奇（Moggridge，1998）基于 1936—1948 年的文章样本显示，在他拥有传记资料的 147 个作者中，1936 年时有 109 位年龄在 35 岁以下。他的统计资料也证实了哈佛的统治地位。

26. 萨缪尔森（1995b），p. 159.

27. 吉尔伯特等（1938）。托宾（1998，p. 46）简单叙述了塔西斯的合著者及与他们一起写书的四个人，但鉴于四人都在政府单位供职，他们的名字无法在书中提及。

28. 萨缪尔森（1995b），p. 167.

29. 吉尔伯特等（1938），pp. 88–91.

30. 萨缪尔森（1995b），p. 167.

31. 关于汉森的大部分描述取自梅尔森（1997，第 5–8 章）。

32. 1966 年，该中心被更名为肯尼迪政府学院（Kennedy School of Government）。

33. J. H. Williams，May 4，1937，Letter to Professor Wymer（？），JHWPmiscellaneous correspondence and other papers，1929–71；J. H. Williams，May 25，1937，Letter to Alvin Hansen，AHP Hansen 3.10 Correspondence（Box 1 [1928–67]）.

34. J. H. Williams，May 25，1937，Letter to Alvin Hansen，AHP Hansen 3.10Correspondence（Box 1 [1928–67]）.

35. A. H. Hansen，June 2，1937，Letter to John H. Williams，JHWPmiscellaneous correspondence and other papers，1929–71（Hansen）.

36. 萨缪尔森（1976a），p. 27.

37. 需注意的是，萨缪尔森用这个短语来形容米歇尔。

38. 根据他的措辞，并不清楚萨缪尔森是否读过汉森的论文，尽管读或没读都不会影响他对商业周期理论的评价。

39. 汉森（1921），pp. 7，110.

40. 同上，p. 88.

41. 参见梅尔林（1997），pp. 96–101.

42. 萨缪尔森（1976a），p. 28.

43. 汉森（1927）。

44. 克拉克（1926）。

45. 参见梅尔林（1997），pp. 107–110.

46. 汉森和陶特（1933），p. 121；原文中强调。

47. 同上，p. 121.

48. 同上，p. 132.

49. 汉森（1934），p. 211.

50. 同上，p. 236.

51. 同上，p. 236；原文中强调。

52. 汉森等（1936），p. 59.

53. 同上，p. 61.

54. E. B. Wilson，May 14，1937，Letter to Harold H. Burbank，EBWPHUG4878.203，Box 28（B 1937）.

55. E. B. Wilson，May 12，1937，Letter to John H. Williams，JHWPmiscellaneous correspondence and other papers，1929–71.

56. 威尔逊，给哈罗德·H. 伯班克的信。

57. 哈佛大学（1937），p. 6.

58. 正常情况下，人们预期产出会在 8 年左右大幅增长。例如，8 年左右，2% 的生产总值年增长率会使产出增加 17%；2.5% 的生产总值年增长率，经济增长率将达到 22%。萨兰特（1976），p. 15。

59. P. A. Samuelson，June 21，1999，Walter Salant [obituary]，PASP 67，p. 1.

60. 萨兰特（1976），p. 21.

61. 同上，p. 22.

62. The program is in Williams 1939.

63. 萨缪尔森（1995b），p. 165.

64. The program is in Williams 1940.

第 13 章　汉森的得意门生

1. 本节对汉森的讨论广泛借鉴了梅尔林（1997，第 7 章）。

2. 汉森（1936b），p. 830.

3. 汉森（1936a），p. 686.

4. 同上，p. 683.

5. 同上，p. 685.

6. 梅尔林（1997），p. 133.

7. 汉森（1938），p. 72.

8. J. Tobin，April 5，1938，Lecture by Alvin H Hansen on Keynes's General Theory，PASP 36（Hansen）.

9. 同上，p. 3.

10. 同上，p. 4.

11. 汉森（1939）。

12. 同上，p. 10.

13. 同上，p. 12.

14. 同上，p. 13.

15. 埃尔斯沃思等（1939），pp. 225–226.

16. 同上，p. 226.

17. 萨缪尔森（1939b）。

18. 同上，p. 75；原文中强调。

19. 萨缪尔森（1959）。

20. 萨缪尔森（1939b），p. 78.

21. 同上，p. 75.

22. 同上，p. 76.

23. 萨缪尔森（1939e）。

24. 同上，p. 786，引用约翰·莫里斯·克拉克的话。

25. 同上，p. 787. 他指出克拉克也为这个理论做出了"重要贡献"。

26. 同上，p. 791.

27. 同上，p. 795.

28. 同上，p. 797.

29. 萨缪尔森（1940c）。

30. 该文发表于 1940 年 9 月。如果他提交的版本与 1938 年 12 月提交的版本相同，那么这篇文章的发表时间就会早得多，换个角度，也就是说 1939 年一整年他都扑在了这篇文章上。

31. 萨缪尔森（1940d），p. 493.

32. 同上，p. 498；原文中强调。

33. 同上，p. 498.

34. 同上，p. 496.

35. 同上，p. 504.

36. 同上，p. 497；本书作者强调。

37. 同上，p. 506.

38. 同上，p. 496.

39. 他知道米哈尔·卡莱茨基在商业周期方面所做的研究，尽管后者的观点和他朋友利奥尼德·赫维奇的观点相同，他对其也不会持有很高的评价。（L. Hurwicz，August 29，1944，Letter to Paul A. Samuelson，PASP 39.）

40. P. A. Samuelson and E. Roll，August 8，1940，Agreement with Prentice-Hall for a book on business cycles，PASP 57（P，1940–59）.

41. 这段话摘自罗尔（1985）。

42. 罗尔（1995），p. 51.

43. 同上，p. 54.

44. 罗尔（1985），p. 35.

45. P. A. Samuelson，June 28，1946，Letter to Howard Warrington，PASP 60（Publishers，1944–49）. 1947 年 4 月 1 日，Prentice-Hall 出版社提出只有罗尔同意的情况下才能取消合同，他才把这件事告诉罗尔，这之前罗尔一直不知情。

46. 鉴于这本书的出版时间差不多就是合同规定的交稿时间，它的出现不能成为他们没有写那本书的理由。

47. 罗尔（1941），p. 363.

48. 同上。

第 14 章　经济理论可观察的意义

1. 萨缪尔森（1997b），p. 3；萨缪尔森（1998c），p. 1377.

2. 萨缪尔森（1940a），前言。

3. 萨缪尔森（1997b），p. 1039；萨缪尔森（1998c），p. 1375.

4. 萨缪尔森（1998c），p. 1375.

5. 萨缪尔森（1940a），p. 1. 原文中强调。

6. 同上。

7. 同上，pp. 2，3.

8. 罗宾斯（1932）。

9. 萨缪尔森（1938b），p. 71.

10. 萨缪尔森（1938a）。

11. Popper's Logik der Forschung（1933，translated as The Logic of Scientific Discovery，1959）.

12. 萨缪尔森（1940a），p. 4.

13. 同上，pp. 4–5.

14. 同上，pp. 5–6.

15. 同上，p. 8.

16. 同上，p. 10.

17. 同上，p. 11.

18. 同上，p. 13；本书作者强调。

19. 同上，p. 14.

20. 同上，pp. 30–31.

21. 同上，pp. 35–39.

22. 同上，p. 98.

23. 参见本书第 10 章。

24. 萨缪尔森（1940a），p. 68.

25. 同上，p. 92.

26. 同上，p. 110.

27. 同上，p. 113.

28. 同上，p. 192.

29. E. B. Wilson，December 30，1938，Letter to Paul A. Samuelson，EBWPHUG4878.203 Box 31（S 1938）.

30. 萨缪尔森（1940a），p. 196.

31. 同上，p. 207.

32. 同上，p. 236.

33. 需要注意的是，本节仅论述萨缪尔森的博士论文，相关论述不适用于他的后续著作。如我们将在第 22 章中解释的那样，这篇论文虽然囊括了大部分主题，但有很大的不同。

34. 萨缪尔森（1947a），pp. 5，312.

35. 没有证据表明他们在萨缪尔森的论文问世前有过讨论，但他们保持着联系，后来在两人的通信中确实讨论过这些问题，这意味着他们的讨论极有可能始于两人同在研究员协会时。

第 15 章　离开哈佛

1. 这一章和巴克豪斯（2014）有很多重复的地方。

2. E. B. Wilson，March 22，1939，Letter to Griffith Evans，EBWPHUG4878.203 Box 32（E）.

3. G. C. Evans，April 5，1939，Letter to E. B. Wilson，EBWP personal correspondence，Box 32（Folder E，F）.

4. H. A. Freeman，December 1939，Letter to Paul A. Samuelson，PASP 31.

5. Samuelson 1996b，p. 16.

6. 这是从威尔逊与保罗和康普顿的通信中推断出来的。E. B. Wilson，October 3，1940，Letter to Paul A. Samuelson，EBWPHUG4878.203 Box 35（S）；E. B. Wilson，November 13，1940，Letter to Karl T. Compton，MIT-AC04 Box 239（10）.

7. K. T. Compton，October 10，1940，Letter to Paul A. Samuelson，PASP53（MIT）.

8. Letter to the author，February 28，2013.

9. E. B. Wilson，October 3，1940，Letter to Paul A. Samuelson，EBWPHUG4878.203 Box 35（S）.

10. P. A. Samuelson，October 9，1940，Letter to Edwin Bidwell Wilson，EBWPHUG4878.203 Box 35（S）.

11. E. B. Wilson，October 14，1940，Letter to Paul A. Samuelson，EBWPHUG4878.203 Box 35（S）.

12. 参见卡拉贝尔（2005）；Keller and Keller 2001.

13. Harvard University，Committee to Investigate the Cases of Drs. Walsh and Sweezy 1939，p. 151. 这里所说的委员会即稍后会提到的 "八人委员会"。

14. 同上，p. 152. 尽管这是委员会提出的问题，但其本意并非要引出对该主题的看法。

15. Keller and Keller 2001，pp. 33，36.

16. 同上，p. 36.

17. 卡拉贝尔（2005），p. 168.

18. 同上，p. 170.

19. 萨缪尔森（2002a），p. 53.

20. 里昂惕夫（1987）。

21. P. A. Samuelson，November 22，1994，Letter to Perry Mehrling，PASP 36（Hansen）.

22. 再版为珀尔曼（1996）。

23. 萨缪尔森（2002a），p. 51.

24. E. B. Wilson, May 22, 1939, Letter to Harold H. Burbank, EBWPHUG4878.203 Box 32（B）.

25. H. H. Burbank, May 31, 1939, Letter to Edwin Bidwell Wilson, EBWPHUG4878.203 Box 32（B）.

26. Keller and Keller 2001, p. 81.

27. 萨缪尔森（2002a）, p. 54.

28. 麦克劳（2007, pp. 229–232）记录了熊彼特在这方面的活动。

29. 从拉格纳·弗里希和熊彼特通信中获取的信息。Schumpeter as written down by Olav Bjerkholt, PASP 71（Summers family）包含了这一系列信件的摘录，存放在挪威国家图书馆。

30. J. A. Schumpeter, December 3, 1932, Letter to Ragnar Frisch, Ragnar Frisch Papers, National Library of Norway；本书作者强调。

31. 这很可能即指萨缪尔森（2003）。

32. W. Stolper, February 12, 2002, Letter to Paul A. Samuelson, PASP 71（Stolper, 1）. 保罗回复说他深知这当中付出的努力；P. A.Samuelson, March 11, 2002, Letter to Wolfgang Stolper, PASP 71（Stolper, 1）.

33. 都留重人（2001）, p. 124.

34. E. B. Wilson, May 12, 1939, Letter to Talcott Parsons, PASP 72（Swedberg）.

35. K. T. Compton, November 12, 1940, Letter to Edwin Bidwell Wilson, MIT-AC04 Box 239（10）. Quoted in Backhouse 2014, p. 68.

36. E. B. Wilson, November 13, 1940, Letter to Karl T. Compton, MIT-AC04Box 239（10）. Quoted in Backhouse 2014, p. 68.

37. E. B. Wilson, April 16, 1941, Letter to Edward H. Chamberlin, EBWPHUG4878.203 Box 36.

38. E. B. Wilson, November 5, 1940, Letter to Karl T. Compton, MIT-AC04Box 239（10）. Quoted in Backhouse 2014, pp. 68–69.

39. 巴克豪斯（1998a）, p. 93.

40. E. B. Wilson, January 14, 1941, Letter to Paul A. Samuelson, EBWPHUG4878.203 Box 37（S 1941）.

41. 熊彼特（1954）, p. 23.

42. E. B. Wilson, January 31, 1940, Letter to Lawrence J. Henderson, EBWPHUG4878.203 Box 34（H）.

43. Letter to the author，February 28，2013.

44. 参见 Keller and Keller 2001，pp. 66–68.

45. 科南特认为他们的观点并不是特别激进。Keller and Keller 2001，p. 67.

46. 参见古德温（2014），pp. 67–70.

47. J. D. Black，October 3，1940，Memorandum to Professor Chamberlin，HUESR UAV349.282 Box 19（PAS concentration folder）.

48. E. B. Wilson，October 3，1940，Letter to Paul A. Samuelson，EBWPHUG4878.203 Box 35（S）.

49. 在萨缪尔森离开后，威尔逊继续关注系里专业能力不平衡的现象，这说明它是一个长期存在的问题。

50. P. A. Samuelson，Undated，The Hurwicz 1940-41 year when MIT launched its graduate degree rocket，PASP 39（Hurwicz）.

51. 这个推断基于同萨缪尔森某个女儿的对话。

第 16 章　麻省理工学院

1. 勒古耶（2010），p. 70.

2. 同上，p. 70.

3. 同上，p. 71.

4. 麻省理工学院（1940a），p. 86.

5. 同上，p. 18. 有关麻省理工学院经济学科发展史的概况，参见切里耶尔（2014）。

6. 这部分叙述基于麻省理工学院不同版本的校长年度报告和课程目录。它和基利安（1985）的叙述略有不同。

7. 该目录还列出了两位名誉教授。

8. 麻省理工学院（1940a），p. 5.

9. 麻省理工学院院长报告（1939），p. 137.

10. 萨缪尔森（1995a），p. 964.

11. 萨缪尔森（1998b）。

12. W. R. Maclaurin，December 4，1940，Synopsis of training and experience of staff members，Rockefeller Box 6（MIT Institute of Industrial Relations 1939–41）.

13. 萨缪尔森（1991b），p. 332. 萨缪尔森似乎把餐厅名字错记成了 Walker Cafeteria。

14. H. A. Freeman，October 22，1948，Letter to Paul A. Samuelson，PASP 31；H. A. Freeman，January 5，1949，Letter to Paul A. Samuelson，PASP 31. 另一封信将在后文论及。

15. 戈丁（2008）是为数不多的传记信息来源之一。

16. P. A. Samuelson，May 23，1949，Letter to Joan Robinson，PASP 63.

17. 萨缪尔森（2000）。

18. 麻省理工学院院长报告（1937），pp 17–18.

19. 麻省理工学院院长报告（1938），p. 18；1939，p. 138；1940，p. 135.

20. W. R. Maclaurin，April 8，1939，Letter to Joseph H. Willits，Rockefeller Box 6（MIT Institute of Industrial Relations 1939–41）. 关于麦克劳林的研究项目的讨论广泛参考了巴克豪斯和马斯（2016）。

21. K. T. Compton，April 8，1939，Letter to Joseph H. Willits，Rockefeller Box 6（MIT Institute of Industrial Relations 1939–41）.

22. J. H. Willits and A. Bezanson，November 27，1940，Memorandum on interview with W. Rupert Maclaurin，Rockefeller Box 6（MIT Institute of Industrial Relations 1939–41）.

23. 同上。

24. W. R. Maclaurin，1940，Memorandum on proposal for advanced study in industrial economics at MIT，Rockefeller Box 6（MIT Institute of Industrial Relations 1942–43），p. 2.

25. Godin 2008 has explored the Maclaurin-Schumpeter connection in some detail.

26. Maclaurin，Memorandum on proposal for advanced study，p. 3.

27. W. R. Maclaurin，April 3，1941，Letter to Joseph H. Willits，Rockefeller Box 6（MIT Institute of Industrial Relations 1939–41）.

28. W. R. Maclaurin，April 1，1941，Technological change studies：projected annual expenses，Rockefeller Box 6（MIT Institute of Industrial Relations 1939–41）.

29. Anonymous，May 5，1941，Memorandum to Joseph H. Willits，Rockefeller Box 6（MIT Institute of Industrial Relations 1939–41）；Rockefeller Foundation，May 16，1941，Resolution RF41042— Research grant to MIT，Rockefeller Box 6（MIT Institute of Industrial Relations 1939–41）.

30. Rockefeller Foundation，Resolution RF41042.

31. J. H. Willits，June 12，1941，Letter to W. Rupert Maclaurin，Rockefeller Box 6（MIT Institute of Industrial Relations 1939–41）.

32. 麻省理工学院（1942a），p. 21.

33. 麻省理工学院（1941），p. 83.

34. 遗憾的是，由于他的任命在麻省理工学院第二年的课程目录公布后才做出，他这一年教的内容除了他记忆中教的数理统计外，没有留下任何记录。根据课程目录，哈罗德·弗里曼在1940—1941年教了四门统计学课程，他很可能是协助哈罗德·弗里曼教授这些课程。考虑到麻省理工学院需要有人教授一些课程，他很可能还教授经济理论（Ec.17）和商业周期（Ec. 28），尽管直到第二年他才被列入教授这些课程的目录。他教的大多数课程都是选修课，面向参加一个为期5年、最终可获得硕士学位的研究生和本科生。

35. P. A. Samuelson, Undated, The Hurwicz 1940-41 year when MIT launched its graduate degree rocket, PASP 39（Hurwicz）, p. 3.

36. 同上。

37. 本材料参考了塔夫茨学院各种版本的公告：Tufts University, Medford, MA, 所有内容均引自于此。

38. P. A. Samuelson, April 13, 1942, Letter to Abram Bergson, PASP 16.

39. S. Tsuru, June 6, 1942, Letter to Paul A. Samuelson, STP B1-1-9.

40. This account is based on S. Tsuru, September 17, 2000, Letter to Paul A. Samuelson, PASP 73, 2001; and Suzumura 2006.

41. S. Tsuru, June 6, 1942, Letter to whom it may concern, STP B1-1-9.

42. P. A. Samuelson, June 10, 1942, Telegram to ShigetoTsuru, STP B1-1-9.

43. 萨缪尔森（1942a）。

44. 同上，p. 16.

45. 参见科特雷尔（2010）。卡瓦哈利诺（2016）将人们的注意力吸引到威尔逊对冯·诺伊曼所追求的数学类型的基本哲学异议上。

46. Haberler to Samuelson, January 26, 1942, GHP 2（S）. Samuelson（1971, p. 997）描述说"大概是1945年左右"。但是，他和哈伯勒的信件日期是1942年3月，而萨缪尔森曾明确表示，他只遇过冯·诺伊曼一次。

47. 萨缪尔森（1989b）, p. 112.

48. 萨缪尔森（1971）, p. 997.

49. 萨缪尔森（1989b）, p. 112.

50. 麻省理工学院（1940b）, p. 175.

51. 被省略的章节是第1~3章、第5章。

52. E. R. Braider, 1943, Notes on Samuelson Ec. 17（1942–3）, JTP 2003-M-005, Box 18（Ec. 17 Ringo）. 日期被划掉了，由"1941年到1942年"改成了"1943年"。

53. 纳尔逊和凯姆（1941）, pp. 305–323.

54. 其他阅读材料是罗宾斯（1932）和哈奇森（1938）。

55. 克拉克（1940）。也可能是布雷德出了差错。

56. 林戈的笔记中有以下评论："从整体上考虑撤资似乎是不可能的"，这表明她并未理解萨缪尔森所说的内容。

第 17 章　统计学

1. 这部分描述基于弗里德曼（2014）。

2. 他得到的赞誉比他应得的多，因为他从 1926 年起就一直预测繁荣将会结束，但在经济景气时倾向于预测衰退，而在经济不景气时则倾向于预测复苏。

3. P. A. Samuelson，December 23，1940，Memorandum concerning Babson Trust Fund，MIT-AC04 Box 89（Babson Trust Fund）；R. E. Freeman，December 23，1940，Letter to Horace S. Ford，MIT-AC04 Box 89（Babson Trust Fund）。

4. 另外三个人是西托夫斯基、格雷斯·邓恩和拉特利奇·维宁。

5. O. Lange，December 17，1940，Letter to Paul A. Samuelson，PASP 48.

6. 这部分基于埃米·鲍尔对赫维奇进行的一次采访，其构成了鲍尔（2008）的基础。Email from Bauer to the author，November 6，2013.

7. P. A. Samuelson，Undated，The Hurwicz 1940–41 year when MIT launched its graduate degree rocket，PASP 39（Hurwicz），pp. 2–3；原文中强调。

8. H. S. Ford，December 27，1940，Letter to James R. Killian，MIT-AC04Box 89（Babson Trust Fund）。

9. 这篇文章最终发表时即赫维奇（1944）。

10. P. A. Samuelson，November 29，1943，Letter to Leonid Hurwicz，PASP 39.

11. 赫维奇（1944），p. 114.

12. O. Lange，December 17，1940，Letter to Paul A. Samuelson，PASP 48.

13. 出现这篇文章的书将在本书第 18 章讨论。考虑到文章于 1941 年发表，这项研究很可能是在 1940 年底之前进行的。

14. 萨缪尔森（1941e），pp. 250–251.

15. 同上，p. 253.

16. 同上，p. 255.

17. 托马斯（1989），p. 143.

18. 这篇文章发表在 1 月份的杂志上，想必是 1941 年所写。萨缪尔森（1942e）。

19. 同上，p. 80.

20. 本书第 23 章将讨论萨缪尔森对这项工作的态度。

21. 杰克霍尔特（2015），p. 7.

22. 这部分描述参考自克莱因（1991）中的文章。

23. 萨缪尔森（1991b），p. 337.

24. 这部分关于研讨会的描述基于杰克霍尔特（2007，p. 810）。

25. 哈维尔莫（1943）。

26. 克莱因（1943）。也参见杰克霍尔特（2014）。

27. 萨缪尔森（1991b），p. 332.

28. 萨缪尔森（1942d）。

29. 萨缪尔森（1943b）。

30. 萨缪尔森（1943c）。

31. A. J. Lotka，November 24，1943，Letter to Paul A. Samuelson，PASP 48.

32. 萨缪尔森（1943i）。

33. 萨缪尔森（1943h），p. 276.

34. P. A. Samuelson，September 23，1944，Letter to Harold Freeman，PASP 31. 他指的是 Harold M. Davis，但这很可能是一个打字错误。

35. 萨缪尔森（1942f）。

36. A. J. Lotka，January 9，1942，Letter to Paul A. Samuelson，PASP 48.

37. P. A. Samuelson，July 29，1942，Letter to Alfred J. Lotka，PASP 48.

38. A. J. Lotka，August 3，1942，Letter to Paul A. Samuelson，PASP 48.

39. 同上。

40. P. A. Samuelson，August 8，1942，Letter to Alfred J. Lotka，PASP 48. 原文该引用文句中的人称"我"已被改为"他"。

41. A. J. Lotka，August 13，1942，Letter to Paul A. Samuelson，PASP 48.

42. 读过所有相关文献后，他讲述了关于洛特卡试图确立自己在该问题上先驱者地位的故事。

43. 哈里斯（1947）。这本教科书的相关内容参见本书第 25~27 章。

第 18 章　创立新经济学（I）——理论：1940—1943 年

1. 萨缪尔森（1941a），p. 177.

2. 与会者名单和曾协助过他的哈佛经济学家的名单收录于汉森（1941a，p. viii）.

3. 同上，p. vii.

4. 同上，chapter 9.

5. 同上，pp. 229，236.

6. 萨缪尔森（1942c）。

7. 参见熊彼特（1954）。这一观点和后来托马斯·库恩普及的科学观点有相似之处。关于库恩的理论和熊彼特的相似之处，参见巴克豪斯（1998b）；关于熊彼特的思想变迁，参见麦克劳（2007）。

8. 萨缪尔森（1942c），p. 575.

9. 同上，p. 576.

10. 对习惯在正文中使用代数的现代经济学家来说，这篇文章中的许多内容都值得细细品读。

11. 萨缪尔森（1942c），p. 584.

12. 同上，p. 585；原文中强调。

13. 他还写了一个关于政府支出"第三方"效应的章节，即通过影响私营部门的"信心"发挥作用。但是，他承认在这个问题上自己没有多少新论述。

14. 萨缪尔森（1942c），p. 601.

15. 同上，p. 604.

16. 同上，p. 604.

17. 萨缪尔森（1968）。

18. 萨缪尔森（1941c），p. 546.

19. 同上，p. 552.

20. 他补充说需要适当考虑折旧费用，这是他早期研究中讨论的问题。

21. 萨缪尔森（1941c），p. 547；本书作者强调。

22. 参见本书第 10 章。

23. P. A. Samuelson，1942，Regarding Pigou's 1941 review of Keynes's *General Theory*，PASP 135（Pigou 的就业理论）。

24. 柏格森（1942）。

25. P. A. Samuelson，April 13，1942，Letter to Abram Bergson，PASP 16.

26. Bergson 1942，p. 286，n27；Samuelson 1941d.

27. P. A. Samuelson，May 9，1942，Letter to Dickson Leavens，PASP 16（Bergson）。

28. 存档的副本并没有注明日期。因为他在 1942 年 3 月 2 日收到了兰格的评论，所以这篇文章一定是 2 月份写的。

29. P. A. Samuelson, February, 1942, The Modern Theory of Income, PASP 135, p. 1；原文中强调。

30. 同上，p. 26.

31. 同上，p. 12h.

32. 萨缪尔森给出的关系图中有就业产出"F"，文本中有均衡产出"Z"。为了与文本和第二张图保持一致，对图 18-1 做了修改。

33. 萨缪尔森，The Modern Theory of Income，p. 12.

34. 同上，p. 39.

35. 同上，p. 43.

36. 同上，p. 43. 引用自凯恩斯。

37. 同上，p. 47.

38. O. Lange，March 2，1942，Letter to Paul A. Samuelson，PASP 135（re Modern Theory of Income）.

39. P. A. Samuelson，March 11，1942，Letter to Oskar Lange，PASP 48.

40. 同上。

41. 保罗指出他的评论更多是针对哈伯勒的第三版《繁荣与萧条》（第三版直到 1943 年才出版，不太清楚保罗说的是不是 1939 年出版的第二版，抑或是当时即将出版的第三版的草稿）；Means（1939），a report for the National Resources Committee；and Scitovsky（1941）.

42. P. T. Homan，April 27，1942，Letter to Paul A. Samuelson，PASP 135（re Modern Theory of Income）.

43. 同上。

44. A. Ashbrook，October 13，1942，Letter to Paul A. Samuelson，PASP 12.

45. P. A. Samuelson，October 17，1942，Letter to Art Ashbrook，PASP 12.

46. A. Ashbrook，December 15，1942，Letter to Paul A. Samuelson，PASP 12.

47. 参见 De Vroey 2016，2004.

48. H. P. Neisser，July 10，1942，Letter to Paul A. Samuelson，PASP 55.

49. H. P. Neisser，November 7，1942，Letter to Paul A. Samuelson，PASP 55.

50. P. A. Samuelson，November 10，1942，Letter to Hans P. Neisser，PASP 55.

51. H. P. Neisser，November 17，1942，Letter to Paul A. Samuelson，PASP 55.

52. P. A. Samuelson，November 27，1942，Letter to Hans P. Neisser，PASP 55.

53. 同上。

54. H. P. Neisser，December 2，1942，Letter to Paul A. Samuelson，PASP 55.

55. H. P. Neisser，July 10，1942，Letter to Paul A. Samuelson，PASP 55，raised perceptive question about the mathematics used in Samuelson 1941d.

56. A. P. Lerner，November 16，1942，Letter to Paul A. Samuelson，PASP 48，referring to an earlier conversation.

57. P. A. Samuelson，November 23，1942，Letter to Abba Lerner，PASP 48.

58. 同上。

59. 萨缪尔森（1943g）。

60. 这可能就是指前文所说的吉尔伯特–佩罗论文中发现的错误。

61. 萨缪尔森（1943e），p. 222.

62. 同上，p. 226，n7，引用自卡曼和 Biot（1940），这是一本写给工程师的教科书。

63. 兰格（1943）。

64. P. A. Samuelson，April 10，1944，Letter to Oskar Lange，PASP 48.

65. 同上。

66. J. A. Schumpeter，March 15，1943，Letter to Paul A. Samuelson，PASP 68.

67. 论文这一小节成为《经济分析基础》的一部分，将在本书第 22 章进一步讨论。

68. 萨缪尔森（1943a），p. 58.

69. 拉姆齐（1928）。

70. 萨缪尔森（1943a），p. 68；更早的论文是萨缪尔森（1939c）。

71. J. A. Schumpeter，March 15，1943，Letter to Paul A. Samuelson，PASP 68.

第 19 章　汉森和国家资源规划委员会：1941—1943 年

1. 关于柯里，参见桑迪兰兹（1990 和 2004）。

2. Currie in Keyserling et al. 1972，p. 141. 参见巴克豪斯（2014）。

3. D. Robertson，August 12，1939，Letter to Alvin Hansen，AHP Hansen 3.10 Correspondence（Box 2 [L-Z]）.

4. A. H. Hansen，September 29，1939，Letter to Dennis Robertson，AHPHansen 3.10 Correspondence（Box 2 [L-Z]）.

5. 斯坦因（1969），p. 168.

6. 托宾（1976），p. 34.

7. 汉森（1940）。

8. 同上，pp. 18–19.

9. 同上，p. 56.

10. 汉森（1941b）。

11. 同上，p. 1.

12. 同上，p. 12.

13. 关于 NRPB 的历史，参见里根（1999），克劳森（1981），沃肯（1979），梅里亚姆（1944）。

14. 克劳森（1981），p. 149.

15. 同上，p. 151.

16. A. H. Hansen，July 10，1941，Letter to Paul A. Samuelson，PASP 55.

17. P. A. Samuelson，August 5，1941，Personal history statement and application，PASP 55；U.S. Civil Service Commission，August 11，1941，Appointment letter，PASP 55. 从另一个角度看，这相当于每年 4600 美元左右。他在麻省理工学院的年薪是 3100 美元。

18. P. A. Samuelson，2006，Notes written in reply to letter from S. Nasar，January 14，2006，PASP 55.

19. P. A. Samuelson，October 20，1945，Letter to Mr. Edgerly，PASP 73（Treasury Department）.

20. 哈罗·马斯对萨缪尔森的活动做了有益讨论。我很感谢他帮我找到了一些文件。

21. P. A. Samuelson，August 25，1941，Suggestions for a research unit to study implications of a full employment economy，PASP 55（NRPB）. 这指的是一份附带的备忘录，据推测很可能是萨缪尔森（1941b）.

22. 同上。

23. 萨缪尔森（1941b）。

24. 同上，pp. 18–19.

25. 同上，appendix A，pp. 22–24. 这些是主标题，在它们项下列出了更详细的任务。

26. P. A. Samuelson，August 25，1941，Comments on Hansen Memorandum—Post-Defense Full Employment，PASP 55（NRPB）.

27. 不太清楚此时他们是否认识对方。

28. AEA Membership Directory，1948.

29. 奥尔特曼（1941）。

30. 同上，pp. 8–9.

31. C. W. Eliot，February 20，1942，NRPB Staff Memorandum：Wartime planning for continuing

full employment，AHP.

32. J. D. Millett，October 30，1941，Notes on conference at NRPB，October 30，1941，PASP 55（NRPB）.

33. 同上，p. 2.

34. Letters were sent to Abram Bergson，Walt Rostow，F. L. Kidner，Gregg Lewis，Alfred Neal，David Durand，Rutledge Vining，Max Millikan，and Ray Jastrum.P. A. Samuelson，Undated，List of letters sent by PAS，PASP 55（NRPB）.

35. 这份名单的作者不详。顶端有"萨缪尔森"字样，表明它可能是某人给他的推荐表。雅各布·莫萨克是萨缪尔森的芝大好友，他的名字被拼错了，这很容易让人质疑这个错误是不是萨缪尔森本人犯的（尽管这个错误可能就像把 Alchian 的名字拼错一样，兴许是由秘书造成的）。P. A. Samuelson，1941，List of names，PASP 55（NRPB）.

36. M. Finnamore，October 11，1941，Letter to Paul A. Samuelson，PASP 55（NRPB）.

37. H. S. Ellis，October 24，1941，Letter to Paul A. Samuelson，PASP 55（NRPB）.

38. P. A. Samuelson，August 23，1941，Letter to Walt Rostow，PASP 55（NRPB）；R. Vining，September 21，1941，Letter to Paul A. Samuelson，PASP 55（NRPB）.

39. H. K. Zassenhaus，September 15，1941，Letter to Paul A. Samuelson，PASP79（Z，1941–2008）；J. W. Seybold，September 24，1941，Letter to Paul A. Samuelson，PASP 55（NRPB）.

40. P. A. Samuelson，October 1，1941，Letter to George Jaszi，PASP 40（J，1940–84，folder 2）. 一些现成的经济学家因不满足公务员必须是美国公民的规定而没有资格。

41. O. L. Altman，December 11，1941，Memorandum to Thomas Blaisdell：Personnel for the study on full-employment stabilization-defense，PASP 55（NRPB）.

42. O. L. Altman，December 30，1941，Memorandum to Thomas Blaisdell：Recommendation for the appointment of personnel to the staff on the full employment stabilization-defense study，PASP 55（NRPB）.

43. O. L. Altman，December 11，1941，Memorandum to Thomas Blaisdell：Recommendation for the reclassification of Esra Glaser from Associate Statistician，Grade P-3，to Statistician，Grade P-4，PASP 55（NRPB）.

44. O. L. Altman，December 30，1941，Memorandum to Thomas Blaisdell：Recommendation for the appointment of Joseph Phillips as Associate Economist，Grade P-3，on the Full employment study，PASP 55（NRPB）.

45. O. L. Altman，March 14，1942，Letter to Tom Blaisdell，PASP 55（NRPB），pp. 1，6.

46. I. de Vegh，February 10，1942，Extract of letter to Alvin Hansen，PASP 55（NRPB）. 科尔姆的数据显示，收入在 1.5 万到 2 万美元之间的人的人均收入超过了 2 万美元，这是他们发现这当中有问题的一个例证。

47. O. L. Altman，March 14，1942，Letter to Tom Blaisdell，PASP 55（NRPB），pp. 1–2.

48. 同上。

49. P. A. Samuelson，March 24，1942，Memorandum：Expansion in non-essential civilian capacity，PASP 55（NRPB）.

50. P. A. Samuelson，April 2，1942，Personal notes—Mr. Samuelson，PASP 55（NRPB）.

51. S. M. Kwerel，May 11，1942，Letter to PAS：Partition of the blast furnace industry，PASP 55（NRPB）.

52. O. L. Altman，April 16，1942，Letter to Albert Hart，PASP 55（NRPB）.

53. A. G. Hart，April 19，1942，Letter to Oscar Altman，PASP 55（NRPB）.

54. O. L. Altman，May 4，1942，Memorandum to Thomas Blaisdell：Recommendation for the appointment of Professor Abram Bergson as Senior Economist，Grade P-5，to the staff of the full employment study for the period June 1 to September 1，1942，PASP 55（NRPB）.

55. P. A. Samuelson，June 30，1942，Memorandum to Charles Eliot：Contribution of wartime planning for continuing full employment unit to annual report，PASP 55（NRPB）.

56. National Resources Planning Board，May 28，1942，An Interim Report on Wartime Planning for Continuing Full Employment，Section I，PASP，Box 93.

57. A. Bergson，July 7，1942，Memorandum to Full Employment Stabilization Unit on Ezekiel，AER March 1942，PASP 55（NRPB）.

58. H. Goodman，July 24，1942，Memorandum to Oscar Altman and Paul Samuelson，PASP 55（NRPB）.

59. H. Goodman，August，1942，Memorandum to Oscar Altman and Paul Samuelson：Projects being undertaken by other sections of the NRPB in connection with postwar planning，PASP 55（NRPB）.

60. O. L. Altman，et al.，August 1942，Studies in Wartime Planning for Continuing Full Employment，PASP 93.

61. 同上，p. I-26.

62. 同上，p. XXX，IV-6.

63. 同上，p. IV-1.

64. 同上，p. IV-5.

65. C. W. Eliot，February 20，1942，NRPB Staff Memorandum：Wartime planning for continuing full employment，AHP.

66. B. Jacobs，December 14，1942，Memorandum to Herbert Goodman，PASP 55（NRPB）；B. Jacobs，December 14，1942，General criticism，PASP 55（NRPB）.

67. 同上，p. 2.

68. 同上，pp. 4–5.

69. 同上，p. 4.

70. 同上，p. 8.

71. 汉森（1942b）.

72. NRPB 1943c. 参见沃肯（1979），pp. 224–226；克劳森（1981），pp. 136–138. 这一延迟之所以令人感兴趣，是因为它表明，尽管这份报告在威廉·贝弗里奇（1942）发表类似报告之后才发表，但它其实是在更早之前写的。伊夫琳·伯恩斯曾就读于伦敦经济学院，尽管她不是贝弗里奇的学生。

73. NRPB 1943a，1943b.

74. NRPB 1943c，p. 1.

75. 同上，p. 1.

76. NRPB 1943a，p. 5.

77. 汉森的档案中含有一份英国首相温斯顿·丘吉尔的演讲稿同 NRPB 1943 年报告的详细对比。NRPB，March，1943，Comparison of British and American domestic postwar plans，AHP Hansen 3.10 Correspondence（Box 2 [L-Z]）.

78. 里根（1999），p. 220.

79. 克劳森（1981），pp. 182–183.

80. NRPB 1942. 这一"经济权利法案"的历史可以追溯到 1939 年，德拉诺和罗斯福都参与其中 [里根（1999），pp. 218–219]。

81. 里根（1999），p. 219.

82. 克劳森（1981），p. 184.

83. NRPB 1943a，p. 3.

84. A. Bergson，H. Goodman，and E. E. Hagen，August 21，1942，Memorandum to Thomas Blaisdell：A project for the publication of pamphlets on economic problems in the postwar

period，based on studies conducted by the Full Employment Stabilization Unit，PASP 55（NRPB）.

85. 另一份文件更详细地说明了这些小册子的内容。August 1942，Suggested subjects for pamphlet studies，PASP 55（NRPB）.

86. T. C. Blaisdell，August 15，1942，Memorandum to Bell，Altman，and Samuelson，PASP 55（NRPB）.

87. A. Bergson，August 31，1942，Letter to Paul A. Samuelson，PASP 55（NRPB）.

88. E. E. Hagen，September 15，1942，Outline of pamphlet，PASP 55（NRPB）；E. E. Hagen，September 15，1942，Memorandum to Full Employment Stabilization Unit staff，PASP 55（NRPB）.

89. A. Ashbrook，December 15，1942，Letter to Paul A. Samuelson，PASP 12. 萨缪尔森和阿什布鲁克的通信将在本书第 18 章讨论。

90. 萨缪尔森和哈根（1943）。

91. 凯恩斯（1919）。

92. 萨缪尔森和哈根（1943），pp. 2–3.

93. 同上，p. 25.

94. 同上，pp. 42–43；本书作者强调。

95. 同上，p. 45；原文中强调。

96. 同上，p. 45.

97. W. S. Salant，March 6，1944，Letter to Paul A. Samuelson，PASP 67；P. A. Samuelson，March 9，1944，Letter to Walter Salant，PASP 67.

98. P. A. Samuelson，March 9，1944，Letter to Walter Salant，PASP 67，p. 2；最后一个句子之前原有的一个段落被删除了，其中的 "is" 被更正为 "are"。

99. 萨缪尔森（1943j），p. 360，quoting Chase.

100. 里根（1999），p. 228. 这里提到的是 NRPB 这年（1999 年）早些时候发布的一份报告。

101. 参见 NRPB 结尾处的里根（1999）。

102. 这部分关于 NRPB 的公开辩论的叙述借鉴了沃肯（1979，p. 238）。

103. 伊克斯（1943）。

104. 沃肯（1979），p. 192.

105. 引自沃肯（1979），pp. 192–193.

106. Fairchild，quoted in the New York Times，April 29，1943，"Chamber Warned on Post-war

Plans".

107. 沃肯（1979），p. 192.

108. Matthew Woll，quoted in the New York Times，April 29，1943，"Chamber Warned on Post-war Plans".

109. 萨缪尔森（1941b），p. 20.

110. E. E. Hagen，March 3，1943，Letter to Paul A. Samuelson，PASP 55（NRPB）.

111. J. Viner，February 26，1943，Letter to Everett Hagen，PASP 55（NRPB）；E. E. Hagen，March 3，1943，Letter to Paul A. Samuelson，PASP 55（NRPB）；E. E. Hagen，March 5，1943，Letter to Jacob Viner，PASP 55（NRPB）.

112. P. A. Samuelson，April 19，1943，Letter to Thomas Blaisdell，PASP 78（Wright）.

113. H. Goodman，May 22，1943，Memorandum to Paul Samuelson，PASP 55（NRPB）.

114. J. McMurray，June 30，1943，Letter to Paul A. Samuelson，PASP 72（T，1938–1968）；J. McMurray，July 1，1943，Letter to Paul A. Samuelson，PASP 72（T，1938–1968）.

115. W. S. Salant，August 6，1943，Letter to Paul A. Samuelson，PASP 67.

116. J. McMurray，July 1，1943，Letter to Paul A. Samuelson，PASP 72（T，1938–1968）.

117. C. W. Eliot，August 23，1943，Letter to Paul A. Samuelson，PASP 55（NRPB）.

118. 参见马斯（2014）。

119. P. A. Samuelson，Undated，Post-war Planning as Seen by a Retired Post-war Planner，PASP 152. 尽管这篇文章没有注明日期，但有一个脚注（见第 2 页）指出，一位 Dr. Pangloss 已经发现 1943 年美国经济学的中心位于第 10 大道和第 11 大道之间靠近宾夕法尼亚大道的某个地方。

120. 同上，p. 1.

121. 同上，p. 6.

122. 同上，p. 2；原文中强调。

123. 同上，pp. 6–7.

第 20 章　创立新经济学（II）——政策：1942—1943 年

1. 萨缪尔森（1943d）。该文提到了兰格即将出版的小册子，保罗在 1942 年 3 月 2 日知道这一点。当然，这个引用可能是后来加上的，但关于平衡预算乘数的讨论使它看上去就像是在他的论文《现代收入理论》（Modern Theory of Income）之后所写，该论文在 1942 年 4—5 月提交给《美国经济评论》。这个结束日期基于萨缪尔森的印象，他在读萨兰特写于 1942

年 7 月的论文前，已经计算出了平衡预算乘数（下文将会论及）。

2. 萨缪尔森（1943d），p. 31.

3. 同上，p. 37；原文中强调。

4. 同上，p. 41.

5. 同上，p. 41.

6. 同上，p. 40.

7. 同上，p. 44.

8. 萨缪尔森（1975b），p. 43.

9. 这本书最后出版为 W. A. 萨兰特（1975）。

10. 萨缪尔森（1942c），pp. 599–600.

11. 萨缪尔森（1975b）和萨兰特（1975）讨论了该定理的发展史，包括已出版的第一个版本。关于当前通胀缺口的叙述，参见弗里德曼（1942），萨兰特（1942）。

12. P. A. Samuelson，October 13，1942，Letter to William S. Salant，PASP 64（S，1939-56，Folder 2）.

13. W. S. 萨兰特（1975a），p. 13.

14. 吉尔伯特和佩罗（1942）。

15. P. A. Samuelson，November 27，1942，Letter to Walter Salant，PASP 67.

16. M. Geisler，December 9，1942，Letter to Walter Salant，PASP 67；W. Salant，December 10，1942，Letter to Paul A. Samuelson，PASP 67.

17. P. A. Samuelson，December 12，1942，Letter to Walter Salant，PASP 67.

18. V. Perlo，December 19，1942，Letter to Walter Salant，PASP 67.

19. P. A. Samuelson，December 29，1942，Letter to Walter Salant，PASP 67.

20. 萨兰特（1975a），p. 10.

21. P. A. Samuelson，August 11，1943，Letter to Walter Salant，PASP 67.

22. 同上。

23. A. H. Hansen，September 11，1943，Letter to Paul A. Samuelson，PASP 36.

24. MIT 1941.

25. 我们通过他的一个学生伊丽莎白·林戈（E. R. Braider，1943，Notes on Samuelson Ec. 26（1943），JTP 2003-M-005，Box 17 [Ec 49 Ringo]）在那年做的笔记知晓他的授课内容。与他的经济分析课程不同，他确实推荐了自己的两篇论文［萨缪尔森（1941d）；萨缪尔森（1942c）］。他将商业周期理论分为两类，一类是外生的，由系统外部因素决定（如杰文斯的理论，该理论将周期与太阳黑子活动和天气联系起来），另一类是内生的、自生的，由系统属性决定。他解释了阻尼系统（如果没有周期性冲击，周期将逐渐消失）和爆炸系统之间的区别，并指出只有在阻尼系统中才有可能进行预测。

26. Galbraith and Johnson 1940；Gayer 1935；Clark et al. 1935；and Hansen 1941a.

27. 例如，参见莱德勒（1999）；扬（1987）；De Vroey 和胡佛（2004）。它被称作希克斯-汉森模型，因为希克斯在 1937 年提出了该模型，汉森则在 1953 年对它做了规范性陈述。

第 21 章　科学家和科学政策：1944—1945 年

1. P. A. Samuelson，March 9，1944，Letter to Walter Salant，PASP 67.

2. P. A. Samuelson，March 21，1944，Letter to Karl Compton，PASP 19（C，1941–1951）.

3. 萨缪尔森（1997c）。

4. 参见 Conway and Siegelman 2005，pp. 109–122；Mindell 2002，pp. 277–283.

5. P. A. Samuelson，March 21，1944，Letter to Local Board no 47，PASP 61（Radiation Laboratory）.

6. P. A. Samuelson，October 18，1945，For Radiation Laboratory Who's Who，PASP 61（Radiation Laboratory）.

7. P. A. Samuelson，April 6，1944，Letter to Abram Bergson，PASP 16.

8. 参见 Mindell 2002，pp. 268–275.

9. Mindell 2000，p. 37；McCulloch and Pitts 1943.

10. 在位于马萨诸塞州沃尔瑟姆的辐射实验室档案中，我未找到任何有关萨缪尔森的资料。

11. P. A. Samuelson，October 14，1944，Letter to Arthur Smithies，PASP 64（S，1939–56，Folder 2）.

12. P. A. Samuelson，Undated，A suggestion for a generalized fire control correction box，PASP 61（Radiation Laboratory）.

13. 同上，pp. 4–5.

14. P. A. Samuelson，Undated，Differential corrections in anti-aircract trajectories，PASP 61（Radiation Laboratory）. 不太清楚这篇文章是否写完。

15. 萨缪尔森（1944a），p. 1.

16. P. A. Samuelson，June 9，2005，Letter to Sylvia Nasar，PASP 55.

17. P. A. Samuelson，June 10，1944，Letter to Robert V. Roosa，PASP 63.

18. Samuelson，June 9，2005，Letter to Sylvia Nasar.

19. 本节借鉴了巴克豪斯和马斯（2017），其中包含了对文献的更详细的参考。

20. 参见 Cochrane 1978，pp. 43–57.

21. P. A. Samuelson, August 6, 1944, Letter to E J Coil, PASP 19（C, 1941–1951）；原文中强调。AACA has been corrected to NACA.

22. P. A. Samuelson，October 27，1944，Letter to Bruce Bliven，PASP 56（*New Republic*）.

23. B. Bliven，October 19，1944，Letter to Paul A. Samuelson，PASP 56（*New Republic*）.

24. P. A. Samuelson，November 24，1944，Letter to Bruce Bliven，PASP 56（*New Republic*）.

25. 富雷尔（1944）。

26. B. Bliven，November 28，1944，Letter to Paul A. Samuelson，PASP 56（*New Republic*）.

27. P. A. Samuelson，November 30，1944，Letter to Bruce Bliven，PASP 56（*New Republic*）.

28. B. Bliven，December 4，1944，Letter to Paul A. Samuelson，PASP 56（*New Republic*）.

29. Samuelson 1945g，p. 7. 一般认为，布利文提供的新导言和已发表社论的第一段相同。

30. P. A. Samuelson，December 7，1944，Letter to Bruce Bliven，PASP 56（*New Republic*）.

31. Samuelson 1945g，p. 8.

32. V. Bush, December 28, 1944, Letter to L. A. DuBridge, OSRD Box 2（Committee #3, 2 of 3）.

33. F. W. Loomis, January 5, 1945, Letter to James R. Killian, OSRD Box 2（Committee #3, 2 of 3）.

34. 巴克豪斯和马斯（2007）详细讨论了萨缪尔森、格拉克、秘书处其他成员同委员会之间的合作情况。

35. P. A. Samuelson，January 1，1945，Untitled manuscript，HGP Box 25（Folder 6）.

36. 格拉克（1941）。

37. Anonymous，1945，A scientific high command，HGP Box 25（Folder 3）.

38. 这份说明的打字方式不同于格拉克公司文件的打字方式，同时，它看起来也非由专业打字员录入，这和萨缪尔森就是这份说明作者的推断相符。

39. Anonymous，March 27，1945，Minutes of the meeting of the Bowman Committee，held on March 26 and 27，1945，HGP Box 25（Folder 1-2）.

40. I. Bowman, April 11, 1945, Letter to Vannevar Bush, OSRD Box 2（Committee No. 3, 1 of 3）.

41. Anonymous，April 6，1945，Draft of prologue to Bowman Committee Report，OSRD Box 2（Committee #3 2-1-45 to 5-15-45），p. 1.

42. 同上，p. 5.

43. 同上，p. 7.

44. 布什（1945）。

45. I. Bowman, April 11, 1945, Letter to Vannevar Bush, OSRD Box 2（Committee #3, 1 of 3）.

46. F. W. Loomis, April 4, 1945, Letter to Paul A. Samuelson, PASP 61（Radiation Laboratory）.

47. P. A. Samuelson, April 16, 1945, Letter to F Wheeler Loomis, PASP 61（Radiation Laboratory）.

48. P. A. Samuelson, April 26, 1945, Letter to F Wheeler Loomis, PASP 61（Radiation Laboratory）.

49. 如本书第 25 章将解释的那样，到 1945 年 7 月，为了从麦格劳-希尔出版社获得一份合同草案，他全情投入了该项目。

50. 萨缪尔森（2009b）。

51. P. A. Samuelson, April 26, 1945, Letter to F. Wheeler Loomis, PASP 61（Radiation Laboratory）.

52. L. Carmichael, August 3, 1945, Letter to Local Board No 47, PASP 61（Radiation Laboratory）.

53. W. R. Maclaurin, April 20, 1945, Letter to Vannevar Bush, OSRD Box 4（Committee #3, 3 of 3）.

54. C. L. Wilson, May 19, 1945, Letter to W. Rupert Maclaurin, OSRD Box 4（Report to President, Committee #4）.

55. W. Leontief, March 15, 1945, Letter to Paul A. Samuelson, PASP 48.Formally the invitation came from the Committee running the group.

56. 有关萨缪尔森参会的信息以及这次会议所涉及的主题从 "Inter Scientific Discussion Group 1944-7" folder in the Gerald Holton Papers, Harvard University Archive, HUM132/ 63/ 3 处获取。

57. 几天后他报告说他得了风疹（又称德国麻疹）。

第 22 章 《经济分析基础》: 1944—1947 年

1. 萨缪尔森（1998c）, p. 1378.

2. 同上, p. 1378.

3. E. B. Wilson, November 22, 1940, Letter to Edward H. Chamberlin, HUESR UAV349.282 Box 19（PAS concentration folder）.

4. E. B. Wilson et al., December 4, 1940, Report on examination for graduate degree, HUESR UAV349.282 Box 19（PAS concentration folder）.

5. E. B. Wilson, January 14, 1941, Letter to Paul A. Samuelson, EBWPHUG4878.203 Box 37（S

1941）.

6. S. E. Harris, January 7, 1941, Letter to Edwin Bidwell Wilson, EBWPHUG4878.203 Box 36(H).

7. E. B. Wilson, January 14, 1941, Letter to Paul A. Samuelson, EBWPHUG4878.203 Box 37（S 1941）.

8. E. B. Wilson, January 14, 1941, Letter to Seymour E. Harris, EBWPHUG4878.203 Box 36（H）.

9. E. B. Wilson, November 22, 1940, Letter to Edward H. Chamberlin, HUESR UAV349.282 Box 19（PAS concentration folder）.

10. E. H. Chamberlin, February 10, 1942, Minutes of department meeting, HUA-E Box 10（Department Meeting）, p. 328.

11. H. H. Burbank, March 16, 1942, Letter to Paul A. Samuelson, PASP 62（*Review of Economics and Statistics*, to 1968）; P. A. Samuelson, February 20, 1945, Letter to Harold Burbank, PASP 14（B, 1939–51）.

12. D. J. Pottinger, May 29, 1942, Letter to Paul A. Samuelson, PASP 57（P, 1940–59）.

13. P. A. Samuelson, June 28, 1942, Letter to David T. Pottinger, PASP 34（H, 1940–57）.

14. 同上。

15. P. A. Samuelson, July 8, 1943, Letter to A. P. Usher, PASP 85（*Foundations of Economic Analysis*）.

16. A. P. Usher, July 17, 1943, Letter to Paul A. Samuelson, PASP 85（*Foundations of Economic Analysis*）.

17. P. A. Samuelson, August 11, 1943, Letter to Walter Salant, PASP 67.

18. P. A. Samuelson, April 6, 1944, Letter to Abram Bergson, PASP 16.

19. P. A. Samuelson, February 27, 1945, Letter to Edwin Bidwell Wilson, PASP 77.

20. R. L. Scaife, February 21, 1945, Letter to Abbott P. Usher.

21. A. P. Usher, March 22, 1945, Letter to Roger L. Scaife, HUPF.

22. J. W. McFarlane, August 1, 1945, Letter to Roger L. Scaife, HUPF.

23. A. P. Usher, August 13, 1945, Letter to Roger L. Scaife, HUPF.

24. J. W. MacFarlane, August 31, 1945, Letter to Roger L. Scaife; R. L. Scaife, September 5, 1945, Letter to Abbott Payson Usher, HUPF.

25. R. L. Scaife, November 7, 1945, Letter to Abbott Payson Usher, HUPF; R. L. Scaife, April 22, 1946, Letter to Abbott Payson Usher, HUPF.

26. A. V. Jules, December 3, 1945, Letter to Mr. Rohr, HUPF.

27. R. L. Scaife，April 22，1946，Letter to Abbott Payson Usher，HUPF.

28. C. W. Wilson，December 9，1946，Letter to Alfred V. Jules，HUPF.

29. C. W. Wilson，December 13，1946，Letter to Alfred V. Jules，HUPF.

30. C. W. Wilson，February 28，1947，Letter to Mary Harney，HUPF.

31. R. L. Scaife，April 9，1947，Letter to Abbott Payson Usher，HU；A. V. Jules，May 21，1947，Letter to C. W. Wilson，HUPF；C. W. Wilson，June 9，1947，Letter to Alfred V. Jules，HUPF.

32. C. W. Wilson，April 18，1947，Letter to Alfred V. Jules，HUPF.

33. A. V. Jules，April 28，1947，Letter to C. W. Wilson，HUPF.

34. W. W. S[mith]，June 17，1947，Letter to Abbott Payson Usher，HUPF.

35. A. V. Jules，June 18，1947，Letter to C. W. Wilson，HUPF.

36. A. P. Usher，July 4，1947，Letter to Mr. Smith，HUPF.

37. C. Morgan，October 10，1947，Letter to Gottfried Haberler，GHP Box 1（H）.

38. C. W. Wilson，October 2，1947，Letter to Alfred V. Jules，HUPF（Samuelson，*Foundations*）. Email from Michael Aronson to REB，April 9，2012.

39. R. P. Rohrer，September 30，1947，Letter to Alfred V. Jules，HUPF.

40. P. A. Samuelson，September 29，1946，Letter to ShigetoTsuru，STP B1-1-9.

41. 有关变更的详细信息，参见巴克豪斯（2015a）。

42. 萨缪尔森（1940a），p. 4.

43. 萨缪尔森（1947a），p. 5.

44. 同上，p. 258.

45. 关于"对应原理"概念的引入，他用了 3 页纸的篇幅。其中一页中没有用到这个短语，另外两页夹在一个新的章节中。

46. 萨缪尔森（1947a），p. 23.

47. 同上，p. 125.

48. 同上，p. 141.

49. 同上，p. 148.

50. 希克斯（1939a），p. 698.

51. 斯蒂格勒（1943），p. 355. 关于贸易的文章载于萨缪尔森（1938f）。

52. 斯蒂格勒（1943），p. 356.

53. 萨缪尔森（1943f），p. 605.

54. 萨缪尔森（1947a），p. 203.

55. 同上，p. 212.

56. 同上，p. 212；原文中强调。

57. 同上，p. 219.

58. 罗宾斯（1932）。

59. 萨缪尔森（1947a），p. 220.

60. 同上，p. 221.

61. 同上，p. 224. 个体合理性（individual rationality）作为美国和苏联之间一个区别的重要性 在 Amadae（2003）中已有讨论。

62. 萨缪尔森（1947a），p. 248.

63. 同上，pp. 208，215，223，226.

64. 萨缪尔森（1942f），p. 1；萨缪尔森（1947a），p. 284.

65. 萨缪尔森（1941d），1942f，1943a，1944b.

66. 萨缪尔森（1942f），p. 1；萨缪尔森（1947a），p. 284；本书作者强调。

67. 萨缪尔森（1943a），p. 58.

68. 同上，p. 58.

69. 萨缪尔森（1947a），p. 335.

70. 卡莱斯基（1935）。

71. L. Hurwicz，August 29，1944，Letter to Paul A. Samuelson，PASP 39.

72. 例如，哈罗德（1936）。

73. 萨缪尔森（1947a），pp. 117–124.

74. 例如，博尔丁（1948b），萨维奇（1948）。萨缪尔森要了一些用于教学的附录副本。

75. 雷德（1948），p. 516.

76. 艾伦（1949），p. 111.

77. 萨缪尔森（1998c），p. 1382.

78. 艾伦（1949），p. 112.

79. 鲍莫尔（1949），p. 159.

80. 鲍莫尔（1949），艾伦（1949），斯蒂格勒（1948），延特纳（1948），萨维奇（1948）。

81. 艾伦（1949），p. 113；萨维奇（1948），p. 202.

82. 梅茨勒（1948），pp. 905，906；本书作者强调。参见，例如，L. A. Metzler，December 22，1944，Letter to Paul A. Samuelson，PASP 53；P. A. Samuelson，December 27，1944，

Letter to Lloyd A. Metzler，PASP 53；L. A. Metzler，June 16，1945，Letter to Paul A. Samuelson，PASP 53.

83. 梅（1948），p. 94.

84. 鲍莫尔（1949），p. 160.

85. Von Neumann to Haberler，October 31，1947；in Rédei 2005，p. 128.

第 23 章　战后经济政策：1944—1947 年

1. R. W. GoldSmith，October 5，1943，Letter to Paul A. Samuelson，PASP 76（War Production Board）.

2. P. A. Samuelson，October 12，1943，Letter to Raymond Goldsmith，PASP 76（War Production Board）.

3. 参见本书第 21 章。

4. P. A. Samuelson，October 12，1943，Letter to Raymond Goldsmith，PASP 76（War Production Board）.

5. P.A. Samuelson，November 27，1943，Letter to Raymond Goldsmith，PASP76（War Production Board）.

6. P. A. Samuelson，January 19，1944，Letter to Raymond Goldsmith，PASP 76（War Production Board）.

7. P. A. Samuelson，September 18，1944，Letter to Jacob L. Mosak，PASP 49（M，1944–52）.

8. 他提出这些观点的备忘录是 "Financial Aspects of Demobilization，Part I—The Case for Liberalizing Wartime Earnings and Contract Settlements"［1944，PASP 76（War Production Board）］。这应该就是 1 月份发出的那封信。它与那封信的第一部分相一致，这是一份明确写给戈德史密斯的备忘录。信中还附了另一份备忘录，但这份备忘录的出现有些突兀，看起来更像是他几个月后写的东西的初稿，这表明文件没有按照正确的顺序归档。

9. P. A. Samuelson，August 4，1944，Letter to P. Bernard Nortman，PASP 76（War Production Board）.

10. P. B. Nortman，August 8，1944，Letter to Paul A. Samuelson，PASP 76（War Production Board）.

11. 这篇文章同保罗 1 月 19 日的信一起归档，但正如前面的脚注所解释的，它似乎不是随信附上的文件。用来计算乘数（区分企业储蓄和家庭储蓄）价值的公式，与写给雅各布·莫萨克的信件中使用的公式相同。（P. A. Samuelson，September 18，1944，Letter to Jacob L.

Mosak，PASP 49 [M，1944–52] ）.

12. P. A. Samuelson，January 19，1944，Estimating the primary and secondary effects of cutbacks in production，PASP 76（War Production Board），p. 2.

13. 同上，p. 6.

14. P. A. Samuelson，October 11，1944，Letter to Raymond Goldsmith，PASP 76（War Production Board）.

15. R. W. GoldSmith，October 31，1944，Letter to Paul A. Samuelson，PASP 76（War Production Board）；P. A. Samuelson，November 17，1944，Letter to Raymond GoldSmith，PASP 76（War Production Board）；R. W. Goldsmith，November 23，1944，Letter to Paul A. Samuelson，PASP 76（War Production Board）；R. W. Goldsmith，March 17，1945，Letter to Paul A. Samuelson，PASP 76（War Production Board）；War Production Board，May 7，1945，Advice of Personnel Action，PASP 76（War Production Board）；R. W. Goldsmith, May 10, 1945, Letter to Paul A. Samuelson, PASP 76（War Production Board）；P. A. Samuelson，May 8，1945，Letter to Raymond Goldsmith，PASP 76（War Production Board）.

16. War Production Board，July 7，1945，Advice of personnel action，PASP 76（War Production Board）.

17. R. W. GoldSmith，March 13，1945，Letter to Paul A. Samuelson，PASP 76（War Production Board）.

18. R. W. GoldSmith，May 3, 1945, Memorandum from Raymond Goldsmith to PAS, PASP 76（War Production Board）.

19. 同上，p. 2.

20. 预计的对日作战胜利日是 1946 年 6 月 30 日或 12 月 30 日。

21. R. W. Goldsmith，May 22，1945，Letter to Paul A. Samuelson，PASP 76（War Production Board）.

22. P. A. Samuelson，May 27，1945，Estimating Importance of Industrial Sector at High Post war Income，PASP 76（War Production Board）.

23. 估计方程为：资本存量 = −0.417 + 0.029 GDP，1921–1940 年间的相关系数为 0.573。

24. P. A. Samuelson，June，1945，Economic Effects of Cutbacks，PASP 76（War Production Board）.这篇文章在文件夹里的位置表明它可以追溯到 1945 年 5—6 月。录入情况（字体和许多错误）表明它是由萨缪尔森自己录入的，并且很可能没有发给任何人。

25. R. W. Goldsmith，June 14，1945，Letter to Paul A. Samuelson，PASP 76（War Production

Board）.

26. R. W. Goldsmith, June 20, 1945, Letter to Paul A. Samuelson, PASP 76（War Production Board）.

27. P. A. Samuelson, June 28, 1945, Comments on the Wood memorandum, PASP 76（War Production Board）; P. A. Samuelson, June 28, 1945, Letter to Raymond Goldsmith, PASP 76（War Production Board）.

28. R. W. Goldsmith, June 21, 1945, Letter to Paul A. Samuelson, PASP 76（War Production Board）.

29. R. W. Goldsmith, June 26, 1945, Letter to Paul A. Samuelson, PASP 76（War Production Board）.

30. P. A. Samuelson, July 28, 1945, Letter to Raymond Goldsmith, PASP 76（War Production Board）.

31. P. A. Samuelson, July 28, 1945, Determinants of National Income and Inflation, PASP 76（War Production Board）, p. 8.

32. 同上, p. 11.

33. R. W. Goldsmith, August 9, 1945, Letter to Paul A. Samuelson, PASP 76（War Production Board）.

34. WPB, October 10, 1945, Advice of personnel action, PASP 76（War Production Board）.

35. R. W. Goldsmith, October 15, 1945, Letter to Paul A. Samuelson, PASP 76（War Production Board）.

36. R. P. Goldsmith, October 10, 1945, A Simplified Analysis of the Process of Income Expansion and Contraction, PASP 76（War Production Board）.

37. P. A. Samuelson, July 20, 1944, Letter to *New Republic*, PASP 56（*New Republic*）.

38. P. A. Samuelson, August 11, 1944, Letter to Bruce Bliven, PASP 56（*New Republic*）.

39. P. A. Samuelson, August 11, 1944, Letter to Bruce Bliven, PASP 56（*New Republic*）. Mordecai Ezekiel was an economist at the Department of Agriculture.

40. P. A. Samuelson, August 17, 1944, Letter to Bruce Bliven, PASP 56（*New Republic*）.

41. P. A. Samuelson, August 25, 1944, Letter to Bruce Bliven, PASP 56（*New Republic*）. 这张图表援引自戈登韦泽和哈根（1944）。

42. P. A. Samuelson, September 1, 1944, Letter to Bruce Bliven, PASP 56（*New Republic*）.

43. 萨缪尔森（1944c）。

44. 同上，p. 297.

45. 同上，p. 297.

46. 同上，p. 298.

47. 同上，p. 298.

48. 同上，p. 298.

49. 同上，p. 299.

50. J. L. Mosak，September 13，1944，Letter to Paul A. Samuelson，PASP 49（M，1944–52）.

51. P. A. Samuelson，September 18，1944，Letter to Jacob L. Mosak，PASP 49（M，1944–52）.

52. 萨缪尔森（1944d）。

53. 同上，p. 333.

54. 同上，p. 334.

55. 同上，p. 335

56. P. A. Samuelson，October 10，1944，Letter to S. Morris Livingstone，PASP46（L，1946–60）.

57. J. L. Mosak，October 7，1944，Letter to Paul A. Samuelson，PASP 49（M，1944–52）.

58. 这些论文参见史密西斯（1945），利文斯顿（1945），莫萨克（1945），罗斯等（1945）。

59. 莫萨克（1945）。

60. P. A. Samuelson，October 14，1944，Letter to Jacob L. Mosak，PASP 49（M，1944–52）.

61. 尽管保罗称它是 1944 年夏天写的（Samuelson 1945c，p. 674）年，但为出版而做修订的版本中引用了他与索恩在《现代工业》（*Modern Industry*）上的商榷，因此他实际上 11 月才开始动笔。

62. 萨缪尔森（1945a），p. 26.

63. H. F. Merrill，November 13，1944，Letter to Paul A. Samuelson，PASP 49（M，1944–52）.

64. H. C. Sonne，November 22，1944，Letter to Paul A. Samuelson，PASP 64（S，1939–56，Folder 2）；P. A. Samuelson，November 24，1944，Letter to Harwood F. Merrill，PASP 49（M，1944–52）；P. A. Samuelson，November 24，1944，Letter to E. Christian Sonne，PASP 64（S，1939–56）Folder 2；682；P. A. Samuelson，December 1，1944，Letter to Alvin Hansen，AHP Hansen 3.10 Correspondence（Box 1，1928–67）；A. H. Hansen，December 6，1944，Letter to Paul A. Samuelson，PASP 36.

65. 萨缪尔森（1945f），p. 113.

66. 萨缪尔森（1945a），p. 27.

67. 哈里斯（1945）。

68. 科尔曼（1945），p. 671.

69. 同上，p. 672.

70. 同上，p. 673.

71. 同上，p. 674

72. 同上，p. 675.

73. 罗斯福（1945）。

74. 萨缪尔森（1945h），p. 136.

75. 萨缪尔森（1945e）。

76. 汉森（1945a）。

77. 同上，p. 178.

78. 同上，pp. 21–22.

79. 同上，pp. 18–20.

80. 萨缪尔森（1945e），p. 410.

81. 同上，p. 411.

82. 萨缪尔森（1945d），p. 467.

83. 萨缪尔森（1945h），p. 469.

84. 关于该法案演变史的概况借鉴了贝利（1950）。也可参见汉森（1947）第 9 章。

85. 汉森（1945b）。

86. 同上，附件第 2 页。

87. 萨缪尔森（1945b）。

88. 关于汉森的观点，参见贝利（1950），p. 48，n22.

89. 哈根（1947）引用了其中一些文献。

90. 萨缪尔森（1946b）。萨缪尔森在这篇文章的副本上写上了"By PAS"。

91. 萨缪尔森（1946b），p. 8.

92. E. E. Hagen，February 2，1945，Letter to Paul A. Samuelson，PASP 36.

93. 哈根和柯克帕特里克（1944），戈登韦泽和哈根（1944）。

94. 这篇文章很可能是指哈根（1945）。该文包括了对迅速增长的战后形势预测文献的一个综述。

95. E. E. Hagen，November 20，1944，Letter to Paul A. Samuelson，PASP36，p. 2.

96. P. A. Samuelson，November 28，1944，Letter to Everett Hagen，PASP36，p. 2.

97. 同上，p. 1.

98. 同上，p. 2.

99. 同上

100. 哈根（1947）。

101. 同上，p. 100.

102. 萨缪尔森（1946b），p. 9.

103. 库普曼斯（1947），维宁（1949）。

104. 伯恩斯和米切尔（1945）。

105. P. A. Samuelson，August，1948，Comments on Vining's methodological issues，PASP 37（Harris）.

106. P. A. Samuelson，October 1，1943，Comments on the Bennion and Tintner manuscripts，PASP 37（Harris）. 那篇他曾写过评述的论文可能是廷特纳（1944）。

107. 威尔逊（1946），p. 173.

108. 汉森和萨缪尔森（1947a），p. 186.

109. 汉森和萨缪尔森（1946）。

110. P. A. Samuelson，February 5，1946，Letter to Alvin Hansen，PASP 36.M. W. Latimer，February 19，1946，Letter to Alvin Hansen，PASP 36（Hansen）；A. H. Hansen，February 23，1946，Letter to Paul A. Samuelson，PASP 36；R. F. Jones，May 23，1946，Letter to Alvin Hansen and Paul A. Samuelson，PASP 36（Hansen）.

111. P. A. Samuelson，August 5，1946，Letter to Alvin Hansen，PASP 36。保罗提请汉森注意的章节有第 8 章（关于商业活动韵律的成因）、第 18 章（间接成本：劳动力）、第 19 章（间接成本和商业周期），以及导论章节中关于这些主题的部分。

112. P. A. Samuelson，August 7，1946，Letter to Alvin Hansen，PASP 36.

113. 汉森和萨缪尔森（1947a），p. 464.

114. 同上，p. 18.

115. 汉森和萨缪尔森（1947b）。

116. 同上，p. 38.

第 24 章　凯恩斯和凯恩斯经济学

1. 克莱因（2004），p. 18.

2. 克莱因（1942）。

3. 克莱因和马里亚诺（1987），马里亚诺（2008）。

4. 克莱因和马里亚诺（1987），p. 411.

5. 同上，p. 411.

6. 伊齐基尔（1942a，1942b）。

7. 伊齐基尔（1944），克莱因（1944c）。

8. 克莱因（1944a）。

9. 同上，p. 435.

10. 同上，p. i.

11. 同上，p. ii.

12. 同上，pp. 51–52.

13. 同上，p. 53.

14. 同上，p. iv.

15. 同上，pp. 19，124.

16. L. Klein，March 29，1944，Letter to Alvin Hansen，AHP Hansen 3.10 Correspondence（Box 1 [A-K]）.

17. 克莱因（1944a），p. 113.

18. 同上，p. iii.

19. 同上，pp. 183–184.

20. 该统计结果基于 OCR-generated 的电脑检索结果，论文中涉及的实例可能已经删除。参考书目和导论部分都从计数中略去了。

21. 参见克莱因（1954）。

22. 兰格（1943）。

23. P. A. Samuelson，April 10，1944，Letter to Oskar Lange，PASP 48.

24. 莫迪利亚尼（1944）。

25. 同上，pp. 76–77.

26. D. H. Leavens，April 26，1946，Letter to Ragnar Frisch，Ragnar Frisch Papers，National Library of Norway.

27. R. Frisch，May 16，1946，Letter to Dickson Leavens，Ragnar Frisch Papers，National Library of Norway；Samuelson 1946a，p. 187，n1.

28. 萨缪尔森（1946a），pp. 190–191.

29. 同上，p. 191，n5.

30. 同上，p. 188.

31. 同上，p. 193，引自凯恩斯。

32. 同上，p. 195.

33. 拉姆齐（1928）。

34. 正如本书第 10 章所述。

35. 萨缪尔森（1946a），p. 195.

36. 同上，pp. 200，199.

37. P. A. Samuelson，February 16，1945，Letter to Fritz Machlup，PASP 11（AEA）.

38. P. A. Samuelson，August，1947，Letter to Alvin Hansen，PASP 36.

39. 参见本书第 12 章。

40. 克拉克写给凯恩斯的信 [凯恩斯（1979），p. 191]。

41. 克拉克（1923），p. ix.

42. P. A. Samuelson，September 27，1946，Letter to J. M. Clark，PASP 19（C，1941–51）.

43. P. A. Samuelson，April 11，1949，Letter to Lewis H. Haney，PASP 34（H，1940–57）.

第 25 章　撰写教科书：1945 年

1. 萨缪尔森（1948）及其后续版本。

2. 萨缪尔森（1997a，1998a），萨缪尔森等（1999）。

3. 萨缪尔森（1997a），p. 154.

4. R. E. Freeman，June 6，1945，Letter to Karl T. Compton，MIT-AC04 Box 93（8，R. E. Freeman）.

5. MIT 1944，p. 34.

6. 康普顿（1944），p. 7.

7. McGraw-Hill Book Company，July 16，1945，Unsigned memorandum of agreement，PASP 87（Economics，1945–2008，Folder 2）.

8. P. A. Samuelson，February 18，1946，Letter to Alan Sweezy，PASP 64（S，1939–56，Folder 2）.

9. P. A. Samuelson，1945，*Modern Economics：An Introductory Analysis of National Income and Policy*，PASP 91.

10. 萨缪尔森（1997a），p. 157.

11. 参见 R. V. Clemence，October 3，1949，Letter to Paul A. Samuelson，PASP 19（C，1941–

51），and Samuelson 1948，p. vii. 档案记录对萨缪尔森与 Doody 的关系只字未提。

12. P. A. Samuelson，August 30，1948，Letter to Richard Clemence，PASP 19（C，1941–51）.

13. 克莱门斯和杜迪（1942）。

14. 同上，p. 342.

15. 同上，p. 343.

16. 同上，p. 344.

17. 萨缪尔森（1948），p. v；重点补充。

18. 参见吉劳德（2014）。

19. P. A. Samuelson，March 2，1946，Letter to Emile Despres，PASP 28（Sub-Committee on the problem of economic instability）.

20. 萨缪尔森（1948），p. v.

21. 阿姆斯特朗等（1938a，1938b）。麻省理工学院图书馆的目录还有两个较早的版本，分别从 1934 年和 1935 年开始。

22. 阿姆斯特朗等（1938a），p. iii.

23. P. A. Samuelson，1945，Modern Economics：An Introductory Analysis of National Income and Policy，PASP 91.

24. 同上，p. I-2；原文中强调。

25. 同上，p. I-4.

26. 同上，p. I-6.

27. 同上，p. II-3.

28. 萨缪尔森（1951a），p. 14，n1. 奈特的文章当时只在芝大学生中传阅。后来它在奈特（1951）中作为第一章出版。

29. 萨缪尔森，现代经济学，p. IV-2.

30. 同上，p. XI-19.

31. 同上，p. XI-20.

32. 同上，pp. XII-8，XII-10.

33. 同上，pp. XII-10，XII-XIV.

34. 同上，p. XII-11.

35. 同上，p. XIV-1；原文中画线的段落。

36. 同上，p. 2. 需要注意，这个没有编号的章节有它自己的页码序列。

37. 同上，p. 3.

38. National Resources Committee 1939.

39. 阿姆斯特朗等（1938a），p. 399.

40. 同上，p. 373.

41. 同上，p. 371.

42. 同上，p. 378.

43. P. A. Samuelson，March 2，1946，Letter to Emile Despres，PASP 28（Sub-Committee on the problem of economic instability）.

44. A. Sweezy，February 13，1946，Letter to Paul A. Samuelson，PASP 64（S，1939–56，Folder 2）.

45. P. A. Samuelson，February 18，1946，Letter to Alan Sweezy，PASP 64（S，1939–56，Folder 2）.

46. W. Stolper，February 4，1946，Letter to Paul A. Samuelson，PASP 71（Stolper，1）.

47. E. Despres，February 25，1946，Letter to Paul A. Samuelson，PASP 28（Sub-Committee on the problem of economic instability）.

48. P. A. Samuelson，February 18，1946，Letter to Wolfgang Stolper，PASP 71（Stolper，1）.

49. P. A. Samuelson，April 29，1946，Letter to David McCord Wright，PASP 78（Wright）.

50. P. A. Samuelson，February 18，1946，Letter to Alan Sweezy，PASP 64（S，1939–56，Folder 2）.

51. P. A. Samuelson，February 18，1946，Letter to Alan Sweezy，PASP 64（S，1939–56，Folder 2）；P. A. Samuelson，March 2，1946，Letter to Emile Despres，PASP 28（Sub-Committee on the problem of economic instability）.

52. P. A. Samuelson，February 18，1946，Letter to Alan Sweezy，PASP 64（S，1939–56，Folder 2）.

53. P. A. Samuelson，March 2，1946，Letter to Emile Despres，PASP 28（Sub-Committee on the problem of economic instability）.

54. W. Stolper，February 4，1946，Letter to Paul A. Samuelson，PASP 71（Stolper，1）.

55. P. A. Samuelson，March 19，1946，Letter to Alan Sweezy，PASP 64（S，1939–56，Folder 2）. 这篇文章也许是萨缪尔森近期才写的。

56. A. R. Sweezy，March 24，1946，Letter to Paul A. Samuelson，PASP 64（S，1939–56，Folder 2）.

57. P. A. Samuelson，April 2，1946，Letter to George Stigler，PASP 70.

58. P. A. Samuelson，February 18，1946，Letter to Alan Sweezy，PASP 64（S，1939–56，Folder 2）.

59. P. A. Samuelson，April 10，1946，Letter to Lawrence H. Seltzer，PASP 64（S，1939–56，Folder 2）.

60. P. A. Samuelson，April 29，1946，Letter to David McCord Wright，PASP 78.

61. F. Machlup，May 8，1946，Letter to Paul A. Samuelson，PASP 51；P. A.Samuelson，May

10，1946，Letter to Fritz Machlup，PASP 51.

62. McGraw-Hill Book Company and P. A. Samuelson，May 21，1946，Memorandum of agreement，PASP 87（Economics，1945–2008，Folder 2）.

63. P. A. Samuelson，1946，*Economics：An Introductory Analysis*，PASP 91. 课程时间表印在书的开头部分，从 10 月 1 日到次年 1 月 21 日。

64. P. A. Samuelson，February 17，1947，Letter to Daniel Vandermeulen，PASP 74.

65. P. A. Samuelson，August 26，1946，Letter to George Halm，PASP 34（H，1940–57）.

66. P. A. Samuelson，September 27，1946，Letter to Max Millikan，PASP 53.

67. P. A. Samuelson，April 8，1947，Letter to Daniel Vandermeulen，PASP 74；P. A. Samuelson，June 27，1947，Letter to ShigetoTsuru，PASP 73.

68. K. T. Compton，September 30，1947，Letter to Redfield Proctor，PASP 87（MIT）；K. T. Compton，September 30，1947，Letter to Gordon S. Rentschler，PASP 87（MIT）；P. A. Samuelson，January 8，1948，Letter to S. H. Nerlove，PASP 54（N，1942–51）；P. A. Samuelson，January 12，1948，Letter to D. S. Lichtenstein，PASP 87（Economics，1945–2008，Folder 2）.

第 26 章　围绕教科书的争议：1947—1948 年

1. 这一小节涉及的资料在吉劳德（2014）里也有，从中我学到了许多。需要注意的是，许多引用的文件同时在麻省理工学院的康普顿论文和杜克大学的萨缪尔森论文类别中存放，有些在杜克大学中多次归档。

2. 菲利普斯–费恩（2009）。

3. E. E. Lincoln，March 25，1947，Letter to Harold H. Burbank，HUESRUAV349.282 Box 19（PAS concentration folder）.

4. H. H. Burbank，April 2，1947，Letter to Edmond E. Lincoln，HUESRUAV349.282 Box 19（PAS concentration folder）.

5. W. J. Beadle，July 15，1947，Letter to Ralph E. Freeman，PASP 80（Criticisms of Textbook，1）.

6. W. J. Beadle，August 13，1946，Letter to James R. Killian，MIT-AC20 Box 1（Samuelson，1946–49）.

7. MIT，Department of Economics and Social Science，March 3，1947，Minutes of the visiting Committee meeting，MIT-AC394（Visiting Committee，1947–66），p. 2.

8. 同上。

9. W. J. Beadle, July 15, 1947, Letter to Ralph E. Freeman, PASP 80（Criticisms of Textbook, 1）.

10. W. J. Beadle, July 15, 1947, Letter to Ralph E. Freeman, PASP 87（MIT）.

11. N. Peterson, June 26, 1947, Comments on Samuelson *Economics and Introductory Analysis*, PASP 87（MIT）, pp. 1–2.

12. W. J. Beadle, July 15, 1947, Letter to Karl T. Compton, PASP 87（MIT）.

13. E. W. Brewster, July 30, 1947, Letter to Walter J. Beadle, PASP 87（MIT）.See also C.E. Spencer, July 22, 1947, Letter to Ralph E. Freeman, PASP 80（Criticisms of Textbook, 1）.

14. F. J. Chesterman, July 21, 1947, Letter to Karl T. Compton, PASP 87（MIT）.

15. P. A. Samuelson, July 31, 1947, Letter to Walter J. Beadle, PASP 80（Criticisms of Textbook, 1）.

16. 尽管不是全部，但这个段落中引用的一些信件可以在档案馆中找到。

17. W. J. Beadle, August 6, 1947, Letter to Paul A. Samuelson, PASP 80（Criticisms of Textbook, 1）.

18. 如果他确实做了回复，那封信似乎也没有存档。

19. J. R. Killian, August 6, 1947, Letter to Walter J. Beadle, PASP 87（MIT）, p. 2; spelling as in the original.

20. J. R. Killian, August 6, 1947, Letter to Walter J. Beadle, PASP 87（MIT）, pp. 1–2.

21. J. R. Killian, August 6, 1947, Letter to Walter J. Beadle, PASP 87（MIT）, p. 2.

22. W. J. Beadle, August 6, 1947, Letter to Karl T. Compton, PASP 87（MIT）.

23. 他没有给出信件的日期，但似乎是 1947 年 7 月 31 日萨缪尔森写给沃尔特·J. 比德尔的信。PASP 87（MIT）。

24. P. A. Samuelson, August 7, 1947, Letter to Karl T. Compton, PASP 87（MIT）.

25. P. A. Samuelson, August 7, 1947, Letter to Karl T. Compton, PASP 87（MIT）.

26. K. T. Compton, August 8, 1947, Letter to Walter J. Beadle, PASP 80（Criticisms of Textbook, 1）.

27. W. J. Beadle, August 11, 1947, Letter to Karl T. Compton, PASP 87（MIT）.

28. K. T. Compton, August 13, 1947, Letter to Walter J. Beadle, PASP 87（MIT）; C. E. Spencer, August 13, 1947, Letter to Walter J. Beadle, PASP 87（MIT）; E. W. Brewster, August 18, 1947, Letter to Walter J. Beadle, PASP87（MIT）. Chesterman was also copied into the correspondence.

29. B. Ruml, August 20, 1947, Letter to Walter J. Beadle, PASP 87（MIT）.

30. S. S. Stratton, August 27, 1947, Letter to Walter J. Beadle, PASP 87（MIT）.

31. S. S. Stratton, September 12, 1947, Letter to Walter J. Beadle, PASP 87（MIT）.

32. J. R. Killian, August 27, 1947, Memorandum of luncheon discussion with Beadle, Spencer,

and Brewster，PASP 87（MIT）.

33. J. R. Killian，August 28，1947，Policy on teaching of economics，PASP87（MIT）.

34. J. R. Killian，September 4，1947，Letter to Walter J. Beadle，PASP 87（MIT）.

35. 同上。

36. W. J. Beadle，September 10，1947，Letter to James R. Killian，PASP 87（MIT）.

37. 同上；R. G. Caldwell，September 12，1947，Letter to James R. Killian，PASP87（MIT）.

38. 塔希斯（1947）。

39. 莱恩（1947）。

40. 同上，p. 1.

41. 同上，p. 2.

42. 同上，p. 5.

43. 参见利维等（2012）。

44. 参见科兰德和兰德雷思（1998），萨缪尔森（1998d）。

45. L. DuPont，September 12，1947，Letter to Walter J. Beadle，PASP 87（MIT）.

46. W. J. Beadle，September 15，1947，Letter to Karl T. Compton，PASP 87（MIT）.

47. K. T. Compton，September 18，1947，Letter to Walter J. Beadle，PASP87（MIT）.

48. J. B. Conant，May 3，1947，Excerpt from *Education for Business Responsibility*，MIT-AC04 Box 192（9）.

49. W. J. Beadle，September 22，1947，Letter to James R. Killian，PASP 87（MIT）；J. R. Killian，September 29，1947，Letter to Walter J. Beadle，PASP 87（MIT）.

50. R. G. Caldwell，November 7，1947，Letter to James R. Killian，PASP 87（MIT）；W. J. Beadle，November 5，1947，Letter to James R. Killian，PASP87（MIT）；J. R. Killian，October 31，1947，Letter to Walter J. Beadle，PASP87（MIT）；J. R. Killian，December 8，1947，Letter to Dean Caldwell，PASP87（MIT）；R. E. Freeman，December 12，1947，Letter to Robert G. Caldwell，PASP 87（MIT）.

51. W. J. Beadle，October 22，1947，Letter to James R. Killian，PASP 87（MIT）；V. W. Lanfear，October 6，1947，Letter to Fred R. Fairchild，PASP 87（MIT）.

52. J. R. Killian，October 31，1947，Letter to Walter J. Beadle，PASP 87（MIT）.

53. R. G. Caldwell，November 7，1947，Letter to James R. Killian，PASP87（MIT）.

54. W. J. Beadle，January 2，1948，Letter to Ralph E. Freeman，MIT-AC04Box 192（10）.

55. 他的信函用了康涅狄格州布里奇波特的一个地址，尽管后来改成了一个与杜邦公司有关的地址。

56. 萨缪尔森是克莱因（1947，p. 184）列出的八人之一。一个脚注解释称，并非他们所有人都会把自己描述成凯恩斯主义者。遗憾的是，他没有明确表示萨缪尔森是否是其中一个会这么做的人。

57. D. F. Carpenter，January 27，1948，Letter to James R. Killian，PASP 87（MIT）.

58. 同上，p. 2.

59. 同上，p. 3.

60. W. J. Beadle，January 29，1948，Letter to James R. Killian，MIT-AC04Box 192（10）.

61. R. G. Caldwell，January 28，1948，Letter to James R. Killian，MIT-AC20Box 1（Samuelson，1946–49）.

62. J. R. Killian，February 3，1948，Letter to Donald F. Carpenter，PASP 87（MIT），p. 2.

63. 同上，p. 2.

64. 赖特（1948），p. 150.

65. W. J. Beadle，April 2，1948，Letter to James R. Killian，MIT-AC04 Box 192（10），quoting Samuelson 1947b. 此处提到克莱因的书即将出版是因为它是萨缪尔森（1946a）的再版。

66. 赖特（1948），p. 152.

67. S. S. Pu，January 7，1948，Letter to Paul A. Samuelson，PASP 57（P，1940–59）；D. S. Lichtenstein，January 7，1948，Letter to Paul A. Samuelson，PASP 87（Economics，1945–2008，Folder 2）；P. A. Samuelson，January 8，1948，Letter to S. H. Nerlove，PASP 54（N，1942–51）；P. A. Samuelson，January 12，1948，Letter to D. S. Lichtenstein，PASP 87（Economics，1945–2008，Folder 2）；P. A. Samuelson，January 13，1948，Letter to Shou Shan Pu，PASP 57（P，1940–59）；P. A. Samuelson，April 9，1948，Letter to Charles E. Lindblom，PASP 46（L，1946–60）；C. E. Lindblom，April 12，1948，Letter to Paul A. Samuelson，PASP 46（L，1946–60）.

68. B. Ruml，March 11，1948，Letter to Walter J. Beadle，MIT-AC20 Box 1（Samuelson，1946–49）.

69. W. J. Beadle，March 23，1948，Letter to James R. Killian，MIT-AC20 Box 1（Samuelson，1946–49）.

70. W. J. Beadle，April 23，1948，Letter to Ralph E. Freeman，MIT-AC20 Box 1（Samuelson，1946–49）.

71. 凯恩斯（1946），p. 185.

72. W. J. Beadle，April 23，1948，Questions to Professor Ralph E. Freeman for discussion with Visiting Committee，10 a.m.，Monday，May 3，1948，MIT-AC20 Box 1（Samuelson，1946–49），p. 3.

73. W. J. Beadleet al.，May 3，1948，Letter to MIT，PASP 87（MIT）.

第 27 章　《经济学》第一版：1948 年

1. P. A. Samuelson，August 31，1948，Letter to Karl T. Compton，MIT-AC04Box 192（10）.

2. 萨缪尔森（1948），pp. 1，4.

3. 加弗和汉森（1937）。

4. 同上，第 2 章。

5. 很难想象萨缪尔森有可能曾把威斯康星大学纳入考虑范围。

6. 萨缪尔森（1948），p. 197.

7. 同上，pp. 198–199.

8. 同上，p. 199.

9. 同上，p. 201.

10. P. A. Samuelson，1946，*Economics：An Introductory Analysis*，PASP 91，p. II-2.

11. Samuelson 1948，p. 14，compared with P. A. Samuelson，1946，*Economics：An Introductory Analysis*，PASP 91，p. II-3.

12. 萨缪尔森（1948），p. 589.

13. 同上，p. 590.

14. W. J. Beadle，July 15，1947，Letter to Ralph E. Freeman，PASP 87（MIT）.

15. Samuelson 1948，p. 39，compared with P. A. Samuelson，1946，*Economics：An Introductory Analysis*，PASP 91，p. II-4.

16. 萨缪尔森（1948），p. 41.

17. 同上，p. 602.

18. 例如，P. A. Samuelson，August 25，1947，Letter to R. A. Gordon，PASP 32（G，1940–1952）；P. A. Samuelson，November 25，1947，Letter to Stephen Enke，PASP 26（E，1942–59）；P. A. Samuelson，November 25，1947，Letter to J. M. Letiche，PASP 87（Economics，1945–2008，Folder 2）.

19. P. A. Samuelson，February 18，1946，Letter to Alan Sweezy，PASP 64（S，1939–56，Folder 2）.

20. P. A. Samuelson，July 30，1946，Letter to Arthur Burns，PASP 19；Burns and mitchell 1945.

21. 汉森（1941a）。

22. 萨缪尔森（1948），p. 407.

23. 同上，p. 411.

24. 同上，p. 417.

25. 关于这一概念的历史，请参阅巴克豪斯和博扬诺夫斯基（2016b，2016a）。

26. P. A. Samuelson，1946，*Economics：An Introductory Analysis*，PASP 91；W. J. Beadle，
    July 15，1947，Letter to Ralph E. Freeman，PASP 87（MIT）.

27. 萨缪尔森（1948），p. 435.

28. 同上，p. 436.

29. 同上，p. 367.

30. 同上，p. 368.

31. 同上，p. 375.

32. P. A. Samuelson，July 31，1947，Letter to Walter J. Beadle，PASP 87（MIT）. 这本书的这
    方面内容已经被吉劳德（2014）检验过了。

33. 施莱辛格（1949）。

34. 同上，p. 4.

35. 同上，p. 13.

36. 同上，p. 74. 他从别处引用了这句话的第一部分。

37. 同上，p. 153.

38. 在萨缪尔森的资料档案中，施莱辛格和萨缪尔森之间的第一封通信的日期是 1950 年。施
    莱辛格当时正准备着手研究罗斯福时期的情况，他请萨缪尔森索提供一个能解释大萧条
    成因的资料获取途径。（A. Schlesinger，October 19，1950，Letter to Paul A. Samuelson，
    PASP 68.）

39. 萨缪尔森（1948），pp. 602–603.

40. W. J. Beadle，July 15，1947，Letter to Ralph E. Freeman，PASP 87（MIT）.

41. P. A. Samuelson，July 24，1945，Letter to Lawrence Klein，PASP 45.

42. P. A. Samuelson，March 2，1946，Letter to Emile Despres，PASP 28（Sub-Committee on the
    problem of economic instability）.

43. P. A. Samuelson，April 29，1946，Letter to David McCord Wright，PASP 78.

44. P. A. Samuelson，September 27，1946，Letter to Max Millikan，PASP 53.

45. 萨缪尔森在批评希克斯近期出版的一本书时使用了这些术语，这本书很可能即指希克斯

和哈特（1945）。P. A. Samuelson，March 2，1946，Letter to Emile Despres，PASP 28（Sub-Committee on the problem of economic instability）.

46. M. Bronfenbrenner，May 24，1948，Letter to Stewart C. Dorman，PASP 80（Criticisms of Textbook，1）.

47. S. E. Harris，May 25，1948，Letter to Stuart C. Derman，PASP 80（Criticisms of Textbook，1）.

48. P. A. Samuelson，August 31，1948，Letter to Karl T. Compton，PASP 87（Economics，1945–2008，Folder 2）.

49. P. A. Samuelson，August 31，1948，Letter to Karl T. Compton，PASP 87（Economics，1945–2008，Folder 2）.

50. 阿什比（1948），p. 217.

51. 布雷克（1948）。

52. 参见吉劳德（2014），他以启发性的方式讨论了萨缪尔森试图保持这样的地位。

53. 哈特（1948），p. 912.

54. 黑尼（1948），p. 221.

55. S. S. Stratton，September 12，1947，Letter to Walter J. Beadle，PASP 87（MIT）.

56. 黑尼（1948），p. 222.

57. 巴克利（2002）。

第 28 章　在麻省理工学院埋首耕耘

1. 温特劳布（2014）。

2. 基利安（1985），p. 201.

3. P. T. Homan，February 4，1944，Letter to Paul A. Samuelson，PASP 11（AEA）；P. A. Samuelson，February 9，1944，Letter to Paul T. Homan，PASP11（AEA）.

4. 这句话假定信件的归档是正确的。

5. P. T. Homan，January 14，1947，Letter to Paul A. Samuelson，PASP 11（AEA）.

6. P. A. Samuelson，November 15，1946，Letter to Paul T. Homan，PASP11（AEA）.

7. 同上。

8. P. A. Samuelson，January 2，1947，Letter to Nicholas Kaldor，PASP 62（*Review of Economic Studies*）.

9. N. Kaldor，December 3，1946，Letter to Paul A. Samuelson，PASP 43.

10. P. A. Samuelson，January 2，1947，Letter to Joan Robinson，PASP 63.

11. P. A. Samuelson，February 18，1947，Letter to Ursula Hicks，PASP 62（*Review of Economic Studies*）.

12. P. A. Samuelson, July 29，1947，Letter to Ursula K. Hicks，PASP 62（*Review of Economic Studies*）.

13. 同上。

14. U. Hicks，April 27，1947，Letter to Paul A. Samuelson，PASP 62（*Review of Economic Studies*）；P. A. Samuelson，June 16，1947，Letter to Ursula K. Hicks，PASP 62（*Review of Economic Studies*）.

15. P. A. Samuelson，February 27，1946，Letter to Paul Sweezy，PASP 72（Sweezy）.

16. P. A. Samuelson，September 29，1946，Letter to ShigetoTsuru，STP B1-1-9.

17. 同上。

18. 同上。

19. S. Tsuru，March 3，1947，Letter to Paul A. Samuelson，STP B1-1-9.

20. P. A. Samuelson，March 11，1947，Letter to ShigetoTsuru，PASP 73.

21. P. A. Samuelson，April 21，1947，Letter to ShigetoTsuru，PASP 73.

22. P. A. Samuelson，June 27，1947，Letter to ShigetoTsuru，PASP 73.

23. S. Tsuru，September 29，1947，Letter to Paul A. Samuelson，STP B1-1-9.

24. 都留重人（1949），p. 359.

25. 这部分的写作我颇受益于哈罗·马斯（2014）对这件事的描述，他让我注意到了一些原本我可能会忽略的地方。

26. J. Marschak，February 28，1946，Letter to Robert M. Hutchins，UCOPBox 73.

27. 同上。引文原文中"在国家统计局"的括号已被删除。

28. J. Marschak，February 28，1946，Letter to Robert M. Hutchins，UCOP Box 73，pp. 3–4.

29. J. Marschak，March 1，1946，Letter to Paul A. Samuelson，PASP 49（M，1944–52）；P. A. Samuelson，March 4，1946，Letter to Jacob Marschak，PASP49（M，1944–52）.

30. T. W. Schultz，March 20，1946，Letter to Paul A. Samuelson，PASP 68.

31. J. Marschak，March 20，1946，Letter to Paul A. Samuelson，PASP 68.

32. P. A. Samuelson，March 23，1946，Letter to Jacob Marschak，UCOP Box 73.

33. 同上。

34. J. Marschak，March 29，1946，Letter to Robert M. Hutchins，UCOP Box 73.

35. P. A. Samuelson，March 27，1946，Letter to Theodore W. Schultz，PASP 68；T. W. Schultz，

April 3, 1946, Letter to Paul A. Samuelson, PASP 68; P. A.Samuelson, April 6, 1946, Letter to Theodore W. Schultz, PASP 68; T. W.Schultz, April 9, 1946, Letter to Paul A. Samuelson, PASP 68.

36. P. A. Samuelson, April 23, 1946, Letter to Theodore W. Schultz, PASP 68.

37. P. A. Samuelson, April 23, 1946, Letter to Jacob Marschak, PASP 49 (M, 1944–52).

38. P. A. Samuelson, June 6, 1946, Letter to Theodore W. Schultz, PASP 68; T. W. Schultz, June 12, 1946, Letter to Paul A. Samuelson, PASP 68. The precise wording was "awaiting departmental appraisal and action".

39. P. A. Samuelson, June 24, 1946, Letter to Theodore W. Schultz, PASP 68.

40. I. F. Disney, June 26, 1946, Letter to Paul A. Samuelson, PASP 68.

41. E. C. Colwell, November 11, 1946, Letter to Robert M. Hutchins, UCOPBox 73.

42. E. C. Colwell, November 18, 1946, Letter to Robert M. Hutchins, UCOPBox 73.

43. R. Hutchins, November 22, 1946, Telegram to E. C. Colwell, UCOP Box 73.

44. T. W. Schultz, November 25, 1946, Letter to Paul A. Samuelson, PASP 68.

45. T. C. Koopmans, December 17, 1946, Letter to Paul A. Samuelson, PASP 45.

46. This word is not clear and may be incorrectly copied.

47. Friedman to Stigler, November 27, 1946; reprinted in Hammond and Hammond 2006, p. 46.

48. 同上, p. 56.

49. P. A. Samuelson, March 23, 1946, Letter to Jacob Marschak, UCOP Box 73.

50. P. A. Samuelson, January 13, 1947, Letter to Theodore W. Schultz, PASP 68.

51. 同上。

52. P. H. Douglas, January 29, 1947, Letter to Paul A. Samuelson, PASP 24 (D, 1942–64).

53. R. Blough, February 4, 1947, Letter to Paul A. Samuelson, PASP 17.

54. P. A. Samuelson, February 28, 1947, Letter to Theodore W. Schultz, PASP 68.

55. P. A. Samuelson, February 28, 1947, Letter to Paul H. Douglas, PASP 24 (D, 1942–64).

56. 同上。

57. T. W. Schultz, March 4, 1947, Letter to Paul A. Samuelson, PASP 68.

58. P. H. Douglas, March 7, 1947, Letter to Paul A. Samuelson, PASP 24 (D, 1942–64).

59. P. A. Samuelson, March 11, 1947, Letter to Theodore W. Schultz, PASP 68.

60. W. R. Maclaurin, March 4, 1948, Letter to Karl T. Compton, MIT-AC04Box 142 (11,

Maclaurin）.

61. T. W. Schultz，November 3，1947，Letter to Paul A. Samuelson，PASP 68.

62. P. A. Samuelson，November 7，1947，Letter to Theodore W. Schultz，PASP 68.

63. P. H. Douglas，November 12，1947，Letter to Paul A. Samuelson，PASP53（MIT）.

64. P. A. Samuelson，November 13，1947，Letter to Paul H. Douglas，PASP 24（D，1942–64）.

65. E. H. Schell，December 31，1947，Letter to Ralph E. Freeman，PASP 87（MIT）.

66. P. A. Samuelson，January 12，1948，Letter to Paul H. Douglas，PASP 24（D，1942–64）.

第 29 章　萨缪尔森：风华正茂

1. Samuelson uses the term "quasi-foster home"（P. A. Samuelson，Undated，Autobiographical fragment，PASP 149 [Autobiographical]，p. 14）.

2. P. A. Samuelson，August，1948，Comments on Vining's methodological issues，PASP 37（Harris）.

3. F. H. Knight，October 28，1950，Letter to David McCord Wright，PASP 78.

4. 史密斯（1976b，1976a）。

5. 梅茨勒（1948），p. 906.

6. 多夫曼等（1958）。

7. 库克（2009）讨论了马歇尔著作的历史维度。

参考文献

Note: Works in Samuelson's *Collected Scientific Papers* are cited as "CSP n:m" where "n" is the volume and "m" the article number. In virtually all cases, the reprint in CSP contains the original pagination, and it is these page numbers that are used, except in cases where, perhaps because something was previously unpublished, the CSP page numbers are the only ones available. The date given is the date of the original publication.

Allen, R. G. D. 1933. On the Marginal Utility of Money and Its Application. *Economica* 40, pp. 186–209.

Allen, R. G. D. 1949. The Mathematical Foundations of Economic Theory. *Quarterly Journal of Economics* 63(1), pp. 111–127.

Altman, O. L. 1941. *Saving, Investment and National Income: A Study Made for the Temporary National Economic Committee, Seventy-Sixth Congress, Third Session.* Washington, DC: U.S. Government Printing Office.

Amadae, S. M. 2003. *Rationalizing Capitalist Democracy: The Cold War Origins of Rational Choice Liberalism,* 2nd ed. Chicago: University of Chicago Press.

American Economic Association. 1935. Program of the Forty-Seventh Annual Meeting. *American Economic Review* 25(1).

American Economic Association. 1935. Program of the Ninety-Sixth Annual Meeting American Statistical Association, Palmer House, Chicago. *Journal of the American Statistical Association* 30(189), pp. 351–358.

American Economic Association. 1948. Report of the Secretary for the Year 1947. *American Economic Review* 38(2), pp. 529–543.

American Economic Association. 1949. Report of the Secretary for the Year 1948. *American Economic Review* 39(3), pp. 481–495.

Anderson, K. L. 1938. Protection and the Historical Situation: Australia. *Quarterly Journal of Economics* 53(1), pp. 86–104.

Anderson, K. L. 1939. Comment. *Quarterly Journal of Economics* 54(1), pp. 149–151.

Angell, N. 1910. *The Great Illusion*. New York: G. P. Putnam's Sons.

Angell, N. 1932. *The Unseen Assassins*. London: Hamish Hamilton.

Armstrong, F. E., Fiske, W. P., Freeman, H. A., Ingraham, O., Maclaurin, W. R., Thresher, B. A., and Freeman, R. E. 1938a. *The Economic Process*, vol. 1. Cambridge, MA: MIT Press.

Armstrong, F. E., Fiske, W. P., Freeman, H. A., Ingraham, O., Maclaurin, W. R., Thresher, B. A., and Freeman, R. E. 1938b. *The Economic Process*, vol. 2. Cambridge, MA: MIT Press.

Arrow, K. J. 1951. *Social Choice and Individual Values*. Cowles Commission Monograph, No. 12. New York: John Wiley.

Ashby, L. D. 1948. Untitled article. *Southern Economic Journal* 15(2), pp. 216–217.

Backhouse, R. E. 1998a. The Transformation of U.S. Economics, 1920–1960, Viewed through a Survey of Journal Articles. *History of Political Economy* 30 (Suppl.), pp. 85–107.

Backhouse, R. E. 1998b. Vision and Progress in Economic Thought: Schumpeter after Kuhn. In *Explorations in Economic Methodology*, ed. R. E. Backhouse, pp. 176–189. London: Routledge.

Backhouse, R. E. 2009. Robbins and Welfare Economics: A Reappraisal. *Journal of the History of Economic Thought* 31(4), pp. 68–82.

Backhouse, R. E. 2010. An Abstruse and Mathematical Argument: The Use of Mathematical Reasoning in the *General Theory*. In *The Return of Keynes: Keynes and Keynesian Policies in the New Millennium*, ed. B. W. Bateman, T. Hirai, and C. Marcuzzo, pp. 133–147. Cambridge, MA: Harvard University Press.

Backhouse, R. E. 2014. Paul Samuelson's Move to MIT. In *MIT and the Transformation of American Economics*, Supplement to *History of Political Economy*, vol. 46, ed. E. R. Weintraub, pp. 60–77. Durham, NC: Duke University Press.

Backhouse, R. E. 2015a. Revisiting Samuelson's Foundations of Economic Analysis. *Journal of Economic Literature* 53(2), pp. 326–350.

Backhouse R. E. 2015b. Economic Power and the Financial Machine. In *Market Failure in Context*, Supplement to *History of Political Economy*, vol. 47, ed. A. Marciano and S. G. Medema, pp. 99–126. Durham, NC: Duke University Press.

Backhouse, R. E., and Boianovsky, M. 2016. Secular Stagnation: The History of a Macroeconomic Heresy. *European Journal of the History of Economic Thought* 23(6), pp. 946–970.

Backhouse, R. E., and Giraud, Y. 2010. Circular Flow Diagram. In *Famous Figures and Diagrams in Economics*, ed. M. Blaug and P. Lloyd, pp. 221–229. Cheltenham, UK: Edward Elgar.

Backhouse, R. E., and Maas, H. 2016. Marginalizing Maclaurin: The Attempt to Develop an Economics of Technological Progress at MIT, 1940–1950. *History of Political Economy* 48(3), pp. 423–447.

Backhouse R. E., and Maas H. 2017. A Road Not Taken: Economists, Historians of Science and the Making of the Bowman Report. *Isis* (forthcoming March 2017).

Backhouse, R. E., and Medema, S. G. 2009. Retrospectives: On the Definition of Economics. *Journal of Economic Perspectives* 23(1), pp. 221–233.

Backhouse, R. E., and Medema, S. G. 2014. Walras in the Age of Marshall: An Analysis of English-Language Journals, 1890–1939. In *Economics and Other Branches—In the Shade of the Oak Tree: Essays in Honour of Pascal Bridel*, ed. F. Allison and R. Baranzini, pp. 69–86. London: Pickering and Chatto.

Backhouse, R. E., and Nishizawa, T. 2010. *No Wealth But Life: Welfare Economics and the Welfare State in Britain, 1880–1945.* Cambridge: Cambridge University Press.

Bailey, S. K. 1950. *Congress Makes a Law: The Story Behind the Employment Act of 1946.* New York: Columbia University Press.

Barnett, W. A. 2004. An Interview with Paul A. Samuelson. *Macroeconomic Dynamics* 8, pp. 519–542.

Bauer, A. 2008. Leonard Hurwicz's game. *Twin Cities Business*, March 1; online at http://tcbmag.com/Leadership/Leaders/Leonid-Hurwicz-s-Game.aspx (accessed November 7, 2008).

Baumol, W. J. 1949. Relaying the Foundations. *Economica* 16(62), pp. 159–168.

Bergson, A. 1936. Real Income, Expenditure Proportionality, and Frisch's "New Methods of Measuring Marginal Utility." *Review of Economic Studies* 4(1), pp. 33–52.

Bergson, A. 1938. A Reformulation of Certain Aspects of Welfare Economics. *Quarterly Journal of Economics* 52(2), pp. 310–334.

Bergson, A. 1942. Prices, Wages, and Income Theory. *Econometrica* 10(3/4), pp. 275–289.

Berle, A. A., and Means, G. C. 1932. *The Modern Corporation and Private Property.* New York: Macmillan.

Beveridge, W. 1942. *Social Insurance and Allied Services.* New York: Macmillan.

Biddle, J. 2012. Retrospectives: The Introduction of the Cobb–Douglas Regression. *Journal of Economic Perspectives* 26(2), pp. 223–236.

Birkhoff, G. D. 1941. A Mathematical Approach to Ethics. *Rice Institute Pamphlets* 28(1), pp. 1–23.

Birkhoff, G. D., and Hestenes, M. R. 1935. Natural Isoperimetric Conditions in the Calculus of Variations. *Proceedings of the National Academy of Sciences of the United States of America* 21(2), pp. 99–102.

Bjerkholt, O. 2007. Writing "The Probability Approach" with Nowhere to Go: Haavelmo in the United States, 1939–1944. *Econometric Theory* 23(5), pp. 775–837.

Bjerkholt, O. 2014. Lawrence R. Klein, 1920–2013: Notes on the Early Years. *Journal of Policy Modeling* 36(5), pp. 767–784.

Bjerkholt, O. 2015. Trygve Haavelmo at the Cowles Commission. *Econometric Theory* 31(1), pp. 1–84.

Blumer, H. 1931. Science without Concepts. *American Journal of Sociology* 36(4), pp. 515–533.

Boas, F. 1911. *The Mind of Primitive Man.* New York: Macmillan.

Boianovsky, M., and Trautwein, H. 2006. Haberler, the League of Nations, and the Quest for Consensus in Business Cycle Theory in the 1930s. *History of Political Economy* 38(1), pp. 45–89.

Bonar, J. 1911. *Disturbing Elements in the Study and Teaching of Political Economy.* Baltimore: Johns Hopkins University Press.

Boulding, K. E. 1935. The Theory of a Single Investment. *Quarterly Journal of Economics* 49(3), pp. 475–494.

Boulding, K. E. 1936. Professor Knight's Capital Theory: A Reply. *Quarterly Journal of Economics* 50(3), pp. 524–531.

Boulding, K. E. 1941. *Economic Analysis.* New York: Harper & Brothers.

Boulding, K. E. 1948a. *Economic Analysis,* 2nd ed. New York: Harper.

Boulding, K. E. 1948b. Samuelson's Foundations: The Role of Mathematics in Economics. *Journal of Political Economy* 56(3), pp. 187–199.

Bowley, A. L. 1924. *Mathematical Groundwork of Economics.* Oxford: Clarendon Press.

Brekke, A. 1948. Review of Samuelson's *Economics Journal of Farm Economics* 30(4), pp. 799–802.

Bridgman, P. W. 1927. *The Logic of Modern Physics.* New York: Macmillan.

Bridgman, P. W. 1936. *The Nature of Physical Theory.* New York: Dover.

Bridgman, P. W. 1938. Operational Analysis. *Philosophy of Science* 5(2), pp. 114–131.

Brinton, C., ed. 1959. *The Society of Fellows.* Cambridge, MA: Harvard University Press.

Bryce, R. B. 1988. Keynes During the Great Depression and World War II. In *Keynes and Public Policy after Fifty Years. Volume I: Economics and Policy,* ed. O. F. Hamouda and J. N. Smithin, pp. 146–150. Aldershot, UK: Edward Elgar.

Buckley, W. F. 2002. *God and Man at Yale: The Superstitions of "Academic Freedom."* Washington, DC: Regnery.

Bullock, C. J., and Crum, W. L. 1932. The Harvard Index of Economic Conditions: Interpretation and Performance, 1919–31. *Review of Economics and Statistics* 14(3), pp. 132–148.

Bullock, C. J., Persons, W. M., and Crum, W. L. 1927. The Construction and Interpretation of the Harvard Index of Business Conditions. *Review of Economics and Statistics* 9(2), pp. 74–92.

Burns, A. F. 1944. Frickey on the Decomposition of Time Series. *Review of Economics and Statistics* 26(3), pp. 136–147.

Burns, A. F., and Mitchell, W. C. 1945. *Measuring Business Cycles.* New York: NBER.

Bush, V. 1945. *Science: The Endless Frontier.* Washington, DC: U.S. Government Printing Office.

Cartter, A. 1966. *An Assessment of Quality in Graduate Education.* Washington, DC: American Council on Education.

Carvajalino, J. 2016. *Edwin B. Wilson at the origin of Paul Samuelson's mathematical economics: essays on the interwoven history of economics, mathematics and statistics in the U.S., 1900–1940.* PhD Thesis, University of Quebec at Montreal.

Cassel, G. 1923. *Theory of Social Economy.* London: Fisher Unwin.

Chamberlin, E. H. 1933. *The Theory of Monopolistic Competition.* Cambridge, MA: Harvard University Press.

Chamberlin, E. H. 1961. The Origin and Early Development of Monopolistic Competition Theory. *Quarterly Journal of Economics* 75(4), pp. 515–543.

Cherrier, B. 2014. Toward a History of Economics at MIT, 1940–72. In *MIT and the Transformation of American Economics*, ed. E. R. Weintraub, pp. 15–44. Durham, NC: Duke University Press.

Clark, J. B. 1899. *The Distribution of Wealth.* New York: Macmillan.

Clark, J. M. 1923. *Studies in the Economics of Overhead Costs.* Chicago: University of Chicago Press.

Clark, J. M. 1926. *Social Control of Business.* Chicago: University of Chicago Press.

Clark, J. M. 1936. Long-range Planning for the Regularization of Industry. In *Preface to Social Economics: Essays on Economic Theory and Social Problems.* New York: Farrar and Rinehart.

Clark, J. M. 1940. Toward a Concept of Workable Competition. *American Economic Review* 30(2), pp. 241–256.

Clark, J. M., Sundelson, J. W., and NRPB. 1935. *Economics of Planning Public Works.* Washington, DC: U.S. Government Printing Office.

Clawson, M. 1981. *New Deal Planning: The National Resources Planning Board.* Baltimore: Johns Hopkins University Press.

Clemence, R., and Doody, F. S. 1942. Modern Economics and the Introductory Course. *American Economic Review* 32(2), pp. 334–347.

Cochrane, R. C. 1978. *The National Academy of Sciences: The First Hundred Years, 1863–1963.* Washington, DC: National Academy of Sciences.

Colander, D. C., and Landreth, H., eds. 1996. *The Coming of Keynesianism to America: Conversations with the Founders of Keynesian Economics.* Cheltenham, UK: Edward Elgar.

Colander, D., and Landreth, H. 1998. Political Influence on the Textbook Keynesian Revolution: God, Man and Lorie Tarshis at Yale. In *Keynesianism and the Keynesian Revolution in America*, ed. O. F. Hamouda and B. B. Price, pp. 59–72. Cheltenham, UK: Edward Elgar.

Cole, F. 1931. Race Problems as Seen by the Anthropologist. *Scientific Monthly* 32(1), pp. 80–82.

Coleman, G. W. 1945. The Effect of Interest Rate Increases on the Banking System. *American Economic Review* 35(4), pp. 671–673.

Compton, K. T. 1944. President's Report Issue, 1943–1944. *MIT Bulletin* 80(1).

Conway, F., and Siegelman, J. 2005. *Dark Hero of the Information Age: In Search of Norbert Wiener, the Father of Cybernetics.* New York: Basic Books.

Cook, S. J. 2009. *The Intellectual Foundations of Alfred Marshall's Economic Science: A Rounded Globe of Knowledge.* Cambridge: Cambridge University Press.

Coulter, M. C. 1932. *Introductory General Course in the Biological Sciences: Syllabus.* Second Preliminary Edition. Chicago: University of Chicago Press.

Cournot, A. 1838. *Recherches sur les Principes Mathematiques de la Theorie des Richesses.* Paris: Hachette.

Crawford, M. E. 1937. *A Mathematical Reconsideration of the Elasticity of Substitution.* Undergraduate thesis, Radcliffe College, Boston.

Crum, W. L. 1932. *The Modern Corporation and Private Property.* New York: Macmillan.

Crum, W. L. 1938. Rudimentary Mathematics for Economists and Statisticians. *Quarterly Journal of Economics* 52, pp. 1–164.

Currie, L. 2004. Public Spending as a Means to Recovery: August 6, 1936. *Journal of Economic Studies* 31(3/4), pp. 298–309.

Davis, H. T. 1941. *The Analysis of Economic Time Series.* Bloomington, IN: Principia Press.

Deardorff, A. V., and Stern, R. M., eds. 1994. *The Stolper-Samuelson Theorem: A Golden Jubilee.* Ann Arbor: University of Michigan Press.

De Marchi, N. B. 1991. League of Nations Economists and the Ideal of Peaceful Change in the Decade of the Thirties. *History of Political Economy* 23 (Suppl.), pp. 143–178.

Deutsch, K. W. 1980. A Voyage of the Mind, 1930–1980. *Government and Opposition* 15(3–4), pp. 323–345.

De Vroey, M. 2004. *Involuntary Unemployment: The Elusive Quest for a Theory.* London: Routledge.

De Vroey, M. 2016. *A History of Macroeconomics: From Keynes to Lucas and Beyond.* Cambridge: Cambridge University Press.

De Vroey, M., and Hoover, K. D., eds. 2004. *The IS-LM Model: Its Rise, Fall, and Strange Persistence.* Durham, NC: Duke University Press.

Dorfman, R. 1973. Wassily Leontief's Contribution to Economics. *Swedish Journal of Economics* 75(4), pp. 430–449.

Dorfman, R., Samuelson, P. A., and Solow, R. M. 1958. *Linear Programming and Economic Analysis.* New York: McGraw-Hill.

Douglas, P. H. 1932. *The Coming of a New Party.* New York: Whittlesey House/ McGraw-Hill.

Douglas, P. H. 1934. *The Theory of Wages.* New York: Macmillan.

Douglas, P. H. 1935. *Controlling Depressions.* New York: W. W. Norton.

Douglas, P. H., and Director, A. 1931. *The Problem of Unemployment.* New York: Macmillan.

East, E. M. 1927. *Heredity and Human Affairs.* New York: Charles Scribners.

Edgeworth, F. Y. 1881. *Mathematical Psychics.* London: Kegan Paul.

Eggan, F. 1962. Fay-Cooper Cole, Architect of Anthropology. *Science* 135(3502), pp. 412–413.

Eggan, F. 1963. Fay-Cooper Cole, 1881–1961. *American Anthropologist* 65(3), pp. 641–648.

Ellsworth, P. T., Samuelson, P. A., and Depres, E. 1939. The Workability of Compensatory Devices. *American Economic Review* 29(1), pp. 224–229.

Ely, R.T., Adams, T. S., Lorenz, M. O., and Young, A. A. 1931. *Outlines of Economics,* 5th ed. New York: Macmillan.

Emmett, R. B., ed. 2006. *The Biographical Dictionary of American Economists.* London: Thoemmes Continuum.

Epstein, P. S. 1937. *Textbook of Thermodynamics.* New York: John Wiley.

Estey, J. A. 1941. *Business Cycles: Their Nature, Cause and Control.* New York: Prentice-Hall.

Ezekiel, M. 1942a. Statistical Investigations of Saving, Consumption, and Investment. *American Economic Review* 32(1), pp. 22–49.

Ezekiel, M. 1942b. Statistical Investigations of Saving, Consumption, and Investment. *American Economic Review* 32(2), pp. 272–307.

Ezekiel, M. 1944. The Statistical Determination of the Investment Schedule. *Econometrica* 12(1), pp. 89–90.

Feuchtwanger, L. 2001. *The Oppermanns.* Translated by J. Cleugh. New York: Carroll and Graf.

Fontaine, P. 2010. Stabilizing American Society: Kenneth Boulding and the Integration of the Social Sciences, 1943–1980. *Science in Context* 23(02), pp. 221–265.

Frickey, E. 1942. *Economic Fluctuations in the United States.* Cambridge, MA: Harvard University Press.

Friedman, M. 1942. The Inflationary Gap: II. Discussion of the Inflationary Gap. *American Economic Review* 32(2), pp. 314–320.

Friedman, M., and Friedman, R. D. 1999. *Two Lucky People: Memoirs.* Chicago: University of Chicago Press.

Friedman, W. A. 2014. *Fortune Tellers: The Story of America's First Economic Forecasters.* Princeton, NJ: Princeton University Press.

Frisch, R. 1933. Propagation Problems and Impulse Problems in Dynamic Economics. In *Economic Essays in Honor of Gustav Cassel,* pp. 171–205. London: Allen and Unwin.

Frisch, R. 1936. Annual Survey of General Economic Theory: The Problem of Index Numbers. *Econometrica* 4(1), pp. 1–38.

Furer, J. A. 1944. Post-War Military Research. *Science* 100(2604), pp. 461–464.

Galbraith, J. K. 1981. How Keynes Came to America. In *A Contemporary Guide to Economics Peace and Laughter,* ed. A. D. Williams, pp. 43–59. London: Andre Deutsch.

Galbraith, J. K., and Johnson, G. G. 1940. *The Economic Effects of the Federal Public Works Expenditures, 1933–1938.* Washington, DC: U.S. Government Printing Office.

Garver, F. B., and Hansen, A. H. 1937. *Principles of Economics,* rev. ed. Boston: Ginn and Co.

Gayer, A. D. 1935. *Public Works in Prosperity and Depression: Prepared for the National Planning Board.* New York: NBER.

Gibbs, J. W., and Wilson, E. B. 1901. *Vector Analysis: A Text-book for the Use of Students of Mathematics & Physics.* New York: Charles Scribner's.

Gideonse, H. D., Kerwin, J. G., Staley, E., and Wirth, L. 1932. *Second-Year Course in the Study of Contemporary Society (Social Science II): Syllabus and Selected Readings.* Chicago: University of Chicago Press.

Gideonse, H. D., Kerwin, J. G., and Wirth, L. 1931. *Introductory General Course in the Social Sciences: Syllabus and Selected Readings.* Chicago: University of Chicago Press.

Gilbert, R. V., and Perlo, V. 1942. The Investment-Factor Method of Forecasting Business Activity. *Econometrica* 10(3/4), pp. 311–316.

Gilbert, R. V., Hildebrand, G., Stuart, A. W., Sweezy, M. Y., Sweezy, P. M., Tarshis, L., and Wilson, J. D. 1938. *An Economic Program for American Democracy.* New York: Vanguard.

Giraud, Y. 2014. Negotiating the "Middle-of-the-Road" Position: Paul Samuelson, MIT and the Politics of Textbook Writing, 1945–55. In *MIT and the Transformation of American Economics*, ed. E. R. Weintraub, pp. 134–152. Durham, NC: Duke University Press.

Godin, B. 2008. In the Shadow of Schumpeter: W. Rupert Maclaurin and the Study of Technological Innovation. *Minerva* 46(3), pp. 343–360.

Goldenweiser, E. A., and Hagen, E. E. 1944. Jobs After the War. *Federal Reserve Bulletin* 30(5), pp. 424–431.

Goodwin, C. D. W. 2014. *Walter Lippmann: Public Economist.* Cambridge, MA: Harvard University Press.

Green, J., and LaDuke, J. 2009. *Pioneering Women in American Mathematics: The Pre-1940 PhD's.* London: London Mathematical Society and Providence, RI: American Mathematical Society.

Guerlac, H. E. 1941. *Science and War in the Ancien Regime: The Development of Science in an Armed Society.* PhD thesis, Harvard University, Cambridge, MA.

Haavelmo T. 1941. On the Theory and Measurement of Economic Relations. Unpublished paper, Harvard University.

Haavelmo, T. 1943. The Statistical Implications of a System of Simultaneous Equations. *Econometrica* 11(1), pp. 1–12.

Haavelmo, T. 1944. The Probability Approach in Econometrics. *Econometrica* 12, pp. iii–vi, 1–115.

Haberler, G. 1927. *Der Sinn der Indexzahlen.* Tübingen: J. C. B. Mohr.

Haberler, G. 1928. A New Index Number and Its Meaning. *Quarterly Journal of Economics* 42(3), pp. 434–449.

Haberler, G. 1930. Die Theorie der komparativen Kosten und ihre Auswertung für die Begruendung des Friehandels. *Weltwirtschaftliches Archiv* 32, pp. 349–370.

Haberler, G. 1932. Money and the Business Cycle. In *Gold and Monetary Stabilization,* ed. Q. Wright, pp. 43–74. Chicago: Chicago University Press.

Haberler, G. 1936. *International Trade.* London: Hodge.

Haberler, G. 1937a. Review of R. F. Harrod, The Trade Cycle. *Journal of Political Economy* 45(5), pp. 690–697.

Haberler, G. 1937b. *Prosperity and Depression.* Geneva: League of Nations.

Haberler, G. 1946. *Prosperity and Depression,* 3rd ed. New York: United Nations.

Haberler, G. 1950. Joseph Alois Schumpeter, 1883–1950. *Quarterly Journal of Economics* 64(3), pp. 333–372.

Hagen, E. E. 1942. Capital Theory in a System with No Agents Fixed in Quantity. *Journal of Political Economy* 50(6), pp. 837–859.

Hagen, E. E. 1945. Postwar Output in the United States at Full Employment. *Review of Economics and Statistics* 27(2), pp. 45–59.

Hagen, E. E. 1947. The Reconversion Period: Reflections of a Forecaster. *Review of Economics and Statistics* 29(2), pp. 95–101.

Hagen, E. E., and Kirkpatrick, N. B. 1944. The National Output at Full Employment in 1950. *American Economic Review* 34(3), pp. 472–500.

Hall, R. L., and Hitch, C. J. 1939. Price Theory and Business Behaviour. *Oxford Economic Papers* 2, pp. 12–45.

Halpern, M. 2003. *Unions, Radicals, and Democratic Presidents: Seeking Social Change in the Twentieth Century.* Westport, CT: Greenwood.

Hamilton, W. H., and May, S. 1928. *The Control of Wages.* New York: Macmillan.

Hammond, J. D., and Hammond, C. H. 2006. *Making Chicago Price Theory: Friedman-Stigler Correspondence 1945–1957.* London: Routledge.

Hamouda, O. F., and Price, B. B., eds. 1998. *Keynesianism and the Keynesian Revolution in America.* Cheltenham, UK: Edward Elgar.

Hands, D. W., and Mirowski, P. 1998a. Harold Hotelling and the Neoclassical Dream. In *Economics and Methodology: Crossing Boundaries*, ed. A. Salanti, U. Maki, D. M. Hausman, and R. E. Backhouse, pp. 322–397. London: Macmillan.

Hands, D. W., and Mirowski, P. 1998b. A Paradox of Budgets: The Postwar Stabilization of American Neoclassical Demand Theory. *History of Political Economy* 30(5; Suppl.), pp. 260–292.

Haney, L. H. 1948. Untitled article. *Annals of the American Academy of Political and Social Science* 260, pp. 221–222.

Hansen, A. H. 1921. *Cycles of Prosperity and Depression in the United States, Great Britain and Germany: A Study of Monthly Data, 1902–1908.* Madison: University of Wisconsin Press.

Hansen, A. H. 1922. The Economics of Unionism. *Journal of Political Economy* 30(4), pp. 518–530.

Hansen, A. H. 1927. *Business Cycle Theory: Its Development and Present Status.* Boston: Ginn and Co.

Hansen, A. H. 1934. The Flow of Purchasing Power. In *Economic Reconstruction*, ed. Columbia University Commission. New York: Columbia University Press.

Hansen, A. H. 1936a. Mr. Keynes on Underemployment Equilibrium. *Journal of Political Economy* 44(5), pp. 667–686.

Hansen, A. H. 1936b. Under-employment Equilibrium. *Yale Review* 25, pp. 828–830.

Hansen, A. H. 1938. The Consequences of Reducing Expenditures. *Proceedings of the Academy of Political Science* 17(4), pp. 60–72.

Hansen, A. H. 1939. Economic Progress and Declining Population Growth. *American Economic Review* 29(1), pp. 1–15.

Hansen, A. H. 1940. Memorandum to Mr. Goldenweiser: introductory statement on research project, October 3. At http://fraser.stlouisfed.org/docs/historical/eccles/100_09_0001.pdf.

Hansen, A. H. 1941a. *Fiscal Policy and Business Cycles.* London: George Allen and Unwin.

Hansen, A. H. 1941b. Post-Defense Full Employment, Draft Statement, May 14. At http://fraser.stlouisfed.org/docs/historical/eccles/006_02_0002.pdf.

Hansen, A. H. 1942a. *After the War—Full Employment.* Washington, DC: Government Printing Office.

Hansen, A. H. 1942b. Memorandum to Dr. Goldenweiser, October 30. At http://fraser.stlouisfed.org/docs/historical/eccles/006_03_0005.pdf.

Hansen, A. H. 1945a. *America's Role in the World Economy.* New York: W. W. Norton.

Hansen, A. H. 1945b. Letter to Elliott Thurston. At http://fraser.stlouisfed.org/docs/historical/eccles/067_04_0005.pdf.

Hansen, A. H. 1947, *Economic Policy and Full Employment,* 4th ed. New York: Whittlesey House, McGraw-Hill.

Hansen, A. H. 1953. *A Guide to Keynes.* London: McGraw-Hill.

Hansen, A. H., Boddy, F. M., and Langum, J. K. 1936. Recent Trends in Business-Cycle Literature. *Review of Economics and Statistics* 18(2), p. 53.

Hansen, A. H., and Samuelson, P. A. 1946. *Economic Analysis of Guaranteed Wages.* Unpublished report to Office of War Mobilization, Advisory Board. PASP 93.

Hansen, A. H., and Samuelson, P. A. 1947a. Appendix F: Economic Analysis of Guaranteed Wages. In *Guaranteed Wages: Report to the President by the Advisory Board,* ed. M. W. Latimer, pp. 412–473. Washington, DC: U.S. Government Printing Office.

Hansen, A. H., and Samuelson, P. A. 1947b. Making the Annual Wage Work. *New York Times Magazine,* July 13, pp. 12, 35–38.

Hansen, A. H., and Tout, H. 1933. Annual Survey of Business Cycle Theory: Investment and Saving in Business Cycle Theory. *Econometrica* 1(2), pp. 119–147.

Harris, S. E. 1941, *Economics of Social Security: The Relation of the American Program to Consumption, Savings, Output, and Finance.* New York: McGraw-Hill.

Harris, S. E. 1945. A One Per Cent War? *American Economic Review* 35(4), pp. 667–671.

Harris, S. E., ed. 1947. *The New Economics: Keynes' Influence on Theory and Public Policy.* New York: Alfred A. Knopf.

Harrod, R. F. 1936. *The Trade Cycle.* Oxford: Clarendon Press.

Harrod, R. F. 1939. An Essay in Dynamic Theory. *Economic Journal* 49(193), pp. 14–33.

Hart, A. G. 1935. A Proposal for Making Monetary Management Effective in the United States. *Review of Economic Studies* 2(2), pp. 104–116.

Hart, A. G. 1948. Review of Samuelson's *Economics. American Economic Review* 38(5), pp. 910–915.

Harvard University. 1937. *Graduate School of Public Administration,* 1937–8. Catalogue. Cambridge, MA: Harvard University Press.

Harvard University. 1939. *Report on Some Problems of Personnel in the Faculty of Arts and Sciences.* Committee to Investigate the Cases of Drs. Walsh and Sweezy. Cambridge, MA: Harvard University Press.

Hayek, F. A. 1931. *Prices and Production.* London: Routledge.

Hayek, F. A. 1942. Scientism and the Study of Society, Part I. *Economica* 9(35), pp. 267–291.

Hayek, F. A. 1943. Scientism and the Study of Society, Part II. *Economica* 10(37), pp. 34–63.

Hayek, F. A. 1944a. Scientism and the Study of Society, Part III. *Economica* 11(41), pp. 27–39.

Hayek, F. A. 1944b. *The Road to Serfdom,* London: Routledge and Chicago: University of Chicago Press.

Heckscher, E. F., and Ohlin, B. 1991. *Heckscher-Ohlin Trade Theory.* Translated by M. J. Flanders and H. Flam. Cambridge, MA: MIT Press.

Hicks, J. R. 1932. *Theory of Wages.* London: Macmillan.

Hicks, J. R. 1937. Mr. Keynes and the "Classics"; A Suggested Interpretation. *Econometrica* 5(2), pp. 147–159.

Hicks, J. R. 1939a. The Foundations of Welfare Economics. *Economic Journal* 49(196), pp. 696–712.

Hicks, J. R. 1939b. *Value and Capital.* Oxford: Oxford University Press.

Hicks, J. R., and Allen, R. G. D. 1934a. A Reconsideration of the Theory of Value. Part I, *Economica*, 1(1), pp. 52–76.

Hicks, J. R., and Allen, R. G. D. 1934b. A Reconsideration of the Theory of Value. Part II: A Mathematical Theory of Individual Demand Functions. *Economica* 1(2), pp. 196–219.

Hicks, J. R., and Hart, A. G. 1945. *The Social Framework of the American Economy: An Introduction to Economics.* New York: Oxford University Press.

Hobson, J. A. 1914. *Work and Wealth: A Human Valuation.* London: Macmillan.

Hoover, K. D. 2006. Doctor Keynes: Economic Theory in a Diagnostic Science. In *The Cambridge Companion to Keynes*, ed. R. E. Backhouse and B. W. Bateman, pp. 78–97. Cambridge: Cambridge University Press.

Howson, S. 2011. *Lionel Robbins.* London and New York: Cambridge University Press.

Hunsaker, J., and Lane, S. M. 1973. Edwin Bidwell Wilson. Biographical Memoirs. *National Academy of Sciences* 43, p. 285.

Hurwicz, L. 1944. Stochastic Models of Economic Fluctuations. *Econometrica* 12(2), pp. 114–124.

Hutchison, T. W. 1938. *The Significance and Basic Postulates of Economic Theory.* London: Macmillan.

Hutchison, T. W. 2009. A Formative Decade: Methodological Controversy in the 1930s. *Journal of Economic Methodology* 16(3), pp. 297–314.

Hutt, W. H. 1930. *The Theory of Collective Bargaining.* London: P. S. King.

Hyman, H. 2012. Revisiting Beulah I. Shoesmith. At http://mathnexus.wwu.edu/
　Archive/news/detail.asp?ID=256.

Ickes, H. L. 1943, Bureaucrats v. Business Men. *New Republic,* August 2, 1943,
　pp. 131–133.

Isaac, J. 2012. *Working Knowledge: Making the Human Sciences from Parsons to Kuhn.*
　Cambridge, MA: Harvard University Press.

Kalecki, M. 1935. A Macrodynamic Theory of Business Cycles. *Econometrica* 3(3),
　pp. 327–344.

Karabel, J. 2005. *The Chosen: The Hidden History of Admission and Exclusion at Harvard,*
　Yale, and Princeton. Boston: Houghton Mifflin.

Karman, T. V., and Biot, M. A. 1940. *Mathematical Methods in Engineering: An*
　Introduction to the Mathematical Treatment of Engineering Problems. New York:
　McGraw-Hill.

Kaufmann, F. 1933. On the Subject-Matter and Method of Economic Science.
　Economica 42, pp. 381–401.

Keller, M., and Keller, P. 2001. *Making Harvard Modern: The Rise of America's*
　University. Cambridge, MA: Harvard University Press.

Keniston, H., Schevill, F., and Scott, A. P. 1934. *Introductory General Course in the*
　Humanities: Syllabus. Chicago: University of Chicago Press.

Keynes, J. M. 1919. *Economic Consequences of the Peace.* London: Macmillan.

Keynes, J. M. 1937. Some Economic Consequences of a Declining Population.
　Eugenics Review 29, pp. 13–17.

Keynes, J. M. 1946. The Balance of Payments of the United States. *Economic Journal*
　56(222), pp. 172–187.

Keynes, J. M. 1971a [1923]. *A Tract on Monetary Reform.* London: Macmillan.
　Reprinted as *Collected Writings of John Maynard Keynes,* volume IV, 1971.

Keynes, J. M. 1971b [1930]. *A Treatise on Money.* London: Macmillan.

Keynes, J. M. 1972 [1936]. *The General Theory of Employment, Interest and Money.*
　London: Macmillan.

Keynes, J. M. 1973 [1921]. *A Treatise on Probability.* London: Macmillan.

Keynes, J. M. 1979. *Activities, 1940–4: External War Finance.* London: Macmillan.

Keyserling, L. H., Nathan, R. R., and Currie, L. B. 1972. Discussion. *American*
　Economic Review 62(1/2), pp. 134–141.

Killian, J. R. 1985. *The Education of a College President: A Memoir.* Cambridge,
　MA: MIT Press.

Klein, L. R. 1942. The Relationship Between Total Output and Man-Hour Output:
　Comment. *Quarterly Journal of Economics* 56(2), pp. 342–343.

Klein, L. R. 1943. Pitfalls in the Statistical Determination of the Investment
　Schedule. *Econometrica* 11(3/4), pp. 246–258.

Klein, L. R. 1944a. The Cost of a "Beveridge Plan" in the United States. *Quarterly*
　Journal of Economics 58(3), pp. 423–437.

Klein, L. R. 1944b. *The Keynesian Revolution.* Ph.D. thesis, MIT, Cambridge, MA.

Klein, L. R. 1944c. The Statistical Determination of the Investment Schedule: A Reply. *Econometrica* 12(1), pp. 91–92.

Klein, L. R. 1947. *The Keynesian Revolution*. New York: Macmillan.

Klein, L. R. 1954. Testimony of Lawrence R. Klein. In *Investigation of Communist Activities in the State of Michigan—Part I (Detroit—Education)*, U.S. House of Representatives, Committee on Un-American Activities. April 30, May 3, and May 4, pp. 4991–5001. Washington, DC: U.S. Government Printing Office.

Klein, L. R. 1991. The Statistics Seminar, MIT, 1942–1943. *Statistical Science* 6(4), pp. 320–330.

Klein, L. R. 2004. Lawrence R. Klein. In *Lives of the Laureates*, 4th ed., ed. W. Breit and B. T. Hirsch, pp. 17–33. Cambridge, MA: MIT Press.

Klein, L. R., and Mariano, R. S. 1987. The ET Interview: Professor L. R. Klein. *Econometric Theory* 3(3), pp. 409–460.

Knight, F. H. 1921. *Risk, Uncertainty and Profit*. Boston: Houghton Mifflin.

Knight, F. H. 1922. Ethics and the Economic Interpretation. *Quarterly Journal of Economics* 36(3), pp. 454–481.

Knight, F. H. 1923. The Ethics of Competition. *Quarterly Journal of Economics* 37(4), pp. 579–624.

Knight, F. H. 1933. *The Dilemma of Liberalism*. Ann Arbor, MI: Edwards Brothers.

Knight, F. H. 1935. The Theory of Investment Once More: Mr. Boulding and the Austrians. *Quarterly Journal of Economics* 50(1), pp. 36–67.

Knight, F. H. 1951. *The Economic Organization*. New York: Harper.

Knight, F. H. 1982. Social Science and Political Trend. In *Freedom and Reform*, pp. 24–43. Indianapolis, IN: Liberty Press.

Knight, F. H. 1997[1935]. *The Ethics of Competition and Other Essays*, ed. M. Friedman, G. J. Stigler, H. Jones, and A. Wallis. With new Introduction by R. Boyd. New Brunswick, NJ: Transaction.

Koopmans, T. C. 1937. *Linear Regression Analysis of Economic Time Series*. Haarlem, Netherlands: F. Bohn.

Koopmans, T. C. 1947. Measurement Without Theory. *Review of Economics and Statistics* 29(3), pp. 161–172.

Kuhn, T. 1962. *The Structure of Scientific Revolutions*. Chicago: University of Chicago Press.

Laidler, D. E. W. 1999. *Fabricating the Keynesian Revolution: Studies of the Interwar Literature on Money, the Cycle and Unemployment*. Cambridge: Cambridge University Press.

Lane, R. W. 1947. Review of L. Tarshis, *The Elements of Economics*. *National Economic Council Review of Books*, August 1947, pp. 1–8.

Lange, O. 1934. The Determinateness of the Utility Function. *Review of Economic Studies* 1(3), pp. 218–225.

Lange, O. 1938. The Rate of Interest and the Optimum Propensity to Consume. *Economica* 5(17), pp. 12–32.

Lange, O. 1942. The Foundations of Welfare Economics. *Econometrica* 10(3/4), pp. 215–228.

Lange, O. 1943. The Theory of the Multiplier. *Econometrica* 11(3/4), pp. 227–245.

Leacock, S. 1936. Through a Glass Darkly. *The Atlantic*, July, pp. 94–98.

Lécuyer, C. 2010. Patrons and a Plan. In *Becoming MIT: Moments of Decision*, ed. D. Kaiser, pp. 59–80. Cambridge, MA: MIT Press.

Lemon, H. B. 1934. *From Galileo to Cosmic Rays: A New Look at Physics*. Chicago: University of Chicago Press.

Lemon, H. B., and Schlesinger, H. I. 1932. *Introductory General Course in the Physical Sciences: Syllabus*, 2nd ed. Chicago: University of Chicago Press.

Lemon, H. B., and Schlesinger, H. I. 1934. *Introductory General Course in the Physical Sciences: Syllabus*. Chicago: University of Chicago Press.

Leontief, E. 1987. *Genia and Wassily: A Russian-American Memoir*. Somerville, MA: Zephyr Press.

Leontief, W. 1925. Balans narodnogo khoziaistva SSSR. *Planovoe khoziaistvo* 12.

Leontief, W. 1929. Ein Versuch zur statistischen Analyse von Angebot und Nachfrage. *Weltwirtschaftliches Archiv* 30, pp. 1–53.

Leontief, W. 1932. Indications of Changes in the Demand for Agricultural Products: Discussion. *Journal of Farm Economics* 14(2), p. 256.

Leontief, W. 1933. The Use of Indifference Curves in the Analysis of Foreign Trade. *Quarterly Journal of Economics* 47(3), pp. 493–503.

Leontief, W. 1934a. Pitfalls in the Construction of Demand and Supply Curves: A Reply. *Quarterly Journal of Economics* 48(2), pp. 355–361.

Leontief, W. 1934b. More Pitfalls in Demand and Supply Curve Analysis: A Final Word. *Quarterly Journal of Economics* 48(4), pp. 755–759.

Leontief, W. 1934c. Interest on Capital and Distribution: A Problem in the Theory of Marginal Productivity. *Quarterly Journal of Economics* 49(1), pp. 147–161.

Leontief, W. 1935. Price-Quantity Variations in Business Cycles. *Review of Economics and Statistics* 17(4), pp. 21–27.

Leontief, W. 1936a. Composite Commodities and the Problem of Index Numbers. *Econometrica* 4(1), pp. 39–59.

Leontief, W. 1936b. The Fundamental Assumption of Mr. Keynes' Monetary Theory of Unemployment. *Quarterly Journal of Economics* 51(1), pp. 192–197.

Leontief, W. 1936c. Quantitative Input and Output Relations in the Economic Systems of the United States. *Review of Economics and Statistics* 18(3), pp. 105–125.

Leontief, W. 1936d. Stackelberg on Monopolistic Competition. *Journal of Political Economy* 44(4), pp. 554–559.

Leontief, W. 1937. Implicit Theorizing: A Methodological Criticism of the Neo-Cambridge School. *Quarterly Journal of Economics* 51(2), pp. 337–351.

Leontief, W. 1950. Joseph A. Schumpeter (1883–1950). *Econometrica* 18(2), pp. 103–110.

Leontief, W. 1977. *Essays in Economics: Theories Facts and Policies*, vol. 2. Oxford: Basil Blackwell.

Lerner, A. P. 1932. The Diagrammatical Representation of Cost Conditions in International Trade. *Economica* 37, pp. 346–356.

Lerner, A. P. 1934. The Diagrammatical Representation of Demand Conditions in International Trade. *Economica* n.s. 1(3), pp. 319–334.

Levy, D. M., Peart, S. J., and Albert, M. 2012. Economic Liberals as Quasi-Public Intellectuals: The Democratic Dimension. *Research in the History of Economic Thought and Methodology* 30-B, pp. 1–116.

Lewisohn, L. 1928. *The Island Within.* New York: Harper.

Livingston, S. M. 1945. Forecasting Postwar Demand: II. *Econometrica* 13(1), pp. 15–24.

Lotka, A. J. 1925. *Elements of Physical Biology.* Baltimore: Williams and Wilkins.

Lotka, A. J. 1939a. A Contribution to the Theory of Self-Renewing Aggregates, with Special Reference to Industrial Replacement. *Annals of Mathematical Statistics* 10(1), pp. 1–25.

Lotka, A. J. 1939b. On an Integral Equation in Population Analysis. *Annals of Mathematical Statistics* 10(2), pp. 144–161.

Lynd, R. S., and Lynd, H. M. 1929. *Middletown: A Study in Contemporary American Culture.* New York: Harcourt Brace.

Maas, H. J. B. 2014. Making Things Technical: Samuelson at MIT. In *MIT and the Transformation of American Economics*, Supplement to *History of Political Economy*, vol. 46 ed. E. R. Weintraub, pp. 272–294. Durham, NC: Duke University Press.

Mariano, R. S. 2008. Lawrence R. Klein. In *The New Palgrave Dictionary of Economics*, ed. S. N. Durlauf and L. E. Blume, pp. 739–746. Basingstoke, UK: Palgrave Macmillan. Online at http://www.dictionaryofeconomics.com.

Marshall, A. 1920. *Principles of Economics: An Introductory Volume,* 8th ed. London: Macmillan.

Marshall, A. 1923. *Money, Credit and Commerce.* London: Macmillan.

Massachusetts Institute of Technology (MIT). 1937. President's Report, 1938–9. *Bulletin* 73(1).

Massachusetts Institute of Technology (MIT). 1938. President's Report, 1938–9. *Bulletin* 74(1).

Massachusetts Institute of Technology (MIT). 1939. President's Report, 1938–9. *Bulletin* 75(1).

Massachusetts Institute of Technology (MIT). 1940. Catalogue. *Bulletin* 75(4).

Massachusetts Institute of Technology (MIT). 1941. Catalogue. *Bulletin* 76(4).

Massachusetts Institute of Technology (MIT). 1942a. President's Report, 1941–1942. *Bulletin* 78(1), pp. 1–232.

Massachusetts Institute of Technology (MIT). 1942b. Catalog. *Bulletin* 77(4).

Massachusetts Institute of Technology (MIT). 1943. Catalog. *Bulletin* 78(4).

Massachusetts Institute of Technology (MIT). 1944. Catalogue. *Bulletin* 79(4).

Mason, E. S. 1982. The Harvard Department of Economics from the Beginning to World War II. *Quarterly Journal of Economics* 97(3), pp. 383–433.

Mathematical Association of America. 1932. Notes and News. *American Mathematical Monthly* 39(5), pp. 306–308.

May, K. 1948. *Science & Society* 13(1), pp. 93–95.

McCraw, T. K. 2007. *Prophet of Innovation: Joseph Schumpeter and Creative Destruction.* Cambridge, MA: Belknap Press of Harvard University Press.

McCulloch, W., and Pitts, W. 1943. A Logical Calculus of Ideas Immanent in Nervous Activity. *Bulletin of Mathematical Biophysics* 5, pp. 115–133.

Means, G. C., ed. 1939. *The Structure of the American Economy. Part. 1: Basic Characteristics.* Washington, DC: U.S. Government Printing Office.

Mehrling, P. 1997. *The Money Interest and the Public Interest: American Monetary Thought, 1920–1970.* Cambridge, MA: Harvard University Press.

Mendershausen, H. 1939. The Relationship Between Income and Savings of American Metropolitan Families. *American Economic Review* 29(3), pp. 521–537.

Merriam, C. E. 1931. *The Making of Citizens.* Chicago: University of Chicago Press.

Merriam, C. E. 1944. The National Resources Planning Board; A Chapter in American Planning Experience. *American Political Science Review* 38(6), pp. 1075–1088.

Merton, R. K., Sills, D. L., and Stigler, S. M. 1984. The Kelvin Dictum and Social Science: An Excursion into the History of an Idea. *Journal of the History of the Behavioral Sciences* 20(4), pp. 319–331.

Metzler, L. A. 1948. Review of Samuelson's *Foundations of Economic Analysis.* *American Economic Review,* 38(5), pp. 905–910.

Mindell, D. A. 2000. Automation's Finest Hour: Radar and System Integration in World War II. In *Systems, Experts and Computers: The Systems Approach in Management and Engineering, World War II and After,* ed. A. C. Hughes and T. P. Hughes, pp. 27–56. Cambridge, MA: MIT Press.

Mindell, D. A. 2002. *Between Human and Machine: Feedback, Control and Computing before Cybernetics.* Baltimore: Johns Hopkins University Press

Mitchell, J. 1903. *Organized Labor: Its Problems, Purposes and Ideals and the Present and Future of American Wage Earners.* Philadelphia: American Book and Bible House.

Mitchell, W. C. 1927. *Business Cycles: The Problem and Its Setting.* New York: NBER.

Modigliani, F. 1944. Liquidity Preference and the Theory of Interest and Money. *Econometrica* 12(1), pp. 45–88.

Moggridge, D. E. 1998. The Diffusion of the Keynesian Revolution. In *Keynesianism and the Keynesian Revolution in America,* ed. H. Landreth and B. B. Price, pp. 18–31. Cheltenham, UK: Edward Elgar.

Moore, E. H. 1910. *Introduction to a Form of General Analysis.* New Haven, CT: Yale University Press.

Morgan, M. S. 1990. *A History of Econometric Ideas.* Cambridge: Cambridge University Press.

Morgan, M. S., and Rutherford, M. 1998. *From Interwar Pluralism to Postwar Neoclassicism.* Supplement to *History of Political Economy,* vol. 30. Durham, NC: Duke University Press.

Morgenstern, O. 1941. Professor Hicks on Value and Capital. *Journal of Political Economy* 49(3), pp. 361–393.

Morgenstern, O. 1951. Joseph A. Schumpeter. *Economic Journal* 61(241), pp. 197–202 [obituary].

Mosak, J. L. 1945. Forecasting Postwar Demand: III. *Econometrica* 13(1), pp. 25–53.

Myrdal, G. 1939. *Monetary Equilibrium*. Translated by R. B. Bryce and W. Stolper. London: Hodge.

National Resources Committee. 1939. *Consumer Expenditures in the United States*. Washington, DC: U.S. Government Printing Office.

National Resources Planning Board (NRPB). 1942. *Post-War Planning—Full Employment, Security, Building America*. Washington, DC: U.S. Government Printing Office.

National Resources Planning Board (NRPB). 1943a. *Report for 1943, Part I: Postwar Plan and Program*. Washington, DC: U.S. Government Printing Office.

National Resources Planning Board (NRPB). 1943b. *Report for 1943, Part II: Wartime Planning for War and Post War*. Washington, DC: U.S. Government Printing Office.

National Resources Planning Board (NRPB). 1943c. *Security, Work, and Relief Policies*. Washington, DC: U.S. Government Printing Office.

Nelson, S., and Keim, W. G. 1941. *Investigation of Concentration of Economic Power. Volume 1: Price Behavior and Business Policy*. Washington, DC: Temporary National Economic Committee.

Nixon, R. A., and Samuelson, P. A. 1940. Estimates of Unemployment in the United States. *Review of Economics and Statistics* 22(3), pp. 101–111.

Ohlin, B. 1929. Transfer Difficulties, Real and Imagined. *Economic Journal* 39(154), pp. 172–178.

Ohlin, B. 1933. *Interregional and International Trade*, rev. ed. Cambridge, MA: Harvard University Press.

Orear, J. 2004. Enrico Fermi—The Master Scientist. At http://hdl.handle.net/1813/74.

Perlman, M. 1996. Jews and Contributions to Economics: A Bicentennial Review. In *The Character of Economic Thought, Economic Characters and Economic Institutions: Selected Essays of Mark Perlman*, ed. M. Perlman, pp. 307–317. Ann Arbor: Universtiy of Michigan Press.

Phillips-Fein, K. 2009. *Invisible Hands: The Making of the Conservative Movement from the New Deal to Reagan*. New York: W. W. Norton.

Pigou, A. C. 1920. *The Economics of Welfare*. London: Macmillan.

Pigou, A. C. 1932. *The Economics of Welfare*, 4th ed. London: Macmillan.

Pigou, A. C. 1935. *The Economics of Stationary States*. London: Macmillan.

Pigou, A. C. 1941. *Employment and Equilibrium*. London: Macmillan.

Popper, K. R. 1959. *The Logic of Scientific Discovery*. London: Routledge.

Ramsey, F. P. 1927. A Contribution to the Theory of Taxation. *Economic Journal* 37(145), pp. 47–61.

Ramsey, F. P. 1928. A Mathematical Theory of Saving. *Economic Journal* 38(152), pp. 543–559.

Reagan, P. D. 1999. *Designing a New America: The Origins of New Deal Planning, 1890–1943*. Amherst: University of Massachusetts Press.

Rédei, M. (ed.) 2005. *John von Neumann: Selected Letters* (*History of Mathematics*, volume 27). American Mathematical Society/London Mathematical Society.

Reder, M. W. 1948. Professor Samuelson on the Foundations of Economic Analysis. *Canadian Journal of Economics and Political Science/Revue canadienne d'Economique et de Science politique* 14(4), pp. 516–530.

Reed, Z., and Smith, D. E. 1925. High School Mathematics Clubs. *Mathematics Teacher* 18(6), pp. 341–363.

Robbins, L. C. 1932. *An Essay on the Nature and Significance of Economic Science*. London: Macmillan.

Robinson, J. 1933a. *Economics of Imperfect Competition*. London: Macmillan.

Robinson, J. 1933b. The Theory of Money and the Analysis of Output. *Review of Economic Studies* 1(1), pp. 22–26.

Robinson, J. 1937. *Essays in the Theory of Employment*. London: Macmillan.

Roll, E. 1941. Review of J. A. Estey *Business Cycles*. *American Economic Review* 31(2), pp. 362–364.

Roll, E. 1985. *Crowded Hours: An Autobiography*. London: Faber and Faber.

Roll, E. 1995. *My Journey Through the Century*. Hull, UK: University of Hull.

Roos, C. F., Hurwicz, L., Higgins, B., Koopmans, T., Hagen, E. E., Fuller, K. G., Nienstaedt, L. R., and Marschak, J. 1945. Forecasting Postwar Demand: Discussion. *Econometrica* 13(1), pp. 54–59.

Roosevelt, F. D. 1945. Annual Budget Message, January 3, 1945. At http://www.presidency.ucsb.edu/ws/?pid=16584.

Russell, B., and Russell, D. 1923. *Prospects of Industrial Civilization*. New York: Century.

Rymes, T. K., ed. 1989. *Keynes's Lectures, 1932–35: Notes of a Representative Student*. London: Macmillan.

Salant, W. S. 1942. The Inflationary Gap: I. Meaning and Significance for Policy Making. *American Economic Review* 32(2), pp. 308–314.

Salant, W. S. 1975. I. Introduction to William A. Salant's "Taxes, the multiplier and the inflationary gap," *History of Political Economy*, 7(1), pp. 3–18.

Salant, W. A. 1975. II. Taxes, the Multiplier, and the Inflationary Gap. *History of Political Economy* 7(1), pp. 19–27.

Salant, W. S. 1976. Alvin Hansen and the Fiscal Policy Seminar. *Quarterly Journal of Economics* 90(1), pp. 14–23.

Salter, A. 1932. *Recovery: The Second Effort*. London: G. Bell and Sons.

Samuelson, M. C. 1939. The Australian Case for Protection Reexamined. *Quarterly Journal of Economics* 54(1), pp. 143–149.

Samuelson, P. A. 1930. Out of the Frying Pan. *The Scroll*, May, pp. 16–17.

Samuelson, P. A. 1937a. A Note on Measurement of Utility. *Review of Economic Studies* 4(2), pp. 155–161. CSP 1:20.

Samuelson, P. A. 1937b. Some Aspects of the Pure Theory of Capital. *Quarterly Journal of Economics* 51(3), pp. 469–496. CSP 1:17.

Samuelson, P. A. 1938a. The Empirical Implications of Utility Analysis. *Econometrica* 6(4), pp. 344–356. CSP 1:3.

Samuelson, P. A. 1938b. A Note on the Pure Theory of Consumer's Behaviour. *Economica* 5(17), pp. 61–71. CSP 1:1.

Samuelson, P. A. 1938c. A Note on the Pure Theory of Consumer's Behaviour: An Addendum. *Economica* 5(19), pp. 353–354. CSP 1:1.

Samuelson, P. A. 1938d. The Numerical Representation of Ordered Classifications and the Concept of Utility. *Review of Economic Studies* 6(1), pp. 65–70. CSP 1:2.

Samuelson, P. A. 1938e. Report of the Atlantic City and Indianapolis Meetings, December 27–30. *Econometrica* 6(2), pp. 180–192.

Samuelson, P. A. 1938f. Welfare Economics and International Trade. *American Economic Review* 28(2), pp. 261–266. CSP 2:60.

Samuelson, P. A. 1939a. The Gains from International Trade. *Canadian Journal of Economics and Political Science* 5(2), pp. 195–205. CSP 2:61.

Samuelson, P. A. 1939b. Interactions between the Multiplier Analysis and the Principle of Acceleration. *Review of Economics and Statistics* 21(2), pp. 75–78. CSP 2:82.

Samuelson, P. A. 1939c. The Rate of Interest Under Ideal Conditions. *Quarterly Journal of Economics* 53(2), pp. 286–297. CSP 1:18.

Samuelson, P. A. 1939d. Review of M. D. Anderson, *Dynamic Theory of Wealth Distribution*. *American Economic Review* 29(2), pp. 358–359.

Samuelson, P. A. 1939e. A Synthesis of the Principle of Acceleration and the Multiplier. *Journal of Political Economy* 47(6), pp. 786–797. CSP 2:83.

Samuelson, P. A. 1940a. *Foundations of Analytical Economics: The Observational Significance of Economic Theory*. Ph.D. thesis, Harvard University. [Copy also archived in PASP 91]

Samuelson, P. A. 1940b. Review of E. Petersen, *Macro-Dynamic Aspects of the Equation of Exchange*. *American Economic Review* 30(3), p. 641.

Samuelson, P. A. 1940c. Review of G. Myrdal, *Monetary Equilibrium*. *American Economic Review* 30(1), pp. 129–130.

Samuelson, P. A. 1940d. The Theory of Pump-Priming Reexamined. *American Economic Review* 30(3), pp. 492–506. CSP 2:85.

Samuelson, P. A. 1941a. Concerning Say's Law. *Econometrica* 9(2), pp. 177–178. CSP 2:88.

Samuelson, P. A. 1941b. *Consumer Demand at Full Production*. Washington, DC: National Resources Planning Board.

Samuelson, P. A. 1941c. Professor Pigou's Employment and Equilibrium. *American Economic Review* 31(3), pp. 545–552. CSP 2:89.

Samuelson, P. A. 1941d. The Stability of Equilibrium: Comparative Statics and Dynamics. *Econometrica* 9(2), pp. 97–120. CSP 1:38.

Samuelson, P. A. 1941e. A Statistical Determination of the Consumption Function. In *Fiscal Policy and Business Cycles,* ed. A. H. Hansen, pp. 250–260. New York: W. W. Norton. CSP 2:87.

Samuelson, P. A. 1942a. The Business Cycle and Urban Development. *The Problem of the Cities and Towns: Proceedings of Conference on Urbanism, Harvard University, March 5–6*, pp. 6–17. CSP 2:97.

Samuelson, P. A. 1942b. Constancy of Marginal Utility of Income. In *Studies in Mathematical Economics and Econometrics: In Memory of Henry Schultz*, ed. O. Lange, pp. 75–91. Chicago: University of Chicago Press. CSP 1:5.

Samuelson, P. A. 1942c. Fiscal Policy and Income Determination. *Quarterly Journal of Economics* 56(4), pp. 575–605. CSP 2:86.

Samuelson, P. A. 1942d. A Method of Determining Explicitly the Coefficients of the Characteristic Equation. *Annals of Mathematical Statistics* 13(4), pp. 424–429. CSP 1:47.

Samuelson, P. A. 1942e. A Note on Alternative Regressions. *Econometrica* 10(1), pp. 80–83. CSP 1:46.

Samuelson, P. A. 1942f. The Stability of Equilibrium: Linear and Nonlinear Systems. *Econometrica* 10(1), pp. 1–25. CSP 1:40.

Samuelson, P. A. 1943a. Dynamics, Statics, and the Stationary State. *Review of Economics and Statistics* 25(1), pp. 58–68. CSP 1:19.

Samuelson, P. A. 1943b. Efficient Computation of the Latent Vectors of a Matrix. *Proceedings of the National Academy of Sciences of the United States of America* 29(11), pp. 393–397. CSP 1:50.

Samuelson, P. A. 1943c. Fitting General Gram-Charlier Series. *Annals of Mathematical Statistics* 14(2), pp. 179–187. CSP 1:48.

Samuelson, P. A. 1943d. Full Employment After the War. In *Postwar Economic Problems*, ed. S. E. Harris, pp. 27–53. New York: McGraw-Hill. CSP 2:108.

Samuelson, P. A. 1943e. A Fundamental Multiplier Identity. *Econometrica* 11(3/4), pp. 221–226. CSP 2:90.

Samuelson, P. A. 1943f. Further Commentary on Welfare Economics. *American Economic Review* 33(3), pp. 604–607. CSP 2:76.

Samuelson, P. A. 1943g. Review of Fritz Machlup, *International Trade and the National Income Multiplier. Journal of the American Statistical Association* 38(223), pp. 369–370.

Samuelson, P. A. 1943h. Review of Harold T. Davis, *The Economic Analysis of Time Series. Journal of Political Economy* 51(3), pp. 275–276.

Samuelson, P. A. 1943i. A Simple Method of Interpolation. *Proceedings of the National Academy of Sciences of the United States of America* 29(11), pp. 397–401. CSP 1:49.

Samuelson, P. A. 1943j. When the War Ends. *Mechanical Engineering* 65(5), pp. 360–363.

Samuelson, P. A. 1944a. *Analysis of Tracking Data: Description of Calculations*. Report 628, Radiation Laboratory. Cambridge, MA: Massachusetts Institute of Technology.

Samuelson, P. A. 1944b. The Relation Between Hicksian Stability and True Dynamic Stability. *Econometrica* 12(3/4), pp. 256–257. CSP 1:39.

Samuelson, P. A. 1944c. Unemployment Ahead I: Warning to Washington Experts. *The New Republic*, September 11, pp. 297–299.

Samuelson, P. A. 1944d. Unemployment Ahead II: The Coming Economic Crisis. *The New Republic,* September 18, pp. 333–335.

Samuelson, P. A. 1945a. The Effect of Interest Rate Increases on the Banking System. *American Economic Review* 35(1), pp. 16–27. CSP 2:95.

Samuelson, P. A., 1945b. Full Employment. *Washington Post*, September 2.

Samuelson, P. A. 1945c. The Turn of the Screw. *American Economic Review* 35(4), pp. 674–676. CSP 2:96.

Samuelson, P. A. 1945d. Bretton Woods, Pro and Con. *The New Republic*, April 9, pp. 467–469.

Samuelson, P. A. 1945e. Hansen on World Trade [review of Alvin H. Hansen, *America's Role in the World Economy*]. *The New Republic,* March 26, pp. 409–411.

Samuelson, P. A. 1945f. Is the "Easy Money" Policy a Sound One? *Modern Industry* January 15, pp. 113–126.

Samuelson, P. A. 1945g. Science and the National Defense. *The New Republic,* January 1, pp. 7–8.

Samuelson, P. A. 1945h. Toward a National Budget [unsigned editorial]. *The New Republic,* January 29, pp. 136–137.

Samuelson, P. A. 1946a. Lord Keynes and the General Theory. *Econometrica* 14(3), pp. 187–200. CSP 2:114.

Samuelson, P. A. 1946b. Unemployment Forecasts: A Failure. *American Economist* 1(1), pp. 7–9.

Samuelson, P. A. 1947a. *Foundations of Economic Analysis.* Cambridge, MA: Harvard University Press.

Samuelson, P. A. 1947b. The General Theory. In *The New Economics: Keynes' Influence on Theory and Public Policy,* ed. S. E. Harris, pp. 145–160. New York: Alfred A. Knopf.

Samuelson, P. A. 1948. *Economics: An Introductory Analysis.* New York: McGraw-Hill.

Samuelson, P. A. 1950. The Problem of Integrability in Utility Theory. *Economica* 17(68), pp. 355–385. CSP 1:10.

Samuelson, P. A. 1951a. *Economics: An Introductory Analysis,* 2nd ed. New York: McGraw-Hill.

Samuelson, P. A. 1951b. Schumpeter as a Teacher and Economic Theorist. *Review of Economics and Statistics* 33(2), pp. 98–103. CSP 2:116.

Samuelson, P. A. 1958. An Exact Consumption-Loan Model of Interest with or without the Social Contrivance of Money. *Journal of Political Economy* 66(6), pp. 467–482. CSP 1:21.

Samuelson, P. A. 1959. Alvin Hansen and the Interactions between the Multiplier Analysis and the Principle of Acceleration. *Review of Economics and Statistics* 41(2), pp. 183–184. CSP 2:84.

Samuelson, P. A. 1966. *The Collected Scientific Papers of Paul A. Samuelson,* volumes 1 and 2. Edited by J. E. Stiglitz. Cambridge, MA: MIT Press.

Samuelson, P. A. 1968. What Classical and Neoclassical Monetary Theory Really Was. *Canadian Journal of Economics* 1(1), pp. 1–15. CSP 3:176.

Samuelson, P. A. 1971. Maximum Principles in Analytical Economics. *Science* 173(4001), pp. 991–997. Also in *American Economic Review* 62(3), pp. 249–62. CSP 3:130.

Samuelson, P. A. 1972a. Economics in a Golden Age: A Personal Memoir. In *The Twentieth-Century Sciences: Studies in the Biography of Ideas,* ed. G. Holton, pp. 155–170. New York: W. W. Norton. CSP 4:278.

Samuelson, P. A. 1972b. Frank Knight, 1885–1972. *Newsweek,* July, p. 55. CSP 4:283.

Samuelson, P. A. 1972c. Jacob Viner, 1892–1970. *Journal of Political Economy* 80(1), pp. 5–11. CSP 4:282.

Samuelson, P. A. 1972d. *The Collected Scientific Papers of Paul A. Samuelson,* volume 3. Edited by R. C. Merton. Cambridge, MA: MIT Press.

Samuelson, P. A. 1975a. Alvin H. Hansen, 1889–1975. *Newsweek,* June 16, p. 72. CSP 4:287.

Samuelson, P. A. 1975b. VI. The Balanced-Budget Multiplier: A Case Study in the Sociology and Psychology of Scientific Discovery. *History of Political Economy* 7(1), pp. 43–55. CSP 4:274.

Samuelson, P. A. 1976a. Alvin Hansen as a Creative Economic Theorist. *Quarterly Journal of Economics* 90(1), pp. 24–31. CSP 4:285.

Samuelson, P. A. 1976b. In Search of the Elusive Elite. *New York Times,* June 26, p. 39. CSP 4:286.

Samuelson, P. A. 1976c. Resolving a Historical Confusion in Population Analysis. *Human Biology* 48(3), pp. 559–580. CSP 4:236.

Samuelson, P. A. 1977. *The Collected Scientific Papers of Paul A. Samuelson,* volume 4. Edited by K. Crowley and H. Nagatani. Cambridge, MA: MIT Press.

Samuelson, P. A. 1981. Bergsonian Welfare Economics. In *Economic Welfare and the Economics of Soviet Socialism: Essays in Honor of Abram Bergson,* ed. S. Rosefielde, pp. 223–266. Cambridge: Cambridge University Press. CSP 5:293.

Samuelson, P. A. 1982. Foreword to the Japanese Edition of *The Collected Scientific Papers of Paul A. Samuelson.* Edited by M. Shinohara and R. Sato, pp. 858–875. Tokyo: Keiso Shobo. CSP 5:367.

Samuelson, P. A. 1986. *The Collected Scientific Papers of Paul A. Samuelson,* volume 5. Edited by K. Crowley. Cambridge, MA: MIT Press.

Samuelson, P. A. 1987. Joint Authorship in Science: Serendipity with Wolfgang Stolper. *Journal of Institutional and Theoretical Economics* 143(2), pp. 235–243. CSP 7:584.

Samuelson, P. A. 1989a. Gibbs in Economics. In *Proceedings of the Gibbs Symposium, Yale University, May 15–17, 1989,* ed. D. G. Caldi and G. D. Mostow, pp. 255–267. Providence, RI: American Mathematical Society. CSP 7:539.

Samuelson, P. A. 1989b. A Revisionist View of von Neumann's Growth Model. In *John von Neumann and Modern Economics,* ed. M. Dore, S. Chakravarty and R. Goodwin, pp. 100-122. Oxford: Oxford University Press. CSP 6:406.

Samuelson, P. A. 1990a. Gottfried Haberler as Economic Sage and Trade Theory Innovator. *Wirtschafts Politische Blāetter* 37, pp. 310–317. CSP 7:550.

Samuelson, P. A. 1990b. Paul A. Samuelson. In *Lives of the Laureates: Ten Nobel Economists,* ed. W. Breit and R. W. Spencer, pp. 59–76. Cambridge, MA: MIT Press.

Samuelson, P. A. 1991a. Jacob Viner, 1892–1970. In *Remembering the University of Chicago Teachers, Scientists, and Scholars,* ed. E. Shils, pp. 533–547. Chicago: University of Chicago Press. CSP 7:531.

Samuelson, P. A. 1991b. Statistical Flowers Caught in Amber. *Statistical Science* 6(4), pp. 330–338. CSP 7:575.

Samuelson, P. A. 1992. My Life Philosophy: Policy Credos and Working Ways. In *Eminent Economists: Their Life Philosophies,* ed. M. Szenberg, pp. 236–247. Cambridge: Cambridge University Press. CSP 7:574.

Samuelson, P. A. 1994. Tribute to Wolfgand Stolper on the Fiftieth Anniversary of the Stolper-Samuelson Theorem. In *The Stolper-Samuelson Theorem: A Golden Jubilee,* ed. A. V. Deardorff and R. M. Stern, pp. 343–349. Ann Arbor: University of Michigan Press. CSP 7:544.

Samuelson, P. A. 1995a. At Eighty: MIT and I [Speech, Birthday Party, Boston, April 30]. CSP 7:580.

Samuelson, P. A. 1995b. Paul Anthony Samuelson. In *The Coming of Keynesianism to America: Conversations with the Founders of Keynesian Economics,* ed. D. C. Colander and H. Landreth, pp. 145–178. Cheltenham, UK: Edward Elgar. CSP 7:581.

Samuelson, P. A. 1996a. Gottfried Haberler (1900–1995). *Economic Journal* 106(439), pp. 1679–1687. CSP 7:538.

Samuelson, P. A. 1996b. On Collaboration. *American Economist* 40(2), pp. 16–21. CSP 7:583.

Samuelson, P. A. 1997a. Credo of a Lucky Textbook Author. *Journal of Economic Perspectives* 11(2), pp. 153–160. CSP 7:582.

Samuelson, P. A. 1997b. How Foundations Came to Be. In *Paul A. Samuelson's "Foundations of Economic Analysis,"* ed. J. Niehans, P. A. Samuelson, and C. C. V. Weizsacker, pp. 27–52. Dusseldorf: Verlag Wirtschaft und Finanzen. CSP 7:586.

Samuelson, P. A. 1997c. Some Memories of Norbert Wiener. In *Proceedings of Symposia in Pure Mathematics. Volume 60: The Legacy of Norbert Weiner: A Centennial Symposium,* ed. D. Jerison, I. M. Singer, and D. W. Stroock, pp. 37–42. Providence, RI: American Mathematical Society. CSP 7:549.

Samuelson, P. A. 1998a. A Golden Birthday. In *Economics,* ed. P. A. Samuelson and W. D. Nordhaus, pp. xxiv–xxvii. New York: McGraw-Hill. CSP 7:587.

Samuelson, P. A. 1998b. Harold Freeman (1909–1997) [memorial service tribute], Massachusetts Institute of Technology, March 10. CSP 7:552.

Samuelson, P. A. 1998c. How Foundations Came to Be. *Journal of Economic Literature* 36(3), pp. 1375–1386. CSP 7:586.

Samuelson, P. A. 1998d. Requiem for the Classic Tarshis Textbook that First Brought Keynes to Introductory Economics. In *Keynesianism and the Keynesian Revolution in America: A Memorial Volume in Honour of Lorie Tarshis,* ed. O. F.

Hamouda and B. B. Price, pp. 53–58. Cheltenham, UK: Edward Elgar. CSP 6:434.

Samuelson, P. A. 2000. Economics in MIT's Fourth School. *Soundings.* At http://web.mit.edu/shass/soundings/issue_oof/fea_lum_pas_oof.html.

Samuelson, P. A. 2002a. Pastiches from an Earlier Politically Incorrect Academic Age. In *Editing Economics: Esays in Honour of Mark Perlman,* ed. H. Lim, U. S. Park, and G. C. Harcourt, pp. 47–55. London: Routledge. CSP 7:593.

Samuelson, P. A. 2002b. Interview. In *Reflections on the Great Depression,* ed. R. E. Parker, pp. 25–40. Cheltenham, UK: Edward Elgar. CSP 6:437.

Samuelson, P. A. 2003. Reflections on the Schumpeter I Knew Well. *Journal of Evolutionary Economics* 13(5), pp. 463–467. CSP 7:561.

Samuelson, P. A. 2004a. Abram Bergson, 1914–2003. *Biographical Memoirs* 84, pp. 3–14. CSP 7:563.

Samuelson, P. A. 2004b. Portrait of the Master as a Young Man. In *Wassily Leontief and Input-Output Economics,* ed. E. Dietzenbacher and M. L. Lahr, pp. 3–8 (eds). Cambridge: Cambridge University Press. CSP 7:562.

Samuelson, P. A. 2009a. Paul A. Samuelson. In *Roads to Wisdom: Conversations with Ten Nobel Laureates in Economics,* ed. K. I. Horn, pp. 39–57. Cheltenham, UK: Edward Elgar. CSP 7:596.

Samuelson, P. A. 2009b. Three Moles. *Bulletin of the American Academy* 58(2), pp. 83–84. CSP 7:595

Samuelson, P. A. 2011a. *The Collected Scientific Papers of Paul A. Samuelson,* volumes 6 and 7. Edited by J. Murray. Cambridge, MA: MIT Press.

Samuelson, P. A. 2011b. The Harvard-Circle [The Schumpeter Circle at Harvard, 1932–1950]. *Journal of Evolutionary Economics* 25, pp. 31–36. CSP 7:572.

Samuelson, P. A., and Hagen, E. E. 1943. *After the War: 1918–1920.* Washington, DC: National Resources Planning Board.

Samuelson, P. A., McGraw, H. W. Jr., Nordhaus, W. D., Ashenfelter, O., Solow, R. M., and Fischer, S. 1999. Samuelson's "Economics" at Fifty: Remarks on the Occasion of the Anniversary of Publication. *Journal of Economic Education* 30(4), pp. 352–363. Samuelson's contribution in CSP 7:589.

Sandilands, R. 1990. *The Life and Political Economy of Lauchlin Currie: New Dealer, Presidential Adviser, and Development Economist.* Durham, NC: Duke University Press.

Sandilands, R. 2004. Lauchlin Currie: A Biographical Sketch. *Journal of Economic Studie,* 31(3/4), pp. 194–197.

Savage, L. J. 1948. Samuelson's Foundations: Its Mathematics. *Journal of Political Economy* 56(3), pp. 200–202.

Schlesinger, A. M. 1949. *The Vital Center: The Politics of Freedom.* Boston: Houghton Mifflin.

Schorling, R. 1915. The Problem of Individual Differences in the Teaching of Secondary-School Mathematics. *School Review* 23(10), pp. 649–664.

Schultz, H. 1927. Cost of Production, Supply and Demand, and the Tariff. *Journal of Farm Economics* 9(2), pp. 192–209.

Schultz, H. 1938. *The Theory and Measurement of Demand.* Chicago: University of Chicago Press.

Schuman, F. L. 1932a. American Foreign Policy. *American Journal of Sociology* 37(6), pp. 883–888.

Schuman, F. L. 1932b. The Ethics and Politics of International Peace. *International Journal of Ethics* 42(2), pp. 148–162.

Schuman, F. L. 1932c. The United States and International Morality. *International Journal of Ethics* 43(1), pp. 1–19.

Schuman, F. L. 1934a. The Conduct of German Foreign Affairs. *Annals of the American Academy of Political and Social Science* 176, pp. 187–221.

Schuman, F. L. 1934b. The Political Theory of German Fascism. *American Political Science Review* 28(2), pp. 210–232.

Schuman, F. L. 1934c. The Third Reich's Road to War. *Annals of the American Academy of Political and Social Science* 175, pp. 33–43.

Schumpeter, J. A. 1908. *Das Wesen und der Hauptinhalt der theoretischen Nationaloekonomie.* Munich: Dunker and Humblot.

Schumpeter, J. A. 1933. The Common Sense of Econometrics. *Econometrica* 1(1), pp. 5–12.

Schumpeter, J. A. 1934. *The Theory of Economic Development: An Inquiry into Profits, Capital, Credit, Interest, and the Business Cycle.* Translated by R. Opie. Cambridge, MA: Harvard University Press.

Schumpeter, J. A. 1936. Review of J. M. Keynes, *The General Theory of Employment, Interest and Money. Journal of the American Statistical Association* 31(196), pp. 791–795.

Schumpeter, J. A. 1939. *Business Cycles: A Theoretical, Historical, and Statistical Analysis of the Capitalist Process.* Mansfield Centre, CT: Martino.

Schumpeter, J. A. 1942. *Capitalism, Socialism and Democracy.* New York: Harper and Brothers.

Schumpeter, J. A. 1954. *A History of Economic Analysis.* New York: Oxford University Press.

Schumpeter, J. A. 2010. *The Nature and Essence of Economic Theory.* Translated by B. McDaniel. Rutgers, NJ: Transaction.

Schumpeter, J. A., Chamberlin, E. H., Mason, E. S., Brown, D. V., Harris, S. E., Leontief, W. A., and Taylor, O. H. 1934. *The Economics of the Recovery Program.* New York: McGraw-Hill.

Schumpeter, J. A. Fisher, I., Marschak, J., and Samuelson, P. A. 1939. The Pure Theory of Production. *American Economic Review* 29(1), pp. 118–120.

Scitovsky, T. 1941. Capital Accumulation, Employment and Price Rigidity. *Review of Economic Studies* 8(2), pp. 69–88.

Shionoya, Y. 1997. *Schumpeter and the Idea of Social Science.* Cambridge: Cambridge University Press.

Shoesmith, B. I. 1916. Mathematics Clubs in Secondary Schools. *School Science and Mathematics* 16(2), pp. 106–113.

Simons, H. C. 1934. *A Positive Program for Laissez-Faire.* Chicago: University of Chicago Press.

Slichter, S. H. 1931. *Modern Economic Society.* New York: Holt.

Smith, A. 1976a. *An Inquiry into the Nature and Causes of the Wealth of Nations.* Edited by R. H. Campbell and A. S. Skinner. Oxford: Clarendon Press.

Smith, A. 1976b. *The Theory of Moral Sentiments.* Edited by D. D. Raphael and A. L. Macfie. Oxford: Clarendon Press.

Smithies, A. 1945. Forecasting Postwar Demand: I. *Econometrica* 13(1), pp. 1–14.

Sraffa, P. 1926. The Laws of Returns under Competitive Conditions. *Economic Journal* 36(144), pp. 535–550.

Staehle, H. 1935. A Development of the Economic Theory of Price Index Numbers. *Review of Economic Studies* 2(3), pp. 163–188.

Steffens, L. 1931. *The Autobiography of Lincoln Steffens.* New York: Harcourt Brace.

Stein, G. 1934. *The Making of Americans.* New York: Harcourt Brace.

Stein, H. 1969. *The Fiscal Revolution in America.* Chicago: University of Chicago Press.

Stigler, G. J. 1941. *Production and Distribution Theories, 1870 to 1895.* New York: Macmillan.

Stigler, G. J. 1943. The New Welfare Economics. *American Economic Review* 33(2), pp. 355–359.

Stigler, G. J. 1946. *The Theory of Price.* New York: Macmillan.

Stigler, G. J. 1948. Untitled article. *Journal of the American Statistical Association* 43(244), pp. 603–605.

Stigler, G. J. 1988. *Memoirs of an Unregulated Economist.* New York: Basic Books.

Stigler, S. M. 1994. Some Correspondence on Methodology Between Milton Friedman and Edwin B. Wilson, November–December 1946. *Journal of Economic Literature* 32(3), pp. 1197–1203.

Stolper, W. F., and Samuelson, P. A. 1941. Protection and Real Wages. *Review of Economic Studies* 9(1), pp. 58–73.

Sumner, W. G. 1906. *Folkways: A Study of the Sociological Importance of Usages, Manners, Customs, Mores and Morals.* Boston: Ginn and Co.

Suzumura, K. 2005. An Interview with Paul Samuelson: Welfare Economics, "Old" and "New," and Social Choice Theory. *Social Choice and Welfare* 25(2–3), pp. 327–356.

Suzumura, K. 2006. Shigeto Tsuru (1912–2006): Life, Work and Legacy. *European Journal of the History of Economic Thought* 13(4), pp. 613–620.

Swedberg, R. 1991. *Joseph A. Schumpeter: His Life and Thought.* Oxford: Polity Press.

Sweezy, A. R. 1934. The Interpretation of Subjective Value Theory in the Writings of the Austrian Economists. *Review of Economic Studies* 1(3), pp. 176–185.

Tarshis, L. 1947. *Elements of Economics.* Boston: Houghton Mifflin.

Terborgh, G. 1945. *The Bogey of Economic Maturity.* Chicago: Chemical and Allied Products Institute.

Thomas, J. J. 1989. The Early Econometric History of the Consumption Function. *Oxford Economic Papers* 41(1), pp. 131–149.

Thouless, R. H. 1936. *Straight and Crooked Thinking*. London: English Universities Press.

Thurstone, L. L. 1925. *Fundamentals of Statistics*. New York: Macmillan.

Tinbergen, J. 1951. Schumpeter and Quantitative Research in Economics. *Review of Economics and Statistics* 33(2), p. 109.

Tintner, G. 1944. The "Simple" Theory of Business Fluctuations: A Tentative Verification. *Review of Economic Statistics* 26(196), pp. 148–157.

Tintner, G. 1948. Review of Samuelson's *Foundations of Economic Analysis*. *Journal of the American Statistical Association* 43(243), pp. 497–499.

Tobin, J. 1976. Hansen and Public Policy. *Quarterly Journal of Economics* 90(1), pp. 32–37.

Tobin, J. 1988. A Revolution Remembered. *Challenge* 31(4), pp. 35–41.

Tobin, J. 1998. An Early Keynesian Herald in America. In *Keynesianism and the Keynesian Revolution in America: A Memorial Volume in Honour of Lorie Tarshis,* ed. O. F. Hamouda and B. B. Price, pp. 45–52. Cheltenham, UK: Edward Elgar.

Triffin, R. 1941. *Monopolistic Competition and General Equilibrium Theory*. Cambridge, MA: Harvard University Press.

Triffin, R. 1950. Schumpeter, Souvenirs d'un etudiant. *Economie appliquee* 3(3–4), pp. 413–416.

Tsuru, S. 1949. Toward Economic Stability in Japan. *Pacific Affairs* 22(4), pp. 357–366.

Tsuru, S. 2000. Shigeto Tsuru (b. 1912). In *Exemplary Economists*: Volume II: *Europe, Asia and Australasia*, ed. R. E. Backhouse and R. Middleton, pp. 1–28. Cheltenham, UK: Edward Elgar.

Tsuru, S. 2001. *Recollections of Many Crossroads: An Autobiography* [in Japanese].Tokyo: Iwanami-Shoten.

Tyack, D. B., Lowe, R., and Hansot, E. 1984. *Public Schools in Hard Times: The Great Depression and Recent Years*. Cambridge, MA: Harvard University Press.

University of Chicago. 1932. *Announcements: The Social Sciences Number for the Sessions of 1932–33,* vol. 32(11). Chicago: University of Chicago Press.

University of Wisconsin. 1936. *Directory of Summer Session Students*. Madison: University of Wisconsin Press.

Van Horn, R. 2010a. Aaron Director. In *The Elgar Companion to the Chicago School of Economics,* ed. R Emmett, pp. 265–269. Cheltenham, UK: Edward Elgar.

Van Horn, R. 2010b. Harry Aaron Director: The Coming of Age of a Reformer Skeptic (1914–24). *History of Political Economy* 42(4), pp. 601–630.

Villard, H. H. 1941. *Deficit Spending and the National Income*. New York: Farrar & Rinehart.

Viner, J. 1931. Cost Curves and Supply Curves. *Journal of Economics* 3(1), pp. 23–46.

Viner, J. 1937. *Studies in the Theory of International Trade*. London: George Allen and Unwin.

Viner, J. 2013. *Lectures in Economics 301*. Edited by S. G. Medema and D. A. Irwin. Rutgers, NJ: Transaction.

Vining, R. 1949. Koopmans on the Choice of Variables to be Studies and the Methods of Measurement. *Review of Economics and Statistics* 31(2), pp. 77–86.

von Neumann, J., and Morgenstern, O. 1944. *The Theory of Games and Economic Behavior*. Princeton, NJ: Princeton University Press.

Walter, M. L. 1990. *Science and Cultural Crisis: An Intellectual Biography of Percy Williams Bridgman (1882–1961)*. Stanford, CA: Stanford University Press.

Ward, H. 1926. *Thobbing: A Seat at the Circus of the Intellect*. Indianapolis, IN: Bobbs Merrill.

Warken, O. W. 1979. *A History of the National Resources Planning Board, 1933–1943*. Edited by F. Freidel. New York: Garland.

Weintraub, E. R. 2014. MIT's Openness to Jewish Economists. In *MIT and the Transformation of American Economics*, Supplement to *History of Political Economy*, vol. 46. ed. E. R. Weintraub, pp. 45–59. Durham, NC: Duke University Press.

Whittaker, E. T., and Robinson, G. 1926. *The Calculus of Observations: A Treatise on Numerical Mathematics*. London: Blackie.

Williams, J. H. 1939. Graduate School of Public Administration: Fiscal Policy Seminar, 1937–38. *Official Register of Harvard University* 36(4), pp. 307–310.

Williams, J. H. 1940. Graduate School of Public Administration: Fiscal Policy Seminar, 1938–39. *Official Register of Harvard University* 36(12), pp. 342–345.

Wilson, E. B. 1903. The So-called Foundations of Geometry. *Archiv fur Mathematik und Statistik* 6(3), pp. 104–122.

Wilson, E. B. 1912. *Advanced Calculus*. Boston: Ginn and Co.

Wilson, E. B. 1920. *Aeronautics: A Class Text*. New York: John Wiley.

Wilson, E. B. 1923. Keynes on Probability. *Bulletin of the American Mathematical Society* 29(7), pp. 319–322.

Wilson, E. B. 1926. Statistical Inference. *Science* 63(1629), pp. 289–296.

Wilson, E. B. 1935. Generalization of Pareto's Demand Theorem. *Quarterly Journal of Economics* 49(4), pp. 715–717.

Wilson, E. B. 1939. Pareto versus Marshall. *Quarterly Journal of Economics* 53(4), pp. 645–650.

Wilson, E. B. 1946. *Review of Economics and Statistics* 28(3), pp. 173–174.

Winch, D. 2013. *Malthus: A Very Short Introduction*. Oxford: Oxford University Press.

Wolf, M. C. 1936. Symmetric Functions of Non-commutative Elements. *Duke Mathematical Journal*, 2(4), pp. 626–637.

Wolf, M. C., and Wolf, L. A. 1938. The Linear Equation in Matrices with Elements in a Division Algebra. *Bulletin of the American Mathematical Society* 44(9, Part I), p. 639.

Wright, D. M. 1948. Review of L. R. Klein. *The Keynesian Revolution. American Economic Review* 38(1), pp. 145–152.

Wright, Q., ed. 1932, *Gold and Currency Stabilization*. Chicago: University of Chicago Press.

Young, W. 1987. *Interpreting Mr. Keynes: The IS-LM Enigma*. Boulder, CO: Westview.

Yule, G. U. 1911. *Introduction to the Theory of Statistics*. London: Griffin.